5정판

국 제 법

이석용 저

세창출판사

이 도서의 국립중앙도서관 출판예정도서목록(CIP)은 서지정보유통지원시스템 홈페이지 (http://seoji.nl.go.kr)와 국가자료공동목록시스템(http://www.nl.go.kr/kolisnet)에서 이용하실 수 있습니다.(CIP제어번호: CIP2017005052)

‖ 5정판 머리말 ‖

국제법 교재 초판을 출간한 지도 벌써 20년이 되었다. 그사이 우리가 살아가는 세상과 우리들의 삶의 터전인 대한민국 그리고 법학계에는 참으로 많은 변화가 있었다. 한때 각종 행사에서 화두로 즐겨 사용되던 국제화는 이미 현실로 우리들의 삶 속에 들어와 있고, 많은 논란거리였던 법학전문대학원 제도는 우리 사회 가운데 뿌리를 내려가고 있다.

그간 본인이 한남대학교와 관련 학회에서 중요한 직책을 맡아서 대과 없이 수행하고 나름대로 연구생활에 집중할 수 있었던 것은 분에 넘치는 축복이었다. 특히 국제법학회 회장(2008년)과 국제해양법학회 회장(2012-2014년)의 직을 맡아 수행하고, 다양한 연구사업에 참여하며, 정부 부처 자문위원 등으로 활동할 수 있는 많은 기회를 가지게 된 것은 더할 수 없는 기쁨이었다.

다만 요즘 학계에서 회자되는 국제법의 위상약화는 참으로 아쉬운 부분이다. 이미 충분히 국제화된 세계에서 국가 간 갈등이 커져만 가는 동북아시아에 위치한 우리나라에게 국제법은 우리를 지키고 평화와 번영을 이어가는 데 필수불가결한 무기이기 때문이다. 더구나 법학의 국제경쟁력 강화가 로스쿨 도입의 중요한 목적 가운데 하나이었던 점을 생각하면, 오늘날 국제법의 약화현상은 심각한 일이 아닐 수 없다.

국제법 개론서인 본서는 그간의 국제법의 변화를 반영하되 분량의 증가는 가급적 피한다는 원칙하에 준비되었다. 그럼에도 불구하고 해양법, 국제경제법, 국제환경법 부분을 중심으로 분량이 다소 늘어났다. 그러나 독자들에게 가장 죄송한 것은, 책이나 논문이 완성될 때면 항상 그렇듯이, 나름대로 노력은 하였으나 필자조차도 이번 개정판에 대해서 만족할 수 없다는 점이다. 부족한 부분에 대해서는 추후 보완을 약속드리며 양해를 구하고자 한다.

요즘같이 어려운 시기에 국제법 5정판이 세상에 나오게 된 것은 전적으로 세창출판사 이방원 사장과 임길남 상무를 비롯한 임직원들의 격려와 수고 덕분이다. 법학서적에 대한 수요가 위축된 상황에서 기꺼이 본서의 출판을 맡아 준 세창

ii

출판사 임직원들의 노고에 감사를 드린다. 아울러 그간 행복하게 연구생활에 심취할 수 있게 도와주신 학계의 선후배 및 동료 학자들과 정부 부처와 연구기관 담당자들에게도 감사를 드린다.

2017년 2월
저 자

‖ 머리말 ‖

冷戰體制 붕괴 후 진정한 평화에 대한 기대는 무산되었고, 현재의 국가간 경쟁논리는 자칫 '힘'과 '실정국제법'만을 추종하는 강자의 논리로 변질될 우려도 있어 새로운 국제질서의 방향은 아직 예측하기 어려운 상태에 있다. 그러나 이제 국제화는 누구도 거스를 수 없는 대세가 되었는데, 우리나라는 얼마 전까지 세계의 중심에서 멀리 떨어져 있어 국제화의 요체인 意識의 국제화에는 상당히 불리한 입장에 있었다. 본인은 국제화를 보다 넓은 범위에서 남과 함께 살아가는 요령을 익히는 과정이라고 생각한다. 그렇다면 단일민족임을 자랑하면서도 보편적 가치에 충실해질 수 있고, 외국의 환경보호 요구를 무역장벽이란 시각에서만 보지 않고 지구인이 함께 지켜야 할 의무란 측면에서도 접근해 갈 수 있는 여유를 학생들에게 심어 주고 싶다.

최근 國際法은 많은 변화를 겪고 있다. 주로 국가간의 정치적 관계를 다뤄 온 국제법에 경제의 국제화와 함께 국제경제법이 주요 영역으로 등장하였고, 국경을 넘나드는 오염물질은 환경문제에 대한 국제적 규제를 요구하게 되었다. 다양해져 가는 국제사회의 문제에 대응하기 위해 국제법은 새로운 法源과 개인을 위시한 私的 主體들의 역할을 널리 인정하는 등 체질을 바꿔 가고 있다. 본인은 이 책에서 국제법의 전통적인 이론과 주제들은 물론 현재와 미래의 이슈들과 시각들을 소개하고 비교·검토하고자 하였다. 또한 지나치게 이론중심으로 흘러 온 과거의 경향에서 벗어나기 위해 사례들을 중요하게 다루었다.

본서는 학생들의 교재로 국제법 전반에 대한 고른 이해를 돕기 위한 것이므로 가능한 한 일반화되지 아니한 저자의 개인적 견해의 표명은 삼갔다. 그러나 우리 법학도들까지도 국제사회는 정치적·경제적 이해에 따라 움직이며 국제법은 신뢰할 것이 못 된다고 여기는 현실이 안타까웠다. 별로 가진 것이 없는 우리 민족의 장래는 다른 국가와의 교류를 통해서만 기약할 수 있고, 국제법의 침투적 성격은 국제관계 구석구석에 영향을 미치게 될 것이므로, 국제법 규범에 대한 신뢰를 위해 그 속에서 빛나는 정의와 형평의 모습들을 보여주고 싶었다.

　이 책을 준비하는 데에는 수년간 대학에서 국제법강의를 해 오면서 틈틈이 준비해 둔 강의안이 많이 활용되었다. 또한 1991~1992년 Fulbright Scholar로 하와이 동서문화센터(East-West Center)와 예일대 법대(Yale Law School)에서 연구생활을 하면서 접했던 자료들이 큰 도움이 되었다. 짧은 준비기간이었지만 부끄럽지 않은 결과를 위해 노력하였다. 촉박한 시일로 자료들을 충분히 활용하지 못한 아쉬움이 있고, 일부 부족한 부분들이 있을 것임을 인정한다. 그러나 이것이 작업의 끝이 아니라 시작임을 믿어 주시고 부족하거나 잘못된 부분에 대해서는 아낌없는 충고와 조언을 부탁드리고 싶다.

　이제 이 책이 나오기까지 격려해 주고 힘써 주신 분들께 감사해야 할 차례이다. 본인이 국제법에 입문한 이래 지금에 이르기까지 보살펴 주신 고려대학교의 은사님들께 먼저 감사를 드리고 싶다. 본인이 몸담고 있는 韓南大學校 법학과 교수님들의 따뜻한 격려에 심심한 감사를 드린다. 집필기간 동안 家長으로서의 최소한의 역할도 못해 줘 너무도 미안한 우리 가족들과 이 조그만 성과를 나누고 싶다. 끝으로 상대방의 사명감을 확인하는 것만으로도 훈훈하였던 세창출판사의 이방원 사장 및 직원 여러분께 깊은 감사를 드린다.

1995년 2월
이 석 용

‖ 차 례 ‖

제2장 ▌국 가

제3장 ▌ 국제기구

제4장 ▌개　인

제5장 ┃ 국가의 관할권과 외교관계

제6장 ▎ 국가책임

제7장 ┃ 국제법의 법원과 조약법

제8장 ┃ 분쟁의 평화적 해결

제9장 ┃ 해 양 법

xx

제10장 ▌ 특수지역과 상공

제11장 ▌ 국제경제법

제12장 ┃ 국제환경법

제13장 ┃ 무력충돌법

5정판

국제법

제1장

국제법 서론

‖ 제1절 ‖ 국제법의 정의와 중요성

Ⅰ. 국제법의 정의

오늘날 국제법 저자들은 국제법(international law)을 정의하기를 회피하는 경향이 있다. 그것은 국제법을 정의하는 것은 국제법의 법적 성격 및 국내법과의 관계 등 예민한 문제들과 관련되어 있어서 용이한 일이 아니기 때문이다.

과거 국제사회가 국가를 유일한 행위자로 하는 비교적 단순한 상태에 있었을 때에는 국제법을 정의하는 것이 까다로운 일은 아니었다. 제2차 세계대전에 이르기까지 국가는 국제사회라 불리는 무대의 압도적으로 중요한 행위자이었으니, 국제법학자들은 큰 어려움 없이 국제법을 국가 간의 관계를 규율하는 규범이라 정의할 수 있었다. 그리하여 웨스트레이크(J. Westlake)는 그의 저서에서 "국제법이란 국가들로 이루어진 사회의 법"이라 정의하였으며, 브라이얼리(J. L. Brierly)는 "국제법은 국가 상호 간의 관계에서 국가를 구속하는 규칙과 행동원칙"이라고 하였다.[1] 국제법이 국제사회의 법이라면 국제법은 제2차 세계대전에 이르기까지 오직 국가와 국가 간의 관계를 규율하는 법이었다. 과거 국제사회의 정당한 행위자는 국가뿐이었고 오직 국가만이 국제법상 권리와 의무의 주체가 될 수 있었기 때문이다.

20세기 들어 두 번의 세계대전을 거치면서 국제사회는 크게 변하였으며, 새로운 행위자들의 등장으로 국제법에도 많은 변화가 있었다. 국제사회라는 무대에 새로운 행위자로 등장하여 국제법에 변화를 가져온 가장 중요한 주체는 국제기구이다. 두 차례의 세계대전을 거치면서 등장한 국제연맹과 국제연합, 제2차 세계대전 이후 국제경제관계에서 중요한 역할을 수행해 온 가트(GATT)와 그 계승자 세계무역기구(WTO)에서 보듯이, 오늘날 국제기구는 국제사회에서 매우 중요한 법적인 주체로 활동하고 있다.

개인의 국제법 지위의 강화도 국제법의 변화를 가져온 중요한 요인이었다. 전통적인 국제법에서는 국내문제불간섭을 국제법의 기본적인 원칙으로 삼아 왔고 개인들의 지위는 국내문제에 속하는 사항이라고 보았기 때문에, 국제사회와 국제법은 개인의 문제에 관여할 수 없다고 보았었다. 그렇지만 오늘날 개인들도 국제법이 부여하는 권리를 향유하게 되었으며 국제분쟁해결 절차에 당사자로 참여할 수 있는 기회도 점점 넓어져 가고 있다.

기업과 비정부간기구(NGO)들도 영향력의 증대로 국제사회와 국제법에 많은 변화를 가져왔다. 다국적기업들의 국제경제 분야에서의 영향력과 비정부간기구들의 인권·환경 분야에서의 활발한 활동을 고려할 때 제한된 범위에서라도 그 역할을 인정하는 것이 필요해졌다.

국제사회의 이러한 변화에 따라 국제법은 국가는 물론이고 다양한 형태의 국제기구, 국내법에 따라 창설된 기업, 인권 등 일부 분야에서는 개인에게까지 적용되게 되었다. 따라서 국제법을 단순히 국가 간의 관계를 규율하는 법으로 보는 것은 더 이상 적합하지 않게 되었으며, 국제법학자들은 수정된 새로운 정의를 제시하거나 정의 자체를 회피하는 경향을 보이게 된 것이다.[2] 미국의 「대외관계법에 관한

---

1) *Encyclopedia of Public International Law*, vol.2, North-Holland Publishing Co., 1999, pp.1160-1161. 이러한 맥락에서 상설국제사법재판소(PCIJ) 규정 제34조는 국가만을 재판소의 당사자로 인정하였으며, 오늘날의 국제사법재판소(ICJ)도 마찬가지 입장이다.

2) 오코넬(D. P. O'Conell), 브라운리(I. Brownlie), 쇼(M. N. Shaw) 등의 학자들은 그들의 저서에서 국제법의 정의에 대한 설명은 생략하고 바로 국제법의 법원에 대한 설명으로 들어가고 있다. D. P. O'Conell, *International Law*, vol.1, 2nd ed., 1970; I. Brownlie, *Principles of International Law*, 5th ed., 1998.

제3차 리스테이트먼트」는 국제법을 "국가와 국제기구의 행위와 그들 간의 관계 및 그들과 일부 자연인 및 법인 간의 일부 관계를 다루는 일반적으로 적용되는 법규칙과 원칙"이라고 하였다. 그러나 국제법학자들은 아직도 국가가 절대적으로 중요한 국제사회의 현실을 감안하여 여기에다가 국제법은 "주로(primarily) 국가 간의 법"이라고 하는 등의 표현을 사용하여 국제법을 정의하고 있다. 국제법이란 주권국가, 국제기구, 개인, 기업으로 구성된 국제사회의 법으로서 주로 국가 간의 관계를 규율하는 규범인 것이다.[3]

II. 국제법의 명칭

국제법의 명칭으로 처음에는 라틴어인 *jus gentium*'과 *jus inter gentes*'가 사용되었고, 영어표기로는 'law of nations'가 많이 사용되었다. 그러나 1789년 영국의 철학자 벤담(Jeremy Bentham)이 'international law'라는 이름을 사용한 이래 현재는 'international law'가 널리 사용되고 있다.[4]

동양에서는 처음에는 미국인 William Martin이 1864년에 Henry Wheaton (1785-1848)의 저서 *Elements of International Law*를 중국어로 번역하면서 사용한 '만국공법'이란 용어가 사용되었다. 그러나 1873년 일본의 미즈쿠리가 '국제법'이란 용어를 사용한 이후 국제법이란 용어가 널리 사용되고 있다.[5]

---

3) 국제사회의 현실에서도 국가의 중요성은 인정된다. 대부분의 국제법은 국가에 의하여 만들어지고 집행되는 것이 현실이다. 국제기구는 국가들의 동의가 없이는 창설될 수 없다. 국가만이 국제사법재판소(ICJ) 재판절차의 당사자가 될 수 있으며 외교적 보호권을 행사한다. 상호의존성이 높아지고 국제무대에 새로운 행위자들이 등장하고 있지만, 국제법은 주로 정부에 의해 대표되는 국가들로 이루어진 국제사회의 법인 것이다. Peter Malanczuk, *Akehurst's Modern Introduction to International Law*, Routledge, 1997, pp.1-2.

4) Mark W. Janis, *An Introduction to International Law*, Little, Brown and Co., 1993, pp.228-231. 공리주의 법학자 벤담은 1789년 출간된 「도덕과 법원칙 입문」(*Introduction to the Principles of Morals and Legislation*)에서 오늘날 국제법을 표현하는 보편적 용어가 된 'International Law'란 개념을 소개하였다. 벤담은 그때까지 주로 사용되어 온 'Law of Nations'란 용어의 모호함을 극복하기 위해 오직 국가 간의 권리·의무 관계를 다루는 용어로 'International Law'란 개념을 도입하였다.

5) 김찬규·이영준, 「국제법개설」, 법문사, 1994, p.1.

Ⅲ. 개론으로서의 '국제법'의 중요성

오늘날 국제법의 영역은 놀라울 정도로 빠르게 확대되어 가고 있고 법규칙은 세밀해지고 있다. 과거의 국제법은 주로 국가 간의 정치·외교관계를 규율해 왔으나 오늘날에는 국가 간 무역거래와 자원개발, 환경보호, 인권보호에 이르기까지 그 영역이 크게 확대되었다. 국제법의 영역이 이처럼 확대되면서 국제법의 분화현상이 나타나고 있고, 분쟁해결제도도 분화되어 가고 있다. 개론 수준의 '국제법'을 가지고는 현실적인 문제를 해결하는 데에는 한계가 있다는 지적이 나오고 있는 이유이다.

이러한 상황에서 '일반국제법'의 역할에 대해 의문이 제기되었다. 이에 대해 샥터(Schachter) 교수는 국제법을 곳곳에 많은 마을이 산재해 있는 거대한 지역에 비유하면서, 일반국제법은 여러 마을들, 즉 여러 국제법 분야를 연결해 주는 슈퍼하이웨이에 해당된다고 하였다.[6]

본서는 일반국제법에 관한 교과서이자 국제법 개론서이다. 따라서 국제법의 일반적 개념과 원칙들을 이론과 사례들을 통하여 체계적으로 분석하고 설명하여 일반국제법의 내용들을 알기 쉽게 전달하는 것을 목적으로 한다.

‖ 제2절 ‖ 국제법의 역사

Ⅰ. 서 론

국제법은 언제 어떻게 시작되었을까? 국제법을 주권국가 간의 법으로 이해하는 통설적인 견해에 따르면 국제법의 역사는 유럽에서 30년 전쟁이 끝난 후 웨스

---

6) Oscar Schachter, *International Law in Theory and Practice*, Martinus Nijhoff, 1991, pp.1-2.

트팔리아(Westphalia) 강화조약이 체결된 17세기 중반부터 유럽 국가 간의 관계를 규율하는 규범으로 시작되었다고 본다. 그렇지만 국제법을 국가적 정치조직 간의 일체의 관계와 합의를 의미하는 것으로 이해한다면 국제법의 역사는 기원전 3000년경까지 거슬러 올라간다.[7]

오늘날 국제법은 명실상부한 국제사회의 법이다. 그렇지만 과거 국제사회란 주로 서구의 국가들을 구성원으로 하는 제한된 공동체이었으므로 미국을 포함하는 서구사회가 국제법의 발생지이자 성장지가 되었다. 국제법의 역사에 대한 연구에서 유럽중심적 경향이 자리를 잡게 된 데에는 제국주의 시대 식민지화 과정에서 다른 지역의 문명들은 대부분 파괴되어 근대 이후 국제법이 형성되는 과정에서 별다른 영향을 줄 수 없었던 데에서 기인하기도 한다. 국제법이 '헬레니즘의 감옥'에서 탈출하여 진정한 국제사회의 법으로 등장한 것은 그리 오래되지 않았다.[8]

역사에서 시대구분이란 주관적인 부분이 있어서 이를 보편화하는 데에는 문제가 있지만, 국제법의 역사에 대한 이해를 돕기 위하여 국제사회의 발전에 따라 시대를 구분한다. 편의상 국제공동체의 발전단계를 고대, 중세, 근대, 19세기, 제1차 세계대전 이후, 제2차 세계대전 이후로 나누어 각 단계별로 국제사회와 국제법의 특징적인 모습을 살펴본다.

II. 고 대

고대 메소포타미아, 북인도, 그리스에는 유사한 종교적·문화적 가치체계를 가진 소규모 독립국들이 공존하고 있었으며 표준적인 관행이 등장하여 국가 간의 관계를 어느 정도 안정되고 예측가능한 기초 위에 세울 수 있었다. 이들 지역에서

---

7) Malcolm D. Evans, *International Law*, 2nd ed., Oxford, 2006, p.30; Malanczuk, p.9.

8) Manfred Lachs, *The Teacher in International Law*, Martinus Nijhoff, 1982, pp.31-36. 국제법이 지난 4-5세기 동안 오직 유럽에서 발달되었다는 생각은 잘못이라는 주장이 있다. 각 문명마다 정치적 실체들로 구성된 공동체는 형성되게 마련이고, 그들 간의 관계는 일단의 관습법 규칙과 관행에 의해 규율되어 왔다는 것이다. 각자 독특한 문명을 발전시켰던 근동, 그리스, 로마, 중국, 이슬람권, 기독교권은 각각 전시와 평시 국가 간의 행위를 규율하는 법규칙을 갖고 있었다는 주장인 것이다. Malanczuk, p.9.

는 외교관계, 조약체결, 전쟁수행에 관한 관행이 수립되었으며, 특히 고대 그리스 도시국가 사이에서는 중재에 의한 분쟁해결이 널리 이루어졌다.[9]

고대국가들도 전쟁이 끝나면 이를 수습하기 위해 강화조약을 체결하곤 하였는데, 그러한 조약들은 오늘날의 강화조약과 상당히 유사한 모습을 보이고 있었다. 기원전 3100년경 전쟁에서 승리한 메소포타미아의 도시국가인 Lagash의 통치자 Eannatum과 다른 도시국가 Umma 간에 체결된 조약에는 국경선의 불가침과 중재에 관한 조항이 들어 있었다. 고대국가 간에 체결된 가장 유명한 조약은 기원전 1279년 이집트의 Rameses 2세와 히타이트의 Hattusili 2세 사이에 체결된 평화와 동맹에 관한 조약이다. 이 조약은 외교적인 용어를 사용하여 작성되었으며 정치망명에 관한 규정도 등장하였다.[10]

기원전 1000년을 전후하여 역사의 중심에 등장한 그리스인들은 고도로 발달된 문화를 이루었지만 그들의 국제적인 시야는 제한되어 있었다. 그들은 이민족들과 조약을 체결하기도 하였으나 그들을 노예로서 봉사해야 할 적국인으로 보았다. 그리하여 아리스토텔레스조차도 이민족과의 전쟁은 정당한(just) 것이라고 하였다.[11] 한편 그리스 도시국가들은 강화조약이나 동맹조약에서부터 정치적 조약과 통상조약에 이르기까지 매우 다양한 조약들을 체결하였다. 국가 간 분쟁해결에는 중재가 자주 사용되었으며, 제3국이 중재를 맡는 경우가 많았다. 유명한 역사학자 폴리비우스(Polybius)는 전쟁법에도 관심이 있었다. 그는 다른 국가가 영토를 침범하거나 조약을 위반하는 경우에는 '정당한 전쟁'(bellum justum)을 할 수 있다고 하였다.[12]

고대 로마인들은 그리스인들에 비해 법학에 소질이 있었다는 평가를 받는다. 특히 유스티니아누스 황제 때 편찬된 법전은 불멸의 업적으로 평가된다. 로마는

---

9) Evans, pp.30-31. 몽테스키외(Montesquieu)는 유명한 「법의 정신」(*Esprit des Lois*)에서 모든 국민들은 국가 간의 법을 가지며, 미개한 이로쿠아인(Iroquois)들도 국가 간의 법을 가지고 있었다고 하였다. 진위를 확인할 수는 없지만 몽테스키외가 이렇게 말한 것은 아주 옛날에도 일종의 사절을 주고받고 전쟁처리를 위해 합의하는 관행이 있었음을 설명하고자 했던 것으로 보인다. Arthur Nussbaum, *A Concise History of the Law of Nations*, The Macmillan Co., 1954, p.1.

10) *Ibid* (Nussbaum), pp.1-2.

11) *Ibid.*, pp.5-9.

12) Lachs, p.37.

대략 2세기부터 그리스로부터 철학적 개념들을 받아들였는데, 거기에는 보편적 정의의 원칙에 관한 사상이 포함되어 있었다. 이러한 사상은 아리스토텔레스에 의하여 시작되어 스토아학파 사람들에게 영향을 주었으니, 이들은 세계를 자연법의 지배를 받는 세계도시국가, 즉 코스모폴리스라고 보았다.[13]

　　로마의 '만민법'(*jus gentium*)과 오늘날의 국제법은 분명히 다르다. 만민법은 오늘날의 준국제사법과 유사한 것으로 국내법에 속하는 것이지 국가 간의 관계를 규율하는 규범은 아니다.[14] 로마법의 국제법에 대한 영향은 오히려 간접적인 것이었다. 16, 17세기 국제관계에 관한 법적인 연구가 시작될 때 학자들은 우선 로마법을 찾아보게 되었다. 당시 로마법은 신성로마제국의 '코먼로'로서 서구 어디에서나 권위를 가지고 있었기 때문이다. 그렇지만 로마법은 사법중심이어서 국제관계에 관한 규칙은 별로 없었다. 로마사법의 일부 제도들이 국제법에 도입되어, 영토주권 문제에는 그 소유권에 관한 규칙이 그리고 조약에는 그 계약에 관한 규칙들이 일부 영향을 주었을 뿐이다.[15]

III. 중　세

　　유럽에서 중세(middle ages)란 서로마 제국이 멸망한 5세기부터 15, 16세기까지를 말한다. 중세에서도 전반기에는 게르만 민족의 대이동에 따른 정치적·사회적 혼란, 자급자족 경제체제 수립, 강력한 교황권 등으로 인하여 국가 간 교류가 매우 적었다. 국제법이 주로 국가 간의 관계를 규율하는 규범인 것을 고려하면 중세 전반기에는 국제법이 존재할 여지는 거의 없었다고 하겠다.

---

13) Evans, p.31.

14) 로마의 만민법(*jus gentium*)이 국제법 발달에 기여하였다고 보기도 한다. 만민법은 로마인과 다른 지역 사람들의 관계와 다른 지역 사람들 간의 관계를 규율하는바, 만민법이 담고 있던 형평과 자연법 규칙들 중의 일부는 오늘날 국제사법재판소 규정 제38조의 "문명국들이 일반적으로 승인한 법일반원칙"과 유사하다고 한다. Louis Henkin, Richard Crawford Pugh, Oscar Schachter, and Hans Smit(이하에서는 Henkin), *International Law: Cases and Materials*, West Publishing Co., 1993, Historical Introduction, p.22.

15) Nussbaum, pp.10-13. 점유(occupation), 지역권(servitude), 시효(prescription) 등의 제도도 국제법에 영향을 주었다.

강력한 교황권과 신성로마제국 황제의 권위는 국제법 발달을 저해하는 요인이었다. 로마제국의 붕괴에 이은 암흑기 이후 교회는 법과 문명을 다시 세우는 일을 맡게 되었는데, 교회는 수세기에 걸쳐 '교회법'(cannon law)이란 포괄적인 법체계를 수립하였다. 그런데 당시의 교회법은 엄격히 말해서 국내법(national law)도 국제법(international law)도 아닌 초국가적(supranational) 법이자 보편적(universal) 법이었다. 교회법은 일차적으로 정신적·도덕적 문제와 교회문제에 관여하지만 세속적인 영역에도 간섭하였다. 당시 교회는 파문으로 군주들을 제재하는 등 오늘날의 국제법보다 훨씬 강제성 있는 조치를 취할 수 있었다. 이러한 막강한 권력을 바탕으로 교황은 자칭 모든 기독교 국가들의 '공정한 중재자'(impartial arbiter)의 역할을 담당하기도 하였다.[16)]

신성로마제국의 황제도 중세 서유럽의 보편적 권위였다. 당시 신성로마제국의 영토는 서유럽의 대부분을 포함하고 있었고 황제는 각 지역에 왕을 임명하여 통치하였다. 신성로마제국 황제와 이러한 군주나 도시 간의 관계는 물론이고 각 지역의 왕이나 도시 간의 관계도 국가 간의 관계는 아니다. 교황권과 신성로마제국 황제의 세속적인 권력이 막강하게 남아 있는 한 국제법이 설 자리는 없었던 것이다.[17)]

유럽에서 중세는 위대한 자연법사상의 시대였다. 당시 자연법사상은 주로 가톨릭교회의 영향 아래 발전하였지만, 스토아학파와 로마법의 영향도 작지 않았다. 중세의 자연법은 일반적으로 목적론적인(teleological) 특성을 가지는데 12세기 이후 영향을 미치기 시작한 아리스토텔레스 사상의 영향이 컸다. 여기에서는 모든 인간과 사물은 물론 우주도 본성, 즉 목적을 가지고 거대한 계획 아래 움직이며, 법은 이러한 계획의 일부로서 사회를 이성과 자연법이 인도하는 방향으로 나아가게 하는 목적을 가진다고 한다. 그러나 이러한 거대한 자연법체계에서는 국제관계에만 적용되는 법, 즉 국제법의 존재를 인정하기는 어려웠다.[18)]

---

16) *Ibid.*, pp.17-19. 1493년 교황 알렉산더 6세가 소위 교황경계선을 그어 신세계를 스페인과 포르투갈에게 나누어 준 것은 좋은 예이다.

17) *Ibid.*, pp.21-22.

18) Evans, pp.32-33. 중세철학의 완성자로 불리는 토마스 아퀴나스(Thomas Aquinas: 1225-1274)는 모든 인간의 법은 '신의 법'에서 나온다는 전제하에 아리스토텔레스의 이론을 수용하여 자연법론과 공동선 이론을 전개하여 후일 자연법적 국제법 이론에 많은 영향을 주었다. 그는 노예제도란 자연법이 아니라 인간이 만든 실정법에 기초한 것이라고 하였는바,

중세후기 교황권과 신성로마제국의 영향력이 점차 약해지면서 국가 간의 교류가 활기를 띠게 되어 외교 및 영사관계, 조약, 전쟁에 관한 국제법 규범들이 서서히 나타나기 시작하였다. 신성로마제국의 영향권 밖에 있었던 영국·프랑스·카스티야·아라곤·포르투갈·스웨덴 같은 국가들은 이전에도 조약을 체결하는 등 교류를 가져왔으나, 신성로마제국의 힘이 약해지면서 이들과 신성로마제국 내 군주 간에 교류가 이루어지고 이어서 제국 내 군주들 간의 교류도 시작되었다. 특히 13세기부터 나타나기 시작하여 15세기에는 150개 이상에 달하였던 독일과 북유럽의 한자동맹(Hanseatic League) 도시국가들과 북부 이태리 도시국가들 사이에서는 상주사절을 파견·접수하고 특권면제를 부여하는 제도가 생겨났고 상사관계 조약들도 체결되었다.[19]

IV. 근대: 비엔나회의 이전까지

종교개혁, 르네상스, 미주대륙의 발견으로 시작된 근대(modern times)로 접어들면서 국제법에는 커다란 발전이 있었다. 국제법 발달에 가장 큰 영향을 미친 사건은 교황권과 신성로마제국의 약화와 민족주의적 주권국가의 탄생이었다.[20] 유럽에서 교황권 우위의 국제질서가 무너지고 주권국가들이 명실상부한 국제사회의 주역으로 등장하는 과정을 상징적으로 보여주는 두 개의 조약이 있었다. 하나는 30년에 걸친 기나긴 종교전쟁을 종결지은 웨스트팔리아 강화조약(The Peace of Westphalia)이고, 다른 하나는 11년간 진행된 스페인 왕위계승전쟁의 결과 체결된

이처럼 자연법과 실정법 간의 단절을 인정한 것은 후일 국제법 발달에 중요한 의미를 갖게 되었다. 그는 상대방이 먼저 잘못을 범한 경우에는 전쟁을 할 수 있는 정당한 권리가 발생한다고 하여 정전론을 주장하기도 하였다. 유병화, 「법철학」, 진성사, 1991, pp.96-111; Lachs, pp.38-42.

19) Henkin, Historical Introduction, p.23. 중세후기 국가 간의 교류가 부분적으로 이루어지기 시작하면서 비로소 국제법이 당면한 정치적·군사적 문제에 적용되기 시작하였다. 영토취득에 관한 국제법 규칙들은 14세기 이후 유럽 국가들의 아프리카 경략에 활용되었지만, 중세 유럽의 대부분의 국가실행은 고대로부터 전해 내려온 전통을 계승한 것이었다.

20) 1440년부터 1493년까지 신성로마제국 황제였던 프레데릭 3세는 로마 교황에게서 제위를 받은 마지막 신성로마 황제가 되었다. 이러한 변화는 신성로마 황제의 세속적 권한과 교황의 정신적·세속적 권한의 약화를 보여 주었다.

유트레히트 강화조약(The Peace of Utrecht)이다.

1618년 시작된 30년 전쟁은 본래 가톨릭국가와 개신교국가 간의 종교적 갈등에서 비롯되었다. 그렇지만 그 전쟁은 이내 유럽의 군사적·정치적 패권 쟁탈전으로 변모되어 엄청난 참화를 불러왔다. 1648년 뮌스터와 오스나브뤼크에서 서명된 웨스트팔리아조약은 근대 국제사회의 성립에 비추어 볼 때 다음과 같이 중요한 의미를 갖는다. 첫째, 종교의 선택에 영토의 절대성을 인정하고 신앙문제를 정당한 전쟁사유에서 제외하였다. 이를 통해 개신교 국가가 국제적으로 인정받게 되면서 국가들은 교황의 영향력에서 벗어나게 되었다. 교황은 이제 국가 산 분쟁의 '공정한 중재자' 역할을 수행할 수 없게 된 것이다. 둘째, 신성로마제국의 잔해 위에 세워진 300개에 달하는 정치적 실체들은 그것이 신성로마제국에 대항하는 것이 아닌 한 외국과 동맹조약을 맺고 전쟁을 할 수 있는 권리를 획득하게 되었다. 이로써 수많은 소국들이 준주권적 권리(quasi-sovereign rights)를 소유한 국제사회의 구성원으로 등장하게 되었다. 셋째, 30년전쟁은 종교개혁 이전 신성로마제국과 교황 사이에 존재하였던 세속적·정신적 유대를 복원하려는 합스부르크가(Hapsburg)의 시도를 무산시켰으며, 조약은 유럽 내 정치권력이 신성로마황제와 교황으로부터 영토에 기초한 민족국가로 이동한 것을 보여 주었다.[21]

1702년부터 1713년까지 진행된 스페인 왕위계승전쟁을 마무리하기 위하여 체결된 유트레히트조약은 국가가 가장 중요한 국제사회의 주체임을 확인하였다. 이 조약으로 영토국가(territorial states)는 국제사회의 가장 중요한 행위자로 공인받게 되었다. 반면에 준영토적 행위자(semiterritorial actor)인 신성로마제국과 비영토적 행위자(nonterritorial actor)인 교황의 국제적 지위는 격하되었다.[22]

교황권이 약화되고 주권국가들이 국제사회의 주역으로 등장하면서 국가 간의 관계를 규율하는 법규범이 필요해졌다. 16세기 스페인에서는 미주대륙 인디안 정벌과 관련하여 열띤 토론이 전개되었는데, 비토리아(Francisco de Vitoria)는 살라만카 대학에서의 강의에서 토착민들이 불법적으로 무역을 방해함으로써 자연법에 어긋나는 행동을 하였다고 하여 스페인의 정복을 정당화하였다. 그는 아퀴나스의 스콜라철학과 자연법론에 공감하면서도, 이교도 군주들도 기독교 군주들

---

21) Richard A. Falk, *Revitalizing International Law*, Iowa State University Press, 1989, p.14; Antonio Cassese, *International Law*, 2nd edition, Oxford, 2005, pp.23-24.

22) *Ibid* (Falk).

과 동등한 권리를 갖는다는 전제하에 정전론을 전개하였다. 마지막 스콜라 철학자 수아레즈(Suarez)는 군주의 주권을 강조하여 '만민법'(*jus gentium*)을 인정하되 그것은 주권의 절대성에 의해 제한된다고 하였다. 겐틸리(Gentilis)는 국제법을 신학에서 독립시켜 인간성(humanity)과 보편성(universality)에 기초한 국제법이론을 정립한 사람으로 처음으로 전쟁법을 체계적으로 연구하였다.[23]

　　17, 18세기에는 국제법에 새로운 사조가 등장하게 되는데, 그 선구자는 국제법의 시조 그로티우스(Hugo Grotius, 1583-1645)였다. 1625년 파리에서 출판된 그의 저서 「전쟁과 평화의 법」은 국제법의 새로운 지평을 개척한 것으로 평가받는다. 그로티우스는 자연법사상을 세속화하였다. 그는 그의 책 서문에서 비록 신이 존재하지 않아도 자연법은 동일하다고 하였는데, 이는 그가 자연법의 이성주의적 전통을 계승하고 있음을 보여 주는 것이다.[24]

　　그로티우스가 국제법의 시조로 불리게 된 것은 그가 국제법(law of nations)이라는 새로운 영역을 개척한 것으로 평가되기 때문이다. 그는 국제법을 더 이상 자연법의 하위개념이나 적용수단으로 보지 아니하고 자연법에서 독립된 법규범으로 인식하였다. 나아가 국제법은 인간의 사회생활을 보편적으로 규율하는 규범이 아니라 특별한 부류의 사람들, 즉 국가의 통치자들에게 적용되는 일단의 법을 의미하는 것으로 보았다.[25]

　　그로티우스 이후 국제법에서는 의사법으로의 국제법이 득세하게 되었다. 자연법 중심의 철학이 쇠퇴하고 실증주의 철학이 대두하면서, 형이상학적 원칙에서 나오는 규범인 자연법 대신에 국가관행과 실제 국제관계에서 형성되어 적용되는 조약과 관습법 중심의 실정국제법이 중요해졌다. 그럼에도 자연법적 국제법의 전통을 이어받은 학자로는 푸펜도르프(Samuel Pufendorf: 1632-1694)가 있는데, 그는 「자연법과 만민법」(*De Jure Naturae et Gentium*)에서 자연법적 국제법을 강조하였다. 그러나 옥스퍼드대학 교수였던 주치(Richard Zouche: 1590-1660)를 비롯하여 빈커스후크(Bynkershoek: 1673-1743), 볼프(Christian Wolff: 1679-1754), 바텔(Emerich de Vattel: 1714-1767)은 국제법이 자연법 중심에서 실정법 중심으로 이동해 가는 시기에 실증주의적 국제법을 대표하였던 사람들이다.

---

23) Lachs, pp.46-51; Evans, p.33.
24) Evans, pp.34-35.
25) *Ibid.*, p.35.

볼프(Wolfe)는 국가들이 공동선 증대를 위해 국가 간 협정을 통해 협력하는 '대국가'(*civitas maxima*)를 구상하였다. 볼프는 자연상태라는 가상상태에서 출발하는데, 자연법은 개인과 국가의 자기보존과 완성을 목적으로 하며 다른 국가나 개인의 보호와 완성을 위해 상호 간에 협력해야 한다고 하였다.26) 바텔(Vattel)은 볼프의 근대 민족주의 철학의 영향을 받았지만 세계주의적인 경향을 보였다. 그는 국제법이 자연법이론에서 법실증주의로 옮아가는 데 가교 역할을 하였다는 평가를 받았다. 국제법을 국가 간 권리와 의무에 관한 학문으로 보았던 바텔의 저서들은 제1차 세계대전에 이르기까지 가장 인기 있는 국제법 문헌이었다.27)

국제법에서 국가와 개인의 법적 지위에 대해 차별적 접근이 이루어진 것은 법실증주의의 영향인 것으로 생각된다. 공리주의 법학자 벤담은 1789년 출간된 「도덕과 법원칙 입문」(*Introduction to the Principles of Morals and Legislation*)에서 오늘날 국제법을 표현하는 보편적 용어가 된 'international law'란 개념을 소개하였는데, 그는 국제법이란 국가 간의 권리·의무에 관한 법이며 개인들의 권리·의무와는 관계가 없다고 하여 국제공법과 국제사법을 구분하였다.28)

Ⅴ. 19세기의 국제법: 비엔나회의에서 제1차 세계대전까지

국제사회란 본래 다양한 지리적·문화적·종교적 배경을 가진 국가들로 구성되어야 하지만 근대 이후 수세기 동안 국제사회의 중요한 행위자들은 주로 기독교 국가인 유럽국가들이었으며 미국이 나중에 가세하는 정도였다. 나머지 다른 지역의 국가들은 오랜 기간 동안 국제사회의 주변부에 머물러 있었으며, 특히 18세기 후반 유럽에서 산업혁명이 일어난 이후로는 유럽국가들과의 격차가 더욱 커

---

26) Nussbaum, pp.150-154. 볼프는 국가들은 '대국가'라는 국제결사 속에 이미 조직화되어 있다고 하였다. 이러한 볼프의 '대국가' 구상을 나중에 등장한 국제연맹과 결부시켜 해석하기도 하지만, 그는 '대국가'란 이미 당시에 존재하였던 것으로 앞으로 등장할 법규칙들을 체화한 것은 아니라고 하였다.

27) Nussbaum은 바텔의 책이 그로티우스의 책에 이어 두 번째로 많은 출판부수를 기록하게 된 것은 역사의 아이러니라고 하였다. 바텔의 글은 이해하기 쉽고 유려하여 외교관들에게 인기가 있었으며 영어권 특히 미국에서 인기가 있었다. *Ibid.*, pp.161-162.

28) Janis, pp.228-231.

져서 그들에 의해서 정복을 당하거나 그 영향력 아래 놓이게 되었다.[29]

실제로 19세기는 유럽의 영국, 프랑스, 프러시아, 러시아, 오스트리아, 스페인, 스웨덴, 네덜란드와 미국 등 구미국가들이 국제사회를 지배했던 시기이었다. 그렇지만 이들은 협력보다는 경쟁관계에 있었으므로 그들 간의 균형과 평화를 유지해 가기 위해서 세력균형(balance of power)을 추구하게 되었다.[30]

비엔나회의는 나폴레옹 전쟁을 종결짓기 위한 강화회의로서 1815년 6월 최종의정서(Final Act)를 채택하고 폐막되었는데, 회의를 통해 구축된 '유럽협조체제'(Concert of Europe)는 19세기 전반기 동안 유럽사회를 지배하였다. 비엔나회의에서 전승국들은 프랑스혁명과 나폴레옹 전쟁을 통해 뿌려진 혁명기운에 맞서서 유럽의 왕조들을 보호하고자 노력하였으며, 유럽협조체제는 바로 그러한 목적에서 1815년 체결된 조약들과 후속 합의들을 통해 구축되었다.[31] 한편 비엔나회의에서는 국제법적으로 중요한 몇 가지 문제들이 다루어졌다. 여러 국가의 국경선을 지나거나 관류하는 국제하천을 연안국은 물론 모든 국가들의 자유항행에 개방하기로 하는 합의와 외교사절의 석차에 관한 합의가 이루어졌던 것이다.[32]

서구 열강들이 세계의 대부분을 식민지화하거나 그 영향권 아래에 두었던 19세기 국제사회의 특징적인 모습 가운데 하나는 유럽국가들과 기타 국가 간의 관계에서 찾아볼 수 있다. 1880년경이 되면 유럽국가들은 세계의 상당부분을 장악하게 되는데, 영국, 네덜란드, 프랑스는 동인도회사와 같은 무자비한 조직을 통하여 이익을 추구하였으며, 유럽국가 이외의 국가들은 오직 제한된 권리만을 행사하였다. 유럽국가들은 터키, 인도의 무굴제국, 페르샤, 중국, 일본, 미얀마, 샴, 에티오피아 등을 독립된 정치적 실체로 인정하였지만, 이들의 국제사회에서의 역할은 제한적이었다. 이러한 지역에서 유럽국가들은 자국인에게 통상에 있어서 특권

---

29) Cassese, pp. 25-26.

30) *Ibid.*, p. 28.

31) 유럽협조체제는 국내질서나 국제관계에서 기독교의 교훈을 행동기준으로 한다는 원칙 아래 오스트리아, 프러시아, 러시아, 프랑스 등 강대국 간 합의에 바탕을 둔 군사동맹으로서의 신성동맹(Holy Alliance)과 정기적인 정상회담 등 다자외교를 통한 분쟁해결을 중요시하였다. 당시 유럽의 강대국들이 유럽 전체의 이익을 위한다는 명분 아래 결성한 유럽협조체제는 수십 년간 유럽의 현상을 유지하는 역할을 수행하다가 1850년대 초 크리미아 전쟁을 계기로 붕괴되었다.

32) Nussbaum, pp. 186-187.

을 부여하고 영토국가의 관할권을 배제하는 굴복체제(capitulation system)를 수립하여 이익을 취하였다. 한편 대부분의 아프리카 지역처럼 중앙집권적 권력이 존재하지 아니하는 지역은 유럽국가들의 정복 대상이 되어 그 식민지가 되었다.[33]

19세기 들어 국제사회는 넓어지고 국제법의 적용범위는 크게 확대되었다. 라틴아메리카 국가들은 독립과 동시에 서구문명에 편입되어 국제사회는 그만큼 확대되었다. 그러한 변화는 극동에서도 있었으니, 1842년 중국은 영국과 남경조약을 체결하여 자국의 5개 항구를 대외무역에 개방하였다. 그 후에 체결된 중국과 유럽국가들 간의 조약들은 굴복체제 모형을 따른 불평등 조약이어서 중국의 독립은 크게 손상되었으나 국제사회는 그만큼 확대되었다. 일본의 고립정책도 1853년과 1854년 미국의 페리(Perry) 제독에 의해 종식되었다. 일본이 서방국가들과 체결한 조약들 역시 불평등조약이었으며 이는 1867년 메이지유신 이후에야 시정되었다.[34] 우리나라도 병자수호조약 이후 서방국가들과 잇달아 조약을 체결하면서 국제무대에 등장하였다.

19세기에는 오늘날 중요한 국제법 주체가 된 국제기구(international organization)가 등장하여 국가중심의 전통적인 국제법 체제에 변혁을 예고하였다. 비엔나회의에서 참가국들은 라인과 다뉴브 강의 자유항행에 합의하고 하천위원회를 두기로 하였다. 그에 따라 최초의 국제기구라 할 수 있는 라인강위원회(1831)와 다뉴브강위원회(1856)가 창설되었다. 국제기구는 19세기 후반 다자조약 제도의 발전과 함께 급격히 증가하였다. 1865년 파리에서는 24개국 대표들이 모인 가운데 만국전보연합(Universal Telegraphic Union)이 설립되었고, 1878년에는 만국우편연합(Universal Postal Union)이 창설되었다. 이들은 주로 행정과 기술 분야에서의 국제협력 증진을 목표로 하였다.

19세기에는 과거에 비해 상당히 많은 조약들이 체결되었는데 특히 다자조약의 체결이 빈번해졌다. 이전에도 가끔 다자조약들이 체결되기는 하였으나 비엔나

---

33) Malanczuk, p.13. 굴복체제란 16세기 이래 서구국가들이 오토만제국 등 모슬렘 국가, 이집트와 시리아 등 아랍국가, 중국 및 일본과 같은 아시아 국가들과 체결한 조약에 기초한 것으로 비유럽국가 영토에 거주하는 자국민들의 거주조건을 정하였다. 거기에는 영사의 동의가 없는 자국민의 추방금지, 기독교 교회를 세우고 예배를 드릴 수 있는 권리의 인정, 무역과 통상의 자유, 자국민에 대한 복구의 금지, 영사재판권에 관한 규정들이 들어 있었다. Cassese, pp.26-27.

34) Nussbaum, pp.194-196.

회의 이후 많은 다자조약들이 등장하였다. 더구나 이전에 체결된 다자조약들은 대부분 국경선 획정에 관한 것이었으나, 19세기에는 국가행위의 일반적 준칙에 관한 조약들이 등장하여 내용이 훨씬 다양해졌다. 국제하천과 외교관계에 관한 비엔나회의에서의 합의와 「해사법에 관한 파리선언」(Paris Declaration of Maritime Law)은 좋은 예이다. 이 시기 국제입법의 가장 중요한 성과는 1899년과 1907년 제1, 2차 헤이그평화회의에서 이루어졌다. 제1차 회의에서는 전쟁법과 상설중재 재판소(Permanent Court of Arbitration) 설립에 관한 협약들이 채택되었으며, 제2차 회의에서는 전쟁과 중립에 관한 13개 협약이 채택되었다.

19세기에는 분쟁해결 분야에도 많은 발전이 있었다. 과거 고대 그리스와 중세 때 많이 사용되었던 중재제도가 국제분쟁의 해결수단으로서 각광을 받았다. 특히 미국과 영국 간의 1794년 제이(Jay)조약과 1814년의 겐트(Ghent)조약이 중요하였다. 그 후에도 중재는 수많은 국제분쟁 해결에 사용되었다. 특히 미국과 영국 간 앨라배마(Alabama)호 사건은 중재제도 발전에 크게 기여하였다.[35] 위에서 설명한 대로 1899년 제1차 헤이그평화회의가 채택한 「국제분쟁의 평화적 해결 협약」에는 중재에 관한 규정들이 포함되어 있었으며 상설중재재판소(PCA)도 설립되었다.

19세기에는 국제인도법 분야에 많은 발전이 있었다. 상병자와 포로의 인도적 대우 등을 주장하여 인도법의 발달에 크게 기여한 사람은 스위스 사람 앙리 뒤낭(Henri Dunant)이었다. 그는 1859년 6월 여행 중 프랑스와 오스트리아 군대 삼십만 명이 참전하여 4만여 명의 사상자를 낸 솔페리노전투의 참상을 직접 목격하고는 「솔페리노의 회상」(Un Souvenir de Solferino)을 저술하여 전쟁 중 부상을 당하였거나 병든 병사들을 구호하기 위한 국제조직의 설립을 제안하였다. 그의 이러한 제안은 후일 국제적십자의 설립을 통하여 결실을 보았으며, 전쟁 중에 상병자와 포로들은 국적에 관계없이 인도적 대우를 받을 수 있게 되었다.[36]

19세기 법실증주의자들은 법이란 신이 아니라 인간이 만든 것이라고 보았다.

---

35) 국가 간 중재의 전성기는 미국과 영국이 1794년 제이조약을 체결한 이후 1세기 동안이었다. 제이조약에 따라 1799년부터 1804년 사이에만 500건의 중재판정이 내려졌으며, 1795년부터 1914년 사이에 200여 개의 국제중재재판정이 설립되었다. Malanczuk, pp.293-294.

36) Ibid., pp.224-227.

이러한 맥락에서 국제법에서 법실증주의는 17, 18세기의 의사법(voluntary law)의 계승자라 할 수 있으며, 바로 그러한 이유에서 19세기 법학자들은 그로티우스에게 '국제법의 아버지'(father of international law)라는 칭호를 부여하였다.37)

법실증주의자들은 국가만을 국제법의 주체로 인정하는 경향을 보였다. 당대 영국의 대표적인 법실증주의자 오스틴(Austin)은 국제법이란 법적인 성격을 가지지 못한다고 하였고, 미국의 스토리(Joseph Story)는 '충돌법'(conflict of laws)에 관한 저작을 통해 국제사법(private international law) 발전에 기여하였다. 19세기 법실증주의자들은 국가와 개인 모두에게 함께 적용되던 17, 18세기 국제법(Law of Nations)을 국제공법과 국제사법이란 두 개의 법학으로 변형시킨 것이다.38)

19세기는 실로 법실증주의의 전성기였다. 법실증주의가 이처럼 전성기를 맞이하게 된 이유중의 하나는 자연법론의 약화인데, 프랑스 혁명에 이론적인 무기를 제공하였던 자연법론은 혁명이 실패로 돌아가면서 반혁명 분자들의 손쉬운 공격대상이 되었다. 자연과학의 발달에 따라 사람들이 관찰과 탐구를 통하여 검증되는 지식만을 신뢰하는 경향을 보이게 되면서 자연법이 신뢰를 상실한 것도 또 하나의 이유이었다.

영국의 법학자 오스틴(John Austin: 1790-1859)은 *Province of Jurisprudence*를 저술하였는데, 그의 사상은 19세기 코먼로의 법사상을 지배하였다. 그의 명령적 법개념은 매우 유명한데, 그는 홉스의 영향을 받아 법을 주권자의 명령이라고 하면서 이를 위반하는 경우에는 제재가 따른다고 하였다. 오스틴은 국제법은 주권자의 명령에 의해 만들어지는 규범이 아니므로 법이 아닌 '실증도덕'(positive morality)이라고 하였다.39)

하이델베르크의 공법학자 옐리네크(Jellinek)는 국제법의 강제성을 설명하기

---

37) Evans, pp.38-39. 실증주의(positivism)란 1830년대 프랑스의 사회철학자 콩트(*Auguste Comte*)가 만든 말로서 과학적(scientific), 객관적(objective), 경험적(empirical)인 어떠한 것을 의미하였다. 그는 인류는 역사적으로 신학적 단계, 형이상학적 단계, 실증적 단계를 거쳐 발전해 간다고 하였다.

38) Janis, pp.233-234.

39) 오스틴에 의하면 실증도덕은 사회 모든 구성원들의 일반적 의사에 의해 만들어지는데, 국제법 역시 여러 국가들로 이루어진 거대한 사회의 일반적 의사에 따라 형성된다고 한다. 그러나 오스틴은 국제법 부인론자는 아니었다. 그는 국제법이라 불리는 규칙의 존재와 가치, 효율성은 의심하지 않았다. Nussbaum, pp.233-234; Henkin, Historical Introduction, pp.26-27.

위해 노력하였다. 그는 한 국가가 다른 국가와 법적인 관계를 맺는 것은 국가의 '자기제한'(self-limitation) 행위라고 하면서 이러한 행위를 통해 국가는 관련 국제법에 종속된다고 하였다. 독일의 트리펠(Triepel, 1868-1946)은 국가에 의한 자기제한의 문제점을 인식하고 국가들의 일반의사(general will)에서 나오는 보다 안정된 이론으로 대체하려고 하였다. 그러나 그가 말하는 일반의사는 선험적으로 존재하는 자연법은 아니었다. 그는 국제법이 국내에서 효력을 가지려면 국내법으로 변형되어야 한다는 2원론을 주장하였다. 독일 관념철학을 완성한 헤겔(Hegel, 1770-1831)은 국가를 최상의 실체로 보았다. 민족정신의 체화인 국가는 오직 자신의 규범에 종속되며 자신의 선에 의해 인도된다. 그는 전쟁은 진보에 필수적이며 평화는 정체를 의미한다고 하였다.[40]

법실증주의가 극성을 부리는 가운데에서도 전통적인 자연법이론을 주장한 사람은 로리머(James Lorimer)였다. 그의 법사상은 자연법 이론, 특히 아우구스티누스와 아퀴나스에 밀접하게 연결되어 있었다. 그는 법이란 신의 명령, 즉 자연법이므로 우리는 법을 발견할 뿐이라고 하면서, 국제법도 자연법이라고 하였다.[41]

VI. 제1차 세계대전부터 제2차 세계대전까지

이제까지 서유럽 중심으로 움직여 온 국제사회는 19세기 들어 두 가지 사건을 통하여 크게 변하게 되었다. 그 두 가지 사건은 제1차 세계대전과 러시아에서의 볼셰비키 혁명이었다. 이러한 변화를 겪으면서 서유럽의 국제사회에서의 주도적 역할은 종언을 고하게 되었으며, 미국과 소련의 영향력은 더욱 커지게 되었다.

제1차 대전의 참상은 많은 사람들에게 충격을 주었다. 그 결과 사람들은 국제평화의 유지를 위한 항구적인 국제기구의 등장을 갈망하게 되었으니 프린스턴 대학교 총장 출신으로 미국 대통령이 된 윌슨(Woodrow Wilson)은 그 대변자이었다. 그는 1918년 1월 8일 발표된 「14개조」(Fourteen Points)에서 정치적 독립과 영토보전을 상호 보장하는 보편적 국제기구를 조직하자고 제의하였으며, 그의 이러

---

40) *Ibid.*(Nussbaum), pp.234-238.
41) *Ibid.*; Lachs, pp.76-77.

한 제안은 국제연맹의 출범으로 결실을 보게 되었다.

그렇지만 국제연맹은 권고할 수 있는 권한만을 가지고 있었으며, 실질문제에 대한 결정에는 만장일치를 요구하는 등 구조적 모순을 안고 있었다. 무력행사금지에 있어서도 국제연맹은 모든 전쟁을 불법화하지 못하고, 3개월의 냉각기간을 두는 등 연맹규약이 정한 절차를 따르지 아니한 전쟁과 연맹이사회의 보고서나 PCIJ의 판결 및 중재판정을 따르는 국가를 상대로 한 전쟁을 금지하는 데 머물렀다. 또한 국제연맹에는 미국 등 당시 강대국들 중 일부가 불참하여 현실적으로 국제사회를 대표할 능력도 없었다.

국제연맹의 이러한 약점을 보완하기 위하여 두 가지 조치가 취해졌다. 하나는 1928년에 체결된 부전조약(또는 파리조약)이다. 이 조약은 전쟁을 보다 포괄적으로 금지하였으며 미국 등 국제연맹 비회원국들도 참가하여 기대를 모았다. 그러나 조약에는 강제조치에 관한 규정이 없어 실질적으로는 별 효과가 없었다. 다른 하나는 1932년 일본이 만주를 침략하였을 때 당시 미국 국무장관이었던 스팀슨이 발표한 「스팀슨독트린」(Stimson Doctrine)이다. 불법적인 침략에 의해 조성된 상황을 승인하지 않겠다는 이 독트린 역시 당장 큰 효과를 보지는 못했지만, 후일 유엔이 유사한 조치를 취할 때 원용되었다.[42]

1917년 혁명을 통하여 러시아에는 기존의 서구 국가들과는 이념과 정치철학을 달리하는 정부가 탄생하였다. 신생 소련정부는 국제관계에서 인민들의 자결권을 중요시하고, 국가 간의 실질적 평등을 추구하였으며, 사회주의의 확산에 노력하고, 기존의 국제법의 일부를 거부하는 등 변화를 시도하였다. 그러나 이 시기 소련정부는 수세적인 입장에 있었기 때문에 국제사회의 기존의 제도를 공격은 하였지만 새로운 국제규칙 형성에 큰 영향을 줄 수는 없었다.[43]

두 번의 세계대전 사이에 끼인 이 시기는 국제평화의 유지라는 점에서 볼 때 성공적이지는 못하였다. 그렇지만 이 짧은 기간 중에도 많은 국제법의 발달이 이루어졌다. 평가할 부분으로는 다음과 같은 것들이 있다.

첫째는 분쟁해결 분야에서의 발전이다. 보편적 관할권을 가진 최초의 상설국제재판소인 상설국제사법재판소(Permanent Court of International Justice: PCIJ)가

---

42) Evans, p.47; Cassese, pp.37-38.
43) *Ibid.*(Cassese), pp.35-36, 38.

연맹규약에 의해 1921년 설립되었다. 이 재판소는 비록 강제관할권이 없어 한계는 있지만 국제재판을 통해 관련 관행을 정립해 가는 데 기여하였다. 또한 당시 유럽의 국가들은 중재를 분쟁해결과 전쟁방지의 유효한 수단으로 평가하였던바 로카르노 조약 등 중재에 관한 합의들이 다수 등장하였다.[44]

둘째는 국제연맹에 의한 국제법의 성문화노력이다. 1930년 헤이그에서 개최된 성문화회의는 소기의 성과를 거두지는 못하였다. 그러나 당시 작성된 준비문서와 연구결과들은 후일 국제법의 성문화 작업에 많이 활용되었다.

셋째는 인권 등 개인에 대한 관심이 점차 높아져 간 점이다. 제1차 대전 이후 유럽에는 인종적·종교적·언어적 소수자 그룹들이 등장하였는데, 이들은 국제연맹 이사회에 소수자들의 권리침해에 관하여 청원을 할 수 있었다. 또한 국제노동기구(ILO) 헌장은 노동조합에게 집행기구에 호소할 수 있게 하였다. 국제법의 이러한 변화는 국제법상 객체에 머물러 온 개인에 대한 보다 높아진 관심을 보여주는 것으로 국제법의 새로운 경향을 시사해 주는 것이었다.[45]

19세기 국제법학자들은 국제법의 근본문제에 대해서는 별 관심이 없었다. 그러나 세기말부터 이러한 근본적인 문제들에 대한 새로운 연구가 시작되었고, 이러한 연구들은 제1차 대전 이후 꾸준히 증가하였다. 특히 국제법의 근본에 대한 연구는 한때 사망선고를 받았던 자연법의 부활을 가져왔다. 이 당시 국제법 분야에서의 자연법연구에는 두 가지 방향이 있었다. 하나는 가톨릭의 이론을 따르는 것이고 다른 하나는 국제법의 철학적이고 형이상학적인 측면을 강조하는 입장인데, 정의와 같은 도덕적 가치들을 중시하는 후자의 입장이 더 중요하였다.[46]

20세기 초에는 마르크스(Karl Marx)와 엥겔스(Engels)의 철학에 뿌리를 두고 있는 사회주의 국제법 이론이 등장하여 주목을 끌었다. 사회주의 국제법은 이론 자체가 독창적이고 내용이 독특하였으며 냉전기간 동안 사회주의 노선을 따랐던 국가들의 지지를 받았다.[47]

---

44) 1925년 로카르노(Locarno) 조약을 통해 프랑스·독일·벨기에는 상호 간에 불가침을 약속하고 분쟁이 발생하면 중재에 의해 해결하기로 하였다.

45) Cassese, pp.38-39; Evans, p.48.

46) Nussbaum, 276-278. 제1차 대전 이후 자연법적 접근방법이 부활한 것은 국제법 분야에만 국한된 현상은 아니었다. 전체주의로 인한 폐해를 겪은 후 사람들은 독재자들이 제정하는 실정법보다 상위의 법인 자연법을 생각하게 되었다.

47) Lachs, p.93.

순수법이론으로 유명한 빈학파의 창시자 켈젠(Hans Kelsen: 1881-1973)은 법에 대한 연구는 도덕적·심리적·사회적·정치적 요소를 배제하고 오직 법규범 간 논리를 엄격한 법적인 용어로 설명하는 것이어야 한다고 하였다. 켈젠은 국제법과 국내법의 동질성 주장에서 더 나아가 모든 국내법이 국제법이란 공통의 근거를 가진다고 하는 등 세계의 법의 통일을 상정하였다는 점에서 특징적이다. 켈젠의 순수법이론을 국제관계에 도입한 베어드로스(Alfred Verdross)는 국제법우위의 일원론을 주장하였으며 "약속은 지켜야 한다"(*pacta sunt servanda*)는 근본규범을 중요시하였다.[48]

20세기 초 일부 국제법학자들은 주권문제를 깊이 연구하여 새로운 국제법 연구방법을 제시하였다. 그들에게 있어서 국가에게 막강한 권력을 부여해 온 주권은 이제 비난의 대상이 되었으며, 평화주의자들은 주권을 전쟁의 주범으로 지목하기도 하였다. 이러한 상황에서 이념적으로 법과 국가 간의 관계를 단절하려는 시도들이 있게 되었는데 일부 반주권적 이론들은 1원론으로 발전하여 트리펠의 2원론과 대립하게 되었다.[49]

크라베(Krabbe: 1859-1936)는 최초의 1원론자였다. 크라베에 의하면 국가란 원래 주권자의 명령과 권력의 소산이지만, 근대국가에서 '국가주권'(state sovereignty)은 정신적인 규범, 즉 '법의 주권'(sovereignty of the law)에 자리를 양보하였다. 법이란 과거 주권자의 권력과 같이 외부적인 것이 아니라 올바른 것에 대한 인식이며, 국제법은 이러한 인식이 국제관계에까지 확장된 결과라는 것이다. 따라서 국제법과 국내법은 본질적으로 같은 것이며 보다 큰 사회의 법인 국제법이 국내법보다 우월하다고 하였다. 프랑스의 뒤기(Duguit: 1859-1928)는 국가이론에 있어서 홉스와는 반대되는 이론을 주장하여 국가란 같은 영토에 살고 있는 개인의 집단이라고 하였다. 그는 법규범은 '사회규범'(social norms)을 만들어내는 사회적 사실(social fact)인 '연대성'(solidarity)에서 나오며 그 규범의 위반이 힘의 사용을 정당화하는 경우에 법적인 성격을 갖는다고 하였다. 국제법을 만들어내는 사람들은 주로 지배계층 사람들이지만, 국제규범이 연대를 향한 개인들의 충동에 의해 생성된다는 기본적인 전제는 그대로 유지된다고 한다. 크라베는 법 형성과정의 윤

---

48) Nussbaum, pp.280-281; Lachs, pp.94-95.
49) Nussbaum, p.278.

리적·정치적 측면을 강조한 데 반하여 뒤기는 사회학적 방법을 사용하여 1원론
이란 동일한 결과에 도달한 것이다.[50]

Ⅶ. 제2차 세계대전 이후

1945년 여름 두 달도 안 되는 짧은 기간 동안 국제사회에는 3가지 중요한 일
이 있었다. 그것은 6월 26일 샌프란시스코에서의 유엔헌장 채택, 8월 6일과 9일 일
본 히로시마와 나가사키에의 원폭투하, 8월 8일 런던에서의 전범재판을 위한 국제
군사법정협정의 채택이다. 이러한 일들은 전쟁을 끝내고, 전범들을 재판하며, 국
제사회의 새로운 기초를 닦는 것으로, 국제사회의 미래상을 보여주는 것이었다.[51]
국제사회는 두 번의 세계대전을 거치면서 크게 변하였다. 특히 유럽은 제2차
세계대전 이후 크게 모습이 달라졌으니 소련은 동구권 국가들과 함께 사회주의
그룹을 형성하였다. 국제법의 구조에 근본적인 변화를 가져온 또 하나의 요인은
탈식민화 과정에서 등장한 아시아와 아프리카의 수많은 신생국들이었다. 이제 국
제사회는 이전처럼 동질적인 국가들의 모임이 아니라 상이한 경제적·정치적 구
조를 가진 국가들로 구성되게 되었으며, 국제법도 서구 기독교 국가 간의 관계를
규율하는 규범에서 지구상에 존재하는 다양한 국가 간의 관계를 규율하는 보편적
규범으로 변모되었다.[52]
제2차 대전 이후 국제법 발달에 있어서 가장 특징적인 부분은 유엔을 비롯한
국제기구의 발달이다. 제2차 대전이 끝나 가면서 세계 지도자들은 전쟁의 참화를
막아 주고 분쟁을 평화적으로 해결하는 데 기여할 수 있는 국제기구를 만들 것을
구상하게 되었다. 그리하여 전승국들은 대서양헌장, 모스크바회의, 덤바튼오크스
(Dumbarton Oaks) 회의, 얄타회담을 거쳐 1945년 6월 샌프란시스코에서 열린 회의
에서 유엔헌장을 채택하고 서명하였으며, 이 헌장이 동년 10월 24일 발효하면서
유엔은 공식적으로 출범하였다. 유엔은 세계의 경제·사회·문화·인권 등 거의
모든 문제에 관여하고 있다. 유엔과 같은 보편적 국제기구들의 이러한 활동과 각

---

50) *Ibid.*, pp.278-280.
51) Cassese, p.39.
52) Malanczuk, p.28; Lachs, pp.90-91.

종 지역기구들의 활발한 활동에 힘입어 국제법은 국가 간 외교규범의 차원을 넘어 국가생활의 경제적·사회적 구조에까지 깊이 침투하게 되었다.[53]

유엔의 목적 가운데 가장 중요한 것은 국제평화와 안전의 유지이다. 유엔은 전쟁개념의 상대화에 따라 헌장에서 전쟁의 금지를 넘어 무력행사를 전반적으로 금지하였다. 유엔헌장은 제2조 4항에서 전쟁(war) 대신에 무력(force)의 사용과 위협을 금지하였으니, 유엔은 전통적인 의미에서의 전쟁은 물론이고 '전쟁에 이르지 아니하는 적대행위'(hostilities falling short of war)까지 모두 금지한 것이다. 한편 유엔은 국제평화와 안전의 유지를 위해서는 강대국 간 협력이 필수적이라는 인식에서 국제평화와 안전의 유지에 관한 주된 책임을 안전보장이사회에 부여하고 그 상임이사국들에게는 거부권을 부여하였다. 그러나 냉전의 시작으로 세계가 동서양 진영으로 나뉘고 안전보장이사회가 정치적인 기관으로 변질되면서 그 평화유지 기능은 약화되었다.

제2차 대전 이후 국제사회에 등장한 신생국들은 수적인 우위를 바탕으로 상당한 영향력을 행사하게 되었다. 그들은 대부분의 기존의 국제법 규칙들은 그대로 수용하였지만, 일부 국제법 규칙에 대해서는 이를 비판하고 수정을 요구하였다. 특히 선진국과 개도국 간 경제적 차이가 점점 벌어져 가던 1970년대에는 국제경제질서를 과거 선진국 위주의 질서에서 형평에 기초한 '신국제경제질서'(New International Economic Order)로 교체해야 한다고 주장하였었다. 정치적으로는 비동맹그룹에 속하였던 이들은 유엔 총회에서는 물론이고 기타 국제기구에서도 다수를 차지하여 국제법의 구조변화에 있어서 중요한 역할을 맡게 되었다.[54]

국제법의 객체에 머물러온 개인들도 제2차 대전 이후 보다 중요한 국제법의 주체로 등장하였다. 전후 전승국들이 뉘른베르크재판소와 동경재판소를 설립하여 전범들을 처벌한 것은 국제법의 개인에 대한 관심을 높여가는 계기가 되었으며 이는 결국 개인의 기본권 보호로 확대되었다. 유엔은 1948년 세계인권선언에 이어 1966년에는 국제인권규약을 채택하는 등 인권의 국제적인 보호를 위해 노력

---

53) Henkin, Historical Introduction, pp. 28-29.

54) Malanczuk, p. 28. 유엔 안전보장이사회와 경제관련 국제기구에서는 아직도 서구국가들의 절대적인 우위가 유지되고 있다. 특히 세계은행(IBRD)이나 국제통화기금(IMF) 같은 경제관련 국제기구에서는 그 분담금 비율에 따라 가중투표(weighted voting)가 이루어지고 있는바 서구국가들의 주도적인 위치가 유지되고 있다.

하고 있으며, 유럽연합 등 지역기구들도 이에 가세하고 있다.[55]

오늘날 국제법의 발전과 관련해서는 국제경제법의 등장을 주목할 필요가 있다. 제2차 대전 이후 미국 등 시장경제 국가들은 자유무역이 모든 국가에게 이익을 준다는 신념에 따라 소위 브레튼우즈체제를 구축하였다. 통화에서는 국제통화기금(IMF), 금융에서는 국제부흥개발은행(IBRD), 무역에서는 가트(GATT)와 같은 국제조직들이 자유무역에 의한 인류의 복지증진을 도모하는 국제적인 임무를 부여받았다. 특히 1994년에는 가트의 8번째 다자간협상인 우루과이라운드가 타결되어 가트 대신에 세계무역기구(WTO)가 세계무역의 관리자가 되었으며, 과거 주로 공산품 분야에 국한되었던 무역자유화는 농산물·서비스·지적재산권 등 거의 모든 경제 분야로 확대되어 무역자유화에 커다란 진전이 있었다.

환경보호를 위한 국제법에도 많은 발전이 있었다. 20세기 후반 지구의 환경은 양적·질적으로 더욱 악화되어 인류의 유일한 생활터전인 지구의 운명을 걱정해야 하는 지경에 이르렀다. 더구나 환경파괴가 광역화되면서 환경문제가 국제적인 이슈로 등장하였는데, 1972년 스톡홀름 인간환경회의(UNCHE)와 1992년 리우환경개발회의(UNCED)는 국제환경법 발달에 중요한 전환점이 되었다. 국제법에서는 현재 지구가 직면해 있는 지구온난화나 오존층파괴와 같은 대기오염, 생물다양성파괴, 해양오염과 같은 범지구적 문제들에 대처하기 위하여 각종 협약을 마련하는 등 국제협력을 강화해가고 있다.

제2차 세계대전 이후 등장한 학설들 중에서 눈에 띄는 것은 행태주의적 경향이다. 금세기 들어 정부의 역할이 다양한 인간활동과 사회복지 문제로 확대되면서 이러한 변화 속에서 법의 역할을 설명하기 위한 시도들이 있었다. 특히 법을 사회변화를 위한 도구로 인식해 온 미국에서는 법의 성격과 법관의 역할을 결정하는 것은 집단의 가치와 정책이라는 인식이 하나의 조류를 이루게 되었다.[56]

한편 프리드만(Wolfgang Friedmann)은 「국제법의 구조변화」(*The Changing Structure of International Law*)에서 국가를 중심으로 하는 국제사회의 분권화된 체제는 수평적으로 확대되어 가는 질서와, 자원부족 및 핵무기의 등장으로 타당성을 상실하였다고 하였다. 국제사회에서 국가는 계속 중요한 주체로 남겠지만, 다국적

---

55) Malcolm N. Shaw, *International Law*, Cambridge University Press, 1997, pp.38-39.

56) *Ibid.*, pp.44-46.

기업과 비정부간기구들이 상대적으로 중요해질 것이라고 하였다. 따라서 국제법도 국가 간 외교관계 중심의 '공존의 법'(law of coexistence)에서 '협력의 법'(law of cooperation)으로 발전해 갈 것이라고 하였다.[57] 맥두갈(Myres Mcdougal) 교수를 비롯한 예일대학 교수들을 중심으로 형성된 뉴헤이븐 학파에서는 국제법에 있어서 정부의 정책을 중시하는 '세계공공질서'(world public order) 개념을 주장하였다. 그들은 지역적인 견해 차이와 힘의 불균형으로 국제법의 보편성에 의문이 제기되고 있으며 국제법 규칙의 모호함으로 인하여 세계의 분열이 지속되고 있다고 하였다. 그들은 이러한 문제를 극복하기 위하여 국제법학자들은 각국 국민과 그 지도자들이 가지고 있는 가치를 좀 더 심도 있게 고찰하여 새로운 국제법 이론을 구성해야 한다고 하였다.[58] 그들은 국제법을 선험적인 것으로 생각하여 오직 법논리 속에서 국제법을 보려는 경향에 반대하여 정책중심의 법학을 제창하였다. 이들은 정책의 선택에 있어서 법적인 정의가 중요하듯이 정치는 법에서 매우 중요하고 불가결한 요소라고 하였다.[59]

‖ 제3절 ‖ 국제법의 법적 성격

Ⅰ. 서 론

국제법에 대해서는 그 법적 성격을 둘러싸고 논란이 있었다. 국제법이 법인

---

57) Wolfgang Friedmann, *The Changing Structure of International Law*, Columbia University Press, 1964, pp.60-95, 365-366.

58) Myres Mcdougal and Harold Lasswell, "The Identification and Appraisal of Diverse Systems of Public Order," in Mcdougal and Associates, *Studies in World Public Order*, Yale University Press, 1960, p.5. 이러한 주장에 대해 전통국제법학자들은 '법'(law)과 '정책'(policy)이 혼동되어 있음을 지적한다. 실제로 세계공공질서 접근방법은 상대적이고 가변적인 정책으로부터 법적인 의무를 구분하는 현실적인 기준을 제시하지 못하는 약점을 가지고 있다.

59) Myres S. Mcdougal and W. Michael Reisman, *International Law in Contemporary Perspective*, Foundation Press, 1981, pp.2-6.

가 하는 의문은 국제법은 국내법과 여러모로 다르다는 인식에서부터 나오는 것이지만, 기본적으로는 주권국가를 구속하는 법이 있을 수 있는가 하는 의문에서 파생된 것이라고 할 수 있다. 더구나 국제사회에는 법을 제정하는 입법부, 법을 집행하는 행정부, 법을 적용하는 사법부가 존재하지 않으므로 무엇이 국제법인지 명확히 알 수가 없다는 것이다. 국가를 강제할 수 있는 상위기관이 존재하지 않아 국제법이 강제성을 가지지 못하므로 그 법적인 성격이 부인되어야 한다는 주장도 있었다.

결국 문제는 국제법이 현실적으로 존재하는 규범인가 하는 것과 국제법이 법의 속성인 강제성을 가지고 있는가 하는 것이다. 국제법이란 규범이 현실적으로 존재하는 규범인 것은 오늘날 국제사회의 관행과 각종 조약에 비추어 볼 때 의문의 여지가 없다. 유엔은 회원국들에게 국제법 준수를 요구하고 있으며, 각국은 헌법에 국제법에 관한 규정들을 두고 있다. 국제분쟁의 발생 시 분쟁당사국들은 국제법에 근거하여 자신들의 주장을 전개하는데, 이러한 국가들의 관행 역시 국제법이 현실적으로 존재하는 규범임을 증명하고 있다.

남은 문제는 국제법이 강제성이 있는 진정한 법규범인가 하는 것이다. 국제법을 진정한 법이 아니라고 주장하는 사람들은 국제법이 법의 속성인 강제성을 가지지 못하는 데 주목하였다. 국제법의 오랜 쟁점의 하나인 이 문제를 국제법부인론과 그에 대한 반론과 국제사회의 실행을 중심으로 고찰한다.

II. 국제법부인론의 근거와 비판

1. 초국가기구가 필요한가

국제법의 강제성 나아가 국제법의 법적인 성격을 부인하는 가장 중요한 근거는 국제사회에는 국가를 강제하는 상위기관이 존재하지 않는다는 사실이다. 법이란 본래 상위권력에 의해 제정되어 제재를 무기로 강제되어야 하는데, 국제사회에는 이러한 '초국가기구'(supernational authority)가 존재하지 않으므로 국제법은 법적인 성격을 가지지 못한다는 것이다.

이러한 비판에 대해서는 법이 존재하기 위한 조건으로 상위기관이 꼭 필요한 것인가 하는 의문이 제기된다. 생각건대 법의 존재를 위하여 통일된 상위기관의 존재가 필수적인 것은 아니므로, 국제사회에 초국가기구가 존재하지 않는다고 하더라도 국제법의 법적 성격이 당연히 부인되는 것은 아니다.

2. 국제사회는 자연상태인가

국제법의 법적 성격을 부인하는 또 하나의 주장은 국제사회에서는 법보다 힘이 우위에 있다는 현실주의적 견해이다. 이러한 정치적 사고는 여러 학자들에 의해 상당히 오래전부터 주장되어 왔으며 일반인들의 사고에도 깊숙이 침투해 있다.

마키아벨리(Machiavelli)는 혼란스럽고 분열된 상태에 있었던 이탈리아의 현실을 개탄하면서 통치자에 의한 무자비한 통치를 주장하였으며 국제법을 부인하였다.[60] 홉스(Hobbes)와 스피노자(Spinoza)도 국제사회는 힘의 논리가 지배하는 자연상태에 있다고 생각하여 주권국가는 조약을 준수할 의무가 없다고 하였다.[61]

그렇지만 국제사회를 오직 힘이 지배하는 사회로 보는 것은 잘못된 것이다. 오늘날 세계 대부분의 국가들은 국제법의 존재를 인정하고 있고 국제법을 준수하고자 노력하고 있다. 국제법을 지키는 것은 유엔 회원국이 되기 위한 전제조건이고 모든 국가들의 의무이기도 하다.

3. 주권국가를 구속하는 법은 있을 수 없는가

영국의 오스틴(J. Austin)은 법이란 주권자의 명령이므로 주권자의 명령이 아닌

---

60) 마키아벨리는 인간의 본성과 자연법을 믿지 않았으며 오직 실정법을 중시하였다. 파스칼은 마키아벨리의 생각과 마키아벨리즘은 다르다고 하여 마키아벨리 사상에 대한 오해가 있음을 지적한 바 있다. 그러나 그가 국제법을 부인하는 사람이었던 것은 분명하다. Lachs, pp.13-14.

61) 홉스는 '칼'(the sword)을 소유하지 아니한 '법'은 인간의 안전을 보호할 힘이 없는 '말'일 뿐이라고 하였다. 국가 간의 관계는 끊임없는 적개심과 질시, 투쟁의 연속이므로 그 어떠한 국제적인 약속도 구속력을 가지지 못한다는 것이 그의 생각이었다. 스피노자도 자연상태에 있는 모든 국가는 자신의 이익이 아닌 그 어떠한 것에도 종속되지 않는다고 하여 국제법을 부인하였다. *Ibid.*, pp.14-15.

세론에 의해 설정되고 강요되는 국제법은 법이 아니라 실증도덕(positive morality)이라고 하였다.[62]

혜겔(Hegel)은 인간의 역사는 전제가 지배하던 원시사회로부터 자유의지의 최고 단계이자 사회발전의 최고단계에 존재하는 국가로 발전해 간다고 보았다. 그는 최고의 존재인 국가를 구속하는 법은 있을 수 없으며 조약도 당사국의 의사에 따라 언제든지 폐기될 수 있다고 하여, 국제법의 존립가능성 자체를 부인하였다.[63] 혜겔의 이러한 입장은 신칸트학파에 속하는 라슨(Adolf Lasson)과 조른(Zorn)에 의해 계승되었다.

국제정치학자들 중에는 국제법부인론자들이 많다. 아롱(Raymond Aron)은 국제법은 위선이라고 비판하였으며, 케난(Kennan)은 국제법은 너무 추상적이고 경직적이어서 실제로 사건을 해결하는 데 도움이 되지 않는다고 하였다.[64]

국제정치학자들의 견해를 제외한 국제법부인론은 대부분 과거에 있었던 이론들이다. 국제법이란 규범의 존재는 인정하되 강제성에 문제가 있으므로 법으로 인정할 수 없다는 것인데, 이러한 견해에 대해서는 다음에서 보듯이 다양한 반론이 제기된다.

4. 국제법은 정말 위반이 많은가

국제법의 법적 성격을 부인하는 사람들은 국제법에 대한 위반은 매우 빈번하며 그러한 위반에 대해 국제사회는 속수무책이라고 한다. 국제사회는 국제법 위반자들을 제대로 제재하지 못하기 때문에, 국가들은 국제법을 준수하려 하지 않으며 국제법을 준수할 필요를 느끼지도 않는다는 것이다.[65] 그러나 국제법에 대한 위반이 많다는 주장은 지나친 편견일 수 있다. 샥터(Schachter) 교수는 국가들의 국제법 위반 사례에 주목하기 이전에 대부분의 국가들이 국제법을 준수하고 있는 현실을 직시해야 한다고 하였다.[66]

---

62) 오스틴을 국제법 부인론자 범주에 넣지 않는 학자들도 있다. 그는 국제규범의 존재를 의심한 것이 아니라 그 법적 성격을 의심하였기 때문이다. *Ibid.*, p.15; Nussbaum, p.234.

63) Lachs, pp.15-16.

64) *Ibid.*, pp.17-18.

65) Michael Akehurst, *A Modern Introduction to International Law*, Allen & Unwin, 1987, p.1.

Ⅲ. 국제법긍정론과 이론적 근거

국제법긍정론의 계보를 찾아 올라가면 세계정부를 희구해 온 유토피아 사상과 연결된다. 국제법부인론의 반대편에 서서 국제법긍정론을 주장한 사람들 중에는 유토피아적 사상가들이 많았기 때문이다. 중세 때에는 보편적 자연법인 '신의 법'(Law of God)이 보편적 규범으로 간주되었고, 르네상스 이후에는 토마스 모어(Thomas More), 캄파넬라(Campanella), 베이컨(Bacon) 등이 세세주의적인 이상향을 묘사하였다.[67]

그러나 국제법 학자들의 관심을 끄는 것은 단순한 이상향에 대한 동경보다는 국제평화유지를 위한 국제협력체제 결성에 관한 제안들이다. 일찍이 프랑스의 앙리 4세(Henry Ⅳ)는 고대 그리스시대 인보동맹을 본받아 유럽연합을 위한 '대계획'(Grand Design)을 제안하여 의무적 중재에 의한 분쟁해결을 주장하였고, 윌리엄 펜(William Penn)은 유럽의 왕들이 상호 간에 지켜야 할 정의의 규칙을 마련하자고 하였다. 프랑스의 생 피에르(Saint-Pierre)는 전쟁의 포기와 의무적 중재를 내용으로 하는 '유럽의 항구평화를 위한 구상'을 제안하였다. 인류가 세계국가란 구조 속에 결합해야 한다는 이러한 생각은 칸트의 「영구평화론」(Perpetual Peace)에도 등장하였다.[68]

국제법이 강제성을 가진 법규범으로 인정되어야 한다는 주장의 논거로는 다음과 같은 것들이 있다.

먼저 국제법의 강제성의 근거를 국가의사에서 찾는 의사주의에 의하면, 국제법이 준수되어야 하는 것은 바로 국가들이 그것을 원하였기 때문이라고 한다. 이러한 학설은 바텔(Vattel), 옐리네크(Jellinek), 트리펠(Triepel) 등에 의해 주장되었는데, 옐리네크는 자기제한설을 그리고 트리펠은 일반의사(general will)를 주장하였다. 국가권력을 절대시하는 독일적 전통에 따라 국가는 그 어떠한 것에도 종속

---

66) Schachter, pp.6-7. 샤터 교수는 국가들은 습관적으로 조약상의 의무와 사례들을 조사하여 자신의 행동을 조절해 가고 있으며, 국제법 위반으로 분쟁이 발생하지 않도록 조심하고 있다고 하였다.

67) Lachs, pp.18-21.

68) *Ibid.*, pp.24-26.

되지 않는다고 믿어 온 옐리네크는 국가가 국제법을 지켜야 하는 현실에 많은 고민을 하였다. 결국 그는 국가가 국제법 특히 조약을 지켜야 할 의무를 국가의 의사에서 찾아 내어, 국제법은 국가가 스스로 그것을 원하였기 때문에 지켜져야 한다고 하였다.[69]

국가의사가 아닌 다른 요소에서 강제성의 근거를 발견하고자 하는 객관주의적 주장들도 있었다. 켈젠(Kelsen)은 법의 피라미드의 최첨단에는 근본규범(Grundnorm)이 있다고 하면서, '약속은 지켜야 한다'(*pacta sunt servanda*)는 공리는 모든 법규범의 강제력의 근거가 된다고 하였다. 또한 법의 피라미드 상층부에 위치한 국제법은 정치 공동체들이 국제법이 요구하는 국가의 요소들을 갖추게 되면 자신의 최고의 법적인 권력을 위임(delegate)해 준다고 하여 국제법이 국내법보다 상위규범임을 분명히 하였다.[70]

법사회학파인 뒤기(L. Duguit)와 셀(G. Scelle)은 법은 사회의 연대성 유지를 위해 필요한데, 사회 내 규범보다는 사회 간 규범이 우월해야 평화가 유지되므로 각국의 국내법은 국제법에 종속되어야 한다고 하였다. 그 외에 국제사회에서의 정의와 공동선 실현을 위해 국제법이 강제력을 가져야 한다는 자연법적 이론도 있었다.[71]

IV. 국제사회의 현실

근대 이후 사람들은 법의 제정은 입법부가, 법의 위반을 심판하는 일은 사법부가, 입법부와 사법부의 결정을 집행하는 일은 행정부가 담당한다는 구조에 익숙해 있으나, 국제법에서는 이러한 모습을 볼 수가 없다. 19세기 일부 법철학자들은 국제사회에 입법부가 존재하지 않는다는 사실로부터 국제법의 법적인 성격을 부인하려 하였다. 그러나 오늘날 국제법의 이러한 결점은 결정적인 것이 아니며, 국제법의 법적 성격을 의심하는 사람들은 효율적인 제재의 결여, 즉 의무적인 재판제도와 판결의 집행을 위한 중앙집행기구가 없다는 점을 주목하고 있다.[72]

---

69) 유병화, 「국제법 I」, 진성사, 1994, pp.96-100.

70) Nussbaum, pp.280-281.

71) 유병화, pp.100-103.

미흡하기는 하지만 국제법에도 제재수단은 있다. 먼저 자력구제(self-help)를 들 수 있다. 모든 법의 초기단계에서 가장 유용한 제재수단이었던 자력구제는 오늘날 다른 법에서는 예외적인 제도가 되었으나, 국제법에서는 아직도 유용한 제도로 남아 있다. 자력구제에 속하는 제도 중에서 보복(retorsion)은 경제원조 중단이나 최혜국대우(MFN) 철회와 같이 법적인 의무가 없는 조치를 통하여 이루어진다. 복구(reprisal)는 다른 국가에 의해 행하여진 불법행위에 상응하는 조치 ─ 예를 들어 A국이 자국 내 B국 국민의 재산을 몰수한 경우 B국이 자국 내 A국 국민의 재산을 몰수하는 조치를 취하는 것처럼 ─ 를 취하는 것이다.[73]

국제법위반에 대한 국제사회의 제재 중에서 보다 중요한 것은 국가들에 의한 집단적 제재이다. 과거 유엔 안전보장이사회는 상임이사국들의 거부권 남용으로 국제법 위반에 효율적으로 대처하지 못했었다. 경제적 제재는 여러 차례 발동되었지만, 무력제재는 제대로 이루어지지 못하였던 것이다. 그러나 냉전체제 붕괴 이후 유엔의 국제평화와 안전의 유지 기능에 대한 기대가 커지고 있으며, 1990-1991년 걸프사태 당시 유엔은 쿠웨이트를 침략한 이라크를 응징하기 위해 다국적 군대에게 무력사용을 허용함으로써 그러한 기대에 부응하였다.

‖ 제4절 ‖ 국제법과 국내법

I. 서 론

국제법과 국내법을 명확하게 구분하는 것은 결코 용이한 일이 아니다. 그럼에도 불구하고 국제법과 국내법을 구분하려는 시도가 계속되고 있는 것은 국제법과 국내법은 여러 가지 면에서 상이할 뿐 아니라, 국제법과 국내법의 충돌 시 어떤 규범을 적용할 것인가 하는 현실적인 문제가 발생하기 때문이다.

---

72) Akehurst, pp.5-6.
73) *Ibid.*, p.6.

II. 학설의 대립

1. 2원론

국제법과 국내법의 관계와 관련하여 2원론을 정립한 학자는 트리펠(Triepel)
과 안칠로티(Anzilotti)이다. 이들에 의하면 국제법과 국내법은 여러 가지 점에서
다르다. 법의 주체에 있어서 국제법의 주체는 국가이지만 국내법의 가장 중요한
주체는 개인이다. 법원에 있어서도 국제법은 주로 국가들의 명시적 또는 묵시적
합의에 의해 생성되지만, 국내법은 국내법상의 절차에 따라 제정된다. 법이 적용
되는 사회의 조직에 있어서도 국제법의 경우에는 초국가기구가 없지만 국내법의
경우에는 개인보다 상위기관인 정부가 있다는 것이다.[74]

2원론자들은 국제법과 국내법은 이처럼 여러 가지 점에서 다르고 법이 적용
되는 영역도 다르기 때문에 국제법의 국내에의 직접적용이라든가 양 규범의 충돌
은 처음부터 문제가 되지 않는다고 한다. 그러나 이들도 국제법이 상당부분 국내
에 적용되는 현실을 외면할 수는 없으므로 변형(transformation)이론을 주장한다.
즉 국제법이 국내에서 적용되려면 국내법으로의 변형절차를 거쳐야 한다는 주장
으로 각국은 국내절차에 따라 국내법으로 변형된 국제규범을 국내에서 시행한다
는 것이다.

2원론의 가장 큰 문제점은 국제법과 국내법 간의 분리를 지나치게 강조하여
오늘날의 현실에 맞지 않는데 있다. 국제법과 국내법은 상이한 부분이 있지만, 오
늘날 국제법이 국내에서 직접 적용되는 범위가 확대되고 있고 국제법과 국내법의
충돌도 현실적으로 발생하고 있는 것이다.

2. 1원론

국제법과 국내법이 하나의 법질서에 속한다고 주장하는 1원론은 다시 두 가
지로 나눌 수 있다. 하나는 국내법우위의 1원론인데, 하나의 법질서에 속하는 국

---

74) 유병화, p.114.

내법과 국제법이 충돌하면 국내법에 우월한 지위가 부여되어야 한다는 이론이다. 나치스 독일의 공법학자들(Zorn 부자, Seydel)이 옹호하였던 이 이론은 국제법을 국가의 대외공법으로 격하함으로써 실제로 국제법을 부인하고 제국주의를 정당화하였다. 과거 제국주의 시대에 유행하였던 이론이며 오늘날 이 이론을 지지하는 국가는 거의 없다.

국제법우위의 1원론은 국제법과 국내법은 하나의 법질서에 속하며 충돌 시에는 국제법의 우월성이 인정된다는 이론이다. 켈젠(Kelsen)은 국내법우위의 1원론과 국제법우위의 1원론은 학설상 동등한 가치를 가지나, 국내법우위의 1원론은 제국주의 이론인 데 비해, 국제법우위의 1원론은 세계평화주의로 귀결되기 때문에 도덕적으로 우월하다고 하였다. 국제법의 절대적 우위를 주장하는 학자들도 있었다. 사회학적 법이론가들(G. Scelle)은 법은 사회 내 연대성의 유지에 존재이유가 있다고 하면서, 사회 내 규범과 사회 간 규범 간에 충돌이 있는 경우에는 사회 간 규범이 우월해야 한다고 하여 국제법의 우위를 주장하였다. 또한 국제법우위의 1원론은 자연법 이론가들의 지지도 얻고 있다.[75]

그렇지만 오늘날의 현실에 비추어 볼 때 국제법의 우위는 절대적이 아니라 상대적인 것이라고 보는 것이 타당하다. 만일 국제법이 국제법에 어긋나는 국내법을 직접 무효화할 수 있다면 국제법의 절대적 우위를 인정할 수 있을 것이다. 그러나 국제사회의 현실은 거기에 미치지 못한다. 국가가 국제법에 반하는 법을 제정하거나 국제법에 반하는 일을 하는 경우 국제사회는 이를 인정하지 않을 수는 있지만, 국제법에 어긋나는 국내법을 무효화하지는 못하는 것이다.

III. 국제사회에서 국내법의 지위

국제법은 국내법을 완전히 무시할 수 없다. 국제법의 여러 가지 법원들 중에서 관습법과 법일반원칙은 국내법과 밀접한 관련이 있으며, 외교적 보호의 문제가 제기된 어떤 사람이 어떤 국가의 국민인지 결정하는 것처럼 국내법에 의하지 아니하고는 결정할 수 없는 국제법적인 문제들도 있다.[76]

---

75) *Ibid.*, pp.117-119.

그렇지만 국제사회의 일반적인 관행에 의하면 국제법은 국내법보다 우월한 지위를 갖는다. 1919년 국제연맹규약과 1945년 유엔헌장은 전문에서 회원국들에게 국제법 준수의무를 부과하였으며, 1949년 유엔 국제법위원회가 채택한 「국가의 권리와 의무에 관한 선언」(Declaration of Rights and Duties of States)은 "모든 국가는 조약과 기타 국제법에서 나오는 의무를 성실히 이행할 의무를 가지며, 의무 불이행을 변명하기 위하여 자국의 헌법이나 법률의 규정들을 원용하지 못한다"고 하였다. 1969년 조약에 관한 비엔나협약 제27조도 국내법을 원용하여 국제의무를 거부하지 못한다고 하였다.[77]

국제적인 사법기관들 역시 국가가 국제법에 근거한 청구에 대항하기 위하여 국내법을 원용하지 못한다는 입장을 견지해 왔다. PCIJ는 1932년 상부사보이 및 젝스자유지역 사건에서 "프랑스가 자신의 국제의무의 범위를 제한하는 데 자신의 법에 의존할 수 없음은 명백하다"고 하였다.

IV. 국내에서 국제법의 지위

국제법은 국내에 수용되어 직접 적용되기도 하고 국내법으로 변형되어 적용되기도 한다. 국제법이 국내에 직접 적용되는 경우는 당해 조약이 직접 그렇게 규정하거나 각국의 헌법이 그런 입장을 취하고 있는 경우이다. 반면에 변형이란 국제법이 국내법 규칙으로 바뀌는 것을 말하는데, 대개는 국제법과 같은 내용의 국내법을 제정하는 방식을 취한다. 미국의 경우에는 사법부가 의회의 이행조치 없이 직접 적용할 수 있는 자기집행적 조약(self-executing treaty)과 그러한 조치 없이는 적용할 수 없는 비자기집행적 조약(non-self-executing treaty)을 구분한다.

국제법의 국내에서의 효력에 있어서 현실적으로 조약과 관습법은 차이가 있다. 먼저 조약의 경우를 살펴본다. 대부분의 민주주의 국가에서 입법부는 조약의 비준절차에 참여하는바 조약에 대한 비준동의는 입법조치와 유사한 효력을 갖게 되어, 조약은 국제적으로나 국내적으로 동시에 효력을 발생하게 된다. 우리나라

---

76) Akehurst, p.43.
77) Henkin, pp.137-138; 유병화, pp.119-120.

헌법도 대통령이 조약을 비준할 때 중요한 조약에 대해서는 사전에 국회의 동의를 얻도록 하고 있다.[78] 문제는 조약이 국내법체계에서 차지하는 위치이다. 국제법이 국내에서 어떤 지위를 가지는가 하는 것은 대개 각국의 헌법이 규정한다. 국제법의 국내적 효력에 대해서는 우리나라처럼 법률에 준하는 효력을 갖도록 하는 국가들이 있는가 하면, 헌법과 동등한 또는 그 이상의 효력을 가지는 것으로 하는 국가도 있다. 모든 국가에 통일적으로 적용되어야 할 국제법이 이처럼 국가에 따라 효력에 차이가 있다면 그것은 분명히 모순이지만, 분권화된 상태에 있는 국제사회의 현실이다.

국제관습법의 경우에 영미법에서는 자동적으로 국내법에 편입되게 하는 전통이 있다. "The law of nations is a part of land law"라는 법언에 따라서 영국과 미국에서 국제관습법은 자동적으로 그 국내법의 일부가 된다. 우리나라에서도 국제관습법은 곧 "일반적으로 승인된 국제법규"로서 국내에서 직접 적용되는 것으로 본다.[79]

국내법원의 판사나 변호사들의 국제법 특히 국제관습법에 대한 지식도 국내에서의 국제법의 지위를 결정하는 실질적인 변수가 된다. 각국에서 정치적 성격의 국제문제에 대한 재판을 진행할 때 법관들은 국제법 전문가들의 조언을 고려하는 경우가 많지만 그 범위는 매우 유동적일 수 있다. 국내법원의 판사나 변호사들의 국제관습법에 대한 이해의 부족을 보완하는 방편으로서의 국제법전문가의 조언은 국가에 따라서 그리고 사안의 성격에 따라서 상당히 달라질 수 있기 때문이다.[80]

---

78) Akehurst, pp.44-45. 영국의 경우에는 국제법상의 조약의 효력과 국내법상의 조약의 효력 사이에 차이가 있다. 영국에서는 조약은 왕의 비준을 받게 되면 일단 국제법적인 효력을 발생하게 되나, 조약에 효력을 부여하는 의회법(Act of Parliament)이 제정되기 이전에는 국내법상 효력을 가지지 못한다.

79) Akehurst, p.45. 국제관습법의 경우에도 의회에 의한 법의 제정이나 사법판결에 의해서만 국내법에 수용된다는 변형이론도 주장되고 있다.

80) *Ibid.*, p.46. 각국의 국내법은 일반적으로 편입이론을 선호하지만 각국의 국내법원은 국제법에 관한 가장 중요한 증거로 자국 법원의 판결들을 인용하므로 결국에는 변형이론에 따른 판결과 별다른 차이가 없어지는 경향이 나타나게 된다는 견해도 있다.

‖ 제5절 ‖ 국제법의 주체

법의 주체란 법률행위를 할 수 있는 하나의 단위로서 법적인 권리와 의무를 향유 내지 부담하는 자를 의미한다. 그런 의미에서 각국의 국내법에 있어서 가장 중요한 주체는 개인이지만, 국제법의 가장 중요한 주체는 국가이다.

역사적으로 국제법은 주권국가의 등장을 배경으로 출범하였으며 지금도 국제법은 주로 국가 간의 관계를 규율하는 규범이다. 국가는 가장 중요한 국제법의 주체인 것이다. 국제법이 중세 이후 교황권과 신성로마제국의 쇠락과 함께 등장한 주권국가 간 관계를 규율하기 위해 등장하였음은 국제법의 역사에 관한 부분에서 이미 설명하였다. '국가 간의 법'(international law)이란 국제법의 명칭에서도 알 수 있듯이 국제법은 본래 국가 간의 관계를 규율하는 규범으로 등장하였으며 국가는 현재에도 가장 중요한 국제법의 주체이다. 하지만 국가는 다른 국제법 주체와는 달리 영토적 기초를 가지며 각국의 영역 내에서 법을 제정하고 집행하는 기능을 수행한다.[81]

국제사회의 변화에 따라 국제무대에는 국가 이외에 새로운 행위자들, 즉 새로운 주체들이 등장하였다. 그것은 국제기구와 개인이다. 국제기구란 국가 간의 합의에 의해 마련되는 설립헌장에 따라 설립되지만 국제사회에서 독립적인 법인격을 가지고 전문적인 기능을 수행하는 정부간기구이다. 국제기구는 19세기 주로 행정과 기술 분야의 국제협력을 위하여 등장하였으며, 20세기 들어서는 국제연합 같은 보편기구들과 유럽연합 같은 지역기구들의 눈부신 활동에 힘입어 중요한 국제사회의 중요한 주체가 되었다.

개인이 국제법의 주체로 인정받기 시작한 것은 오래되지 않았다. 현재에도 개인을 국제법의 주체로 인정할 것인지 그리고 인정한다면 어느 범위에서 인정할 것인지 하는 데 대해서는 학설의 대립이 있다. 다수설은 개인을 국제법의 주체로 인정은 하되 좁은 범위에서 인정하는 것이다. 그러나 국제사회에서 개인의 활동 범위는 점차 넓어져 가고 있고 국가나 국제기구를 상대로 청원을 하거나 소송을

---

81) Cassese, p.71.

제기할 수 있는 기회도 확대되어 가고 있다.

오늘날 국제사회에서 다국적기업의 활약은 눈부시지만 아직 국제법의 주체로 인정받지는 못하고 있다. 하지만 경제의 국제화에 따라 다국적기업의 활동은 앞으로 더욱 활발해질 것이며 그에 따라 국제법상 지위에도 변화가 있게 될 것이다.

제2장

국 가

‖ 제1절 ‖ 국가의 구성요소와 특수한 형태의 국가

Ⅰ. 서 론

국제사회의 가장 중요한 주체인 국가가 국제사회의 주역으로 등장한 것은 17세기 유럽에서이었다. 그런데 당시 어떤 국가적 실체가 국제사회의 일원이 되려면 소위 '문명국가'이어야 하였으니, 실제로는 서구 기독교 국가만이 당시 국제사회의 주체로 인정된 것이다. 그러나 근대 유럽에서 발달된 국가제도는 19세기에 이르러 세계적으로 보편화되었으며, 특히 제2차 세계대전 이후 비식민화가 진행되면서 지구상에는 수많은 신생국들이 등장하였다.[1]

오늘날 국제무대에는 다양한 행위자들이 등장하고 있지만 국가는 여전히 가장 중요한 행위자이다. 국제법은 지금도 주로 국가 간의 권리와 의무를 규율하고 있어서 국가는 국제법상 가장 중요한 주체이다. 국가는 가장 중요한 국제법의 창설자이며, 이를 시행하는 주체이기도 한 것이다. 따라서 국제법에서 국가가 되기

---

1) Malcolm D. Evans, *International Law*, 2nd ed., Oxford, 2006, p.217.

위한 조건을 갖추고 있는 합법적인 행위자를 구별해 내는 것은 매우 중요하다.[2]

국가의 창설이 주로 사실의 문제인지 아니면 법적인 문제인지 그리고 효율성에 관한 기준과 관련 법원칙 간에 조정은 가능한 것인지 하는 문제는 상당히 복잡한 문제이다. 그리고 국가의 구성요소로는 여러 가지가 고려될 수 있다. 하지만 국제사회에서 국가형성에 관한 조건을 가장 명료하게 표현하고 있는 것으로 평가되고 있는 것은 1933년 '몬테비데오협약'(Montevideo Convention on Rights and Duties of States)이다. 협약은 제1조에서 국가는 다음과 같은 조건 즉 항구적 인구(permanent population), 분명한 영토(defined territory), 정부(government), 대외관계 수행능력(capacity to enter into relations with other states)을 갖추어야 한다고 하였다.[3] Arbitration Commission of the Conference on Yugoslavia(일명 Badinter 중재위원회)는 1991년 국가는 일반적으로 영토와 주권으로 구성된 공동체라고 정의되며, 국가는 주권을 가지는 것을 특징으로 한다고 하였다. 또한 국내정치조직(internal political organization)과 헌법은 주민과 영토에 대한 정부의 권한을 결정하기 위하여 고려해야 한다고 하였다.[4]

II. 영 토

국가는 자신의 배타적 주권이 미치는 공간인 영역을 가지며, 영역은 영토를 중심으로 일정한 너비의 영해와 영토와 영해의 상공인 영공을 포함한다. 국제법에는 국가가 되기 위한 최소한의 영토 면적에 관한 규칙이 없다. 모나코는 단지 1.5㎢의 면적을 가지고 있음에도 불구하고 하나의 국가로 인정받고 있다.

---

2) Ray August, *Public International Law*, Prentice Hall, 1995, p.89.

3) Malcolm N. Shaw, *International Law*, Cambridge University Press, 7th edition, 2014, pp.143-144. 미국의 리스테이트먼트 역시 Section 201에서 "국제법상 국가란 일정한 영토와 항구적인 인구를 그 정부의 통제 아래에 두고 있으며 다른 실체들과 공식적인 관계를 맺고 있거나 맺을 능력이 있는 실체"라고 하였다. *Third Restatement of the Foreign Relations Law of the United States*(이하에서는 *Restatement*), vol.1, 1986, section 201.

4) Arbitration Commission of the Conference on Yugoslavia(Yugoslav Arbitration Commission)는 1991년 8월 27일 EEC 장관회의에 의하여 Conference on Yugoslavia에 법적인 자문을 하기 위하여 설립되었으며, 구 유고연방 공화국 간의 분쟁에서 제기된 법적인 문제에 대하여 15개의 의견을 제시하였다.

1933년 몬테비데오협약은 국가가 되려면 '명확한 영토'를 가지고 있어야 한다고 하였다. 그러나 국제사법재판소(ICJ)가 북해대륙붕사건에 대한 판결에서 언급하였듯이 한 국가의 국경선이 완벽하게 획정되어 있어야 한다는 규칙은 존재하지 않는다. 국제법이 국경선의 절대적 명확성을 요구하는 것은 아니기 때문이다. 지구상의 수많은 국가들이 해묵은 국경분쟁을 가지고 있는 것이 현실이나, 그러한 분쟁 때문에 국가들의 국가성이 부정되지는 않는다.[5]

Ⅲ. 국 민

국가를 구성하는 인적 요소는 국민인데, 누가 한 국가의 국민인가 하는 것은 국적에 의해 판명된다. 각국은 국내법을 제정하여 자국의 국적을 부여하기 위한 조건을 독자적으로 정할 수 있지만, 국제법은 현실적 유대를 결여한 국적의 대외적 효력을 제한한다.

국가가 되려면 상당한 숫자에 이르는 항구적인 국민을 가지고 있어야 된다고 한다. 그러나 '항구적인 국민'의 숫자가 어느 정도에 달해야 국가가 될 수 있는가 하는 데 관해서도 명확한 규칙은 없다. 나우루(Nauru)와 투발루(Tuvalu)는 10,000명과 12,000명의 인구를 가지고 있지만 하나의 국가로 인정된다.

Ⅳ. 정 부

국제법상 국가가 성립하려면 대외적으로 국가를 대표하고 영토 전체에 대해 실효적 통제(effective control)를 할 수 있는 정부가 필요하다. 즉, 국가가 성립되기 위해서는 내부적으로 질서를 유지하고 대외적으로 국가를 대표하는 실효적 정부가 필요한 것이다. 그러나 어떤 특정한 정부형태가 요구되는 것은 아니므로 일정한 정부기능을 수행하고 국제관계에서 국가를 대표할 수 있는 능력이 있으면 된

---

5) Michael Akehurst, *A Modern Introduction to International Law*, Allen & Unwin, 1987, p.53; Evans, p.233.

다. 따라서 효율적인 정부가 되기 위한 최소한의 조건만을 충족하는 정부를 가진 국가적 실체도 국가로 인정받을 수 있다.[6]

일반적으로 실효적 정부의 성립여부에 대한 판단은 새로운 정부가 창설되는 상황에 따라 달라진다. 기존의 국가로부터의 분리·독립에 의해 형성되는 국가의 경우에는 형식적·실질적으로 상당한 정도의 독립성이 확보되어야 비로소 실효성을 인정받게 된다.[7] 반면에 기존의 국가의 독립성은 불법적인 침략이나 합병으로부터 보호되기 때문에, 기존의 국가는 효율성을 박탈당한 상태에 있을지라도 상당기간 국가적 계속성을 유지한다.[8]

V. 국제관계 수행능력(주권)

국제법상 국가가 되려면 일정한 영토와 항구적인 국민, 정부 이외에 국제관계 수행능력(capacity to conduct international relations)이 있어야 한다.[9] 국가의 구

---

6) 국제사법재판소는 1975년 서사하라 사건에 대한 권고의견에서 정치적·사회적으로 조직된 종족이 거주하는 지역은 무주지가 아니라고 하였다. *Western Sahara case, Advisory Opinion, ICJ Reports*, 1975, p.39.

7) 1920년 국제연맹에 의해 임명된 법률가들로 구성된 한 위원회는 Aaland 군도에 관한 분쟁을 다루기 위해, 1917년부터 1918년까지 계속된 내전기간 중 핀란드가 국가성을 획득한 시점을 결정하고자 하였다. 위원회는 국가성의 획득은 효율적인 정부의 수립과 연계되어 있다는 전제하에 다음과 같이 말하였다. 즉 "따라서 정확히 언제 핀란드 공화국이 법적인 의미에서 현실적으로 주권국가가 되었는가 하는 것을 말하기는 어렵다. 안정적인 정치조직이 창설되고 외국군대의 지원 없이 공공기관들이 국가의 모든 영토에 대해 권한을 행사하기에 충분한 힘을 가지지 못하면 그러한 일은 있을 수가 없다. 내전이 끝나고 외국 군대가 철수하기 시작하여 점차 정상적인 정치적·사회적 생활을 다시 시작하게 된 것은 1918년 5월인 것으로 생각된다." League of Nations, Commission of Jurists on Aaland Dispute, League of Nations O.J., Spec. Supp.4, at 8-9(1920).

8) 쿠웨이트는 1990년 이라크에 의해 점령되어 몇 달간 이라크 영토로 편입된 상태에 있었지만 국가적 계속성이 유지되었다. 미국은 소련이 에스토니아(Estonia), 라트비아(Latvia), 리투아니아(Lithuania) 등 발트 3국을 병합하였으나 이를 승인하지 않았다. 1991년 이들이 소련에서 분리·독립하자, 미국은 국가승인이 아니라 외교관계를 회복하는 조치를 취하였다. Louis Henkin, Richard Crawford Pugh, Oscar Schachter, and Hans Smit(이하에서는 Henkin), *International Law: Cases and Materials*, West Publishing Co., 1993, p.247.

9) 1933년 몬테비데오에서 체결된 「국가의 권리와 의무에 관한 협약」(Convention on Rights and Duties of States), 제1조; *Restatement*, p.72.

성요소 중에서 국제관계를 수행해 나아갈 권한은 주권의 대외적 측면에 해당하는 것으로, 모든 주권국가는 자국영토 내의 사람들을 통치하고 외교정책을 수립하는 데 있어 배타적인 권한을 갖는다.

국가가 되려면 외국과 공식관계를 맺을 수 있는 능력, 즉 주권 또는 독립권을 가져야 하지만 이러한 능력에 대한 판단은 유연해야 한다. 국제법의 주체인 국가는 자신의 주권의 일부를 다른 국가에게 이양하더라도 특히 외교권을 이양하고 피보호국이 되더라도 주권국가로서의 지위를 계속 유지한다. 요즈음에는 약소국들이 스스로 외국의 군사적·경제적·정치적 보호를 받기로 하는 경우가 있는데, 이러한 조약이 체결되면 그 국가의 독립성은 훼손되지만 그로 인해 주권의 존재가 부인되지는 않는다.[10] 또한 자신의 주권적 권한의 일부를 국제기구에게 특히 유럽연합과 같은 '초국가적'(supernational) 기구에게 이양한 국가들도 계속 주권국가의 지위를 유지한다.[11]

과거 국제사회에서는 국제관계 수행능력을 문제 삼아 일부 소국들의 국제기구 참가를 봉쇄하였었다. 리히텐슈타인(Liechtenstein) 공국은 독립국가로 간주되고 있으나, 1920년 국제연맹은 다른 국가들이 갖춘 조건을 갖추지 못하였다고 하여 그 가입신청을 거부하였었다. 국제연맹은 리히텐슈타인이 법적으로 주권국가인 것은 분명하지만, 협소한 영토와 인구로 인하여 주권의 일부를 다른 국가에게 이양함으로써 국제연맹 규약이 부과하는 국제적인 의무를 이행할 수 없다고 보았던 것이다.[12]

유엔에서도 1950년대에는 가입을 원하는 국가가 외국의 통제 아래에 있는 경우에는 그 가입을 배제하였었다. 그러나 요즘에는 다른 국가에 안보나 경제를 크게 의존하고 있는 국가들도 별 어려움 없이 유엔에 가입하여 그 회원국이 되고 있다.[13]

---

10) Henkin, p.250.

11) Mark W. Janis, *An Introduction to International Law*, Little, Brown and Co., 1993, p.177; Restatement, p.73.

12) August, pp.95-96.

13) 영세중립을 표방해 온 스위스도 2002년 9월 10일 유엔에 가입하여 190번째 회원국이 되었다.

VI. 특수한 형태의 국가

1. 불완전한 국가와 소국

국가란 영토, 인구, 실효적 정부, 국제관계 수행능력을 보유한 정치적 실체이다. 그러나 일부 정치적 실체들은 이러한 조건들 중에서 일부를 완전히 충족하지 못하여 '불완전한 국가'(inchoate or incomplete state)에 머물고 있다. 이러한 '불완전한 국가'로는 망명정부(exile government), 교전단체정부(belligerent government), 반란정부(insurgent government)를 그 예로 들 수 있는데, 이들은 국가 구성요소 중에서 일부에 약점을 가지고 있다. 이들은 주민이나 영토에 대해 직접 통치권을 행사하지는 못하지만 일부 국가는 이들을 완전한 국가로 대우하기도 한다.[14]

국제사회에서는 소국의 국제법상 지위에 대해서 논의가 있었다. 1960년대 유엔 사무총장은 면적, 인구, 인력, 경제자원이 매우 미약한 국가도 독립국이 될 수는 있지만, 독립국이 되는 것과 유엔 등 국제기구의 회원국 자격을 획득하는 것은 별개의 문제라고 하여 소국(micro-states)의 지위에 관해 문제를 제기하였다. 유엔에서는 이러한 소국들의 지위와 관련하여 회원국으로서의 의무는 면제하고 이익만 부여하는 방안, 회원국 자격이 아닌 옵서버 자격을 부여하는 방안 등을 검토하였다. 그러나 소국들을 구분하기 위한 객관적인 조건조차 마련하지 못하였다.[15]

바티칸시국(Vatican City State)이 하나의 국가이며 카톨릭의 중앙행정기구라 할 수 있는 교황청(Holy See)이 하나의 정부인가 하는 문제가 제기되었다. 바티칸시국의 면적은 0.44㎢밖에 되지 않는다. 1929년 체결된 라테란조약(Lateran Treaty)에 따라 이탈리아는 바티칸시국(State of Vatican City)을 승인하고 국제관계에서 교황청(Holy See)의 주권을 인정하였다. 그러나 바티칸은 오직 교황청의 업무를 지원하기 위하여 존재하고 있고, 엄밀한 의미에서 항구적인 주민도 없으며, 그 행정의 많은 부분을 이탈리아가 맡아 수행하고 있는바, 국가가 될 수 없다는 견해가

---

14) August, p.90

15) J. G. Starke, *Introduction to International Law*, Butterworths, 1984, pp.93-94.

있다.16) 하지만 바티칸은 수많은 국가들과 외교관계를 맺고 있으며, 여러 국제기구의 회원국이고 조약의 당사국이기도 하다. 바티칸은 국가로서 갖추어야 할 일부 요소들을 결여하고 있지만, 국제사회에서는 대개 하나의 국가로 대우받고 있다. 바티칸은 주로 종교적인 임무를 수행하는 독특한 성격의 국가라고 할 수 있다.17)

2. 피보호국과 종속국

피보호국(protected state)이란 보호조약과 같은 조약에 의해 다른 국가에게 자신의 대외적 또는 대내적 권한의 상당부분을 이양한 국가를 말한다. 따라서 피보호국은 일부 행위능력을 제한받기는 하지만 국제법 주체로서의 지위는 유지한다. ICJ는 모로코 미국인 권리에 관한 사건에서 모로코는 프랑스와 체결한 페즈(Fez)조약에 따라 외교권을 포함한 주권의 상당한 부분을 프랑스에게 이양하였지만 여전히 주권국가라고 하였다.18)

한편 종주국으로부터 분리·독립해 가는 과정에 있는 국가로서 아직 종속관계는 유지되고 있으나 독자적인 행위능력을 일부 획득한 국가는 종속국(vassal state)이라고 한다. 종속관계는 국제조약이 아닌 국내법에 의해 규율되므로 종속국의 대외관계 수행능력은 종주국의 국내법에 의해 그 범위가 결정된다.

3. 복합국가

한 국가 내에 국가와 유사한 조직과 기능을 가진 복수의 조직이 있는 국가를 복합국가(composite state)라고 한다. 복합국가에는 연방국가와 국가연합이 있다.

연방국가(federal state)란 대외적 권한을 독점하는 연방정부 외에 상당한 정도의 독립성을 가진 지방정부들이 존재하는 경우를 말한다. 미국이나 과거 소련 등이 좋은 예이다. 연방국가 지방정부의 경우 대외관계 수행권한은 일정하지 않다.

---

16) Shaw, p.172.

17) *Ibid.*

18) *Rights of Nationals of the United States of America in Morocco, Judgment, ICJ Reports,* 1952, pp.176, 188.

예를 들어 미국의 주정부 들은 의회의 동의를 얻은 경우에만 그들 간에 또는 다른 국가와 조약체결을 위한 협상에 나설 수 있는 데 반해, 스위스의 칸톤(Canton)들은 국제사회에 참여할 권한을 가지고 있으며, 소련의 붕괴 이전부터 백러시아(Byelorussia)와 우크라이나(Ukraine)는 유엔 회원국이었다.[19]

국가연합(confederated state)이란 독립된 여러 국가들이 특수한 목적을 위해 결합하는 것이다. 국가연합에 참여한 국가들은 국가연합에 이양하는 일부 권한을 제외하고는 대외적 권한 등 대부분의 고유 권한을 그대로 보유하여 자신의 국가성을 유지한다. 국가연합은 국가연합에 참여한 국가늘이 위임한 부분에 대해서만 권한을 행사한다.

4. 영연방

영연방(Commonwealth of Nations)은 영국과 과거 대영제국의 지배하에 있다가 독립하였거나 자치령이 된 국가들이 결성한 것으로, 연방국가가 아니며 일반적인 국가연합과도 다르다. 대영제국에서 출발한 영연방은 1926년 제국회의(Imperial Conference)에서 "동등한 지위를 가지며, 각국의 대내적·대외적 문제에 있어서 그 어떠한 국가에도 종속되지 않으나, 영국왕관에 대한 공통된 충성심에 의해 자유로이 결합된" 자율적인 기구로 출발하였다. 1931년의 웨스트민스터조례(Statute of Westminster)에 의해 종전의 '대영제국'(British Empire)에서 '영연방'(British Commonwealth)으로 명칭이 바뀌었으며, 1949년 영연방 수상회의는 'British'란 수식어를 삭제하여 오늘날의 공식명칭인 'Commonwealth of Nations'를 사용하게 되었다.

영연방의 수장은 영국여왕이지만, 회원국들은 국가적 독립성을 유지하고 동등한 주권을 보유하며 독자적으로 대외관계를 수행하는 권한을 가진다. 그러나 회원국 상호 간에는 독특한 관계가 유지되는바, 상호 간에 파견되는 외교사절은 고등판무관(high commissioner)이라 부르며, 무역에 있어서는 상호 간에 최혜국대우를 부여한다.

---

19) August, p.93.

5. 독립국가연합

독립국가연합(Commonwealth of Independent States)은 1991년 소련연방이 해체되면서 독립한 12개 국가들로 결성되었다. 독립국가연합은 1991년 8월 러시아・벨로루시・우크라이나에 의해 결성되어, 1991년 12월에는 11개국을 포괄하는 조직으로 확대되었고, 1993년 10월 그루지야가 가입함으로써 과거 소련을 구성하였던 공화국들 가운데 발트 3국을 제외한 모든 국가들이 회원국이 되었다.[20]

1993년 6월 22일 채택된 독립국가연합 헌장은 주권존중, 영토의 불가침, 인민들의 자결권, 무력행사금지, 분쟁의 평화적 해결 원칙을 담고 있다. 독립국가연합은 느슨한 결합형태를 유지하고 있으나 공동으로 몇 개의 기관을 설치하였다. 독립국가연합은 「경제통합조약」과 「인권과 기본적 자유에 관한 협약」을 체결하여 경제의 활성화와 인권신장을 위해서도 함께 노력하기로 하였다.[21]

6. 영세중립국

영세중립국(permanently neutralized state)이란 자위를 위한 전쟁을 제외한 전쟁에 영원히 개입하지 않고 중립을 유지하며, 다른 국가로부터 독립과 영토보전을 보장받은 국가를 의미한다. 현재 영세중립국으로는 스위스, 오스트리아, 바티칸시국, 라오스가 있다. 스위스는 1815년 빈회의의 8개국 선언과 스위스의 수락으로 영세중립국이 되었고, 제1차 세계대전 이후 베르사유 조약에 의해 그 지위가 확인되었다. 제2차 세계대전 후 미국・소련・영국・프랑스의 점령하에 있었던 오스트리아는 독립 이후 연방헌법규정을 통하여 영세중립을 선언하고 이를 다른 국가들이 승인함으로써 영세중립국이 되었다. 바티칸시국은 1929년 교황청과 이탈리아 사이에 체결된 라테란조약에 의해, 라오스는 1962년 제네바에서 채택된 라오스의 영세중립에 관한 선언에 의해 영세중립국이 되었다.[22]

---

20) Shaw, p.169.
21) *Ibid.*, pp.169-170. 국가원수이사회(Council of Heads of States)는 독립국가연합의 최고기관이며, 정부수반이사회(Council of Heads of Governments)는 구성국 행정기관 간의 협력을 조정하는 기능을 담당한다. 또한 상설적인 기관으로 외무장관이사회(Council of Foreign Ministers)도 설치하였다.
22) 이병조・이중범, 「국제법신강」, 일조각, 1994, pp.179-183.

영세중립국의 경우에 유엔회원국으로 가입할 수 있는가 하는 문제가 제기된 바 있다. 본래 스위스는 국제연맹에는 가입하였으나, 유엔의 경우에는 안보리가 무력적 강제조치를 취하는 경우 유엔회원국의 의무와 중립의 의무가 충돌될 수 있으므로 가입하지 않았었다. 그러나 스위스도 국민투표를 거쳐서 2002년 유엔에 가입하였다. 반면에 오스트리아는 일찍이 유엔에 가입하였다.

7. 비자치지역과 신탁통치지역

비자치지역(Non-self-governing territories)이란 유엔헌장 제11장에 등장하는 개념으로 다른 국가나 국제기구의 통제 아래 있는 지역을 의미하는데 식민지, 속령, 외부영토, 해외영토, 신탁통치지역 등이 그 범주에 속한다.

위임통치(mandate system)란 제1차 세계대전이 끝나고 구축국들이 붕괴되었을 때 국제연맹이 패전국들의 해외 식민지를 처리하기 위한 방안으로 도입한 제도이다. 위임통치 지역들은 주민들의 복지와 발전이 문명국들의 신성한 사명이란 구실 아래 전승국들에게 넘겨졌다.[23]

제2차 세계대전이 끝난 후 국제연맹이 붕괴되고 국제연합이 등장하면서, 위임통치는 신탁통치제도(trusteeship system)로 바뀌었다. 유엔헌장은 제2차 세계대전 당시 구축국들의 통치 아래 있었던 지역, 국제연맹의 위임통치지역, 자발적으로 신탁통치에 맡겨진 지역에 신탁통치를 실시하게 되었는데, 총 11곳에서 신탁통치가 이루어졌다. 그러나 남아프리카공화국은 국제연맹의 소멸로 위임통치가 종료되자 자국의 위임통치하에 있었던 서남아프리카를 병합하고 유엔의 신탁통치를 거부하였다. ICJ는 1950년 '서남아프리카의 국제적 지위'(International Status of South-West Africa) 사건에서 남아프리카연방은 독자적으로 서남아프리카(현재의 나미비아) 지역의 국제적 지위를 변경할 수 없다고 하였다. 신탁통치이사회는 서남아프리카 지역에 대한 감독기능을 부여받았으나, 유엔에 협력하기를 거부하는 남아프리카 공화국의 반대로 제대로 기능을 수행할 수 없었다.[24] 한편 일본이 위임통치를 하고 있던 태평양의 도서지역들은 '전략지역'(strategic territory)으로 지

---

23) Shaw, p.160.
24) August, pp.93-94

정되어 신탁통치이사회가 아닌 안전보장이사회의 감독을 받았다. 그러나 마지막 신탁통치지역이었던 태평양 지역이 시정국 미국과 정치적 결합관계를 맺기 위해 체결된 조약들이 1986년 효력발생에 들어감으로써 신탁통치제도는 사실상 기능을 중단하게 되었다.[25]

‖ 제2절 ‖ 국가승인

I. 의 미

국제법상 승인이란 일정한 사태나 법률관계의 변동을 다른 국제사회 구성원들로 하여금 인정하게 하여 그러한 변화를 국제적으로 인정받고 이를 인정한 주체에게 대항할 수 있도록 하는 제도이다. 승인은 국제사회에 초국가기구가 존재하지 아니하기 때문에 생겨난 제도라고 할 수 있는데, 국제법에는 국가승인 이외에도 정부승인과 같은 여러 가지 승인제도가 있다. 승인은 승인하는 국가의 일방적인 의사표시에 의하여 이루어지며, 그러한 의사표시는 명시적인 방법은 물론 묵시적인 방법에 의해서도 이루어질 수 있다.

국가승인이란 기존의 국가들이 신생국을 하나의 국가로 인정하는 것이다. 일단 기존의 다른 국가의 승인을 받은 신생국은 그 국가와의 관계에서 국제법이 인정하는 권리와 특권을 향유하게 되므로, 많은 국가로부터 승인을 획득한 신생국은 다른 국가와의 관계에서 보다 빠른 시일 내에 법적 안정성을 얻게 된다.

II. 창설적 효과설과 선언적 효과설

일정한 영토와 국민, 주권, 정부를 갖춘 하나의 실체가 국제법상의 국가가 되

---

25) Shaw, pp.160-161.

기 위해서는 그러한 조건 외에 기존의 국가들의 승인이 필요한가 하는 것과 국가 승인의 법적 성격에 대해서는 두 가지 학설이 대립해 왔다.

창설적 효과설(constituitive theory)에 의하면 기존의 국가들에 의한 승인은 새로운 실체에 국가가 되기 위한 국제적 법인격을 부여하는 행위이므로, 다른 국가들의 승인이 신생국을 창설해 낸다고 한다. 승인에 관한 고전적인 이론인 이 이론에 의하면 어떤 국가나 정부는 다른 국가로부터 승인을 받아 국제무대에 참여하기 이전까지는 진정한 국가가 아니라고 한다. 이 이론은 미국과 영국의 많은 법원에서 채용되어 왔는데, 법원들이 외국정부에 대한 승인에 관한 업무를 담당하는 행정부의 의견을 중시하였던 것이 그 배경이었다. 이 이론은 안질로티(Anzilotti), 오펜하임(Oppenheim), 켈젠(Kelsen), 라우터팍트(Lauterpacht) 등 국제법의 대가들의 지지를 받았으나 요즈음에는 소수설이 되었다.[26]

선언적 효과설(declaratory theory)에 의하면 국가성립은 일정한 사실에 의해 이루어지며, 그러한 사실들이 국제법이 요구하는 국가가 되기 위한 기준에 합당한가 하는 것이 중요하므로, 국가는 다른 국가들의 승인이 없이도 존재할 수 있다고 한다. 오늘날 다수설인 이 이론에 의하면, 승인이란 이미 사실상으로나 법적으로 존재하고 있는 국가를 하나의 국제적 법인격으로 대우하겠다는 의사표시에 지나지 않는다고 한다.[27]

오늘날 국제법학자들 중에서 창설적 효과설을 지지하는 학자는 소수이며 다수의 유력한 견해와 국제관행은 선언적 효과설을 지지하고 있다.[28] 1936년 국제법학회(Institute de droit International)가 밝힌 바와 같이, 승인은 선언적인 효과를 갖는 것이어서, 국가성립에 필요한 모든 조건을 갖춘 신생국의 존재는 하나 또는 그 이상의 국가들의 승인거부로 인하여 국가성은 훼손되지 않는다. 선언적 효과설은 1933년 「국가의 권리와 의무에 관한 협약」과 1948년 미주기구(OAS) 헌장 및 1967년 개정안에 의해 지지되었으며 미국의 대외관계법에 대한 리스테이트먼트에도 반영되었다.[29]

---

26) August, pp.103-104.

27) Henkin, p.244. 국내법원은 이 선언적 효과설을 원용하여 그것이 법적인 정부에 해당되는 지의 여부를 고려함이 없이 사실상의 정부의 존재를 근거로 사건에 대한 재판을 진행하였다. 그 대표적인 사례는 Salimoff & Co. v. Standard Oil of New York이다. *Ibid.*, p.102.

28) 브라운리(Brownlie)와 같은 학자는 창설적 효과설과 선언적 효과설이 국가승인과 같이 복잡한 문제를 다루기에는 너무 단순하다고 하면서 실용주의적 견해를 밝힌 바 있다.

국가승인에 대한 이러한 이론적 차이에도 불구하고 현실에 있어서는 그 괴리가 크게 나타나지는 않는다. 라우터팍트(Lauterpacht) 등 일부 학자들은 국제법상 국가승인의 창설적 효과를 지지하였지만 국가로서 필요한 조건을 완비한 국가에 대한 승인의 의무를 주장하여 선언적 효과설과 비슷한 결과에 도달하였다. 또한 다수의 견해인 선언적 효과설에 따를 때 신생국의 국가성은 국가성립에 관한 객관적 요소들에 대한 판단에 좌우되는데, 관련 사실과 법에 대한 평가에는 불가피하게 주관적인 부분이 작용하게 되므로 결국 창설적 효과설의 결과에 접근하게 되는 것이다.30)

국가승인은 신생국이 국가가 되기 위한 조건을 충족하였다는 선언으로 받아들여져야 한다는 선언적 효과설이 타당하다. 따라서 대부분의 경우 승인은 단지 선언적인 의미를 갖는다. 그러나 국가여부의 판단에 논란의 여지가 있는 경우에는 국가승인은 선언적 효과 이상의 중요한 의미를 가질 수 있다.

III. 승인의 의무와 국가실행

라우터팍트(Lauterpacht)와 구겐하임(Guggenheim)은 기존의 국가들에 의한 신생국 승인은 창설적인 것이며, 기존의 국가들은 신생국을 승인할 의무가 있다고 하였다. 그러나 이러한 입장은 국가들의 실행에 맞지 않을 뿐더러 간접적인 방법으로 선언적 효과설에 이르는 것이므로 일관성이 없다는 비판을 받았다. 국가의 공적 행위인 승인은 선택적이고 정치적인(optional and political) 행위로 국가승인에 관한 법적인 의무는 존재하지 않는다고 보는 것이 타당하다.31)

승인의 이러한 재량적 성격 때문에 국가로서의 객관적 조건이 완전히 구비되었음에도 불구하고 승인을 하지 아니하는 경우가 있는가 하면, 국가로서 필요한 조건들을 구비하지 못한 경우에도 승인을 하는 경우가 있게 된다. 전자는 '늦은 승

---

29) 미국의 *Restatement*는 한 국가가 다른 국가를 공식적으로 승인해야 할 의무는 없으나, 어떤 실체가 국제법에 어긋나는 방법으로 국가가 되기 위한 자격을 획득한 것이 아니라면 다른 국가들은 그 실체를 국가로 대우해야 한다고 하였다.

30) Henkin, pp. 244-245.

31) Ian Brownlie, *Principles of Public International Law*, Clarendon Press, 1990, p. 92.

인'으로 아랍 국가들이 오랫동안 이스라엘을 국가로 승인하기를 거부한 것을 예로 들 수 있다. 후자의 '이른 승인' 또는 상조의 승인은 1900년대 초 미국에 의한 파나마 승인과 1967-1970년 나이지리아 내전 당시 비아프라(Biafra)를 승인한 5개 아프리카 국가들의 조치를 들 수 있다. 유럽연합과 그 회원국들은 1992년 1월 15일 크로아티아(Croatia)를 승인하였으나 그 당시 크로아티아는 자국 영토의 3분의 1 정도를 통치하고 있었다. 유럽연합 국가들과 미국은 1992년 4월 보스니아-헤르체고비나(Bosnia-Herzegovina)를 승인하였으나, 당시 보스니아 정부는 자국 영토의 절반 정도를 통치하고 있었고 그러한 상황은 1995년 데이튼평화협정(Dayton Peace Agreement) 체결 때까지 이어졌다. 상조의 승인이 종종 기존의 국가로부터 내정간섭이란 비난을 받게 되는 이유이다.[32)]

IV. 비승인의무와 새로운 기준

1. 비승인의무

국가승인은 국가의 재량에 속하는 사항이다. 어떤 하나의 실체가 국가로서의 모든 조건을 갖추고 있음에도 불구하고 다른 국가들이 이를 국가로 승인하지 않을 때에는 승인을 거부한 국가와 신생국 모두에게 현실적인 불편이 따르므로, 대부분의 국가들은 신생국이 국가성립에 필요한 객관적 요소들을 구비하게 되면 이를 승인해 왔다.[33)]

그렇지만 오늘날 국제사회는 국제법에 어긋나는 방법으로 수립된 국가에 대해서는 승인을 자제하도록 요구하고 있다. 특정한 국가에 대한 비승인의무가 처음으로 제기된 것은 1930년대 초 만주사변 때이다. 일본은 국가 간 분쟁을 평화적으로 해결하기로 약속한 1928년 부전조약(Briand-Kellog 조약)의 의무를 위반하고 만주

---

32) Shaw, pp.309-310; 유병화, 488-489면; Henkin, p.257.
33) 하이드(Hyde)는 미국은 제퍼슨 이후 기존의 국가로부터 분리하여 새로운 국가가 창설되는 경우, 신생국이 사실상 존재하고 중심국가와의 투쟁에서 분명한 승리를 거두었는가 하는 기준에 따라 승인을 해 왔다고 하였다. 즉, 신생국의 탄생이 중심국가의 시각에서 볼 때 불법적인 것이라 할지라도, 미국은 승인에 있어 위의 사실들을 가장 중요시하였다고 한다. Hyde, *International Law*, 1945, pp.152-153.

를 침략하여 만주국을 세웠다. 만주사변이 발발하자 미국에서는 스팀슨(Stimson) 국무장관이 일본에 경고 각서를 보내어 자국은 부전조약상의 서약과 의무에 반하여 형성된 사태와 조약을 승인하지 않을 것임을 분명히 하였다. 이러한 경고에도 불구하고 만주국이 수립되자, 국제연맹 총회도 유사한 내용의 결의를 채택하였다. 이러한 배경에서 국제법에 어긋나는 방법으로 수립된 사태를 승인하기를 거부하는 것을 스팀슨주의(Stimson Doctrine)라 부르게 되었다. 그러나 그 후 제2차 세계대전에 이르는 동안의 국제관행은 일관되지 못하였다. 이탈리아의 에티오피아 침략과 독일에 의한 체코 침략은 용인되었고 소련에 의한 핀란드와 발트 3국 병합도 묵인되었다.[34]

비승인의무는 1945년 이후 새로이 검토되었다. 유엔헌장 제2조 4항은 외국 영토에 대한 무력행사를 금지하였고, 1970년 「국제법원칙선언」(Declaration on Principles of International Law)은 무력행사나 위협을 통한 영토획득은 합법적인 것으로 용인되어서는 안 된다고 하였다.[35] 특히 유엔은 로디지아나 트란스케이와 같이 남아프리카 지역에 수립되었던 국가들에 대한 비승인을 회원국들에게 요청하였다. 로디지아(Rhodesia)는 1965년 11월 일방적으로 독립을 선포하였으나, 바로 다음날 유엔 안전보장이사회는 결의를 채택하여 '소수정부' 수립으로 인민의 자결권 원칙을 위반한 로디지아를 승인하거나 지원하지 않도록 회원국들에게 요구하였다.[36] 트란스케이(Transkei)는 그 독립이 인종분리(apartheid)를 통한 백인 통치의 계속에 목적이 있다는 이유로 비승인이 요청되었다.

2. 새로운 승인기준

국가승인의 법적인 성질과 관련하여 선언적 효과설이 타당하다고 하면, 일단

---

34) Shaw, pp.315-316; 유병화, 489-490면.

35) Shaw, p.316.

36) 1965년 11월 유엔 안전보장이사회는 결의를 통하여 로디지아(현재의 짐바브웨) 소수 백인 국가 수립을 비난하고, 회원국에게 이 불법적인 정권을 승인·지원·고무하는 어떠한 행위도 하지 않도록 요청하였다. 당시 로디지아는 독립에 필요한 객관적 요소들을 모두 갖추었으나 그 어떠한 국가나 국제기구도 이를 국가로 승인하지 않았다. *Resolution Concerning Southern Rhodesia*, adopted by Security Council of the United Nations, November 20, 1965; Henkin, pp.257-259.

영토와 국민, 실효적 정부, 주권을 보유한 국가적 실체는 국가로서의 조건을 모두 갖춘 것으로 보아야 한다. 그러나 구소련과 유고연방의 해체에 따른 신생국들의 등장에 즈음하여 1990년대 초 미국과 유럽공동체(EC) 국가들은 국가승인을 위한 새로운 조건을 제시하였다.

1991년 9월 유럽안보협력회의(CSCE)를 앞두고 당시 미국 국무장관이었던 베이커(Baker)는 신생국을 승인하는 데 있어서 5개 원칙의 준수여부를 고려하겠다고 하였다. 그것은 평화적이고 민주적인 국가의 미래, 기존의 모든 국경선 존중, 민주주의와 법의 지배, 인권보호, 국제법과 의무의 존중이다. 이어서 동년 12월 유럽공동체 외무장관들은 「동구와 소련의 신생국 승인에 관한 지침」(Guidelines on the Recognition of New States in Eastern Europe and in the Soviet Union)을 선언하였다. 여기에서 유럽공동체 국가들은 신생국 승인을 위한 기초로서 유엔헌장과 헬싱키 협정의 준수, 민족그룹과 소수자의 권리보장, 모든 국경선의 존중, 군비축소와 핵비확산 관련 서약의 수락, 국가승계와 지역분쟁의 합의에 의한 해결을 제시하였다.[37]

구소련과 유고연방의 해체로 동구권에 새로운 국가들이 탄생한 것과 관련하여 미국과 유럽 국가들이 제시한 국가승인의 조건들이 실제로 얼마나 효율적으로 활용되었는가 하는 것은 의문이다. 그보다는 유럽의 정치지형이 급변하는 과정에서 국제법의 준수와 기존의 국경선 존중, 민주적 국가운영을 강조함으로써 유럽대륙 전체의 안정기조가 흔들리지 않았으면 하는 희망을 표현한 것이라고 할 수 있다.

V. 승인의 효과

승인이 이루어지면 승인을 한 국가와 승인을 받은 국가 간의 관계는 원만해진다. 그렇지만 다수설인 선언적 효과설에 의할 때, 어떤 실체가 일정한 영토와 국민, 실효적 정부, 주권을 갖추면 이미 국가는 존재하는 것이고 기존의 국가에

---

37) Lori Damrosch, Louis Henkin, Richard Crawford Pugh, Oscar Schachter, and Hans Smit (이하에서는 Damrosch), *International Law: Cases and Materials*, 4th ed., West Publishing Co., 2001, pp.258-261.

의한 승인이란 이미 존재하는 사실을 확인하는 것이므로, 국가승인 만으로 국가 간의 관계가 개선되는 데에는 한계가 있다.

　　일단 부여된 국가승인을 취소할 수 있는가 하는 데 대한 입장도 학설에 따라서 달라진다. 승인을 국가의 창설행위로 보는 창설적 효과설에 의하면 국가승인의 철회는 국가의 소멸을 가져올 수 있다고 보지만, 선언적 효과설에 의하면 승인받은 국가가 소멸하지 않는 한 승인의 취소는 의미가 없다. 국가가 소멸하는 경우에는 별도의 승인의 취소는 필요하지 않다는 의미이기도 하다.

‖ 제3절 ‖ 정부승인

Ⅰ. 의 미

　　기존의 국가 안에서 새로운 정권이나 정부가 헌법에 위배되는 방법으로 수립된 경우, 다른 국가들이 이 정부가 정부로서의 권리와 의무를 갖고 있으며 그 국가를 대표한다는 것을 공식적으로 인정하는 것을 정부승인이라고 한다. 때문에 정부승인은 정상적인 방법으로 정부가 교체된 경우에는 필요하지 않으며, 한 국가 내에서의 정부교체가 혁명이나 쿠데타와 같이 헌법에 어긋나는 방법으로 이루어지는 경우에 적용가능한 제도이다.

　　신생국의 경우에는 국가승인과 정부승인이 동시에 이루어지기 때문에 별도의 정부승인 행위는 필요하지 않을 수 있지만, 국가승인과 정부승인은 분명히 다르다. 신생국에 대한 국가승인이 있으면 정부승인도 있다고 할 수는 있으나, 그것은 어디까지나 사실상의 승인(*de facto* recognition)에 해당하기 때문이다. 그러한 승인은 신생국 정부가 확고하게 권력을 장악하여 안정을 누리고 있다고 승인하는 국가가 확신하게 될 때 비로소 법적인 승인(*de jure* recognition)으로 전환되는 것이다.[38]

---

38) August, pp.101-102.

일반적으로 국가의 계속성은 정부교체와 관계없이 인정된다. 특히 합헌적인 방법에 의해 정부가 교체된 경우에는 정부승인은 필요하지 않다. 그러나 과거 소련과 중국은 자신들은 혁명을 통해 완전히 새로운 국가를 창설하였다고 하면서, 이전 정권의 채무이행을 거부한 적이 있었다.

II. 제도적 가치

한 국가 내에서 헌법에 어긋나는 방법으로 정부교체가 이루어진 경우, 이를 승인하는 정부승인 제도는 국가와 시대에 따라 탄력적으로 사용되어 왔다. 새로운 정부가 탄생하였을 때 이를 다른 정부들이 승인하면 정권교체 과정에서 단절되었던 국가 간의 관계가 조속히 회복되고 안정된다는 장점이 있다. 그러나 요즘에는 내정간섭 시비로 정부승인을 자제하는 경향이 있으며 이를 폐지해야 한다는 주장까지 나오고 있다.

미국에서는 건국 이래 19세기에 이르기까지 정부에 의한 실효적 통제(effective control) 여부가 정부승인의 가장 중요한 기준이었다.[39] 그러나 이러한 기준은 월슨(W. Wilson) 대통령이 미국은 헌법에 어긋나는 방법으로 정권을 장악한 정부와는 정상적인 외교관계를 가지지 않겠다고 하여 커다란 변화가 예상되었으나 그러한 정책을 철저히 적용할 수는 없었다. 1949년 중국에 중화인민공화국이 수립되었을 때 트루먼 대통령은 승인을 거부하였지만, 몇 년 후 한국전쟁이 발발하자 당시 국무장관 덜레스(Dulles)는 "사실상의 정부(*de facto* government)가 정부조직을 장악하고 있고, 국내에서 적극적인 저항에 직면해 있지 아니하며 국제적인 약속을 준수할 의사와 능력이 있으면, 이를 승인하는 것이 미국의 관행"이라고 하였다.[40]

오늘날 정부승인에 대해서는 과연 이 제도가 필요한 것인지 의문을 제기하는

---

39) Henkin, pp. 242-243.

40) *Ibid.*, pp. 260-264. 미국의 Clinton 대통령 정부에서 국무장관을 지낸 워런 크리스토퍼(Warren Christopher)가 카터(Carter) 행정부의 국무차관으로 있던 1977년, 그는 옥시덴탈 대학에서의 연설에서 미국은 자신이 승인하지 아니한 많은 국가들과 외교관계를 가지고 있다고 밝히고, 이미 자국영토 내에서 실효적 통제권을 장악한 정권들과 외교관계를 가지지 않으면 새로운 정부에 영향력을 행사할 수 있는 기회를 상실하게 된다고 하였다.

사람들이 많으며, 실제로 많은 국가들은 정부승인을 기피하고 있다. 백스터(Baxter)는 승인제도는 문제를 해결하는 것이 아니라 문제를 만들어 내는 경향이 있으므로 거부되어야 한다고 하였다. 1980년 영국의 캐링턴(Carrington)경은 상원에서의 연설에서, 영국은 영토에 대한 실효적 통제 등 보편적인 기준에 따라 다른 국가들의 정책을 고려하여 새로운 정부와 어떠한 교류를 할 것인지를 결정하겠다고 하면서, 영국은 더 이상 정부승인을 하지 않을 것이라고 하였다.[41] 프랑스도 1973년 칠레에서의 쿠데타 직후 지스카르 데스탱 대통령의 선언을 통해, "프랑스 정부는 정부승인 제도를 취하지 않는다. 우리는 칠레정부를 승인하는 것이 아니라 칠레와 관계를 가질 뿐"이라고 하였다.[42]

정부승인을 거부하는 이러한 경향에도 불구하고 승인제도는 국가 간의 관계를 조속히 안정시키는 등 긍정적인 측면도 가지고 있다. 특히 중국과 같이 하나의 국가에 두 개의 정부가 있는 경우에는 당해 국가가 명시적인 정부승인을 요구하기도 한다.

III. 정부승인의 기준

정부승인이 이루어지려면 일단 새로운 정부는 그 국가의 영역 내에서 실효적 통제를 확립하여 사실상의 정부가 되어야 하며, 구정권의 법적인 권리와 의무, 특히 구정권이 부담하고 있던 의무를 계승할 의사와 능력을 가지고 있어야 한다. 만일 신정부가 자국 내에서 확고한 입지를 군히지 못했다면 다른 국가들은 이를 승인하는 데 주저할 것이며, 다른 국가에 대한 의무이행을 거부하는 국가에 대한 승인 역시 쉽게 이루어지지 않을 것이다.

정부승인의 기준으로 자주 거론된 것은 새로운 정부의 민주주의적 정통성 문제이었다. 앞에서 설명한 대로 정부승인에 관한 조건으로 미국의 윌슨 대통령은 합헌성을 제시하였으나, 이미 1907년 에콰도르의 외무장관 Tobar는 자유선거를 통해 성립된 정부가 권력을 장악하기 이전까지는 초헌법적인 방법으로 정권을 장

---

41) *Ibid.*, p.245.
42) 유병화, 497면.

악한 정부를 승인하면 안 된다고 하였다. 토바르주의(Tobar Doctrine)라 일컬어지는 이러한 주장은 라틴아메리카 국가 간 일부 조약에 반영되었다. 미주기구(OAS)는 1965년 결의에서 하나의 정부가 축출되고 사실상의 정부가 수립되면, 회원국들은 새로운 정부가 적당한 기간 내에 선거나 투표를 실시하고 그 국민들에게 그러한 절차에 참여할 기회를 부여하였는가 하는 데 관해 의견을 교환하기로 하였다.[43]

　　유럽에는 본래 정부가 교체되더라도 이를 다른 국가들이 승인하는 데 관한 관행이 수립되어 있지 않았다. 그러나 토바르주의의 등장 이후 미주대륙의 국가들은 정부승인 문제로 고심하게 되었다. 그러던 중 멕시코 정부는 정부승인 문제에 대하여 검토한 후, 1930년 정치적인 위기를 겪고 있었던 국가에 주재하고 있는 외교관들에게 훈령을 보내어, 멕시코 정부는 앞으로 승인에 관한 어떤 선언도 하지 않을 것이라고 하였다. 이것은 당시 멕시코 외무장관의 이름을 따서 에스트라다주의(Estrada Doctrine)라 하는데, 정부승인을 하는 것은 다른 국가의 주권에 대한 도전이자 내정간섭이라는 것이 그 주된 이유였다.[44] 결국 에스트라다주의는 정부승인은 필요가 없다는 결론에 이르게 되어 오늘날의 정부승인 무용론으로 이어지게 되었다.

아이티 문제와 불법정권에 대한 집단적 비승인

　　아이티에서는 아리스티드(Jean-Bertrand Aristide) 신부가 아이티 역사상 최초로 자유롭고 공정한 선거에서 승리하여 1991년 2월 대통령에 취임하였다. 그의 지지자들은 폭압적인 권위주의 정부에 의한 수십 년간의 통치가 종식되고 민주주의와 사회정의의 원칙에 기초한 새로운 시대가 열리기를 기대하면서 환호하였다.

　　그렇지만 그로부터 8개월도 안 된 동년 9월 30일 발생한 군부쿠데타로 아리스티드 대통령정부는 전복되었으니, 이는 아이티 국민은 물론이고 국제사회의 기대를 저버린 것이다. 쿠데타 직후 미주기구(OAS) 상임이사회는 긴급회의를 소집하여 쿠데타를 비난하고 아리스티드 정부를 지지해 줄 것을 요구하였다. 또한 임시외교장관협의회에서는 헌정질서의 회복과 아리스티드 대통령의 즉각적인 원상복귀를 요구하는 동시에 신생 아

---

43) Henkin, p. 262.

44) Whiteman, *Digest of International Law*, vol. 2, 1963, pp. 85-86.

이티 정부와의 외교적 · 경제적 · 재정적 · 상업적 관계의 단절을 결의하였다.

아이티 신정부가 미주기구의 요청을 거절하자, 외교장관협의회는 새로운 결의를 통과시켜 쿠데타로 인한 불법적인 상황으로 인하여 등장한 새로운 정부를 승인하지 아니하고 그러한 정부의 대표를 받아들이지 않을 것임을 선언하였다.

IV. 승인의 효과와 승인받지 못한 정부의 능력

정부승인 제도의 필요성에 대해서는 찬반양론이 있다. 그렇지만 일단 정부승인이 이루어지면 승인된 정부는 그 국가를 대표하는 정부로서의 지위를 확고히하게 되고 구정권의 법적인 권리와 의무도 그대로 계승하게 된다. 빠른 시간 내에 법적 안정성이 확보되는 것이다.

반면에 승인받지 못한 정부의 법적 행위능력에 대해서는 별도의 검토가 필요하다. 이것은 결국 정부승인의 법적 성격에 관련된 문제인데, 국가영역 내에서 평화적인 통치를 행하고 있는 사실상의 정부(*de facto* government)는 외국정부의 정부승인 여부에 관계없이 그 법적인 행위능력은 인정되어야 한다. 즉, 사실상의 정부가 행한 법적인 조치는 그 정부가 다른 국가의 승인을 받았는가 하는 것과 관계없이 유효한 것으로 인정되어야 한다는 것이 각종 국제적인 사법기관과 국내법원의 입장이라고 하겠다. 다음의 두 가지 사건은 좋은 예이다.

티노코 사건

Tinoco Claims Arbitration, 1923

코스타리카에는 1917년 쿠데타가 일어나 티노코가 정권을 장악하였는데, 이 정권은 일부 국가들의 승인은 받았으나 영국과 미국 등 주요 국가들의 승인을 얻지는 못하였다. 그런데 1919년 코스타리카에는 다시 쿠데타가 일어나 구정권이 회복되었다. 회복된 이 정부는 티노코 정권이 체결한 일체의 계약을 무효화하였으니, 여기에는 티노코 정권에 대한 승인을 거부하였던 영국의 한 기업이 획득한 석유 양허계약이 포함되어 있었다. 영국은 이에 대해 항의하였으나, 코스타리카는 티노코 정권은 합법적인 정부가 아니었으며 티노코 정권을 승인하지 아니한 영국은 티노코가 영국인에게 부여한 권리를 주장하면 안 된다고 하였다.

태프트(William Taft) 중재관은 국제법 규칙이 적용되는 경우에는 어떤 이유에서 승인을 하지 않게 되었는가 하는 것보다는 티노코 정권이 사실상의 정부이었던가 하는 점이 중요하다고 하였다. 또한 코스타리카 정부는 티노코 정권을 사실상의 정부가 아니었다고 하지만 국민들의 묵인 아래 상당기간 평화롭게 국가를 통치해 온 정부를 사실상의 정부가 아니라고 하는 것은 억지라고 하였다. 결국 태프트 중재관은 다른 국가로부터 승인을 받지는 못하였으나 사실상의 정부가 행한 법적인 행위는 유효하다고 하였다.

국제법원이 아닌 국내법원의 판결로서 승인받지 아니한 정부의 법률행위의 유효성에 관한 것으로 1933년 미국의 뉴욕법원이 내린 Salimoff & Co. v. Stansdard Oil of N.Y. 사건에 대한 판결이 있다.

살리모프 대 스탠다드 석유회사 사건

소련정부는 국유화 조치를 통하여 자국 내의 유전을 몰수하여 그곳에서 채굴된 석유의 일부를 스탠더드 석유회사에 판매하였다. 그런데 그 유전의 본래 소유자는 미국의 승인을 받지 아니한 소련정부의 법령과 그에 따른 토지 몰수는 무효라고 주장하면서 석유대금의 압류를 청구하였다. 문제는 승인받지 못한 소련정부는 그 국민의 재산을 강탈한 도적인가 아니면 사실상의 정부인가 하는 것이었다. 이에 대해 뉴욕법원은 소련정부는 이미 1917년 수립 이후 사실상의 정부였으며, 미국이 소련을 외교적으로 승인하지는 않았지만 사실상의 정부로는 인정하였다고 하였다. 법원은 소련정부가 도적떼(a band of robbers)가 아닌 하나의 사실상의 정부임은 의문의 여지가 없으며, 승인은 국가를 창설하는 것이 아니라 사실상의 정부에게 국제적인 지위를 부여할 뿐이라고 하였다.[45]

V. 교전단체와 민족해방운동의 승인

한 국가에 반란이 일어나 반란단체가 그 국가영토의 일부분을 장악하여 그곳

---

45) Salimoff & Co. v. Standard Oil of N. Y., N.Y. Court of Appeals, 1933, 262 N.Y. 220, 186 N.E. 679; Henkin, pp.272-273.

에 사실상의 정부를 세워서 중앙정부의 통치권이 그 지역에 미치지 못할 때, 중앙
정부나 제3국은 이 단체를 교전단체로 승인하여 제한된 범위에서 국제법 주체성
을 부여한다.

중앙정부에 의한 교전단체 승인은 중앙정부의 권력이 미치지 못하는 반란군
점령지역에서 발생하는 불법행위에 따른 국제책임을 면하고 양측 간의 무력투쟁
에 전시국제법을 적용하기 위한 목적에서 이루어진다. 교전단체로의 승인이 있게
되면 중앙정부는 교전단체 점령지역 내에서 발생하는 행위에 대해 책임을 지지
않게 되며 양자 간의 무력충돌에는 전쟁법이 적용된다.

제3국에 의한 교전단체 승인은 보통 교전단체가 점령하고 있는 지역 내에서
자국의 이익을 보호하기 위한 목적에서 이루어지며, 제3국에 의한 승인은 일반적
으로 중립선언의 형식으로 이루어진다. 이러한 승인이 있게 되면 제3국은 양측
간의 무력투쟁에서 중립을 지켜야 하며, 교전단체는 제3국의 이익을 보호할 의무
를 지게 된다.[46]

민족해방운동(national liberation movement) 단체들의 국제법상 지위는 비자
치지역(non-self-governing territories)에 관한 국제법 및 민족자결 원칙의 발전과 관
련되어 있다. 유엔총회는 결의 2918을 통해 아프리카단결기구(OAU)가 승인한 민
족해방운동 단체에 옵서버(observer) 자격을 부여하기로 하였고, 아프리카단결기
구나 아랍연맹이 승인하는 민족해방운동단체들은 결의 3247에 의해 총회가 후원
하는 국제회의와 전문기구 회의, 총회 산하기관 회의에 참석할 수 있게 되었다.[47]

---

46) 유병화, pp.498-500.
47) Shaw, pp.173-174. 유엔이 민족해방운동단체들에게 일정한 자격을 부여할 때에는 지역기
   구나 지역국가들의 승인을 요구하였는데, 이것은 민족해방운동단체들의 효율성을 평가하
   고 분리주의 운동을 배제하기 위한 것이었다. 팔레스타인해방기구(PLO)는 일찍이 안전보
   장이사회 회의에 참가할 수 있는 자격을 획득하였다. PLO의 지위는 1993년 9월 13일 워싱
   턴에서 서명된「이스라엘과 PLO 간 임시자치에 관한 원칙선언」(Israel-PLO Declaration of
   Principles on Interim Self-Government Arrangements) 이후 크게 변하였다. 요르단 강 서
   안(West Bank)과 가자지구(Gaza Strip)의 팔레스타인 사람들은 선거에 의하여「팔레스타
   인 임시자치기구」(Palestine Interim Self-Government Authority)를 설립하였다. 1994년 5
   월 체결된 카이로협정에 따라 예리코(Jericho)와 가자지구의 이스라엘 군대는 철수하였고,
   후속협정에 따라 임시행정기구로의 권한이양도 이루어졌다.

‖ 제4절 ‖ 영토의 취득

Ⅰ. 영토의 중요성

국제법은 국가 간 체제를 전제로 성립되었으며, 국가는 대내적으로는 최고의 권력이며 대외적으로는 독립성을 상징하는 주권이라는 개념 위에 세워져 있다. 그러나 주권 그 자체는 영토에 근거를 두고 있는바, 영토가 없이는 국가는 존재가 불가능하다고 할 수 있다.

국가 간의 관계에서 영토는 가장 중요한 문제였다. 전통적인 국제법의 가장 중요한 임무는 영토에 근거하여 주권행사의 범위를 정하는 것이었으며, 국가에 대한 정의에는 그 필수적인 요소로서 어느 정도 분명한 영토를 가지고 있어야 한다는 조건이 들어있었다. 또한 국제법에서 가장 분명한 규칙의 하나는 그 어느 국가도 다른 국가의 영토에서 자신의 권력을 행사하면 안 된다는 것이며, 다른 국가의 영토보전에 반하는 방법으로 무력을 행사하는 것은 국제법에 대한 중대한 위반이라는 것이다.[48]

그리하여 브라운리(Ian Brownlie) 교수는 국제공공질서로서의 국제법의 입장에서 국경선 문제를 설명하면서, 국가라는 개념은 영토에 대한 권원이란 개념과는 떼어 놓고는 생각할 수 없으므로 각국 정부는 영토문제에 민감할 수밖에 없다고 하였다. 국제사법재판소(ICJ)나 중재재판소 같은 국제법원과 재판소에서 다루어진 분쟁 중 상당수가 영토주권과 영토에 대한 권원에 관한 갈등에서 비롯되었다는 것은 당연한 결과라고 하겠다.[49]

국제법에서 영토문제는 일정한 영토에 대한 영유권에 관한 문제와 구체적으로 국경선을 획정하는 문제가 중요하다. 여기에서는 먼저 국제법상 영토획득에 관한 부분을 살펴보고 국경선 획정 방법과 원칙은 절을 바꾸어 알아본다.

---

48) R. Y. Jennings, *The Acquisition of Territory in International Law*, Manchester University Press, 1963, p.2.

49) Ian Brownlie, *Boundary Problems and The Formation of New States*, University of Hull Press, 1996, pp.3-4.

II. 영토주권과 영토획득 방법

후버(Huber) 중재관은 1928년 팔마스섬 사건 판결에서 지구표면의 일부에 대한 주권(sovereignty)은 그 부분을 특정한 국가의 영토에 포함시키기 위한 법적인 조건(legal condition)이라고 하였다. 브라이얼리(Brierly)도 영토주권을 영토에 대한 권리라는 측면에서 정의하였는데, 특히 영토에 대한 완전한 권리라는 부분을 강조하였다. 영토주권의 본질은 영토에 대한 권원(title)이란 개념에 포함되어 있으며, 이 용어는 영토가 어떤 특정한 국가에게 속하는 것을 보여주는 사실적ㆍ법적 조건이다. Burkina Faso와 Mali 간 국경분쟁에서 ICJ도 권원이란 말은 권리와 권리의 실제 원천의 존재를 확정하는 증거를 해석해 준다고 하였다.[50]

국가가 자신의 영토를 획득하는 것은 사람이 일정한 물건에 대한 소유권을 획득하는 것과는 다르다. 그러나 로마법은 초기 국제법 형성에 많은 영향을 주었으니, 국가에 의한 영역취득의 법리를 재산 획득에 관한 로마법 규칙에서 가져온 것이 그 이유였다. 더구나 근대 국제법이 발달하기 시작한 16, 17세기 당시 절대군주에 관한 이론들은 한 국가의 영토를 군주의 개인 재산으로 간주하는 경향이 있었다. 물론 로마법의 사법개념들을 국가 간의 영토문제에 그대로 적용하는 것은 무리가 있다. 특히 영토변경이 주로 기존의 국가들 간의 영토이전에 의해 이루어지던 과거와는 달리 근래에는 대개 식민지의 독립에 의해 발생하고 있다는 사실에 유념해야 한다.[51]

국가영토의 변경을 가져오는 방법에는 국가행위에 의한 것으로 선점(occupation), 할양(cession), 병합(annexation) 또는 합병(fusion), 정복(conquest)이 있으며, 자연적 방법으로는 첨부(accretion)와 시효(prescription)가 있다.

---

50) Malcolm N. Shaw, International Law, 7th edition, 2014, pp.352-354.
51) Akehurst, p.143.

Ⅲ. 선 점

1. 의 미

선점이란 한 국가가 이제까지 어떤 국가에도 속하지 아니하였거나 다른 국가가 영유권을 포기한 지역 곧 무주지(*terra nullius*)를 자국의 영토로 취득하는 것이다. 선점에 의한 영토취득은 19세기에 이르기까지 서구 열강들이 식민지 획득 경쟁을 할 때 널리 활용되었으나, 현재 이 지구상에 무주지는 없으므로 그 가치는 많이 퇴색되었다. 그러나 팔마스섬 사건에서 중재를 맡았던 후버(Max Huber)가 말한 대로, 영토분쟁 해결에 참고할 법적 사실들은 분쟁의 발생시점이나 분쟁해결 시점이 아니라 영토가 선점에 의해 취득되던 시대의 법에 따라 판단되므로, 선점이론은 지금도 중요한 의미를 가지고 있다.

선점에 의한 영토취득이 이루어지려면 몇 가지 조건이 충족되어야 한다. 그러한 조건으로는 국가의 영유의사와 같은 주관적인 요소도 필요하지만, 보다 중요한 것은 그 대상이 무주지인가 하는 것과 실효적 점유가 실제로 이루어지고 있는가 하는 것이다.

2. 무주지

선점에 의한 영토취득은 무주지에 대해서만 허용된다. 여기서 말하는 무주지란 국내법상의 주인이 없는 땅과는 구별되는 개념으로 어떤 국가의 영역에도 속하지 아니하는 땅 즉 비국가적 영토이다. 따라서 사람들이 거주하고 있으나 국가를 형성하지 못한 원주민 거주지와 유목민 지역은 국제법상의 무주지로 열강의 선점에 의한 영토취득 대상이 되곤 하였다.

그렇지만 이러한 무주지 개념도 시대에 따라 변하여 1975년 서사하라 사건에 대한 권고의견에서 ICJ는 정치적·사회적 조직을 갖춘 부족이 거주하는 곳은 무주지가 아니라고 하였다.

서사하라 사건[52]

Western Sahara Case, 1975

1880년대 이래 서사하라는 스페인의 하나의 province로 통치를 받아 왔으나, 1958년 이래 모로코(Morocco)와 모리타니(Mauritania)는 이 지역에 대해 영유권을 주장해 왔다. 그러던 중 1966년부터 스페인은 이 지역에 주민투표(plebiscite)를 실시하여 그 장래를 결정할 준비가 되어 있음을 밝혔다. 이에 모로코는 서사하라에 대한 영유권을 계속 주장하면서 이 분쟁을 ICJ에 부탁할 것을 요구하였다. 스페인은 그러한 요구를 거절하였으나, 유엔총회는 결의를 통하여 ICJ에 권고의견을 요청하였다. ICJ에 제기된 문제는 서사하라가 스페인의 식민지가 되던 시점에 무주지(*terra nullius*)였는가 하는 것과, 만일 이 질문에 대한 대답이 부정적이라면 이 지역과 모로코왕국 간의 법적인 관계 (legal ties)는 어떤 것이었는가 하는 것이었다.

첫 번째 질문에 대한 대답은 부정적이었다. 재판소는 당시의 국가관행에 의하면 사회적·정치적으로 조직된(socially and politically organized) 부족이나 주민들이 살고 있는 지역은 무주지가 아니라고 하였다. 재판소는 14:2로 스페인에 의한 식민화가 이루어진 1884년 당시 서사하라에는 그러한 부족이 살고 있었다고 하였다.

두 번째 문제에 대해 재판소는 15대 1로 스페인에 의한 식민화 당시에 모로코의 술탄과 서사하라 일부 부족 간에 법적인 관계가 존재하였으며, 모리타니 유목민들도 서사하라에 일정한 권리를 가지고 있었다고 하였다. 그러나 서사하라와 모로코 및 모리타니 간의 관계는 영토주권에 해당하는 정도의 관계는 아니었으므로 주민들의 자유롭고 진정한 의사표시를 통한 자결의 원칙을 수정할 정도에 이르지는 못하였다고 하였다.[53]

---

52) *Western Sahara case, Advisory Opinion, ICJ Reports*, 1975, p.12.

53) 국제사법재판소(ICJ)의 이러한 의견이 제시된 다음날 이 지역 주민들이 독립을 선택할 것을 우려한 모로코의 하산(Hassan) 왕은 비무장 모로코인들의 서사하라에의 행진을 발표하였다. 결국 스페인은 1976년 2월 서사하라에서 철수하였으며, 모로코는 풍부한 인산광이 있는 지역을 포함한 서사하라의 3분의 2 이상을 차지하고 나머지는 모리타니아가 차지하였다. 그러나 알제리의 후원을 받는 폴리사리오 전선(Polisalio Front)은 1976년 2월 「사하라아랍민주공화국」(Saharan Arab Democratic Republic: SADR) 창설을 선포하여 대 모로코 항전을 계속하고 있으며, 1984년 11월 아프리카단결기구(OAU)는 SADR에게 회원국 자격을 부여하였다. 그사이 1979년 8월 모리타니와 폴리사리오 전선 간에는 화해가 성립되어 모리타니는 점령지역에서 철수하고 서사하라 전역은 모로코의 지배하에 들어갔다. *Encyclopedia of Public International Law* (이하에서는 *EPIL*), North-Holland Publishing Co., 1981, pp.292-293.

3. 실효적 지배

선점에 의한 영토취득을 위해 가장 중요한 조건은 효율적 통제(effective control)의 확립이다. 선점이 이루어지기 위한 조건으로의 효율적 통제는 무주지가 감소함에 따라 점차 엄격해졌다. 무주지가 많이 남아 있던 16세기에는 효율적 통제는 매우 넓게 해석되어 단순한 발견만으로도 그 국가에는 적절한 시간 내에 점유를 완료할 '불완전한 권원'(inchoate title)이 부여되는 것으로 보았다. 그러나 시간이 가면서 국제법은 효율적 통제를 위해 보다 많은 것을 요구하게 되었으며 18, 19세기 이후에는 실효적 지배(effective occupation)가 요구되었다.

실효적 점유의 원칙과 관련하여 사람이 살고 있지 않거나 살 수 없는 지역에 대한 영토취득 문제가 관심의 대상이다. 선점을 위해서는 명목상의 점유가 아닌 실질적인 점유가 필요하다는 원칙 때문이다. 그러나 사람이 살고 있지 않는 지역에 어떤 국가가 등장하였고, 그 국가가 그곳에 등장한 이래 그 지역에 대해 절대적인 처분권을 행사해 오고 있었다면, 그 국가의 그 지역에 대한 선점은 그때 완성된 것으로 보아야 할 것이다.[54]

실효적 점유의 내용에 관해 확립된 규칙은 없으나 당해 지역에서 지속적으로 평화적인 국가기능을 수행하는 것을 의미한다. 그러므로 실효적 점유를 달성하는 데 필요한 조치는 상황에 따라 달라진다. 예를 들어 사람이 거의 살지 않는 황량한 지역에 비해 반항적인 부족이 살고 있는 지역에 대한 실효적 점유는 보다 어려울 것이다. 전자의 경우에는 그럴 필요가 없겠지만 후자의 경우에는 군대의 주둔 등 추가적인 조치들이 필요하기 때문이다.[55]

선점에 의한 영토취득에 대하여 깊이가 있는 검토가 이루어졌던 고전적인 사례인 팔마스섬 사건과 클리퍼튼섬 사건을 살펴본다.

---

54) Oscar Svarlien, *The Eastern Greenland Case in Historical Perspective*, University of Florida Press, 1964, pp.57-58.
55) 유병화, p.480; Akehurst, p.145.

팔마스섬 사건

Island of Palmas Case, 1928

미앙가스(Miangas) 섬으로도 불리는 팔마스 섬은 그 면적이 2평방 마일도 안 되는 작고 외딴 섬으로 필리핀의 민다나오 섬과 과거 네덜란드령 동인도의 Nanus 군도 사이에 위치하고 있다. 1898년 파리조약에 의해 스페인이 미국에 필리핀 군도를 할양할 때 이 섬도 여기에 포함되어 있었으나, 1906년 미국은 네덜란드가 이 섬을 자국령 동인도에 포함시킨 사실을 알고 경악하였다. 양국은 상설중재재판소(PCA)에 팔마스 섬이 미국의 영토인지 아니면 네덜란드의 영토인지를 결정해 주도록 요청하였다. 단독중재를 맡은 스위스 법률가 후버(Max Huber)는 다음과 같이 판정하였다.

필리핀에 대한 스페인의 권리를 계승한 미국은 발견을 그 권원으로 주장하고 있으나, 네덜란드는 1677년 이래 이 섬에 대해 주권을 행사해 왔다고 주장하였다. 주권의 형성에 필요한 요소는 계속 유지되어야 하므로 그간의 이론과 국가실행 모두 일정한 지역에 대한 주권이 인정되려면 권원과 함께 영토주권의 지속적·평화적 행사가 요구된다고 하였다. 18세기 중엽 이래 국제법이 강조해 온 점유의 실효성은 영역취득을 위해서뿐 아니라 권리유지를 위해서도 필요한 것임을 밝힌 것이다.

양측 모두 중세 이후 19세기 말에 이르기까지, 사람이 살고 있지 아니한 지역이나 야만인이 살고 있는 지역의 발견과 취득에 관한 국제법이 변화를 겪어 온 것을 인정하였다. 양측은 법적 사실은 그 당시의 법에 비추어 판단되어야 하며, 분쟁이 발생한 시점이나 분쟁해결에 실패한 시점의 법에 의해 판단해서는 안 된다는 데 대해서도 동의하였다. 따라서 스페인에 의한 발견의 효과는 16세기 전반에 효력을 가지고 있던 국제법 규칙에 따라 결정되게 되었다.

17세기 이래 1906년까지 미국은 네덜란드가 Talautse 군도와 Palmas를 포함하는 부속도서에 대해 영토주권을 행사하는 데 대해 아무런 항의도 제기하지 않았다. 네덜란드에 의한 이러한 평화적 주권행사를 고려할 때 네덜란드가 영토주권 획득에 필요한 조건들을 모두 충족하였다고 보았다. 반면에 스페인의 계승자인 미국이 이에 상응하는 권원을 가지고 있는가 하는 데 대한 대답은 부정적이었다. 발견은 최대한 호의적으로 해석한다고 하여도 미성숙한 또는 불완전한 권원(inchoate title)에 지나지 않으므로 실효적 점유에 의해 주권을 확립할 수 있는 권한을 의미할 뿐이다. 이 불완전한 권원이 지속적이고 평화적인 주권행사에 기초한 명백한 권원(definite title)보다 우월할 수는 없었다. 따라서 후버(Huber)는 1700년 이전까지 소급되는 긴 기간 동안 지속적이고 평화적인 국가권한 행사를 통해 얻어진 네덜란드의 주권이 유효하다고 하였다.

클리퍼튼섬 사건

Clipperton Island Case, 1931

이 사건은 멕시코 서남방 670마일 태평양에 위치한 클리퍼튼 섬의 영유권에 관한 것으로 프랑스와 멕시코가 당사자였다. 프랑스의 영유권 주장은 1858년 한 프랑스 해군사관이 이 섬으로 항해하여 프랑스의 주권을 선언하고, 상세한 지리적 비망록을 작성하였으며, 선원들을 상륙시킨 사실에 근거하고 있다. 그들은 섬에 아무런 주권의 표시도 남기지 않았으나, 호놀룰루 주재 프랑스 영사와 하와이 정부에 이를 통지하고 그곳에서 발간되는 폴리네시안(Polynesian)지에 이 섬에 대한 주권선언문을 게재하였다.

미국은 1897년 한때 이 섬에 관심을 가졌으나 포기하였다. 그러나 멕시코는 1897년 이 섬에 군함을 파견하여 멕시코 국기를 게양하였다. 멕시코는 스페인에 의한 발견으로 클리퍼튼섬에 대한 영유권을 획득하였다고 하면서, 1858년부터 1897년까지의 프랑스에 의한 점령은 실효적이지 못하였기 때문에 1897년 당시 이 섬은 무주지이었다고 하였다.

중재자의 역할을 맡은 이탈리아 왕 Victor Emmanuel 3세는 스페인의 발견은 증명될 수 없기 때문에 이 섬은 1858년 당시 무주지이었다고 하였다. 이어서 그는 프랑스가 이 섬을 실효적으로 점유하였는가 하는 문제를 다루었다. 그는 일반적으로 영토획득에는 효율적이고 배타적인 권한 행사가 필요하지만 사람이 살 수 없는 곳에 대해서는 그 적용이 완화된다고 하였다. 결국 중재자는 이 섬은 1858년 프랑스에 의해 합법적으로 획득되었다고 판정하였다.

Ⅳ. 할 양

할양(cession)이란 어떤 지역에 대한 주권을 합의에 의해 한 국가가 다른 국가에 양도하는 것을 말한다. 광의의 할양에는 한 국가가 다른 국가에 영토 전체를 양도하는 경우(병합)도 포함되지만, 병합에 관한 법적인 문제는 국가승계에서 다루는 것이 적합하다.

할양은 조약과 같은 합의에 의해 이루어지는 것이 일반적이지만, 실제로는 교환이나 매매, 증여에 관한 것인 경우가 많으며 과거에는 전후 평화조약을 통하는 경우가 많았다. 그 예로는 알자스·로렌 지역이 1871년 Frankfurt 조약에 의해 프랑스에서 독일로, 1919년 베르사유 조약에 의해 다시 프랑스로 양도된 것을 들 수 있다. 매매에 의한 할양의 예로는 1869년 미국이 러시아로부터 알래스카를 720만 달러에 매입한 것과 1916년 네덜란드가 미국에게 서인도제도의 자국영토를 매각한 것을 들 수 있다.[56]

할양에 의해 어떤 지역에 대한 주권을 취득하는 국가의 권리는 그 유효성이 할양하는 국가의 권리에 의존한다는 점에서 부차적이라고 할 수 있다. 팔마스섬 사건에서 미국은 스페인이 이 섬에 대하여 가지고 있었던 것으로 추정되는 권리를 자국에게 이양하기로 한 1898년 파리조약을 근거로 팔마스섬에 대한 영유권을 주장했었다. 그러나 중재를 맡았던 Huber는 "스페인은 자신이 소유하고 있던 것 이상의 권리를 양도할 수는 없다"고 하여 미국의 영유권 주장을 받아들이지 않았다.[57]

V. 정 복

정복(conquest)이란 한 국가가 무력을 사용하여 다른 국가를 굴복시키고 그 영토의 전부 또는 일부를 취득하는 것으로 과거에는 국가영역 획득을 위한 중요한 수단이었다. 그러나 정복에 의한 영토취득은 전쟁이 완전히 종료될 때까지는 법적인 것이 아니므로, 강화조약이 체결되거나 적대행위가 완전히 종식된 이후에 확정된다.[58]

하지만 20세기 들어서서 무력행사금지에 관한 국제적 합의들이 연달아 등장하고, 유엔이 자위를 위한 경우를 제외한 대부분의 무력행사를 금지하면서, 정복에 의한 영토취득은 거의 불가능해졌다. 특히 1970년 유엔총회가 채택한 「유엔헌장에 따른 국가 간 우호관계 및 협력에 관한 국제법원칙선언」(Declaration on Princi-

---

56) Shaw, pp.360-361.

57) Jennings, pp.16-17.

58) Akehurst, p.148; Shaw, p.362. Akehurst는 제2차 대전 당시 독일에 의한 폴란드 합병은 폴란드의 동맹국들이 계속 대독항전을 하고 있었기 때문에 무효라고 하였다.

ples of International Law Concerning Friendly Relations and Cooperation among States in Accordance with the Charter of the United Nations)은 "모든 국가는 그 국제관계에서 다른 국가의 영토보전과 정치적 독립을 해치는 무력의 위협이나 행사를 자제할 의무가 있다"고 하면서, "무력의 행사와 위협으로 인하여 한 국가의 영토가 다른 국가에 의한 획득 대상이 되어서는 아니 된다"고 하였다. 한편 조약법협약 제52조는 유엔헌장에 나타나 있는 국제법원칙에 반하여 무력의 위협이나 행사를 통하여 체결된 조약은 무효라고 하여 간접적으로 무력행사를 통한 영토변경을 금시하였다.[59]

1967년 아랍과 이스라엘 간의 '6일 전쟁' 이후 이스라엘은 예루살렘의 '행정적 통일'(administrative unification)을 위한 조치를 취하였다. 그러나 유엔총회는 99대 0, 기권 22로 그러한 조치들이 무효임을 선언하고 예루살렘의 지위를 변경하기 위한 어떠한 조치도 취하면 아니 된다고 하였다. 1990년 8월 1일 이라크 군대가 쿠웨이트를 침공하여 점령하자, 다음날 유엔 안전보장이사회는 만장일치로 이를 비난하고 이라크 군대의 즉각적인 철수를 요구하였다. 1990년 8월 9일 안보리는 만장일치로 결의 662를 채택하여 이라크에 의한 쿠웨이트 합병은 무효라고 하면서, 모든 국가와 국제기구는 그러한 합병을 간접적으로 승인하는 것으로 해석될 수 있는 그 어떠한 조치나 거래도 삼가도록 요구하였다.[60]

VI. 시 효

시효(prescription)에 의한 영토취득이란 어떤 국가가 일정한 영토에서 장기간 계속적이고 평화적으로 권력을 행사하는 경우, 이러한 사실상태를 근거로 영토취득을 인정하는 것이다. 국제법에서 시효에 의한 영토취득을 인정할 것인가 하는데 대해서는 의견대립이 있다. 시효기간을 확정하기가 곤란하고, 악의에 의한 영토취득의 길을 열어 주기 때문에 시효제도는 부인되어야 한다는 견해가 있는가 하면, 모든 법체계에는 "사실로부터 법이 발생한다"는 시효에 대한 관념이 있다는

---

59) Damrosch, pp.342-343.

60) *Ibid.*, pp.342-344.

생각에서 이를 인정해야 한다는 견해도 있다.[61] 시효기간의 확정은 곤란한 문제
이지만 이론적으로 시효제도 자체는 인정하는 것이 옳다고 본다.

현실적으로 시효와 선점에 의한 영토취득을 구분하는 것은 어렵다. 시효에
의한 영토의 취득은 다른 국가에 속하는 영토가 그 대상이 되는 데 반하여 선점에
위한 취득은 무주지가 이에 해당하므로, 시효에 의한 취득이 보다 오랜 시간을 필
요로 한다는 차이가 있다. 그렇지만 실제로 경계선이 불분명하여 선점에 의한 영
토취득으로 분류되는 경우 중 상당부분은 실제로는 시효에 의한 것이다.[62]

시효에 의한 영토취득은 이론상으로는 인정되지만 현실적으로 이것을 인정하
는 데에는 어려움이 있기 때문에, 이제까지 시효가 어떤 법적인 판단에 결정적인
영향을 미친 경우는 없었다.[63] 보츠와나와 나미비아 간 카시킬리/세두두(Kasikili/
Sedudu) 섬 사건에 대한 판결을 통해 시효문제에 대한 국제재판소의 입장을 알아
본다.

카시킬리/세두두섬 사건[64]

Kasikili / Sedudu Island Case, 1999

본 사건은 보츠와나(Botswana)와 나미비아(Namibia) 간에 있었던 초베(Chobe) 강
의 작은 섬 카시킬리/세두두(Kasikili/Sedudu) 섬의 법적 지위에 관한 분쟁으로, ICJ는
1999년 이 도서의 영유권 문제에 대해 판결하였다. 양국은 특별협정에서 1890년 7월 1
일자 영국과 독일 간의 조약과 국제법을 기초로 카시킬리/세두두 섬 주변에서의 양국
간 경계선과 섬의 법적 지위 문제를 해결해 줄 것을 재판소에 청구하였다.

재판소는 우선 1890년 조약이 규정한 "주요수로의 중앙"(center of the main
Channel)을 지나는 선, 즉 탈베그(Thalweg)에 대한 양국의 입장을 분석하여, 탈베그에
따른 조약경계선은 일단 카시킬리 섬의 북쪽에 위치한다고 결정하였다. 따라서 카시킬

---

61) 유병화, p.485.

62) Akehurst, pp.146-147. Jennings, p.23.

63) Falkland 군도를 둘러싼 영국과 아르헨티나 간의 분쟁에서, 영국은 1833년 이래 자신들이
이 섬들을 통치해 온 사실을 들어 영유권을 주장했으나, 여기에 대한 반론(정복이라는 지
적)도 만만치 않다.

64) *Kasikili/Sedudu Island Case Between Botswana and Namibia, ICJ Reports*, 1999,
p.1045.

리 섬은 보츠와나 소유로 보았다.

하지만 나미비아는 1890년 조약은 물론 시효제도에 따른 영유권 주장도 제기하였기 때문에, 재판소는 시효문제를 검토하게 되었다. 나미비아는 시효에 의한 권원획득을 위해서는 점유가 국가에 의한 것이고, 평온하고 방해받지 않은 것이어야 하며, 공적인 것이고, 일정한 시간이 경과해야 한다고 주장하였으며, 보츠와나도 이에 동의하였다.

나미비아는 자국이 오랫동안의 카시킬리 섬 점유와 사용을 통해 시효에 의해 권원을 획득하였으며, 보츠와나는 1966년 독립 후 수십 년간 이러한 사실을 묵인하였다고 하였다. 이에 대해 보츠와나는 나미비아가 시효취득을 위한 조건들을 갖추지 못했음을 지적하였는데, 특히 나미비아나 그 선임국가가 카시킬리 섬에 대해 국가권한을 행사한 적이 없으며, 마수비아족 추장들이 선임국인 독일을 위해 권원을 창설해 내는 활동을 하였음을 보여 주는 증거도 없다고 하였다. 결국 재판소는 나미비아가 카시킬리 섬의 시효취득을 정당화할 정도의 충분한 정확성과 확실성을 입증하지 못하였다고 하였다.

VII. 자연의 변화

국가영역의 변화는 자연환경의 변화에 의해서도 발생한다. 하천 퇴적물의 집적에 의해 하구에 삼각주가 생겨나거나 사라지고, 경계선을 이루는 하천의 흐름이 바뀌는 경우에 영역의 변경이 생길 수 있다. 또한 한 국가의 주권이 미치는 수역에 새로운 섬이 등장하게 되면 그 국가의 영역은 그만큼 넓어지게 된다.[65]

국경선을 구성하고 있는 하천의 흐름의 변화와 관련해서는 그러한 변화가 천천히 일어나는가 아니면 급격하게 일어나는가 하는 데 따라 결과가 달라진다. 하천의 흐름이 서서히 변하는 경우에는 국경선도 그에 따라 함께 변하지만, 하천의 흐름이 갑자기 변하는 경우에는 국경선은 원래 위치에 그대로 있게 된다고 보는 것이 일반적이다. 미국 대법원도 주간 경계선에 관한 분쟁에서 첨부(accretion)와 자연분리(avulsion)를 구분하여, 침식이나 퇴적에 의해 수로가 변경된 경우에는 경계선 변경을 인정하지만, 하천의 흐름이 갑자기 변한 경우에는 영역변경을 인정하지 않는 입장을 취하여 왔다.[66] 국제판례에서도 유사한 결정들이 발견되는데,

---

65) Shaw, pp.359-360. 1986년 1월 해저화산 폭발로 태평양상에 새로운 섬이 하나 나타났다. 당시 영국정부는 그 섬은 일본 소유인 이오지마 섬의 영해 내에 위치하고 있으므로 그 섬을 일본영토로 생각한다고 하였다.

그 예로는 1967년 미국과 멕시코 간의 채미잘 영토분쟁과 1805년의 Anna호 사건
이 있다.

‖ 제5절 ‖ 영토 관련 법적 쟁점

　　국가는 선점, 할양, 병합, 합병, 정복 등을 통하여 영토를 취득할 수 있다. 그
러나 국가들이 제기하는 영유권에 관한 주장은 때로는 충돌되고 중복되기도 한
다. 실제로 오늘날까지 해결되지 아니한 국가 간 영토분쟁의 상당한 부분은 과거
에는 사람들의 관심대상에서 벗어나 있었던 작은 섬의 영유권에 관한 것이다. 관
련 분쟁에서 국가들은 선점, 할양, 첨부와 같은 권원은 물론이고 역사적 근거와
실효적 지배 등의 논리에 근거하여 자신의 영유권을 주장한다. 여기에서는 영토
에 대한 영유권을 둘러싼 쟁점들 중에서 역사적 증거, 실효적지배, 결정적 기일에
관한 문제를 살펴본다.

Ⅰ. 역사적 증거

　　영토분쟁의 당사국들은 자국의 당해 지역에 대한 갖가지 역사적 증거들을 제
시하여 역사적 관련성을 인정받기를 원한다. 이는 문제의 지역에 대해 역사적 권
원이나 관련성을 인정받는 경우에는 영유권 다툼에서 절대적으로 유리한 입장에
서게 될 것으로 기대되기 때문이다. 국가들의 영토에 대한 역사적인 주장은 발견
과 확인에 관한 주장에서부터 묵인과 항의에 대한 기록에 이르기까지 여러 가지
형태로 나타난다.

　　그렇지만 국제재판에서는 과거의 오래된 자료보다는 보다 신빙성이 있는 비
교적 오래되지 아니한 자료를 중요시하며, 특히 결정적 기일 직전의 설득력 있고

---

66) *Ibid.*

직접적인 자료가 중요하다. 따라서 국제적인 영토분쟁에서 할양이나 승계와 같은 분명한 조치에 의한 국가영역 변경이 있었던 것이 아니라면, 한 국가가 제시하는 오래된 역사적 증거가 국제법원이나 재판소에서 유력한 증거로 받아들여진 경우를 찾아보기가 쉽지는 않다. 1953년 ICJ가 판결한 멩끼에·에끄레호 사건에서 영국과 프랑스는 각각 자국이 이들 도서에 대해 일정한 시점 이후 시원적인 권원 (original title)을 가지고 있었으며 그러한 권원은 계속 유지되어 왔다고 주장하였다. 영국은 1066년 노르만디공 윌리엄의 영국정복에서부디 그리고 프랑스는 10세기 이후의 역사적인 사실을 들어 멩끼에·에끄레호에 대한 시원적 권원을 주장하였으며 많은 관련 증거자료들을 제시하였다. 이에 대해 ICJ는 중요한 것은 중세시대에 있었던 일로부터 추론되어지는 간접적인 가설이 아니라 멩끼에·에끄레오 제도의 소유에 직접적으로 관련된 증거라고 하여 오래된 역사적 자료들의 증명력을 제한하였다.[67]

　　독도 영유권과 관련된 우리나라의 역사적 기록은『세종실록』「지리지」(1454년),『팔도지리지』(1477년),『동국여지승람』(1451년),『고려사』(1451년),『신증동국여지승람』(1530) 등에 나타나 있다.[68] 1417년(태종 17년) 또는 1419년(세종원년) 거민의 쇄환이 완료되면서 시작된 소위 공도정책은 일본에 의해 우리나라가 울릉도(독도)에 대한 권리를 포기한 증거로 주장되기도 하였지만, 그 후에 이루어진 정기적인 수토활동은 그러한 주장이 근거가 없는 것임을 증명하였다.[69] 조선 숙종 때 안용복의 활동을 계기로 일본의 에도막부는 울릉도와 독도가 일본에 속하지 아니한다는 사실을 확인하였으며, 1696년 1월 28일에는 일본인들의 독도도해를 금지하였다. 17세기 소위 '울릉도쟁계'를 통해 울릉도와 독도가 한국의 영토임이 확인된 후 근대 메이지 정부에 이르기까지 일본은 독도가 자국 영토가 아니라는 입장을 견지하였다. 특히 1877년 당시 일본의 최고행정기관 태정관이 "울릉도와 한 개 섬(독도)은 본국과는 관계가 없다"고 결정한 것은 독도에 대한 영유권을 부정하는 일본의 공식적인 결정이므로 매우 중요한 역사적 증거가 된다.[70] 독도에

---

67) *Minquiers and Ecrehos(France/United Kingdom), Judgement, ICJ Reports*, 1953, p.57.

68) 송병기, "울릉도와 독도, 그 역사적 검증",『역사공간』, 2010, pp.13-18, 38-39; 외교통상부,『우리땅 독도』, pp.2-3.

69) 송병기 교수에 의하면, 일부에서는 공도정책이란 용어에 대해 거부감을 갖고 쇄환정책이나 해금정책과 같은 용어를 사용할 것을 주장하지만, 실제로 '공도'의 출전은『세종실록』「지리지」라고 한다. *Ibid.*, pp.24-31.

관한 이러한 역사적 증거들은 우리나라의 독도에 대한 영유권을 뒷받침하는 소중한 자료들이라고 할 수 있다.

II. 실효적 지배

오늘날 영토문제에 있어서 가장 중요한 쟁점은 실효적 지배이지만, 그 내용은 시대에 따라서 많은 변화를 겪어 왔다. 15세기 유럽국가들이 식민지 확보경쟁에 나설 때에는 무주지의 발견(discovery)만으로도 영토의 취득이 가능하다고 보았고, 발견에 국기게양과 같은 상징적인 행위가 동반되면 영토에 대한 권원을 확립한 것으로 받아들여졌었다. 그러나 머지않아 발견은 불완전한 권원(inchoate title)일 뿐이라는 생각이 확산되면서, 이러한 불완전한 권원에는 실효적 점유가 수반되어야 영토취득이 가능하다는 인식이 생겨났다. 이러한 배경에서 팔마스섬 사건에 대한 중재판정이 나왔으며, 실효적 지배는 19세기 이후 영토주권 문제의 결정에 있어서 가장 중요한 요소가 되었다. 그러나 실효적 지배의 기준도 시대에 따라서 달라졌으니, 17, 18세기에는 무주지 취득요소로서의 점령이나 점유는 실제 정착이나 영토의 사용과 같은 물리적 점유가 중요하였으나, 오늘날에는 정부기능의 행사가 중시된다.

실효적 지배란 영유권을 주장하는 데 있어서 문제의 지역에 대해서 어느 한쪽이 다툼 없이 통치권을 행사하였음을 주장하는 것이지만, 실제로 실효적 지배에 대해서는 다양한 인식이 있었다.[71] 18세기 중반 이후 실효적 지배는 선점에 의

---

70) 외교통상부, 『한국의 아름다운 섬, 독도』, pp.7-8. 영유권분쟁 당사국 일방에 의한 자국의 영유권 부인 조치나 결정은 영유권에 관한 판단에 중요한 고려사항이 된다. 동부그린란드 사건과 관련하여, 1919년 7월 22일 당시 노르웨이 외무장관 Ihlen은 그린란드에 대한 덴마크 주장을 수용하는 발언을 하였는데, 이것은 PCIJ가 그린란드에 대한 덴마크의 주권을 인정하는 중요한 근거가 되었다.

71) Blum은 실효적 지배란 국제법상 쉽볼렛(shibboleth) 즉 일종의 암호라고 하면서 당해 지역을 지배하기 위하여 적절한 수준의 정치적·군사적·행정적 통제권을 행사하는 것이라고 하였으며, Hill 교수는 생명과 재산의 안전을 제공하는 데 충분한 정부의 통제력이라고 하였고, Burghardt 교수는 통치는 지속적이고 점령은 효율적이어야 한다고 하면서 이상적인 것은 사람이 정착하여 자원을 개발하고 사용하는 것이라고 하였다. Yehuda Z, Blum, *Historic Titles in International Law*, 1965, pp.100-118; Andrew Burghardt, "The Bases of

한 영유권 획득은 물론이고 영유권의 유지에도 필수적인 조건이 되었는데,[72] 실효적 지배가 인정되기 위한 조건은 당해 지역의 환경에 따라 달라진다. 팔마스(Palmas)섬 사건에서 후버(Max Huber) 중재재판관은 영토주권의 표시는 시간과 장소에 따라서 여러 가지 형태로 나타난다고 하면서, 주권행사는 원칙적으로 계속적이어야 하지만 실제로 주권이 영토의 모든 부분에 대하여 항상 행사될 수는 없다고 하였다. 특히 사람이 거주할 수 있는 지역인지 아닌지에 따라서 달라진다고 하면서, 작고 외딴 곳에 있는 극소수 원주민만이 거주하는 섬의 경우에는 그에 대한 주권의 표시가 빈번해야 하는 것은 아니며 그러한 주권행사가 아주 오래전부터 있었어야 하는 것도 아니라고 하였다. ICJ는 니카라과 대 온두라스 사건에서 작은 해양지형에 대한 영유권은 그 질과 양에 있어서 미미한 국가권한의 표현에 근거해서도 증명될 수 있다고 하였다. ICJ가 인도네시아/말레이시아 사건에서 "리기탄(Ligitan)과 시파단(Sipadan)처럼 경제적으로 중요하지 않아서 (적어도 최근까지) 사람이 거주하지 아니하거나 항구적으로 살고 있지 아니한 '매우 작은 섬'(very small islands)의 경우에는 일반적으로 실효적 주권행사도 부족하다"고 한 것도 비슷한 의미이다.[73]

실효적 지배를 입증하는 데에는 국가의 주권적 권한행사에 관한 증거가 중요하므로, 국가들은 문제의 도서가 자국의 영역임을 전제로 한 각종 조치들을 그 증거로 제시한다. ICJ는 2007년 니카라과 대 온두라스 사건 판결에서 분쟁수역에 존재하는 Bobel Cay, South Cay, Half Moon cay, Savanna Cay 등 도서에 대한 영유권 문제의 해결을 위하여 실효적 지배의 문제를 검토하였다. 여기에서 온두라스는 자국의 입법적·행정적 통제조치, 민·형법의 분쟁도서에의 적용, 이민규제, 도서로부터 수행된 어업활동, 석유양허활동과 공공사업 등을 자국의 실효적 지배의 자료로 제시하였다.[74] ICJ는 온두라스는 "주권자로서 행동하겠다는 의도

Territorial Claims", *Geograpical Review*, vol. 63, 1973, p.225.

72) Oscar Svarlien, *The Eastern Greenland Case in Historical Perspective*, University of Florida Press, 1964, pp.30-31.

73) *Territorial and Maritime Dispute between Nicaragua and Honduras in the Caribbean Sea (Nicaragua v. Honduras), Judgment, ICJ Reports*, 2007, para.174; *Sovereignty over Pulau Ligitan and Pulau Sipadan(Indonesia/Malaysia), Judgement, ICJ Reports*, 2002, para.134.

74) *Nicaragua v. Honduras*, paras.169-170.

와 의지"(intention and will to act as sovereign)를 입증하였는바 4개 도서에 대한 "소박하지만 진정한 권한표시"(a modest but real display of authority)가 있었다고 보았다.[75]

독도는 해양법협약상 경제수역과 대륙붕을 가질 수 없는 암석(rock)은 아니지만, 외부로부터 도움을 받지 않고 사람이 거주할 수 있을 만큼 큰 섬은 아니다. 더구나 독도는 본토는 물론이고 울릉도로부터도 상당한 거리에 위치해 있는바, 독도에 대한 실효적 지배의 기준은 낮아질 수밖에 없다. ICJ 등 국제법원과 재판소에서는 그간 팔마스, 리기탄/시파단, 페드라브랑카와 같은 작고 환경이 열악하여 인간의 거주가 거의 불가능한 섬의 영유권 문제를 다루어 왔다. 국제법원과 재판소들이 이러한 열악한 환경의 섬들에 대해서는 영유권자로서 행동하고자 하는 의사가 분명하면 미미한 국가권한의 행사와 표현에 의해서도 실효적 지배를 인정해 온 것을 감안할 때, 우리나라의 독도에 대한 주권행사에 관한 기록들은 독도에 대한 실효적 지배를 인정하는 데 중요한 자료라고 하겠다.[76]

III. 결정적 기일

국가 간 영토 및 해양에 관한 분쟁이 국제법원이나 재판소에서 다루어질 때 상황에 따라서는 그 결과를 좌우할 만큼 중요한 요소로 결정적 기일(critical date) 문제가 있다. 일단 결정적 기일이 정해지면 그 이후 당사국들이 취한 조치는 사건에 영향을 미치지 못하기 때문이다. 그리하여 피츠모리스(Gerald Fitzmaurice)는 결정적 기일에 관한 규칙의 존재이유는 그 날에 시간이 정지된 것으로 간주되는

---

75) Bobel Cay, South Cay, Half Moon cay, Savanna Cay 등 4개의 섬이 경제적·전략적으로 중요한지는 확인되지 아니하였지만, 온두라스는 주권자로서 행동하겠다는 의사표시를 하는 데 충분한 행위패턴(a sufficient pattern of conduct)을 보여 주었다는 것이 ICJ의 판단이었다.

76) 우리나라는 샌프란시스코조약이 체결되기 직전인 1952년 1월 18일 '인접해양에 대한 주권에 대한 선언'을 통해 평화선을 선포하였는데 독도는 그 안에 위치하였다. 1953년 창설된 독도의용수비대와 울릉경찰서 독도순라반에서 시작된 독도경비대는 그 후 독도경비를 담당하고 있으며, 1954년 8월 완공된 독도등대와 각종 국토표식은 독도가 우리의 영토임을 보여 주고 있다. KMI, 『독도사전』, 2011, pp.90, 338-339; 외교통상부, pp.139-163.

데 있다고 하였다. ICJ는 리기탄/시파단 사건에서 당사국 간 분쟁이 구체화된 시점 이후에 이루어진 행위는 그것이 이전 행위의 정상적인 지속이거나 당사국의 법적인 입장의 개선을 위한 것이 아니라면 고려될 수 없다고 하였으며, 니카라과 대 온두라스 사건에서는 결정적 기일이란 해양경계획정이나 육지영토에 대한 영유권을 둘러싼 분쟁에서 시간적인 분계선이 되는 시점이라고 하면서 그 이후의 행위는 실효적 주권행사로서의 가치를 가지지 못한다고 하였다.[77]

결정적 기일을 정하는 데에는 상황에 따라 여러 가지 기준이 사용된다. 결정적 기일은 분쟁이 구체화된 때를 기준으로 정해지지만, 실제로는 어떤 사건이 국제분쟁해결절차에 부탁된 날이나 영유권과 관련하여 당사국 간에 청구나 주장이 교환되기 시작한 시점이 선택된다. 말레이시아와 싱가포르 간 사건의 경우에는 페드라브랑카 영유권 문제를 둘러싼 공문교환 등을 통해 분쟁이 구체화된 시점이 결정적 기일이 되었다. 니카라과 대 온두라스 사건에서는 도서영유권 문제와 해양경계획정 문제에 대하여 별도의 결정적 기일이 정해졌다. ICJ는 도서영유권 문제는 니카라과가 영유권을 주장한 소도와 암석에 관한 주권적 권리를 명시적으로 유보한 진술서를 기준으로 2001년을 결정적 기일로 보았으며,[78] 해양경계획정 문제에 관한 분쟁이 구체화된 시점은 니카라과가 2번에 걸쳐서 온두라스 선박을 나포함으로써 양국 간 해양경계선을 둘러싼 공방이 본격화된 1980년대 초라고 하였다.[79]

우리 정부는 독도는 역사적·국제법적으로 당연히 우리 영토이어서 독도문제를 국제재판에 회부하는 것은 고려하지 않고 있으므로, 결정적 기일 문제에 대한 연구가 시급한 것은 아니다. 그러나 일본이 영유권 주장을 포기하지 않는 한 독도를 둘러싼 양국 간의 갈등상황은 유지되는 것이고, 독도문제를 사법적 해결의 틀 속에서 연구하는 경우에는 결정적 기일에 대한 연구도 필요하다.

---

77) *Ligitan and Sipadan*, para. 135; *Nicaragua v. Honduras*, para. 117.

78) *Ibid.*, para. 125-129.

79) ICJ는 1982년 3월 17일 한 온두라스 선박이 조업 중 니카라과 순시선에 의해 나포되어 니카라과 항구로 나포되어 간 사건에 유의하였다. 또한 동년 3월 21일에는 니카라과 연안경비대 선박 2척이 Bobel Cay와 Media Luna Cay 수역에서 4척의 온두라스 어선을 나포하였으며, 온두라스는 3월 23일 이에 대해 니카라과에 항의한 것을 중시하였다. ICJ는 양국간 해양경계획정에 관한 분쟁이 존재했다고 말할 수 있는 것은 상기한 두 사건이 발생한 때부터라고 보았던 것이다. *Ibid.*, para. 131.

‖ 제6절 ‖ 국경선의 획정

Ⅰ. 국경선 획정방법

국가의 영토주권이 미치는 범위는 그 국가의 영역인 영토와 영해, 영공이다. 그중에서 영토는 영해와 영공의 출발점인 동시에 국가활동이 이루어지는 가장 중요한 부분이므로 국가 간에 영토의 경계선을 긋는 것은 국제법에 있어 매우 중요한 문제이다. 국경선은 영토의 분할, 국가관할권의 분리, 경찰과 군대의 물리적 활동의 격리를 통하여 국제질서의 유지와 안정에 기여하기도 한다.

국경선은 일반적으로 국가 간의 합의를 통하여 획정된다. 그러나 국경선에 관한 국가 간 합의가 있는 경우이건 없는 경우이건 국가들은 국경선 획정에 몇 가지 방법을 사용해 왔다. 가장 많이 사용되는 국경선 획정방법은 강이나 호수, 산맥과 같은 자연적 지형을 이용하는 것이다. 그중에서 하천과 관련해서는 항행이 불가능한 경우에는 하천의 중앙선(the middle of stream)을 국경선으로 하지만, 항행이 가능한 하천의 경우에는 하천의 중앙선보다는 항행수로의 중앙(the middle of the channel of navigation), 즉 탈베그(Thalweg)를 국경선으로 삼는 것이 일반적이다.

Ⅱ. 현상유지원칙

국경선 획정에 관한 중요한 원칙으로 현상유지원칙(*Uti Possidetis*)이 있다. 이것은 로마법상의 용어로 '점유의 상태에 따라' 또는 '사실상의 상태에 따라'라는 의미를 갖는 것으로, 열강의 식민지였던 지역에서 여러 국가들이 독립하는 경우 바로 그때의 행정구역 경계선을 국가 간 경계선으로 대체하는 것이다.

19세기 초 스페인령 미주 식민지에서 여러 국가들이 독립할 때 이전의 식민지 경계선을 국가 간 경계선으로 삼으면서 이 관행은 국경선 획정을 위한 하나의 방법으로 사용되기 시작하였다. 각국의 무절제한 영유권 주장과 끊임없는 분쟁을 회피하기 위하여 도입된 이 원칙은 라틴아메리카 신생국들의 헌법과 그들 간의 다양한 양자조약을 통해 구현되었다. 그럼에도 불구하고 현상유지원칙이 이미 국제관습법 규칙이 된 것인지 아니면 구속력 없는 단순한 관행에 머물고 있는지, 아니면 1959년 Sovereignty over Certain Frontier Land 사건에서 두 명의 라틴아메리카 출신 재판관들이 주장하였듯이 이미 일반국제법 원칙으로 굳어진 것인지는 확실하지는 않다.[80)]

그 후에도 이 원칙은 민족의 구성이 복잡하고 다양하여 민족 중심의 국가형성을 시도할 경우 오히려 혼란이 예상되던 아프리카 지역에서 중요하게 사용되었다.[81)] 1950년대에 시작되어 1963년까지 진행된 아프리카의 비식민화 과정에서도 신생국 간에 수많은 국경선 문제가 발생하였는데, 유엔의 개입으로 합의에 의해 결정된 일부를 제외한 대부분의 국경선은 독립 당시의 경계선을 수용하는 방식으로 결정되었다. 그리고 이러한 관행은 유엔 결의들과 아프리카단결기구(OAU)의 중요한 결의를 통하여 추인되었다.[82)]

1986년 ICJ의 특별재판부(Chamber)는 부르키나파소와 말리 간 국경분쟁에서 이 원칙을 검토하였다.

부르키나파소와 말리 간 국경분쟁[83)]

The Frontier Dispute between Burkina Faso and Republic of Mali, 1986

원래 어퍼볼타(Upper-Volta)였던 부르키나파소와 말리 공화국은 특별협정을 체결하여 국제사법재판소 특별재판부(Chamber)에 "말리의 Koro와 어퍼볼타의 Djibo에서 Beli 지역까지의 영역에서 말리와 어퍼볼타의 국경선" 문제를 해결해 주도록 부탁하였다. 이 사건은 5인으로 구성된 재판부가 맡게 되었는데 그들은 현상유지원칙(*Uti Possidetis*)을 검토하였다.

---

80) Antonio Cassese, *International Law*, 2nd ed., Oxford, 2005, p.83.

81) 유병화, p.416. 과거 스페인의 식민지였던 남미 국가들이 독립하였을 때, 그들은 1810년 당시의 행정구역을 기준으로 국경선을 정하였는데 이를 '*Uti Possidetis de 1810*'이라 불렀다.

82) Cassese, pp.83-84.

83) *Frontier Dispute between Burkina Faso and Republic of Mali, Judgment, ICJ Reports*, 1986, p.554.

이 사건의 분쟁당사국은 모두 1950년대 이후 비식민화 과정에서 독립하였고, 그 영토는 니제르와 함께 프랑스령 서부아프리카(French West Africa: AOF)에 속해 있었다. 이전의 행정구역 변경은 고려하지 않고 독립직전 양국의 상황만을 고려하면 부르키나파소는 AOF의 어퍼볼타 식민지(Colony of Upper Volta)이고 말리는 수단 식민지(Colony of Sudan)이다. 그런데 1964년 카이로에서 개최된 아프리카 국가원수 및 정부수반회의(Conference of African Heads of State and Government) 1차회의는 아프리카단결기구(OAU) 모든 회원국들은 그들의 독립 당시 국경선을 존중할 것을 선언하였다. 분쟁당사국인 부르키나파소와 말리도 특별협정에서 그들 간의 분쟁을 식민시대의 유물인 국경선의 불가침 원칙에 따라 해결하기로 하였다.[84] 이에 따라 재판부는 현상유지원칙을 적극적으로 검토하게 되었다.

이 원칙은 원래 스페인령 미주 식민지에 처음 적용된 것으로 비식민화가 진행되면서 하나의 중심국가에 속해 있던 지역에 여러 개의 주권국가가 탄생할 때 적용되었다. 그러나 이 원칙은 특별국제법에 속하기보다는 독립과 논리적으로 연결되어 있는 법일반원칙으로 식민국가가 철수한 이후 신생국들의 독립과 안정이 동족 간 분쟁으로 위협받는 것을 방지하려는 목적을 가지고 있었다. 따라서 재판부는 아프리카 신생국들이 식민국가들에 의해 그어진 행정적인 경계선을 지켜 온 것은 국제관습법 원칙의 점진적 등장에 기여하는 단순한 실행이 아니라 일반적으로 적용되는 규칙을 아프리카에도 적용한 결과로 보아야 한다고 하였다.[85]

재판부는 이 원칙이 라틴아메리카에서 적용될 때 발견된 한 가지는 이 원칙이 실효적 점유(effective possession)를 주권의 기초로 인정하는 데 탁월하였다는 것이라고 하였다. 독립이 달성된 순간의 국경선을 중요시하는 이 원칙의 적용은 결국 행정상 필요에 의해 그어진 이전의 행정경계선(administrative boundaries)을 국제적 경계선(international frontiers)으로 변모시킨다. 이것은 스페인령 미주대륙에서나 프랑스령 서부아프리카에서나 마찬가지이다. 식민시대에 성립된 행정적 경계선을 국제적 경계선으로 변모시킨 현상유지원칙은 일반적 성격의 원칙인 것이다. 물론 이 원칙과 인민의 자결권을 조화시키는 문제가 제기될 수 있다. 그러나 아프리카 국가들이 끈질긴 투쟁을 통해 얻은 독립을 수호하고 수많은 희생 끝에 이룬 성과들을 보존하려면 영토의 현상유지가 필요하였다. 따라서 현상유지원칙은 그 문제점에도 불구하고 가장 중요한 법원칙의 하나로 이 사건에 적용되었다.[86]

---

84) *Ibid.*, pp.564-565.
85) *Ibid.*, p.565.
86) *Ibid.*, pp.566-567.

현상유지원칙(*Uti Possidetis*)은 식민지배와 관련이 없는 경우에도 적용되었는데, 특히 소련연방과 구유고연방의 해체와 관련하여 적용되었다. EEC에 의하여 설치된 유고중재위원회(Yugoslav Arbitration Commission)는 Opinion No.2에서 "어떤 경우에도 국가들이 동의하는 경우가 아니면, 자결권(right to self-determination)이 독립당시의 기존의 경계선 즉 *Uti Possidetis*를 바꿀 수 없다"고 하였다. 이어서 Opinion 3에서는 별도의 합의가 없는 한, 이전의 경계선이 국제법이 보호하는 국경선이 된다고 하였다. 이러한 결론은 국경선존중의 원칙과 현상유지 원칙에서 나온 것이라고 하겠다.[87]

‖ 제7절 ‖ 국가승계

Ⅰ. 의 미

국제사회에는 두 개 이상의 국가가 하나로 통합되고 하나의 국가가 여러 개로 분리되는 경우가 있다. 이집트와 시리아는 1958년부터 1961년까지 통일아랍공화국(United Arab Republic)으로 통합된 적이 있었다. 1964년 탕가니카와 잔지바르는 탄자니아로 통합되었고, 방글라데시는 1970년 파키스탄에서 분리되어 독립하였다. 1990년 남예멘과 북예멘은 대화를 통해 통합되었으며, 같은 해 동독은 독일연방에 흡수 통합되었다. 1990-1991년 소련연방의 해체로 에스토니아와 라트비아 등 여러 국가들이 독립하였으며, 1991년 유고연방과 1992년 체코슬로바키아의 해체로 새로운 국가들이 등장하였다.[88] 이처럼 한 국가가 다른 국가를 병합(annexation)하거나, 여러 국가가 하나로 합병(fusion)되고, 하나의 국가가 여럿으로 분리(session)되는 등 변화가 생기면 선임국가(predecessor state)와 계승국가(successor state) 간에는 권리와 의무에 변동이 있게 된다.[89]

---

87) Shaw, p.382.

88) Cassese, p.78.

89) 국제법에서는 국가의 계속성이 단절되는 국가승계와 국가의 계속성이 그대로 유지되는 정

　　과거에 국가승계는 전쟁의 결과인 강화조약 체결이나 비식민화를 통해 이루어지는 경우가 많았다. 그러나 최근에 발생한 국가승계는 그 형태가 매우 다양하여졌다. 독일, 예멘, 베트남은 2개에서 하나로 통일된 국가들이지만 통합과정은 상당히 달랐으며, 소련과 유고 등이 여럿으로 분리되는 과정도 상이하였다. 이러한 다양한 형태의 국가승계를 고려해 볼 때 모든 국가승계에 공통적으로 적용되는 일반적 국제규범을 찾아내는 것은 매우 어려우므로, 관련 조약과 국제관습법을 고려하여 조약, 국가재산, 부채 등 주제별로 일반적인 해결방안을 제시해 본다.

II. 국가승계의 법원

　　국가승계에 관한 일반원칙을 찾기 위한 노력은 다양하게 진행되어 왔다. 신생국은 선임국가의 권리와 의무 그 어느 것도 계승하지 아니하므로 백지(*tabula rasa*)에서 출발해야 한다는 주장이 있는가 하면, 반대로 계승국가는 선임국가의 모든 의무와 권리를 계승하는 것을 원칙으로 삼아야 한다는 주장도 있었다. 그러나 국가승계 문제의 복잡함과 다양함을 고려할 때 하나의 원칙에 따라 모든 문제들을 해결할 수는 없는바, 국가승계가 발생하는 상황과 문제가 되는 권리와 의무의 내용을 구분하여 접근하는 것이 바람직하다고 본다.

　　국가승계에 관한 규범의 성문법전화(codification)를 위해 유엔에서는 국제법위원회(International Law Commission)가 중심이 되어 노력해 왔다. 그 결과 1978년 「조약의 국가승계에 관한 비엔나협약」(Vienna Convention on Succession of States in Respect of Treaties)과 1983년 「국가재산·문서·채무의 국가승계에 관한 비엔나협약」(Vienna Convention on Succession of States in Respect of State Property, Archives and Debts)이 체결되었다. 이들 협약은 비준하는 국가가 적어 아직 효력 발생에 이르지 못하였으며, 복잡한 국가승계 문제가 국제협약으로 원만하게 해결

부승계를 구분한다. 이러한 구분에 대한 중대한 도전은 1917년 러시아 혁명 이후 소련에 의해 제기되었다. 소련정부는 자신은 새로운 정부인 동시에 새로운 국가이기 때문에 이전의 정부가 안고 있던 부채에 대해서는 아무런 책임이 없다고 하였다. 소련의 이러한 주장에 대해서는 많은 국가들이 반대하였으며, 소련정부 스스로도 가끔은 제정 러시아의 권리를 주장하고 그 조약들을 지켰다. *Restatement*, pp.100-101.

될 수 있는가 하는 것도 의문이다. 따라서 오늘날 국가승계에 관한 연구에서는 협약에 대한 분석과 함께 예멘·독일·베트남 등 통일된 국가에서의 실행과 여러 국가로 분리된 소련과 유고 등의 사례에 대한 연구가 중요하다.

III. 조약의 승계

국가승계 시 선임국가가 제결한 조약의 운명은 국가승계의 유형과 조약의 성격에 따라 달라진다. 여기에 관해서는 1978년 조약의 국가승계에 관한 비엔나협약이 규정하였으며, 미국의 대외관계법에 관한 리스테이트먼트도 국가승계 시 조약의 처리방법을 다루었다.

한 국가의 영토의 일부가 다른 국가에게 이전되는 경우에는 선임국가의 조약들은 그 영역에 대해 효력을 상실하고 계승국가의 조약들이 효력을 가지게 된다.[90] 이것은 전통적인 '조약국경선이동'(moving treaty-frontier) 원칙을 규정한 것으로 한 국가의 영토의 일부에 주권변동이 있게 되고 계승국가도 이미 하나의 국가인 경우에 적용된다. 그러면 조약국경선이동 원칙의 효과는 무엇인가? 한 국가의 영토의 일부가 기존의 다른 국가의 영토로 편입되면 그 지역은 선임국의 조약체제에서 빠져 나와 새로운 국가의 조약체제에 편입되는 것이다. 다시 말해 새로운 국가의 조약체제가 선임국가의 조약체제를 대체하는 효과가 생기는 것이다.[91]

오늘날 한 국가가 다른 국가를 흡수하는 것은 매우 드문 일이다. 그러한 흡수가 국제법에 반하지 않는다면, 조약국경선이동 원칙과 조약상대성 원칙에 따라 흡수한 국가의 법과 조약의 적용범위가 확대될 것이다. 한 국가가 다른 국가에 흡수되면 흡수당한 국가의 조약들은 소멸되고 흡수한 국가의 조약들이 흡수된 지역에도 적용되는 것이다.[92]

어떤 국가의 일부가 독립하여 새로운 국가가 탄생하는 경우에는, 그 국가가 명시적 또는 묵시적으로 조약을 받아들이고 다른 당사국들이 거기에 동의하거나

---

90) 조약의 국가승계에 관한 비엔나협약 제15조; *Restatement*, Section 210, Subsection (1).

91) P. K. Menon, *The Succession of States in Respect of Treaties, State Property, Archives, and Debts*, Lewiston, Edwin Mellen Press, 1991, p.21.

92) *Restatement*, Section 210, Subsection (2).

묵인하지 않는 한 신생국은 선임국이 체결한 국제조약을 계승하지 않는다.[93] 반 식민주의적 배경을 가지고 있는 이 규칙은 '백지의 원칙'(Clean Slate Principle)이라 고 하는데, 국경선이나 영토에 관련된 조약을 제외한 모든 양자조약과 다자조약 에 적용된다. 이 원칙은 자결권과 주권평등의 원칙에 부합하는 것으로, 신생국은 자신이 받아들이지 아니하는 모든 조약상의 의무로부터 자유롭게 된다.[94]

영토의 특정 부분에 의무를 지우고 권리를 부여하는 소위 '지역화된 조약' (localized treaty)의 경우에는 당해 지역을 통치하게 되는 새로운 실체에게 승계되 는 것으로 보아야 한다. 일부 지역에의 통과 및 국경통제에 관한 조약이나 일부 수 역에서의 어로활동이나 하천통항에 관한 조약과 같은 조약들은 그 지역에 부착되 어 있는 것이고 이를 바꾸는 것은 국제사회의 안정을 위해서도 바람직하지 않으므 로 국가승계에 관계없이 효력을 유지하도록 하는 것이다.[95]

IV. 국가재산과 부채의 승계

국가승계 시 선임국가에 속했던 국가재산과 문서 및 부채의 승계에 관해서는 1983년「국가재산, 문서 및 채무의 국가승계에 관한 비엔나협약」이 규정하고 있 다. 이 협약 역시 아직 효력발생에는 이르지는 못하였으나 관련 국제법 규칙에 관 한 중요한 자료이다.

국가승계가 있게 되면 별도의 합의가 없는 한 국가재산은 보상 없이 자동적 으로 계승국가에 이전된다. 일반적으로 사유재산은 영토주권의 변동에 영향을 받 지 않으므로 국가승계 시 문제가 되는 것은 국가재산인데, 여기서 말하는 국가재 산이란 국가승계 당시 그 국가의 국내법에 따라 국가소유로 인정되는 모든 재산 과 권리 그리고 기타 이익을 말한다. 국가재산 승계의 경우 한 국가의 영토의 일 부가 다른 국가에게 이전되는 경우, 계승국가가 신생국인 경우, 여러 개의 국가가 하나로 통합되는 경우, 한 국가의 영토의 일부의 분리나 한 국가가 여러 개로 분 리되는 경우 등 거의 모든 사례에 유사한 규칙이 적용된다. 국가재산이 부동산인

---

93) *Ibid.*, Section 210, Subsection (3); 조약의 국가승계에 관한 비엔나협약, 제16-19조.

94) Menon, p.23.

95) Cassese, p.78; 조약의 국가승계에 관한 비엔나협약, 제12조.

경우에는 국가승계 당시 그것이 위치한 국가의 소유로 넘어가게 되며, 국가활동에 사용되어 온 동산 역시 계승국가에게 이전되는 것이다.[96]

　국가승계에서 말하는 국가문서(state archives)란 국가승계 당시에 선임국가의 국내법에 따라 그 국가가 소유하고 있는 모든 문서를 의미한다. 문서의 이양에 따라 선임국가의 문서에 대한 권리는 소멸되고 계승국가의 권리가 발생하는데, 국가문서의 이양 역시 보상 없이 이루어진다. 선임국가와 계승국가 간의 국가문서 이양 역시 당사자 간의 합의가 가장 중요하다. 그러나 합의가 없으면 한 국가의 영역이 다른 국가로 넘어가든, 신생국이 탄생한 경우이든, 여러 국가가 하나로 통합되는 경우이든, 하나의 국가가 여럿으로 분리되는 경우이든 간에 유사한 규칙이 적용된다. 즉, 선임국가의 국가문서 중 영토를 기준으로 일정한 영역의 정상적인 통치를 위한 문서와 전적으로 그 지역에 관련된 문서들은 계승국가에게 이전되는 것이다.[97]

　국가승계 시 국가채무(state debt)의 승계문제는 매우 복잡하다. 먼저 국가승계의 영향을 받게 되는 채무의 범위를 정해야 하는데, 공적인 채무도 여러 가지로 나눌 수 있다. 국제법협회는 1970년 보고서에서 공적 채무(public debt)를 국가채무(national debt), 지방채무(local debt), 지방화된 채무(localized debt)로 나누었다.[98] 국가채무란 중앙정부의 일반계정에 나타나는 것으로 특정한 지역과 관련되지 아니하고 중앙정부에 청구할 수 있는 채무를 말한다. 지방채무는 국가에 미치지는 못하지만 상당한 정도의 재정적 자율성을 가진 지방자치단체가 부담하는 채무이며, 지방화된 채무란 지방채무와 비슷하지만 지역적 한계가 명확하고 채무자의 인격성이 강한 채무를 의미한다.[99]

　국가채무 중에서 지방화된 채무(localized debts)는 영토의 향배에 따라 함께 이전되는 것으로 보는 것이 타당하다. 한 국가의 영토의 일부가 다른 국가에게 이전되는 경우에는 선임국가의 채무는 계승국가와의 합의에 의해 처리되어야 하며, 그러한 합의가 없는 경우에는 형평에 따른 비율로(in an equitable proportion) 계승국가에게 이전된다. 그러나 일반적으로 신생국의 경우에는 당사국 간 합의에 의

---

96) 1983년 국가재산 · 문서 · 채무의 국가승계에 관한 비엔나협약, 제8조-제18조 참조.

97) 상게 협약, 제19조-제31조 참조.

98) International Law Association, *Report of the 54th Conference*, 1970, p.108.

99) Menon, pp.158-160.

하지 아니하고는 그 어떠한 선임국의 부채도 이전받지 않는다. 둘 이상의 국가가 하나로 통합되는 경우에는 선임국가들의 부채는 계승국에게 이전된다. 한 국가의 일부가 분리되어 신생국이 탄생하는 경우에는 별도의 합의가 없는 한 형평에 따른 비율로 부채는 이전된다. 하나의 국가가 해체되어 두 개 이상의 국가가 등장한 경우에도 부채는 여러 가지 상황을 고려하여 형평에 따른 비율로 분배되어야 한다.[100]

---

100) 1983년 국가재산·문서·채무의 국가승계에 관한 비엔나협약, 제33조-제41조 참조. 국가 승계 시 채무에 관한 그간의 국가관행을 보면, 식민지로부터 신생국이 독립하는 경우에는 일반적으로 구식민국가의 채무를 인수하기를 거절하였다. 한 국가가 다른 국가를 병합하는 경우로는 1898년 미국에 의한 하와이 합병을 들 수 있는데, 당시 미국은 모든 국가채무를 인수하였다. 여러 개의 국가가 하나로 통합되는 경우에는, 미합중국의 성립이나 1957년 말레이시아 연방결성의 경우에서 보듯이, 이전 국가들의 채무를 모두 인수하는 것이 일반적이다. 국가영토의 일부가 독립한 경우로는 1965년 싱가포르의 말레이시아 연방탈퇴가 있는데, 싱가포르는 연방결성시 연방에 이전하였던 모든 권리와 의무를 회수하였다. 하나의 국가가 여럿으로 분리되는 경우에는 일반적으로 계승국가들 간의 형평에 따른 분배(equitable apportionment)의 원칙이 적용된다. *Ibid.*, pp.177-194.

제3장

국제기구

‖ 제1절 ‖ 국제기구 일반

Ⅰ. 서 론

근대 이후 유럽에서 민족을 단위로 하는 다수의 독립 주권국가들이 등장하면서 국가 간 협력이 필요해졌다. 한때 국가들은 국가 간 합의와 외교채널을 통하여 국가 간의 문제를 해결하고 협력방안을 모색하였으나 19세기 들어서는 새로운 협력의 틀을 모색하게 되었다. 국제기구는 국가 간의 협력을 증진하기 위한 제도로 등장하였던 것이다.

유럽에서는 1815년 비엔나회의(Congress of Vienna) 이후 다자간 국제회의와 다자조약 체결이 활발해졌으며, 19세기 후반부터는 하천위원회와 행정연합 형태의 국제기구들이 등장하면서 국가중심의 전통국제법에 새로운 변화를 예고하였다. 20세기에는 국제연맹과 국제연합 같은 보편적 국제기구의 등장으로 국제평화와 안전의 유지를 위한 새로운 패러다임의 등장을 보게 되었으며, 수많은 지역기구들과 전문분야를 가진 국제기구들이 등장하였다.[1] 과거 유럽이 로마제국을 통해 하나의 국가를 형성하였던 시절을 회상하며 세계의 단결을 주장해 온 많은 사람들의 구상은 19세기 중반 이후 구체화되어 20세기 들어서 꽃을 피우게 된 것이다.

국제기구는 오늘날 국제법에서 매우 중요한 주체가 되었으며 국제사회에서의 역할도 점점 커져 가고 있다. 오늘날 국제사회에서 활동하고 있는 국제기구는 매우 다양하고 숫자도 많다. 국제기구에는 보편적 국제기구인 유엔을 비롯하여, 별도의 헌장에 의해 설립되었으나 특별협정을 통해 유엔에 연결된 전문기구(specialized agencies), 유럽연합과 미주기구 및 아세안과 같은 지역기구 등이 있다.

이처럼 국제기구들은 매우 다양하고 국제기구의 설립문서와 관행에도 상당한 차이가 있는바, 국제기구에 일반적으로 적용되는 원칙을 발견해 낼 수 있는가 하는 의문이 제기될 수 있다. 그러나 실제로 국제기구에 적용되는 원칙에는 상당한 공통점이 존재하는바, 본 장에서는 국제기구의 정의와 역사, 법인격과 관할권 문제를 검토한 후, 오늘날 대표적인 국제기구인 국제연합과 유럽연합을 살펴보고자 한다.

II. 국제기구의 정의

국제기구(international organization)란 어떤 공동의 목적을 위해 주권국가 간에 이루어진 국제적 합의에 따라 설립되는 국제적인 정부간기구(international governmental organization)로 주로 국가를 회원으로 하는 국제법의 주체이다.[2] 국제기구가 되기 위한 조건들을 하나씩 살펴본다.

첫째, 국제기구는 국제법의 적용을 받는 조약에 의하여 설립된다. 국제기구는 국제법의 적용을 받는 국제적인 합의에 의해 설립되는 것이다. 따라서 한 국가의 국내법이나 사적 당사자 간의 합의에 근거해 설립되는 국제적인 실체는 국제기구가 아니다.[3] 한편 국가 간 합의에 근거하여 결성되지만 주로 경제적인 활동에 종사하는 '국제공기업'(international public corporations)이나 '다국적공기업'(multinational

---

1) Ian Brownlie, *Principles of Public International Law*, 5th ed., Oxford, 1998, p.676.
2) *Encyclopedia of Public International Law*(이하에서는 EPIL), vol. II, North-Holland Publishing Co., 1981, p.1289.
3) *Third Restatement of the Foreign Relations Law of the United States*(이하에서는 Restatement), vol.1, 1986, pp.134-135.

public enterprise)은 국제법이 아니라 한 국가의 국내법인 상법이나 국제법과 국내법이 혼합된 규범에 따르므로 국제기구가 아니다.4)

둘째, 국제기구는 '자율적인 기관'(autonomous organ)을 필요로 한다. 국제기구는 자율성을 가지므로 엄격한 의미에서 국제기구의 의사와 회원국들의 의사는 별개이다. 여기서 말하는 기관 또는 조직이란 제한적인 의미를 가지므로 다자조약과 같은 국제적인 합의 자체는 국제기구가 되지는 않는다. 국제기구는 자체의 본부, 직원, 예산을 가지므로 항구적인 조직은 없이 소집되는 정기적 또는 비정기적인 국제회의는 국제기구가 아니다.5) 가트(GATT)는 본래「관세 및 무역에 관한 일반협정」이라는 명칭의 조약이다. 가트는 국제무역기구(ITO) 출범 때까지 존속하는 임시적 회합으로 출발하였기 때문에, 공식적인 조직을 갖추고 있지 않았으며 가트출범 이후 부여된 권한도 제한적이었다.6) 그러나 가트는 나중에 사무국과 상근 직원들을 확보하였기 때문에 국제기구 여부에 대하여 혼선이 빚어지기도 하였다.

셋째, 국제기구는 주로 '정부간기구'(intergovernmental organization)를 의미하는바, 국제기구는 국가를 대표하는 정부 간의 합의에 의해 설립되며 회원자격도 원칙적으로 각국을 대표하는 정부에게만 인정된다.7) 유엔이나 세계무역기구(WTO)와 같은 국제기구 또는 정부간기구가 국제사면기구(Amnesty International)나 그린피스(Green Peace)와 같은 비정부간기구(Non-Governmental Organization)와 구별되는 가장 큰 차이는 비정부간기구들은 그 활동의 국제적 성격에도 불구하고 사인과 같은 사적인 실체들로 구성되어 있다는 점이다.8)

---

4) 국제공기업으로는 1973년 효력을 발생한 조약에 의해 설립되어 상업통신위성체제를 갖춘 '국제통신위성기구'(International Telecommunication Satellite Organization: INTELSAT)와 1955년 14개 유럽국가들이 각국의 철도 당국에게 장비를 임대해 주기 위하여 설립하여 본점 소재지인 스위스법의 적용을 받도록 한 Eurofima가 있다. 독일·벨기에·프랑스·영국·일본을 한쪽 당사자로 하고 스위스를 타방당사자로 1930년 체결된 협약에 의해 설립된 Bank of International Settlements와 불어권에 속하는 11개 아프리카 국가들이 체결한 조약에 의해 설립된 Air Africa 역시 국제공기업에 속한다.

5) *Restatement*, p.135.

6) *Ibid.*, p.136.

7) 만국우편연합(UPU)은 일부 비자치영토에 회원자격을 부여하였으며, 국제노동기구(ILO)에 파견되는 각국 대표단에는 정부대표는 물론 사용자와 노동자 대표도 포함된다.

8) Malcolm D. Evans, *International Law*, 2nd ed., Oxford, 2006, p.279.

Ⅲ. 국제기구의 역사

1. 고전적 주장

최초의 보편적 국제기구인 국제연맹이 설립된 것은 20세기 초이지만 그 지적·도덕적 기초는 오래전부터 형성되어 왔다. 일찍이 그리스 스토아 철학의 창시자 제논(Zenon, BC 335-263)은 개별국가들의 소멸과 하나의 법이 지배하는 거대한 도시국가의 출현을 고대하였고, 로마 황제 마르쿠스 아우렐리우스(Marcus Aurelius, 121~180)는 인간이성의 보편성은 법의 보편성을, 법의 보편성은 우주가 하나의 국가임을 증명한다고 하여 세계공동체를 구상하였다.[9]

근대에도 에라스무스(Erasmus, 1466~1536), 토마스 모어(Thomas More, 1477~1535), 그로티우스(Hugo Grotius, 1583~1645), 윌리암 펜(William Penn, 1644~1718), 루소(Jean-Jacques Rousseau, 1712~1778), 칸트(Immanuel Kant, 1724~1804) 등이 국제법과 국제적인 조직의 결성 등 유토피아를 논하였다. 생피에르(Abbe de Saint-Pierre, 1658~1743)는 「유럽의 항구평화를 위한 계획」(A Plan for a Perpetual Peace in Europe)에서 유럽국가 간의 대연합(Grand Alliance)과 군비축소, 중개와 중재에 의한 국제분쟁 해결을 주장하였다. 벤담(Jeremy Bentham, 1748~1832)은 「보편적·항구적 평화를 위한 계획」(A Plan for an Universal and Perpetual Peace)에서 모든 식민지와 동맹의 파기, 자유무역, 군비축소, 국제분쟁 해결을 위한 의회의 창설을 주장하였으며, 미국에서는 윌리엄 라드(William Ladd, 1778~1841)가 Essay on a Congress of Nations에서 유사한 주장을 하였다.[10]

2. 국제회의

국가들은 전쟁이 끝나면 영토나 포로 문제 등 전쟁의 결과들을 처리하기 위해 강화조약을 체결해 왔다. 그러한 강화조약 중에서도 1648년 웨스트팔리아 조

---

9) Mark W. Janis, *An Introduction to International Law*, Little, Brown and Co., 1993, pp.191-192.
10) *Ibid.*, pp.192-193.

약과 1713년 유트레히트 조약은 국제법 발달에 있어서 중요하다. 그러나 19세기 들어 국제회의는 강화조약 체결의 장 이상의 의미를 가지게 되어, 국제회의의 중요성은 새로운 단계로 접어들게 되었다.

국제회의 중에서 중요한 것으로는 1815년 비엔나회의와 그 결과 등장한 '유럽협조체제'(Concert of Europe system)를 들 수 있다. 유럽협조체제는 강대국 간의 현상유지를 위해 조직되고 운영되었는데, 1830년에는 그리스와 벨기에의 독립을 인정하는 등 19세기 유럽의 국제정치를 지배하였다. 그러나 유럽협조체제는 국제기구에 이르는 하나의 단계일 뿐 국제기구는 아니었다.[11]

3. 행정연합

국제기구의 역사가 시작된 시점을 언제로 보는가 하는 것은 국제기구를 어떻게 정의하는가 하는 데 따라 달라진다. 그러나 국제기구의 역사는 1815년 비엔나회의에서 합의된 하천위원회에서 시작되었으며 라인강위원회(1831)와 다뉴브강위원회(1856)가 그 원조라고 보는 학자들이 많다. 하지만 보다 본격적인 의미에서의 국제기구의 역사는 오늘날의 국제전신연합(ITU)의 전신으로 1865년에 설립된 국제전보연합(International Telegraphic Union)과 1874년 창설된 만국우편연합(Universal Postal Union)부터 시작되었다고 보아야 한다.[12]

행정연합은 일반적으로 다음과 같은 두 개의 기관을 가지고 있었다. 회원국 대표들의 정기적인 모임인 총회(conference)와 행정사무를 처리하는 상설조직인 사무국(secretariat)이다. 이로써 행정연합은 국제기구에 필수적인 요소인 '조직'을 가지게 된 것이다. 특히 사무국이라는 상설적인 기구로 대표되는 국제기구의 항구적 성격(permanent character)은 행정연합을 국제회의가 아닌 국제기구로 자리매김하게 하는 중요한 잣대가 되었다.[13]

---

11) Frederic L. Kirgis, *International Organizations in Their Legal Setting*, West Publishing Co., 1993, pp. 2-4.

12) Janis, pp. 187-188.

13) Kirgis, pp. 5-6.

4. 보편적 국제기구

보편적 국제조직에 대한 기나긴 갈망에 구체적인 모습을 부여한 사람은 프린스턴 대학교 총장 출신으로 미국 대통령이 된 윌슨(Woodrow Wilson)이었다. 그는 1918년 1월 8일 발표된 「14개조」(Fourteen Points)에서 정치적 독립과 영토보전을 상호 보장하는 국가들로 구성되는 일반적인 결사를 조직할 것을 제의하였다. 그리고 미국의 노력으로 1919년 체결된 베르사유조약(Versailles Treaty)에 의해 최초의 '보편적 국제기구'(universal international organization)인 국제연맹이 탄생하였다.[14] 국제연맹은 집단안전보장 원칙에 기초하여 국제분쟁의 평화적 해결을 위한 제도들을 마련하였으나, 주요 강대국들의 불참과 탈퇴로 한계를 맞이하였으며, 결국 제2차 세계대전을 막아 내지 못하고 붕괴되었다.

제2차 대전 이후 새로운 보편적 국제기구로 국제연합(UN)이 탄생하였다. 유엔은 국제평화와 안전의 유지란 목적을 달성하기 위해 회원국들에게 구속력 있는 명령을 내릴 수 있는 권한을 안보리에 부여하였으나, 안보리는 상임이사국들의 거부권 남용으로 오히려 유엔의 효율성을 저해하였다. 그러나 유엔은 국제평화와 안전의 유지는 물론이고 국가 간 정치적·경제적·문화적·사회적 협력을 증진하기 위하여 다양한 기능을 수행하고 있다.

5. 지역기구

지역기구에 관한 구상이 최초로 실행에 옮겨진 것은 1890년 미주지역에서 출범한 범미연합(Pan American Union, 1948년 미주기구 OAS)에 의해서이다. 지역기구의 창설 역시 제2차 대전 이후 본격화되어 1945년에는 아랍연맹(League of Arab)이, 1963년에는 아프리카단결기구(OAU), 1967년에는 동남아국가연합(ASEAN)이 설립되었다.

오늘날 유럽연합(EU)의 전신인 유럽공동체(EC) 역시 제2차 대전 이후 창설되었으며, 유럽연합은 현재 유럽의 경제적·사회적·정치적 통합을 향하여 나아가고 있다. 유럽연합은 국가의 주권을 전제로 하는 단순한 국제협력의 차원을 넘어

---

14) *Ibid.*, p.6.

통합을 목표로 한다는 점에서 특징적이다.

IV. 국제기구의 종류

국제기구가 되기 위한 조건은 같지만 실제로 국제기구 간에는 커다란 차이가 있다. 따라서 국제기구는 몇 가지 기준에 따라 구분할 수 있는데, 국제기구 간의 가장 분명한 차이는 국제기구의 회원자격과 기능에서 찾아볼 수 있다.

국제기구는 회원자격이 개방적인가 아닌가 폐쇄적인가 하는 것을 기준으로 보편적 국제기구와 폐쇄적 국제기구로 나눌 수 있다. 전자는 유엔이나 전문기구처럼 모든 국가에게 개방된 국제기구이다. 반면에 후자에는 특정한 지역의 국가에게만 문호가 열려 있는 유럽연합(EU), 미주기구(OAS), 아프리카연합(AU)과 같은 지역기구와 경제적 기준에 따라 일부 국가에게만 회원자격이 인정되는 석유수출국기구(OPEC)나 경제협력개발기구(OECD)와 기타 경제관련 국제기구들이 속한다.

국제기구는 설립목적이나 수행하는 기능에 따라 일반국제기구와 특수국제기구로 나눌 수도 있다. 유엔의 기능은 모든 지역의 정치·경제·사회·문화 등 거의 모든 분야에 미치므로 일반적이라고 할 수 있는 데 비하여, 특수국제기구의 기능은 통신(ITU), 노동(ILO), 건강(WHO), 무역(WTO) 등 특수한 분야에 한정되어 있다.[15)]

‖ 제2절 ‖ 국제기구의 법인격과 관할권

Ⅰ. 서 론

일정한 영토와 국민, 주권, 실효적 정부를 갖춘 실체는 국제법상 국가가 된

---

15) Evans, p.279.

다. 그러나 국제기구의 경우에는 그 요소와 기능이 매우 다양하여 법인격 판단을 위한 객관적 기준을 마련하기가 용이하지 않다. 국제기구들 중에는 유엔과 같이 보편적이고 일반적인 관할권을 행사하는 기구가 있는가 하면, 유럽연합 같은 지역기구나 특수한 분야의 국제협력을 증진하기 위한 기구도 있다. 또한 집행기구도 없이 정보교환이나 회의조직과 같은 단순한 업무만을 수행하는 기구가 있는가 하면 강력한 입법, 행정, 사법 기능을 보유한 기구도 있다.

국내법에서의 법인설립 절차처럼 국제사회에는 국제기구 설립을 위한 법적·행정적 절차가 명확하게 마련되어 있지 아니하다. 그러나 현실적으로 각종 재산을 취득·이전하고 계약을 체결하며, 다른 국가나 국제기구와 조약을 체결하고, 때로는 다른 국제기구나 국가를 상대로 손해배상을 청구하기도 하는 국제기구의 다양한 활동을 생각해 보면, 국제기구의 법인격을 부인할 수는 없다. 더구나 각국의 국내법이 '권리능력 없는 사단'(unincorporated association)에게도 법인격을 인정하고 있는 것을 감안하면, 국제사회가 국제기구의 기능을 고려하여 법인격을 인정하는 것은 타당하다고 하겠다.

국제기구의 법적 지위와 관련해서는 국제기구도 법인격을 가지는가 하는 것과 법인격을 가지는 경우 국제기구는 어떤 권리와 의무를 가지는가 하는 데 대한 검토가 필요하다. 그리고 국제기구는 국제무대는 물론이고 한 국가 내에서 활동하기도 하므로, 국제기구의 국제적 법인격과 함께 국내적 법인격도 검토되어야 한다.[16]

II. 국제적 법인격과 관할권

1. 국제적 법인격의 의미

어떤 실체가 국제적 법인격(international legal personality)을 갖는다는 것은 그 실체가 국제법에서 나오는 권리와 의무를 갖는다는 것을 의미한다. 과거에는 오직 국가만이 국제법의 주체라는 견해가 우세하였으나, 20세기 중반 이후에는 그

---

16) *Ibid.*, p.280.

러한 고전적인 견해는 유지될 수 없게 되었다. 유엔을 위시한 국제기구들의 활발한 활동을 보게 되면 국제기구가 국가에 버금가는 중요한 국제사회의 주체인 것을 알게 된다. 더구나 냉전 종식 이후 국제화가 진전되면서 주권과 함께 국가들의 역할은 상대적으로 축소되는 데 비해, 유엔과 세계무역기구(WTO)와 같은 국제기구들의 역할은 점차 확대되고 있어 국제기구의 앞으로의 역할이 더욱 주목을 받고 있다.

국제법은 어떤 실체의 국제적 법인격을 인정하는 절차를 가지고 있지 않으며, 국제기구 설립헌장에도 이에 관한 명시적 규정이 없는 경우가 많았다. 대표적인 국제기구인 유엔도 헌장 제104조에서 "기구(유엔)는 그 임무의 수행과 그 목적의 달성을 위하여 필요한 법적 능력을 각 회원국의 영역 안에서 향유한다"고 하여 회원국에게 유엔의 법인격을 인정하도록 하였으나, 정작 유엔의 국제적 법인격을 인정하는 명확한 규정은 두지 않았다.[17] 따라서 국제사회는 국제기구에게 법인격을 부여하기 위한 근거를 그 기능에서 찾게 되었는바, 국제사법재판소(ICJ)는 1949년 '유엔근무 중 입은 손해의 배상사건'(Reparation for Injuries Suffered in the Service of the United Nations)에 관한 권고의견에서 유엔에게 부여된 권한과 권리로부터 법인격을 연역해 내었다.

유엔근무 중 손해배상에 대한 권고의견[18]

Reparation for Injuries Suffered in the Service of the United Nations, 1949

국제사법재판소가 제시한 이 권고의견은 팔레스타인에서 발생한 일련의 사건들로 인하여 많은 유엔관련 인사들이 피해를 보게 된 것, 특히 1948년 10월 17일 유엔이 파견한 팔레스타인 분쟁의 중재자인 스웨덴 출신 베르나도테 백작(Count Bernadotte) 피살사건과 관련이 있다.

백작 암살사건 이후 이스라엘 경찰은 암살범들을 체포하는 데 미온적이었으며 범인을 밝혀내지도 못했다. 여기에서 유엔은 자신을 위해 봉사하는 사람들을 최대한 보호하는 것은 당연하다고 보았으나, 자신이 국제적 차원에서 국가를 상대로 손해배상을 청

---

17) *Ibid.*, p.281.

18) *Reparation for Injuries Suffered in the Service of the United Nations, Advisory Opinion, ICJ Reports*, 1949, p.174.

구할 자격이 있는가 하는 것과 그 방법이 의문이었다. 이와 관련하여 총회는 1948년 결의를 통해 ICJ에 자문을 요청하였고, ICJ는 1949년 4월 권고의견을 제시하였다.

첫 번째 문제는 국제조직인 유엔의 기관이 임무를 수행하던 중 피해를 입었을 때 유엔이 국가를 상대로 손해배상을 청구할 수 있는가 하는 것이었다. 이것은 결국 유엔이 국제적 법인격(international personality)을 갖는가 하는 문제인데, ICJ는 만장일치로 이를 인정하였다. 가장 중요한 논거는 회원국들이 유엔에게 맡긴 기능과 권리는 국제적 법인격과 국제적 행위능력을 필요로 한다는 것이었다. 국제기구는 국가가 아닐뿐더러 국가와 동등한 권리·의무를 가지지 아니하며 초국가(superstate)도 아니지만, 국제법의 주체로서 국제적인 권리와 의무를 가지며 국제적인 청구를 할 수 있는 능력을 갖는다는 것이다.

두 번째 문제는 유엔봉사 중 피해를 입은 희생자에 대한 손해배상을 유엔이 청구할 수 있는가 하는 것이었는데, 재판소는 11:4로 여기에 대해서도 긍정적이었다. 다수의견은 모국에 의한 외교적 보호(diplomatic protection)가 인정되는 것과 동일한 이유에서 국제기구는 그 구성원들이 입은 손해에 대해 배상을 청구할 수 있다는 것이다. 국가와 국민 간의 관계와 국제기구와 그 요원들의 관계가 동일한 것은 아니지만, ICJ는 유엔이 자신의 임무를 수행하려면 그러한 권한은 이미 부여된 것으로 보아야 한다고 하였다.

ICJ의 이러한 권고의견에 대하여 국가주권을 침해하는 것이라는 비판도 있었다. 그렇지만 유엔은 이 권고의견에 따라 이스라엘에 공식적인 사과와 범인 체포를 위한 추가적 조치와 함께 5만 4624달러의 손해배상을 요구하였으며, 이스라엘이 유엔의 이러한 요구를 받아들임으로써 이 문제는 해결되었다.[19]

ICJ는 '유엔근무 중 손해배상에 대한 권고의견'에서 유엔이란 단순히 국가들의 조치를 조정하는 곳이 아니라 매우 다양한 분야에서 중요한 결정을 이끌어 내는 조직이라고 하였다. 또한 유엔은 국제적 법인격과 국제사회에서의 행위능력이 없이는 수행할 수 없는 막중한 기능과 권한을 가지므로 '국제적 법인'(international legal person)으로 인정되어야 한다고 하였다.[20]

---

19) *EPIL*, pp.242-244.

20) *Reparation for Injuries Suffered in the Service of the United Nations*, *ICJ Reports*, 1949, pp.178-179.

2. 국제적 법인격의 근거

국제기구가 국제법상 법인격을 가지는 것은 인정되지만, 그러한 국제기구의 법인격이 국제기구 자체에 내재해 있는 것인지 아니면 국제기구의 설립헌장에 근거한 것인지는 불분명하다. 또한 국제기구의 법적인 권리와 의무에는 법인격에서 나오는 자명한 한계가 있는 것인지, 아니면 국제기구의 권한과 기능에 의해 그 한계가 결정되는지도 의문이다.[21]

국제기구의 법인격의 원천에 대해서는 국제기구의 내재적 속성에서 나온다는 견해와 설립헌장으로부터 나온다는 견해가 있다. 전자에 의하면 국제기구의 법인격은 헌장 규정과 관계없이 국제기구가 국가 간의 합의를 통해 창설되는 순간 생성되며, 설립헌장이 법인격을 명시적으로 규정하고 있다면 그것은 이미 존재하는 것을 선언하는 규정일 뿐이라고 한다. 반면에 후자는 국제법상 국제기구의 법인격은 기구를 설립하는 조약에 의해 인정된다고 한다. 이 이론에 의하면 국가들은 자신의 주권의 일부 즉 자신의 국제적 법인격의 일부를 국제기구에 위임하여 국제기구들이 국제관계에서 자신의 기능을 수행할 수 있게 한다고 한다.[22]

국제적 법인격의 국제기구에의 위임은 국제관습법에 의해 설명될 수 있다. 그러나 모든 국제기구는 명시적인 국제적 합의의 결과이며 국제기구의 기능과 권한은 설립헌장에 의해 일차적으로 결정되므로 두 번째 학설이 타당하다고 할 수 있다. 그러나 이 학설은 헌장이 명시하지 아니한 분야에 대한 국제기구의 권한을 설명하는 데 어려움이 있다. 그 부분에 대해서는 국제기구의 법인격은 그 내재적 속성에서 나온다는 첫 번째 학설에 의한 보완이 필요하다.[23]

국제기구의 법인격에 관하여 설립헌장에 명시적인 규정이 없는 경우에 법인

---

21) Louis Henkin, Richard Crawford Pugh, Oscar Schachter, and Hans Smit(이하에서는 Henkin), *International Law: Cases and Materials*, West Publishing Co., 1993, pp.347-348. 브라운리(Brownlie) 교수는 국제기구의 법인격을 인정하기 위한 기준으로 다음과 같은 조건들을 제시하였다. 첫째, 합법적인 목적과 기관을 갖춘 국가들로 구성된 항구적인 결사이어야 한다. 둘째, 기구와 회원국 간에 구분이 있어야 한다. 셋째, 몇몇 국가 사이가 아닌 국제사회에서 사용가능한 법적인 권력을 가지고 있어야 한다. Brownlie, pp.679-681.

22) *Ibid*(Henkin)., p.348; Janis, p.189.

23) *Ibid*(Henkin).

격을 확립하는 방법과 관련하여서도 두 가지 학설이 있다. 첫째는 귀납적인 방법으로 국제기구의 법인격은 설립헌장에 나타나 있는 국제기구의 능력, 권한, 권리, 의무로부터 추론된다는 학설이다. 이 주장에 의하면 국제기구의 회원국들이 그것을 원하는 경우에 국제기구가 법인격을 가지게 된다고 한다. 둘째는 객관적 방법으로 국제기구가 법이 정한 객관적인 기준을 충족하는 경우에는 국제적 법인격을 가지게 된다고 한다. 여기에서는 법인격은 회원국들의 의지에서 나오는 것이 아니라 국제기구가 그 정의에서 언급된 기준을 충족하는가 하는 데 달려 있다고 본다. 그러나 국제기구에게 국제적 법인격을 부여하는 요소들이 그 회원국들에 의해 부여되는 것임을 고려하면 실제로 두 가지 학설 사이에 커다란 차이가 있는 것은 아니다.[24]

3. 관할권과 책임

(1) 전문성원칙과 묵시적 권한

국제기구의 관할권의 범위는 전문성원칙에 의해 제한되며, 묵시적 권한에 의해 확대된다. 국제기구는 특수한 목적을 위해 국가들이 합의하여 설립하는 것이므로, 국제기구의 관할권은 기본적으로 기능적 관할권이다. 따라서 국가가 포괄적인 권한을 가지는 데 비해 국제기구의 관할권은 '전문성원칙'(principle of specialty)에 의해 제한을 받는다.

설립헌장은 국제기구의 설립목적을 규정하지만, 그 목적을 달성하는 데 필요한 권한을 모두 명문화할 수는 없다. 따라서 비록 설립헌장에 명시되어 있지는 않지만 목적달성에 필요한 권한은 인정되어야 한다는 '묵시적 권한이론'(theory of implied power)이 등장하였다. 이 이론은 미국에서 연방정부와 주정부 사이의 권한배분과 관련하여 마셜 대법원장이 주도하는 대법원에 의해 확립된 것으로 상설국제사법재판소(PCIJ)와 국제사법재판소(ICJ)에 의해 국제법에도 도입되었다.[25]

---

24) Evans, pp. 281-282.
25) 유병화, 「국제법 Ⅰ」, 진성사, 1994, pp. 597-598.

(2) 권리와 책임

국제기구가 국제적 법인격을 소유함으로 인하여 국제기구는 국제법상 권리와 의무의 주체가 된다. 국제법상 국제기구가 가지는 능력, 권리, 의무는 국가의 그것과 유사한 부분이 있다. 그러나 국제기구의 관할권의 범위는 설립헌장에 의해 제한된다. 더구나 이들은 국가의 속성이나 국가주권과 밀접히 관련이 있는 권한은 가지지 못한다. 국제기구는 세금을 부과할 수 없으며, 국적을 부여힐 수 없고, 한 국가를 대표하는 정부만이 행사하는 권한은 행사할 수 없다.[26]

국제기구들은 일반적으로 자신의 내부문제인 '조직에 관한' 관할권을 행사하며, 헌장이 허용하는 범위 내에서 회원국들이 지켜야 할 규칙을 제정하여 이를 위반하는 국가를 제재한다. 국제기구들은 자신의 수입을 주로 회원국들의 분담금에 의존하지만, 해저기구(Authority)처럼 일정한 사업을 수행하여 얻게 될 수입으로 충당할 수도 있다.[27]

국제기구가 행사하는 권한을 알아보려면 각 국제기구의 설립헌장을 살펴보아야 한다. 따라서 그 권한은 국제기구에 따라 차이가 있지만, 가장 보편적으로 인정되는 권리와 책임을 보면 다음과 같다.

가. 조약체결권

법인격의 존재가 곧 조약을 체결할 수 있는 권리가 있음을 의미하지는 않는다. 국제기구가 체결할 수 있는 조약의 범위는 설립헌장을 해석하고 묵시적 권한이론에 의거하여 판단하는 것이 필요하다.[28] 1986년 「국가와 국제기구 간 또는 국제기구 상호 간의 조약법에 관한 비엔나협약」은 제6조에서 국제기구의 조약체결능력은 당해 국제기구의 규정에 의한다고 하였다. 이 조문은 초안 작성과정에서 표출된 두 가지 견해의 타협의 산물이다. 국제기구의 조약체결능력을 국제관습법 문제로 보려는 견해가 있는가 하면, 국제기구 자체의 규칙에 따라 그 범위가 결정되어야 한다는 견해도 있었다. 그러나 이러한 두 가지 견해가 현실적으로 큰 차이를 가져오는 것은 아니다. 국제기구의 법인격과 묵시적 권한이론(doctrine of implied powers)이 1986년 협약의 취지에 어긋나는 것으로 생각되지는 않기 때문

---

26) *Restatement*, pp.140-141.

27) *Ibid*.

28) Brownlie, pp.681-682.

이다. 전문성의 원칙이 국제기구가 체결할 수 있는 조약의 범위를 제한하는 것은
물론이다.[29]

나. 소송당사자 능력

ICJ는 '유엔근무 중 입은 손해의 배상사건'에서 유엔은 자신이 입은 직접적인
피해와 관련하여 다른 국가를 상대로 소송을 제기할 수 있는 능력을 가진다고 하
였다. 그리고 국제기구가 이러한 권리를 가지는 것은 법인격을 소유하는 데 따른
당연한 결과이므로 다른 국제기구도 국제소송에서 당사자능력을 가진다고 보아
야 한다.

그렇지만 국제기구의 국제적인 재판기관에서의 당사자 능력은 재판소규칙이
나 중재협정에 따라 제한될 수 있다. 예를 들어 국제사회의 가장 중요한 재판기관
인 국제사법재판소는 국가만을 소송당사자로 인정하고 있다. 유엔 총회와 안보리
는 자신의 결정에 의해, 그리고 다른 기관들과 전문기구들은 총회의 승인을 받아
권고적 의견을 요청할 수 있을 뿐이다.[30]

다. 특권과 면제

국제기구는 설립헌장과 국제조약 그리고 각국의 국내법에 따라 '특권과 면제'
(privileges and immunities)를 누린다. 국제기구와 그 구성원들은 임무수행에 필요
한 경우 외교관에 준하는 특권과 면제를 누리지만, 국제기구의 대표나 사무국 직
원들이 국가를 대표하는 외교관과 동일한 지위에 있는 것은 아니므로 특권·면제
의 구체적인 범위에는 차이가 있다. 그러나 국제기구 공무원들도 최소한 공무와
관련하여 수행한 행위에 대하여는 접수국의 법적인 절차로부터 면제를 누린다.

국제기구에 소속된 사람들이 누리는 특권과 면제의 정확한 범위를 알려면 유
엔헌장 제105조는 물론, 「유엔의 특권·면제협약」과 「외교관 등 국제적으로 보
호되는 사람들에 대한 범죄의 방지와 처벌협약」 같은 국제조약, 그들이 주재하고
있는 국가의 관련 국내법을 조사해 보아야 한다.

국제기구는 특별한 조약, 예를 들면 국제기구와 본부 소재지 국가 간에 체결
되는 협정에 의해 추가적인 특권을 부여받기도 한다. 국제기구는 회원국이나 조
약의 당사자가 아닌 국가와의 관계에서도 관습법에 따라 인정되는 특권과 면제를

---

29) Kirgis, p.15.
30) 유엔헌장, 제96조 참조.

누린다.31)

라. 내부문제 관할권

국제기구는 그 내부문제에 대해 관할권을 갖는다. 국제기구는 내부적인 문제에 대해 일반적이고 배타적인 입법권과 행정권을 가지며, 그 기관과 공무원들에 대해서는 강제력 있는 사법관할권을 가진다.

마. 책 임

국제법상 국가는 그 독립된 법인격과 권한에 상응하는 국제책임을 부담한다. 국제기구 역시 조약을 체결하고, 일정한 지역의 행정을 담당하며, 군대를 사용하고, 기술적 원조를 제공하는 등 매우 다양한 기능을 수행하며, 독자적인 법인격도 가지고 있는바, 그에 상응하는 국제책임을 부담한다. 이것이 '유엔근무 중 입은 손해배상 사건'에 대한 권고의견에서 ICJ가 취한 입장이었다.32)

국제기구는 법인격을 가지므로 여러 가지 권리를 가지지만, 불법행위나 계약 위반이 있으면 그에 따른 법적인 책임을 부담한다. 국제기구는 실제로 국제소송에서 원고(plaintiff)는 물론 피고(defendant)가 되기도 하며, 그 공무원이나 군대처럼 국제기구의 통제를 받는 사람들에 의한 불법행위에 대해 책임을 부담한다.33)

III. 국내적 법인격

국제기구는 한 국가의 영토 내에서 활동하기도 하므로 국내적 법인격이 필요하며 국내법상 법적인 행위를 할 수 있는 능력도 가져야 한다. 국제기구는 한 국가 내에서 계약을 체결하며, 재산을 소유하고, 법적인 절차를 개시할 수 있는 능력을 필요로 한다. 유엔헌장 제104조는 유엔은 회원국 영토에서 기능을 행사하고 목적을 달성하는 데 필요한 법적인 능력을 갖는다고 하여 국내적 법인격을 규정하였으며, 많은 유엔 전문기구들과 지역기구들도 유사한 규정들을 두고 있다. 국제기구 설립헌장에 이러한 규정이 없는 경우에도 회원국들은 국제기구가 효율적으로 기능하는 데 필요한 국내적 능력을 인정해 주어야 하는 '묵시적 의무'(implied

---

31) *Restatement*, pp.492-493.

32) Brownlie, p.686.

33) Henkin, pp.359-360.

obligation)가 있다고 보아야 한다.[34]

국가들은 국제기구에게 여러 가지 방법으로 법인격을 부여하는바, 그 방법은 국제법과 국내법 간의 관계에 대한 태도와 관련되어 있다. 일반적으로 국제법과 국내법의 관계에서 일원론을 취하고 있는 국가에서는 국제기구의 법인격은 조약 규정으로부터 직접 나온다. 이런 입장은 미국과 벨기에의 유엔에 대한 입장 등에서 발견된다. 조약이 자동적으로 국내법의 일부가 되지 아니하는 국가에서는 그러한 조약상의 의무는 국내조치에 의하여 국내법으로 변형되어야 한다. 영국과 같은 코먼로 국가에서 취하고 있는 입장이다. 한편 국제기구의 회원국이 아닌 국가에서 국제기구의 법인격은 그 법원에 의해 인정될 수도 있다.[35]

국제기구의 국내적 법인격은 국제기구와 그 소재지 국가 간의 소재지협정을 통하여 인정되기도 하며, 한 국가의 국내법에 의해 일방적으로 부여되기도 한다. 국가들은 자국의 국내법을 통하여 국제기구에게 일정한 지위를 부여하거나 국제기구 공무원들에게 외교특권을 부여할 수도 있다.[36]

IV. 국제기구의 소멸과 승계

국제기구는 여러 가지 원인으로 인하여 소멸된다. 첫째, 국제기구는 당사국들의 합의에 의하여 소멸된다. 설립헌장에 국제기구의 소멸에 관한 조항이 있거나, 그러한 조항이 없더라도 당사국들이 만장일치로 해산을 결의하면 국제기구는 사라지게 된다. 둘째, 어떤 국제기구의 전체 당사국들이 합의하여 관할사항이 겹치는 새로운 국제기구를 창설하기로 합의하는 경우에도 먼저 창설된 국제기구는 사라진다. 이러한 경우에는 국제기구의 승계 문제가 제기될 수 있다. 셋째, 국제기구 일부 당사국에 의한 설립헌장에 대한 중대한 위반이 있는 경우에도 국제기구는 소멸될 수 있다. 넷째, 국제기구는 국제법의 작용에 의하여 소멸될 수 있다.

---

34) Evans, p.285.

35) Henkin, pp.385-386.

36) 미국에서는 「국제기구면제법」(International Organizations Immunities Act)에 따라 제정되는 대통령령을 통하여 국제기구에게 법인격을 인정하고 그 구성원들에게 외교특권을 부여하였다. Kirgis, pp.31-32.

국제기구의 존재이유인 목적이 영원히 사라지거나, 새로이 등장한 강행규정과 국제기구의 목적이나 활동이 충돌하는 경우에 국제기구는 소멸되는 것이다.[37]

국제기구의 승계는 여러 가지 형태로 발생할 수 있다. 하나는 국제기구의 명칭과 헌장 일부가 바뀌지만 기구 자체는 그대로 유지되는 경우이다. 다른 하나는 두 개의 국제기구가 하나로 통합되는 것인데, 이러한 때에는 해체되는 국제기구의 자산과 책임이 모두 다른 국제기구로 이전된다. 국제연맹과 국제연합 간의 합의에 의해 국제연맹이 해체되고 자산이 모두 유엔으로 이전된 것은 두 번째 사례에 속한다.[38]

‖ 제3절 ‖ 국제연합

Ⅰ. 국제연맹

프린스턴 대학교 총장을 지내고 미국 대통령이 된 윌슨(Woodrow Wilson)은 1918년 1월 8일 발표한 「14개조」(Fourteen Points)에서 정치적 독립과 영토보전을 상호 간에 보장하는 보편적 국제기구를 조직할 것을 제안하였다. 그리고 미국의 노력으로 1919년 최초의 보편적 국제기구인 국제연맹이 출범하였다.

국제연맹은 국제평화와 안정의 유지에 있어서 전통적인 세력균형(balance of power) 정책 대신에 집단안보(collective security) 체제를 그 기본적인 구조로 삼았다. 그렇지만 국제연맹 총회와 이사회는 모두 강제성 없는 권고를 할 수 있는 권한만을 가지고 있었고, 실질문제에 대한 결정에는 만장일치를 요구하는 등 구조적 모순을 안고 있었다. 국제연맹은 연맹규약의 평화적 분쟁해결 절차에 부탁하지 아니한 전쟁을 금지하는 데 머물러 모든 전쟁을 불법화하지 못하였으며, 제재도 실효성이 없었다. 더구나 미국 등 당시 강대국들 중 일부는 처음부터 연맹에

---

37) Ray August, *Public International Law*, Prentice Hall, 1995, pp.143-144.
38) *Restatement*, pp.142-143.

가입하지 않았고 다른 일부는 도중에 제명되거나 탈퇴하였기 때문에, 국제연맹은 현실적으로 국제사회를 대표할 능력도 없었다.

국제연맹은 처음에는 각종 국제분쟁에 잘 대처하였지만, 1931년 일본의 만주 침략과 1934년 이탈리아의 에티오피아 침략, 1936년 이후 독일의 라인란트 진주와 오스트리아 및 체코슬로바키아 침략에는 속수무책이었다. 1939년 독일의 폴란드 침략으로 국제연맹은 사실상 그 기능을 상실하였다.[39]

II. 유엔의 설립과정과 목적, 원칙

제2차 세계대전이 아직 진행 중이던 1941년 미국과 영국은 대서양헌장을 발표하여 새로운 안전보장체제의 수립을 선언하였으며, 1943년 10월 미국·영국·소련·중국 대표들은 모스크바에 모여서 '일반적 국제조직'의 창설을 추진하기로 하였다. 1944년 가을 미국의 워싱턴 근처 덤바튼오크스(Dumbarton Oaks)에서 미국·영국·소련·중국 대표들이 모여 새로운 국제기구의 기본골격에 합의하였으며, 이어서 1945년 2월 미국·영국·소련이 참가한 얄타회담에서는 안전보장이사회 상임이사국들에게 거부권을 부여하기로 합의하였다. 이어서 동년 6월 50개국 대표들이 참가한 가운데 샌프란시스코에서 유엔헌장을 채택하고 서명하였으며, 10월 24일 상임이사국을 포함한 과반수 국가들의 비준서가 기탁됨으로써 유엔은 공식적으로 출범하였다.

유엔은 헌장 제1조에서 다음과 같이 그 목적을 밝혔다.

국제연합의 목적은 다음과 같다.

1. 국제평화와 안전을 유지하고, 이를 위하여 평화에 대한 위협의 방지, 제거 그리고 침략행위 또는 기타 평화의 파괴를 진압하기 위한 유효한 집단적 조치를 취하고 평화

---

39) Janis, pp.194-196. 1940년 여름부터 국제연맹 직원들은 독일의 침략을 우려하여 제네바를 떠나기 시작하였으며, 사무의 대부분은 윌슨이 한때 총장으로 봉직하였던 프린스턴 대학으로 옮겨 갔다. 유엔의 출범 이후인 1946년 4월 8일 국제연맹 총회에서 세실 경(Lord Robert Cecil)은 연맹의 해체를 선언하였으며, 그로부터 열흘 후 총회는 연맹을 해체하고 그 권한과 기능·건물·도서·문서들을 유엔에 이양하기로 만장일치로 결의하였다.

의 파괴로 이를 우려가 있는 국제적 분쟁이나 사태의 조정·해결을 평화적 수단에
의하여 또한 정의와 국제법의 원칙에 따라 실현한다.
2. 사람들의 평등권 및 자결의 원칙의 존중에 기초하여 국가 간의 우호관계를 발전시키
며, 세계평화를 강화하기 위한 기타 적절한 조치를 취한다.
3. 경제적·사회적·문화적 또는 인도적 성격의 국제문제를 해결하고 또한 인종·성
별·언어 또는 종교에 따른 차별 없이 모든 사람의 인권 및 기본적 자유에 대한 존중
을 촉진하고 장려함에 있어 국제적 협력을 달성한다.

이어서 헌장은 제2조에서 유엔이 그 목적을 추구하는 데 있어서 따라야 할
원칙들을 밝혔다. 그러한 원칙으로는 주권평등, 헌장상 의무의 성실한 이행, 분쟁
의 평화적 해결, 무력행사금지, 유엔이 취한 조치에 대한 협력, 비회원국들의 협
력확보, 국내문제 불간섭이 제시되었다.

III. 회원국과 회원자격

유엔의 원회원국(original members)은 샌프란시스코 회의에 참가한 국가 또는
1942년 1월 1일의 연합국선언에 서명한 국가로 헌장에 서명하고 비준한 국가이다
(유엔헌장 제3조). 여기에 해당하는 국가는 51개국이다. 유엔의 회원국은 2016년
현재 193개국이며, 우리나라와 북한은 1991년 동시에 가입하였다.
출범 직후 유엔에서 가장 중요한 문제 중의 하나는 신회원국의 가입문제였
다.[40] 원회원국이 아닌 국가가 유엔에 가입하려면 일정한 요건을 갖추고 소정의
절차를 밟아야 한다. 유엔헌장은 회원국의 지위는 헌장상의 의무를 수락하고 이
러한 의무를 수행할 능력과 의사가 있다고 판단되는 평화애호국(peace-loving
state)에게 개방된다고 하였다(유엔헌장 제4조 1항). 결국 유엔 가입에 관한 실질적
인 조건은 그 국가의 국가성(statehood)과 평화애호국 여부인데, 특히 평화애호국
이란 기준은 많은 논란을 불러일으켰다. 평화애호국 여부를 판단하는 중요한 기

---

40) 신회원국의 가입은 법적인 동시에 정치적인 성격을 가지는 문제여서, 냉전시대 미국과 소
련은 서로 상대방에 우호적인 국가의 가입에 거부권을 행사하였다. 냉전이 진정되고 많은
식민지들이 독립하면서 신생국들은 큰 어려움 없이 유엔에 가입하게 되었다. Kirgis, p.138.

준은 헌장 제4조가 규정한 대로 '헌장상 의무를 이행할 능력과 의사'이었다. 1972년 중국은 방글라데시가 안보리 결의를 이행하지 않았다고 하여 거부권을 행사하였고, 1976년 미국은 포르투갈에서 독립한 이후 소련과 쿠바군의 지원을 받아 정부를 수립한 앙골라에 쿠바군이 주둔하고 있다는 이유에서 앙골라의 가입에 반대하였다. 미국은 1976년 베트남이 가입을 신청하였을 때에는 월남전에서 실종된 800여 명의 미군들에 대한 설명을 요구하며 거부권을 행사하기도 하였다.[41]

새로운 회원국의 가입은 안전보장이사회의 권고와 총회의 결정으로 이루어진다(헌장 제4조 2항). 새로운 회원국 가입에 관한 안전보장이사회의 권고는 실질사항에 속하는 것이므로 거부권이 적용되어, 상임이사국의 찬성투표를 포함한 9개국 이상의 찬성이 있어야 한다. 총회의 신회원국 가입결정 역시 '중요문제'이므로 출석하고 투표하는 국가의 3분의 2 이상의 찬성이 필요하다(헌장 제18조, 제27조).

유엔 헌장에는 탈퇴에 관한 규정이 없다. 그러나 회원국이 자신의 판단에 따라 유엔에서 탈퇴하는 것은 허용된다고 보아야 한다. 실제로 인도네시아는 유엔에서 탈퇴하였다가 복귀한 바 있다. 총회는 안보리의 권고를 받아 헌장에 포함되어 있는 원칙들을 지속적으로 위반하는 회원국을 제명할 수 있다(헌장 제6조).

총회는 안전보장이사회의 권고를 받아 안보리가 취하는 예방조치나 강제조치의 대상이 된 회원국의 권리와 특권을 정지할 수 있다(헌장 제5조). 회원국의 자격정지는 총회의 중요문제이므로 출석하고 투표한 국가의 3분의 2 이상의 찬성이 있어야 한다. 헌장은 재정분담금(financial contributions)을 일정액 이상 연체한 회원국의 투표권을 정지시키도록 하였다. 헌장 제19조는 "재정적 분담금의 납부를 연체한 회원국은 그 연체금액이 그때까지의 만 2년간 그 나라가 납부하였어야 할 분담금의 금액과 같거나 또는 초과하는 경우 총회에서 투표권을 가지지 못한다"고 하였다. 그러나 그러한 "납부의 불이행이 그 회원국이 제어할 수 없는 사정에 의한 것임이 인정되는 경우에는 투표를 허용할 수 있다"고 하였다.

---

41) *Ibid.*, pp.144-148.

중국대표권 문제

중국 본토를 중공정권이 장악한 1949년부터 1971년까지 유엔에서는 중국 대표권 문제가 중요한 이슈였다. 1945년 유엔이 출범할 때 중국 본토는 국민당 정부의 통제하에 있었으나 1949년 국민당정부는 대만으로 축출되었다. 1950년 소련은 국민당정부의 대표권을 부인하는 결의안을 안전보장이사회에 제출하였으나 부결되자 소련은 안보리를 보이콧하였다. 그 후 소련은 매년 총회 의사록에 중국 대표권 문제를 포함시키려 하였으나 서방국가들의 반대로 심의를 계속 연기하였다. 결국 이 문제는 1961년에야 처음으로 총회에 상정되었으며, 1971년 대표권은 중요문제가 아니라는 결의가 총회에서 채택되어 안보리의 권고 없이 총회의 결의로 현재의 중국정부가 중국의 대표로 인정되었다. 1971년 총회에서의 「중국대표권에 관한 결의」는 중화인민공화국 정부의 대표가 유엔에서 유일한 중국대표이며 중국이 5개 안보리 상임이사국의 하나임을 인정하는 것이었다.[42]

유엔은 회원국과는 별도로 옵저버(observer) 제도를 가지고 있다. 유엔헌장에는 옵저버 제도가 나타나 있지 않으나, 유엔에서의 실행을 통하여 등장하였다. 옵저버 자격을 취득하는 것은 주로 유엔 회원국이 아닌 국가적 실체나 지역기구, PLO나 SWAPO와 같은 민족해방운동단체 등인데, 이들은 유엔의 각 기관에서 필요 시 회의에 참석하여 자신의 입장을 표명하나 투표권은 가지지 아니한다. 우리나라도 가입 시까지 유엔에서 상주 옵저버로 활동한 바 있다.

IV. 유엔의 기관과 권한

1. 총 설

유엔헌장에 의하면 유엔에는 두 가지 형태의 기구들이 존재한다. 헌장 제7조는 1항에서 "유엔의 주요기관으로서 총회·안전보장이사회·경제사회이사회·신탁통치이사회·국제사법재판소 및 사무국을 설치한다"고 하여 주요기관(principal

---

42) *Ibid.*, pp.176-179.

organs)에 대하여 규정하였으며, 2항에서는 필요하다고 인정되는 경우에 보조기관(subsidiary organ)을 설치할 수 있다고 하였다.

주요기관은 유엔 창설 이후 현재까지 그대로 유지되어 오고 있으나, 그 조직에는 여러 차례 변화가 있었다. 유엔헌장 제108조는 "이 헌장의 개정은 총회 구성국의 3분의 2의 투표에 의하여 채택되고, 안전보장이사회의 모든 상임이사국을 포함한 국제연합회원국의 3분의 2에 의하여 각자의 헌법상 절차에 따라 비준되었을 때, 모든 국제연합회원국에 대하여 발효한다"고 하고 있다. 유엔의 출범 이후 안전보장이사회 이사국 수는 비상임이사국 수의 증가로 1965년 11개국에서 15개국으로 늘어났으며, 경제사회이사회 이사국 수도 1965년 18개국에서 27개국으로, 그리고 1973년에는 다시 54개국으로 증가하였다(유엔헌장 제23, 61조).

유엔헌장에 따르면 유엔의 공식언어(official language)는 중국어, 영어, 프랑스어, 러시아어, 스페인어이다. 아랍어는 총회, 안전보장이사회, 경제사회이사회의 공식언어에 추가된다.

2. 총 회

총회(General Assembly)는 모든 회원국들로 구성되며, 각 회원국은 총회에 5인 이하의 대표를 파견한다(헌장 제9조). 총회는 매년 9월에 개최되는 정기회기(regular session)와 안보리나 회원국 과반수의 요청으로 사무총장이 소집하는 특별회기(special session)를 갖는다(헌장 제20조). 총회는 자체의 의사규칙을 채택하며, 회기마다 의장(president)을 선출한다(헌장 제21조).

총회에서 표결 시 회원국들은 모두 1표를 행사한다.[43] 의결정족수는 보통문제와 중요문제에 따라 달라진다. 보통문제에 대해서는 '출석하고 투표한 회원국 과반수에 의하여'(by a majority of the members present and voting), 즉 단순과반수에 의하여 결정한다. 어떤 새로운 문제가 중요문제인지 아니면 보통문제인지를 결정

---

43) 일국일표규칙(one-state, one-vote rule)이 '국제의회'(international parliament)를 지향해 온 유엔총회를 웃음거리로 만들었다는 지적이 있다. 엄청난 인구와 국력을 가진 미국, 중국, 인도가 인구가 20만도 안 되는 몰디브, 바누아투와 동등하게 평가되는 모순 때문이다. 따라서 비례적인 대표성(proportional representation)에 입각한 투표제도를 도입해야 한다는 제안들이 있었으나 성과가 없었다. Janis, pp. 197-198.

하는 것도 단순과반수에 의해 결정된다(헌장 제18조 1항, 3항). 중요문제(important question)에 대한 결정은 출석하고 투표한 회원국의 3분의 2 이상의 찬성을 얻어야 한다. 중요문제에는 국제평화와 안전의 유지에 관한 권고, 안전보장이사회 비상임이사국 선출, 경제사회이사회와 신탁통치이사회 이사국 선출, 새로운 회원국의 가입, 회원국의 권리와 특권의 정지, 회원국 제명, 신탁통치와 예산문제가 포함된다(헌장 제18조).

총회의 권한과 기능은 일반적이어서 유엔의 기능에 관련된 거의 모든 문제에 미친다. 따라서 총회는 안전보장이사회가 일차적인 권한을 행사하는 국제평화와 안전의 유지에 관한 문제를 제외한 유엔에 관련된 모든 문제를 토의하고 권고하는 권한을 갖는다. 그러나 총회는 법적 구속력이 있는 결의는 채택할 수가 없다.

유엔에서 총회가 가지는 권한과 기능을 구체적으로 살펴보면 다음과 같다.

첫째, 국제평화와 안전의 유지에 관한 기능이다. 총회는 국제평화와 안전의 유지를 위한 협력원칙에 관련된 권고를 할 수 있으며, 안전보장이사회가 다루고 있지 아니한 평화와 안전의 문제를 다룰 수 있다(헌장 제11조, 제12조).

둘째, 총회는 국제적인 정치적 협력과 국제법의 발전과 성문화, 인권과 자유의 보장, 경제·사회·문화·교육·건강 분야의 국제협력을 위한 연구와 권고를 할 수 있다(헌장 제13조).

셋째, 총회는 안전보장이사회와 기타 기관으로부터 보고서를 받아 검토한다(헌장 제15조).

넷째, 재정에 관한 권한으로, 총회는 유엔의 예산을 심의하고 승인한다. 유엔의 경비는 총회가 할당하는 데 따라 회원국들이 부담한다(헌장 제17조).

다섯째, 다른 기관의 구성에 관한 권한이다. 총회는 안전보장이사회의 비상임이사국과 경제사회이사회와 신탁통치이사회의 이사국들을 선출하고, 안전보장이사회와 공동으로 국제사법재판소 재판관을 선출하며, 안전보장이사회의 권고에 따라 사무총장을 임명한다.

여섯째, 총회는 1950년 11월 총회가 채택한 「평화를 위한 단결」(Uniting for Peace) 결의에 따른 권한도 갖는다. 상임이사국들의 분열로 안보리가 평화에 대한 위협이나 평화의 파괴 또는 침략행위에 적절히 대처하지 못하는 경우, 총회는 이 결의에 따라 회원국들에게 집단조치를 위한 권고를 할 수 있는 권한을 갖게 되었다.

3. 안전보장이사회

국제평화와 안전의 유지에 일차적인 책임을 지는 안전보장이사회(Security Council)는 15개 이사국으로 구성된다. 그중에 5개국은 상임이사국(permanent members)이고 나머지 10개국은 비상임이사국(non-permanent members)이다. 비상임이사국은 총회에서 국제평화와 안전의 유지에 대한 공로와 지역적인 배분을 고려하여 선출되며, 임기는 2년이다(헌장 제23조). 안보리는 중단 없이 계속적으로 임무를 수행할 수 있게 조직되어야 하므로, 이사국들은 유엔에 대표를 상주시켜야 한다(헌장 제28조 1항).

유엔에서 안전보장이사회의 임무와 권한은 다음과 같다.

첫째, 안전보장이사회의 가장 중요한 임무와 권한은 국제평화와 안전의 유지이다. 유엔헌장 제24조는 1항에서 "국제연합의 신속하고 효과적인 조치를 확보하기 위하여, 국제연합 회원국은 국제평화와 안전의 유지를 위한 일차적 책임을 안전보장이사회에 부여한다"고 하였다. 안보리는 국제분쟁을 야기할 가능성이 있는 분쟁을 조사하고, 분쟁해결을 위한 방법을 권고한다.

둘째, 안전보장이사회는 군사참모위원회의 도움을 얻어 회원국들에게 제안할 군비통제제도를 만들어야 한다(헌장 제26조).

셋째, 안전보장이사회는 새로운 회원국의 가입에 관해 권고를 하며, 총회에 새로운 사무총장을 추천하고, 총회와 함께 국제사법재판소 재판관들을 선출한다.

안전보장이사회 이사국들은 표결 시 각각 1표를 갖는다. 표결절차는 절차문제와 실질문제 간에 차이가 있다. 절차문제에 관한 결정은 9개국의 찬성투표로 채택된다. 그 외의 모든 사항, 즉 실질문제에 있어서는 상임이사국들의 동의투표를 포함하여 9개국의 찬성이 있어야 결의는 성립한다(헌장 제27조). 안전보장이사회에서는 '강대국 만장일치'(great power unanimity)의 원칙 또는 '비토권'이 인정되는 것이다. 문제는 상임이사국들의 동의라는 조건의 정확한 의미이다. 유엔에서는 초기부터 상임이사국의 기권이나 결석은 거부권의 행사로 보지 아니한다는 관행이 성립되어 내려오고 있다. 이는 어떤 상임이사국이 결의안에 찬성하지는 않지만 거부권의 행사로 결의의 성립을 방해하려 하지는 않았다는 의미로 해석하기 때문이다. 따라서 어떤 상임이사국이 어떠한 결정을 지지하지는 않지만 거부권을 사용해 이를 방해하기를 원하지 않는다면 기권(abstention)을 하거나 결석을 하면

되는 것이다.

안전보장이사회의 결의의 효력은 그 종류에 따라 달라진다. 결의가 안보리 내부사항에 관한 것일 때에는 구속력이 있다. 실질사항에 관한 결의 중에서 헌장 제6장 '분쟁의 평화적 해결'에 관한 결의들은 권고로서의 효력을 가지며 구속력을 가지지 아니한다. 그러나 헌장 제7장 '평화에 대한 위협, 평화의 파괴, 침략행위'에 관한 결의는 모든 회원국들을 구속한다.

4. 경제사회이사회

경제사회이사회(Economic and Social Council)는 총회에서 선출되는 54개 이사국으로 구성되는데, 이사국의 임기는 3년이고 매년 18개국씩 개선된다. 경제사회이사회는 매년 두 차례 한 달 동안 정기회의를 가지며, 이사회의 일상적인 작업들은 각종 이사회나 위원회가 수행한다.[44] 각 이사국은 1표의 투표권을 가지며, 결의는 단순과반수에 의해 채택된다.

경제사회이사회의 임무는 다음과 같다.

첫째, 경제사회이사회는 국제사회의 경제 · 사회 · 문화 · 교육 · 건강 및 기타 관련문제들을 연구하여 보고서를 작성하며, 이러한 문제들에 관해 총회와 회원국 그리고 전문기구에게 권고할 수 있다(헌장 제62조 1항). 둘째, 이사회는 사람들의 인권과 기본적 자유의 신장을 위하여 권고할 수 있다(동조 2항). 셋째, 이사회는 자신의 관할권이 미치는 범위에서 총회에 조약초안을 제출하고 국제회의를 소집할 수 있다(동조 3항, 4항). 넷째, 이사회는 제57조에 규정된 기구들, 즉 전문기구 (specialized agencies)들과 협정을 체결하여 그들과 유엔의 관계를 설정하고, 협의와 권고를 통하여 이들의 활동을 조정한다(헌장 제63조). 다섯째, 경제사회이사회는 비정부간기구들(non-governmental organizations)과도 협의한다. 900개 이상에 달하는 비정부간기구들이 이사회에 대해 협의당사자 지위(consultative status)를 가지고 있는데, 이들은 경제사회이사회와 보조기관의 공식회의에 옵서버를 파견하며 이사회의 작업과 관련하여 문서로 자신들의 입장을 전달하기도 한다.

---

44) 경제사회이사회 산하에는 6개의 기능별 이사회(functional commissions), 5개의 지역이사회(regional commissions), 6개의 상설위원회(standing committes)와 상설적인 전문가 단체들이 있다.

5. 신탁통치이사회

신탁통치이사회(Trusteeship Council)의 이사국 수는 명확히 정해져 있지 아니하며, 신탁통치 시정국, 안전보장이사회 상임이사국, 총회에서 3년 임기로 선출되는 국가들로 구성한다(헌장 제86조).

신탁통치이사회의 주요 임무는 신탁통치지역 주민들의 발전을 지원하여 그들이 자치와 독립에 이를 수 있도록 하는 것이다. 이를 위해 총회와 신탁통치이사회는 시정국이 제출하는 보고서를 검토하고 주민들의 청원을 받아 이를 검토하며, 신탁통치지역을 주기적으로 방문하여 평가한다(헌장 제87조).

신탁통치제도가 처음 생길 때에는 신탁통치지역은 모두 11곳에 달하였다. 그러나 미국의 신탁통치를 받아 온 팔라우(Palau)가 독립함으로써 신탁통치지역은 더 이상 존재하지 않게 되었으며, 이사회의 임무도 1994년 종료되었다.[45]

6. 국제사법재판소

국제사법재판소(International Court of Justice)는 국제연맹 시대의 국제법원인 상설국제사법재판소(PCIJ)를 계승한 유엔의 국제적 사법기관으로 9년 임기의 재판관 15명으로 구성된다. 이 재판소는 헌장에 부가되어 있는 ICJ 규정에 따라 임무를 수행하며, 헤이그에 위치해 있다. 자세한 것은 제8장에서 살펴보기로 한다.

7. 사무국

유엔 사무국(Secretariat)은 사무총장(Secretary General)과 직원(staff)으로 구성된다. 사무총장은 안보리의 추천에 의해 총회가 임명한다(헌장 제97조). 헌장에 사무총장은 유엔의 '최고행정직원'(chief administrative officer)이라 규정되어 있으나, 실제로 사무총장은 그 이상의 일을 수행한다. 사무총장은 유엔의 상징으로 그 활동범위는 매우 광범위하여 그 임무를 제대로 수행하려면 정열과 감각, 상상력을 갖추어야 하며, 헌장에 명시된 이상들이 현실로 바뀔 수 있다는 확고한 신념이 있

---

45) Evans, p.302.

어야 한다. 사무총장은 자신에게 맡겨진 일상적인 행정사무를 처리할 뿐 아니라, 주선(good offices)에 의한 '예방외교'(preventive diplomacy)를 통하여 국제분쟁의 발생과 확산을 방지하기 위해 노력한다.

유엔의 직원들은 총회가 마련한 규정에 따라 사무총장이 임명한다. 직원으로 임명되는 데 가장 중요한 고려사항은 고도의 능률과 능력이며 지리적으로 널리 충원한다(헌장 제101조). 유엔 사무총장과 직원은 그들의 임무수행에 있어서 어떠한 정부 또는 다른 당국으로부터도 지시를 구하거나 받지 아니하며, 유엔에 대하여만 책임을 지는 국제공무원으로서의 지위를 손상할 우려가 있는 어떠한 행동도 삼가야 한다(헌장 제100조).

8. 전문기구와 보조기관

(1) 전문기구

전문기구(Specialized Agencies)란 "정부 간 협정에 의하여 설치되고 경제, 사회, 문화, 교육, 보건 및 관련 분야에 있어서 기본적 문서에 정한 대로 광범위한 국제적 책임을 지는" 별도의 법인격을 가지는 국제기구로서 제63조의 규정에 따라 국제연합과 제휴관계를 설정한 국제기구를 말한다(유엔헌장 제57조). 유엔에서 경제사회이사회는 총회의 승인을 받아 전문기구와 제휴관계를 설정하는 조건을 규정하는 협정을 체결하며(헌장 제63조), 전문기구들은 매년 유엔 경제사회이사회에 정기적으로 그 활동에 대하여 보고하며 상호 간에 정보를 교환한다.

전문기구로는 만국우편연합(UPU), 국제전신연합(ITU), 세계보건기구(WHO), 세계기상기구(WMO), 유엔식량농업기구(FAO), 국제통화기금(IMF), 국제민간항공기구(ICAO), 국제노동기구(ILO), 유엔교육과학문화기구(UNESCO), 국제해사기구(IMO), 세계지적소유권기구(WIPO), 국제농업개발기금(IFAD), 유엔개발기구(UNIDO), 세계여행기구(UNWTO)와 세계은행그룹에 속하는 국제부흥개발은행(IBRD), 국제금융공사(IFC), 국제개발협회(IDA), 다자간투자보증기구(MIGA), 국제투자분쟁해결센터(ICSID)가 있다. 국제원자력기구(IAEA), 세계무역기구(WTO), 화학무기금지기구(OPCW)는 전문기구는 아니지만 유엔과 밀접한 관계를 맺고 있다.[46]

---

46) http://www.un.org/en/sections/about-un/pecialized-agencies/index.html(2017.1.17).

(2) 보조기관

유엔헌장 제7조 2항은 "필요하다고 인정되는 보조기관은 이 헌장에 따라 설치될 수 있다"고 하였다. 이는 유엔의 주요기관들은 헌장을 수정하지 아니하고는 이를 변경할 수 없는 데 반하여, 보조기관(Subsidiary Organs)은 주요기관들에 의하여 언제든지 설치되고 폐지될 수 있음을 규정한 것이다. 보조기관은 주요기관이 자신의 기능 수행에 필요한 경우 헌장규정에 따라 설립하는 기관이므로, 별도의 설립헌장에 의해 설립되어 독립된 법인격을 가지는 전문기구와는 다르다.

보조기관의 권한과 기능, 구조는 보조기관을 설립한 주요기관이 정한다. 그러나 주요기관의 기능수행을 위하여 보조기관의 설치가 필요한 경우에 주요기관은 자신이 보유하지 아니한 권한을 보조기관에게 부여하는 경우도 있다. 이는 총회와 안보리가 자신이 가지지 아니한 사법권을 행사하는 보조기관을 설치한 데에서 알 수 있으며, 그 합법성은 국제사법재판소(ICJ)의 행정재판소(Administrative Tribunal) 사건에 대한 권고의견과 구유고국제전범재판소(ICTY) 상소부(Appeals Chamber)에 의하여 확인되었다.[47]

현재까지 유엔에 의해 설치된 보조기관은 수백 개에 달하며, 대다수는 총회나 안전보장이사회가 설립한 것이다. 총회가 설립한 주요 보조기관으로는 국제법위원회(ILC), 유엔환경계획(UNEP), 유엔난민고등판무관실(UNHCR), 유엔아동기금(UNICEF) 등이 있으며, 안전보장이사회가 설립한 것으로는 구유고국제전범재판소(ICTY)와 르완다전범재판소(ICTR) 등이 있다.[48]

‖ 제4절 ‖ 유럽연합

지역기구에 관한 구상이 최초로 실행에 옮겨진 것은 1890년에 미주지역에서 발족된 범미연합(Pan American Union)에 의해서이다. 그러나 지역기구도 제2차 대

---

47) Evans, p.299.
48) *Ibid.* ; http://www.un.org/aboutun/chart_en.pdf(2010/1/21).

전 이후 본격적으로 발전하게 되었다. 냉전의 시작으로 유엔 안전보장이사회의 국제평화와 안전의 유지 기능이 마비되면서 지역적인 방위동맹과 정치블록들이 등장한 것이다. 북대서양조약기구(NATO)와 바르샤바조약기구(Warsaw Pact)는 그러한 예이다. 식민지들이 독립하면서 탄생한 신생국들 중 상당수는 동서 양 진영 사이에서 비동맹으로 남기를 원하여 아랍연맹(Arab League) 및 아프리카단결기구(OAU)와 같은 지역기구가 탄생하기도 하였다.[49]

요즈음에는 유럽연합(EU)의 성공적 활동과 북미자유무역지대(NAFTA) 및 아시아태평양경제협력체(APEC)의 활성회를 계기로 경제협력을 증진하기 위한 지역기구들이 주목을 받고 있다.

유럽연합에 대해서는 조금 더 상세히 살펴본다. 제2차 세계대전이 끝난 후 유럽의 통합을 위한 움직임들이 나타났는데, 그것은 양차대전을 통해서 유럽대륙을 초토화시킨 극단적인 형태의 민족주의를 극복하기 위한 것이었다. 그중에 하나가 1950년 당시 프랑스 외상이었던 슈망(Schuman)이 독일의 석탄과 프랑스의 철강을 하나로 묶자고 한 선언이었다. 1951년 독일·프랑스·이탈리아·벨기에·네덜란드·룩셈부르크는 파리에서 조약을 체결하여 '유럽석탄철강공동체'(ECSC)를 창설하였다. 그 후 1957년 이들은 로마조약을 체결하여 '유럽경제공동체'(EEC)와 '유럽원자력공동체'(EURATOM)를 창설하였고, 1967년에는 이들 세 개 공동체의 기관들을 하나로 통합하는 '통합조약'(Merger Treaty)이 체결되어 '유럽공동체'(European Community: EC)가 출범하였다.

1973년에는 덴마크·영국·아일랜드가 새로운 회원국으로 가입하였고, 1979년에는 유럽의회(European Parliament) 선거가 처음으로 실시되어 회원국 국민들이 직접 그들의 대표를 선출하여 유럽의회에 파견하게 되었다. 1981년에는 그리스가 가입하였고, 1986년에는 포르투갈과 스페인이 가입하여 회원국은 12개국으로 증가하였다. 1986년 2월 조인된 단일유럽법(Single European Act)은 1987년부터 효력발생에 들어가 회원국 간의 결속을 더욱 다졌고, 1990년 10월 독일통일에 따라 유럽공동체의 지역적 범위는 더욱 확대되었다.

1992년 2월 체결된 마스트리히트(Maastricht) 조약이 1993년 11월 1일 효력발생에 들어가면서 유럽연합(European Union: EU)이 공식적으로 출범하게 되어 유

---

49) Malcolm N. Shaw, *International Law*, Cambridge University Press, 1997, pp.893-894.

럽통합으로 가는 길은 새로운 단계로 접어들게 되었다. 1995년 오스트리아·핀란드·스웨덴이 가입하면서 유럽연합 회원국은 15개국이 되었으며, 2002년부터 유로(euro)화가 12개 회원국의 통화를 대체한 이래 유로존(eurozone)에 가입한 국가는 16개국이 되었다.

유럽연합이 2000년 12월 니스조약에 따라 동구권 10개국을 가입시키기로 한데 따라 2004년에는 체코, 폴란드, 헝가리, 에스토니아, 라트비아, 리투아니아, 슬로바키아, 슬로베니아, 몰타, 키프로스 등이 가입하였으며, 2007년 1월에는 루마니아와 불가리아가 새로이 가입하였다. 그 후 크로아티아가 가입하면서 유럽연합(European Union: EU)은 유럽대륙에 위치한 28개 회원국으로 구성된 정치적·경제적 연합체로 발전하였으며, 5억명 이상의 인구와 세계 명목소득의 30%를 차지하는 대표적인 지역기구가 되었다. 2009년 12월 1일에는 우여곡절 끝에 유럽연합의 '미니헌법'이라 불리는 리스본조약(Lisbon Treaty)이 효력발생에 들어가면서 유럽연합은 새로운 단계로 접어들게 되었으며, 특히 유럽이사회(European Council) 상임의장직이 신설되어 벨기에 총리출신의 판 롬파위(Herman van Rompuy)가 초대 의장(대통령)에 오르게 되었다. 유럽지역 국가들의 경제통합을 넘어서 정치적 통합까지 눈앞에 두고 있는 것처럼 보였던 유럽연합도 경제문제와 난민문제를 극복하지 못하여 어려움을 겪고 있다. 특히 영국이 2016년 6월 23일 국민투표를 통하여 EU탈퇴(브렉시트)를 선택함으로써 유럽연합은 일대 위기를 맞이하고 있다.

제4장

개 인

‖ 제1절 ‖ 국제법상 개인의 지위

I. 서 론

국제법상 개인의 지위 문제는 국제법의 정의 및 법적 성격에 관한 문제와 결부되어 있다. 따라서 국제법의 정의와 역할이 변화해 가는 데 따라 개인의 국제법상 지위도 조금씩 달려져 왔다. 국제법의 창시자 중의 한 사람인 비토리아(Francisco de Vitoria)는 1532년 남미대륙의 토착인도 국제법상 보호권을 가진다고 말했지만, 국제법의 탄생 이래 아주 오랫동안 개인은 국제법상 독립적인 역할을 부여받지 못하였다.[1]

국제법은 본래 주권국가 간의 관계를 규율하는 규범으로 성립되었으며, 현재에도 주로 국가 간의 관계를 규율하고 있다. 따라서 오랫동안 개인은 국제법상 주체로 인정받지 못하였다. 그러나 국제법은 종종 관습법과 조약을 통해 개인에 대한 국가의 의무를 창설해 왔으며, 국가가 원하는 경우에는 개인도 자신의 국제법

---

1) Malcolm D. Evans, *International Law*, 4th edition, Oxford, 2014, p.280.

상 권리를 보호받을 수 있었다.[2]

국제법에서 개인의 지위에 대한 관심은 외국인이 자국에서 입은 손해에 대한 국가책임 문제에서부터 출발하였다. 그러나 최근에는 국제인권협약들이 체결되고 관련 관습법이 증가하는 등 개인의 국제법상 지위가 크게 향상되었다. 외국인의 피해에 관한 전통적인 국가책임법과 국제인권법은 상이한 법학적 기초에서 출발한다. 전통적인 국가책임의 법리에 의하면 외국인의 법익 침해는 그의 국적국가의 이익을 침해한 것이므로 국제법 위반에 따른 구제를 추구할 권리도 국가에 귀속된다는 것이었다. 반면에 제2차 대전 이후 발달한 국제인권법은 모든 사람의 인권보호를 위한 것이므로, 인권문제는 한 국가의 국내관할권에 속하는 문제가 아닌 국제문제라는 인식에 기초를 두고 있다.[3]

20세기 후반에 이루어진 국제법의 발달 특히 국제인권법의 발달에 따라 국제법상 개인의 지위와 권리·의무가 주목을 받게 되었다. 물론 개인이 국제법상 주체로 인정되는 범위는 국가나 국제기구의 그것에 비하면 매우 제한적이지만 많은 발전이 이루어지고 있다. 본 장에서는 개인의 국제법상 지위에 관한 역사, 개인의 국제법상 주체성과 권리와 의무, 개인의 국제형법상 지위, 국제인권법 등에 대하여 살펴본다.

II. 역사적 고찰

17, 18세기에 형성된 전통적인 '국제법'(law of nations)은 국내법과는 구별되었지만 국가는 물론 개인에게도 널리 적용되어 오늘날의 국제법(international law)과는 상당한 차이가 있었다고 한다. 당시 영국의 블랙스톤(Blackstone)에 의하면

---

2) 국제법상 개인의 지위에 관해 제섭(Jessup)은 다음과 같이 말하였다. "국제법은 그들 상호 간의 관계라는 면에서 국가, 국가들과의 관계 속에서 개인에게 적용되는 법이라 정의된다. 국제법은 개인 간의 일정한 관계에도 적용되는데, 그것은 그들의 상호관계가 국제적 관심사를 내포하는 경우이다. 그러나 이제까지 국제사회는 주로 국가들로 이루어져 있었기 때문에 국제법 규칙이 개인을 구속하는 것은 오직 국가들의 의지에 달려 있었다." Jessup, *A Modern Law of Nations*, 1948, pp.17-18.

3) *Third Restatement of the Foreign Relations Law of the United States*, vol.2(이하에서는 *Restatement*), 1987, pp.144-146.

'국제법'(law of nations)이란 국가 간의 관계는 물론 국적을 달리하는 사람들 간의 관계를 규율하는 법체계라고 하였으니, 현재처럼 국제공법과 국제사법 간에 명확한 구분이 없었고 개인의 문제도 국제법의 영역에서 제외되지 않았다는 것이다.[4]

국제법에서 국가와 개인의 법적 지위에 대해 차별적 접근이 이루어진 것은 법실증주의의 영향으로 생각된다. 공리주의 법학자 벤담(Bentham)은 1789년 출간된 「도덕과 법원칙 입문」(*Introduction to the Principles of Morals and Legisla- tion*)에서 오늘날 국제법을 표현하는 보편적 용어가 된 'international law'란 개념을 소개하였는데, 그는 국제법이란 국가 간의 권리·의무에 관한 법이며 개인들의 권리·의무와는 관계가 없다고 하였다.[5] 19세기 법실증주의자들은 국가만을 국제법의 주체로 생각하는 이러한 경향을 계승하여 더욱 발전시켰다. 당대 영국의 대표적인 법실증주의자 오스틴(Austin)은 국제법이란 주권국가 간의 문제들을 규율하는 '실증도덕'이라고 하였고, 미국의 스토리(Joseph Story)는 '충돌법'(Conflict of Laws)에 관한 저서를 통해 국제사법(private international law) 발전에 기여하였다. 실증주의 법이론은 국가와 개인 모두에게 적용되던 17, 18세기 국제법을 국제공법과 국제사법이란 두 개의 법학으로 분리시킨 것이다.[6]

법실증주의자들은 개인을 국제법 주체로 인정하기를 거부하였으나, 실제로 개인의 국제법상 지위가 전면 부인된 것은 아니었다. 19세기 후반부터 20세기 초까지의 법실증주의 전성기 때에도 각국의 국내법원들은 국제사법뿐 아니라 국제법(국제공법)에 위반되는 행위를 한 개인을 상대로 제소하거나 개인에게 소송을

---

4) 블랙스톤(Blackstone)은 '국제법'(law of nations)이란 자연적 이성에 의해 추론되어 세계 문명인들의 보편적 동의에 의해 세워지는 법규칙 체계로, 둘 또는 그 이상의 독립국들과 각국 국민들 간에 행하여지는 교류로 인하여 발생하는 모든 분쟁을 해결하고, 모든 의식과 예의를 규율하며, 정의와 신의성실의 준수를 확고히 한다고 하였다. 블랙스톤의 국제법이란 넓은 개념 속에는 국제상사, 해사, 포획, 조난, 여권 등의 국제사법적인 문제들도 포함되어 있었다. W. Blackstone, *4 Commentaries on the Law of England*, 1st ed., 1765-1769, pp.66-73.

5) 벤담은 본래 그때까지 보편적으로 사용되어 온 'Law of Nations'란 용어의 모호함을 극복하기 위해 'International Law'란 개념을 도입하였다. 벤담은 기본적으로 국제법(international law)에 대해 다음과 같은 것을 전제하고 있었다. 국제법이란 오직 국가 간의 권리·의무에 관한 법이며, 외부적인 요소를 포함하고 있는 사건도 국내법원에서 다루어질 때에는 국제법이 아닌 국내법에 따라 결정된다는 것이다. Mark W. Janis, *An Introduction to International Law*, Little, Brown and Co., 1993, pp.228-231.

6) *Ibid.*, pp.233-234.

제기할 수 있는 권리를 부여하였었다. 예를 들어 1900년 파케트 아바나(Paquete Habana)호 사건에서 미국대법원은 미국이 전시 포획에 관한 국제관습법을 위반하여 쿠바의 선박들을 나포한 결과 발생한 손해를 배상하도록 판결하였다. 이러한 국제관행과 국내법 간의 조화를 위하여 법실증주의자들은 변형이론을 고안하여 국제법이 개인들에게 적용되는 근거로 삼기도 하였다.[7]

그럼에도 불구하고 법실증주의자들의 주장대로 국제법에서는 오랫동안 국가만이 법주체로 간주되어 왔고, 개인의 국제법 주체성은 부인되었다. 상설국제사법재판소(PCIJ)와 국제사법재판소(ICJ)는 오직 국가에게만 당사자적격을 인정하였으며, 마브로마티스사건 판결에서 보듯이 국제법원과 재판소는 실제로 개인을 국제법의 주체로 인정하지 않았다.

하지만 20세기 이후에는 개인에게도 일정한 범위에서 국제적 법인격을 인정하려는 경향이 점차 강해지고 있다. 오늘날 대부분의 학자들과 국제관행은 개인을 국제법의 주체로 인정하고 있으며 그 범위도 점점 확대되고 있다. 그러나 개인이 국제법의 주체로 인정되는 것은 제한된 범위에서이며, 국제법이 인정하는 특별한 권리와 의무의 주체가 될 수 있을 뿐이다.[8]

III. 국제법주체성

오늘날 개인은 모든 공동체의 목표인 동시에 그 구성원이므로 단순히 객체로 머물러 있을 수는 없다. 오늘날 국제법의 이론과 실제 모두 개인이 국제법의 보호를 받는 이익을 가지며, 법이 규정한 행위를 할 수 있고, 국제법에서 나오는 권리를 누리고 의무를 부담하는 지위에 있음을 인정하고 있다.

법인격을 여러 가지 능력의 총화라고 한다면 개인의 능력은 국가의 능력에 비해 작고 빈약하지만, 개인도 국제법상 하나의 주체인 것은 틀림없다. 개인은 영토를 가질 수 없고, 조약을 체결할 수 없으며, 교전권도 없다. 그러나 개인은 전쟁범죄, 해적행위, 인도주의에 대한 범죄를 통하여 국제법을 위반할 수 있다. 개인

---

7) *Ibid.*, p.236.

8) Michael Akehurst, *A Modern Introduction to International Law*, Allen & Unwin, 1987, pp.72-73.

은 국제법이 보호하는 재산을 소유할 수 있으며, 외국정부의 계약위반이나 불법
행위가 있을 시 그 국가를 상대로 손해배상을 청구할 수도 있다. 개인이 그의 본
국의 힘을 빌리지 않고 청구권을 행사하고 재산권을 지키는 데에는 한계가 있지
만, 국제법은 개인의 침해된 이익을 보호하고자 한다.[9]

개인이 국제법의 주체가 될 수 있는가 하는 문제는 국제조약이 국내입법절차
를 거치지 아니하고 개인에게 직접 권리를 부여할 수 있는가 하는 관점에서노 다
루어진다. 처음에는 이 문제에 대한 대답은 부성적이었고 개인은 국제법으로부터
직접 권리를 받을 수 없다고 보았다. 그러나 PCIJ는 1928년 '단치히재판소 관할권
사건'(Case concerning the Jurisdiction of the Courts of Danzig)에 대한 권고의견에서
다른 입장을 취하였다. 폴란드는 자신과 단치히 간 협정은 양자 간에 권리와 의무
를 정하는 것이지만 아직 폴란드 국내법에 편입되지 않았으므로 개인에게 권리와
의무를 부여하지 않는다고 주장하였다. 이에 대해 PCIJ는 조약은 당사국들이 원
하는 경우에는 개인에게 직접 권리와 의무를 부여할 수 있으며, 그런 경우 각국의
국내법원은 이를 적용하여야 한다고 하였다.[10]

IV. 법주체성의 인정범위

국제법은 개인을 국제법의 주체로 인정하고 있다. 문제는 개인의 국제법 주
체성이 어느 정도까지 인정되는가 하는 것이다. 법주체의 지위를 능동적 지위와
수동적 지위로 나누는 입장에 의하면, 개인은 국제법을 창설하는 데 참여할 수 없
으니 능동적 주체는 아니지만 국제법이 부여하는 권리를 향유하고 의무를 부담하
므로 수동적 주체라고 한다. 그러나 이것은 정태적인 접근이다. 개인의 국제법 주
체성의 범위와 관련하여 보다 중요한 기준은 개인이 자신의 침해된 국제법적 권
리를 국제절차를 통해 직접 구제받을 수 있는가 하는 것이다. 전통적이고 현재까
지도 다수설에 속하는 입장은 개인의 국제법 주체성을 좁은 범위에서 인정한다.

---

9) O'Connel, *International Law*, 1970, pp.108-109.

10) Louis Henkin, Richard Crawford Pugh, Oscar Schachter, and Hans Smit(이하에서는
Henkin), *International Law: Cases and Materials*, West Publishing Co., 1993, pp.376-
377.

국제법이 개인에게 일정한 권리와 의무를 부여할 뿐 아니라 개인이 자신의 이름으로 자신의 권리를 주장할 수 있어야 비로소 개인은 국제법의 주체가 된다는 것이다.[11]

개인의 국제법 주체성에 관한 전통국제법의 입장은 부정적이었으며, 이는 1924년 마브로마티스 팔레스타인 컨세션 사건에 대한 PCIJ판결에서 표명되었다.

마브로마티스 팔레스타인 컨세션 사건[12]

Mavrommatis Palestine Concessions Case, 1924

1914년 그리스인 마브로마티스는 예루살렘 시당국과 계약을 체결하여 전기와 수도 공급에 필요한 시설을 건설·사용할 권리를 획득하였다. 그러나 제1차 대전의 발발로 양측은 이 컨세션의 집행을 연기하기로 합의하였다. 그 후 1920년 5월 영국이 팔레스타인의 위임통치국이 되었으며, 동년 8월에 체결된 Sevre 조약은 제311조에서 연합국 시민들이 전쟁 전 팔레스타인에서 취득한 권리는 유효하다고 하였다. 1921년 4월 마브로마티스는 팔레스타인 당국에 컨세션의 이행가능성을 문의하였으나 거절당하였다. 이에 1924년 그리스정부는 이 사건을 상설국제사법재판소(PCIJ)에 제소하였고, 영국은 재판소의 관할권에 대하여 선결적 항변(preliminary objection)을 제기하였다.

팔레스타인 위임통치령 제26조에 따르면 위임통치국과 연맹회원국 간의 분쟁이 위임통치령의 해석과 적용에 관한 것인 때에는 PCIJ에 제소할 수 있었다. PCIJ는 마브로마티스 사건은 처음에는 그리스인 마브로마티스와 영국 간의 문제였지만 그리스 정부가 이 사건을 맡게 되면서 양국 간 분쟁이 되어 국제법의 영역으로 들어오게 되었다고 하였다. PCIJ는 국가는 다른 국가의 국제법에 반하는 행동으로 피해를 본 자국민을 보호할 권리가 있으며, 국가가 자국민이 관련된 사건을 일단 맡게 되면 국가는 자신의 권리를 주장하는 것이라고 하였다. 따라서 PCIJ는 영국과 그리스가 마브로마티스 사건에 관한 분쟁의 당사자임이 인정되므로 팔레스타인 위임통치령 제26조의 범위에 속한다고 하였다.

반면에 개인의 국제법 주체성을 넓게 인정하는 견해에 의하면 국제법이 개인

---

11) 이한기, 「국제법강의」, 박영사, 1994, pp.165-167.
12) Mavrommatis Palestine Concessions Case, *PCIJ*, Serie A, No.5, 1924.

에게 권리와 의무를 부여하는 범위 내에서 개인은 국제법의 주체로 인정되어야 한다고 한다. 즉 국제법상 개인이 가지는 실질적인 권리와 침해된 권리를 추구해 가는 절차상의 권리는 별개의 것으로 다루어져야 한다는 것이다. 전통국제법에서는 개인의 국제소송 당사자 능력은 부인되어 결국 외교적 보호 문제로 비화되었다. 다른 국가의 국제법에 어긋나는 행위로 피해를 입은 사람의 본국은 자국민을 보호할 권리를 가지므로, 국가는 자국민이 관련된 사건을 외교적 절차나 국제적 사법절차에 맡김으로써 자신의 권리를 주장할 수가 있었던 것이다. 바로 이러한 점 즉 개인의 국제법상 권리는 인정되지만 자신의 권리를 자기 이름으로 주장할 수 없다는 점은 개인의 국제법 주체로서의 지위에 의문을 제기하게 하였다. 그러나 개인이 자기 이름으로 자신의 침해된 권리를 실현하기 위한 조치를 취할 수 없으므로 개인은 법의 주체가 아니며 그의 권리 역시 이를 실현할 능력을 가진 그의 본국의 권리라고 하는 것 또한 무리한 주장이다.[13]

요즘 국제사회에서는 개인에게 국제재판소에서의 당사자능력을 인정하는 조약들이 체결되면서 개인이 직접 외국정부나 국제기구를 상대로 청구권을 행사하는 길이 점차 넓게 열려 가고 있다. 또한 과거 외교적 보호에서는 주로 한 국가 내 외국인의 권리보호가 문제가 되었으나, 국제인권법의 발달로 국적을 불문하고 모든 사람에게 부여되는 권리로 그 보호범위가 확대되었다. 따라서 어떤 사람이 외국정부로부터 피해를 본 경우 그의 본국정부의 외교적 보호 이외에 별다른 구제수단이 없었던 시절과는 다른 시각에서의 접근이 필요하다.

V. 개인의 국제법상 권리와 책임

개인은 국가들이 합의에 의하여 부여하거나 국제관습법이 부여하는 국제법상의 권리를 가질 수 있으며 그 범위는 점점 확대되고 있다. 1928년 PCIJ가 '단치히재판소 관할권사건'(Case concerning the Jurisdiction of the Courts of Danzig)에 관한 권고의견에서 국가들은 원하면 조약을 통해 개인에게 직접 권리와 의무를 부여할 수 있다고 한 것은 이미 앞에서 검토하였다. 이는 개인이 국제법적 권리를

---

13) Lauterpacht, *International Law and Human Rights*, 1973, pp. 27-29.

가지게 되는 근거를 제시한 것이다. 그러나 개인이 가지는 국제법상 권리는 항상 동일한 성격을 가지지 않는다. 국제법에서 개인의 권리는 어떤 국가를 상대로 어떤 청구를 제기할 수 있는 능력에 관한 것인 경우가 종종 있다. 그러나 국제법에서 개인의 권리는 그보다는 그들에 대한 어떤 조치로부터의 면제의 성격을 갖는 경우가 많다. 예를 들어 공해를 방해받지 아니하고 항해할 수 있는 권리와 전쟁포로로서의 지위에서 나오는 권리와 같은 것이다.[14]

개인의 국제법상 권리에 관한 제도가 가장 발달된 국제법 분야는 개인과 집단의 권리를 포함하는 인권분야이다. 과거에 국가들은 그 관할권 내에 있는 사람들을 마음대로 다루었으며 인권침해 비난에 대해서는 인권은 국내문제라고 주장하면서 정당화하였다. 하지만 오늘날 국제인권법은 국제법의 일부로 정착되었으며, 지구상의 거의 모든 국가가 국제인권보호를 위한 국제협약을 최소한 하나 이상은 비준하였다. 따라서 오늘날 모든 국가는 인권을 보호할 법적인 의무를 지고 있으며, 인권의 증진과 보호가 국제사회의 합법적인 관심사임을 인정하였다. 개인은 국제인권법 이외의 분야에서도 일정한 국제법상 권리를 가진다. 무력충돌법 또는 국제인도법에서 개인이 그 지위에(예를 들면 전투원, 비전투원, 포로, 상병자 등) 합당한 권리를 주장할 수 있는 것은 하나의 예이다.[15]

오랫동안 개인은 갖가지 국제적인 활동의 사실상의 주체이기도 하고 객체이기도 하였지만, 그러한 개인의 행위는 대부분 개인이 아닌 국가에게 국제책임을 발생시킬 뿐이었다. 과거에 개인이 개별적으로 국제책임을 부담하는 것은 해적과 노예매매와 같이 '인류의 공적'에 해당하는 행위를 저지른 경우뿐이었다.[16]

개인이 국가기관의 일부로서 국가의 명령에 따라서 범행을 저질러 개인적으로 처벌되기 시작한 것은 뉘른베르크 국제군사법정에 의해서이었다. 당시 군사법정은 국제법에 위반한 범죄는 추상적 실체인 국가가 아닌 사람이 저지른 것이므로 범죄자 개인을 처벌해야 관련 국제법규가 이행되는 것이라고 하였다. 그런데 과거에 개인의 국제책임은 국제제도의 미비로 대부분 국내법원에 의하여 집행되었지만, 오늘날에는 국제관습법과 조약법에 근거한 개인의 책임은 국제형사재판소를 비롯한 각종 국제법원과 재판소에 의하여 집행되는 경우가 증가하고 있다.[17]

---

14) Evans, pp. 284-285.

15) *Ibid.*, pp. 285-286.

16) *Ibid.*, pp. 286-287.

VI. 개인의 국제법상 청구권

1. 개인의 청구권

개인이 국제법상 권리와 의무를 갖는다고 해서 자동적으로 개인에게 그 권리를 주장하기 위한 국제적인 청구를 제기하거나 면제를 주장할 수 있는 국제법상 능력이 인정된 것은 아니다. 특히 과거 국가 중심의 국제사회에서 개인은 국제사법재판소(ICJ) 등 국제법원과 재판소의 당사자가 될 수 없는 등 절차법상 많은 제약을 받았다. 그리하여 ICJ의 히긴스(Higgins) 재판관은 절차적 관점에서 개인은 국제법상 중증 장애인이라고 하였었다. 전통국제법에서 개인이 국제법상 청구를 제기할 수 있는 유일한 방법은 자국 정부로 하여금 자기 대신에 청구를 하도록 외교적 보호를 제기하도록 하는 것이지만, 거기에는 여러 가지 제약조건이 있었다.[18]

개인이 국제사회에서 직접 청구를 제기하는 것을 제한하였던 이러한 입장은 20세기에 들어서면서 바뀌기 시작하였다. 20세기 전반기에는 국가 간 분쟁해결을 위하여 새로이 국제적인 조직들이 등장하였는데, 중미사법재판소(Central American Court of Justice), 유럽혼합중재재판소(Mixed Arbitral Tribunals in Europe), 국제연맹(소수민족보호와 관련하여), 국제노동기구(ILO) 등 국제조직들은 개인의 청원을 받아서 이를 심사하였다. 20세기 후반기에는 국제인권감시 기구와 국제상사중재 기구의 활약에 힘입어 개인의 국제적인 청구권 문제는 새로운 차원으로 올라가게 되었다. 개인이 직접 청구를 제기할 수 있게 된 국제법 영역 가운데 가장 중요한 분야는 국제인권법과 국제경제법이다.[19]

2. 국제인권법 분야

국제인권법 분야의 조약들은 개인에게 국가를 상대로 청구를 제기할 수 있는

---

17) *Ibid.*, pp. 286-288.

18) *Ibid.*, pp. 288-289.

19) *Ibid.*, pp. 289-290.

권리를 부여하였다. 개인의 청구는 개인이 그 국적을 가지고 있는 국가 즉 국적국가를 상대로 제기되기도 하고 국적과는 상관없이 관할권을 가지는 국가를 상대로 제기되기도 하는데, 대부분의 경우에 개인은 당해 국제기구에서의 절차에서 직접적인 당사자가 된다.[20]

개인에 의한 국제청구에서 국가는 여전히 중개인(intermediary)의 역할을 맡거나 직접적으로 관여하고 있다. 개인의 청구는 관련 국가가 인권조약이나 관련 국제기구 설립조약 같은 관련 조약을 비준하였거나 개인의 청구를 허용하는 조약의 관련 규정을 수락한 경우에만 제기될 수 있기 때문이다. 또한 청구를 제기하기 이전에 국내적 구제절차를 밟아야 한다는 조건도 충족되어야 한다. 결국 개인이 국제인권기구에 청구를 제기하는 것과 관련하여 개인이 국가로부터 완전히 독립적인 능력을 갖고 있다고 할 수 없는 부분이 있는 것이다. 하지만 실제로 개인이 국제적인 청구를 제기할 수 있는 독립된 능력을 가지는 경우도 있다. 유럽인권협약(European Convention on Human Rights: ECHR)과 미주인권협약(American Convention on Human Rights: ACHR)에 의하면 개인은 관련 법원에 출정하고 직접 청구를 제기할 수 있다. 실제로 유럽 국가들은 개인이 유럽인권기구에 청원하는 것을 막을 수 없다.[21]

3. 국제경제법 분야

20세기 후반 국제경제법 분야에서는 개인과 기업이 국가를 상대로 청구를 제기할 수 있는 국제법 제도가 등장하여 큰 발전을 이루었다. 이러한 제도도 처음에는 임시 중재기관(*ad hoc* arbitral bodies)이나 이란-미국 청구권법정에서 보듯이 개인이 참가할 수 있는 국가 간 기구(inter-state bodies)이었다. 하지만 현재는 국제상업회의소(International Chamber of Commerce: ICC), 국제투자분쟁해결센터(ICSID), 유엔국제무역법위원회(UN Commission on International Trade Law: UNCITRAL)와 같

---

20) *Ibid.*, p.290. 국적과 청구를 제기할 수 있는 능력 간의 관계가 필수적인 조건이 아닌 경우도 있다. 국제법상 청구를 제기하는 데 있어서 어떤 개인의 국적국가가 관련 조약의 당사국이어야 하는 것은 아니며 개인이 무국적자인 경우에도 청구의 적격으로 인정되기도 한다.

21) *Ibid.*, p.290.

이 확립된 절차를 갖춘 제도로 발전하였다. 이들은 모두 국가를 상대로 개인이 법적으로 구속력이 있고 집행이 가능한 결정을 해 주도록 청구할 수 있게 하였다.[22]

국제경제법에서 관련 조약을 비준하거나 한 국가와 개인 간의 계약을 통하여 개인이 일정한 청구를 제기할 수 있게 하는 것은 국가이다. 그러나 국제경제법에서 국가가 개인이나 기업이 국제적인 청구를 제기할 수 있는 권리를 제한할 수 있는 능력은 매우 제한적이 되었다. 반면에 오늘날 국제경제법에서 개인이 국제적인 청구를 할 수 있는 능력은 크게 확대되었다. 많은 국제경제법 분야에서 주된 참가자는 국가와 기업이며 이들은 종종 동등한 입장에서 활동을 한다.[23] 다국적기업과 계약체결 시 분쟁해결에 관한 합의는 불가피한데, 이때에 다국적기업은 ICC 등 국제조직을 분쟁해결기관으로 지정하여 계약과 관련하여 분쟁이 발생하는 경우 그곳에 제소하여 판정을 얻어 내고자 한다. 외국인투자를 원하는 국가는 투자자가 원하는 국제중재와 같은 국제적인 분쟁해결 절차를 수용하지 않을 수 없는 것이 오늘날의 현실인 것이다.

‖ 제2절 ‖ 국적과 외국인의 지위

Ⅰ. 서　론

국적이란 사람이 어떤 국가의 국민인지를 보여주는 징표인데, 국적이란 개념이 등장한 것은 근대국가의 탄생 이후 특히 프랑스 대혁명 이후이다. 오늘날 국가는 자국 영역 내의 사람과 사물에 대해 영토관할권을 가지지만 국적을 연결점으로 외국에 체류하는 자국의 국적을 가진 사람들에 대한 인적 관할권도 갖는다. 영토관할권은 포괄적이고 배타적인 성격을 갖는 데 비해, 인적 관할권은 국민이 외국에 체류하는 등 예외적인 상황에 적용되지만 국가의 관할권 행사의 중요한 부

---

22) *Ibid.*, pp. 291-292.
23) *Ibid.*, p. 293.

분을 차지하고 있다.

국가의 인적 관할권 행사를 가능케 하는 것은 국적이다. 따라서 국적은 국내법은 물론 국제법에서도 매우 중요한 개념이다. 한 국가와 그 국민을 연결하는 법적 인연인 국적을 부여하는 데 관한 조건은 대부분 각국의 국내법에 의해 정해지지만, 국적은 국제사회에서도 중요하므로 국제법도 부분적으로 관여한다.[24]

II. 국적결정의 원칙

한 국가가 어떤 사람에게 자국 국적을 부여할 것인지를 정하는 것은 주권에 속하는 문제로서 각국의 관할권에 속하는 사항이므로, 한 국가가 부여한 국적은 관련 국내법 규정에 부합하는 한 유효하다고 본다. 그러나 국적은 국제법에서도 중요하여 국적의 유효성은 국제법적인 문제가 되므로, 국제법적인 기준에 합당하지 아니한 국적으로는 다른 국가에게 대항할 수 없다.[25] 국적의 유효성 문제는 특히 외교적 보호에서 중요하게 다루어지는데, 그것은 국적이 국적국가의 외교적 보호권 행사의 기초가 되기 때문이다.

국적결정에 관한 국제법 규칙에 어긋나는 방식으로 부여된 국적은 국제법상 무효이거나 제대로 인정될 수 없다. 이러한 의미에서 듀가드(Dugard)는 국가는 본질상 차별적이고 인권에 관한 기본원칙에 부합하지 아니하는 국적법을 인정하지 아니할 수 있는 유보된 권한(reserve power)를 가진다고 하였다. 또한 악의로 취득된 국적과 통과 중에 있는 외국인에게 부여된 국적은 무효라는 데 대해서도 대부분의 학자들의 견해는 일치한다.[26]

국제법이 국적결정 기준에 관여하는 것은 결국 국적결정에 대한 각국의 권한을 제한하는 것인데, 여기서는 개인의 국적에 대한 권리와 진정한 관련의 원칙을 살펴보기로 한다.

---

24) 우리나라는 국적부가 존재하지 아니하므로 호적의 등재 여부가 국민임을 확인해 주는 공부의 역할을 하였다. 대한민국 국민은 호적에 등재되어 있어야 하고 국적을 상실하면 호적에서 제적되었다. 정인섭, 「신국제법강의」, 제6판, 박영사, 2016, p.816.

25) Malcolm D. Evans, *International Law*, 2nd edition, Oxford, 2006, p.485.

26) *Ibid.*

1. 개인의 국적에 대한 권리

전통국제법에서 국가는 사람에게 국적을 부여하고 박탈하는 권한을 갖는다고 보았다. 따라서 1923년 상설국제사법재판소(PCIJ)도 '튀니지와 모로코 국적법 사건'(Tunis and Morocco Nationality Decrees Case)에서 한 국가가 어떤 사람을 자국민으로 다루는 것은 그 국가의 배타적 관할에 속한다고 하였다.

그렇지만 인권보호 차원에서 '개인의 국적에 대한 권리'(a right to a nationality)와 국적을 박탈당하지 아니할 권리를 들어 국가의 국적 부여와 박탈에 관한 권한을 제한해야 한다는 주장이 등장하였다. 예를 들어 세계인권선언과 미주인권협약(American Convention on Human Rights)은 이러한 권리를 명시적으로 규정하였다. 국제법학자들 중에는 개인의 국적에 대한 권리를 기본권으로 인정하는 조약규정들을 지지하는 사람들이 많은 데 비해, 국가들은 대부분 이에 대해 냉담한 입장이다.[27]

2. 진정한 관련

국가는 자국 국적을 부여하기 위한 기준과 법령을 마련할 수 있는 주권을 가지므로, 한 국가가 그 국내법에 따라 부여한 국적은 대부분 국제법적으로도 유효한 것으로 취급된다. 그러나 국제적인 차원에서의 국적의 유효성에 대한 판단은 국제법적인 문제이므로 국제법적인 기준에 합당하지 아니한 국적은 다른 국가에게 대항하지 못한다. 특히 외교적 보호에 있어서 국적은 보호를 위한 기초이므로 관련 국제법 규칙에 위반하여 부여된 국적은 유효한 것으로 취급될 수가 없다.[28]

국적결정과 관련한 국제법과 국내법의 역할에 관해서는 두 가지 입장이 대립하고 있다. 하나는 국적을 결정하는 데 있어서 국내법을 중시해야 한다는 입장이며, 다른 하나는 국제적인 차원에서의 국적문제는 국제법적 문제라는 시각에서 국적을 부여한 국가와 국적을 받은 사람 사이에 일정한 연관성이 필요하다고 주장한다. 1930년 「국적법 충돌문제에 관한 헤이그협약」(Hague Convention on Certain

---

27) Henkin, pp.394-396.
28) Evans, p.485.

Questions Relating to the Conflict of Nationality Laws)의 규정과 1955년 국제사법재
판소의 노테봄(Nottebohm) 사건에 대한 판결은 후자의 입장을 지지하였다.29)

　　1930년 헤이그협약은 제1조에서 각국은 자국법에 따라 누가 자국민인지 결
정한다고 하면서도, 그 법은 다른 국가들에 의하여 국제협약 및 국제관습과 일치
하는 것으로 승인되어야 한다고 하였다. 당시 회의에 참가한 많은 국가대표들은
어떤 사람과 국가 사이에 현실적 관계가 없는 경우에는, 다른 국가들은 그러한 국
적을 진정한 것으로 인정해야 할 의무가 없다고 주장하기도 하였다.30)

　　국제사법재판소(ICJ)는 1955년 노테봄사건에 대한 판결에서 외교적 보호를
위한 조건인 국적은 개인과 그를 위해 보호권을 행사하는 국가 사이에 '진정한 관
련'(genuine link)이 있어야 유효하다고 하였다.

노테봄 사건31)

Nottebohm Case, 1955

　　노테봄은 1881년 출생한 이래 1939년 유럽에서 전쟁이 발발하기 직전 리히텐슈타인
국적을 취득하기 이전까지 독일국민이었다. 그는 1905년 과테말라에 거처를 마련하고
그곳에서 많은 사업을 하면서 과테말라와 독일 그리고 동생이 살고 있는 리히텐슈타인
을 오가며 생활하였다. 그러던 중 그는 1939년 초 유럽에 가서 동년 9월 리히텐슈타인
에 귀화를 신청하였으며, 일정한 비용과 납세를 위한 보증금을 지불하고 동년 8월 20일
충성서약(oath of allegiance)을 함으로써 그 국적을 취득하였다. 그는 리히텐슈타인 여
권을 취득하고 취리히 주재 과테말라 영사관에서 비자를 받아 과테말라로 돌아와 그의
사업에 복귀하였다. 과테말라 정부는 그의 요청에 의하여 외국인 명부와 신분증상의
그의 국적을 바꾸어 주었다.

　　그렇지만 미국은 1941년 7월 17일 노테봄을 블랙리스트에 올렸고 미국 내 그의 재산
을 동결하였다. 동년 12월 11일 미국과 독일, 독일과 과테말라 간에 전쟁이 시작되었
다. 노테봄은 1943년 과테말라 당국에 체포되어 미국으로 압송되어 1946년까지 적국인

---

29) *Ibid.*, pp.485-487.

30) Henkin, pp.396-397. 1929년 작성된 Harvard Research는 국가가 국적을 부여하는 권한은
　　무제한한 것이 아니라고 하였다. 국가의 그러한 권한에 대한 국제법상 제한을 명확히 밝히
　　기는 어렵지만, 어떤 제한이 있어야 함은 분명하다는 것이다.

31) Nottebohm Case, *ICJ Reports*, 1955, p.4.

으로 억류되었다. 그는 과테말라 재입국이 거부된 후 리히텐슈타인으로 돌아갔으며, 그의 과테말라 내 재산은 1949년 몰수되었다.

리히텐슈타인은 과테말라가 노테봄을 체포·억류·추방하고 재입국을 거절하였고 그의 재산을 몰수함으로써 국제법을 위반하였으므로 손해를 배상해야 한다고 하면서 ICJ에 제소하였다. 이에 대해 과테말라는 노테봄의 국적을 문제 삼아 재판부가 리히텐슈타인의 청구를 받아들여서는 아니 된다고 하였다.

ICJ는 노테봄과 독일, 과테말라, 리히텐슈타인 간의 관계를 면밀히 검토하였다. ICJ의 결론은 노테봄과 리히텐슈타인 간의 관계는 매우 약하다는 것이었다. 노테봄은 리히텐슈타인에 장기간 거주한 주거도 없고, 귀화신청 당시 거소도 없었다. 그의 귀화신청서를 보면 당시 그는 단순히 방문 중이었고, 귀화절차를 지체 없이 시작하여 종결지어 줄 것을 요청한 것은 그의 방문이 일시적인 것임을 입증한다고 하였다. ICJ는 노테봄의 귀화는 진실로 리히텐슈타인 국민이 되기 위해서가 아니라 그의 적국인의 지위를 중립국 국민으로 바꾸기 위한 것이었다고 하였다. 따라서 과테말라는 그러한 상황에서 부여된 국적을 인정해야 할 의무가 없으며, 리히텐슈타인은 노테봄을 보호할 수 없으므로 리히텐슈타인의 청구는 받아들일 수 없다고 하였다.

ICJ는 '진정한 관련'에 근거한 국적만이 외교적 보호를 위하여 유효한 국적이 된다고 하였다. 재판소는 현실적 유대가 없는 국적을 다른 국가들이 인정해야 할 의무가 없다고 하였는데, 이러한 결정은 국제법의 국내법에 대한 상대적 우위를 보여주는 좋은 사례로 거론되기도 한다.

3. 국내법원칙

국적의 취득은 출생에 의하여 이루어지는 경우가 많다. 그런데 출생에 의한 국적취득에는 두 가지 상이한 기준이 적용되어 왔다. 그 하나는 혈통주의(*jus saguinis*)로 부모의 국적을 중요시하는 것이고, 다른 하나는 출생지주의(*jus soli*)로 부모의 국적보다 출생지를 중시한다. 무국적의 감소를 위해 대부분의 국가들은 하나를 원칙으로 하고 다른 하나를 보칙으로 활용한다. 한국은 출생지주의 중에서 부계혈통주의를 취하여 오다가 1997년부터는 부모양계 혈통주의를 취하고 있으나, 출생에 의한 선천적 취득이 아닌 귀화, 혼인, 입양, 인지와 같은 후천적 방법에 의한 국적취득도 가능하게 하였다.

Ⅲ. 국적의 저촉

각국이 자국 국적의 부여를 위한 기준을 정하도록 하고 있는 현 상황에서는, 한 사람이 두 개의 국적을 갖거나(2중국적) 아무런 국적도 가지지 못하는(무국적) 경우가 생기게 된다. 이것은 국제질서의 안정이란 차원에서 볼 때 매우 바람직스럽지 못한 현상이므로 국제사회는 이를 해결하기 위한 방법을 모색하였고, 국가들도 국내법을 제정하여 이를 해결하고자 하였다.

1. 복수국적

국적의 적극적 충돌로 발생하는 복수국적 또는 2중국적은 한 사람이 여러 개의 국적을 가지는 것이다. 과거에는 국가가 국민에게 과도한 충성을 요구하였기 때문에 복수국적에 대하여 부정적인 태도가 강하였으나, 오늘날에는 국제화 추세 가운데 인적 교류가 활발해지면서 그러한 태도에 많은 변화가 있었다. 그리하여 오늘날에는 복수국적 또는 2중국적을 허용하는 방향으로 각국의 국내법이 바뀌어 가고 있으며, 우리나라도 2010년 국적법을 개정하여 복수국적을 부분적으로 허용하게 되었다.

그렇지만 국제사회에서는 국적소속 양국 간에는 그 어느 쪽도 타방에 대해 외교적 보호를 주장하지 못하게 하고 있으며, 필요한 경우 제3국은 나름의 기준에 의해 양국 중 하나의 국적을 인정하기도 한다.[32] 국제사법에서 국적에 따라 준거법을 정하는 경우에는 보통 최근에 취득한 국적을 중요시하지만, 법정지 법원은 충돌되는 국적 중에 자국의 국적이 있으면 이를 연결점으로 확정하는 것이 일반적이다. 우리나라 국제사법도 제2조에 그러한 취지의 규정을 두었다.

2. 무국적

무국적 역시 각국의 국적에 관한 법규정의 차이에서 발생하며, 과거에는 일

---

[32] 국적저촉문제에 관한 헤이그협약, 제3조-제5조.

종의 형벌로 국적박탈이 행하여지기도 하였다. 무국적자는 어느 곳에서나 외국인의 지위를 가지며 그에 상응하는 보호를 받는다. 그러나 무국적자는 궁극적으로 자신을 보호해 줄 본국을 가지지 못하는 약점이 있다.

국제사법에서는 처음부터 무국적인 사람과 원래는 국적이 있었지만 후에 국적을 상실한 사람을 구분하여 별도의 원칙을 적용해야 한다는 주장이 있다. 그러나 우리나라 국제사법은 이를 구분하지 아니하고 상거소지법을 적용하도록 하였다.[33)]

IV. 법인의 국적

자연인처럼 법인도 국적을 필요로 하는가 하는 데 대해서는 견해차이가 있다. 그러나 외국인 재산의 국유화와 같이 법인에게 치명적인 조치가 취해지는 경우를 상정해 보면, 유사시 법인의 국적은 현실적으로 매우 중요한 의미를 가질 수도 있다. 현재처럼 법인이 국제법의 주체로 인정받지 못하는 상황에서는 다국적 기업과 같은 법인들도 유사시 자신을 외교적으로 보호해 줄 본국이 필요하기 때문이다.

법인의 국적을 결정하는 것은 결코 간단한 문제는 아니다. 법인의 국적결정에 관한 기준으로는 설립지, 본점소재지, 지배지 같은 것이 주장되어 왔다. 유럽 대륙에서는 본점소재지가 유력한 기준으로 되어 있지만, 국제법에서는 영미법계에서 발달된 설립지주의가 보편적으로 받아들여지고 있다. 따라서 법인의 국적을 결정하는 데에는 그 법인이 어떤 국가의 법에 따라 설립되었는가 하는 것이 중요한 기준이 된다. ICJ도 1970년 바르셀로나 전기회사(Barcelona Traction Co.) 사건에 대한 판결에서 설립지 기준을 따랐다. ICJ는 설립지 기준에 의한 국적국가인 캐나다만이 외교적 보호권을 행사할 수 있으므로, 주요 주주들의 국적국가인 벨기에의 청구는 허용되지 않는다고 하였다.[34)]

경제의 국제화에 따른 다국적기업들의 활발한 활동에 비추어 볼 때 앞으로는

---

33) 국제사법 제3조 2항.
34) *Barcelona Traction Company Case, ICJ Reports*, 1970, pp.4, 46.

지배지기준, 즉 주요주주와 같은 기업의 실질적인 소유자의 국적이나 주소지도 중요한 의미를 가지게 될 것이다.

V. 외국인의 지위

1. 연 혁

넓은 의미에서 외국인에는 외국국적을 가진 사람과 무국적자 등 자국 국적을 가지지 아니한 모든 사람이 포함된다. 그러나 개인의 국제법상 지위를 말할 때 외국인에는 외교관과 군인 등 특수한 지위에 있는 외국인들은 제외되어 사인 신분의 외국인들과 무국적자가 고려대상이 된다.

옛날에는 외국인은 적국인이나 첩자와 비슷하게 취급되었었다. 교통수단이 발달하면서 외국인에 대한 시각은 개선되어 적국인 취급을 하지는 않지만 내국인에 비해 차별대우하는 단계를 지나, 오늘날에는 평등대우 단계로 접어들었다. 특히 제2차 대전 이후 세계무역의 자유화를 주도해 온 GATT와 WTO는 최혜국대우와 함께 내국인대우를 기본원칙으로 삼았기 때문에 외국인 간의 대우는 물론 내·외국인 간의 대우에도 평등의 원리가 확산되게 되었다.

2. 외국인의 출입국

전통적으로 외국인의 출입국은 한 국가의 주권에 속하는 국내문제였다. 따라서 국가는 자국의 국내법에 따라 외국인을 선별적으로 입국시키고, 자국내 외국인을 출국하게 할 수 있는 권리를 가지고 있었다. 그러나 오늘날에는 외국인의 출입국 문제도 인권문제 차원에서 접근이 가능하므로, 많은 변화가 있게 되었다.

요즘도 국가들은 외국과 조약을 체결하여 상대방 국민의 출입국 문제를 해결하고 있다. 일반적으로 모든 사람은 외국에 입국하려면 본국 정부가 발행하는 신분증인 여권(passport)을 소지해야 하며, 비자면제협정 등 특별한 합의가 없는 한 외국정부의 입국사증(visa)을 받아야 한다.

외국인은 출국 역시 스스로 결정할 수 있다. 하지만 외국인이 국내법을 위반하는 등 특별한 사유가 있을 때에는 강제로 추방할 수 있으며, 외국에서 범죄를 저지르고 자국에 도망 온 외국인을 체포한 경우에는 범죄인인도도 가능하다. 다만, 오늘날에는 합법적으로 입국한 외국인을 법적인 근거도 없이 자의로 추방하는 것은 국제인권규약에 대한 위반으로 보고 있다.

3. 국내법상 권리와 의무

한 국가에 체류하고 있는 외국인은 본국의 관할권 이전에 체류국의 관할권에 종속된다. 즉, 외국인은 본국의 인적 관할권 이전에 체류국의 영토관할권에 종속되므로 체류국의 법령을 우선 준수해야 하며, 그 국가가 외국인에게 부여하는 법적인 권리와 의무의 주체가 된다.

오늘날 내·외국인 평등대우 경향에 따라 외국인의 법적인 권리·의무가 내국인의 그것과 유사해지고 있는 것은 사실이지만, 외국인이라는 신분에서 오는 차별은 계속 존재한다. 각국의 국내법상 외국인의 권리는 전반적으로 신장되었으나 참정권을 비롯한 공법상의 권리에는 제한이 불가피하며, 사법상 권리도 일부 제한된다. 우리나라에서도 외국인은 부동산·광업권·어업권을 소유하는 데 일정한 제한을 받고 있다.

외국인은 체류국의 법을 준수하며 세금을 납부하는 등 체류하는 국가의 국민과 유사한 의무를 부담한다. 그러나 병역의 의무처럼 국적을 전제로 하는 의무는 부담하지 않는다.

4. 외국인의 보호 정도

외국인의 보호수준과 관련하여 국내표준주의(national treatment standard)와 국제표준주의(international treatment standard)가 대립해 왔다. 전자는 외국인의 대우는 내국인과 동일한 수준의 대우로 충분하다는 것이고, 후자는 외국인의 대우는 국제사회가 요구하는 수준 이상이어야 한다는 주장이다.

어떤 사람이 외국에 거주하거나 그곳에 재산을 소유하는 것은 그 국가의 법과 관습을 받아들이겠다는 의사표시로 해석된다. 따라서 그의 본국은 그가 본국에 있었으면 받게 될 대우를 근거로 외국에게 어떤 청구를 할 수는 없다. 그러나 대부분의 국가들은 외국의 법이나 조치가 국제표준(international standard) 또는 최소한의 국제기준(minimum international standard)에 미달하는 경우에는 그 국가를 상대로 청구를 할 수 있다고 본다. 이처럼 국제표준을 적용하는 데 대하여 후진국들은 반발하고 있는바 최소한의 국제기준이 적정한 외국인 보호 정도로 받아들여지고 있다.[35]

5. 재산권의 보호

외국인의 지위와 관련하여 국제사회에서 주목을 받아 온 것은 외국인재산의 수용 또는 국유화 문제였다. 제2차 대전 이후 외국인 특히 다국적기업에게 적대적이었던 개발도상국들은 소위 '천연자원에 대한 영구주권'을 주장하면서 외국인 재산을 국유화할 수 있는 권리를 주장하였으므로 기득권을 보호하려는 서구국가들의 주장과 충돌하였다.

자본주의 국가에서도 개인의 재산권은 절대적인 권리가 아니라는 점과 영토주권의 속성에 비추어 볼 때 영토국가에게 외국인재산을 수용할 권리가 인정된다고 보면, 남는 것은 보상 문제이다. 보상기준과 관련하여 선진국들은 "신속하고, 충분하며, 효과적인 보상"(prompt, sufficient, effective compensation)을 요구하지만, 개도국들은 보상액의 산정과 보상 시기는 영토국가가 결정해야 한다고 하였다.[36]

외국인 재산의 국유화를 둘러싼 선진국과 개도국 간의 갈등은 1970년대 유엔총회에서 '신국제경제질서'(New International Economic Order)에 관한 일련의 결의들이 채택될 때 최고조에 달하였다. 1974년 유엔총회는 논란 속에 「국가의 경제적 권리와 의무에 관한 헌장」(CERDS)을 채택하였는데, 이 결의는 개도국들의 견해를 반영하여 '적절한 보상'(adequate compensation)을 규정하였다.[37] 이러한 결

---

35) Peter Malanczuk, *Akehurst's Modern Introduction to International Law*, Routledge, 1997, pp.260-261.

36) 미국의 대외관계법에 관한 리스테이트먼트는 §712에서 "한 국가에 의한 다른 국가 국민의 재산몰수가 공적인 목적을 위한 것이 아니거나, 차별적이거나, 정당한 보상이 이루어지지 않는 경우에는 국가책임이 발생한다"고 하였다.

37) 1974년에 채택된 「국가의 경제적 권리와 의무에 관한 헌장」(CERDS)은 "각국은 외국인 재산을 국유화하거나 몰수할 수 있으며, 이러한 경우 그러한 조치를 취한 국가는 자국의 관련 법규칙들과 모든 상황들을 고려하여 적절한 보상을 한다"고 하였다. UNGA, Res.3281

의에도 불구하고 선진국들은 '정당한 보상'(just compensation)이 이루어지지 않는 경우에는 국가책임이 발생한다는 국제법의 기본원칙은 그대로 유지되어야 한다고 주장하였다. 1977년 Texaco 사건에 관한 중재에서 Dupuy 교수도 CERDS헌장의 규정은 법적인 것이 아니라 정치적인 선언이라고 하면서, 외국인 재산의 국유화와 몰수를 국제법과 국내법에 따라 판단하도록 한 1962년 「천연자원에 대한 영구주권 결의」가 중요하다고 하였다.38)

외국인 재산의 몰수 문제는 임시청구권재판소(*ad hoc* claims tribunal)에서 다루어지는 경우가 많았다. 대표적인 사례는 1981년 헤이그에 설치되었던 '미국-이란 청구권재판소'(United States-Iran Claims Tribunal)이다.39)

‖ 제3절 ‖ 국제형법상 개인의 지위

Ⅰ. 서　론

과거에 국제사회에서는 국제법 위반행위를 한 개인을 국제사회가 형사처벌하는 것은 국내문제에 대한 간섭이라고 보았었다. 그러나 국제사회의 평화와 질서의 유지라는 국제법의 목적을 달성하기 위해서는 국제사회의 최소한의 규범에 어긋나는 범죄행위를 저지른 사람을 국제사회가 직접 처벌할 수 있어야 한다. 특히 국제법상 중대한 범죄행위는 대부분 국가권력에 의해 자행된다는 점을 고려할 때, 국제사회가 국가권력의 구성원을 직접 처벌하는 것은 진정한 국제사회의 평화를 위해서도 꼭 필요하였다.

그렇지만 현재의 국제형법은 여러 가지로 불완전한 상태에 있다. 국제형법은 범죄의 성립을 규정하는 법규범에 있어서, 범죄행위에 대한 책임을 확정짓는 사법절차에 있어서, 그리고 범죄자를 실제로 처벌하는 데 있어서 모두 미흡한 부분

(XXIX), art.2(2)(c).

38) *Ibid.*, art.4.

39) Janis, pp.239-240.

이 많다.[40)]

II. 법규범적 측면

1. 제2차 대전 이전

국제형법의 발달에 전기가 된 것은 제2차 세계대전이었다. 대전 전의 국제형법은 아주 미미한 것이었으며 처벌의 대상도 극히 예외적이어서 해적행위, 인신매매와 같은 인류공적에 해당하는 몇 가지 범죄를 저지른 자를 처벌하기 위한 합의들이 있었을 뿐이다. 더구나 국제법의 처벌대상이 되는 사람들은 전적으로 사인이었으며, 국가기관의 구성원은 대상이 아니었다.

제1차 대전 후인 1919년 체결된 베르사유조약(Treaty of Versailles) 제228조는 독일은 연합국이 전쟁법 위반으로 기소된 개인을 군사법정에 세우는 데 동의한다는 명문규정을 두어 독일황제의 개인적 책임을 묻기로 하였다. 그러나 네덜란드가 자국으로 도피한 빌헬름 2세의 신병인도를 거부하면서 라이프치히의 독일법원에서 몇 번 재판이 열렸지만 흐지부지되고 말았다.[41)]

2. 전범재판

제2차 대전이 끝난 후 구축국의 전범들을 재판하기 위한 재판소가 열렸다. 독일의 전범들을 재판하기 위한 법적인 근거는 1945년 체결된 「뉘른베르크 재판소의 지위에 관한 런던협정」이었다. 이 협정은 전쟁범죄, 평화에 대한 범죄, 인도주의에 대한 범죄와 그 구성요건을 규정하였다. 과거 국가기관의 행위를 무조건 국가책임으로 돌려 온 것에 비하면, 비록 사후법이라는 비난은 있지만 이 협정이 국가기관을 구성하는 자연인을 처벌대상으로 삼은 것은 큰 의미가 있었다.[42)]

---

40) 유병화, 「국제법 I」, 진성사, 1992, pp.679-680.

41) Malcolm N. Shaw, *International Law*, Cambridge University Press, 1997, pp.184-185.

42) 1945년 미국·영국·프랑스·소련이 체결한 「뉘른베르크 재판소 설립에 관한 협정」에 부가된 헌장(Charter) 제6조에 따라 피고들은 세 가지 죄목으로 처벌되었다. '평화에 대한 범

제2차 대전 이후 전범재판은 국제법은 주권국가의 행위에만 관여하므로 개인의 국제법상 책임은 묻지 않는다는 전통적인 주권이론을 극복한 것이다. 국제법에 위반하는 범죄행위는 추상적 실체인 국가가 아니라 사람들에 의해 실제로 행하여지므로 그러한 범죄를 저지른 사람을 처벌하지 않고는 국제법은 지켜질 수 없는 것이다.

전범재판에서 대부분의 피고인들은 자신들은 상부의 명령을 따랐을 뿐이므로 스스로 행한 행위에 대해 책임이 없다고 변명하였다. 이에 대해 런던협정에 부가되어 있는 헌장(Charter) 제8조는 피고가 그의 정부나 상관의 명령에 따라 행동하였다는 사실이 그의 책임을 면해 주지 않으며, 다만 형의 경감을 위해 고려될 수 있다고 하였다. 명령에 따라 전쟁법에 위반하는 방법으로 사람을 살해하거나 고문을 가한 병사는 자신의 책임을 면하지는 못하며, 다만 형의 경감이 있을 뿐이라는 것이다. 여기에서 중요한 기준은 명령의 존재여부가 아니라 도덕적인 선택이 가능하였는가 하는 점이라고 할 것이다.

뉘른베르크 군사재판소와 유사한 재판소가 일본의 전범들을 재판하기 위하여 동경에도 설치되었었다. 동경재판소는 호주, 캐나다, 중국, 인도, 프랑스, 네덜란드, 뉴질랜드, 필리핀, 영국, 미국, 소련에 의하여 설립되었으며, 이들 국가들이 각각 1명의 재판관을 선임하였다. 동경군사재판소는 평화에 대한 죄, 인도에 대한 죄, 전쟁범죄의 죄목으로 전범들을 재판하였다.[43]

3. 인류의 평화와 안전에 대한 범죄법전 등 국제협약

전범재판이 있은 후 1945년 런던협정을 모델로 국제사회의 근본을 해치는 중대한 범죄들을 묶어 「인류의 평화와 안전에 대한 범죄법전」을 마련하기 위한 노

죄'(crimes against peace)는 침략전쟁이나 국제조약이나 협정에 반하는 전쟁을 계획·준비·시작·수행한 경우에 적용되었다. '전쟁범죄'(war crimes)는 전쟁법이나 관련 관행을 위반한 경우에 적용되었는데, 점령지 시민들을 살해·학대하거나 강제노역에 동원하고, 포로들을 살해·학대하며, 사유재산을 약탈하고, 도시나 마을을 무차별적으로 파괴한 행위들이 포함되었다. '인도에 대한 범죄'(crimes against humanity)는 전쟁 중에 민간인들을 살해·절멸·노예화·추방하는 등 비인도적 행위를 하였거나 정치적·인종적·종교적 이유로 박해를 한 경우에 적용되었다.

43) Malcolm D. Evans, *International Law*, 4th edition, Oxford, 2014, p.769.

력이 국제법위원회를 중심으로 시도되었으나 바로 성과를 거두지는 못하였다.[44] 그러나 1991년 국제법위원회는 드디어 「인류의 평화와 안전에 대한 범죄법전 초안」(Draft Code of Crimes against the Peace and Security of Mankind)을 채택하였다. 이 초안에 따르면 개인들이 침략, 테러활동, 식민통치, 집단살해, 인종차별, 대규모 인권침해, 중대한 전쟁범죄, 마약거래, 심각한 환경침해와 같은 범죄행위에 직접적 또는 간접적으로 연루되어 있는 경우에는 이를 처벌할 수 있게 하였다.[45]

이와 별도로 1948년 체결된 「집단살해(Genocide)의 방지 및 처벌에 관한 협약」은 어떤 민족이나 인종, 종교신자들을 억압하는 행위를 한 자를 국제사회의 이름으로 처벌할 수 있게 하였다. 또한 민간항공기 불법납치 억제를 위한 조약들도 체결되어 하이재킹을 행한 자는 범죄행위의 정치적 성격에 관계없이 형사처벌하기로 하였다.

III. 처벌제도

1. 다양한 처벌제도

국제법 규칙에 위반되는 행동을 한 사람을 처벌하는 방법에는 여러 가지가 있다. 「전쟁포로의 대우에 관한 제네바협약」은 협약 규정을 위반한 군대 구성원을 다른 교전국이 재판할 수 있게 하였다. 「항공기 불법납치(hijacking)의 억제를 위한 헤이그협약」은 피의자들을 국내재판에 회부하거나 다른 국가에게 인도하도록 하였다. 1948년 체결된 「집단살해의 방지 및 처벌에 관한 협약」은 집단살해를 저지른 사람들은 그들이 통치자이든 공무원이든 민간인이든 불문하고 처벌되어야 한다고 하면서, 이들에 대한 재판은 그러한 행위의 발생지역 국가의 법원이나 국제형사재판소(international penal tribunal)가 맡는다고 하였다(협약 제6조).[46]

---

44) 유엔총회의 요구로 국제법위원회는 1950년 「인류의 평화와 안전에 대한 범죄법전 초안」을 마련하였다. 그런데 총회에서의 초안에 대한 심의는 침략(aggression) 개념을 확정짓지 못하여 난관에 봉착하였다. 침략에 대한 정의 문제는 1974년 유엔총회에서 해결되었으나 그 후에도 한동안 이 초안에 대한 검토는 제대로 진행되지 못하였다.

45) Henkin, pp.388-389; Shaw, pp.186-187.

46) Henkin, pp.380-381.

2. 국내처벌의 원칙

국제사회에는 오랫동안 개인을 형사처벌하는 국제형사재판소가 없었기 때문에 국내처벌의 원칙이 적용되어 왔다. 따라서 국제법에 어긋나는 행위를 하고도 처벌을 받지 않거나 약한 처벌을 받는 경우가 생기게 되었다. 이는 국제형사재판소의 설치가 지연되고 국내처벌이 계속 이루어지는 한 불가피한 일이었다. 국제사회에서는 이러한 불균형을 다소나마 줄이기 위해, 일부 범죄에 대해서는 관련 협약에서 중한 처벌을 요구하였고, 형사관할권을 여러 국가에 분산시키거나 범죄인인도를 요구하기도 하였다. 예컨대 헤이그협약 등 항공기 불법납치 관련 국제조약들은 이러한 범죄를 범한 사람들에 대한 재판관할권을 항공기의 등록국, 착륙국, 범죄발생지국 등에 분산하여 인정하고 직접 처벌하지 아니할 때는 범죄인인도를 의무화하였다.[47]

IV. 국제형사재판소

1. 유고전범재판소

(1) 설립배경

민족 간의 갈등이 폭발하면서 시작된 구 유고연방에서의 내전으로 제2차 세계대전 이후 유럽에서는 최대 규모의 대량학살과 인종청소, 조직적인 고문과 강간이 자행되어 세계를 경악하게 하였다. 이에 1992년 유엔 안전보장이사회는 결의 771을 채택하여 구 유고연방 지역에서 발생하고 있는 제네바협약 등 인도법에 대한 위반사례를 수집하도록 회원국들과 국제기구에 요청하였으며, 실제로 수많은 고의적인 살해와 포로고문, 민간인 학대와 추방, 재산손괴, 조직적인 부녀자 강간사례들이 보고되었다.[48]

유엔 안전보장이사회는 1993년 5월 결의 827을 채택하여 구 유고연방 내에

---

47) 유병화, pp.687-692.
48) Henkin, p.1031.

서의 국제인도법에 대한 심각한 위반을 다룰 전범재판소(war crimes tribunal)를 설치하였다.

(2) 재판관할권

유고전범재판소의 관할권은 지역적·시간적으로 제한이 있었다. 재판소의 관할권은 구 유고 영역에서 발생한 문제에만 미치며, 시간적으로도 1991년 1월 이후부터 이 지역의 평화와 안전의 회복을 위하여 안전보장이사회가 정하게 될 시점까지로 제한되었다.

재판소에서는 국제인도법과 관습법에 대한 위반사례들을 다루었으며, 구체적으로는 제네바협약에 대한 중대한 위반, 전쟁법위반, 집단살해범죄, 인도에 반하는 범죄가 포함되었다.[49]

(3) 재판절차

재판소 규정(statute)은 적법절차와 혐의자와 피고인의 권리 등 재판절차에 관한 규정들을 두었다. 특히 중요한 것은 결석재판을 배제하여 피고가 헤이그 재판정에 출두하는 경우에만 재판을 진행하도록 한 것이다. 이러한 규정을 도입한 것은 피고를 재판정에 출두시키지 아니한 상태에서 판결을 하게 될 때 재판소의 신뢰가 손상될 것을 우려하였기 때문이다.[50]

(4) 성과와 문제점

제2차 대전 이후 최초로 구성된 이 전범재판소는 1993년 11월 네덜란드의 헤이그에서 11명의 재판관들이 선서를 함으로써 업무를 시작하였다. 재판소의 활동에 대한 평가는 후일 이루어지겠지만 재판소 설립은 국제법 발달에 있어서 이정표와 같은 사건이었다.[51]

---

49) Malanczuk, p.356.
50) *Ibid.*, p.357. 피고가 출석하지 않거나 분쟁당사국이 기소된 그들의 지도자를 넘겨주지 않을 때에는 재판소는 「절차와 증거규칙」(Rules of Procedure and Evidence)에 따른 조치를 취하게 된다. 이 규칙에 의하면 재판소는 기소된 사람에 대해 국제체포영장(international arrest warrant)을 발부할 수 있으며, 안전보장이사회에 당사국의 협조가 이루어지지 않고 있음을 통고하여 안보리로 하여금 필요한 조치를 취하게 할 수 있다.
51) 유고전범재판은 뉘른베르크 전범재판과는 달리 혐의자들이 구속되어 있지 아니하기 때문

유고전범재판소는 그 역사적 의미에도 불구하고 몇 가지 문제점을 안고 있었다. 첫째, 주요 교전당사자인 세르비아는 재판소의 활동이 균형을 잃고 있다고 생각하였다. 국제연합과 재판소는 그러한 오해를 불식시키기 위하여 노력하였으나 세르비아 측의 의구심을 해소하지는 못하였다. 둘째, 재판소가 별로 중요하지 않은 사람들만 처벌하고 정말 중요한 범인들은 처벌하지 못하는 것이 아닌가 하는 우려가 있었다. 셋째, 법적으로 안전보장이사회가 헌장 제7장에 따라 개인에 대해 형사재판관할권을 행사하는 재판기관을 보조기관으로 설치할 권한이 있는가 하는 것이다. 재판소가 독립된 재판기관이라고 하지만 안보리의 보조기관으로 있으면서 과연 독립적일 수 있는가 하는 의문과 스스로 재판권을 가지지 못한 안전보장이사회가 재판권을 전범재판소에 위임할 수 있는가 하는 의문이 제기되었던 것이다.52)

한편 1994년 11월 안전보장이사회는 르완다에서의 대학살 범죄를 다룰 르완다국제형사재판소를 설치하였다.

2. 국제형사재판소

(1) 설립과정

유엔이 집단살해와 같은 범죄를 처벌하기 위하여 국제형사재판소를 설립할 필요를 느낀 것은 반세기 이전의 일이었다. 1948년 12월 유엔총회에서 채택된 「집단살해방지 및 처벌협약」(Convention on the Prevention and Punishment of the Crime of Genocide)은 집단살해가 인류에게 끼친 엄청난 손실에 유념하면서 인류를 그러한 가증스런 참화로부터 보호하기 위하여 국제협력이 필요하다는 공통인식을 근거로 채택되었다. 특히 협약은 집단살해는 국제법상의 범죄행위이며(협약 제1조), 집단살해로 기소된 자는 행위발생지 국가의 법원이나 국제형사재판소(international criminal tribunal)에서 재판을 받도록 하였다(협약 제6조). 이에 유엔총회는 국제법위원회로 하여금 집단살해로 기소된 사람의 재판을 위한 국제사법

에 실효성에 의문이 제기되었다. 그러나 더굿 마샬(Thurgood Marshall) 법과대학의 맥도널드(Mcdonald) 교수의 말대로 이 재판은 당장의 어떤 결과보다는 장기적인 국제법 위상 정립에 더 큰 의미가 있었다. *Korea Herald*, 1993.11.19.
　52) Malanczuk., pp.359-360.

기관 설립의 타당성과 가능성을 연구하도록 하였다.[53]

집단살해와 기타 유사한 범죄로 기소된 사람들을 재판하기 위하여 국제재판소를 설립하는 것이 바람직할 뿐 아니라 가능하기도 하다는 국제법위원회의 결론에 따라, 총회는 재판소 설립에 관한 제안서를 만들기 위한 위원회를 설립하였다. 이 위원회는 1951년 규정초안을 작성하였으며 1953년 이 규정을 개정하는 등 상당한 진척을 보였으나 침략(aggression)에 대한 정의 문제로 규정초안에 대한 심의를 연기하였다. 그 후 국제형사재판소 설립문제는 지지부진한 상태에 있었다. 그러던 중 구 유고에서 내전이 시작되면서 전쟁범죄(war crime), 인도에 반하는 죄(crimes against humanity), 집단살해 범죄가 다시 사람들의 관심사가 되었다. 이에 따라 유엔 안전보장이사회는 유고전범재판소를 설립하였으며 국제형사재판소의 설립 문제도 다시 관심을 끌게 되었다.[54]

국제법위원회는 국제형사재판소 규정초안을 완성하여 이를 1994년 유엔총회에 제출하였다. 총회는 '국제형사재판소 설립 임시위원회'(*Ad Hoc* Committee on the Establishment of an International Criminal Court)를 설립하여 초안의 실질적인 문제들을 검토하게 하였으며, 그 보고서가 나온 후 '국제형사재판소설립 준비위원회'(Preparatory Committee on the Establishment of an International Criminal Court)를 설립하였다. 준비위원회는 1998년 3월과 4월 마지막 회기를 갖고 조약문을 완성하였다. 이어서 유엔총회가 소집하여 1998년 6월 15일부터 7월 17일까지 이태리 로마에서 열린 '국제형사재판소 설립을 위한 유엔외교전권회의'(United Nations Diplomatic Conference of Plenipotentiaries on the Establishment of an International Criminal Court)는 「국제형사재판소 로마규정」(Rome Statute of the International Criminal Court, 이하 로마규정)을 채택하였다.[55]

로마규정에 의하면 60번째 비준, 수락, 승인 또는 가입 문서가 기탁된 날로부터 60일이 지난 후 효력을 발생하게 되어 있는바(규정 제126조), 이 규정은 2002년 7월 1일 효력발생에 들어갔다. 2008년 4월 현재 로마규정의 당사국은 모두 105개국이며, 우리나라는 2002년 11월 13일 83번째로 당사국이 되었다.[56]

---

53) http://www.un.org/law/icc/general/overview.htm(2003/02/11).

54) *Ibid.*

55) *Ibid.*

56) http://www.iccnow.org(2003/02/11).

(2) 위치와 구성

국제형사재판소의 소재지는 네덜란드 헤이그이며 다른 장소에서 재판을 진행할 수 있다(규정 제3조). 국제형사재판소에는 18인의 재판관을 두는데, 재판관은 각국에서 최고 사법직에 임명되기 위해 필요한 자격을 갖추고, 높은 도덕성을 갖춘 자이어야 한다(국제형사재판소규정 제36조 1, 3항).

(3) 재판관할권과 절차

국제형사재판소의 관할권은 국제공동체 전체의 관심사인 중대한 범죄들로서 집단살해죄, 인도에 반한 죄, 전쟁범죄, 침략범죄에 미친다(규정 제5조). 재판소가 재판관할권을 행사하는 것은 범행이 이루어진 것으로 보이는 사태가 당사국에 의하여 소추관(prosecutor)에게 회부되었거나, 범죄가 행하여진 것으로 보이는 사태가 유엔헌장 제7장에 따라 안전보장이사회에 의하여 소추관에게 회부된 경우, 소추관이 독자적으로 그러한 범죄에 대하여 수사를 개시한 경우이다(규정 제13조).

국제형사재판소는 유죄판결을 받은 자에 대하여는 최고 30년을 초과하지 아니하는 유기징역을 선고하며, 범죄의 특수성과 유죄판결을 받은 자의 개별적 정황에 따라 무기징역까지 선고할 수 있다(규정 제77조). 그러나 어떤 경우에도 사형은 선고할 수 없다.

(4) 기대와 문제점

국제형사재판소의 설립으로 종래 유고전범재판소와 같은 임시로 설치된 형사재판소가 가지고 있었던 문제점들이 상당부분 해소되게 되었다. 국제형사재판소에서는 재판의 공정성에 대한 시비가 상당부분 사라졌으며, 재판기관의 법적 근거에 대한 시비도 해결되었기 때문이다. 하지만 국제형사재판소는 로마규정에 의해 설립된 것으로서, 로마규정 당사국 사이에서만 적용되므로 보편적 적용에 이르지는 못할 것이라는 우려가 있다.

국제형사재판소의 초기 실행을 보면 재판소에서 다루어진 사건은 대부분이 아프리카 대륙에서 발생한 것이었다. 따라서 소추관들이 강대국들과의 대립을 회피하는 등 편향적으로 대응하고 있다는 비판이 있지만, 소추관들은 자신들은 오직 법을 적용할 뿐이고 가장 심각한 사례들을 선별하여 다루고 있다고 반박하였다. 또한 그 결과에 상관없이, 수단의 알바시르(al-Bashir) 대통령을 기소하고 체포

영장을 발부한 데 대하여는 정의의 제단 위에 평화가 희생되는 것이 아닌가 하는
의문이 제기되기도 하였다.[57]

‖ 제4절 ‖ 범죄인인도

Ⅰ. 서 론

　　범죄인인도란 외국에서 범죄를 저지르고 자국에 도망 온 형사피의자나 유죄
판결을 받은 자를 재판이나 처벌을 위하여 인도해 주는 국제사법공조제도이다.
모든 범죄자는 처벌을 받도록 하는 것이 국제사회 전체의 이익에 부합하며, 범죄
인을 인도받는 국가는 대부분이 범죄발생지역 국가이므로 범행의 실체적 진실 발
견에 용이하다는 장점이 있어, 범죄인인도가 널리 행하여지고 있다.

　　오늘날 교통수단의 발달로 범죄인의 해외로의 탈주가 증가하면서 범죄인인
도도 빈번하게 이루어지고 있으나, 범죄인인도가 국제법상의 제도로 확립되어 있
는 것은 아니다. 따라서 관련 조약이 체결되어 있는 경우가 아니라면 범죄인인도
의 의무는 인정되지 않는다.

Ⅱ. 인도의 근거

　　19세기 이전까지 범죄인인도는 국제적인 제도라기보다는 인도하는 국가의
주권적 재량에 속하는 사항이었다. 범죄인인도는 법제도나 국가 간 합의보다는
각국의 임의적 결정에 의해 이루어졌기 때문이다. 그렇지만 19세기 들어 교통수
단이 비약적으로 발달하여 범죄인의 탈출이 비약적으로 증가하면서 관련 국내법
과 조약들이 등장하기 시작하였다. 처음에는 유죄판결을 받은 자의 처벌을 위한

---

57) Evans, p.774.

조약이 체결되었으나 1844년 프랑스와 바덴 간의 범죄인 인도조약 이후에는 형사피의자도 인도 대상에 포함되었다.58)

오늘날에도 범죄인인도는 일반국제법 제도가 아니므로 조약에 의한 명시적인 합의가 없는 한 범죄인인도 의무는 존재하지 않는다. 범죄인인도에 관한 조약에는 양자조약은 물론 다자조약도 있다. 범죄인인도에 관한 다자조약은 대개 일정한 지역에 위치한 국가들 사이에 체결되는데, 1957년 유럽평의회(Council of Europe)의 후원 아래 체결된 「범죄인인도에 관한 유럽협약」과 1933년 미주기구(OAS) 후원으로 체결된 「범죄인인도에 관한 몬테비데오 협약」이 대표적이다.59)

범죄인인도는 조약이 있는 경우에는 조약에 의해서, 조약이 없는 경우에는 범죄인인도에 관한 국내법이나 상호성에 입각한 국제예양에 따라 이루어진다. 하지만 오늘날에는 외국인 추방제도를 가지고도 범죄인인도와 비슷한 효과를 거둘 수 있기 때문에 범죄인 인도조약의 필요성에 대해서는 다소 의문이 제기되기도 한다.

한국은 1988년 범죄인인도법을 제정하여 시행해 오고 있으며, 1990년 호주와 최초로 범죄인인도 조약을 체결한 이후 2011년까지 미국, 일본, 중국 등 26개국과 범죄인인도조약을 20개국과 형사사법공조조약을 체결하였다. 그리고 유럽평의회(The Council of Europe) 회원국과도 범죄인인도협약 및 형사사법공조협약을 체결하였다.

범죄인인도의 요청은 이를 요청하는 국가가 인도청구서를 피청구국에게 제출함으로써 개시된다. 우리나라는 외교부장관이 인도청구서와 관련 자료를 법무부장관에게 송부하여 법원에 인도청구심사를 요청하여야 하며, 법원의 인도허가 결정으로 범죄인은 인도된다.60)

Ⅲ. 인도의 대상인 사람

범죄인인도의 대상이 되는 사람은 형사피의자와 탈주한 죄수이다. 따라서 민

---

58) 유병화, pp.707-708.
59) *Ibid.*, p.709.
60) 범죄인인도법 제11-15조 참조.

사사건이나 행정사건에 관련된 사람이나 증인은 인도의 대상이 되지 않는다. 인도를 요구하는 국가와 요구받은 국가 사이에 형사관할권에 경합이 있는 경우 즉 인도를 요구받은 국가도 형사관할권이 있는 때에는 대부분 범죄인인도는 이루어지지 아니하며 스스로 재판에 회부하는 것이 일반적이다.

범죄인 중에서 자국민은 인도하지 않는 관행이 있다. 전통적으로 범죄행위지에서 재판을 진행하는 것이 적당하다고 생각해 온 영미법계에서는 자국민도 범죄행위지로 인도하는 관행이 있었으나, 대륙법계에서는 자국민은 인도하지 아니하는 경향이 있었다. 범죄인인도가 상호성의 제약을 받게 됨에 따라 자국민불인도가 보편화되었다. 한국과 미국 간 범죄인인도조약 제3조도 체약국은 자국민을 인도할 의무는 없다고 하면서 다만 재량에 따라 인도할 수 있다고 하였다.

IV. 인도의 대상인 범죄

범죄인인도에 관한 조약이나 국내법이 있는 경우에는 그 조약이나 국내법에 나열되어 있는 범죄가 인도대상 범죄가 된다. 그러한 관련 조약이나 국내법이 없거나 있더라도 관련 규정이 없으면 소위 2중범죄성립의 원칙 또는 쌍방범죄성 원칙이 적용된다. 범죄인인도가 이루어지려면 인도를 요구하는 국가의 형법은 물론이고 인도를 요구받은 국가의 형법에 의해서도 중한 범죄에 해당되어야 인도가 가능하다는 것이다. 여기서 요구하는 것은 양국 형법에서의 가벌성이므로 죄명이나 구성요건까지 동일할 필요는 없다. 우리나라의 범죄인인도법도 대한민국과 청구국의 법률에 따라 모두 범죄인 경우에 범죄인을 인도할 수 있다고 하였다.

최소한 중요성의 원칙도 있다. 이는 범죄인인도 시 적용되는 기술적인 조건으로 인도에 소요되는 경비와 노력을 감안하여 경미한 범죄는 인도의 대상에서 제외하는 것이다. 각국의 범죄인인도법과 범죄인인도 조약은 대개 1년 이상의 자유형에 해당하는 범죄를 인도의 대상으로 삼고 있다. 우리나라의 범죄인인도법 제6조도 "대한민국과 청구국의 법률에 따라 인도범죄가 사형, 무기징역, 무기금고, 장기 1년 이상의 징역 또는 금고에 해당하는 경우에만 범죄인을 인도할 수 있다"고 하였다.

Ⅴ. 정치범불인도

1. 배 경

정치범불인도는 정치적 성격의 범죄를 저지르고 다른 국가에 피신한 형사피의자와 죄수를 보호하기 위하여 등장한 원칙이다. 그런데 모순되게도 범죄인인도는 본래 정치범의 인도에서부터 시작되었다. 범죄를 일반범죄와 정치적 범죄로 구분하여 정치범을 인도대상에서 제외하는 관행은 프랑스 대혁명 때에 생겨났다. 대혁명에 이어 유럽대륙 전체가 정치적 격동기를 거치면서 각국이 자국에 도망 온 정치범들을 보호해 주는 관행이 자연스레 생겨난 것이다. 프랑스는 1793년 헌법에 그리고 1833년 벨기에는 범죄인인도법에 관련 규정을 두었으며, 1834년 프랑스와 벨기에는 정치범불인도에 관한 규정을 둔 조약을 체결하였다. 정치범불인도는 오늘날 인간의 기본권에 속하는 권리인 망명권과 결부되어 중요한 국제법 원칙이 되었다.

2. 정치범

정치범 여부를 누가 어떠한 기준에 따라 판단할 것인가 하는 것은 매우 중요한 문제이다. 정치범 여부를 판단하는 데 있어 특히 중요하게 고려되어야 하는 것은 행위의 동기이다. 정치범 여부는 범행의 동기와 성질, 목적, 행위 시 상황을 고려하여 판단하는데, 최종적으로는 범죄인인도를 요구받은 국가가 판단할 문제라고 하겠다.

3. 예 외

정치적 성격의 범죄를 저지른 자는 일반적으로 인도의 대상에서 제외되지만, 다음과 같은 경우에는 범행의 정치적 성격에도 불구하고 정치범으로 취급되지 않아 범죄인인도의 대상이 된다.

첫째는 가해조항(암살조항 또는 벨기에조항)이다. 벨기에는 1833년 범죄인 인도법을 제정하였는데, 1854년 나폴레옹 3세 살해미수범이 벨기에로 도망오고 프랑스가 인도를 요구하면서, 정치범불인도 규정으로 인하여 큰 곤욕을 치렀다. 벨기에는 1856년 법을 개정하여 외국원수와 가족을 살해하거나 살해하려 한 자는 정치범으로 인정하지 않는다는 규정을 두었다. 그 후 이와 유사한 조항들이 많은 국가의 국내법과 조약에 등장하였다.

둘째는 집단살해(Genocide)의 경우이다. 1948년「집단살해 방지 및 처벌에 관한 협약」은 제7조 1항에서 집단살해를 행한 자는 정치범으로 보지 않는다고 하였다.

셋째는 무정부주의자이다. 정치범이란 일정한 정치조직의 전복을 목적으로 하는데, 기존의 모든 정치체제를 부인하고 이를 전복시키려고 하는 무정부주의자는 모든 국가의 적이므로 여기에 포함되지 않는다. 영국법원의 Meunier 사건에 대한 판결은 좋은 예이다.

넷째는 항공기 불법납치범과 테러범들이다. 이들의 행위는 그 정치적 성격에도 불구하고 범행의 위험성으로 인하여 범죄인인도의 대상에 포함되었다.

4. 특정의 원칙

일단 인도가 이루어진 피의자는 인도 요구 당시의 죄목으로만 처벌한다는 원칙이다. 이것은 정치범불인도 원칙 때문에 생긴 원칙으로, 정치범을 인도할 때와 다른 정치적 성격의 죄목으로 처벌하면 안 된다는 것이다.

‖ 제5절 ‖ 국제인권보호

Ⅰ. 서 론

전통적으로 국제법은 국가 간의 관계를 규율하는 법이었으며, 과거에는 국가만이 국제법의 주체로 인정되어 왔다. 따라서 전통적인 국제법에서는 각국이 자국민을 어떻게 대우하든 다른 국가나 국제기구는 여기에 간섭하면 안 된다고 하였다. 국제법이 개인의 인권과 개인과 본국 간의 관계까지 규율하는 것은 아니므로 인권문제는 각국의 배타적 관할권에 속한다는 생각이었다.[61] 그렇지만 계몽주의시대 이후 개인의 기본권 보장은 국가의 존재이유인 동시에 법의 목적이라는 이론들이 널리 퍼져 갔으며,[62] 이러한 경향은 제2차 대전이후 국제법에도 영향을 미치게 되었다. 오늘날 인권보호 문제는 국제법의 한 분야를 넘어 국제법의 법원, 국제법과 국내법의 관계, 조약법, 국가책임법, 무력행사 등 거의 모든 국제법 분야에 영향을 미치는 포괄적인 주제가 되었다.

국제법에서 개인에 대한 관심은 한 국가 내 외국인대우와 관련하여 국제책임법적 관점에서부터 제기되기 시작하였다. 그러나 국제법 중에서 그 역사가 비교적 일천한 국제인권법은 국가책임법과는 다른 법리에서 출발하였다. 국가책임법에서는 한 국가 내에 있는 외국인의 법익침해는 그의 국적국가의 이익을 침해한 것이라는 논리 아래 법익침해에 따른 구제를 추구할 권리를 피해자의 본국에 귀속시켰다. 반면에 국제인권법은 모든 사람의 기본권보장에 관심을 가지며, 인권은 한 국가의 국내관할권에 속하는 국내문제가 아니라 국제문제라는 인식에 기초해 있다.[63]

II. 국제인권법의 법원

국제인권법의 법원은 일반국제법의 법원과 동일하다. 따라서 국가가 자국 관할권 내에 있는 사람들의 인권을 보호해야 할 의무는 조약, 국제관습법, 법일반원칙에 의해 인정된다.[64] 일반국제법에서와 마찬가지로 국제적인 인권보호를 위한 협약들은 당사국에게 일정한 법적인 의무를 부과하므로, 한 국가가 자신이 체결하거나 가입한 조약에 위반하여 자국민이나 외국인의 인권을 침해한 경우에는 그

---

61) Thomas Buergenthal, *International Human Rights*, West Publishing Co., 1988, pp.2-3.
62) 재니스(Janis) 교수는 인권법의 역사는 로크의 *Two Treatises of Government* 가 출간된 1690년까지 거슬러 올라간다고 하였다. Janis, pp.241-242.
63) *Restatement*, pp.144-146.
64) *Ibid.*, p.152.

에 따른 국제책임이 발생한다. 인권보호를 위한 대표적인 다자조약이나 선언으로
는 유엔헌장, 1948년 세계인권선언, 1966년 국제인권규약이 있다.

국가는 인권에 관한 국제관습법도 지켜야 한다. 만일에 어떤 한 국가가 국가
정책으로 집단살해(genocide), 노예무역(slave trade), 고문(torture), 조직적 차별
(systematic discrimination)을 행하거나 이러한 행위들을 고취·묵인하게 되면 국제
법 위반에 따른 국제책임이 발생한다. 여기서 말하는 집단살해란 특정한 민족
적·혈통적·인종적·종교적 집단을 파괴할 목적으로 행하여지는 살인·상해·
출산억제와 같은 행위들을 의미한다. 조직적 차별행위가 국제관습법에 대한 위반
이 되는 것은 그러한 차별이 국가정책으로 이루어지는 경우인데, 인종차별(racial
discrimination)과 성차별(gender discrimination)이 대표적인 사례들이다.[65]

III. 국제연맹시대의 인권보호

제1차 세계대전 이후 베르사유 조약에 의해 탄생한 최초의 보편기구인 국제
연맹은 강화조약의 이행과 국제평화와 안전의 유지라는 두 가지 목적을 가지고 출
범하였다. 국제연맹의 활동에 힘입어 국제법과 인권보호에는 커다란 진보가 있었
다. 제1차 세계대전을 거치면서 국제사회는 인권에 대해 보다 진보된 생각을 하게
되었으며, 그 결과 국제인권법에도 많은 발전이 있었다. 그러나 그 과정이 순탄한
것만은 아니었다. 1918년 미국의 윌슨(Wilson) 대통령은 의회연설에서 「14개조」
(Fourteen Points)를 발표하여 전후 정의와 공정성에 입각한 세계질서의 수립에 관
한 구상을 밝혔다. 특히 그는 국경선을 조정하고 자치독립을 원하는 민족들에게
독립을 부여해 주자는 취지에서 자결권(right to self-determination)에 대하여 언급
하여 많은 반향을 일으켰다. 윌슨 대통령의 주장에 대하여는 미국 내에서도 많은
반대가 있었으나, 파리강화회의에서 윌슨은 상당한 영향력을 발휘하여 많은 성과
를 거두었다.[66]

베르사유조약은 국제연맹을 통해 인류역사상 최초로 집단안전보장체제를 수

---

65) *Ibid.*, pp.161-167.
66) Frank Newman and David Weissbrodt, *International Human Rights: Law, Policy, and Process*, Anderson Publishing Co., 1996, p.3.

립하고 국제노동기구(ILO)를 조직하는 등 많은 성과를 거두었으나, 인권보호에 관한 명시적인 규정을 두지는 못하였다. 월슨은 파리강화회의에서 종교의 자유와 종교에 근거한 차별금지 의무를 조약에 규정하자고 제안하였었다. 그러나 영국의 세실경(Lord Robert Cecil)이 종교차별로 세계평화를 해치는 국가에 대한 간섭권을 주장하고, 일본대표 마키노 백작(Baron Makino)이 초안 제21조에 인종과 국적에 따른 차별금지의무를 추가하자고 제안하자, 미국대표는 종교의 자유에 관한 제안을 철회하였다. 그 결과 국제연맹규약에는 인권보호에 관한 일반적인 규정이 포함되지 못하게 되었다.[67] 그러나 국제연맹규약은 단편적이나마 인권에 관한 규정들을 두었다. 연맹규약 제23조는 남성과 여성, 미성년자의 공정하고 인간적인 노동조건을 규정하였다. 또한 1919년 베르사유조약에 의해 창설된 국제노동기구(ILO)는 다른 국제기구들과는 달리 정부대표·노동자대표·사용자대표 등 3파적 조직으로 구성되었는바, 이는 노동자들의 권익을 보호하기 위한 조치라고 하겠다.

국제연맹규약이 인권에 관한 일반적인 규정을 도입하는 데에는 실패하였으나, 실제로 국제연맹은 인권보호에 있어서 많은 성과를 거두었다. 특히 국제연맹은 소수민족 보호를 위한 국제적인 제도의 발전에 크게 기여하였다. 국제연맹규약에는 원래 소수민족 대우에 관한 규정은 포함되어 있지 않았다. 그러나 제1차대전을 통해 새로운 국가들이 창설되고 국경선이 조정됨에 따라 국제연맹은 오스트리아, 불가리아, 체코슬로바키아, 그리스, 헝가리, 폴란드 등의 소수민족 문제를 해결하기 위해 별도의 조약들을 체결하였는데, 여기에는 자결권과 소수민족 보호에 관한 규정들이 포함되어 있었다.[68]

국제연맹시대에 학술적으로는 인권에 대한 연구가 촉진되고 인권보호 필요성에 대한 각성이 널리 확산되어 갔으나, 유럽에서 진행되고 있던 일련의 사태들은 이러한 성과들을 무색하게 하였다. 특히 아돌프 히틀러와 나치스독일의 등장

---

67) Jan Herman Burgers, "The Road to San Francisco: The Revival of the Human Rights Idea in the Twentieth Century," *Human Rights Quarterly*, vol.14, 1992, pp.447, 449.

68) Buergenthal, pp.8-10; Newman and Weissbrodt, p.4. 1919년 베르사유에서 체결된 「주요 구축국들과 연합국 및 폴란드 간 조약」에는 소수민족에 대한 차별금지는 물론 소수민족들의 언어사용권, 학교운영권, 종교의식 진행권 등 그들의 혈통과 종교적·언어적 동질성 유지에 필요한 특별한 권리들이 규정되어 있었다. 특히 국제연맹은 알바니아, 에스토니아, 핀란드, 라트비아, 리투아니아 등이 연맹에 가입할 때 소수민족의 권리보호를 서약하도록 요구하였다.

과 이들이 내세운 반유태주의는 이제까지 인류가 발전시켜 온 문명과 인권개념을 모독하는 것이었다.

IV. 유엔에서의 인권보호

1. 유엔헌장

잔혹했던 전쟁에 대한 기억에도 불구하고 제2차 세계대전 직후 국제인권법의 기틀이 잡힌 것은 아니었다. 보다 효율적인 인권보호제도가 마련되어야 한다는 세계 사람들의 성원에도 불구하고 국제인권법의 체계화는 전승국들의 국내사정과 주권이란 장벽에 막혀 좌절을 겪어야 했다.

1944년 미국, 영국, 소련(중국은 나중에 참가)은 미국 워싱턴근교 덤바튼오크스(Dumbarton Oaks)에서 모임을 갖고 일반적 국제기구의 수립을 위한 제안서를 만들기로 하였다. 미국 국무성은 애당초 제안서에 회원국들이 준수해야 할 국제적인 권리장전을 포함시킬 계획이었다. 미국은 실제로 회의에서 인권에 대한 일반적인 내용을 포함시키자고 제안하였으나, 영국과 소련대표의 반대에 직면하게 되자, 인권을 지지하는 간단한 언급을 포함하고 있는 초안을 만들어 1944년 10월 7일 회의에 상정하였다.[69] 그 결과 유엔헌장의 인권규정들은 전쟁 중 형성된 기대에 훨씬 못 미치는 내용을 담게 되었으니, 당시 주요 전승국들이 인권보호에 있어서 나름대로 약점이 있었던 것이 근본적인 이유였다. 소련에는 아직 강제수용소(Gulag)가 있었으며, 미국에는 인종차별적인 법들이 엄존하고 있었고, 프랑스와 영국은 아직도 해외에 많은 식민지를 가지고 있었던 것이다.[70]

유엔헌장은 서문에서 "유엔회원국 국민들은 우리 일생 중에서 인류에게 두 번이나 말할 수 없는 슬픔을 가져온 전쟁의 불행에서 다음 세대를 구하고, 기본적 인권과 인간의 존엄과 가치, 남녀·대소 각국의 평등권에 대한 신념을 재확인한다"고 하여 인권보호가 유엔의 창설 목적의 하나임을 밝혔다. 이어서 헌장은 제1

---

69) Newman and Weissbrodt, p.7.
70) Buergenthal, pp.17-18.

조 3항에서 "인종·성·언어·종교에 따른 차별 없이 모든 사람의 인권 및 기본적 자유에 대한 존중을 촉진하고 장려함에 있어 국제협력을 달성하는 것"을 유엔의 목적의 하나라고 하였다. 헌장 제55조는 "국가 간에 평화롭고 우호적인 관계에 필요한 안정과 복지의 조건을 조성하기 위해 인종·성·언어·종교에 따른 차별 없이 모든 사람의 인권과 기본적 자유를 보편적으로 존중하고 준수해야 한다"고 하면서, 제56조에서는 이를 위해 모든 회원국들은 유엔과 협력하여 공동조치와 개별조치를 취할 것을 서약한다고 하였다.

유엔헌장이 국제인권법과 관련하여 가지는 의미는 다음과 같이 정리해 볼 수 있다. 첫째, 유엔헌장은 인권을 국제화하는 데 기여하였다. 둘째, 유엔 회원국들이 인권과 기본적 자유의 신장을 위해 유엔과 협력할 의무를 규정함으로써 유엔은 이러한 권리들을 정의하고 성문화하는 권한을 부여받게 되었다. 셋째, 유엔헌장은 유엔이 회원국들의 인권보호 의무를 분명히 하고 필요한 기구들을 창설하는 기초가 되었다.71)

2. 세계인권선언과 국제인권규약

샌프란시스코 회의 당시에도 국제적인 「권리장전」(Bill of Rights)이나 「인간의 기본권선언」(Declaration of the Essential Rights of Man)이 유엔헌장에 첨부되어야 한다는 주장이 있었다. 이러한 시도가 실패한 이후 유엔에서는 인권위원회(Commission on Human Rights)를 설립하여 그 취지를 이어가도록 하였다.

인권위원회는 당장 법적인 구속력을 갖는 조약을 만드는 것보다는 권고적 성격의 선언문에 합의하는 것이 비교적 쉽다는 것에 착안하여 우선 보편적인 인권선언문 채택을 추진하게 되었다. 그 결과 1948년 12월 10일 유엔총회는 「세계인권선언」(The Universal Declaration of Human Rights)을 채택하였다.72) 세계인권선언은 모든 인간이 천부적이고 평등하며 양도할 수 없는 권리를 가진다는 것을 인

---

71) *Ibid.*, pp.21-24.
72) 세계인권선언은 그 도덕적 가치와 법적·정치적 중요성으로 인하여 영국의 마그나 카르타(Magna Carta), 프랑스 인권선언(French Declaration of Rights of Man), 미국 독립선언(American Declaration of Independence)과 함께 자유와 인간의 존엄을 위한 투쟁에 하나의 이정표를 마련한 것으로 평가된다.

정하는 것이 세계의 자유와 정의·평화의 기초가 된다는 인식 아래 인간의 다양한 기본적 권리와 자유를 규정하였다.[73] 그러나 세계인권선언은 조약이 아니라 유엔총회 결의로 채택된 것이어서, 이 선언이 국제관습법화되었다는 주장에도 불구하고, 법적인 효력을 제대로 인정받지 못하는 약점이 있었다.[74]

유엔총회는 1966년 12월 16일 「국제인권규약」(International Covenants on Human Rights)을 채택하였다. 국제인권규약은 본래 「경제적·사회적·문화적 권리에 관한 국제규약」(International Covenant on Economic, Social and Cultural Rights: A규약), 「시민적·정치적 권리에 관한 국제규약」(International Covenant on Civil and Political Rights: B규약) 및 「시민적·정치적 권리에 관한 국제규약에 대한 선택의정서」(Optional Protocol to the International Covenant on Civil and Political Rights)로 구성되어 있었다. 그러나 1989년에는 「사형폐지에 관한 제2선택의정서」(Second Optional Protocol to the International Covenant on Civil and Political Rights), 2008년에는 「경제적·사회적·문화적 권리에 관한 국제규약 선택의정서」(Optional Protocol to the International Covenant on Economic, Social and Cultural Rights)가 추가로 채택되어 모두 5개의 조약으로 구성되게 되었다.[75]

「경제적·사회적·문화적 권리에 관한 규약」에는 사회적 기본권에 속하는 권리들이 담겨 있다. 이 규약의 당사국들은 그들이 취한 조치들과 협약준수와 관

---

73) 세계인권선언에는 인간의 평등권, 고문을 받지 아니할 권리, 법 앞의 평등권, 정당한 절차 없이 체포·구금·추방되지 아니할 권리, 프라이버시를 침해받지 아니할 권리, 거주이전의 권리, 정치적 망명권, 국적에 대한 권리, 결혼하고 가정을 가질 권리, 재산권, 사상과 신앙의 자유, 표현의 자유, 집회 및 결사의 자유, 참정권, 노동권과 노조결성권, 교육을 받을 권리가 규정되었다.

74) Buergenthal, pp.29-31. 세계인권선언은 본래 강제성 없는 권고이지만 나중에 규범적 성격을 가지는 문서로 바뀌었다는 유력한 주장도 있다. 유엔이 헌장의 인권규정을 거론할 때마다 이 선언을 인용함에 따라 이 선언은 헌장 규정에 대한 권위 있는 해석이 되었으며, 국제기구와 각국 정부들이 인권선언을 자주 인용함에 따라 선언에 나타난 내용들은 국제관습법이 되었다는 것이다.

75) 국제인권규약 중에서 「경제적·사회적·문화적 권리에 관한 국제규약」은 1976년 1월에 발효하였으며, 「시민적·정치적 권리에 관한 국제규약」과 「시민적·정치적 권리에 관한 국제규약에 대한 선택의정서」는 동년 3월에 발효하였다. 「사형폐지에 관한 제2선택의정서」는 1991년 7월에 「경제적·사회적·문화적 권리에 관한 국제규약 선택의정서」는 2013년 5월 발효하였다. 우리나라는 1990년 양대 규약과 선택의정서에 가입하였으나, 「사형폐지에 관한 제2선택의정서」에는 아직 가입하지 않았다.

련된 진전사항에 관한 보고서를 유엔 사무총장에게 제출하여야 하며, 경제사회이
사회는 이를 검토하여 인권위원회로 넘길 수 있다. 이 규약의 권리와 자유들은 다
소 프로그램적 의미를 갖는 것이어서, 당사국들은 실행가능한 수단을 사용하여
규약상의 권리들을 실현하도록 노력하지만, 협약을 당장 구체적으로 실시해야 하
는 법적인 의무를 부담하는 것은 아니다.[76]

　「시민적·정치적 권리에 관한 규약」에는 자유권적 기본권과 정치적 권리들
이 담겨 있다. 이 규약의 이행과 관련하여 인권이사회(Human Rights Committee)는
국가별 보고서를 검토하고, 국기대표를 상대로 질문을 하며, 유엔과 당사국들의
주의를 환기할 수 있다. 규약 당사국들은 규약에 규정된 권리를 시행하기 위하여
취한 조치들과 그러한 권리들의 진전상황에 관한 보고서를 제출하며, 국가 간 통
보제도를 도입하여 규약 제41조를 수락한 국가들 사이에서 규약상 인권보장 의무
를 이행하지 않는 국가를 다른 국가들이 인권이사회에 통보할 수 있게 하였다. 한
편 인권이사회는 B규약과 「시민적·정치적 권리에 관한 규약 선택의정서」의 당
사자인 국가의 관할권 내에 있는 개인이 규약상 자신의 권리를 침해당하였다고
청원하는 경우 이를 접수하고 검토할 수 있는 권한을 갖는다.

3. 기타 인권관련 조약

　유엔은 국제인권규약 이외에도 수많은 인권관련 조약들과 선언을 제정하였
으며 그 이행을 돕고 있다. 이러한 문서들은 집단살해, 인종차별, 여성차별, 종교
박해, 장애자인권, 개발에 대한 권리, 아동의 권리문제 등을 다루고 있다.

　대부분 유엔총회에서 채택된 인권관련 조약으로는 1951년 「난민지위협약」
(Convention Relating to the Status of Refugees), 1965년 「인종차별철폐협약」(Inter-
national Convention on the Elimination of All Forms of Racial Discrimination), 1979년
「여성차별철폐협약」(Convention on the Elimination of All Forms of Discrimination
against Women), 1984년 「고문방지협약」(Convention against Torture and Other
Cruel, Inhuman, or Degrading Treatment or Punishment), 1989년 「아동권리협약」
(Convention on the Rights of the Child), 1990년 「이주노동자권리협약」(Internation-

---

76) Buergenthal, pp. 41-47.

al Convention on the Protection of the Rights of All Migrant Workers and Members of Their Families) 등이 있다. 유엔에서는 이러한 협약들의 이행을 위하여 인권이사회(Human Rights Committee), 경제사회문화권리위원회(Committee on Economic, Social, and Cultural Rights), 여성차별철폐위원회(Committee on the Elimination against Women), 고문방지위원회(Committee against Torture), 아동권리위원회(Committee on the Rights of the Child) 등을 설치하였다. 이들 위원회는 조약의 이행에 관한 당사국들의 보고서를 정기적으로 검토하여 필요한 권고를 하며, 조약규정을 해석한다.[77]

V. 인권보호 체제

1. 유엔 주요기관

유엔헌장과 유엔주도로 체결된 조약이나 선언에 기초한 인권규정은 헌장과 관련문서의 규정에 따라 총회, 안전보장이사회, 경제사회이사회, 인권위원회 및 인권관련 특별조약에 따라 창설된 6개의 전문가위원회에 의하여 집행된다.

총회(General Assembly)는 모든 회원국들이 참석하는 유엔의 대표적인 의결기관으로 국제협약과 선언의 가장 권위 있는 원천이다. 유엔에서는 헌장 제2조 7항의 국내문제 불간섭원칙과 헌장 제1조와 제55조 및 제56조의 인권보호 규정 간의 충돌문제를 어떻게 해결할 것인가 하는 데 관해 오랫동안 논의해 왔다. 그러나 1970년 총회와 인권위원회가 칠레의 인권위반 실태조사를 위한 실무그룹을 설치하기로 합의함으로써 이 문제는 해결되었다. 이때부터 대부분의 국가들이 인권은 국제적 관심사라는 입장에 서게 되었으며, 유엔의 조사와 결의는 국가의 국내관할권 침해가 아니라고 하였다. 그리하여 1970년대 중반 이후 총회와 기타 유엔기관들은 아프가니스탄, 캄보디아, 쿠바, 엘살바도르, 에스토니아, 라트비아, 아이티, 이라크, 이란, 구 유고의 인권상황에 대하여 우려를 표시하고 적절한 조치를 취하였다.[78]

---

77) Newman and Weissbrodt, pp. 14-15.

안전보장이사회는 국제평화와 안전의 유지에 있어서 '주된 책임'(primary responsibility)을 지고 있는바, 평화에 대한 위협, 평화의 파괴 또는 침략행위가 있을 때에는 국제평화와 안전의 유지를 위한 권고를 할 수 있으며, 비무력적·무력적 조치를 취할 수 있다. 따라서 어떤 한 국가 내의 인권침해 사태가 평화에 대한 위협이 된다고 판단되면 그에 적합한 조치를 취할 수 있다. 최근 유엔 안전보장이사회는 전범재판소를 설치하여 국제인권법 발달에 기여하였다.[79]

경제사회이사회는 인권위원회와 여성지위위원회를 감독하며, '경제사회문화권리위원회'를 통하여 「경제적·시회적·문화적 권리에 관한 규약」의 준수를 감시함으로써 인권보호에 기여하고 있다. 아울러 경제사회이사회는 「포로대우에 관한 표준규칙」과 「초법적, 자의적 약식처벌의 효율적 방지원칙」과 같은 인권관련 기준을 제정하기도 하였다.[80]

2. 인권위원회와 인권이사회

유엔헌장 제62조 2항에 따라 1946년 설립된 인권위원회(Commission on Human Rights)는 경제사회이사회에서 3년 임기로 선출되는 53명의 위원으로 구성되었다. 위원회는 유엔산하 기관 중에서 가장 중요한 인권관련 기관이었다. 인권위원회는 각국이 제출한 인권보고서를 평가하여 권고하며, 필요한 때에는 특별보고자를 임명하여 특정한 국가의 인권상황이나 특별한 주제에 대하여 조사하였다.

위원회는 심각하고 광범위한 인권침해에 대처하기 위하여 3가지 절차를 마련하여 시행하였다. 경제사회이사회는 결의 1235에 따라 국가보고자와 실무그룹을 설치하였으며, 이사회 결의 1503에 따라 국가별 상황을 검토할 수 있게 되었고, 주제별 절차를 마련하였다.[81] 인권위원회는 1967년 경제사회이사회가 결의 1235를 통하여 남아프리카 공화국과 로디지아의 인권상황을 조사하여 보고하도록 요구한 데에서부터 지속적이고 극심한 인권침해를 자발적으로 조사할 권한을 갖게 되었는데 이것을 1235절차라고 한다. 한편 1970년 경제사회이사회 결의

---

78) *Ibid.*, pp.10-11.

79) Shaw, pp.187-190.

80) Newman and Weissbrodt, p.11.

81) *Ibid.*

1503에 의해 위원회는 인권침해에 관한 통보가 접수되는 경우 이를 검토하고 당사국 대표의 답변을 들을 수 있는 절차를 마련하였는바 이를 1503절차라 한다. 주제별 특별절차는 아르헨티나에서의 실종자 문제를 조사하도록 한 데에서 출발하였으나, 작업반이 기대 이상의 성과를 올리면서, 초법적 약식재판과 고문 및 학대 문제를 다루는 특별보고관(Special Rapporteur) 제도로 발전하였다.[82]

　인권위원회는 나름의 노력에도 불구하고 위원회 구성에 있어서의 정치적 고려의 한계를 극복하지 못하였다. 인권위원회는 아르헨티나 문제의 해결에 무력함을 노정하였을 뿐 아니라, 독재자 사담 후세인 치하의 이라크를 제대로 비난하지 못하였는데, 특히 후세인이 1988년 Halabja에서 독가스를 사용한 이후에도 이에 제대로 대응하지 못한 상태에서 이라크가 쿠웨이트를 침략한 것은 위원회의 무능을 확실하게 보여 주었다. 그리하여 코피아난 사무총장이 설립한 High-Level Panel on Threats, Challenges and Change는 2004년 인권이사회를 불신임하고 새로운 기구로 교체하도록 하였다. 인권상황이 열악한 국가들이 인권위원회 위원 진출에 노력하여 자국에 대한 관심을 희석시키려고 하였던 정치적 행태가 문제를 키운 것이다. 결국 유엔 총회는 2006년 결의를 채택하여 인권위원회의 임무는 종료시키고 총회에서 단순과반수로 선출된 47명의 위원으로 구성된 인권이사회(Human Rights Council)가 출범하였다. 인권이사회 위원은 지역할당 대신에 총회에서 과반수 득표로 선출되며, 이사회는 경제사회이사회가 아닌 총회에 직접 보고하게 되어 위상이 강화되었다. 아직은 인권이사회의 공과를 논하기는 이르지만, 이사회는 특별절차와 1503 절차를 따른 진정제도 등 인권위원회의 제도들은 계승하였다.[83]

VI. 기타 국제조약과 지역기구에 의한 인권보호

1. 기타 국제조약

국제연합 이외에도 보편적인 인권보호에 관심을 가지고 있는 보편기구는 적지

---

82) Evans, pp.805-806; 정인섭, pp.872-874.
83) *Ibid*(Evans)., pp.807-808.

않다. 특히 유엔 전문기구인 국제노동기구(ILO)와 유엔교육과학문화기구(UNESCO) 그리고 국제적십자사(IRC)가 중요하다.

국제노동기구(ILO)는 이제까지 수많은 권고(recommendation)를 하였고, 「차별협약」(Discrimination Convention), 「강제노동협약」(Forced Labor Convention) 등 다수의 국제협약을 제정하였다. 이러한 협약들은 노동조합의 청원을 심사하는 국제노동기구의 '결사자유위원회'(Committee on Freedom of Association)와 근로기준 관련 조약에 따라 각국이 제출하는 정기보고서를 검토하는 국제노동기구 진문가위원회(Committee of Experts)가 해석한다.[84]

유엔 전문기구의 하나인 국제연합교육과학문화기구(UNESCO)에서도 다수의 인권관련 조약들을 체결하였다. 그러한 조약에는 1960년 채택되어 2년 후 효력발생에 들어간 「교육상의 차별금지협약」(Convention against Discrimination in Education)과 관련 의정서 등이 있다.

국제적십자위원회(International Committee of the Red Cross)는 19세기 중반부터 무력분쟁에서의 상병자, 전쟁포로, 민간인 보호를 위하여 수많은 조약들을 체결해 왔다. 이러한 조약들은 국제적 또는 비국제적 무력분쟁에서 인권위반을 억제하기 위한 것으로 국제인도법의 핵심적인 부분을 형성하고 있다.[85] 그중에서도 1949년 제네바에서 체결된 전쟁희생자보호를 위한 4개의 협약과 1977년 채택된 제네바협약에 대한 2개의 추가의정서가 중요하다.

2. 지역기구

인권의 보편적 보호를 위해 유럽과 미주지역 그리고 아프리카와 같은 지역에서 인권보호를 위해 활동하고 있는 지역기구들이 있다. 이러한 지역기구들은 국제인권규약에 규정되어 있는 것과 유사한 권리들을 보호하려고 하지만 그 방법은 상이하다.[86]

세계 각 지역에는 다양한 인권보호제도가 있지만 그중에서 가장 발달된 것은 유럽의 제도이다. 1950년 11월 4일 유럽평의회(Council of Europe) 주도로 로마에

---

84) Newman and Weissbrodt, p.16.

85) *Ibid.*, p.17.

86) *Ibid.*, p.19.

서 채택되어 1953년 효력발생에 들어간 「유럽인권협약」(European Human Rights Convention)[87]은 협약의 집행을 위하여 유럽인권위원회(European Commission of Human Rights)와 유럽인권법원(European Court of Human Rights)을 설치하였다. 회원국과 사적 주체들은 다른 회원국의 협약 위반이 있는 경우 이를 유럽인권위원회에 회부할 수 있다. 우호적 해결에 도달하지 못하면 위원회는 자신의 의견을 첨부한 보고서를 유럽평의회 장관위원회(Committee of Ministers of the Council of Europe)에 보내며, 장관위원회는 유럽인권협약에 대한 위반이 있었는지를 판단하게 된다. 장관위원회는 3분의 2 이상의 찬성으로 결정을 하는데, 위원회가 협약에 대한 위반이 있었다고 판단하거나 의견이 근소하게 갈리면 사건은 스트라스부르에 위치한 유럽인권법원에 회부된다.[88]

미주지역의 인권보호제도는 2개의 문서에 근거하고 있다. 미주기구(OAS)가 1948년 설립헌장과 함께 채택한 「인간의 권리와 의무에 관한 미주선언」(American Declaration of the Rights and Duties of Man)과 1969년 채택한 「미주인권협약」(American Convention on Human Rights)이다. 미주기구는 1959년 '범미인권이사회'(Inter-American Commission on Human Rights)를 설치하였으나, 그 지위가 불투명한 상태에 있었다. 그러나 1970년 미주기구는 헌장을 개정하여 이 이사회를 미주기구 주요기관의 하나로 편입하였는바, '범미이사회'(Inter-American Commission)와 범미인권이사회가 미주인권협약의 이행을 맡게 되었다.[89]

아프리카 지역의 인권보호제도는 아프리카연합(AU)의 전신인 아프리카단결기구(OAU) 주도로 마련되었다. 아프리카단결기구가 설립된 것은 1963년인데, 그 설립헌장은 유엔헌장과 세계인권선언의 원칙들을 준수할 것임을 밝혔다. 이어서 1981년 아프리카단결기구는 「인간과 인민의 권리에 관한 아프리카헌장」(African Charter on Human and Peoples' Rights)을 채택하였으며, 이 헌장은 1986년 효력발생에 들어갔다. 이 헌장은 '인간과 인민의 권리에 관한 아프리카이사회'를 창설하여 헌장의 이행을 감독하도록 하였다.[90]

---

87) 이 협약의 정식명칭은 「인권과 기본권 보호를 위한 유럽협약」(European Convention for the Protection of Human Rights and Fundamental Freedoms)이다.

88) Newman and Weissbrodt, pp.19-20; Janis, pp.253-258.

89) *Ibid* (Newman and Weissbrodt), p.20.

90) *Ibid.*, p.21.

VII. 결 론

국제인권법은 제2차 대전의 참상을 경험한 이후에야 체계화되어 국제법의 한 분야로 자리를 잡게 되었다. 전후 사람들은 개인의 권리가 국제법의 관심영역이 되어야 한다는 명제를 전폭적으로 지지하였으며, 국가들도 인권보호를 위한 국제적인 장치를 마련하는 데 적극적이었다. 그럼에도 불구하고 유엔헌장의 인권 관련 규정들은 많은 사람들에게 실망과 아쉬움을 느끼게 하였다. 하지만 유엔은 출범 후 세계인권선언과 국제인권규약을 채택하는 등 수많은 인권관련 조약들을 제정하는 데 기여함으로써 세계 사람들의 기대에 부응해 가고 있다.

유럽과 미주지역, 아프리카의 지역기구들도 국제적인 인권보호를 위한 법적 장치를 마련하는 데 동참하였다. 유럽평의회(Council of Europe), 미주기구(OAS), 아프리카연합(AU)은 지역적인 차원에서 인권보호를 위한 조약체결을 주도하였을 뿐 아니라, 조약이행을 위해 각자 실정에 맞는 제도들을 고안해 냄으로써 국제인권법의 새로운 지평을 열어 가고 있다.

제5장

국가의 관할권과 외교관계

‖ 제1절 ‖ 국가의 관할권

관할권(jurisdiction)이란 일정한 사람과 재산 및 상황에 영향력을 행사할 수 있는 국가권력을 말하며, 여기에는 국가주권과 국가의 평등권 및 국내문제불간섭 같은 국제법상 기본원칙들이 반영되어 있다. 국제법상 국가가 행사하는 관할권의 상당 부분은 영토보전(territorial integrity)과 주권(독립권)으로부터 나온다. 반대로 한 국가는 다른 국가의 영토주권과 독립성을 존중해야 하는바, 국제법에서 말하는 주권면제(sovereign immunity)와 외교관 등 특정한 사람이나 집단에게 인정되는 갖가지 면제는 바로 이러한 근거에서 인정되는 것이다.[1]

국가주권의 중심적인 부분을 차지하고 있는 관할권은 주로 법을 제정하고(입법권), 법을 집행하며(집행권), 법에 따라 재판하는(사법권) 방식으로 행사된다. 관할권 행사방식의 이러한 차이, 특히 입법권과 집행권 간의 차이는 국가의 법적인 능력과 관련하여 분쟁이나 오해를 불러일으키기도 한다. 관할권은 주로 영토에 근거하여 인정되지만 때로는 국적과 같은 다른 근거에 입각하여 인정되기도 하는

---

1) Malcolm N. Shaw, *International Law*, Cambridge University Press, 1997, p.491.

데 비해, 집행권은 대부분 영토적 요소에 의해 제한을 받기 때문이다.[2] 예를 들어 A국인 갑이 B국에서 C국인 을을 살해하고 D국으로 도망한 경우를 가정해 보자. 국가에 따라 법이 상이하므로 갑에 대해 재판권을 행사할 수 있는 국가는 달라지지만, 일단 A국과 B국, C국이 갑을 처벌할 수 있는 권리를 가질 수 있을 것이다. 이 경우 A국은 갑을 체포하여 자국법원에서 재판을 받게 할 수 있는 권리를 가지지만, A국은 D국에게 갑을 체포하여 인도해 주도록 요구할 수 있을 뿐 직접 체포에 나설 수는 없다.

국제법상 국가가 행사하는 관할권은 대개 영토와 밀접하게 연결되어 있다. 그러나 그렇다고 하여 국가의 관할권이 오직 영토와의 관련하에서만 인정되는 것은 아니다. 때때로 국가들은 자국의 영토 밖에서 발생한 사건에 대해서도 관할권을 가지며, 특정한 사람과 물건, 재산 중에는 그들이 위치한 국가의 영토관할권이 아닌 다른 국가의 관할권에 종속되는 경우가 있는 것이다. 국가의 주권적 행위는 외국법원에서 심사대상이 되지 아니하며, 외교사절단과 외교관은 접수국의 법으로부터 광범위한 면제를 누리는 것이다.[3]

국제법상 한 국가의 재판관할권으로부터 면제를 누리는 사람이나 집단은 크게 세 가지 부류로 나눌 수 있다. 첫째는 외국정부가 누리는 면제로서 주권면제(sovereign immunity)라고 한다. 둘째는 외교관들이 누리는 면제로서 외교면제(diplomatic immunity)이다. 셋째는 국제기구들이 누리는 면제이다.[4]

‖ 제2절 ‖ 주권면제

I. 서 론

국가는 국제법의 가장 중요한 행위자이었고 그것은 지금도 마찬가지이다. 따

---

2) *Ibid.*, p.452.

3) *Ibid.*, p.453.

4) Peter Malanczuk, *Akehurst's Introduction to International Law*, Routledge, 1997, p.118.

라서 국가들은 자국 영역 내에서 발생하는 일들을 스스로 처리해 왔는데, 때때로 국내법원에는 다른 국가의 국가행위나 그 공무원의 행위와 관련하여 외국정부를 상대로 하는 사건이 접수되어 그 처리방법을 놓고 고민하게 되었다. 예를 들어 외국군함이 악천후로 자국항구에 들어와 수리를 받고 비용을 제대로 지급하지 않았다고 하여 자국민이 압류를 신청하거나, 비자를 신청하였다가 거절당한 자국인이 외국정부를 상대로 소송을 제기하는 것과 같은 경우이다.[5]

따라서 각국은 국내법원이 다른 국가의 내부문제에 관한 분쟁을 다루는 것을 방지하기 위하여 몇 가지 방법을 모색하게 되었다. 그러한 방법으로는 국가면제(state immunity), 국가행위(act of state), 사법적 판단부적합(non-justiciability) 등 3가지가 있으나, 국제법적으로는 국가면제이론이 중요하다.[6] 국제법에서 국가면제(state immunity) 또는 주권면제(sovereign immunity)란 한 국가가 법정지 국가인 외국의 입법·행정·사법관할권으로부터 면제를 누리는 조건을 정하는 법칙과 원칙을 말한다. 한 국가가 외국법원의 소송절차로부터 면제를 누린다는 주권면제이론은 가장 오래되고 널리 인정되어 온 국제관습법의 하나이지만, 면제의 범위에는 많은 변화가 있었다.

II. 근 거

과거에 주권자란 대개 특정한 개인이었으며, 모든 신민은 그에게 충성을 다해야 했다. 이러한 신비의 불가분의 일부로서 주권자는 그가 통치하고 있는 국가의 사법절차에 종속되지 않게 되었으며, 같은 연장선상에서 그는 외국법원에서 소추되지도 않게 되었다. 주권이 군주에게 있다는 생각은 점차 추상적인 국가주권 개념에 의해 대체되어 갔으나, 주권면제란 신비는 그대로 유지되었다. 아울러

---

5) Malcolm D. Evans, *International Law*, 2nd ed., Oxford, 2006, pp.361-362.

6) *Ibid.* 국가행위이론(act of state doctrine)이란 주권평등과 영토주권의 절대성에 기초하여 한 국가의 법원은 외국정부가 그 영역 내에서 행한 행위의 적법성을 판단하지 않는다는 이론이다. 이 이론은 주로 미국에서 판례를 통해 정립되었으며, 특히 1960년대 미국대법원이 사바티노사건(*Banco National de Cuba v. Sabbatino*)을 다룰 때 자세히 검토되었다. 그러나 영국에서는 이 이론을 국제사법과 혼용하고 있으며, 그 외 대부분의 대륙법계 국가에서는 이 이론을 인정하지 않고 있다. Malanczuk, pp.121-123.

국가의 독립권과 평등권의 확립도 주권면제 이론의 강화에 기여하였다.[7]

국가는 독립적이고 평등하기 때문에 그 어떠한 국가도 다른 국가의 동의가 없는 한 그 국가에 대해 관할권을 행사할 수 없다는 것이 주권면제의 근거이다.[8] 미국의 마셜 대법관은 1812년 The Schooner Exchange 사건에서 한 국가가 영토 내에서 행사하는 관할권은 배타적이고 절대적이지만, 그 관할권이 외국주권자에게까지 미치는 것은 아니라고 하여, 주권면제가 엄격한 주권평등과 독립권에 근거해 있음을 밝혔다.[9]

III. 절대적 면제와 제한적 면제

원래 국제관습법에 의해 인정된 주권면제는 거의 모든 국가행위에 대해 적용되는 절대적 면제이었으며, 이러한 절대적 면제 규칙이 20세기 중반까지 보편적으로 받아들여졌다. 절대적 면제 규칙에 의하면 국가는 외국법원의 관할권으로부터 절대적인 면제를 누린다. 국가는 그 어떠한 활동에 관여하였건 그리고 그로 인해 어떠한 피해가 발생하였건 간에 외국법원에서 재판을 받지 않는다는 것이다. 영미법계 국가들의 지지를 받았던 절대적 면제 규칙은 국가의 임무가 세금징수나 국가방위와 같은 소극적인 활동에 머물렀던 시기에는 별 어려움 없이 받아들여졌던 것이다.[10]

그렇지만 각국 정부들의 활동이 보다 적극적이 되어서 다양한 상업적 · 사회적 활동에 나서게 되면서, 이 절대적 면제 규칙은 타당성을 상실하게 되었다. 더구나 사회주의 국가에서 정부는 국영기업을 직접 운영하는 등 갖가지 상업적인 활동에 직접 나서게 되었으니, 이 규칙이 가진 문제점은 더욱 커지게 되었다. 외

---

7) Shaw, pp.491-492.

8) 역사적으로 왕과 같은 통치자는 국가와 동일시되었기 때문에, 외국의 국가원수는 오늘날에도 사적인 일에 대하여 완전한 면제를 누리고 있다.

9) *Third Restatement of the Foreign Relations Law of the United States*, vol.2(이하에서는 *Restatement*), 1987, pp.390-391. 마셜 대법관은 "완전한 평등과 절대적인 주권독립은 모든 주권자가 모든 국가의 속성인 완전한 배타적 영토관할권의 일부의 행사를 포기하는 것으로 이해되는 일단의 사례들을 만들어 냈다"고 하였다.

10) Ray August, *Public International Law*, Prentice Hall, 1995, pp.476-477.

국과 상품 및 서비스 거래에 합의한 개인이나 기업의 입장에서 상대방이 한 국가를 대표하는 정부라는 이유로 계약을 위반하여도 법원에 제소할 수 없다면, 이는 매우 불공정한 것이기 때문이다.[11]

제한적 면제에 관한 이론은 국가라고 할지라도 스스로 행한 행위 중의 일부에 대해서는 외국법원에서 책임을 추궁당할 수 있다는 전제에서 출발한다. 제한적 면제 규칙에 의하면, 국가는 정부행위(*iure imperi*)의 결과로 인한 피해에 관한 소송으로부터는 면제를 누리지만, 그러한 피해가 순전히 상업적이거나 비정부적 활동(*iure gestionis*)의 결과인 경우에는 면제를 누리지 못한다. 이 규칙을 실제로 적용하려면 면제를 누리는 정부행위와 그렇지 못한 행위를 선별해야 하는 어려운 과정이 남아 있지만, 오늘날 제한적 면제의 규칙이 보편적인 규칙인 것은 분명하다.[12]

벨기에와 이탈리아에서는 이미 제2차 세계대전 이전부터 제한적 면제의 원칙을 적용하기 시작하여 국가가 행하는 상업적 거래와 무역에 종사하는 정부선박에 관한 사건에는 면제를 부여하지 않았다. 더구나 1926년 체결된 「국가소유선박의 면제에 관한 브뤼셀협약」(The Brussel Convention on the Immunity of State-Owned Vessels)은 국가소유 상선의 소유국가와 그 선박내 화물의 소유국가는 사인 소유의 선박이나 화물들과 동일한 국제책임 규칙의 적용을 받도록 하였다.[13]

제2차 대전 이후에는 공산권 국가들의 반대에도 불구하고 제한적 면제의 규칙이 급속하게 퍼져 나갔다. 영미법계 국가인 미국과 영국의 법원들은 20세기 중반까지 제한적 면제와 절대적 면제 사이에서 혼란을 겪었었다. 그러나 미국은 1976년 제한적 면제 규칙을 수용하여 「외국주권면제법」(Foreign Sovereign Immunities Act)을 제정하였으며, 영국에서도 1978년 「국가면제법」(State Immunities Act)을 제정하여 상사거래에는 주권면제를 허용하지 않기로 하였다. 유럽평의회도 1972년 「국가면제에 관한 유럽협약」(European Convention on State Immunity)을 채택하였는데, 상사계약을 체결하는 등 국가들이 사적 당사자로서 한 행위에 대해서는 국

---

11) *Ibid.*, p.477.

12) *Ibid.* 1981년 미국의 제2순회항소법원은 Texas Trading and Milling Corp. v. Federal Republic of Nigeria 사건에서 "오늘날 국제법이 제한적 주권면제이론을 따르고 있음은 의심의 여지가 없다"고 하였다. *Texas Trading and Milling Corp. v. Federal Republic of Nigeria, Federal Reporter,* 2nd Series, vol.647, p.300(2nd Circuit Ct. of Appeals, 1981).

13) *Restatement,* p.391.

가들도 행위지나 행위의 결과가 발생한 국가에서 소송당사자가 된다고 하였다. 국제법위원회(ILC)에서는 1978년 국가와 국가재산의 재판권면제에 관한 성문화 작업을 시작하였는데, 1986년 마련된 초안 역시 제한적 면제이론을 채택하였다.14)

IV. 면제의 범위

1. 원 칙

면제의 범위와 관련하여 절대적 면제이론과 제한적 면제이론 사이에 의견대립이 있지만, 과거에는 주권국가나 외국정부가 피고인 경우에는 원칙적으로 절대적인 면제가 가능하다고 보는 것이 일반적이었다. 그러나 국가가 항공사를 운영하는 등 국가의 행위가 상업적인 분야로 확대되면서, 주권면제의 범위는 보다 제한적이 되었다.15)

많은 국가들이 제한적 면제이론의 입장에서 법령을 제정하였는데, 특히 1976년 미국의 「외국주권면제법」과 1978년 영국의 「국가면제법」은 상당히 유사한 규정을 두었다. 이들은 먼저 일반적으로 주권면제가 허용됨을 밝히고 이어서 예외를 열거하는 방식을 취하였다. 미국의 외국주권면제법은 "외국은 특별한 규정이 있는 경우가 아니면 미국법원의 재판관할권으로부터 면제된다"고 하면서 "정상적인 상거래나 특수한 거래 또는 행위"는 면제대상에서 제외하였다. 미국의 대외관계법에 관한 리스테이트먼트도 "국제법상 국가와 국가기관들은 사인이 수행할 수 있는 행위로부터 발생하는 청구를 제외하고는 다른 국가 법원의 관할권으로부터 면제를 누린다"고 하였다. 이러한 규칙은 거의 대부분의 국가들이 받아들이고 있는 제한적 면제이론(restrictive theory of immunity)을 표현한 것이다. 국가는 정부활동에서 나오는 청구에 대해서는 다른 국가의 사법관할권으로부터 면제를 누리지만, 상업적 활동처럼 사인들이 수행하는 활동을 정부가 행한 경우에는 면제를

---

14) *Ibid.*, pp.391-392; Malanczuk, p.119.
15) 그렇지만 국유화를 단행하고 조약을 체결하는 것처럼 오직 정부만이 할 수 있는 일에는 절대적인 면제가 부여된다.

누리지 못하는 것이다.16)

2. 예 외

(1) 상업적 활동

오늘날의 통설인 제한적 면제이론에 의하면 국가는 상업적 활동(commercial activities)에서 나오는 청구에 관한 소송으로부터 면제되지 않는다. 여기서 말하는 상업적 활동이란 상품의 생산과 판매, 구매, 물건의 임대차, 금전거래, 기타 자연인이나 법인이 수행하는 활동들을 말한다.17)

정부행위(governmental act)와 상업적 행위 사이에 구분이 명확하지 않은 경우가 있다. 사안이 무력분쟁에서 군대의 사용과 같은 전통적인 문제에 관련된 것이라면 구분에 별 어려움은 없을 것이다. 1989년 미국대법원은 포클랜드 전쟁 중에 아르헨티나 공군의 공격을 받아 피해를 당한 유조선의 선주가 제기한 Argentina Republic v. Armada Hess Shipping Corp. 사건에 대한 판결에서 아르헨티나에게 주권면제를 인정하였다.18)

하지만 한 국가가 공적인 목적을 위해서 상업적인 형태의 활동을 선택하는 경우에는 조금 복잡해진다. 예를 들면 의복이나 부츠를 군사적 목적으로 구입하는 경우이다. 이러한 경우에는 행위의 성격에 따라서 면제의 부여 여부를 판단해야 한다는 객관적 견해와 행위의 목적을 고려해야 한다는 주관적 견해가 대립하게 된다. 이 두 가지 학설 중에서 현재 유력한 것은 행위의 성격을 고려해야 한다는 객관적 견해이며, 미국의 외국주권면제법은 "행위의 법적 성격은 그 목적보다는 상행위와 특수한 거래 또는 행위의 성격을 고려하여 결정된다"고 하였다.19)

(2) 불법행위책임과 국가재산

국가가 철도·항공·자동차 사업을 하거나 공장을 운영하다가 사인들에게

---

16) *Restatement*, p.396. 주권면제를 누릴 수 있는 것은 국가와 국가기관이다. 여기서 말하는 국가에는 국가의 하부기관이 포함되며, 국가기관에는 그 주식이나 소유권의 반 이상이 국가소유인 공기업 같은 법인들이 포함된다.

17) *Ibid.*, p.402.

18) Malanczuk, p.120.

19) *Ibid.*

피해를 입힌 경우에는 다른 비정부적 실체(nongovernmental entities)들과 마찬가지로 그에 따른 책임을 부담한다. 이러한 경우에는 주권면제가 부여되지 않는 것이다.[20] 다른 국가에 소재하는 국가 또는 국가기관 소유의 부동산과 기타 재산도 법정지 법원의 관할권으로부터 면제를 누리지 못한다.

V. 면제의 포기

국가는 명시적 또는 묵시적인 방법으로 분쟁이 발생하기 이전이나 이후에 외국법원의 관할권으로부터의 면제를 포기할 수 있다. 그러나 재판관할권 면제의 포기가 강제집행 면제의 포기까지 포함하는 것인가 하는 의문이 제기된다. 종래에는 재판관할권 면제의 포기가 강제집행 면제의 포기는 아니라는 입장이 일반적이었다. 그러나 미국과 영국의 주권면제법은 판결의 집행을 위하여 법정지 국가에 위치한 외국의 국가재산을 압류할 수 있게 하였다.[21]

‖ 제3절 ‖ 외교관계 일반

Ⅰ. 서 론

국가 간의 공식적인 대화채널로서의 외교(diplomacy)는 매우 오래된 제도이며, 외교관계를 규율하는 국제법 규칙들은 수세기에 걸친 국가관행의 결실이다. 국가란 관념적인 존재이므로 외교관계는 국가를 대표하는 사람들에 의해 설정되고 유지된다. '외교'란 용어가 보편화된 것은 17세기 말에 이르러서이며, 특수한 부류의 공무원을 일컫는 '외교관'이란 용어 역시 상주사절의 교환이 보편화된 이

---

20) *Restatement*, p.408.
21) August, pp.480-481.

후 등장하였다. 국제사회에서 국가를 대표하는 기관으로는 외교관 이외에 국가원수(Head of State), 정부수반(Head of Government), 외무장관이 있으며, 이들은 국가원수가 수여한 신임장이나 전권위임장 없이도 자국을 대표할 수 있다. 반면에 외교관들은 신임장이나 전권위임장을 받아야 자국을 대표할 수 있다.

그렇지만 20세기 이후 외교관계의 중요성은 상대적으로 약화되었다. 19세기 외국에 주재하는 외교관들은 본국 정부로부터 사실상 분리되어 있어서 본국 정부의 지시를 기다리지 아니하고 접수국 정부와의 일을 처리할 수 있는 넓은 재량권을 가지고 있었다. 그러나 정보통신 기술과 교통수단의 발달은 이러한 재량권을 축소시켰으며, 국제관계에서 외교관들의 역할도 상대적으로 축소되게 되었다. 더구나 오늘날 외교정책에 대한 결정권은 점차 중앙정부에 집중되고 있으며, 더욱 빈번해진 국가원수나 정부수반 수준의 정상외교와 왕복외교도 과거 고위 외교관들이 누려온 자율권을 축소시키고 있다.[22]

II. 역사와 법원

국가 간에 외교사절이 왕래하기 시작한 것은 기원전으로 거슬러 올라가며, 비록 국제법에 의한 것은 아니지만 고대에도 외교사절들은 교환되고 특별한 보호와 면제를 누렸다. 그러나 국가 간에 상주사절이 교환되기 시작한 것은 15세기 이후이며, 1648년 웨스트팔리아 조약이 체결된 이후에야 상주사절의 교환은 보편화되었다.[23] 18세기에는 외교사절단의 권리·의무와 특권에 관한 관습이 발달하였고, 19세기 초에는 이러한 문제에 대한 공통인식이 성숙되어 1815년 비엔나에서는「외교사절의 석차에 관한 규칙」이 제정되었다.

오늘날 외교관계에 관한 법은 방대하고 매우 발전된 모습을 보여주고 있다. 일반적인 국제조약으로는 1961년 체결된「외교관계에 관한 비엔나협약」(Vienna Convention on Diplomatic Relations), 1963년「영사관계에 관한 비엔나협약」(Vienna Convention on Consular Relations), 1969년「특별사절에 관한 유엔협약」

---

22) William R. Slomanson, *Fundamental Perspectives on International Law*, 5th edition, Thompson Wadsworth, 2007, p.327.

23) J. G. Starke, *Introduction to International Law*, Butterworth, 1984, p.399.

(UN Convention on Special Mission)이 있다. 국제기구와 관련하여 국제기구에 파견된 국가대표와 국제기구 공무원의 특권과 면제에 관한 것으로는 1946년 「유엔의 특권면제에 관한 협약」(Convention on the Privileges and Immunities of the United Nations)과 1947년 「전문기구의 특권면제에 관한 협약」(Convention on the Privileges and Immunities of the Specialized Agencies)이 있다.[24]

외교관계에 관한 국제법은 이처럼 비교적 잘 정비되어 있지만 성문화는 아직 미진한 부분이 있어서 외교관계에 관여하는 사람들 중에서 일부는 관습법에 의하여 특권면제를 누리고 있다. 외국의 국가원수와 기타 고위 공무원들이 그러한 예에 속한다. 한편 1961년 외교관계에 관한 비엔나협약은 세계 대부분의 국가들이 가입한 보편적 협약으로 그 대부분의 규정들은 관습법을 성문화한 것으로 간주되므로, 협약에 가입하지 아니한 국가에 대해서도 관습법의 증거로 사용될 수 있다고 본다.[25]

Ⅲ. 외교사절의 종류와 계급

옛날부터 국가들은 자국 주권자의 이익을 보호하기 위하여 특별사절을 파견하였었다. BC 300년경의 문서에 의하면, 그리스의 도시국가들은 BC 800년경 이미 오늘날의 외교관, 영사, 전서사와 같은 제도를 가지고 있었으며 사절교환에 관한 규칙도 가지고 있었다고 한다. 그 후 1500년경 이탈리아에서는 '대사'(ambassador)라고 부르는 상주사절에 관한 제도가 수립되었고, 이 제도는 서구 다른 곳에 전파되었다.[26]

외교사절에는 자국을 대표하여 항상 접수국에 거주하는 상주사절과 특별한 목적을 위해 일시적으로 파견되는 특별사절이 있는데, 오늘날 외교관계에서 중요한 의미를 갖는 것은 상주사절이다. 상주사절에 관한 제도는 19세기 들어 정비되

---

24) Evans, p.396.

25) Ibid.; Malanczuk, p.123. 1961년 채택된 「외교관계에 관한 비엔나협약」은 1964년 효력발생에 들어갔으며, 2003년 2월 현재 당사국은 179개국이다. 우리나라는 1970년 12월 비준서를 기탁하여 협약당사국이 되었다.

26) Slomanson, pp.323-324.

었다. 1815년 비엔나회의와 1818년 에익슬라샤펠(Aixla-Chappelle)회의에서 채택된 규칙들에 의하면 외교사절단의 장은 4개의 등급으로 나누어졌다. 그러나 1961년 비엔나협약은 제14조에서 다음과 같이 세 가지 계급을 제시하였다. 첫 번째는 국가원수에게 파견되는 대사(ambassador) 또는 교황청 파견대사인 *nuncios* 또는 이와 동등한 지위의 사절단의 장이다. 여기서 말하는 이와 동등한 지위의 사절단의 장에는 영연방 국가 간에 파견되는 고등판무관(high commissioner)과 프랑스공동체 국가 간의 고등대표(*haut représentant*)가 포함된다. 두 번째는 국가원수에게 파견되는 공사(minister) 또는 교황청 파견공사인 *internuncios*인데, 여기서 말하는 공사란 공관장인 전권공사(minister plenipotentiare)를 말하며 대사가 있는 공관의 차석 외교관인 공사는 아니다. 세 번째는 외무장관에게 파견되는 대리대사(*Chargés d'affaire*)인데, 이는 상주대사가 처음부터 파견되지 아니한 경우에 임명되는 사람으로 공관장 역할을 맡는다. 대리대사는 상주사절이 질병에 걸리거나 부재 중이어서 직무를 수행할 수 없는 경우에 임시로 사절단의 장의 역할을 수행하는 *Chargé d'affaire ad interim*(대사대리 또는 임시사절대리)과는 다르다.[27]

한 국가에 주재하는 외교사절을 총칭하여 외교단(diplomatic corps)이라고 하는데, 외교단 내에서의 외교사절 간의 석차는 우선 계급에 의하여 결정되고 동일 계급 내에서는 신임장 제정에 따른 직무개시일 순서에 따라 결정된다. 외교단장(doyen)은 신임장 제정일을 기준으로 가장 먼저 부임한 대사가 맡는 것이 보통이지만, 가톨릭 국가에서는 교황청 파견대사가 맡는 경우가 많다.

IV. 외교사절단의 직무와 구성

외교관의 역할에 대해서는 여러 가지 평가가 있었다. 과거에 접수국에서는 외교관을 첩자(spy)라 여기는 경우가 종종 있었는데, 특히 제정 러시아의 지도자들은 자국에 주재하는 외국 외교관을 그렇게 생각하였다고 한다. 그리고 그러한 의심은 냉전시대에도 일부 국가들에 의해 산발적으로 표명되었다. 예를 들어, 1985년 소련은 모스크바주재 미국 외교관이 첩보활동을 하였다고 비난하면서 출

---

27) 유병화, 「국제법 I」, 진성사, 1994, p.371.

국을 요청하였고, 1987년 미국은 모스크바에 신축한 공관의 벽에 도청장치들이 숨겨져 있다고 주장하면서 입주를 거부하였다. 문화혁명 당시 중국에서는 외교관을 혁명을 위한 전사(fighter)로 묘사하기도 하였다. 오늘날 국제사회에서는 외교관과 외교사절단의 주요 임무를 접수국에서의 대표성과 교섭에 있다고 보지만, 정치학자들은 외교도 국가 간의 권력 다툼이란 입장에서 보고자 한다.[28]

1. 직 무

외교사절단의 직무에 관해서는 1961년 비엔나협약 제3조가 규정하고 있는데 다음과 같다. 첫째, 외교사절단은 접수국에서 파견국을 대표(representing)하는 기능을 갖는다. 외교사절은 의례적 행사에서 자국을 대표하며, 접수국이 자국의 이익을 침해하는 경우에는 접수국에 항의하고 자국의 입장을 전달한다. 둘째, 외교사절단은 국제법이 허용하는 범위 내에서 자국 및 자국민의 이익을 보호(protecting)한다. 셋째, 외교사절단은 양국 간에 문제가 생기는 경우 접수국 정부와 교섭(negotiating)한다. 넷째, 외교사절단은 모든 합법적인 방법을 사용하여(by all lawful means) 접수국 정세와 동향을 관찰(ascertaining)하고 이를 본국에 보고(reporting)한다. 관찰과 보고는 불법적인 활동인 첩보(spy) 활동과는 다르나 그 경계선이 모호한 경우가 많다. 다섯째, 외교사절단은 파견국과 접수국 간의 우호관계를 증진(promoting)하고 양국 간의 경제·사회·문화관계를 발전(developing)시킨다.

오늘날에는 전화·전보·텔렉스·팩스와 같은 편리한 통신수단들이 사용되면서 외교관들의 기능에도 많은 변화가 있었다. 수출증진과 같은 경제외교는 오늘날 외교사절단의 주요 기능의 하나가 되었으며, 자국정책에 대한 홍보도 중요해졌다. 홍보는 때로는 선전행위와 혼동되어 비엔나협약 제41조 1항이 규정하고 있는 접수국 국내문제에 대한 간섭으로 비쳐질 수도 있다.[29]

---

28) Slomanson, pp.324-326.
29) Malanczuk, p.124.

2. 구 성

외교사절단은 사절단의 장(head of the mission)을 위시한 외교직원(members of the diplomatic staff), 사무 및 기술직원(members of the administrative and technical staff), 노무직원(members of the service staff), 개인적 고용인(private servant)으로 구성된다.

사절단의 장은 대사, 전권공사, 대리대사, 대사대리를 의미하며, 외교직원에는 외교관의 지위를 가진 직원으로서 사절단의 장을 제외한 직업외교관과 각 부처에서 파견된 주재관이 포함된다. 사무 및 기술직원은 사절단의 행정적·기술적 역무에 종사하는 비서와 타자수 같은 사람들이 포함된다. 노무직원은 운전수나 요리사와 같은 사람들이다. 개인적 고용인은 가정부와 같이 외교사절단의 구성원의 가사에 종사하는 사람으로 파견국이 고용하지 아니한 사람이다(비엔나협약 제1조).

V. 외교사절의 파견과 접수

국제법상 국가의 사절권이란 다른 국가와의 합의에 의해 실현되는 것이다. 외교관계란 국가 간의 상호합의에 의해 수립되는 것이므로, 한 국가가 다른 국가와 외교관계를 갖기를 원더라도 상대방이 원하지 않으면 그것을 법적으로 강제할 방법은 없다. 반면에 한 국가가 다른 국가와 외교관계를 단절하는 것은 자국 외교관의 철수는 물론이고 상대방 국가 외교관의 철수도 함께 요구하는 것이다. 외교사절단의 장을 파견할 때에 접수국의 동의를 구하도록 하는 것도 이러한 맥락에서 이해될 수 있다.

1961년 비엔나협약은 파견국은 자국이 파견하고자 하는 사절단의 장에 대해 접수국의 아그레망(Agrément)이 부여되었는지를 미리 확인해야 한다고 하였다. 이는 파견국은 외교사절을 임명하기 이전에 그가 접수국의 입장에서 우호적인 인물인가 하는 것을 미리 판단할 수 있도록 하기 위한 것으로, 접수국은 그 이유를 제시함이 없이 아그레망을 거부할 수 있다(비엔나협약 제4조). 사절단의 장이 아닌 구성원들에 대해서는 아그레망 절차가 없으므로 파견국이 마음대로 임명할 수 있으나, 무관의 경우에는 미리 명단을 접수국에 통보하여 동의를 얻어야 한다(협약

제7조).

아그레망이 부여되면 파견국 국가원수는 파견되는 사절단의 장에게 신임장 (credential 또는 letter of credence)을 수여하며, 접수국에 도착한 외교사절은 접수국 외무부에 그 부본을 제출한다. 그 후 날짜를 잡아 정본을 제출하는데, 대사와 전권공사는 국가원수에게, 대리대사는 외무장관에게 제출한다. 외교사절의 석차에서 문제가 되었던 직무개시 시점은 신임장 부본을 제출한 때나 신임장 정본을 제출한 때 중에서 접수국의 일반적인 관행에 따라 결정된다(협약 제13조).

VI. 직무의 종료와 정지

한 국가 내에서 외교관의 직무가 종료되는 가장 일반적인 이유는 전보발령이다. 한 국가에 주재하던 외교사절이 다른 곳으로 전보되게 되면 그의 접수국에서의 직무는 당연히 종료된다.

외교사절의 직무는 파견국이나 접수국 원수의 변경이 있을 때에는 일시적으로 정지된다. 외교사절은 파견국을 대표하지만 파견국의 국가원수에 의해 접수국의 국가원수에게 파견되기 때문에 양쪽 국가원수 중 한쪽이 바뀌게 되면 신임장의 갱신이 있을 때까지 그 직무가 일시적으로 정지되는 것이다.

접수국은 언제든지 그 배경을 설명하지 아니하고 파견국에게 외교사절단의 장이나 외교관을 기피인물(persona non grata)로 통고할 수 있으며, 사절단의 다른 직원들을 받아들일 수 없는(not acceptable) 인물로 통고할 수 있다. 이런 경우 파견국은 그를 소환하거나 그의 임무를 종료케 해야 한다. 파견국이 자신의 의무를 거부하거나 적절한 시간 내에 의무를 이행하지 않으면, 접수국은 그를 사절단의 구성원으로 인정하기를 거부할 수 있다(비엔나협약 제9조).

외교사절의 직무는 기피인물 선언과 관계없이 파견국 자체의 사정이나 외교관의 잘못, 파견국과 접수국 간 정치적 긴장에 의해 외교사절이 소환(recall)되는 경우에도 정지 또는 종료된다. 소환이 있게 되면 외교사절은 소환장을 접수국 원수에게 제출하고 신임답장(letter de rècrèance)을 받아 귀국하는데, 소환이 양국 간의 관계악화로 인한 것인 경우에는 안도권(safeconduct)을 받아 귀국한다.

외교사절의 직무는 외교관계 단절이나 전쟁에 의해서도 종료된다.

‖ 제4절 ‖ 외교특권과 면제

Ⅰ. 의 미

외교관과 외교사절단은 그 맡은 특수한 기능의 수행을 위하여 접수국 내에서 특별한 대우를 받는다. 접수국은 다른 국가가 파견한 외교사절단의 자국 내에서의 활동을 인정한 이상 외교관들에게 보통의 외국인과는 다른 특권적인 지위를 부여하여야 한다. 외교사절단과 외교관에게 부여되는 이러한 특권적 지위를 외교특권과 면제(diplomatic privileges and immunities)라고 한다.

그러면 외교특권은 무엇이고 외교면제는 무엇인가? 외교특권과 면제라고 할 때 외교특권에 속하는 권리가 있고 면제에 속하는 특별한 지위가 별도로 있는 것이 아닌가 하는 생각이 든다. 실제로 면제는 국제법에 근거한 것이고 특권은 국내법이나 국제예양에 따른 것이라고 하여 이를 구분하는 등 여러 학자들이 양자의 구분을 시도하였다. 그러나 특권(privileges)과 면제(immunities)라는 단어의 의미는 겹치는 부분이 많아 이를 구분할 필요가 없다는 것이 오늘날의 통설적인 견해이다. 따라서 외교특권과 면제란 외교관과 사절단에게 부여되는 특별한 지위를 총괄하는 개념이라고 할 수 있다.[30]

외교관계법 중에서도 특히 외교면제에 관한 법은 국가들에 의해 잘 준수되고 있으나, 보통 사람들에게 이 법은 매우 생경하게 느껴진다. 따라서 각국은 때때로 외국 외교관의 면제 범위를 제한하라는 국내여론에 직면하기도 하지만, 각국 정부는 외국주재 자국 외교관에게 초래될 역풍을 우려하여 그러한 압력에 굴복하지 않는다. 실제로 모든 지구상의 국가는 외교사절단을 외국에 파견한 '파견국'(sending state)인 동시에 '접수국'(receiving state)이므로, 외교관계에 관한 법을 지키는 것이 자국에게 이익이라고 믿고 있는 것이다.[31]

---

30) *Ibid.*, p.126; 유병화, pp.380-381.
31) *Ibid* (Malanczuk), p.123.

II. 인정근거

외교특권과 면제가 인정되는 근거에 관해서는 몇 가지 학설이 있다. 대표설 (representative character theory)에 의하면 외교사절은 파견국과 그 국가원수를 대표하기 때문에 국가와 국가원수의 품위와 독립성을 보호하기 위해 특별한 대우가 필요하다고 한다. 치외법권설(extraterritoriality theory)에서는 외교공관과 외교관이 실제로는 접수국 안에 있지만 법적으로는 접수국 밖에 있는 것으로 간주하여 접수국의 관할권 적용을 배제하였다.32) 기능설(functional necessity theory)은 외교특권과 면제는 외교사절단과 외교관들이 접수국의 간섭을 받지 아니하고 자신의 기능을 독립적으로 수행할 수 있게 하기 위하여 인정된다고 한다.

외국의 군주가 파견한 사절을 특별히 대우하는 것은 보편적인 일이고, 외교관들은 오늘날에도 특권과 면제를 누리고 있다. 따라서 외교특권과 면제의 내용은 과거나 현재나 별 차이가 없으나 이를 인정하는 논리에는 변화가 있었다. 미국의 리스테이트먼트에 의하면, 과거 외교사절들의 특별한 지위와 대우는 외교관에 의해 대표되는 외국과 그 주권 때문이라고 생각되었으나, 현재는 외교특권과 면제의 근거를 기능적인 것에서 찾고 있다. 외교특권과 면제는 질서 있고 효율적인 국가 간 우호관계를 위해 필요한 것으로 인식되고 있는 것이다.33) 실제로 오늘날 국제법 학자들 중에는 기능설을 중시하는 사람들이 많으며, 기능설과 대표설의 절충적 입장을 취하기도 한다.34)

1961년 비엔나협약은 전문에서 외교사절단의 특권과 면제의 목적은 개인에게 이익을 주는 것이 아니라 국가를 대표하는 외교사절단의 직무의 능률적인 수행을 확보하는 데 있다고 하였다. 비엔나협약 역시 기능설과 대표설의 절충적인 입장을 취한 것이다.

---

32) 역사적으로 대사관과 영사관은 파견국의 치외법권적 연장(extraterritorial extension)으로 보았다. 그 법적인 허구의 결과는 외교공관에서 이루어진 행위는 접수국 법에 위반되는 경우에도 파견국 법에 의해 규율된다는 것이었다. Slomanson, pp.334-335.

33) *Restatement*, p.455.

34) 유병화, pp.381-382.

III. 사절단의 특권과 면제

1. 공관의 불가침과 보호

(1) 불가침권

사절단의 공관(premises of the mission)이란 사절단의 목적에 공여되는 건물과 부지를 말한다. 1961년 「외교관계에 관한 비엔나협약」은 사절단의 공관은 불가침이며, 접수국 관헌은 사절단의 장의 허가가 없이는 공관에 마음대로 들어갈 수 없다고 하였다(비엔나협약 제22조 1항). 이 규정을 보면 외교공관의 불가침은 절대적인 것으로 생각된다.[35]

그러면 화재를 진압하거나 공관 내 사람의 안전을 보호하기 위한 경우에도 사절단의 장의 허가가 없이는 공관에 들어갈 수 없는 것일까? 이러한 경우를 생각하여 공관의 불가침권은 상대적인 것이라 말하는 학자들이 있는가 하면, 그런 경우에는 묵시적 동의가 있었던 것으로 보아야 한다는 학설도 있다. 사절단의 장의 동의를 구할 시간적 여유가 없든가 동의는 얻지 못했지만 긴급성(emergency)과 불가피성(necessity)이 인정되는 때에는 명시적인 허가가 없이도 공관에 들어갈 수 있는 것으로 보는 것이다.[36]

국제사법재판소(ICJ)도 외교공관의 불가침권을 확인하였다. 1979년 이란의 테헤란주재 미국대사관이 이란인들에 의해 점거되어 문서들은 압수되고 50여 명에 달하는 공관 직원들이 인질이 되었다. ICJ는 이 사건에 대한 판결에서 "이란은 접수국으로서 미국 대사관과 영사관, 직원, 문서, 통신수단, 직원들의 자유로운 이동을 보호하기 위하여 적절한 조치를 취해야 할 분명한 의무를 부담한다"고 하였다.[37]

---

35) Shaw, pp. 525-526.
36) *Ibid.*, p. 526. 1963년 체결된 「영사관계에 관한 비엔나협약」은 화재와 같이 신속한 예방조치가 요구되는 긴급상황 때에는 접수국의 동의가 있는 것으로 간주한다고 규정하였다. 외교관계협약은 외교공관의 불가침을 강조하기 위하여 예외를 인정하지 않았으나, 영사협약에서와 같이 특별한 상황에서는 예외를 인정하는 것으로 보아야 한다. *Restatement*, p. 483.
37) *United States Diplomatic and Consular Staff in Tehran, ICJ Reports*, 1980, pp. 30-31.

외교공관에 이처럼 불가침권이 인정되지만, 외교공관은 치외법권(extraterritorial) 지역은 아니다. 공관 내에서 이루어진 행위는 파견국이 아닌 접수국의 영토에서 발생한 것으로 간주되며, 공관으로 피신한 범인들은 대개 접수국 경찰에 인도된다.38)

(2) 보호의무

비엔나협약은 공관의 불가침에서 더 나아가 접수국의 적극적인 보호의무를 규정하였다. 즉 접수국은 침입 또는 손괴로부터 사절단의 공관을 보호하고 공관의 안녕과 위엄이 훼손되는 것을 방지하기 위해 모든 적절한 조치를 취할 특별한 의무를 진다(협약 제22조 2항). 2005년 4월 중국 상하이에서는 대략 2만 명의 군중들이 일본의 유엔 안보리 상임이사국 진출 시도에 반대하면서 반일 시위를 하였으나, 주변의 중국 경찰은 이를 방관하였다. 이에 일본은 중국 내 다른 도시에서도 3주간 유사한 시위가 있었던 점을 고려하여 중국에 공식적으로 항의하였으나, 중국은 과거 침략의 역사 등 일본의 잘못으로 인한 것이라는 반응이었다. 중국이 자국 내 일본 외교공관과 영사관 부근에서의 지속적인 시위를 억제하는 데 실패한 것은 비엔나 협약상 공관의 보호의무를 다하지 못한 것이라고 할 수 있다.39)

2. 외교적 비호

(1) 일반국제법

외교공관의 불가침과 관련하여 문제가 되는 것은 외교공관이 정치범을 보호할 권리, 즉 외교적 비호권(diplomatic asylum)을 갖는가 하는 것이었다. 과거에는 치외법권설에 따라 외교공관은 접수국의 주권이 미치지 못하는 부분으로 생각되어 외교적 비호는 쉽게 인정되었다. 실제로 16, 17세기 유럽에서는 가혹하고 편파적인 재판과 처벌로부터 범죄인을 보호하기 위하여 공관의 비호권이 인정되었고, 정정이 불안한 중남미에서도 유사한 관행이 성립되었다.

그렇지만 외교공관을 파견국의 영토로 간주하는 치외법권설의 약화와 함께

---

38) Malanczuk, p.126.
39) Slomanson, p.347.

외교공관에의 망명권 또는 외교적 비호권을 인정해야 한다는 주장은 설득력을 잃었다. 따라서 오늘날 일반국제법상 외교적 비호권이 인정되는가 하는 것은 의문이며, 원칙적으로 별다른 조약이나 관습법 규정이 없는 한 외교공관에 망명한 정치적 난민은 접수국에 인도될 수 있다고 본다.[40)

국제사법재판소(ICJ)도 외교적 비호권을 부인하였다. ICJ는 1950년 콜롬비아와 페루 간 비호권사건(Asylum case)에서 비호를 허용하는 결정은 접수국 주권을 훼손하고 접수국의 배타적 관할에 속하는 문제에 간섭하는 것이라고 하면서, 특별한 법적인 근거가 없는 한 영토주권의 훼손은 허용되지 않는다고 하였다.[41)

하지만 오늘날 외교적 비호는 인권문제와 결부되면서 불법이라고 단정할 수는 없게 되었으며, 외교적 비호가 허용된 유명한 사례들이 있다. 일반인들로 하여금 외교적 비호 또는 외교공관에의 망명권이 일반적으로 허용되고 있다고 믿게 만든 유명한 사건으로 Jozef Mindszenty 대주교 사건이 있다. 그는 헝가리에서의 반정부활동으로 체포되어 1949년 투옥되었는데, 1956년 헝가리 폭동 때 일시적으로 석방되자 미국 대사관에 망명하였다. 미국은 공식적으로는 외교적 비호를 인정하지는 않았으나, 이 사건은 특별한 경우라고 판단하였다. Mindszenty 대주교는 외교적 비호를 부여받고 미국 대사관에 1956년부터 1971년까지 체류하다가 헝가리가 그의 바티칸으로의 안도를 허용함으로서 헝가리를 떠나게 되었다.[42) 바티칸은 외교적 비호에 적극적으로 참여하였는데, 그 사례 중의 하나로 1989년 미국의 파나마 침공 후 파나마 주재 바티칸 대사관에 망명하였던 파나마 대통령 노리에가(Manuel Noriega) 사건이 있다. 바티칸은 처음에는 미국의 노리에가 인도요구를 거부하였으나, 미국과 합의하여 그를 미군에 인도하였다. 한편 1989년 천안문 사태 당시 6월 4일 중국계엄군이 진압작전에 나서자 반체제 물리학자 방려지 교수가 북경주재 미국 대사관에 피신하였다. 이로 인해 미국과 중국 사이에 갈등이 있었으나, 1990년 6월 방 교수는 중국을 떠나 미국에 입국하였다.[43)

외교적 비호에 관해 확고한 원칙을 정하는 것은 매우 미묘한 문제이다. 국제법에서 영토주권은 가장 기본적인 원칙에 속한다. 그러나 국제법에서 인간의 기

---

40) Shaw, p.528.
41) *Asylum Case, ICJ Reports*, 1950, pp.274-275.
42) Slomanson, p.338.
43) *Ibid.*, pp.337-338.

본권과 정치적 신조를 보호하려는 정신이 사라지지 않는 한, 공식적으로는 외교 비호를 부인하는 국가들조차도 경우에 따라서는 이를 인정할 수밖에 없기 때문이다.[44)

(2) 중남미지역

외교적 비호권을 부인하는 일반국제법과는 달리, 중남미에서는 조약과 지역 관습법에 의하여 외교공관의 정치범 비호권을 인정하는 관행을 세워 왔다. 정치 정세가 불안한 중남미 지역의 국가들은 1928년 「외교관에 관한 아바나협약」, 1933년 「정치적 비호에 관한 몬테비데오협약」 등을 통하여 외교적 비호를 허용하여 왔으며 관련 관습법도 정립되었다.

3. 통신의 자유

(1) 내 용

외교사절단은 공적 목적을 위하여 통신의 자유를 가지며 외부와의 통신에 있어 외교전서사(diplomatic courier), 암호, 부호를 사용하는 등 모든 적절한 수단을 사용할 수 있다. 다만 무선송신기를 설치할 때에는 접수국의 동의를 얻어야 한다(비엔나협약 제27조 1항). 외교전서사는 그의 지위를 보여 주는 공적서류를 휴대하여야 한다. 그의 신체는 불가침이어서 체포 또는 구금되지 아니하고, 기능 수행과 관련하여 접수국의 보호를 받는다(동조 3항에서 5항).

(2) 외교행낭

외교행낭(diplomatic bag)은 개봉되거나 유치될 수 없다(협약 제27조 3항). 그러나 외교행낭은 외부에서 식별할 수 있는 표지를 부착하여야 하며, 외교문서나 공적인 사용(official use)을 위한 물품만을 담을 수 있다(동조 4항).

---

44) 미국은 중남미 국가들이 체결한 정치적 망명에 관한 협약에 가입한 바 없으며, 외교적 비호권을 일반적으로 인정하는 데 대해서도 반대한다. 그러나 급박하고 중대한 위험에 처한 사람들에 대해서는 인도주의적 견지에서 외교적 비호를 인정해 왔다. 부다페스트의 미국 공관은 헝가리 사태 당시 1956년부터 1970년까지 15년간 Mindszenty 대주교를 비호하였으며, 1978년 모스크바 주재 미국대사관은 오순절파(Pentecostalists) 신도들에게 이민을 허가하였다. *Restatement*, pp.488-489.

1984년 7월 발생한 Dikko 사건은 외교행낭에 관한 비엔나협약 제27조 4항의 조건과 관련되어 있다. 전직 나이지리아 장관인 Dikko가 런던에서 납치되어 나무상자에 실려 나이지리아로 압송되려 할 때, Stansted 공항 직원들이 이 나무상자를 개봉하였다. 나무상자를 나르던 사람은 자신이 외교관이라고 주장하였으나, 그 나무상자에는 공식적인 표지가 없어 외교행낭으로 인정할 수 없었던 것이다.[45]

외교행낭을 개봉하거나 유치하지 아니하고 전자투시(electronic screening)를 하는 것은 합법적인가 하는 문제도 제기되었다. 국제법위원회(ILC)는 관련조항들을 검토한 후, 1989년 「외교전서사와 외교행낭에 관한 조문초안」을 채택하여, 외교행낭은 전자장비는 물론 그 어떠한 장비로도 검사할 수 없다고 하였다. 만일 행낭에 공식문서나 공적인 사용을 위한 물건이 아닌 다른 물건들이 들어 있다고 판단될 때에는 파견국 대표의 임석하에 이를 개봉할 수 있으나, 그럴 경우 상대방의 상응하는 조치를 유발할 수 있다.[46]

4. 그 외의 특권과 면제

접수국과 사절단의 장은 외교공관에 대한 일체의 부담금이나 조세를 면제받는다(협약 제23조). 사절단의 문서와 기록들도 언제 어디서나 불가침이다(협약 제24조).

IV. 외교관의 특권과 면제

1. 신체와 주거의 불가침

외교관의 신체는 불가침이다. 외교관은 어떤 경우에도 체포 또는 구금되지

---

45) 디코(Dikko) 사건과 관련하여 영국 외무부는 그 나무상자가 개봉된 것은 그 안에 사람이 들어 있는 것 같았기 때문이었다고 하였다. 영국은 그것이 외교행낭이지만 인간의 생명을 보호해야 하는 우선적인 의무에 따라 그러한 결정을 하였다. Shaw, pp.529-530.

46) *Ibid.*, pp.530-531.

아니한다. 접수국은 외교관을 공손히 대우해야 하며, 그의 신체·자유·품위가 침해받지 않도록 필요한 조치를 취하여야 한다(비엔나협약 제29조). 그러나 외교관의 신체의 불가침권 역시 절대적인 권리는 아니며, 급박한 위험이 있는 경우에는 일시적으로 이를 제한할 수 있다고 보아야 한다.

외교관의 개인적 주거(private residence)는 사절단의 공관과 동일한 불가침과 보호를 향유하며, 외교관의 서류와 통신문도 불가침이다(협약 제30조).

2. 재판관할권 면제

(1) 의 미

외교관은 접수국의 재판관할권으로부터 면제를 누린다. 그러나 여기서 말하는 재판관할권의 면제 또는 재판권의 면제란 접수국의 실체법 적용의 면제가 아니라 절차법 적용의 면제이다. 따라서 외교관은 접수국으로부터 법적인 책임을 면제받는 것이 아니라 재판절차의 적용을 면제받는 것이며, 면제는 포기될 수 있다.

(2) 형사재판관할권

형사재판관할권의 면제는 절대적이며, 이러한 외교관들의 특권은 관습법에 의해 오래전부터 인정되어 오고 있다. 형사재판관할권의 면제로 인하여 외교관은 접수국 형법에 위반된 행위로 소추되거나 처벌되지 아니하며 위반사실이 중대한 경우에는 기피인물(*persona non grata*)로 지정되어 추방될 수 있을 뿐이다.[47] 외교관이 접수국의 형사관할권에서 면제된다고 해서 파견국의 재판관할권이 면제되는 것은 아니다(비엔나협약 제31조 1, 4항).

(3) 민사 및 행정재판관할권

외교관들은 접수국의 민사재판 및 행정재판 관할권으로부터도 면제되지만

---

47) 어떤 외교관이 중대한 잘못을 저지른 것이 분명하나 파견국이 외교관의 법적 절차로부터의 면제권을 포기하지 아니하는 경우에는 접수국은 그를 기피인물(*persona non grata*)로 선언하게 된다. 기피인물로 선언된 외교관은 그 국가를 떠나야 할 의무가 있지만 구금되거나 학대를 받지는 않는다.

형사재판관할권의 경우와는 달리 면제의 범위가 일부 제한된다. 1961년 비엔나협약은 면제가 인정되지 아니하는 세 가지 예외를 규정하였다. 접수국의 영역 내 사유인 부동산에 관한 소송, 외교관이 관계된 상속에 관한 소송, 외교관이 접수국에서 하는 영업활동에 관한 소송에 있어서는 재판관할권 면제를 누리지 못한다(협약 제31조 1항). 외교관들은 증인으로서 증언할 의무도 면제받는다(동조 2항).

(4) 면제의 포기

파견국은 외교관의 재판관할권 면제를 포기할 수 있다. 면제의 포기는 명시적으로 이루어져야 한다. 민사 및 행정재판관할권 면제의 포기는 판결의 집행의 포기가 아니므로 이를 위해서는 별도의 포기가 이루어져야 한다(비엔나협약 제32조).

외교관의 특권면제에 관한 현 제도가 존속하는 한 외교관의 일정한 행위로 피해를 입은 국가와 국민이 외교관을 상대로 손해배상을 추구하는 것은 매우 어렵게 되었다. 그런데 외교관의 특권과 면제란 원활한 외교관계를 위해서 인정되는 것이지 외교관 개인에게 특혜를 주기 위한 것이 아니므로, 외교관에 대한 접수국 재판관할권의 면제는 외교관이 아닌 파견국이 이를 포기할 수 있게 한 것이다. 따라서 파견국은 양국 간 관계에 큰 장애가 초래되지 않는 한 가능한 면제를 포기하여 피해자의 배상청구를 용이하게 해야 하는 것이다.[48]

피해당사자는 가해외교관이 소속된 외교사절단의 장에게 면제의 포기를 요청하는 한편, 접수국 내에서 외교관에 대해 법적인 절차를 개시할 수 있다. 현실적으로 이런 소송은 대부분 교통사고와 관련되어 있다. 그런데 외교관들도 대부분이 보험에 가입하며 보험회사들도 외교관들의 면제를 이용하여 이익을 취하려 하지는 않으므로, 실제로 큰 문제는 없다고 한다.[49]

3. 조세와 역무의 면제

외교관들은 간접세와 같은 일부 세금을 제외한 대부분의 세금을 면제받는다(비엔나협약 제34조). 또한 사절단의 공적 사용을 위한 물품은 물론 외교관의 개인

---

48) *Restatement*, pp.458-459.
49) Malanczuk, p.125.

적 사용을 위한 물품의 관세도 면제받는다. 외교관의 개인적 수하물(personal baggage)은 면제를 누릴 수 없는 물품이나 수출입이 금지된 물건이 있는 것으로 믿을 만한 근거가 없는 한 검사를 면제받는다(협약 제36조). 외교관은 모든 인적 역무나 군사상의 징발 같은 군사상의 의무로부터도 면제된다(협약 제35조).

4. 여행의 자유

외교관들은 접수국 내에서 이동과 여행의 자유를 가진다. 엄격히 통제되고 있는 지역을 제외한 접수국의 영토는 외교관들의 여행에 개방되는 것이 일반적이다.

V. 특권면제의 범위

1. 인적 범위

외교관의 특권과 면제를 온전하게 누리는 사람은 외교관 신분인 사절단의 장과 그 외의 외교직원이다. 외교사절단의 다른 구성원들이 누리는 특권과 면제의 범위는 외교관들에 비해 제한된다. 외교관과 같은 세대에 속하는 가족은 접수국 국민이 아닌 한 외교관과 동일한 특권을 누린다. 사무 및 기술직원의 특권면제의 범위는 외교관과 유사하나 민사 및 행정재판관할권의 면제가 공무에 한하여 인정된다는 차이가 있다. 역무직원은 공무 중 행위에 대해서만 재판관할권이 면제되고 조세의 면제범위도 제한된다. 개인적 사용인은 보수에 대한 조세의 면제가 인정될 뿐이다(비엔나협약 제37조).

외교사절단의 구성원들은 대부분 파견국의 국민이며, 접수국 국민은 접수국의 동의가 없이는 보임될 수 없다. 외교사절단의 구성원이 접수국 국민인 경우에 그는 공무수행에 관련된 행위에 대해서만 특권과 면제를 누린다.[50]

---

50) *Restatement*, p.461.

2. 시간적 범위

외교관과 같은 외교특권과 면제의 향유자가 이를 누리는 시기는 외교관으로서의 직무의 개시 및 종료 시점과 일치하지 않는다. 이들은 부임하기 위해 접수국의 영역에 들어갈 때부터, 그리고 이미 접수국 내에 있을 때에는 임명을 통보받은 때부터 특권과 면제를 누린다. 외교관은 직무가 종료된 이후에도 접수국을 떠나는데 필요한 기간 동안 특권과 면제를 누린다(협약 제39조).

3. 장소적 범위

외교특권과 면제를 누리는 장소적 범위는 접수국의 배타적 통치권이 미치는지역이다. 따라서 접수국의 영역은 물론이고 조차지, 신탁통치지역, 접수국 소유의 선박과 항공기에서도 특권과 면제를 누린다. 임지로 부임하거나 귀임하기 위하여 또는 본국으로 귀국하기 위하여 제3국 영토를 통과하는 외교사절단의 구성원과 그 가족들은 제3국에서도 그들이 여행을 무사히 마치는 데 필요한 면제를 누린다(협약 제40조).

1972년 네덜란드 스키폴(Schiphol) 공항의 세관직원이 남미의 어떤 국가로 부임하는 알제리 외교관의 짐에서 5개의 수류탄과 권총 5자루, 8kg의 폭발물, 21개의 편지폭탄 등을 발견하였다. 그 외교관은 그 내용물을 알지 못하였다고 주장하였다. 네덜란드 검사는 그 외교관에 대한 사법절차를 진행하지 않기로 하였는데, 그 이유는 그가 짐의 내용물을 실제로 알았다고 확정할 수 없었다는 것이었다. 이에 대해 이스라엘은 외교면제는 외교관의 접수국에서만 적용되는 것이고 통과중의 국가에서는 그러한 면제는 허용되지 않는다고 항의하였다. 1961년 비엔나협약 제40조 규정에 비추어 볼 때 이러한 지적에 쉽게 동의할 수는 없다. 그러나 외교관의 행위가 공무에 관한 것이 아니고 명백한 범죄에 관련된 경우에도 면제가 적용될 수는 없을 것이다.[51]

---

51) Slomanson, p.349.

‖ 제5절 ‖ 영사관계

Ⅰ. 의 미

영사는 비자와 여권을 발급하는 등 행정 및 사법사무를 수행하며 접수국 내에서 자국의 상업적 이익을 증진하기 위하여 노력한다. 영사들은 접수국의 수도 뿐 아니라 지방의 주요도시에도 주재한다. 그러나 영사들은 정치적 기능을 거의 수행하지 않기 때문에 외교관들보다는 좁은 범위에서 특권과 면제를 누린다.[52] 오늘날 외교관계와 영사관계 간에는 융화현상이 일어나고 있다. 외교관의 직무 중에서 경제외교가 중요해지고, 영사들도 정치적 차원의 일을 일부 수행하게 되면서 업무가 유사해지고 있는 것이다. 또한 외교관들과 영사관 직원들은 대부분 같은 외교담당 부서에 속하는바, 조직과 인원에 있어서도 융화현상이 나타나고 있다.

Ⅱ. 역 사

오늘날의 영사제도와 유사한 제도가 등장한 것은 중세 전기이었다. 당시 북부 이탈리아 도시국가에는 외국 상인 간의 상사중재를 담당하는 중재인(consul)이 있었는데, 여기서부터 영사제도는 시작되었다. 이렇게 등장한 영사는 근대국가의 등장 이전까지 국가의 공식대표로 활동하기도 하는 등 외교기능을 수행하기도 하였다.

그러나 그 후 외교관계가 활성화되면서 영사제도의 중요성은 상대적으로 위축되었다. 외교관계에 관한 국제관습법은 제2차 세계대전까지는 상당히 정비되었으나, 영사관계에 관한 관습법은 한동안 통일되지 못하고 불확실한 상태에 있었으며 대부분 양자조약의 규율을 받고 있었다. 그러나 보편적인 기초에서 영사의 지

---

52) Shaw, p.537.

위와 기능을 규정하기로 합의가 이루어져 「외교관계에 관한 비엔나협약」 체결 2년 후인 1963년 「영사관계에 관한 비엔나협약」(Vienna Convention on Consular Relations)이 체결되었다.[53]

III. 영사의 종류와 계급

영사에는 본국에서 파견되어 영사업무에 전념하는 본무영사(또는 전임영사)와 거주국 국민 중에서 영사의 사무를 위탁받은 명예영사(또는 선임영사)가 있다. 명예영사는 현지에서 일정한 직업에 종사하는 유력한 인사에게 영사업무를 부탁하는 것으로, 영사의 부족을 메우고 유력한 인사를 명예영사로 선정하여 양국 간 통상관계를 증진하는 것을 목적으로 한다.

영사에도 계급이 있어서 총영사(consular-general), 영사(consul), 부영사(vice consul), 영사대리(consular agent)가 있으나 영사대리는 오늘날 이용되지 않는다. 접수국 내 외국 영사관장의 석차는 계급을 우선하고 계급이 같은 경우에는 인가장(exequatur)의 발급일자에 따라 정해진다.

IV. 파견절차

파견국은 외교사절 파견 시 필요한 아그레망과 같은 절차는 없이 임의로 영사를 파견한다. 이때에 파견국 원수나 외무장관은 파견되는 영사에게 영사위임장(Consular Commission 또는 Letter of Commission)을 교부한다. 접수국은 파견되어 온 영사를 거부할 수 있다. 영사가 파견국의 원수나 외무장관이 발행하는 영사위임장을 접수국의 외무장관에게 제출하고 접수국의 외무장관 또는 국가원수가 인가장(exequatur)을 수여하면 영사업무가 시작된다.

---

53) *Restatement*, pp.456-457. 이 협약은 1967년에 효력발생에 들어갔으며, 2003년 2월 현재 당사국은 163개국이다. 우리나라는 1977년 비준서를 기탁하여 협약의 당사국이 되었다.

V. 임 무

외교사절은 정치적 대표성을 가지지만 영사는 기능적·행정적 성격의 임무를 수행한다. 1963년 협약은 영사의 기능에 관한 규정을 두었다. 즉, 영사는 자국의 이익보호, 우호통상촉진, 정보수집, 여권과 사증의 발급, 자국민 보호, 호적과 공증사무 등을 수행한다(영사관계협약 제5조).

VI. 특권과 면제

1963년 「영사관계에 관한 비엔나협약」에 의하여 영사관원들의 지위는 외교관들의 지위와 유사해졌다. 이러한 현상은 외교업무와 영사업무의 융화현상을 감안하면 당연한 결과라고 할 수 있다. 외교관과 영사의 일을 동시에 하는 사람들은 외교면제를 누린다. 외교관 신분이 아닌 영사도 외교관과 매우 유사한 특권과 면제를 누리지만, 접수국의 민사 및 형사재판관할권 면제는 공적행위에 한정된다.54) 영사관계에 관한 비엔나협약 제43조는 영사관원과 사무직원은 "영사직무의 수행 중에 행한 행위에 대하여" 접수국의 사법 또는 행정당국의 관할권에 속하지 아니한다고 규정하였다.

영사관 직원들은 조세, 관세, 군대 및 기타 역무에 있어서 외교관들과 유사한 면제를 누린다. 영사관 직원들의 신체의 자유, 특권과 면제의 시작과 종료, 면제의 포기에 있어서도 외교관들의 경우와 유사한 규칙이 적용된다. 그러나 영사관원들이 누리는 체포와 구금, 형사재판과 민사재판 절차의 면제는 일반적이지 못하여 공무에 대해서만 인정된다.55)

---

54) Malanczuk, p.127.
55) *Restatement*, pp.474-475.

‖ 제6절 ‖ 국제기구의 면제

국제기구들이 누리는 면제의 범위에 관한 일반적인 규칙을 발견하기는 어렵다. 실제로 국제기구가 누리는 면제는 1946년 「유엔의 특권면제에 관한 협약」 (Convention on the Privileges and Immunities of the United Nations) 같은 조약과 국제기구와 국제기구 소재지국가 간에 체결되는 본부협정(headquarters agreement) 에 의해 규율된다.[56]

국제기구에게 인정되는 면제의 목적은 순전히 기능적인 것이다. 국제기구의 면제에 있어서는 주권면제에서 고려되는 주권은 고려할 필요가 없기 때문이다. 국제기구의 목적은 설립헌장에 명시되어 있는바, 국제기구에게는 그 목적의 달성에 필요한 범위에서 특권과 면제가 부여되는 것이다.

1946년 협정에 의하면 유엔은 모든 접수국의 법절차로부터 완전한 면제를 누리며, 그 공관과 자산·문서·서류는 불가침이고, 직접세와 관세·소득세도 면제받는다. 아울러 협정은 유엔 사무총장과 부총장은 외교면제를 누리도록 하였으나, 그 외의 직원들에게는 제한적인 면제만을 인정하여 공무와 관련하여서만 법절차의 면제를 허용하였다.

유엔의 각종 회의에 참석하는 회원국 대표들은 외교관과 동일한 특권과 면제를 누린다. 그러나 그들에 대한 접수국 법절차의 면제는 공적인 행위에만 적용되며, 관세의 면제범위도 개인 수하물로 한정된다.[57]

---

56) Malanczuk, p.127.
57) *Ibid.*, p.128.

제6장

국가책임

‖ 제1절 ‖ 국가책임법 일반

Ⅰ. 의 미

국제법위원회(ILC)가 2001년 채택한 「국제위법행위에 관한 국가책임초안」 (Draft Articles on Responsibility of States for Internationally Wrongful Acts: 국가책임초안) 제1조는 "국가의 모든 국제위법행위에는 그 국가의 국제책임이 따른다"고 하여, 국제관계에서 한 국가가 위법행위를 하게 되면 거기에 상응하는 책임을 진다고 하였다. 한 국가가 국제관습법 규칙을 위반하거나 스스로 동의한 조약상의 의무를 이행하지 않으면 국제법에 대한 위반이 있는 것이고, 그러한 위반이 있으면 소위 '국제위법행위'(international wrongful act)가 성립하여 국가책임이 발생하는 것이다. 국가책임법에 관한 본 장에서는 국제위법행위의 성립, 위법행위의 국가에의 귀책성, 책임과 같은 위법행위의 법적 효과, 국제책임의 해소방법을 다룬다.[1]

---

1) Peter Malanczuk, *Akehurst's Modern Introduction to International Law*, Routledge, 1997,

그러면 국가 이외의 다른 국제법 주체들은 국제책임을 부담하지 않는가? 어느 법체계에서든지 법의 주체가 되면 일정한 법적인 권리를 누리게 되지만 동시에 그에 상응하는 의무도 부담한다. 따라서 국가 이외의 다른 국제법 주체들도 적절한 경우 국가와 유사한 책임을 부담하기는 하지만, 사인, 비정부간기구, 기업들의 경우에는 국제법상 지위가 국가의 경우처럼 확고한 것은 아니므로 국가책임 제도를 준용하는 데에는 한계가 있다.[2]

II. 역 사

국가책임법은 국제법의 여러 분야 중에서도 역사가 짧고 규범화도 미진한 분야에 속한다. 과거에는 전통적인 주권이론의 영향으로 완벽한 존재인 국가는 불법을 행할 수 없다는 생각이 널리 퍼져 있었으며, '책임'에 대한 국가 간의 견해차이도 쉽게 해소되지 않았기 때문이다. 국제법상 국가책임 문제는 1840년 독일 출신인 헤프터(Heffter)의 「현대유럽국제법」(Das Europäische Völkerrecht der Gegenwart)에서 검토되었으며, 그 후 트리펠(Triepel)과 안칠로티(Anzilotti)가 보다 깊게 연구하였다. 하지만 국제책임법의 형성기인 1930년대까지는 주로 한 국가 내 외국인의 대우 문제가 국제책임법의 주요 이슈이었다.[3]

국제연맹 때에는 국제법상 국가책임에 관한 관습법의 성문화 시도가 있었으나 성공하지 못하였다. 유엔에서는 1949년 국제법위원회(International Law Commission: ILC)가 국가의 국제책임 문제를 성문화가 필요한 14가지 과제의 하나로 선정하였다. 이어서 1953년 유엔총회는 국가책임에 관한 국제법원칙의 성문화를 공식적으로 요구하여 성문화 작업이 시작되었다. 첫 번째 특별보고자(Special Rapporteur)이었던 가르시아(F. V. Garcia)는 주로 외국인의 신체와 재산에 대한 피해에 따른 국가책임에 관심이 있었다. 그렇지만 외국인의 대우 문제는 매우 논란이 많은 문제였기 때문에, 국제법위원회에서는 국제평화와 안전의 유지와 같은

---

p.254.

2) 자세한 것은 다음을 볼 것. Malcolm D. Evans, *International Law*, 2nd edition, Oxford, 2006, pp.452-454.

3) Ian Brownlie, *State Responsibility*, Part 1, Clarendon Press, 1983, pp.2-9.

보다 근본적인 국제법 원칙에 대한 문제로 관심을 돌리게 되었다. 그 후 국제법위
원회의 작업은 Amador, Robert Ago, Riphagen 같은 특별보고자들의 보고서를
검토하면서 진행되어 점차 성과를 거두게 되었다.[4]

　　그런데 1996년 국제법위원회가 채택한 「국가책임규정에 관한 잠정초안」에
의하면 국제의무의 위반인 국제위법행위(internationally wrongful act)는 두 가지로
구분되어 있었다. 잠정초안은 국제사회의 근본적인 이익의 보호에 필수적이어서
위반하는 경우 공동체 전체에 의하여 범죄로 생각되는 국제의무에 위반한 행위는
국제범죄(international crime)라고 하였으니, 여기에는 침략금지와 같은 국제평화
와 안전의 유지, 식민지배의 금지와 같은 인민의 자결권 보호, 노예매매와 집단살
해·인종차별 금지와 같은 인권보호, 대기나 해양의 대규모 오염금지 같은 환경
보호에 관한 국제법 규칙에 위반되는 행위가 포함되었다. 그리고 국제범죄에 해
당하지 않는 나머지 국제위법행위는 국제불법행위(international delict)가 된다고
하였다.[5] 이에 대해 미국을 위시한 서구와 라틴아메리카 국가들은 이는 국가에
대한 형사처벌 부과를 전제로 한 것이라고 하면서, 통일된 국제사법기관이 없는
국제사회의 현실과 국가에 대한 가벌성 문제를 근거로 이를 비판하였으며,[6] 브라
운리(Brownlie) 같은 학자는 이러한 개념은 법적으로 아무런 가치가 없으며 원칙
적으로 정당화될 수도 없다고 하였다. 특별보고자는 제2차 대전 이후의 국제법의
변화, 즉 국제강행규정의 등장과 국제법에 의한 개인의 형사처벌 및 유엔헌장의
강제조치 규정을 들어 자신의 제안을 옹호하였다. 그러나 국제법에는 아직 규범
간에 상하구분이 없다고 보는 것이 통설이고 국가는 물론 개인에 대한 형사처벌

---

4) Malcolm N. Shaw, *International Law*, 4th edition, Cambridge University Press, 1997, p.
　254; Malanczuk, p.254.
5) ILC가 마련한 국가책임에 관한 협약초안 제19조가 안고 있는 문제는 국제범죄와 국제불법
　행위를 구분하여 국제범죄가 되려면 국제공동체 전체의 승인이 필요하다고 할 때에 국제공
　동체 전체가 무엇을 의미하는가 하는 것이다. 국제공동체 전체가 승인한다는 것은 만장일치
　를 의미하는 것은 아니며, '국제공동체의 모든 근본요소들'(all the essential components of
　the international community)의 동의를 의미하는데, 당시로는 '서구국가들'과 '사회주의 국
　가들,' 그리고 '제3세계'를 의미하는 것으로 해석되었다. Shaw, pp.558-559.
6) 실제로 초안 제14조는 국제범죄를 저지른 국가에게 형벌을 부과하려고 한 것은 아니었다.
　초안은 제14조에서 다른 국가들에게 그러한 범죄행위로 인하여 이루어진 결과를 승인하지
　아니하며, 그러한 범죄를 저지른 국가를 원조하지 아니할 의무가 있다고 하여 형벌이 아니
　라 '단결'을 강조하였던 것이다. *Ibid.*, pp.559-560.

조차도 국제사회에서는 예외적인 현상이므로, 국제범죄와 국제불법행위를 구분하는 것 자체가 의미는 있지만 현실에 부합하는 것은 아니었다.[7] 결국 1997년부터 마지막 특별보고자로 지명된 Crawford는 국제범죄의 개념을 삭제하여 최종 초안을 완성하였으며, 국제법위원회는 드디어 2001년 8월 10일 「국제위법행위에 관한 국가책임초안」(Draft Articles on Responsibility of States for Internationally Wrongful Acts, 이하에서는 국가책임초안)을 채택하였다. 이 초안은 아직 정식 조약은 아니지만, 관련 국제관습법을 반영한 것으로 평가되고 있다.[8]

III. 구조와 특징

국가책임법은 다음과 같이 세 가지 부류에 속하는 규칙들로 구성되어 있으며 세 단계를 거쳐 국가의 국제책임은 규명되고 해제된다. 첫째는 행위의 적법성 여부를 판단하고 의무의 내용을 결정하는 규칙들이다. 이들은 조약에 규정되어 있거나 관습법의 형태로 존재하는데, 관련 법분야에서 다루어지므로 국제책임법에서 별도로 다룰 필요는 없다. 둘째는 국제위법행위의 성립을 결정하고 그 법적 결과를 다루는 규칙들이다. 국제책임법의 중요한 부분인 이곳에서는 국제위법행위의 성립과 위법성조각 문제가 다루어진다. 셋째는 국가책임의 해제와 관련 절차 규칙이다. 여기에는 국제청구의 처리에 관한 법규칙, 분쟁해결절차, 국제사법기관의 관할권, 결정의 집행과 제재가 포함되므로 주로 국가의 국제책임에 관한 절차법이라고 할 수 있다.

국가책임법의 특징적인 모습으로는 다음의 두 가지를 들 수 있다.[9] 첫째, 전통국제법에서 지적되어 온 것으로 국가책임을 추구할 수 있는 권리는 국제법위반에 따른 직접적인 피해자에게만 인정된다는 것이다. 분권화되어 있는 국제사회에서는 국제사회의 구성원으로서 지켜야 할 법을 위반하여도 모든 구성원이 아닌

---

7) *Ibid.*, pp.544-545.

8) 정인섭, 「신국제법강의」, 제6판, 박영사, 2016. p.390; Evans, p.452. 1978년 유엔총회는 국제법위원회에 '국제법상 금지되지 아니하는 행위로 인한 해로운 결과에 대한 국제책임'(international liability for injurious consequences arising out of acts not prohibited by international law) 문제를 다루어 주도록 부탁하였다. Malanczuk, p.255.

9) 이한기, 「국제법강의」, 박영사, 1994, pp.568-572.

그 직접적인 피해자에게만 책임을 부담한다는 것이다. 하지만 요즈음에는 국제관습법이나 강행규정에 속하는 소위 대세적 의무에 관한 규정의 위반이 있을 때에는 직접 피해를 입지 아니한 국가도 국제책임을 추구할 수 있다는 주장이 설득력을 얻어 가고 있다. 둘째, 국제법에서 국가책임은 주로 형벌이 아닌 민사책임 방식으로 추구된다는 것이다. 최근 국제사회에서는 국제범죄와 국제위법행위를 구분하여 일부 국제범죄에 대해서는 형벌을 부과하고 있는바, 유고전범재판소와 르완다전범재판소에 이어 국제형사재판소(ICC)도 설립되었다. 그러나 이러한 시도들은 개인을 형사적으로 처벌하기 위한 것이지 국가의 책임을 묻는 것은 아니다. 국제법에는 국가 자체의 형사책임을 묻는 제도가 아직은 미비하므로, 국가책임은 현재에도 주로 손해배상이란 민사책임 추구 방식으로 추구되고 있는 것이다.

‖ 제2절 ‖ 국가책임의 성립

Ⅰ. 서 론

한 국가의 국가책임은 그 국가의 국제위법행위로 인하여 발생한다. 그리고 그러한 국제위법행위는 작위(action)에 의한 것이든 아니면 부작위(omission)에 의한 것이든 국가의 국제의무위반에 해당하는 것이어야 하며, 국제법상 국가에게 그 책임을 물을 수 있어야 한다. 이러한 조건이 충족되면 국가의 국제책임이 성립하는 것이 일반적이지만, 위법행위에 대해 책임이 있는 국가는 종종 자위나 불가항력 등을 이유로 자신의 의무불이행을 정당화하므로 위법성조각사유에 대한 검토도 필요하다.[10]

국가책임의 성립과 관련해서는 국제의무위반, 국가에의 귀책성, 위법성조각사유 등을 살펴보아야 한다. 그러나 국제위법행위의 조건과 관련하여 불법행위에 대한 고의·과실의 유무와 현실적인 피해의 발생여부에 관한 조건도 종종 제기되

---

10) Evans, pp.459-460.

는 문제이므로 함께 살펴본다.

II. 국제의무위반

1. 국제의무위반

국가책임초안 제12조는 국가의 행위가 국제의무에 의하여 요구되는 바와 합치되지 아니하는 경우에는 국가의 국제의무 위반이 존재한다고 하였다. 따라서 국제의무 위반은 조약, 국제관습법, 법일반원칙에 대한 위반을 통해 발생할 수 있으며, 초안 제2조 규정대로 작위는 물론 부작위에 의해서도 발생할 수 있다.

상설국제사법재판소(PCIJ)는 1927년 호르조(Chorzow) 공장 사건에서 합의에 대한 위반이 있으면 국가는 적절한 방법으로 그에 따른 손해를 배상할 의무가 있다는 것이 국제법 원칙이라고 하였다. 이는 조약 등 당사국 간 합의에 대한 위반이 있는 경우 그에 따른 국가책임을 인정한 것이다. 한편 1949년 Corfu 해협 사건에서 국제사법재판소(ICJ)는 알바니아가 자국 영해에 부설된 기뢰로 인한 위험을 접근하는 영국군함에게 미리 고지할 의무가 있음에도 이를 고지하지 아니하여 발생한 영국해군의 피해에 대한 알바니아의 국가책임을 인정하였다. 이는 부작위에 의해 국제관습법을 위반한 경우에도 국제책임이 발생함을 보여 주었다. 이 두 가지 사건에 대한 국제법원의 판결에서 알 수 있는 것은 작위에 의한 것이든 부작위에 의한 것이든, 조약이든 일반국제법이든 국제법 규칙에 대한 위반이 있으면 국가책임이 발생한다는 것이다.[11]

2. 고의 또는 과실의 문제

국가책임의 성립과 관련하여 고의 또는 과실이 필요한가에 대하여는 두 가지 대립되는 입장이 있었다. 하나는 국가책임이 성립하려면 고의 또는 과실이 있어

---

11) Louis Henkin, Richard Crawford Pugh, Oscar Schachter, and Hans Smit(이하에서는 Henkin), *International Law: Cases and Materials*, West Publishing Co., 1993, pp.544-545; *Corfu Channel Case, ICJ Reports*, 1949, p.23.

야 한다는 과실책임론 또는 주관적 책임론이다. 그로티우스(Grotius)는 국가는 국가기관의 고의 또는 과실이 있는 경우에만 그 작위와 부작위에 대해 책임을 진다고 하였었다. 이러한 입장은 Lauterpacht, Verdross, Eagleton에 의하여 계승되었으며, ICJ의 코르푸해협사건 판결에서도 지지되었다. 반면에 객관적 책임론에서는 국가책임의 성립을 위해 작위나 부작위에 책임 있는 국가기관 구성원들의 악의나 부주의를 입증할 필요는 없다고 한다. 국가기관 구성원들의 고의나 과실이 없더라도 국가기관의 행위와 결과 사이에 인과관계만 있으면 위반국의 국가책임이 인정된다는 것이다.12)

오늘날의 국가관행과 학자들의 학설은 객관적 책임론을 점차 넓게 인정하는 방향으로 나아가고 있다. 국가책임초안도 작위나 부작위가 위법한 것이 되려면 과실이 필요하다는 규정을 두지는 않았다. 그러나 고의·과실의 입증은 용이한 문제가 아니며, 국가책임초안도 고의·과실의 존재를 국가책임 성립의 조건으로 명시하지 않았다.13)

3. 손해의 발생 문제

국가책임의 성립과 관련하여 국제법 위반에 따른 책임을 추구하려는 국가가 실제로 그러한 위반으로 인하여 손해를 입었어야 하는가 하는 문제가 제기된다. 국제법위원회는 특별보고자 아고(Ago)의 견해에 따라 손해는 국가책임을 구성하는 주요 요소이지만, 국가책임 추구에 필수적인 요소는 아니라고 하였다.14)

실제로 어떤 법적인 청구를 제기하는 국가는 대부분 어떤 피해나 손해를 통해 자신의 법익을 침해당한 국가이다. 그러나 국가의 인권이나 근로기준에 대한 침해는 외국이나 외국인이 아닌 자국민의 권리보호를 위한 국제의무를 규정한 조약을 위반한 것이므로, 다른 국가의 이익에 대한 침해가 없더라도 국가책임을 인

---

12) Schachter, p.203. 이 두 가지 학설의 절충설로 국가기관의 작위에 대해서는 고의·과실이 필요하지 않으나, 부작위에 대하여는 고의·과실이 요구된다는 주장도 있다.

13) Shaw, pp.545-546; Evans, p.465.

14) Schachter, pp.205-206. 반면에 ICJ 재판관이었던 아레차가(Jiménez de Aréchaga)는 법적인 이익을 침해당하지 않은 사람은 소송을 제기할 자격을 가지지 못하는 것이 법의 기본원리이므로 오직 현실적으로 손해를 입은 국가만이 가해국의 국가책임을 추구할 수 있다고 하였다.

정하도록 하는 것이 필요하다. 강행규정에 속하는 '대세적 의무'(*erga omnes* obligations)에 해당하는 사항들의 경우에도 마찬가지이다.[15] 그리하여 국가책임 초안도 제48조에서 위반된 의무가 당해국가를 포함한 국가집단에 대하여 부담하는 것이거나 위반된 의무가 국제공동체 전체에 대하여 부담하는 것인 경우에는 피해국이 아닌 국가도 타국의 책임을 추궁할 수 있다고 하였다.

일반적으로 국가책임은 손해가 발생한 경우에 그 피해국이 가해국을 상대로 추궁하게 될 것이다. 그러나 국가책임초안은 국가책임의 성립을 위해 손해의 발생이 필요하다는 규정을 두지 않았으므로, 그 필요성은 사안별로 관련된 의무에 따라 판단되어야 할 것이다. 따라서 외교사절단의 공관이나 영사관의 불가침권에 대한 침해와 같이 국제의무에 대한 사소한 위반만으로도 국가책임이 발생하는 경우가 있는가 하면, 하천오염에서 보는 바와 같이 하천의 환경이나 수로에 대한 중대한 오염이 초래되어야 국가책임 문제가 발생하는 경우도 있을 수 있다.[16]

III. 국가의 귀책성

1. 국가행위

국가는 사람이 맡고 있는 어떤 기관을 통하여 움직이므로, 국가책임법에서는 누구의 행위가 국가의 행위에 해당되는지 결정해야 한다. 어떤 행위가 '국가행위'

---

15) *Ibid.*
16) Evans, pp.465-466. 국제법위원회가 작성한 초안은 본래 '피해국'(injured state)만이 다른 국가의 책임을 추구하여 보상을 받을 수 있다는 것을 전제로 마련되었었다. 초안은 피해국을 그 국가의 권리가 다른 국가의 국제위법행위를 구성하는 행위에 의하여 침해된 국가라고 정의하면서, 피해국을 상세히 나열하였었다. 피해국에 속하는 국가들에 대한 규정들 중에서 특히 관심을 끄는 것은 국가행위에 의해 침해된 권리가 다자조약이나 국제관습법에서 나오는 권리인 경우, 그 조약의 당사자와 국제관습법 규정의 적용을 받는 국가들도 피해국이 된다는 규정이다. 이러한 규정은 인권조약에 대한 위반이 있는 경우 특별한 조건 없이 인권침해국의 책임을 추구하는 근거가 될 것이다. 초안은 국제위법행위가 국제범죄를 구성하는 경우에는 모든 국가가 피해국이 된다고도 하였었다. 이것은 국가의 대세적 의무 또는 집단적 책임을 인정하는 것으로, 모든 국가들이 개별적으로 국가책임을 추구할 수 있는가 하는 의문을 일으켰다. Shaw, pp.552-554.

(act of the state)로 간주되려면 그 행위자와 국가 간에는 특별한 관계가 존재해야 한다. 귀책성(imputability)이란 원래 공무원의 작위와 부작위를 국가의 작위 및 부작위와 동일시하여 국가로 하여금 외국이나 외국인에게 가한 피해에 대하여 책임을 지도록 하기 위한 법적인 연결고리이다.[17]

　　국가책임에서 말하는 국가행위란 기본적으로 국가기관의 행위이며 그 범위는 아주 넓다. 국가책임초안은 제4조에서 "모든 국가기관의 행위는 그 기관이 입법, 행정, 사법 또는 기타 다른 기능을 수행하든, 그 기관이 국가조직상 어떤 위치를 차지하든, 그 기관의 성격이 중앙정부 기관이든 또는 지방정부 기관이든 상관없이, 국제법에 의하여 국가의 행위로 간주된다"고 하였다. 국가의 국제위법행위는 대부분 행정부의 대외적인 행위로 인하여 발생하지만, 입법부가 국제법에 어긋나는 법을 제정하는 경우에도 국가책임은 발생한다. 사법부의 국제법위반은 소위 '재판의 거부'(denial of justice)를 말하며, 여기에는 소송의 수리를 거부하는 협의의 재판거부에서부터 재판절차의 불공정, 명백히 불공정한 판결, 판결집행의 부당한 지체까지 포함된다.

　　그런데 국제법에서 국가책임이 정규 공무원이나 국가기관의 행위에 대해서만 인정되는 것은 아니며, 정부권한을 위임받은 개인이나 단체의 행위도 국가행위로 간주된다. 그런 의미에서 국가책임초안 제5조는 "국가기관은 아니지만 국가의 법에 의하여 정부권한을 행사할 권한을 위임받은 개인이나 단체의 행위는 국제법상 국가의 행위로 간주된다"고 하였다. 즉 민간인이나 민간단체라도 국내법에 의해 권한을 위임받아 정부의 권한을 행사한다면 그 행위는 국가의 행위가 되는 것이다. 이와 관련하여 레인보우워리어(Rainbow Warrior)호 사건의 경우를 살펴본다. 그린피스 소유의 선박인 레이보우워리어호가 1985년 뉴질랜드 오클랜드항에서 폭침된 사건과 관련하여, 프랑스 정부는 그 명령에 따라서 움직이는 Directorate General of External Security 요원들이 사전에 그 선박에 폭발물을 설치한 사실을 인정하였다. 뉴질랜드는 그 주권이 침해된 데 대해 사과와 배상을 받았으며, 이와 별도로 국제 NGO인 그린피스와 폭발과정에서 사망한 네덜란드인에 대한 손해배상에 대해서도 별도의 합의가 이루어졌다.[18]

---

17) Malanczuk, p.548.
18) Evans, p.460.

2. 월권행위

어떤 국가기관이나 공무원의 작위와 부작위는 비록 그것이 월권행위(*ultra vires* act)라고 할지라도 외견상 권한 있는 국가기관으로 행동하였거나 그 공적인 업무에 합당한 권한을 행사한 것인 때에는 그 책임이 국가에게 귀속된다. 국가책임초안도 제7조에서 "국가기관 또는 정부의 권한을 행사할 수 있는 권한을 부여받은 개인 또는 단체의 행위는 비록 자신의 권한을 넘어서거나 지시를 위반하였을지라도, 당해 기관과 개인 또는 단체가 그 같은 자격에서 행동한 경우에는, 그들의 행위는 국제법상 국가의 행위로 간주된다"고 규정하였다.

어떤 공무원이 그 공적인 지위를 이용하여 위법행위를 하였다면 월권이 분명한 경우에도 대부분 국가가 그 행위에 대하여 책임을 진다. Caire 사건을 예로 들어 본다. 멕시코에서 프랑스인 Caire는 돈을 요구하는 멕시코 병사의 요구를 거절하였다가 살해되었다. 이 사건에서 중재재판소는 외견상 권한 있는 공무원이나 국가기관으로 행동하였거나 공무집행에 사용되는 권한이나 방법을 사용한 경우에는 공무원의 월권에 의한 행위도 국가의 책임으로 귀속된다고 하였다.[19]

3. 개인과 단체의 행위

국가기관의 구성원이 아닌 개인이나 집단의 행위에 대한 책임은 개인이나 집단에 귀속되므로 국가의 책임으로 귀속되지 아니하는 것이 원칙이다. 그러나 그들이 사실상 국가의 권위나 그 통제 아래 행동하였거나 국가가 그들의 행위를 자신의 행위로 인정하는 경우에는 그 책임은 국가에게 귀속된다. ICJ는 니카라과사건(Nicaragua case)에서 미국이 군사적 또는 준군사적 작전을 효율적으로 통제하였다는 것이 분명하다면 콘트라반군의 행위는 미국의 책임을 발생시킨 것으로 볼 수 있다고 하였었다. 같은 맥락에서 국가책임초안은 제8조에서 "개인 또는 집단의 행위도, 그 개인이나 집단이 그러한 행위를 함에 있어서 사실상 국가의 지시나 지휘 또는 통제 아래 행동하였다면, 국제법상 국가행위로 간주된다"고 하였다.[20]

---

19) *Ibid.*, p.461.

20) *Ibid.*, pp.462-463.

국가책임초안 제9조는 어떤 개인이나 집단의 행위라고 할지라도 당국이 부재 또는 마비상태에 있어서 사실상 정부의 권한을 행사한 경우에는 국제법상 '국가행위'로 간주된다고 하였다. 또한 제11조는 국가에 귀속되지 아니하는 행위라고 할지라도 국가가 그 행위를 자신의 행위로 승인하고 채택하는 경우에도 그 범위에서 개인과 집단의 행위는 국제법상 그 국가의 행위로 간주된다고 하였다. ICJ는 테헤란인질사건(Tehran Hostage case)에서 처음 테헤란 주재 미국대사관을 점거한 학생들은 국가기관이 아니었지만, 대사관의 계속적인 점거를 허용하는 아야툴라 호메이니의 명령으로 인하여 대사관의 계속적인 점거와 인질억류는 이란의 국가행위로 변질되었다고 하였다.[21]

한편 반란단체가 성공하여 새로운 정부를 구성하는 경우에는 반란단체의 행위는 그 국가의 행위로 간주되어 국가가 책임을 부담한다. 국가책임초안 제10조 1항도 "국가의 신정부를 구성하는 반란단체의 행위는 국제법상 그 국가의 행위로 간주한다"고 하였으며, 2항은 "신생국 수립에 성공한 반란단체의 행위는 국제법상 그 신생국의 행위로 간주한다"고 하였다.

IV. 위법성의 조각

국제의무위반이 있고 그 책임을 국가에게 귀속시킬 수 있어도 국가의 국제책임이 면제되는 경우가 있다. 국가책임초안은 제5장 '위법성배제상황'(Circumstances Precluding Wrongfulness)에서 위법성조각 사유로 동의, 자위, 국제위법행위에 대한 대항조치, 불가항력, 조난, 긴급피난을 들었다. 그러나 초안에 나타나 있는 사유들 이외에도 유엔헌장 제7장의 강제조치에 따른 행위의 경우에도 위법성이 조각되는 것으로 보아야 한다. 위법성조각사유를 하나씩 살펴본다.

첫째는 동의(consent)이다. 국제법상 의무에 반하는 행위라 할지라도 그것이 상대방의 동의의 범위 내에서 행하여진 경우에는 위법성이 조각된다(국가책임초안 제20조). 예컨대 외국군대가 다른 나라의 영토에 진입하는 것은 불법이지만, 영토국가의 동의가 있었다면 그것은 위법이 아니다.[22]

---

21) *United States Diplomatic and Consular Staff in Tehran, ICJ Reports*, 1980, paras.73-74.

둘째는 무력행사금지 원칙에 대한 예외로 인정되는 자위(self-defence)이다. 유엔헌장에 부합하는 방식으로 취해진 자위를 위한 조치에 대해서는 위법성이 사라진다(초안 제21조).

셋째는 국제위법행위에 대한 대항조치(counter-measures)이다. 국제위법행위를 범한 국가를 상대로 적법하게 취해진 대항조치의 위법성도 조각된다(초안 제22조). ICJ는 1997년 Gabcikovo-Nagimaros 사건 판결에서 다른 국가의 국제위법행위에 대응하여 취해진 대항조치는 위법행위가 아니라고 하였다. 대항조치와 관련하여 지켜야 할 조건은 조치를 취하기 이전에 교섭에 의한 해결을 모색하여야 하며, 조치는 상대방의 의무이행을 유도하기 위한 것으로 비례성에 부합하는 것이어야 한다는 것이다. 그런데 국가책임초안에 나타나 있는 대항조치는 국가의 의무이행의 중지만을 포함하므로, 상대방의 불법이 전제되는 경우에는 불법성이 사라지는 복구(reprisal)와는 다른 것으로 보아야 한다.[23]

넷째는 불가항력(*force majeure*)과 조난(distress)이다. 국가의 어떤 행위가 국가의 통제범위를 벗어나 있는 불가항력으로 인한 것으로 국가가 자신의 의무를 이행할 수 없게 된 경우에 국가의 위법성은 조각된다. 이러한 사례에 속하는 것으로는 주로 악천후나 장비결함으로 선박이나 항공기가 사전허가를 받지 아니하고 다른 국가의 영역에 진입하는 경우를 들 수 있다. 이러한 영역침범 행위는 그 위법성이 조각되어 국가책임을 면제시키지만, 사실과 동기를 둘러싸고 분쟁이 발생하는 경우가 종종 있다.[24] 조난은 불가항력과는 달리 물리적으로 국제의무의 이행이 불가능한 것은 아니지만 그렇게 하려면 자기나 자신에게 부탁된 사람들의 생명이 위태로워지는 경우에 발생하며, 이러한 경우에도 위법성은 사라진다. 그러나 불가항력과 조난에 의한 위법성 조각은 그러한 상황이 그것을 원용하는 국가의 행위로 인한 것이거나 그러한 조치가 유사한 또는 더 커다란 위험을 초래할 가능성이 있는 경우에는 원용할 수 없다(초안 제23, 24조).

다섯째는 긴급피난(necessity)이다. 긴급피난이란 그 행위가 중대하고 임박한 위험으로부터 국가의 근본적인 이익을 보호할 수 있는 유일한 수단이고, 그 행위로 인하여 다른 국가나 국제공동체의 근본적인 이익이 심각하게 침해되지 아니하

---

22) Shaw, p.558.

23) Evans, pp.469-470.

24) Henkin, pp.562-563.

는 경우에 원용이 가능한 위법성 배제사유이다(초안 제25조). 불가항력은 의무를 이행하는 것이 물리적으로 불가능한 경우로서 고의가 없는 위반인 데 비하여, 긴급피난은 큰 위험을 피하기 위하여 의무를 고의로 따르지 않는 것이라는 점에서 다르다. 긴급피난은 적대적인 군대에 의해 억류되어 있는 사람들을 구출하기 위해 군대를 외국 영토에 진입하게 하는 경우에 원용되었다. 1976년 이스라엘에 의한 우간다 엔테베공항 습격과 1980년 미국이 시도한 이란 내 인질구출 작전 시 이스라엘과 미국은 긴급피난을 원용하여 자신들의 행위를 정당화하였다.25) 긴급피난은 환경보호와 관련하여 토리캐넌(Torrey Canyon)호 사건 때 원용되기도 하였다. 라이베리아 선적의 이 유조선이 영국의 영해부근 수역에서 좌초되어 엄청난 양의 원유를 바다에 유출하자 영국은 이 선박을 폭파하였는데, 국제법위원회는 영국의 이러한 조치는 긴급피난 상태에서 행하여진 것이므로 합법적이라고 하였다.26)

위법성의 조각과 관련하여 한 가지 유의해야 할 것은, 일반국제법상 강행규범(peremptory norms)에서 나오는 의무와 관련해서는 위법성의 조각은 허용되지 않는다는 점이다(초안 제26조). 예를 들어서 동의가 있는 경우에는 그 행위의 위법성은 사라지지만, 한 국가가 다른 국가의 집단살해(genocide)에 동의하더라도 그 것은 효력이 없는 것이다.

‖ 제3절 ‖ 대항조치

I. 의 미

국제법에 대한 가장 공통된 불만은 국제법에는 효율적인 집행수단이 제대로 갖추어져 있지 않다는 것이다. 국제사회에는 의무적 재판절차가 제대로 마련되어 있지 않으며 국제사회가 국제법을 위반한 실체에게 가할 수 있는 제재도 매우 미

---

25) *Ibid,*, p.565.
26) Shaw, p.561.

흡하다고 보기 때문이다. 세계는 아직 분권화된 상태에 있어 국제법위반에 대한 제재가 제대로 이루어지지 않고 있는 것이다. 이러한 상태에서는 국제법위반의 상대방은 어쩔 수 없이 자력구제(self-help)조치나 대항조치(counter-measure)를 사용하게 된다.[27]

자력구제란 국제법을 위반한 국가에 대하여 그로 인해 피해를 입은 국가가 직접 취하는 조치를 말하며, 이러한 조치들을 보복조치(retaliatory measures) 또는 대항조치라고 부른다. 대항조치는 넓은 의미에서의 자력구제와 같은 의미로 사용되며, 국제법을 위반한 국가에 대한 피해국의 갖가지 대응적인 조치들을 포함하는 개념이다.[28] 대항조치에는 복구, 보복, 집단적 조치 등이 포함된다.

II. 복 구

복구(reprisal)란 어떤 한 국가의 불법적인 행동에 대응하여 상대방 국가가 취하는 조치로, 상대방의 불법이 전제되지 아니하는 경우에는 불법적인 행위가 되는 대항조치이다. 과거에는 복구가 널리 인정되었으나 오늘날에는 군사적 조치를 포함하는 무력복구는 금지되었다. 비무력적 복구(non-forceful reprisal)는 국제법위반을 종식시키고 예방하기 위하여 그러한 조치가 필요하고, 상대방의 위반의 정도 및 피해 정도에 비례하는 경우에는 합법적인 것으로서 허용된다. 비무력적 복구에 속하는 것으로는 조약상 의무의 정지와 상대방 국가의 자산동결과 같은 것이 있다.[29]

다자조약에 대한 위반이 있는 경우에도 그러한 위반으로 피해를 본 국가는 조약위반국을 상대로 의무이행을 중지할 수 있다. 이것은 1969년 조약법에 관한 비엔나협약 제60조 2항에도 규정되어 있는데, 다자조약의 한 당사국의 조약위반으로 피해를 입은 국가는 그러한 조약위반을 자국과 위반국 사이에서 조약의 일부 또는 전체의 효력발생을 중지케 하는 사유로 사용할 수 있다.

---

27) Schachter, p.184.

28) *Ibid.*, p.185.

29) *Ibid.*

III. 보 복

보복(retorsion)이란 피해를 입은 국가가 가해국 행위의 불법성에 관계없이 취할 수 있는 대항조치로 상대방의 행위가 불법적인 행위인가 하는 것은 문제가 되지 않는다. 보복은 이처럼 상대방 국가의 도발에 관계없이 독자적으로 취할 수 있는 것이지만, 특수한 상황에서는 보복도 불법적인 것으로 보여질 수는 있다.[30]

법적인 관점에서 보면 복구가 보복보다는 중대한 제재수단이지만, 실제로는 보복이 복구보다 효율적인 제재인 경우도 많다. 예컨대 조약규정이나 관습법규정의 정지보다는 무역이나 투자의 축소라든가 원조감축과 같은 조치들이 상대방에게 보다 큰 타격을 줄 수 있다. 외교관계의 단절, 모든 품목 또는 전략물자와 같은 일부 품목의 교역중지, 상대방 국가로부터의 이민억제, 위반국가에 대한 특혜 거부도 보복을 위한 수단으로 사용될 수 있다.[31]

IV. 집단적 제재

국제의무 위반에 따른 위반국에 대한 조치는 피해국을 포함하는 국가들에 의해 집단적으로 취해질 수 있다. 이러한 집단적 제재(collective sanctions)에는 외교관계 및 무역관계의 단절, 항공교통과 해상교통의 단절 등이 포함된다. 이러한 조치들은 그것이 조약상 의무에 반하는 것이 아니라면 국가의 재량권에 속하는 보복(retorsion)이 되며, 그러한 조치들이 조약상의 의무나 관습법상 의무에 반하는 것인 경우에는 복구(reprisal)가 될 것이다. 또한 그것이 대세적 의무(*erga omnes* obligation)에 대한 위반인 경우에는 직접 피해를 입지 아니한 국가들도 집단적인 대항조치에 참여할 수 있을 것이다.[32]

---

30) *Ibid.*, p.185.

31) *Ibid.* 미국은 여러 가지 상황에 대처하기 위하여 다양한 보복조치들을 마련해 두었다. 예컨대 'Hickenlooper 수정안'은 미국대통령에게 적절한 보상 없이 미국인의 재산을 몰수한 국가에 대한 원조중단을 요구하였으며, '대외원조법'(Foreign Assistance Act)은 고문, 부당한 구금, 재판거부 등으로 국제인권규정을 지속적으로 위반하는 국가에 대한 원조의 거부를 규정하였다. Henkin, pp.579-580.

유엔은 평화에 대한 위협, 평화의 파괴, 침략행위가 있을 때에는 그 회원국들에게 경제관계와 철도·해양·항공을 포함한 교통수단의 단절과 외교관계의 단절을 요구하는 등 비무력적 조치를 취할 수 있다(유엔헌장 제41조). 또한 이러한 조치가 적절치 못하다고 판단되는 경우에는 군대를 파견하여 시위·봉쇄·기타 작전을 수행하는 무력적 조치를 취할 수도 있다(유엔헌장 제42조).[33]

‖ 제4절 ‖ 국제책임의 해제

Ⅰ. 의 미

국가책임협약초안 제30조는 국제위법행위에 대하여 책임이 있는 국가는 (a) 그러한 행위를 중단하거나 (b) 적절한 재발방지 보장을 할 의무가 있다고 하였다. 이는 국가책임 문제가 과거의 잘못에 대한 배상을 추구하는 과거지향적인 측면과 함께 국제의무위반으로 손상된 당사국 간의 관계회복이라는 미래지향적인 측면을 가지고 있음을 보여 준다. 이러한 경향은 어떤 하나의 위반 그 자체로 인한 피해보다는 재발의 위협이 더욱 큰 불안요인인 경우에 보다 분명해진다.[34]

사인 간의 관계에서는 한쪽 당사자의 위반이 있으면 계약은 쉽게 종료되고 손해배상 등에 의한 해결을 모색하게 되지만, 국제법에서는 위반에 따른 손해배상과 함께 미래에 대한 의무가 중요하다. 이러한 맥락에서 협약초안 제29조는 국제위법행위의 법적인 결과는 그 책임 있는 국가의 지속적인 의무이행 의무에 영향을 미치지 않는다고 한 것이다.

국제법상 국가책임의 해제에서 근본원칙은 배상은 의무위반의 모든 결과들을 소멸시키는 것 즉 당사자들로 하여금 그러한 위반이 없었더라면 있었을 위치로 돌아가게 하는 것이다. 이를 위해서 여러 가지 방법이 사용된다. 국제위법행위

---

32) Henkin, p.581.

33) 유엔에 의한 집단적 조치에 대해서는 제13장 '무력충돌법'의 관련된 부분을 참조할 것.

34) Evans, p.470.

중에서 국제범죄(international crime)의 개념이 인정된다면 형사책임 문제가 거론될 수도 있지만, 일반적으로는 원상회복, 금전배상, 만족에 의한 국제책임의 해제가 추구된다(국가책임초안 제34조).

II. 원상회복

원상회복(restitution)이란 작위이든 부작위이든 불법행위가 발생하지 않았더라면 있었을 상황을 다시 만드는 것이다. 따라서 원상회복에는 지체된 의무의 이행, 불법적인 행위의 취소, 불법적으로 약탈된 재산의 반환, 불법행위의 포기가 포함된다.

원상회복이 가능하다면 이 방법은 가장 확실한 국제책임 해제 수단이 된다. 그러나 실제로 원상회복이 불가능한 경우가 많이 있으며, 원상회복이 가능하더라도 그렇게 하려면 너무 큰 부담이 되거나 실익이 없는 경우도 있다. 따라서 국가책임협약초안 제35조는 국제위법행위에 대하여 책임 있는 국가는 원상회복, 즉 위법행위 이전의 상황을 회복하도록 하는 의무가 있다고 하면서도, 원상회복이 현저하게 불가능하거나 금전배상에 따른 이익에 비해 지나치게 부담이 되는 경우에는 그러하지 않다고 하였다.

III. 금전배상

국가책임협약초안 제36조는 1항에서 "국제위법행위에 대해 책임 있는 국가는, 원상회복에 의하여 손해가 전보되지 않는 한, 그로 인한 손해를 배상할 의무가 있다"고 하여 국제책임의 해제방법으로 원상회복에 이어 금전배상을 규정하였다. 또한 2항에서는 손해배상은 이익의 상실을 포함하는 "모든 재정적으로 평가가 가능한 손해"(any financially assessable damage)를 포함한다고 하여, 금전배상을 위해서는 손해가 재정적으로 평가할 수 있는 것이어야 함을 밝혔다.

화폐는 통상적인 가치평가 수단이기 때문에 금전배상은 흔히 손쉬운 손해배상 방법으로 평가된다. 금전배상은 모든 위법행위의 결과를 없애는 것을 목적으로 하므로 이자는 포함되며, 몰수된 재산의 가치는 몰수 당시가 아니라 배상금 지급 당시를 기준으로 환산된다.

IV. 만 족

한 국가의 위법행위는 종종 다른 국가와 그 국민의 존엄성에 손상을 가져오는 등 정신적·비물질적 피해를 주기도 한다. 이러한 경우 피해를 입은 국가는 배상보다는 명예회복을 원하기도 하는바, 국제법에서는 다양한 방법으로 이러한 요구에 부응하게 하였다.

국가책임협약초안 제37조는 1항에서 "국제위법행위에 대하여 책임이 있는 국가는 원상회복이나 금전배상에 의하여 전보되지 아니한 피해에 대해 만족(satisfaction)을 주어야 한다"고 하였다. 이어서 2항에서는 만족은 '위반의 시인'(acknowledgement of breach), '유감의 표시'(expression of regret), '공식적인 사과'(formal apology) 및 기타 적절한 방법으로 이루어진다고 하였다. 3항에서는 만족은 피해에 비추어 비례에 어긋나는 것이어서는 안 되며 책임이 있는 국가에게 치욕적인 형태가 되어서도 안 된다고 하였다.

각종 국제적인 사법기관에서 다루어진 사례들을 보면 당사국의 청구가 법적인 권리와 의무의 존재확인, 위법사실의 확인, 권원의 확인과 같은 것인 경우가 있다. 물론 그러한 결정이 원상회복이나 금전배상과 같은 후속적인 조치를 위하여 요구되기도 하지만, 거의 전적으로 만족을 위하여 청구되기도 한다.[35]

---

35) Schachter, p.205.

‖ 제5절 ‖ **외교적 보호**

Ⅰ. 서 론

국제재판에서는 종종 어떤 청구의 수리가능성(admissibility) 문제가 제기된다. 청구의 수리가능성 문제의 핵심은 제소하는 국가가 당해 청구가 어떤 법적인 이익에 관한 것일 뿐 아니라 자국 또는 자국민의 이익과 관련되어 있음을 입증하는 것이다.[36]

국제법상 국가가 행사하는 관할권 중에서 가장 강력한 것은 자국 영토와 영토상의 사람 및 물건에 대한 통제권인 영토관할권이다. 그러나 국가는 영토관할권과 함께 자국국적을 보유한 자국민이나 자국기업에 대한 관할권도 가지고 있는바, 자국민이 외국정부의 불법적인 또는 부당한 대우로 피해를 보게 되면 그 국가를 상대로 외교적 보호(diplomatic protection)를 행사할 수 있다.[37] 어떤 국가가 외교적 보호를 행사하려면 국적에 관한 조건이 필요한 이유이다.

외교적 보호권의 행사를 위해서는 소위 국내적 구제의 완료도 요구된다. 국내구제의 완료는 국제법상 국가의 영토주권에 대한 존중에서 나오는 원칙이지만 국제적 청구의 전제조건이 되기도 한다.

Ⅱ. 국적의 유효성과 계속성

1. 국적의 유효성

외교적 보호란 원래 국적이란 인연에 근거하여 행사되는 권한이기 때문에, 국가는 자국국적을 보유한 사람에 대해서만 외교적 보호권을 행사할 수 있다. 그

---

36) Evans, p.480.
37) 역사적으로 국제책임법의 가장 중심적인 내용들은 외국인의 불법적 대우와 국제적인 보호 수준과 관련하여 발달해 왔다. Malanczuk, p.256.

런데 과거에는 일단 국가가 피해자인 자국민을 위하여 국제적인 사법기관에 제소하게 되면, 그때부터 그 국제적인 사법기관에서 청구인은 그 국가가 된다. 마브로마티스 사건에서 상설국제사법재판소(PCIJ)도 국가가 일단 자국민이 관련된 사건을 외교적 보호나 국제사법절차에 부탁하게 되면 그때부터 국가는 자신의 권리를 주장하는 것이라고 하였다.[38]

어떤 사람에게 자국 국적을 부여할 것인가 하는 것은 국가의 주권에 속하는 문제이므로, 어떤 국가가 국내법 규정에 따라 부여한 국적은 대부분 국제법적으로도 유효하다. 그러나 국제적인 차원에서의 국적의 유효성 문제는 국제법적인 문제가 되므로, 국제법적인 기준에 합당하지 아니한 국적으로는 다른 국가에게 대항하지 못한다. 특히 외교적 보호에 있어서는 국적이 국적국가의 권한행사를 위한 기초가 되므로, 국제법에 따른 관할권의 한계를 위반하여 부여된 국적은 유효한 것으로 취급될 수 없다.[39]

외교적 보호를 위한 국적결정과 관련한 국제법과 국내법의 역할에 관해서는 두 가지 대립되는 입장이 있다. 첫째는 국적문제에 있어서 국내법을 중시하는 입장으로 국내법에의 반정(renvoi)에 의하여 해결해야 한다는 것이다. 둘째는 국제적인 차원에서의 국적문제는 국제법적 문제라는 시각에서 접근하는 것으로 국적을 부여한 국가와 국적을 받은 사람 사이의 '진정한 관련'(genuine link)을 중요시한다. 두 번째 주장에 의하면 국적부여는 각국의 권한에 속하는 사항이기는 하지만, 국제적인 차원에서의 국적의 유효성 문제는 국제적인 기준에 따라 결정되어야 한다. 이러한 입장은 1930년 「국적법충돌문제에 관한 헤이그협약」(Hague Convention on Certain Questions Relating to the Conflict of Nationality Laws)의 규정과 1955년 ICJ의 노테봄(Nottebohm) 사건에 대한 판결을 통해 지지되었다.[40]

---

38) Shaw, pp.562-563. 국적의 실효성에 대해서는 이미 제4장 '개인'편에서 설명하였다. 국적은 개인과 국가를 연결해 주는 법적 인연인데, 양자 간에 아무런 현실적 유대가 없음에도 국적을 부여하는 경우에는 국제법은 그 유효성을 인정하지 않는다. 1955년 ICJ의 Nottebohm 사건에 대한 판결은 국적의 유효성에 관한 것이었다. 외교적 보호는 기업과 같은 법인에게도 적용된다. 기업은 국제법 주체가 아니기 때문에 기업의 국적국가가 외교적 보호권을 행사하게 된다. 국적부여의 기준이 무엇이든 기업도 국적을 가지며, 기업이 영토국가의 불법적인 행위로 피해를 입게 되면 그 본국은 외교적 보호를 행사할 수 있다. 기업의 국적을 결정하는 방법에 대해서도 제4장 '개인'편에서 고찰하였다.

39) Evans, p.485.

40) *Ibid.*, pp.485-487.

특히 ICJ는 노테봄 사건에 대한 판결에서 '진정한 관련'에 근거한 국적만이 외교적 보호를 위하여 유효한 국적이 된다고 하였다. 현실적 유대가 없는 국적을 다른 국가들이 인정해야 할 의무는 없다는 결정은 국제법의 국내법에 대한 상대적 우위를 보여 주는 좋은 사례로 거론되기도 하였다. 그러나 이 판결은 많은 비판에 직면하기도 하였다. 국적에 관한 문제에 진정한 관련이라는 공허하고 불확정적인 요소를 추가함으로써 남용의 가능성이 커졌고, 일부 국적의 타당성을 부인함으로써 외교적 보호의 범위를 축소시키는 결과를 초래하였다는 것이다.[41]

2. 국적의 계속성

국적보유 시기도 문제인데, 피해자인 개인이나 기업은 불법행위로 손해가 발생한 때부터 외교적 보호권의 행사로 최종판결이 있을 때까지 한 국가의 국적을 계속 보유하고 있어야 한다. 그러나 국적이 영토변경과 같이 피해자의 의사와는 관계없이 바뀐 경우에는 예외로 인정된다.

Ⅲ. 국내적 구제완료

1. 근 거

국내적 구제완료(exhaustion of local remedies)란 국가가 자국민을 보호하기 위한 국제적인 절차를 밟기 이전에 피해자는 영토국가가 제공하는 갖가지 구제절차를 밟아야 한다는 규칙이다. 이 규칙은 국제관습법에 해당하는 것으로 평가되고 있으며, 각종 국제법원들도 그 규범성을 인정하고 있다.

국내적 구제완료의 원칙은 다음과 같은 몇 가지 근거에서 인정되어 왔다. 첫째, 각국은 영토에서 주권을 가지므로 그 영토에서 발생한 문제에 대해 관할권을 행사할 수 있는 첫 번째 기회를 가져야 한다는 것이다. 위법행위가 발생한 경우 영토국가는 자국의 법과 제도에 따라서 자국에서 발생한 불법을 치유할 수 있는

---

41) *Ibid.*, pp.486-488.

기회를 가져야 한다는 의미이다. 둘째, 어떤 사람이 외국영토에 들어가는 것은 그 국가의 법을 따르겠다는 의사표시가 있었던 것으로 보아야 한다는 것이다. 셋째, 위법행위가 발생한 국가의 법원에서라면 신속하게 처리될 수 있는 사건을 국제법원에 부탁하는 것은 경제적이지 못하며, 위법행위 발생지가 실체적 진실의 발견에 용이한 경우가 많다는 것이다.

2. 내 용

국내적 구제는 보통 국가가 자신의 피해가 아닌 그 국민의 피해와 관련하여 외교적 보호를 제기할 때 거치게 되는 절차이다. 국제적인 절차를 시작하기 이전에 국내절차를 먼저 밟으라는 국내구제완료의 원칙은 그리스와 영국 간의 Ambatielos 중재사건에서도 확인되었다. 그리스는 Ambatielos가 체결한 계약을 중재절차에 부탁하였으나, 중재재판소는 영국법에 따른 구제절차를 완전히 사용하지 않았다고 하여 청구를 기각하였다.

국내적 구제는 국가의 직접적인 이익의 보호를 위한 청구의 경우에는 요구되지 않는 경우가 많다. 국가가 자신의 직접적인 이익과 관련하여 어떤 청구를 제기하는 경우에 국내적 구제절차를 활용하지 못하게 하는 법규칙이 있는 것은 아니지만 법적으로 국내적 구제절차를 밟도록 요구받지는 않는다. 문제는 국가가 그 국민을 위하여 제기하는 청구와 국가 자신의 이익을 위한 청구 간에 경계선이 불명확한 경우 특히 어떤 위법행위가 그 국민과 국가에게 동시에 피해를 준 경우에 국내적 구제를 거쳐야 하는가 하는 것이다. 이런 혼합사건(mixed case)의 경우에는 국내적 구제 규칙의 적용여부가 불투명해지는데, Dugard는 외교적 보호에 관한 그의 두 번째 보고서에서 그 청구가 압도적으로 그 국민이 입은 피해에 관한 것인 경우에는 국내적 구제완료의 규칙이 적용된다고 하였다.[42]

국내적 구제를 위하여 거쳐야 하는 절차에는 사법절차는 물론이고 행정절차도 포함된다. 따라서 피해를 당한 외국인은 현지의 사법절차는 물론이고 행정절차도 활용하여 구제를 모색해 보아야 한다. 따라서 피해자는 가능하면 최고법원까지 올라가 보아야 하지만 실제로 그것이 불가능하거나 어떤 긍정적인 결과를

---

42) *Ibid.*, pp.499-450.

기대하기 어려운 때에는 꼭 그렇게 할 필요는 없다. 이와 관련하여 국제법위원회는 '결과의 의무'(obligations of result)와 '행위 또는 수단의 의무'(obligations of conducts or means)를 구분하여, 국내적 구제의 완료란 사용가능한 효율적인 구제절차에만 적용되는 것으로 보았다.[43]

현실적으로 어떤 국가의 법제도에서 추가로 거쳐야 할 구제절차는 없는지 그리고 본국에 의한 외교적 보호 이전에 피해를 당한 외국인이 밟아야 할 국내절차로 어떤 것이 남아 있는가 하는 것은 중요한 법적인 이슈가 될 수 있다. 스위스가 미국을 상대로 제소한 Interhandel 사건에서, ICJ는 미국 내에서 10여 년간 계속되어 온 관련 소송이 아직 끝나지 않았다는 이유에서 국내적 구제가 완료되지 않았다고 하였었다. 그러나 국제법원에서는 일반적으로 청구국가가 항소할 수는 있지만 청구국가가 제기한 주장이 상급법원에 의해 기각된 연유에서 항소를 포기한 경우에는 국내적 구제는 더 이상 필요하지 아니한 것으로 본다.[44]

---

43) *Ibid.; ILC Report*, 1977, p.69.
44) *Interhandel Case, ICJ Reports*, 1959, p.6.

제7장

국제법의 법원과 조약법

‖ 제1절 ‖ 국제법의 법원

Ⅰ. 서 론

국내법에서의 분쟁은 주로 법규칙의 적용과 해석에 관한 것이다. 반면에 국제법에 관한 분쟁 중에서 상당수는 한 국가가 주장하는 국제법 규칙이 실제로 존재하는 것인지 그리고 그러한 규칙이 존재한다면 그것이 그 분쟁 당사자들에게 적용가능한 것인지 하는 데 관한 것이다. 이는 국제사회에는 통일된 입법기관이 존재하지 않으며 보편적인 관할권을 가지는 사법기관도 존재하지 않기 때문에 나타나는 현상이라고 할 수 있다.[1]

전통적으로 '법원'(sources of law)에 대해서는 '형식적 법원'(formal sources)과 '실질적 법원'(material sources)을 구분해 왔다. 실질적 법원이란 어떤 문서와 같이 법규정이 나타나 있는 장소를 말한다. 따라서 실질적인 법원은 어떤 조약이나 유엔의 결의, 국제법위원회의 제안, 사법판결, 국제법 문헌과 같은 것일 수도 있다.

---

1) Malcolm D. Evans, *International Law*, 2nd ed., Oxford, 2006, p.116.

반면에 형식적 법원에서는 국가를 구속하는 법규칙으로서의 권능에 관심을 갖는
다. 일반적으로 인정되고 있는 국제법의 법원은 국제사법재판소(ICJ) 규정 제38조
에 나타나 있으며, 조약과 국제관습법이 가장 중요하다.[2]

　　국제법의 법원 중에서 가장 중요한 것은 조약과 관습법이다. 국제법의 법원
으로 조약과 국제관행을 중시하는 실증적 태도는 콩트(Comte)의 사회학적 실증주
의의 영향을 받아 19세기에 지배적인 이론으로 성립되어 현재까지 내려오고 있
다. 이 입장은 검증될 수 없는 사실은 믿지 아니하는 근대인들의 기호에 맞을 뿐
아니라, 도덕과 철학적 관념에 기초한 자연법이 점차 사람들로부터 소원해지면서
오늘날의 법적 사고를 지배하게 된 것이다. 이러한 실증적 사고는 주권을 중요시
하는 사람들과 법학을 과학적 기초 위에 세우고자 하였던 분석법학자들, 심지어
마르크스·레닌주의 법학자들의 기호에도 맞아 오늘날의 국제법을 지배하게 되
었다.[3]

II. 법원의 종류와 효력

　　국제사회는 처음부터 법적으로 구속력이 있는 규칙을 창설하는 데 조약과 국
제관습법을 주로 사용해 왔다. 이 제도는 국가들이 필요하다고 판단하는 경우에
는 법규범을 창설하는 데 동참하게 하지만, 원하지 아니하는 경우에는 적용영역
밖에 위치하여 아무런 의무도 부담하지 않게 하는 것이어서 국가들의 구미에 잘
맞았다. 국제법은 입법자와 법의 적용대상을 동일하게 함으로써 독특한 법체계를
갖추게 된 것이다.[4]

　　국제법의 법원을 가장 잘 표현하고 있는 국제사법재판소(International Court of
Justice: ICJ) 규정 제38조는 과거 국제연맹시대의 국제적인 사법기관이었던 '상설국
제사법재판소'(Permanent Court of International Justice: PCIJ) 규약 제38조를 거의 그
대로 승계하였다. 국제사법재판소(ICJ) 규정 제38조는 다음과 같이 규정하였다.

---

2) *Ibid.*, pp.116-117.

3) Oscar Schachter, *International Law in Theory and Practice*, Martinus Nijhoff, 1991,
pp.35-36.

4) Antonio Cassese, *International Law*, 2nd ed., Oxford, 2005, p.154.

1. 재판소는 재판소에 회부된 분쟁을 국제법에 따라 재판하는 것을 임무로 하며, 다음을 적용한다.
   가. 분쟁국에 의하여 명백히 인정된 규칙을 확립하고 있는 일반적인 또는 특별한 국제협약(international conventions)
   나. 법으로 수락된 일반관행의 증거로서의 국제관습(international custom)
   다. 문명국에 의하여 인정된 법의 일반원칙(general principles of law)
   라. 법칙결정의 보조수단으로서의 사법판결 및 제국의 가장 우수한 국제법 학자의 학설. 다만, 제59조의 규정에 따를 것을 조건으로 한다.
2. 이 규정은 당사자가 합의하는 경우에 재판소가 형평과 선에 따라 재판하는(decide a case *ex aequo et bono*) 권한을 해하지 아니한다.

ICJ규정 제38조는 조약과 관습법 및 법의 일반원칙을 주요 법원으로, 판결과 학설을 법칙결정을 위한 보조수단으로, 형평과 선은 당사자들이 합의하는 경우 적용가능한 법원으로 인정하고 있다. 그러나 이 규정에 나와 있는 법원들은 효력 순위에 입각한 것이 아니라 참조의 편의에 따라 배열된 것이다. 따라서 앞에 있는 법원은 나중의 법원보다 빈번히 참조되는 것일 뿐, 효력상 우월한 지위에 있는 것은 아니다.

Cassese는 이처럼 조약과 다른 법원 간에 상하관계를 인정하지 않는 것은 국제법상 국가의 자유가 폭넓게 인정된 결과라고 하였다. 더구나 조약과 관습법은 모든 문제를 당사국들이 원하는 방법으로 규율할 수 있게 하는 완벽한 호환성(complete interchangeability)이 인정되므로, 국가 간에 합의가 이루어지는 경우에는 하나의 법규칙에 의해 부과된 어떤 의무를 다른 법원을 통해 무효화할 수 있다.[5]

참고로 「미국의 대외관계법 리스테이트먼트」(Restatement of the Foreign Relations Law of the United States) Section 102는 국제법의 법원에 대해 설명하면서 어떤 규칙이나 원칙이 국제법 규칙으로 발전해 가는 데 대하여 설명하였다. 그에 의하면 국제법 규칙은 관습법이란 형식(in the form of customary law)이나 국제적 합의(international agreement)를 통해서 아니면 세계 주요 법체계에 공통된 일반원칙(general principles common to the major legal systems of the world)에서 나오는 규칙

---

5) *Ibid.*

이 국제사회의 승인을 받아 국제법이 된다고 하였다. 또한 어떤 규칙이 국제법이 되었는지 여부를 판단하려면 국제적 사법기관과 중재법원의 판결과 의견(judge-ments and opinions of international judicial and arbitral tribunals), 국내법원의 판결과 의견(judgements and opinions of national judicial tribunals), 학자들의 저작(writings of scholars) 및 국제법 규칙을 밝히는 국가들의 성명(pronouncements by states that undertake to state a rule of international law)을 검토해야 한다고 하였다.[6)]

그런데 ICJ 규정 제38조는 1922년에 설립된 상설국제사법재판소(PCIJ) 규정을 거의 그대로 답습한 것으로 시대에 뒤떨어진 것이어서 오늘날의 국제사회의 현실을 제대로 반영하지 못하고 있다는 비판을 받고 있다. 그중에는 국제법의 법원이란 개념 자체를 부정하려는 입장에서부터 새로운 법원들을 추가해야 한다는 주장에 이르기까지 다양한 주장들이 있다. 특히 ICJ규정 제38조는 조약, 관습법, 법의 일반원칙을 주요 법원으로 인정하고 판결과 학설을 법칙결정을 위한 보조수단으로 인정하고 있으나, 오늘날 국제사회에서 중요한 위치에 있는 유엔과 같은 국제기구의 결의나 선언에 대해서는 아무런 언급이 없어서 시대에 뒤떨어져 있다는 비판을 받는다. 그러나 현재까지는 국제법의 법원에 관한 제도를 바꾸고자 하는 그 어떠한 주장도 국제사회로부터 폭넓은 지지를 받고 있지는 못한 실정이다.[7)]

‖ 제2절 ‖ 조약법 일반

Ⅰ. 조약의 중요성

국제사법재판소(ICJ) 규정 제38조는 국제법의 법원을 나열하면서 "일반적이든 특수한 것이든 분쟁당사국들이 명시적으로 인정한 국제협약"(international

---

6) *Third Restatement of the Foreign Relations Law of the United States*(이하에서는 *Restatement*), vol.1, 1986, pp.24-29.

7) Evans, p.119.

conventions, whether general or particular, establishing rules expressly recognized by states) 즉 조약을 제일 먼저 들었다. 국제사법재판소규정 제38조에 나와 있는 법원의 순서는 그 효력의 순위를 나타내는 것은 아니다. 그렇지만 조약은 국가들이 다른 국가와 관계를 가지는 중요한 수단의 하나이며 국가 간의 관계를 규율하는 확실한 방법이기도 하다. 따라서 국제관계와 국제법을 정확히 이해하려면 조약법에 관한 지식은 필수적이라고 할 수 있다.[8]

조약(treaty)이란 국가나 국제기구와 같은 일부 국제법 주체 간에 이루어진 명시적인 합의이며 국가 간에 분쟁이 발생하는 경우에는 그 해결을 위해서도 제일 먼저 찾아보게 된다. 라우터팍트(Lauterpacht)의 말대로 국가들의 권리와 의무는 일차적으로 조약에 나타난 명시적 합의에 의해 결정되므로, 국가 간 분쟁이 발생하면 국가들은 우선 관련 조약의 규정들을 먼저 찾아보게 되는 것이다.[9]

오늘날에는 보편적 적용을 목적으로 하는 다자조약(multilateral treaty)이 빠르게 증가하고 있고 그 중요성도 커져 가고 있다. 2000년 코피아난(Kofi Annan) 유엔 사무총장은 전 세계 국가들에게 25개 주요 다자조약을 비준할 것을 권고한 바 있다. 아난 사무총장은 유엔의 창설 이래 500개 이상의 다자조약이 유엔에 기탁되었는데, 그중에 25개 다자조약은 세심한 교섭의 결과 채택된 것으로 국가적 · 지역적 · 경제적 이익의 균형을 세심하게 고려한 것이라고 하였다. 특히 이들 다자조약들은 인권, 인도주의, 환경, 군축, 국제범죄, 마약, 무역, 교통 등 거의 모든 인간활동을 커버하는 포괄적인 국제법 제도에 관한 것으로 보다 나은 세상을 향한 국가와 개인들의 열망을 반영한 것이라고 하였다.[10]

국가 간에 체결되는 양자조약은 가장 중요한 국제법의 주체인 국가 간의 전통적인 합의의 방식이다. 오늘날에는 국가와 국제기구 또는 국제기구 간에도 많은 조약들이 체결되고 있지만, 조약이란 아직도 주로 국가 간의 양자관계를 규율하는 규범인 것이다. 따라서 본 장에서는 주로 국가 간에 체결되는 양자조약을 중심으로 조약의 정의, 조약의 체결절차와 유보, 조약의 적용범위, 조약의 적용과

---

8) *Ibid.*, p.187.

9) Louis Henkin, Richard Crawford Pugh, Oscar Schachter, and Hans Smit(이하에서는 Henkin), *International Law: Cases and Materials*, West Publishing Co., 1993, pp.94-95.

10) K. Annan, Forward, *Millenium Summit Multilateral Treaty Framework: An Invitation to Universal Participation*, United Nations, 2000.

해석, 조약의 무효와 수정, 조약의 효력정지와 소멸 등을 살펴보고자 한다.

II. 조약법의 법원

1949년 유엔의 국제법위원회(International Law Commission: ILC)는 조약법의 성문화를 위한 준비작업을 시작하였다. 그로부터 20년 후인 1969년 「조약법에 관한 비엔나협약」(Vienna Convention on the Law of Treaties)이 채택되었는데, 이 협약은 우리나라를 비롯한 35개국의 비준으로 1980년 1월 효력발생에 들어갔으며, 2010년 6월 현재 당사국은 111개국에 이르고 있다. 그냥 비엔나협약 또는 조약법협약이라고 부르기도 하는 이 협약의 규정들 중에는 기존의 관습법 규칙들을 성문화한 것들이 많이 있고 나중에 국제관습법이 된 규정들도 있다.[11]

1986년에는 「국가와 국제기구 간 또는 국제기구 상호 간의 조약법에 관한 비엔나협약」(Vienna Convention on the Law of Treaties between States and International Organizations or between International Organizations)이 채택되었다. 이 협약은 아직 효력발생에 이르지는 못하였으며, 그 내용은 1969년 비엔나협약과 대동소이하다.

전통적으로 조약체결 분야에서는 국가들의 자유의 원칙이 지켜져 왔다. 그런 의미에서 Cassese는 사회주의권과 제3세계 국가들의 후원 아래 비엔나협약을 통하여 조약법에 관한 국제법이 성문화된 것을 평가하였다. 그는 비엔나협약에 반영된 몇 가지 변화를 소개하였다. 첫째, 국가들의 조약체결의 자유에 일부 제한을 두었다. 국가들은 합의가 있는 경우에도 국제강행규범과 같이 핵심적인 국제적인 가치를 인정받고 있는 규칙을 위반할 수 없게 되었다. 둘째, 국제법 관계의 민주화가 이루어졌다. 이전에는 강대국들이 약소국에게 조약을 강요하는 경우가 있었으나, 강박에 의해 체결된 조약은 더 이상 효력을 가질 수 없게 되었다. 셋째, 협

---

11) Henkin, pp.416-417. 미국의 경우에 대통령은 1971년 비엔나협약에 대한 비준동의를 요청하였으나 상원은 이에 응하지 않고 있다. 미국은 협약 당사국이 아니므로 협약은 원칙적으로 미국에게는 효력이 없다. 그러나 1980년대 미국국무성은 대통령에게 보낸 문서에서 "이 협약은 이미 조약에 관한 권위 있는 지침으로 보편적으로 인정되고 있다"고 하였다. *Restatement*, p.140.

약은 국가의 필요성에 비해 국제적인 가치를 중시하였다. 그것은 조약의 해석에 관한 협약규정에 반영되었다.[12]

Ⅲ. 조약의 정의와 명칭

1. 조약의 정의

조약법에 관한 비엔나협약은 제2조 1항 (a)에서 "조약이라 함은 단일의 문서에 또는 2 또는 그 이상의 관련문서에 구현되고 있는가에 관계없이 또한 그 특정의 명칭에 관계없이, 서면형식으로 국가 간에 체결되고 국제법에 의하여 규율되는 국제적 합의를 의미한다"고 하였다. 조약이란 그 문서의 숫자나 명칭에 관계없이 서면으로 이루어진 국제법의 규율을 받는 국가 간의 합의라는 것이다.

조약의 정의에 관한 이러한 조건들을 상세히 살펴보면 다음과 같다.

첫째, 조약은 국가 간의 서면합의이어야 한다. 비엔나협약도 조약이란 '서면형식으로 국가 간에 체결된' 국가 간 합의라고 하였듯이 조약은 서면합의이어야 하는 것이다. 그러나 국제관습법에서는 구두로 이루어진 성명이나 약속·선언이 조약과 유사한 법적인 구속력을 인정받은 사례가 있다. 예를 들어 1933년 동부그린란드(Eastern Greenland) 사건에서 상설국제사법재판소(PCIJ)는 1919년 파리강화회의 당시 노르웨이 외무장관이 노르웨이 정부는 그린란드 전체에 대해 주권을 주장하는 덴마크의 입장에 반대하지 않는다고 한 선언은 노르웨이에게 법적인 구속력이 있다고 하였다.[13]

둘째, 조약은 국제법의 규율을 받는 국제적 합의이어야 한다. 비엔나협약도 조약이란 '국제법에 의하여 규율되는 국제적 합의'를 의미한다고 하였다. 모든 국제적인 합의는 이행을 위해 법을 필요로 하며, 국제법에서도 명시적이든 묵시적이든 당사자들의 의사는 그러한 법을 결정하는 중요한 요소가 된다. 조약이란 국제적인 합의 중에서도 국제법의 적용을 받는 합의를 말한다.

---

12) Cassese, p.171.

13) *Legal Status of Eastern Greenland, PCIJ Reports*, ser. A/B, 1933, pp.69-71.

셋째, 조약은 법적인 구속력이 있는 국가 간 합의이어야 한다. 조약이란 합의를 통하여 국가들이 창설해 내는 법규범이므로 구속력이 없는 국가 간 합의는 조약이 아니다. 구속력 없는 국가 간 합의로서 정치적·도덕적 약속에 해당하는 것은 신사협정(gentlemen's agreement)이라고 한다. 1975년 헬싱키에서 서명된 「유럽안보협력회의 최종의정서」(The Final Act of the Conference on Security and Cooperation in Europe)와 다국적기업들에 관한 행위규범들이 신사협정에 속한다.[14]

조약의 정의와 관련하여 양허계약의 법적 성격 문제가 등장하였다. 한 국가와 외국인 간의 합의도 조약인가 하는 문제는 Anglo-Iranian 석유회사 사건에서 다루어졌다. ICJ는 그 재판관할권과 관련하여 이란정부와 이 회사 간의 양허계약의 법적 성격을 면밀히 검토하였다. 영국은 이 계약은 2중적 성격, 즉 이란정부와 회사 간의 합의인 동시에 양국정부 간의 합의로서의 성격을 갖는다고 하였으나 재판소는 이러한 주장을 받아들이지 아니하고 영국은 이 합의의 당사자가 아니라고 하였다. 양허계약과 같은 한 국가와 외국기업간의 국제적인 합의는 국제법이 말하는 조약이 아닌 것이다.

2. 조약의 명칭과 형식

조약에는 매우 다양한 명칭들이 있다. 각국의 국내법에서는 헌법상의 절차에 따라 체결되어 조약체결권자에 의해 비준·공포된 국가 간 합의만을 조약이라 하는 경우가 많으나, 국제법에서 말하는 조약은 그 의미가 훨씬 넓어서 국가 간의 대부분의 명시적 합의를 말한다. 가장 일반화된 용어는 조약(treaty)이지만, 주로 다자조약에 사용되는 협약(convention), 국제기구 설립조약인 헌장(charter), 행정적·기술적 성격이 강한 협정(agreement, pact), 추가되는 내용을 담고 있는 의정서(protocol) 등이 자주 사용되며 규정(covenant), 선언(declaration), 규약(statute), 잠정협정(modus vivendi), 각서교환(exchange of notes) 등의 용어도 사용된다. 이러한 다양한 표현에도 불구하고 국가 간의 합의를 표현하는 용어를 선택하는 데

---

14) 1975년 「유럽안보협력회의 최종의정서」(The Final Act of the Conference on Security and Cooperation in Europe)에는 법적인 용어들이 거의 사용되지 않아 유엔헌장 제102조 규정에 따른 조약등록이 불가능한 것으로 판단되었다. 다국적기업들에 관한 행위규범 (codes of conduct)들은 자발적인 행동을 요구할 뿐 법적인 구속력이 없다.

어떤 제한이 있는 것은 아니다.

조약은 어떤 특정한 형식을 가지거나 어떤 특별한 요소를 포함하여야 하는 것이 아니다. 일반적으로 말하면 어떻게 법적으로 구속력이 있는 합의를 만드는가 하는 것은 당사국들이 결정할 문제인 것이다. 어떤 국가들이 국제적으로 구속력이 있는 합의를 한 것인지 아니면 단지 정치적 약속을 한 것인지가 불분명하여 자주 분쟁이 발생하는 것도 바로 그러한 이유에서이다.[15] 어떤 문서의 지위에 관하여 국가 간에 분쟁이 있는 경우 특히 공동성명(joint communique)의 조약으로서의 지위를 둘러싸고 분쟁이 있는 때에는 실제로 사용된 문구와 당시 상황을 고려하여 객관적으로 판단하여야 한다.[16]

ICJ는 1978년 에게해 대륙붕사건(Aegean Sea Continental Shelf Case)에서 재판소가 그리스와 터키 간의 이 사건에 대해 관할권을 가지는가 하는 문제를 먼저 다루었다. 이 사건에 대한 재판소의 관할권은 브뤼셀에서 양국 외무장관이 공동으로 발표한 성명(communique)에 근거한 것인데, 이 문서에 대해서는 서명이나 가서명이 없었고 양국 간 총리회담 폐막에 즈음한 기자회견 도중에 그냥 언론에 직접 공개된 것이었다. 재판소는 먼저 공동성명으로는 중재재판이나 ICJ에 분쟁을 부탁할 수 없다는 국제법 규칙은 존재하지 않는다는 점을 분명히 하였다. 재판소는 공동성명이 그러한 합의에 해당하는가 하는 데 대한 판단은 성명이라는 형식보다는 성명이 표현하고 있는 조치나 합의의 성격에 달려 있다는 것을 강조하였다. 재판소는 브뤼셀 공동성명에 나타나 있는 합의의 성격을 확정하기 위하여 실제로 사용된 용어와 당시의 특수한 상황에 주목하였으며 성명의 발표 이전에 양국이 취한 입장을 고려하였다. 결국 재판소는 "발표된 공동성명의 용어와 문맥을 고려할 때, 그리스와 터키 총리가 각국 정부를 대표하여 분쟁의 재판소에의 일방적인 부탁을 무조건 수용하기로 의도한 것으로 볼 수는 없다고 결론을 내렸다"고 하였다.[17]

ICJ는 카타르 대 바레인 사건에서도 양국의 외무장관이 공동성명을 채택할 때 어떤 의도를 가지고 있었는지 고려할 필요를 느끼지 못한다고 하였다. 양국 외무장관은 양국정부의 서약을 기록한 문서에 서명을 하였고 후일 양국정부가 이

---

15) Cassese, p.172.

16) Evans, p.188.

17) Cassese., pp.172-173.

문서를 수용하였는바, 바레인 외무장관이 나중에 자신은 '정치적 양해를 기록한 성명'에 서명한 것이지 '국제협정'에 서명한 것은 아니라고 주장할 수는 없다는 것이 재판부의 판단이었다.[18]

IV. 조약의 분류

1. 양자조약과 다자조약

조약은 그 당사국의 숫자에 따라 양자조약과 다자조약으로 분류된다. 조약당사국이 2개국인 조약을 양자조약(bilateral treaty) 또는 이변조약이라 한다. 반면에 다자조약(multilateral treaty) 또는 다변조약이란 당사국이 셋 이상인 조약을 의미하지만 대개는 당사국이 수십 개 이상이거나 지구상 대부분의 국가들을 당사국으로 하는 조약을 말한다.

2. 계약조약과 입법조약

조약은 그 법적 성격에 따라 계약조약(contract treaty)과 입법조약(law-making treaty)으로 나눌 수 있다. 계약조약이란 국내법상의 계약처럼 대립되는 이해관계를 가진 당사국 간 합의에 의해 체결되는 조약을 말하며 주로 당사국 간의 권리·의무 관계를 규율한다. 양자조약들은 대개 여기에 해당한다. 입법조약이란 대부분의 국가들이 함께 지켜야 할 규범을 정하는 조약을 지칭하며, 보편적으로 적용되는 다자조약들은 대개 입법조약이다.

3. 개방조약과 폐쇄조약

조약은 조약에의 가입의 자유를 기준으로 개방조약과 폐쇄조약으로 나누어진다. 개방조약이란 가능한 많은 국가를 당사자로 포용하기 위하여 국가들이 자

---

18) *Qatar v. Bahrain case, ICJ Reports*, 1994, para. 27.

유로이 가입할 수 있게 하는 조약이다. 보편적 적용을 지향하는 다자조약들은 대부분 개방조약이다. 반면에 다른 당사국들의 가입을 제한하는 조약은 폐쇄조약이라고 한다. 양자조약은 물론이고 제한된 범위의 국가를 당사자로 하는 조약들은 대개 폐쇄조약이며, 특히 정치관계 조약이나 동맹조약 대부분이 여기에 속한다.

4. 정식조약과 약식조약

조약은 체결절차에 따라 정식조약과 약식조약으로 구분된다. 정식조약이란 전권대표의 교섭에 이은 조약문 채택과 서명에 이어 각국의 국내법상 절차에 따른 비준을 거쳐 효력발생으로 이어지는 절차에 따라 체결된 조약을 말한다. 정식조약은 각국의 국내법이 정하는 바에 따라 의회의 비준동의를 필요로 하는 경우가 많다. 반면에 약식조약(treaty concluded in simplified form)은 외교관이나 고위 공무원 또는 정부전문가가 교섭하고 각국의 교섭대표나 외무장관이 서명함으로써 또는 한 국가의 외무장관과 다른 국가의 대사 간의 각서교환에 의하여 체결되는 것으로, 국가원수의 비준이나 의회의 동의는 필요로 하지 않는다. 약식조약은 신속한 처리를 필요로 하는 문제나 기술적인 성격이 강한 문제를 다루는 조약의 경우에 많이 활용된다. 휴전협정이나 행정협정의 경우에는 약식조약이 많다.[19]

‖ 제3절 ‖ **조약의 당사자**

국제법상의 법적인 행위능력은 국제법 주체 문제와 밀접하게 연결되어 있으나, 국제법의 주체라고 해서 모두 조약을 체결할 수 있는 능력을 갖는 것은 아니다. 국가는 국제법상 가장 완전한 주체로서 조약체결능력을 가지며, 국제기구도 설립목적과 기능에 따라 제한을 받기는 하지만 국제법의 능동적 주체로서 조약을 체결할 수 있다. 반면에 개인은 제한된 범위에서 국제법 주체로 인정되기는 하지

---

19) Cassese, p.172.

만 조약체결능력을 가지지는 못한다. 국제법 주체의 조약체결능력에 대해서 보다 구체적으로 살펴본다.

국제법의 가장 중요한 주체인 국가는 다른 국가나 국제기구와 조약을 체결할 수 있는 광범위한 능력을 갖는다. 그러나 완전한 조약체결능력을 가지는 국가는 완전한 주권국가이며, 주권의 일부를 제한받고 있는 국가들은 조약체결능력도 제한된다. 그러면 다른 국가들의 승인을 받지 못한 국가적 실체의 조약체결능력은 어떻게 되는가. 비엔나협약을 작성하기 위한 교섭과정에서도 조약체결능력을 가지는 국가의 범위와 관련하여 다른 국가들의 승인을 받지 못한 국가적 실체의 능력이 문제가 되었었다. 이와 관련하여 채택된 선언에 의하면, 비엔나협약은 모든 국가들의 가입을 위해 개방되며, 거기에는 다른 국가들로부터 국가로서의 지위를 의심받고 있는 국가들도 포함된다는 것이었다.[20]

호주·브라질·캐나다·독일·인도·스위스·러시아·미국과 같은 연방국가의 지방정부들은 제한된 범위에서 조약을 체결하는 능력을 갖는다. 그러나 지방정부의 조약체결권의 범위는 국제법보다는 국내법에서 다루어질 문제이며, 실제로 각국 헌법이 지방정부에게 조약체결권을 부여하기도 하고 제한하기도 한다.[21] 지방정부들이 체결할 수 있는 조약의 범위는 국가에 따라 큰 차이가 있다. 오스트리아와 호주·인도의 지방정부는 조약체결능력을 가지지 못하지만, 캐나다·독일·스위스·미국의 지방정부들은 제한적이기는 하지만 조약체결능력을 갖고 있다. 연방국가를 구성하는 지방정부가 체결한 조약의 법적 성격에 대해서도 견해차이가 있다. 어떤 지방정부가 연방헌법이나 연방정부로부터 외국과 조약을 체결할 수 있는 권한을 부여받아 조약을 체결한 경우, 지방정부는 연방정부의 한 기관이나 대리인으로 조약을 체결한 것인지 아니면 독립된 주체로서 그러한 일을 한 것인지 불분명하기 때문이다.[22]

한 지방정부가 같은 연방에 속하는 다른 지방정부와 조약을 체결할 수 있는 능력은 순전히 연방국가의 헌법상 문제이다. 독일과 스위스의 주정부들은 중앙정부의 동의가 없이도 그들 간에 조약을 체결할 수 있는 권한을 가지지만, 미국의 주정부들은 그러한 '협정'을 체결하려면 사전에 의회의 동의를 얻어야 한다.[23]

---

20) *Restatement*, pp.170-171.

21) Mark W. Janis, *Introduction to International Law*, Little, Brown and Co., 1993, p.18.

22) Henkin, pp.434-435; *Ibid.*(Janis), p.18.

국제기구도 조약을 체결할 수 있는 능력을 갖는다. 오늘날 국제기구들이 조약체결능력을 갖는다는 데 대해서는 의문의 여지가 없으며, 실제로 국제기구들은 그들 상호간에 또는 국가들과 조약들을 체결하고 있다. 그러나 국제기구들이 체결할 수 있는 조약의 범위는 설립헌장에 규정된 관할권의 범위와 국제기구의 설립목적 및 기능에 의해 제한된다. 전문성의 원칙의 제한을 받는 것이다.

개인은 국제법상 주체로 인정되지만 국제조약 체결능력은 가지지 못한다. 다국적기업을 포함한 사기업은 국제법의 주체가 아니며 조약체결능력도 가지지 못한다.

‖ 제4절 ‖ **조약의 체결절차**

Ⅰ. 서 론

사인 간의 계약에 계약의 자유가 인정되듯이 국가 간의 조약체결에서도 당사국들은 조약의 내용과 절차를 정하는 데 있어서 상당한 재량을 갖는다. 따라서 과거에는 국가들이 조약을 체결하는 데 매우 다양한 방식을 사용했을 것이나, 근세 이후 국가 간에 수많은 조약들이 체결되면서 국제관행을 중심으로 조약체결절차는 상당 부분 정비되었다. 하지만 전통적인 양자조약 이외에 다자조약과 약식조약의 등장으로 조약체결제도는 다소 복잡해졌다.

조약체결절차가 복잡해지면 조약의 성립과 효력문제를 둘러싼 국제분쟁의 가능성도 커지는바, 이를 성문화할 필요가 있었다. 더구나 국제관계에서 성문법 위주의 국제법이 차지하는 비중이 커지면서 조약 체결절차의 성문화는 더욱 필요해졌고, 그러한 배경하에 1969년 「조약법에 관한 비엔나협약」이 등장하면서 조약의 체결절차는 대부분 정비되게 되었다.

조약은 일반적으로 교섭, 서명, 비준, 효력발생으로 이어지는 단계를 거쳐 체

---

23) *Ibid.*(Henkin), pp.433-434.

결된다고 생각되어 왔다. 그러나 오늘날 조약체결절차는 매우 다양하고 복잡해졌다. 여기에서는 1969년 비엔나협약에 따라 조약문의 교섭과 채택·인증, 조약에 대한 기속적 동의, 효력발생, 조약의 등록과 공고의 순서로 살펴보기로 한다.

II. 조약문의 교섭과 채택·인증

1. 전권위임장

조약체결의 첫 단계는 교섭을 행하여 문안을 작성하는 등 조약체결을 위한 공식적인 작업을 수행할 주체로 교섭당사국 대표들로 구성되는 기구를 만드는 것이다. 이러한 기구는 조약체결권자가 발급하는 전권위임장(Full Powers)이란 공식문서를 휴대한 대표들로 구성되는데, 전권위임장에는 조약의 체결과정에서 국가를 대표할 사람의 이름이 명기되어 있다.[24]

전권위임장은 한때 상대방 대표를 확인하는 중요한 수단으로 활용되었으나, 교통과 통신수단의 발달로 오늘날 이 제도는 형식적인 절차가 되었다. 그 결과 전권위임장 제도의 국제법적 의미는 축소되고, 한 국가 내에서 조약의 교섭책임을 맡고 있는 사람을 분명히 밝혀 주는 국내법적인 의미가 강해졌다. 더구나 오늘날 약식조약의 경우에는 전권위임장 제출을 필요로 하지 않으므로 전권위임장 제도의 필요성은 더욱 약화되었다.[25]

비엔나협약은 제7조 1항에서 조약문을 채택·인증하고 기속적 동의를 하는데 있어서, 전권위임장을 제시하는 사람은 물론 관련 국가들의 관행에 비추어 전권위임장의 제시가 없어도 대표성이 인정되는 사람은 조약체결절차에 참여할 수 있다고 하였다. 또한 2항에서는 국가원수(Head of State), 정부수반(Head of Government), 외무장관은 조약체결에 관한 모든 업무에 있어서 전권위임장 없이도 국가를 대표할 수 있고, 대사나 공사 등 외교사절단의 장은 전권위임장 없이 파견국과 접수국 간의 조약문을 채택할 수 있으며, 국제회의나 국제기구에 국가대표로

---

24) Henkin, p.436.
25) Evans, p.191; Janis, p.19.

참가한 사람들 역시 조약문 채택 시 자국을 대표하는 것으로 본다고 하였다.[26)]

2. 교 섭

조약문안 작성을 위한 교섭(negotiation)에는 특별한 방식이 없다. 양자조약의 경우에는 대개 당사국 간 제의와 토의·수정제의를 거쳐 최종합의에 도달하게 된다. 다자조약의 경우에는 조약문 작성을 위한 교섭에 보다 다양한 방법이 사용된다. 교섭당사국 숫자에 관계없이 양국 간 교섭을 할 수도 있지만, 국제회의를 개최하여 교섭을 진행하는 경우가 많다. 국제기구 주도로 조약이 체결되는 경우에는 그 국제기구가 작성한 조약문 초안에 대한 검토절차를 교섭과정이라 할 수 있다.

3. 채택과 인증

교섭에 이은 조약체결 단계는 조약문의 '채택'(adoption)이다. 1969년 비엔나협약은 '채택'이란 용어에 대해 아무런 설명도 하지 않았다. 그러나 국제사회의 관행을 고려할 때, 채택이란 국가 간 합의의 형식(form)과 내용(content)을 확정짓는 행위라고 할 수 있다.[27)]

역사적으로 조약문의 채택은 교섭과정에 참여한 모든 국가들의 동의를 필요로 하였기 때문에 만장일치는 조약문 채택에 있어 고전적 규칙이었다. 만장일치는 현재에도 양자조약은 물론이고 경제통합이나 하천유역개발을 위한 조약처럼 조약의 목적상 조약의 완전한 적용과 당사국 간의 긴밀한 협력이 필수적인 조약인 '제한된 다자조약'(restricted multilateral treaty)을 체결할 때 적용된다.[28)]

국제회의를 개최하여 조약문을 채택하는 때에는 만장일치가 아닌 별도의 절차가 필요하다. 1969년 비엔나협약은 제9조에서 만장일치에 의한 조약문 채택과 함께 국제회의에서의 조약문 채택에 대한 규정을 두었다. 협약은 동조 2항에서

---

26) 비엔나협약은 제8조에서 제7조에 따라 국가를 대표할 자격이 없는 자에 의해 체결된 조약은 후에 추인이 이루어지지 않는 한 법적인 효력이 없다고 하였다.

27) I. Sinclair, *The Vienna Convention on the Law Treaties*, 1984, p.30.

28) Henkin, p.438. 제한된 다자조약의 경우 조약문의 채택이나 효력발생은 물론 새로운 회원국의 가입에도 만장일치를 적용하는 것이 일반적이다.

국제회의에서는 출석하고 투표한 국가의 3분의 2 이상의 다수결로 조약문을 채택할 수 있다고 하여 다수결 방식을 도입하면서, 필요한 경우에는 이를 변경할 수 있다고 하였다.[29]

국제회의에서의 조약문 채택을 위해 오늘날 자주 사용되는 방식으로 '컨센서스'(consensus) 또는 총의라는 방식이 있다. 컨센서스란 회의 참가국 수가 많은 다자간 회의에서 자주 사용되는데, 일괄타결(package deal) 방식으로 교섭을 진행하여 골격적인 부분에 대한 합의를 이끌어 낸 뒤 투표를 하지 않고 의장이 합의된 내용을 선언한 후 이의가 없을 경우 이를 통과시키는 묵시적 전원일치 방식이다.[30]

조약문이 최종적인 것으로 확정되려면 채택된 조약문을 각국이 인증(authentication)하여야 한다. 1969년 비엔나협약에 의하면 인증은 조약문 작성에 참여한 국가들이 합의한 방식이 있으면 그 방식에 의하되, 그러한 합의가 없을 때에는 조약문을 포함하는 최종의정서(the Final Act)에 서명(signature)하거나, 조건부서명(signature ad referendum, 추후 정부의 승인을 요하는 것으로 '잠정서명' 또는 '추인을 요하는 서명') 또는 약식서명(initialling or paraphe) 하면 된다(비엔나협약 제10조).

조약문에 대한 인증을 위해 가장 자주 사용되는 방법은 서명이다. 서명은 보통 조약문 작성에 참가한 국가대표들이 본문에 서명하는 방법으로 이루어지는데, 이것은 조약 본문의 인증이란 의미를 가지므로 조약에 대한 기속적 동의의 표시인 서명과는 다르다. 보통 나중에 비준을 받는 조건으로 이루어지는 서명은 법적인 구속력이 없으며, 그러한 서명은 앞으로 비준을 하겠다는 도덕적 의무를 발생시킬 뿐이다.[31]

---

29) 국제회의에서 3분의 2 이상의 찬성으로 조약문을 채택할 수 있게 한 조문은 만장일치를 요구하는 국가와 단순과반수를 원하는 국가 간의 타협에 의해 등장한 것이다. 초기 국제사회를 지배해 온 만장일치 원칙은 1899년과 1907년 헤이그평화회의를 거치면서 약간의 반대를 인정하는 만장일치(near-unanimity)로 바뀌었으며, 1930년 헤이그 성문화회의 때 도입된 3분의 2 다수결 규칙이 현재에도 유지되고 있다. *Restatement*, p.176.

30) 유병화, 「국제법 I」, 진성사, 1994, p.184.

31) *Restatement*, p.172. 서명에 대해 P. Reuter 교수는 조약체결절차를 계속하겠다는 의사표시라고 하였다. ICJ는 1951년의 권고의견에서 서명이란 조약참가의 한 단계로 서명을 하지 않은 국가와 조약에 대한 기속적 동의를 한 국가의 중간상태라고 하였다. Ibid., p.157.

Ⅲ. 조약에 대한 기속적 동의

조약문안에 대한 교섭을 거쳐 조약문이 채택되고 서명 등의 절차를 거쳐 확정되더라도 법규범이 되려면 또 하나의 단계를 밟아야 한다. 조약에 대한 기속적 동의(consent to be bound by a treaty)는 조약당사자가 조약문 규정에 구속을 받겠다는 서약이므로 이 절차를 거치면 조약은 효력발생을 위한 법규범이 된다.

조약에 대한 기속적 동의의 표시형태는 조약의 체결절차나 성질에 따라 다양하다. 비엔나협약은 제11조부터 제17조 사이에서 국가들이 조약에 대한 기속적 동의를 표현하는 방식에 관해 규정하였다. 특히 제11조는 조약에 대한 기속적 동의의 표시방법으로 서명(signature), 조약문교환(exchange of instruments constituting a treaty), 비준(ratification), 수락(acceptance), 인준 또는 승인(approval), 가입(accession)을 제시하면서, 합의가 있을 때에는 다른 방법도 사용할 수 있다고 하였다.

1. 비 준

비준(ratification)이란 교섭권자에 의해 확정된 조약문을 조약체결권자가 최종 확인하는 형식으로 이루어지는 조약에 대한 기속적 동의의 표시방법이다. 비엔나협약은 제14조 1항에서 조약규정이나 교섭국가들의 합의가 있는 경우 및 비준을 조건으로 서명이 이루어진 경우에는 조약에 대한 기속적 동의는 비준에 의해 이루어진다고 하였다.

비준은 국내법적 측면과 국제법적 측면에서 의미가 있다. 원래 비준이란 제도는 절대주의시대 조약체결권자인 군주가 조약문안이 자신의 의도대로 구성되었는지 최종적으로 확인하는 절차로 등장하였으나, 교통·통신수단이 발달하면서 비준제도의 이러한 의미는 많이 퇴색되었다. 오늘날 비준제도는 각국에서 민주주의를 구현하는 수단으로 활용되고 있다. 현재 많은 국가의 헌법은 중요한 조약과 국민들에게 부담을 지우는 조약에 대한 비준 시 국회의 동의를 받도록 요구하고 있기 때문이다.

2. 서 명

조약에 대한 기속적 동의 표시방법으로의 서명(signature)은 비준을 전제로 한 서명과는 달리 조약의 구속력을 최종적으로 인정하는 것이다. 이러한 의미의 서명은 휴전협정이나 행정협정과 같이 신속성과 기술성을 요하는 약식조약에서 자주 사용된다. 휴전협정이 제대로 효과를 발생하려면 즉시 교전행위가 중지되어야 하며, 행정협정은 고도의 기술성과 전문성, 시간적 급박성 때문에 의회의 비준동의 없이 서명만으로 효력발생에 이르게 한 것이다.[32]

비엔나협약 제12조 1항은 서명에 의해 조약에 대한 기속적 동의가 이루어지는 것은 조약이 그렇게 규정한 경우, 서명이 그러한 효과를 갖는다는 데 대해 교섭국들이 합의한 경우, 서명에 그러한 효과를 부여하겠다는 의도가 전권위임장이나 교섭과정에서 표명된 경우라고 하였다. 아울러 동조 2항은 조약문의 가서명(initialling)은 그 조약의 서명을 구성하는 것으로 교섭국 간에 합의된 것이 확인되는 경우에 그 조약문에 서명한 것이 되며, 대표에 의한 조약의 '조건부 서명'(signature ad referendum)은 대표의 본국에 의하여 확인되는 경우에 그 조약의 완전한 서명을 구성하게 된다고 하였다.

3. 조약문 교환

조약에 대한 기속적 동의는 당사국 간의 조약문 교환(exchange of instruments constituting a treaty)에 의해서도 표현된다. 그러나 조약문 교환으로 효과가 발생하려면 조약에 그들 간의 조약문 교환이 그러한 효과를 갖는다는 규정이 있거나, 조약문 교환이 그러한 효과를 갖는다는 데 대해 국가 간에 어떤 형태로든 합의가 이루어져 있어야 한다(비엔나협약 제13조).

---

32) 약식조약의 경우 조약에 대한 기속적 동의는 서명에 의해서 이루어질 뿐 아니라 각서교환(exchange of notes), 서한교환(exchange of letters)에 의해서도 이루어진다. 이러한 경우에는 두 번째 공문이 접수된 때에 조약은 성립하는 것이다.

4. 수락과 승인

비엔나협약 제14조 2항은 조약에 대한 기속적 동의는 수락(acceptance)과 승인(approval)에 의해서도 표현될 수 있다고 하였다. 국제법위원회에 따르면 수락은 제2차 대전 이후 등장한 새로운 절차로 비준처럼 국회의 승인을 요하지 않고 다만 행정부가 조약을 보다 자세히 검토할 기회를 갖기 위한 절차로 마련된 것이라고 한다. 조약에 대한 기속적 동의를 표시하는 데 있어 추후 의회의 승인을 요하는 경우에는 '비준을 조건으로 하는 서명'이 되고, 의회의 승인을 필요로 하지 아니하는 경우에는 '수락을 조건으로 하는 서명'이 되는 것이다.[33]

승인은 일부 국가들의 헌법절차나 실행에 의해 조약체결 과정에 도입된 것으로, '인준을 조건으로 하는 서명'이라는 형식으로 나타나며 비준과 유사하다.

5. 가 입

비엔나협약은 제15조에서 가입(accession)에 의하여 표시되는 조약에 대한 기속적 동의에 관하여 규정하였다. 즉 조약에 대한 국가의 기속적 동의가 가입의 방법으로 표시될 수 있음을 조약이 규정하고 있거나 교섭국 간에 그러한 합의가 있었음이 확인되는 경우 그리고 추후 당사국들이 가입으로 조약에 대한 기속적 동의가 가능하다는 데 합의한 경우에는 가입에 의한 기속적 동의가 가능하다는 것이다(비엔나협약 제15조).

가입이란 어떤 국가가 이미 효력발생에 들어간 다자조약의 당사국이 되고자 할 때 사용되는 기속적 동의의 표시방법이다. 따라서 아직 효력발생에 들어가지 아니한 조약에의 가입이 가능한가 하는 문제가 제기되었다. 이와 관련하여 국제법위원회는 조약에 관한 최근의 관행을 검토한 결과, 가입에 관한 조문을 두고 있는 거의 모든 조약이 가입을 조약의 효력발생과 연계시키지 않고 있다고 하였다. 조약들은 조약의 효력발생일 이전에 가입을 허용하고 있으며, 가입문서의 기탁을 조건으로 조약이 당해 국가에게 효력을 발생할 수 있게 하고 있다는 것이다.[34]

---

33) 이한기, 「국제법강의」, 박영사, 1994, p.503.
34) Evans, p.193.

6. 절차와 법적 효과

1969년 비엔나협약에 의하면 별도의 규정이 없는 한 조약에 대한 기속적 동의는 비준서, 수락서, 승인서, 가입서를 체약국 간에 교환 또는 일정한 곳에 기탁하거나, 합의된 바에 따라 체약국이나 수탁장소에 통고하면 확정된다(비엔나협약 제16조).

조약에 대한 기속적 동의 절차가 완료되면 조약은 법규범으로서의 효력을 가지게 된다. 따라서 조약에 대한 기속적 동의를 한 국가는 조약의 목적에 어긋나는 행동을 하면 아니 된다. 1969년 비엔나협약 제18조는 다음과 같이 규정하였다.

> 국가는 다음의 경우에 조약의 대상과 목적을 저해하게 되는 행위를 삼가야 하는 의무를 진다.
> (a) 비준·수락 또는 승인되어야 하는 조약에 서명하였거나 또는 그 조약을 구성하는 문서를 교환한 경우에는 그 조약의 당사국이 되지 아니하고자 하는 의사를 명백히 표시할 때까지
> (b) 그 조약에 대한 그 국가의 기속적 동의를 표시한 경우에는 그 조약의 발효 시까지 그리고 그 발효가 부당하게 지연되지 아니할 것을 조건으로 함

비엔나협약 제18조의 규정이 관습법을 선언한 것인지는 분명하지 않다. 그러나 조약에 서명은 하였으나 비준을 하지 않은 국가와 아직 효력을 발생하지 않은 조약에 대해 기속적 동의를 행한 국가는 조약의 대상과 목적을 저해하는 행위를 삼가야 하는 의무를 부담하도록 한 것이다.[35]

IV. 효력발생

비엔나협약 제23조는 조약은 조약규정이나 당사국들이 합의한 바에 따라 효력을 발생하며, 그러한 규정이나 합의가 없는 경우에는 교섭국들이 조약에 대한

---

35) 조약에 대한 기속적 동의를 한 국가에게 어떤 법적인 의무가 부여되는가 하는 데 대해 국제적인 재판기관, 국제법위원회, 그리고 학자들의 견해가 일치하는 것은 아니다.

기속적 동의를 하는 즉시 효력을 발생한다고 하였다(비엔나협약 제24조 1항, 2항). 또한 가입에서처럼 조약이 효력발생을 시작한 이후 조약에 대한 기속적 동의가 이루어지면 별다른 규정이 없는 한 조약은 그러한 행위가 이루어진 바로 그날부터 그 국가에게 효력을 발생한다(동조 3항).

조약의 효력발생 시기를 조약의 종류에 따라 조금 더 구체적으로 나누어 살펴본다. 약식조약의 경우에는 별도의 규정이 없는 한 조약에 대한 기속적 동의인 서명이 당사국들에 의해 이루어지는 즉시 효력을 발생한다. 정식조약의 경우에는 조약이 양자조약이거나 당사자가 적은 조약이면 별도의 규정이 없으면 모든 당사자가 비준을 마친 후 효력발생에 들어간다. 그러나 다자조약의 경우에는 정해진 숫자의 국가의 비준이 있은 후 정해진 기간이 지난 후 효력을 발생하는 것이 일반적이다. 예를 들어 1982년 해양법협약은 제309조 1항에서 60개국이 비준, 가입하고 1년이 경과한 후부터 효력을 발생한다고 하였다.

하지만 일부조항 특히 종결조항(final clauses)에 해당하는 조문들은 조약문의 채택과 동시에 효력을 발생하는 것으로 보아야 한다. 비엔나협약도 조약문의 인증, 조약에 대한 기속적 동의, 효력발생일자, 유보, 수탁기관의 기능, 조약의 효력발생 이전에 발생하는 문제에 관한 조약규정들은 조약문의 채택과 동시에 효력을 발생한다고 하였다(협약 제24조 4항).

조약을 효력발생 이전에 적용해야 할 필요성이 커지면서 조약의 '잠정적용' (provisional application)이 빈번해지고 있다. 최근 조약의 잠정적용이 증가하고 있는 것은 신속히 대처해야 할 새로운 문제들이 많이 발생하기 때문이며, 특히 효력발생에 이르기까지 매우 긴 시간이 필요한 다자조약에서 많이 활용되고 있다.[36] 비엔나협약도 제25조에서 조약 자체의 규정이나 교섭국들이 원하는 경우에는 조약의 효력발생 이전이라도 조약 전체나 일부의 잠정적용이 가능하다고 하였다.

---

36) Henkin, pp.462-463. 미국의 리스테이트먼트도 다자조약 체결을 위한 교섭에 참가한 국가들의 비준이 늦어지는 경우에는 잠정적용이 유용하다고 하였다. 잠정적용은 제2차 대전 후 국제기구 창설을 위한 조약들에서 자주 사용되었다. 그 예로는 1947년의 잠정적용의정서(Protocol of Provisional Application)에 의해 효력을 발생하였던 GATT 조약이 있다. *Restatement*, p.174.

V. 조약의 등록과 공고

조약의 등록(registration)은 세계대전의 원인 중 하나이었던 비밀조약의 폐지를 위한 미국의 윌슨 대통령의 노력으로 도입되었다. 국제연맹 규약은 제18조에서 모든 조약은 사무국에 등록되어야 하며, 등록되지 아니한 조약은 효력을 가지지 못한다고 하였다. 그러나 이 규정은 지나치게 이상적인 것이었다. 그 후에도 국가 간에는 수많은 비밀조약들이 체결되었는데, 이들은 대부분 조약의 규정대로 효력을 발생하였던 것이다.

유엔헌장은 제102조 1항에서 회원국들이 체결한 조약은 사무국에 등록되어야 하고 사무국은 이를 공표한다고 하면서, 2항에서는 등록되지 아니한 조약은 '모든 유엔기관 앞에서'(before any organ of the United Nations) 이를 주장하지 못한다고 하였다. 결국 유엔은 보다 현실적인 입장에서 등록되지 아니한 조약도 그 효력은 인정하되 유엔기관에서 이를 원용하지 못하도록 한 것이다. 여기서 말하는 유엔기관에는 당연히 국제사법재판소도 포함된다.

비엔나협약은 제80조에서 간단하게 "조약은 그 발효 후에 경우에 따라 등록 또는 편철과 기록을 위하여 또한 발간을 위하여 국제연합 사무국에 송부된다"고 하였다.

VI. 다자조약 체결의 특징

제2차 대전 이후 국제사회와 국제법에서 국제적인 합의들이 중요해지면서 조약의 중요성이 커졌다. 특히 다자조약(multilateral agreement)은 규범의 보편적 적용을 위한 중요한 기초로 자리를 잡게 되었다. 예를 들어 유엔헌장은 무력행사 금지의 원칙 등을 통해 국제평화와 안전의 유지에 관한 국제법을 마련하는 데 기여하였으며, 국제인권규약 등 일련의 다자조약은 국제인권보호를 위한 기초를 다졌고, 유엔해양법협약은 '해양의 헌법'으로 국제해양질서의 기초를 마련하였으며, 수많은 보편적 국제기구와 유럽연합과 같은 지역기구들이 다자조약을 통해 설립되었고, 국제무역과 금융에 관한 기본골격 역시 GATT와 WTO 협정 등 다자조약을 통해 마련되었다.

그렇지만 19세기 초 비엔나회의 이전까지 다자조약 제도는 제대로 정비되어 있지 않아서 조약의 당사국이 다수인 조약을 체결하려면 협상에 참여한 국가들이 일련의 양자조약을 체결하는 방식을 취했었다. 17세기 중엽에 체결된 웨스트팔리아조약은 물론이고 1814년 파리조약에서도 프랑스와 다른 7개국은 내용은 같지만 형식상 별개인 조약을 체결하여야 했다.[37] 1815년 비엔나회의는 나폴레옹전쟁을 마무리하고, 유럽협조체제(Concert of Europe System)를 출범시켜 유럽의 정치지도를 바꾸었을 뿐 아니라, 다자조약제도를 도입하여 국제법 발달에 크게 기여하였다. 비엔나회의 최종의정서(Final Act of the Congress of Vienna)는 처음으로 모든 회의 참가국들에 의해 서명되었으며, 모든 다른 양자조약들을 그 구조 속에 포함하였다. 하지만 다자조약이 본격적으로 오늘날과 같은 모습을 갖추게 된 것은 1856년 파리회의에서 이었다. 이 회의에서는 최초로 양자조약 단계를 거치지 않고 처음부터 다자조약 형태로 조약을 체결하였다.[38]

다자조약들은 대개 개방조약으로서 가능한 많은 국가를 조약의 당사국으로 받아들이는 것이 그 목적을 살리는 데 부합하므로, 다자조약 체결을 위한 절차에는 많은 국가들이 참여한다. 또한 전통적인 양국 간 조약체결절차를 다자조약에 그대로 적용하는 것은 여러 가지로 불편한 점이 있기 때문에 다음과 같은 제도들이 등장하였다.[39]

첫째, 다자조약에서는 조약문을 채택할 때 양국 간 교섭보다는 모든 교섭당사국들이 한자리에 모이는 국제회의 방식이 자주 사용된다. 그리고 조약문을 채택할 때에도 만장일치보다는 다수결이나 컨센서스 방식이 자주 사용된다. 유엔 주도로 다자조약 체결이 추진되는 경우에는 국제법위원회가 협약초안을 마련하는 등 중요한 역할을 맡는 경우가 많다.

둘째, 다자조약은 가능한 많은 국가를 당사국으로 받아들이기 위하여 개방조약 제도를 취하고 유보를 널리 인정한다. 대다수 다자조약들은 가능한 많은 국가를 당사국으로 받아들여야 그 목적을 달성할 수 있기 때문에 비당사국들의 자유

---

37) Frederic L. Kirgis, *International Organizations in Their Legal Setting*, West Publishing Co., 1993, p.2.
38) *Ibid.*
39) 유병화, pp.179-216.

로운 가입을 허용하는 경우가 많다. 또한 조약의 일부조항 때문에 조약에 가입할 수 없는 국가들의 가입을 용이하게 하기 위해 일부조항의 적용을 면제해 주는 유보를 널리 인정한다.

셋째, 다자조약에서는 기탁을 많이 사용한다. 다자조약에서 전통적인 비준서 교환 제도를 그대로 적용하는 것은 매우 불편하기 때문에, 일정한 수탁장소를 정하여 그곳에 비준서를 발송하는 것으로 조약에 대한 기속적 동의 절차를 마무리하도록 하는 것이다.

‖ 제5절 ‖ 유　보

I. 서　론

조약이란 원래 국가 간의 합의이므로 조약에는 모든 조약 당사자들이 동의하는 법적인 권리와 의무만 규정되는 것이 원칙이다. 그러나 오늘날 국제사회에서는 많은 다자조약들이 체결되고 있고 그러한 조약들의 상당수는 다수결로 채택되고 있다. 그 결과 일부 다자조약에는 조약의 당사국이 되고자 하는 국가가 거부할 수 있는 조항들이 일부 포함되게 되었으니, 그러한 거부행위를 유보(reservation)라 한다.[40] 유보란 다자조약의 당사국이 되고자 하는 국가가 자국의 국익에 크게 반하는 일부조항 때문에 당사국이 될 수 없는 경우, 그 일부조항의 적용을 면제시켜 주거나 그 의미를 수정할 수 있게 하여 조약의 당사자가 되게 하는 제도이다.

1969년 조약법에 관한 비엔나협약은 제2조 1항에서 "유보라 함은 자구 또는 명칭에 관계없이 조약의 서명·비준·수락·승인 또는 가입 시에 국가가 그 조약의 일부 규정을 자국에 적용함에 있어서 그 조약의 일부 규정의 법적 효과를 배제하거나 또는 변경시키고자 의도하는 경우에 그 국가가 행하는 일방적 성명을 의미한다"고 하였다.

---

40) Janis, p.22.

유보란 주로 다자조약 제도와 관련되어 있기 때문에 다자조약이 등장한 19세기 후반에야 시작되었다. 국제연맹 시대에는 많은 다자조약들이 체결되었으나, 이 당시에는 유보가 효력을 가지려면 다른 당사국들 모두의 동의가 필요했었다. 이러한 전통은 제2차 대전 이후에도 당분간 이어졌다. 그러나 ICJ는 1951년 집단살해협약(Genocide Convention)에 대한 권고의견에서 조약의 완전성 원칙의 유연한 적용을 권고한 바 있으며, 다수결에 의한 조약문 채택이 크게 증가하면서 유보도 널리 사용되게 되었다.

II. 유보의 종류와 범위

1. 유보의 종류

유보란 일반적으로 일부조항의 적용을 배제하기 위한 목적에서 행하여지지만, 자세히 살펴보면 다음의 3가지 유형이 있다. 첫째는 조항의 유보이다. 조약당사국이 되려는 국가가 조약의 일부조항의 자국에의 적용을 유보하는 것이다. 둘째는 해석의 유보이다. 특정한 조항의 해석을 둘러싸고 이견이 있는 경우에 조약당사국이 되려는 국가가 조약의 일부조항의 해석방향에 대해 유보하는 것이다. 셋째는 적용지역의 유보인데, 조약의 적용지역을 자국의 관할권이 미치는 영역중 일부로 제한하는 것이다. 이상의 세 가지 유보 중에서 국제사회에서 가장 널리 사용되는 것은 조항의 유보이다.

2. 유보와 해석선언

유보는 유보의 법적 효과를 의도하지 아니하는 조약에 대한 갖가지 선언이나 성명들과 구분되어야 한다. 이러한 것에는 양해(understanding), 정치성명(political statement), 해석선언(interpretative declaration)이 있다. 특히 해석선언(또는 정책선언)은 다자조약에서 자주 발견되는 것으로 어느 국가가 조약과 국내법을 조화시키고자 행하는 선언이나 성명으로 조약상의 권리와 의무에는 영향을 미치지 않는다.41) 유엔해양법협약은 제309조에서 협약이 명시적으로 인정하지 아니하는 유

보를 일절 금지하였지만, 제310조에서는 협약규정의 법적 효과를 배제하거나 수
정하는 것이 아니라면 국내법과 협약규정을 조화시키고자 하는 선언이나 성명은
허용된다고 하였다. 이것은 유보와 해석선언(또는 정책선언) 간의 차이를 보여 주
는 좋은 예이다.[42]

국가가 조약에 서명·비준하면서 행한 조약에 관련된 어떤 선언이나 성명이
단순한 정책선언인지 아니면 유보에 해당되는지는 그 선언이 조약내용을 변경하
거나 일부 조항의 적용을 배제하는가 하는 데 달려 있다. 선언을 하는 국가가 그
선언을 무엇이라 칭하든 선언이 조약과 관련하여 그 국가의 법적 의무를 배제하
거나 제한·수정하는 것이라면 그것은 유보가 된다. 반면에 조약에 대한 어떤 선
언이 조약내용에 관한 일반적인 견해를 밝히는 것이라면 그것은 유보가 아닌 해
석선언이 된다.[43]

3. 유보와 양자조약

유보란 다자조약의 적용범위 확대를 위해 도입된 제도이다. 양자조약의 경우
에 유보는 기존의 조약안에 대한 거부나 새로운 제의로 해석되므로 유보는 대부
분 효력을 발생하지 못한다.[44] 그렇지만 예외적으로 양자조약에서도 한 국가가
유보를 하고 다른 국가가 이를 수락하는 경우에는 유보가 효력을 가질 수 있다.
한 당사국이 비준단계에서 유보를 붙이는 것은 기존의 합의를 거부하고 새로운
제안을 하는 것이지만, 상대방 국가가 이미 비준절차를 마무리하였다면 그 국가
는 유보 내용을 다시 검토할 기회를 갖게 될 것이다. 유보가 서명단계에서 행하여

41) Malcolm N. Shaw, *International Law*, 4th edition, Cambridge University Press, 1997,
    pp.642-643.
42) 다자조약으로서 가능하면 많은 국가들을 당사국으로 받아들여야 할 해양법협약이 유보를
    금지한 것은, 해양법협약은 여러 국가들의 다양한 관심사를 반영하여 컨센서스를 목표로
    일괄타결(package deal) 방식으로 만들어졌음에도 불구하고 유보를 허용하면 오히려 다른
    국가들의 이익이 침해될 수 있다는 우려 때문이었다. Myron H. Nordquist and Choon-ho
    Park(eds.), *Reports of the United States Delegation to the Third United Nations
    Conference on the Law of the Sea*, University of Hawaii Law of the Sea Institute, 1983,
    p.83.
43) *Restatement*, pp.182-183.
44) Janis, p.22.

지든 비준단계에서 행하여지든, 타방 당사국이 유보를 받아들이지 않으면 조약은 깨지거나 새로운 교섭단계로 들어가며, 그대로 받아들이게 되면 유보는 효력을 발생하게 된다.[45]

미국에서는 대통령보다는 상원이 조약에 유보를 붙이는 경우가 많았으며, 그것은 양자조약의 경우에도 마찬가지이다. 미국 상원은 미국과 캐나다 간 나이아가라(Niagara) 조약 비준 시 전력사용 부분에 유보를 붙였다. 미국 상원은 1977년 체결된 미국과 파나마 간 「운하조약」(Canal Treaty)에 대해서도 유보를 하였는데, 파나마가 이를 받아들였다.[46]

Ⅲ. 유보와 유보반대 절차

다자조약의 당사국이 되고자 하는 국가는 유보가 금지되는 경우가 아니면 조약에 서명·비준·수락·승인·가입할 때 유보를 할 수 있다(비엔나협약 제19조). 조약이 명시적으로 인정하는 유보는 별도의 규정이 없는 한 다른 국가들의 수락을 요하지 아니하나, 교섭국이 소수이거나 조약의 목적에 비추어 조약의 완전한 이행이 필수적인 것으로 보이는 경우에는 다른 모든 당사국에 의한 수락이 필요하다(비엔나협약 제20조 1항, 2항). 한편 조약이 국제기구 설립헌장인 경우에는 유보를 위해서는 권한 있는 기관의 수락이 필요하다(동조 3항). 조약에 별도의 규정이 없는 경우에는, 유보가 있은 후 12개월 이내에 유보에 대한 반대가 없으면 유보는 수락된 것으로 본다(동조 5항). 유보와 유보에 대한 수락과 반대는 모두 서면으로 이루어져야 하며, 조약당사국과 조약당사국이 될 국가들에게 통보되어야 한다(협약 제23조).

조약에 별다른 규정이 없는 한 유보는 유보를 수락한 국가의 동의 없이 언제든지 철회될 수 있다. 유보에 대한 반대 역시 언제든지 철회될 수 있다. 조약에 별도의 규정이 없는 한 유보와 유보반대 철회의 효과는 당해 국가에 그러한 통보가 접수된 경우에만 효력을 갖는다(협약 제22조).

---

45) *Restatement*, p.182.
46) Henkin, p.445; 유병화, pp.202-203.

IV. 유보의 효력

유보는 조약에 따라 허용되기도 하고 금지되기도 한다. 그러나 일단 유보가 허용되면 적법하게 이루어진 유보는 법적인 효과를 발생하여, 유보국과 다른 당사국 사이에서는 유보된 대로 관련 조문들에 영향을 미친다. 그러나 유보는 상대적 효과를 가진다. 따라서 유보된 조항의 효력을 변경하는 유보의 효과는 유보국과 유보에 이의를 제기하지 아니한 국가 즉 유보에 반대하지 아니한 국가 사이에서만 인정된다.

비엔나협약 제21조는 유보는 유보를 한 국가에게 다른 당사국과의 관계에서 유보가 이루어진 조약규정들을 수정하며, 유보국과의 관계에서 다른 당사국에게 규정을 수정하는 효과를 가져온다고 하였다. 즉 유보를 한 국가와 유보반대 즉 유보에 이의를 제기하지 아니한 국가사이에서는 유보한 내용에 따라 조약규정이 수정되는 결과를 가져오는 것이다.[47] 그러나 유보를 한 국가와 유보에 반대한 국가 사이에서는 유보의 효과는 제한되어, 유보를 행한 국가는 반대한 국가에게 유보된 조항에 따른 의무이행을 요구하지 못하며, 제3국 간 관계에서도 유보는 아무런 영향을 미치지 않는다.

V. 유보의 제한

유보는 다자조약의 적용범위 확대를 위하여 필요한 제도이지만 조약의 완전성과 법적용의 통일성 유지를 위해서는 어느 정도 제한이 불가피하다. 유보의 제한은 조약 자체의 규정에 의해서 이루어지며, 조약에 관련규정이 없더라도 조약의 원칙과 목적을 고려하여 허용되기도 한다. 비엔나협약 제19조는 다음과 같이 규정하였다.

---

47) 리비아는 1961년 체결된 「외교관계에 관한 비엔나협약」을 비준하면서 외교행낭 (diplomatic bag)에 관하여 유보를 하였다. 유보한 내용은 외교행낭이 속한 국가의 동의하에 행낭을 검사할 수 있다는 것이었다. 영국은 리비아의 유보에 대하여 반대하지 않았기 때문에 리비아의 외교행낭에 대하여 유사한 조치를 취할 수 있었다. Shaw, p.646.

국가는 다음의 경우에 해당하지 아니하는 한 조약에 서명·비준·수락승인 또는 가입할 때에 유보를 형성할 수 있다.

(a) 그 조약에 의하여 유보가 금지된 경우

(b) 문제의 유보를 포함하지 아니하는 특정의 유보만을 행할 수 있음을 그 조약이 규정하는 경우 또는

(c) 상기 세항 (a) 및 (b)에 해당되지 아니하는 경우에는 그 유보가 그 조약의 대상 및 목적과 양립하지 아니하는 경우

1. 조약규정에 의한 제한

비엔나협약 제19조에 의하면 조약 자체의 규정이 유보를 금지하는 경우에는 유보가 제한된다. 이것은 법에서의 당사자자치 원칙에 비추어 볼 때 당연한 것으로, 조약자체 규정에 따라 유보는 금지될 수 있는 것이다.

조약규정에 의한 유보의 제한도 유보를 전면 금지하는 경우와 일부조항에 대해서만 유보를 금지하는 경우가 있을 것이다. 유보가 전면금지 되는 것은 일부조항에 대해서라도 유보가 인정되면 조약의 목적달성이 불가능하다고 판단되는 경우이다. 1952년 저작권에 관한 제네바협약과 국제노동기구가 제정하는 조약들은 대부분 유보를 전면금지 하였다. 조약의 일부조항이 특별히 중요하다고 판단되는 경우에는 그러한 일부 조항에 대한 유보가 금지된다. 1958년 대륙붕협약은 제1조에서 제3조에 대한 유보를 금지하였다.[48]

2. 조약의 목적에 따른 제한

조약에 유보에 관한 명문의 규정이 없는 경우에도 유보는 허용되는가. 유보가 허용된다면 거기에는 어떤 제한이 있을까. 다자조약에서 조약문이 다수결에 의해 채택되는 사례가 많아지면서 조약에 명문의 규정이 없어도 조약의 목적에 비추어 유보를 허용하거나 제한해야 할지를 결정해야 하는 사례가 많이 발생하고 있다.

조약의 목적에 비추어 허용되는 유보는 어느 범위까지 인정되는가? 1951년

---

48) 유병화, pp.203-205.

국제사법재판소는 집단살해협약(Genocide Convention)의 유보문제에 대한 권고의
견에서, 협약의 완전성과 보편적 적용이란 충돌되는 원칙을 조화시키기 위하여
유보와 조약의 목적 간의 양립성을 기준으로 제시하였다. 권고의견에서 제시된
이 원칙은 비엔나협약에 영향을 주었으며, 협약 제19조는 유보는 조약 규정에 의
해 금지되지 않더라도 조약의 목적과 양립하지 않는 경우에는 금지된다고 하였
다.[49]

집단살해협약에 대한 유보[50]

Reservation to the Genocide Convention, 1951

1948년 12월 9일 유엔총회는 만장일치로 「집단살해범죄의 방지와 처벌에 관한 협약」
(Convention on the Prevention and Punishment of the Crime of Genocide)을 채택하
였고 협약은 1951년 1월 효력발생에 들어갔다. 그런데 일부 공산권 국가들은 일부 조항
에 대해 유보를 한 상태에서 협약을 수락하였으며, 비준서의 기탁을 맡은 유엔 사무총
장은 이를 모든 서명국들에게 통보하였다. 이로써 유보에 관한 조항이 없었던 집단살
해협약에 대한 유보 허용 문제가 제기되어, 유엔총회는 1950년 11월 결의 478을 채택
하여 국제사법재판소(ICJ)에 권고의견을 요청하였다.

ICJ에 부탁된 문제의 핵심은 유보를 한 국가는 일부 협약당사국의 반대에도 불구하
고 협약의 당사자가 될 수 있는가 하는 것이었다. 그러나 ICJ는 여기에 대해서는 명확한
대답을 하지 않은 채, 유보와 유보반대에 대한 평가는 개별적 사안의 특수한 상황을 고
려하여 이루어져야 한다고 하였다. ICJ는 그 어떠한 국가도 협약의 목적을 좌절케 해서
는 안 되므로 다른 국가들의 유보에 대한 동의가 없이는 유보는 효력을 발생할 수 없다
고 하여 협약의 완전성을 강조하면서도, 이 협약은 가능한 널리 적용되어야 하므로 유
보의 제한은 원칙의 신축적인 적용을 요구하는 본 협약의 목적과 충돌된다고 하였다.

허용되는 유보와 유보반대의 문제를 해결하기 위해 ICJ는 유보와 조약의 목적 간의

---

49) 1951년의 권고의견에서 다수의 견해에 반대하였던 ICJ 재판관들의 견해도 경청할 필요가
있다. 당시 반대의견을 제시한 Guerrero, McNair, Read, Hsu Mo 재판관은 유보를 하려면
다른 모든 교섭국들의 동의가 있거나 조약에 명문의 규정이 있어야 하는데, Genocide협약
에는 그러한 규정이 없으며 다른 모든 국가들의 동의도 없었으므로 유보는 허용되지 않는
다고 하였다. 또한 ICJ가 양립성이란 기준을 유보의 허용기준으로 도입하였으나, 이것은
주관적인 개념이므로 허용여부에 대한 판단에 실제로 도움이 되지 않는다고 하였다.

50) *Reservation to the Genocide Convention, Advisory Opinion, ICJ Reports*, 1951, p.15.

양립성(compatibility)을 기준으로 제시하였다. Genocide협약은 당사자 여부에 관계없이 모든 국가들을 구속하는 원칙을 선언한 것으로 가능한 한 많은 국가들이 협약에 참여해야 하므로, 협약의 목적과 원칙은 유보를 할 수 있는 자유와 유보에 반대하는 자유 모두를 제한한다고 하였다. ICJ는 국가는 주권을 가지므로 유보를 할 수 있다는 주장과 유보는 모든 당사국들이 찬성하는 경우에만 허용될 수 있다는 주장 모두를 배척한 것이다.

ICJ는 협약의 완전성 원칙과 유보의 자유를 절충하려고 시도하였다. 그 결과는 유보의 자유를 인정하는 쪽으로 결말이 났다. 국제사회에는 이러한 문제에 대해 권위 있는 결정을 할 수 있는 기관이 없기 때문에 각국은 각자의 관점에서 유보의 타당성 문제를 판단하게 되기 때문이다. ICJ는 유보의 허용기준으로 양립성이란 합리적인 기준을 제시하였지만, 결과적으로는 체약국 중의 일부만이 반대하는 유보를 한 국가도 유보에 반대하지 아니한 국가와의 관계에서 협약당사자가 될 수 있음을 확인한 것이다.[51]

VI. 평 가

다자조약의 폭발적인 증가로 유보의 사용도 크게 증가할 것으로 예상되었으나, 실제로 유보제도가 활용된 사례는 그리 많지 않았다. 1919년부터 1971년 사이에 효력발생에 들어간 다자조약을 조사한 결과에 의하면, 1164개 다자조약 중에서 85%에 달하는 조약은 유보제도를 활용하지 않았으며, 조약의 적용지역과 주제로 인하여 일부 국가들만 가입해 있는 다자조약의 경우에는 유보가 행하여지지 아니한 사례는 92% 정도로 더욱 줄어들었다고 한다.[52]

유보가 이루어진 경우에도 실질규정에 관한 유보는 많지 않았다. 유보는 주로 분쟁해결, 다른 당사국에 대한 비승인, 국내법과의 양립성, 식민지 영토에 관한 것이었다. 실질문제에 관한 유보에서 중요한 분야는 인권분야이었다. 상당수의 국가들이 인권조약을 비준하면서 실질적인 규정들에 대하여 유보를 하였기 때문이다.[53]

---

51) Eckart Klein, "Genocide Convention(Advisory Opinion)," *EPIL*, vol. 2, pp. 107-109.

52) Lori Damrosch, Louis Henkin, Richard Crawford Pugh, Oscar Schachter, and Hans Smit, *International Law: Cases and Materials*, 4th ed., West Publishing Co., 2001, pp. 488-489.

53) *Ibid.*

‖ 제6절 ‖ 조약의 적용과 해석

Ⅰ. 조약의 적용과 준수

1. 적용범위

조약이 효력발생에 들어가더라도 상황에 따라서 조약의 적용과 관련하여 여러 가지 문제가 제기된다. 조약은 원칙적으로 발효시점 이후의 상황에 적용된다. 불소급의 원칙에 따라 조약은 발효 이전에 발생한 사실이나 행위에 적용되지 아니한다. 비엔나협약 제28조도 "별도의 의사가 조약으로부터 나타나지 아니하거나 또는 달리 확정되지 아니하는 한, 조약 규정은 그 발효 이전에 당사국에 관련하여 발생한 행위나 사실 또는 없어진 사태에 관하여 그 당사국을 구속하지 아니한다"고 하였다.

조약의 공간적 적용범위는 원칙적으로 당사국의 주권이 미치는 영역 전체이다. 비엔나협약 제29조는 "별도의 의사가 조약으로부터 나타나지 아니하거나 또는 달리 확정되지 아니하는 한, 조약은 각 당사국의 전체 영역에 관하여 각 당사국을 구속한다"고 하였다. 그러나 이것은 일반적인 규칙이며, 국가들은 조약을 영토의 일부에만 적용하기로 합의할 수 있다. 과거에 유럽의 식민국가들이 체결한 일부 조약에는 조약을 식민지에 적용하도록 하거나 적용을 배제하도록 하는 소위 '식민지적용 조항'(colonial application clauses)이 포함되어 있었다.[54]

2. 조약과 제3국

조약은 원칙적으로 조약의 당사국 사이에서만 적용되며 제3국을 구속하지 못한다. 조약상대성원칙이라 부르는 이러한 규칙은 국가가 가진 주권과 독립권으

---

54) Malcolm N. Shaw, *International Law*, 7th edition, Cambridge University Press, 2014, p.671.

로부터 나온 것으로, 국가는 자신이 구속을 받겠다는 동의를 하지 아니한 국제법 규칙을 준수할 의무가 없다. 따라서 비엔나협약 제34조도 "조약은 제3국에 대하여 그 동의 없이는 의무 또는 권리를 창설하지 아니한다"고 하였다. 특히 협약은 제35조에서 제3국이 서면으로 그 의무를 명시적으로 수락한 경우에만 조약의 규정으로부터 그 제3국에 대하여 의무가 발생한다고 하였다.

조약이 제3국에 대하여 의무를 창설하지 못한다는 원칙에 대해서는 중대한 예외가 있다. 문제의 조약규정이 국제관습법이 된 경우이다. 어떤 다자조약이 국제관습법이 된 경우에 모든 국가들은, 그 본래의 조약에의 당사국 여부를 떠나서, 이를 준수해야 할 의무가 있기 때문이다. 20세기 초에 채택되어 효력발생에 들어간 헤이그협약에 규정된 전쟁법 관련 규칙들은 현재 국제관습법의 일부로 간주되고 있는바 모든 국가들이 지켜야 할 규범이 되었다.[55] 그리하여 비엔나협약 제38조도 조약에 규정된 규칙이 관습국제법 규칙으로 인정된 경우에는 제3국을 구속할 수 있다고 하였다.

조약이 제3국에게 의무는 없이 권리만을 부여하는 경우에도 조약의 제3국에 대한 효력이 인정될 수 있다. 비엔나협약 제36조도 조약이 제3국에 대하여 권리를 부여하는 조약규정을 도입하였고 제3국이 이에 동의하면 그 조약의 규정으로부터 그 제3국에 대하여 권리가 발생하며, 조약이 달리 규정하지 아니하는 한 제3국의 동의는 반대의 표시가 없는 동안 존재하는 것으로 추정된다고도 하였다. 수에즈운하, 파나마운하, 흑해해협과 같은 곳에 자유로운 통항체제를 도입한 관련 다자조약이 좋은 예이다. 윔블돈(Wimbledon)호 사건에서 PCIJ가 언급한 바와 같이 이들 수로는 관련 다자조약을 통해 세계 모든 국가에게 개방된 국제수로가 되었으며, 각국의 선박은 이러한 국제수로를 자유롭게 이용할 수 있게 된 것이다.[56]

3. 성실한 준수의무

유엔헌장은 제2조 2항에서 "모든 회원국은 이 헌장에 따라 부과되는 의무를 성실히 이행한다"고 하였다. 이는 유엔회원국의 헌장상 의무를 신의성실(good

---

55) *Ibid.*, pp.672-673.
56) *Ibid.*, pp.673-674.

faith)로 이행해야 하는 의무를 규정한 것이라고 할 수 있다. 하지만 신의성실의 원칙은 조약의 준수와 해석에도 적용되는바, 조약의 당사국은 자신이 서명하고 비준한 조약의 목적을 좌절시키지 아니할 의무를 부담한다.

그렇지만 신의성실한 조약준수는 그 의미가 모호하여서, 때로는 "약속은 지켜져야 한다"(pacta sunt servanda)라 불리기도 한 이 용어의 의미를 명확히 하기 위한 시도들이 있었다. 그러나 비엔나협약은 결국 신의성실한 조약 준수 대신에 일반적인 용어를 사용하여 관련 조문을 채택하였다. 비엔나협약 제26조는 "유효한 모든 조약은 그 당사국을 구속하며 또한 당사국에 의하여 성실히게 이행되어야 한다"는 평이한 규정을 둔 것이다.[57] 국가는 자신이 체결한 조약상의 의무에 부합하지 아니하는 국내입법을 한다든가 하는 방법으로 조약의 목적에 반하는 행위를 하면 아니 되는 것이다.

국제사법재판소(ICJ)는 일부 국가의 '뒤늦은 청구'(tardy claim)에 대하여 신의성실의 원칙을 적용하여 이를 받아들이지 않았다. 프레아비헤어 사원 사건에서도 그러한 논리가 적용되었다. 일찍이 캄보디아와 샴은 양국 대표로 구성된 혼합위원회를 구성하였으며, 위원회는 1907년 양국 간 국경선을 획정하는 임무를 완수하였다. 그러나 후일 국경선에 위치한 프레아비헤어 사원과 관련하여 분쟁이 발생하였으니, 사원이 프랑스령 인도차이나(지금의 캄보디아)에 위치하게 된 데 따른 것이다. 그러나 혼합위원회 당시 샴 출신 위원들은 조사보고서의 사본을 수령하였음에도 위원회의 판정에 대하여 이의를 제기하지 않았었다. 1960년 ICJ가 프레아비헤어사원 사건을 다룰 때, 태국은 과거 태국-캄보디아 간 국경선 획정에 중대한 착오가 있었다고 주장하였다. 그러나 ICJ는 태국의 주장을 받아들이지 않았다. 태국의 그러한 청구는 지나치게 지체되어 신의성실에 부합하지 아니하며, 태국은 수십 년 전 위원회가 설정한 경계선을 오랫동안 묵인해 왔다는 것이 이유였다.[58]

---

57) William R. Slomanson, *Fundamental Perspectives on International Law*, 5th edition, Thompson Wadsworth, 2007, pp.369-370.

58) *Ibid.*, p.369.

II. 조약의 해석

1. 의 미

국내법에서와 마찬가지로 국제법에서도 조약의 해석은 모든 법률가들이 수행해야 할 가장 중요한 과제이다. 조약의 해석이란 조약문의 의미를 명확히 밝히는 것이다. 모든 법조문이 그러하듯이 조약문도 추상적인 표현들로 구성되어 있는바, 이러한 추상적인 조문을 구체적인 사실에 적용하려면 그 의미를 명확히 하는 것이 필요하다.

2. 조약해석의 원칙

1912년 안칠로티(Anzilotti)는 조약의 해석에는 아무런 강제적인 규칙도 존재하지 않는다고 언급한 바 있다. 조약을 해석하는 기준은 국내법에서 빌려오거나 중재재판소를 통해 발달해 온 '논리규칙'(rules of logic)이거나 '국제질서의 본성이나 성격에서 추론된 일반적 기준'일 뿐이라는 것이다. 그러나 전통적으로 국가들과 재판소들은 조약해석의 주요 목적은 조약을 작성한 사람들의 의도를 파악하는 것이라는 데 대해서는 의견이 일치하였다. 다만 그 접근방법에 있어서는 이견이 있었다.[59]

조약의 해석과 관련해서는 3개의 학설이 대립하였다. 첫째는 당사국들의 의사를 중요시하는 주관적(subjective) 방법이고, 둘째는 조문을 중요하게 다루는 객관적(objective) 방법이며, 셋째는 목적을 중요시하는 목적론적(teleological) 방법이다. 이들 3개의 방법은 상호 배타적인 것이라기보다는 보완적인 것이므로, 비엔나협약 제31조 1항도 이들을 모두 포괄하는 방향으로 조약해석의 원칙을 수립하였다.[60]

---

59) Cassese, p.178.
60) Evans, p.199.

3. 조약해석의 주체

조약의 해석을 둘러싸고 문제가 생기면 조약의 당사국들은 나름대로 조약을 해석할 수 있다. 따라서 조약의 해석에 관한 국제법규칙이 실제로 존재하지 않았던 시절에는, 조약의 해석과 관련하여 조약당사국 간에 갈등이 발생하면 강대국에게 유리한 방향으로 해석되곤 하였다.

조약의 해석을 둘러싼 국가 간 분쟁을 해결하기 위해 조약당사국들은 이 문제를 국제사법재판소(ICJ)와 같은 중립적인 기관에 맡길 수 있다. ICJ에의 부탁은 선택조항의 수락에 의해서도 가능하지만, 당사국이 조약의 해석문제를 재판소에 부탁하기로 합의하는 경우에도 가능하다.

4. 조약해석의 방법

국제법에서 조약을 해석하는 데 대하여 기본적으로 세 가지 입장이 있다는 것은 위에서 설명하였다. 그것은 조약문과 용어를 중요시하는 객관적 해석 또는 문언해석, 조약문을 채택한 당사자의 의사를 중요시하는 주관적 해석, 조약의 목적과 목표를 중요시하는 목적론적 해석이다. 그중에서 가장 중요한 것은 문언해석이라고 할 수 있지만, 조약의 보다 정확한 해석을 위해서는 사용된 언어에서부터 목적까지 조약의 모든 것을 고려해야 한다.[61] 비엔나협약도 제31조에 조약해석의 일반원칙에 대해서 규정하면서, "조약은 조약문의 문맥 및 조약의 대상과 목적으로 보아 그 조약의 문면에 부여되는 통상적 의미에 따라 성실하게 해석되어야 한다"고 하여 세 가지 법해석 방법을 모두 사용하도록 하였다. 비엔나협약은 조약의 의미가 애매모호하거나 불합리한 결과를 가져올 때에는 조약의 의미를 결정하기 위하여 조약의 준비문서와 체결 시의 사정 등 보충적 수단을 고려할 수 있다고 하였다 비엔나협약 제31조(해석의 일반규칙)는 다음과 같이 규정하였다.

① 조약은 조약문의 문맥 및 조약의 대상과 목적으로 보아, 그 조약의 문면에 부여되는 통상적 의미에 따라 성실하게 해석되어야 한다.
② 조약의 해석 목적상 문맥은 조약문에 추가하여 조약의 전문 및 부속서와 함께 다음

---

61) Shaw, pp.655-656.

의 것을 포함한다.

(a) 조약의 체결에 관련하여 모든 당사국 간에 이루어진 그 조약에 관한 합의

(b) 조약의 체결에 관련하여, 1 또는 그 이상의 당사국이 작성하고 또한 다른 당사국이 그 조약에 관련되는 문서로서 수락한 문서

③ 문맥과 함께 다음의 것이 참작되어야 한다.

(a) 조약의 해석 또는 그 조약규정의 적용에 관한 당사국 간의 추후의 합의

(b) 조약의 해석에 관한 당사국의 합의를 확정하는 그 조약 적용에 있어서의 추후의 관행

(c) 당사국 간의 관계에 적용될 수 있는 국제법의 관계규칙

조약의 목적론적 해석과 관련하여 티모르섬 사건을 살펴본다.

티모르섬 사건

Timor Island Case

순다(Sunda)열도의 동쪽 끝에 있는 티모르섬(33,850㎢)은 1520년 포르투갈에 의해 발견되었으며, 1613년부터 네덜란드인들이 정착하였다. 양국은 1859년 조약을 체결하여 섬의 서쪽은 네덜란드, 동쪽은 포르투갈령으로 하기로 하였으며, 조약에 의해 구성된 혼합위원회(mixed commission)의 작업에 따라 1904년에는 국경선획정 조약이 체결되었다.

그렇지만 이 국경조약이 설정한 국경선 중 일부분에 대해 분쟁이 발생하였다. 양국은 어떤 강의 탈베그(thalweg)를 국경선으로 삼기로 하였으나 강의 명칭과 실제 위치가 일치하지 않았기 때문이다. 포르투갈은 양국 간 조약이 명기한 명칭의 강이 국경선이 되어야 한다고 하였다. 반면에 네덜란드는 강의 명칭이 잘못되었다고 하면서 국경조약에 부가된 지도가 표시하고 있는 강이 양국 간 국경선이라고 하였다. 양국은 1913년 부탁합의를 통하여 이 분쟁을 상설중재재판소(PCA)의 Lardy 중재관에게 맡겼다.

중재관은 이 조약은 문리해석이 아닌 조약의 목적(purpose of the treaty)과 당사자들의 진의(true intention)를 고려하여 해석되어야 한다고 하였다. 중재관은 조약의 협상문과 조약문안을 볼 때 강의 명칭에 오류가 있었음이 분명하므로 지도에 나타난 강의 탈베그가 양국 간 경계선이라고 하였다.[62]

오늘날 조약의 해석에 있어서 그 목적이 중요시되면서 '효율성의 원칙'(principle of effectiveness)이 주목을 받고 있다. 조약은 효율적이고 유용하게 다시 말하면 조약의 모든 부분이 그 목적과 목표를 달성하는 데 적합하게 해석되어야 한다는 것이다. 조약의 모든 규정은 어떤 의미를 가지도록 의도된 것이므로 조약을 비효율적이거나 의미가 없는 것이 되게 하는 해석은 잘못된 것이며, 조약 전체와 각 조문은 어떤 목적을 달성하기 위한 것이므로 조약의 목적 달성을 어렵게 하는 해석 역시 잘못된 것이라는 것이다.[63]

참고로 어떤 조약문이 두 개 이상의 언어로 되어 있는 경우, 별도의 규정이나 당사국 간 합의로 어떤 특정한 조약문에 우위가 인정되지 않는 한, 조약문들은 동등한 권위를 갖는다. 그리고 인증된 조약문들이 의미상 차이가 있는 때에는 조약의 목적에 비추어 조약문에 가장 잘 부합하는 의미로 해석한다(협약 제33조).

‖ 제7절 ‖ 조약의 무효

Ⅰ. 서 론

조약이 체결절차에 따라서 체결되었다고 해서 모든 조약이 의도한 대로 효력을 발생하는 것은 아니다. 조약이 제대로 효력을 발생하려면 조약은 조약의 당사자가 될 자격이 있는 주체에 의해 체결되었어야 하며, 하자 없는 의사표시가 이루어졌어야 하고, 내용이 적법타당하고 이행가능해야 한다.

조약의 체결절차에 따라 합의된 거의 대부분의 조약이 효력발생에 이르는 현실을 고려하여, 여기서는 조약의 효력발생요건이 아닌 조약의 무효란 관점에서 접근하기로 한다. 특히 의사표시의 하자 문제가 중요한데, 1969년 비엔나협약은 조약의 무효원인으로 국내법규정 위반, 착오, 사기, 부패, 강박, 강행법규위반 등

---

62) Joseph H. Kaiser, "Timor Island Arbitration," *EPIL*, vol. 2, pp. 274-275.

63) Evans, p. 202; Cassese, p. 179.

을 들었다.

　조약의 무효는 절대적 무효와 상대적 무효 두 가지로 나누어진다. 절대적 무효란 일정한 조건이 갖추어지면 조약을 처음부터 무효인 것으로 처리하는 것이다. 절대적 무효의 원인이 있는 경우에 조약의 무효는 조약의 당사국은 물론이고 당사국이 아닌 다른 국가에 의해서도 주장될 수 있으며, 당사국들의 묵인이 있어도 조약은 유효한 것이 될 수 없다. 반면에 상대적 무효란 조약의 피해자가 될 수 있는 국가에게 조약을 무효화할 수 있는 재량을 부여하는 것으로, 무효의 원인들은 그러한 국가들의 묵인이나 동의로 치유될 수 있다.[64] 비엔나협약에 의하면 강박이나 강행규범에 위반되는 방법으로 체결된 조약은 절대적 무효, 착오 · 사기 · 부패에 의해 체결된 조약은 상대적 무효의 대상이 된다.

II. 조약의 상대적 무효

1. 국내법규정 위반

　국내법상 조약체결권이 없는 기관이 조약을 체결하였다든가 국가대표가 월권을 하여 조약을 체결한 조약의 효력에 대해서는 학설대립이 있었다. 조약체결권은 국내법상 문제이므로 이를 위반한 조약은 당연히 무효가 되어야 한다는 주장이 있는가 하면, 그러한 문제에도 불구하고 국제법절차에 따라 체결된 조약이라면 유효하다는 주장도 있었다. 비엔나협약은 그 중간입장을 취하여 국내법에 위반하여 체결된 조약을 무효로 할 수 있게 하되 그 범위를 제한하였다.

　비엔나협약 제46조는 조약에 대한 기속적 동의가 국내법규정에 위반하여 이루어진 경우 이를 근거로 조약을 무효화할 수 있게 하여 상대적 무효를 인정하되, 그 위반이 명백하고(manifest) 근본적으로 중요한(of fundamental importance) 국내법 규정에 관한 것이 아닌 한 국내법규정 위반을 원용할 수 없다고 하였다. 또한 제47조는 특정한 조약에 대한 기속적 동의를 표시할 대표의 권한에 어떤 제한이 가해진 경우, 그러한 제한이 미리 상대방 국가에게 통보되지 않으면 그러한 제한을 조약

---

64) *Ibid.*(Cassese), pp.177-178.

을 무효화하는 데 원용하지 못한다고 하였다.

조약실행에 관한 연구들에 의하면 조약이 실제로 헌법상 무능력을 이유로 무효화된 사례는 거의 없었다고 한다. 미국에서는 1975년 이스라엘과의 협정과 1977년 파나마 운하조약을 둘러싸고 논란이 있었다.[65]

2. 착 오

비엔나협약은 조약이 체결될 당시에 존재한 것으로 믿었던 사실이나 상황에 착오(error)가 있었고 그러한 착오가 기속적 동의의 본질적 기초가 된 경우에는, 조약에 대한 기속적 동의를 무효화하는 데 이 착오를 원용할 수 있다고 하였다(비엔나협약 제48조 1항). 착오에 의해 체결된 조약의 상대적 무효를 인정한 것이다. 그러나 착오가 조약의 무효에 원용되려면 착오가 동의의 본질적 요소를 구성해야 한다. 또한 자신의 행동에 의해 그러한 착오가 유발되었거나 주위상황으로 보아 이를 알 수 있었던 때에는 착오를 조약을 무효화하는 데 원용하지 못한다(동조 2항 참조).

국제법에서 착오가 조약의 무효화를 위해 원용된 것은 주로 국가 간 국경선 획정에 관한 합의 시 발생하는 지리적 착오이다. 이와 관련하여 국제사법재판소(ICJ)가 다루었던 프레아비헤어사원 사건을 살펴본다.

프레아비헤어사원 사건

Temple of Preah Vihear Case, ICJ, 1962

프레아비헤어 사원은 태국과 캄보디아 간 국경을 이루고 있는 당그렉(Dangrek)산맥 끝에 위치하고 있다. 1904년 샴(태국)과 프랑스(당시 캄보디아의 보호국)는 분수령(watershed)을 양국 간 국경선으로 하기로 합의하면서 혼합위원회(mixed commission)를 설치하여 실제 국경선을 긋도록 하였다. 혼합위원회는 1907년 마지막 회의를 가졌고, 샴 정부는 프랑스 조사팀에게 이곳 지도를 작성해 주도록 위임하였다. 1908년 프랑스에서 출간되어 배포된 지도에 의하면 프레아비헤어 사원 전체가 캄보디아 영토에 위치

---

65) Henkin, pp. 488-489.

해 있었다. 그러나 분수령을 따라 지도를 만들면 이 사원 전체가 태국 영토에 위치하게 된다는 것을 알게 된 태국정부는 1935년경 이곳에 관리들을 파견하였다. 프랑스가 태국 관리들의 철수를 요구하면서 양국간 분쟁이 시작되었으나, 1953년 캄보디아가 독립하면서 분쟁은 새로운 국면으로 접어들게 되었다.

1959년 캄보디아 정부는 양국 모두 국제사법재판소(ICJ) 규정의 '선택조항'을 수락한 사실과 1928년 「국제분쟁의 평화적 해결의정서」에 의거하여 이 사건을 ICJ에 제소하였다. 태국은 ICJ의 관할권에 대해 '선결적 항변'(preliminary objection)을 제기하였으나 기각되었고, 1962년 6월 15일 본안에 대한 판결이 내려졌다. 판결에서 ICJ는 9:3으로 프레아비헤어 사원은 캄보디아 영토에 속하므로 태국은 모든 군인과 민간인들을 철수시켜야 한다고 하였다. 또한 7:5로 태국이 점령기간 동안 이 사원에서 가져간 모든 물건들을 반환하도록 요구하였다.

이 사건에서는 1908년 프랑스가 제작한 지도가 관심의 대상이었다. 태국은 프랑스가 제작한 지도에 중대한 착오가 있었으므로 무효라고 하면서, 분수령을 지나는 국경선에 따라 사원지구는 자국 영토가 되어야 한다고 하였다. 그러나 ICJ는 착오를 원용하려는 당사자가 그러한 착오에 책임이 있거나 회피할 수 있었으며 주변상황으로 미루어 볼 때 당사자가 그러한 착오를 알 수 있었을 때에는 착오를 원용할 수 없다고 하였다. 또한 ICJ는 태국이 지도상의 국경선에 대해 이의를 제기할 충분한 기회가 있었음에도 그렇게 하지 않은 것은 묵인의 의미로 받아들일 수밖에 없다고 하였다.

3. 사 기

사기(Fraud)도 착오상태에서 법률행위를 한 것이나, 그 착오가 다른 사람의 기만행위에 의해 발생한 것이라는 점에서 착오와는 차이가 있다. 비엔나협약 제49조는 어떤 국가가 다른 교섭국의 기만적 행위로 조약을 체결하게 된 경우에는, 사기를 자신의 조약에 대한 기속적 동의를 무효화하는 데 원용할 수 있다고 하였다.

4. 부 패

부패(corruption) 또는 매수란 한 국가의 대표가 다른 국가로부터 뇌물을 받고 조약의 대한 기속적 동의를 해 주는 것이다. 비엔나협약은 조약에 대한 기속적 동의가 다른 교섭국에 의한 직·간접적인 부패를 통해 이루어진 경우에는 조약에 대한 기속적 동의를 무효화하기 위해 그 부패를 원용할 수 있다고 하였다(협약 제 50조).

국제법위원회에 의하면 협약이 부패(corruption)라는 강한 용어를 사용한 것은 국가대표에게 영향을 주어 조약을 체결하게 하려는 의도된 행위만을 조약의 무효화 원인으로 인정하려는 의도에서 나온 것이라고 한다. 위원회는 국가대표에게 제공된 약간의 호의가 조약을 무효화하는 구실이 되어서는 안 된다는 생각을 가지고 있었던 것이다.[66]

Ⅲ. 조약의 절대적 무효

1. 강 박

강박(coersion)에 의한 조약체결이란 상대방에게 공포심을 주어 강제로 조약에 대한 기속적 동의를 하게 하는 것이다. 1939년 히틀러가 보헤미아와 모라비아에 대한 독일의 보호권을 인정하는 조약에 동의하도록 체코 대통령과 외무장관에게 가한 강박은 좋은 예이다. 강박은 대개 국가와 국가대표에게 동시에 가해진다.

비엔나협약은 제51조에서 국가대표에 대한 어떤 행동이나 위협을 통하여 이루어진 조약에 대한 기속적 동의는 법적인 효력을 가지지 못한다고 하였다. 이는 국가대표에 대한 강박에 의해 체결된 조약은 절대적 무효임을 선언한 것이다. 또한 협약 제52조는 유엔헌장에 규정된 국제법원칙에 위배되는 위협이나 무력행사에 의해 체결된 조약도 무효라고 하였다. 이것은 국가에 대한 강박을 금지하는 것으로 오늘날의 무력행사금지 원칙과 일맥상통하는 것이다.

국제연맹 이전까지 강박은 조약의 무효화 사유가 아니었다. 침략전쟁은 불법적인 것이 아니었으며, 전승국은 정복에 의해 영토를 획득할 수 있었다. 부전조약과 국제연합 헌장에 이르러 침략전쟁은 불법화되었고 강박에 의한 조약체결은 무효화된 것이다.

비엔나협약 제52조의 조문을 만드는 과정에서 개발도상국들은 군사적 압력

---

66) *ILC Yearbook*, 1966, p.244.

과 함께 경제적·정치적 압력도 강박에 포함시키자고 주장했었다. 그러나 다른 국가들은 유엔헌장이 무력행사 범위 너머까지 강박의 개념을 확대하는 것에는 반대하였다.[67] 또한 과거 공산권 국가 대표들은 유엔에서 강대국과 독립은 했으나 실제로는 보호상태에 있는 국가 간에 체결된 조약과 같이 주권평등의 기초 위에 체결되지 아니한 조약들은 무효라고 주장하였으나 역시 받아들여지지 않았다.[68]

2. 강행규정(*jus cogens*) 위반

(1) 국제강행규정

국제강행규정이란 조약당사국들이 합의하는 경우에도 위반할 수 없는 국제규범을 말한다. 국내법에서 강행규정과 임의규정을 구분하듯이 국제법에서도 국제공동체의 구성원들이 지켜야 할 최소한의 규범들을 강행규정으로 분류하여, 여기에 반하는 합의는 당연히 무효로 해야 한다는 것이다.

(2) 연 혁

국제법 규범 간에는 명백한 상하관계가 존재하지 않는다는 것이 이제까지 국제법학자들의 일반적 생각이었다. 그러나 요즈음 일부 국제법학자들은 국내법에서의 강행규정과 임의규정에 관한 제도를 도입하여, 조약의 체결절차에는 결함이 없더라도 강행규정에 어긋나는 조약은 무효로 할 것을 주장하고 있다.

상설국제사법재판소(PCIJ)와 국제사법재판소(ICJ)는 판결에서 강행규정의 존재를 인정한 바 있으며, 1969년 비엔나협약 역시 제53조에 강행규정에 관한 규정을 두어 그 존재를 인정하였다.

(3) 법적 지위

비엔나협약은 국제강행규정의 존재를 인정하는 근래의 경향에 따라 강행규정에 관한 규정을 두었다. 협약 제53조는 다음과 같이 규정하였다.

---

67) *Restatement*, pp.208-209.
68) Ian Brownlie, *Principles of Public International Law*, Clarendon Press, 1990, pp.615-616.

> 조약이 체결 시 일반국제법상의 강행규정과 충돌되는 경우에는 무효이다. 이 협약에 있어 일반국제법상의 강행규정이란 국가들의 국제공동체가 수락하고 승인하는 규범으로, 그 어떠한 위반도 허용되지 아니하며, 동일한 성격의 새로운 일반국제법 규범에 의해서만 수정될 수 있는 것이다.

비엔나협약은 국제강행규정의 존재를 분명히 인정하였으며, 강행규정에 대한 위반은 허용되지 아니하며, 강행규정은 새로운 강행규정에 의해서만 수정될 수 있다고 하였다.

(4) 판단기준과 내용

국내법에 있어서와 마찬가지로 국제법에서도 규범 간에 상하의 구분이 있어야 한다는 주장은 이론상 설득력이 있다. 국제사회에도 모든 주체들이 함께 지켜가야 할 최소한의 규범을 정하는 강행규정이 존재하여야 세계는 보다 평화롭고 질서 있게 발전해 갈 수 있기 때문이다.

그러나 국제사회에는 국제적으로 합의된 강행규정 제정절차가 별도로 존재하기 않으므로 강행규정에 해당되는 국제법 규범들을 구분하는 데 어려움이 있다. 국내사회와 비교해 볼 때 국제사회에는 근본규범 창설을 위한 특별한 절차가 마련되어 있지 않아서, 국제법 규범 간의 서열과 규범창설 능력의 서열이 연결되지 않고 있는 것이 현실이다. 국제법의 근본원칙을 이루는 규범들의 효력상의 우위는 그러한 규범이 창설된 절차가 아니라 그 내용에 따라서 인정되어야 하는 것이 현실이다.[69]

일반적으로 유엔헌장이 규정한 무력행사금지와 집단살해, 해적행위, 인신매매를 금지하는 규범들은 강행규정에 해당된다고 본다. 그 외에 인민의 자결권 등 몇 가지 국제법상 원칙들도 여기에 포함시켜야 한다는 주장이 있으나, 강행규정에 속하는 규정들을 결정하는 문제는 여전히 논란의 대상으로 남아 있다.

---

69) G. M. Danilenko, *Law-Making in the International Community*, Martinus Nijhoff Publishers, 1993, p.7.

‖ 제8절 ‖ 조약의 종료와 정지

I. 서 론

조약의 종료(termination) 또는 소멸이란 조약이 일정한 시점 이후 효력을 완전히 상실하여 조약당사국들에게 더 이상 어떤 권리도 부여하지 않고 의무도 부담시키지 않게 되는 것을 말한다. 반면에 조약의 효력의 정지(suspension of operation) 또는 중지란 조약은 그대로 존재하되 일정한 기간 동안 효력을 발생하지 않는 것이다.

조약의 종료나 정지를 가져오는 원인에는 여러 가지가 있으나, 크게 두 가지로 나눌 수 있다. 하나는 명시적이든 묵시적이든 당사국들의 의사에 따른 것으로 조약규정에 의한 경우와 조약의 폐기와 탈퇴, 새로운 조약의 체결 등이 여기에 속한다. 다른 하나는 당사국의 합의된 의사와는 관계가 없이 인정되는 것으로 조약에 대한 중대한 위반, 이행불능, 사정변경이 여기에 속한다.

II. 조약규정

오늘날 일부 조약들은 조약의 효력발생기간이나 그 종료일자를 명시하거나, 조약의 종료 내지 정지조건을 미리 규정해 놓는다. 이러한 규정을 가지고 있는 조약들은 그러한 조건이 충족될 때 종료되거나 효력이 정지된다. 1969년 조약법에 관한 비엔나협약이 제54조에서 조약규정에 따라 조약의 종료와 조약으로부터의 탈퇴가 가능하다고 한 것은 그런 의미에서 당연한 규정이다. 협약 제54조는 모든 조약 당사국들이 동의하는 경우에는 조약은 종료된다고 하였다.

한편 협약 제57조는 조약규정이 있거나 모든 당사국들이 동의하는 경우에는 모든 국가 또는 일부 국가에 대해 조약의 효력을 정지시킬 수 있다고 하여 조약규정에 따른 조약의 정지를 규정하였다.

Ⅲ. 조약의 폐기와 탈퇴

조약의 폐기(denunciation)와 탈퇴(withdrawal)의 인정여부를 결정하는 데 가장 중요한 것은 조약당사국들의 의사이다. 조약당사국들은 그들 간의 합의에 따라 양자조약을 폐기할 수 있으며 각자 다자조약에서 탈퇴할 수도 있다. 문제는 조약에 관련규정이 없는 경우에도 조약의 폐기와 탈퇴가 가능한가 하는 것이다. 1969년 비엔나협약은 제56조에서 조약의 종료와 탈퇴에 관한 규정을 두고 있지 아니한 조약에서도 당사국들이 이를 허용하거나 조약의 성격에 비추어 허용하는 것이 적합하다고 판단되는 경우에는 조약의 폐기와 탈퇴는 허용된다고 하였다.[70] 다만 협약은 적어도 12개월 이전에 이를 통고해야 한다고 하였다.

다자조약에서 탈퇴하는 국가들로 인하여 당사국 수가 효력발생에 필요한 국가의 숫자에 미달하게 되는 경우 조약의 운명이 문제가 될 수 있다. 여기에 대해 비엔나협약은 조약에 별도의 규정이 없는 한 그러한 일이 발생하더라도 조약은 종료되지 않는다고 하였다(비엔나협약 제55조).

Ⅳ. 새로운 조약의 체결

새로운 조약의 체결로 이전 조약을 종료케 하는 데에는 두 가지 방법이 있다. 첫째는 나중의 조약에 앞의 조약을 종료시킨다는 명시적 규정을 두는 방법이다. 이러한 명시적 규정이 있는 경우에는 그 규정에 따라 앞의 조약은 효력을 상실하게 된다. 둘째는 일정한 조건이 충족되는 경우 명시적 규정이 없더라도 묵시적으로 앞의 조약의 종료를 인정하는 방법이다. 1969년 비엔나협약은 조약당사국들이 동일한 문제에 관해 새로운 조약을 체결한 경우 당사국들이 나중 조약의 적용을 의도한 것이 명백하거나 나중 조약과 이전 조약의 당해 문제에 대한 규정이 상충되는 경우에는 이전 조약은 종료된 것으로 본다고 하였다(협약 제59조).

---

70) *ILC Yearbook*, 1966, pp. 250-251. 강화조약이나 국경선 획정조약의 당사국은 조약의 성격에 비추어 조약을 일방적으로 폐기하거나 조약에서 탈퇴할 수 없다. 그러나 대부분의 다른 조약에서는 조약에 관련규정이 없더라도 조약의 폐기와 탈퇴가 가능한 것으로 본다.

V. 조약위반

조약당사국 일방이 조약상 의무에 위반되는 행위를 하게 되면 다른 당사국에게는 조약을 종료케 하거나 조약상 자국의 의무이행을 중지할 권리가 생긴다. 조약상 의무에 대한 위반은 다른 당사자에게 비무력적 복구를 취할 수 있는 권한을 부여하며, 이러한 복구에는 조약의 종료와 정지가 포함되는 것이다. 그렇지만 조약상 의무에 대한 위반이 항상 조약의 폐기나 종료의 원인이 되는 것은 아니며, 그러한 권리와 조건에 대해서는 의견대립이 있다. 조약을 위반한 국가의 상대방에게 조약을 폐기할 권리를 넓게 인정해야 한다는 주장이 있는가 하면, 사소한 조약위반으로 조약이 폐기되는 사태를 우려하는 입장도 있다. 따라서 국제법위원회는 조약위반의 상대방에게 조약을 종료케 할 권리는 인정하되 그 조건을 강화하였다.[71]

비엔나협약 제60조 1항은 양자조약의 한쪽 당사자에 의한 조약에 대한 '중대한 위반'(material breach)은 다른 당사자에게 조약을 종료, 정지케 하는 권리를 부여한다고 하였다. 동조 2항은 어떤 국가가 다자조약을 위반하면 다른 당사국들은 만장일치로 조약을 종료시키거나 정지시킬 수 있고, 조약위반으로 피해를 입은 국가는 조약위반국과의 관계에서 조약의 정지사유로 원용할 수 있으며, 조약위반이 당사국들의 의무에 급격한 변화를 가져오는 경우에는 다른 당사국들은 조약의 전체 또는 일부를 정지시킬 수 있다고 하였다.

조약의 종료나 정지를 가져오는 조약위반의 범주가 중요한 관심사이다. 과거에는 조약규정에 대한 모든 위반이 조약의 폐기를 정당화한다는 견해가 있었다. 그러나 조약을 종료 내지 정지케 하는 권리는 조약위반이 심각한 경우로 한정되어야 한다는 견해가 지배적이며, 국제법위원회도 그러한 입장을 취하였다. 그 결과 1969년 비엔나협약은 조약의 종료나 정지를 위해서는 조약위반이 '중대한' 것이어야 한다고 하였다. 협약이 '근본적'(fundamental)이란 용어 대신에 '중대한'(material) 위반이란 표현을 사용한 것은 '근본적'이란 표현의 의미가 너무 제한적이기 때문이었다.[72] 비엔나협약 제60조 3항은 그러한 중대한 위반이란 협약규정

---

71) *Ibid.*, pp.253-255.

에 의하지 아니한 이행거부와 조약의 목적달성에 필수적인 규정에 대한 위반을
의미한다고 하였다.

VI. 전 쟁

국가 간에 전쟁이 발생하면 그들 사이에 체결된 조약에도 변화가 오지만, 그
변화를 일률적으로 말할 수는 없다. 전쟁의 시작이 가져올 조약에 대한 영향은 결
국 조약별로 고찰되어야 한다. 동맹조약과 같이 양국 간 정치적·군사적 협력관
계를 규율하는 조약은 대개 전쟁의 시작과 동시에 종료될 것이나, 경제관계나 문
화교류를 위한 조약들은 전쟁기간 중 효력발생을 중지할 수도 있고 그대로 효력
을 유지할 수도 있다.

VII. 이행불능

조약체결 이후 조약의 이행에 절대적으로 중요한 조약의 목적물이 영원히 유
실되거나 파괴된 경우에는, 당사국은 조약의 이행불능(impossibility of performance)
을 조약을 종료케 하거나 조약으로부터 탈퇴하는 근거로 활용할 수 있다. 만일 그
러한 이행불능이 영원한 것이 아니고 일시적인 것이라면 조약의 정지 근거로 원
용될 수 있을 뿐이며(협약 제61조 1항), 이행불능이 그 국가의 조약상의 의무위반에
기인하는 것인 경우에는 이를 원용하지 못한다(동조 2항).

---

72) *Ibid.*

Ⅷ. 사정변경의 원칙

1. 의 미

각국의 국내법이 사정에 근본적인 변경이 있을 때 계약을 종료시키는 제도를 가지고 있듯이, 국제법에서도 조약체결 시의 사정에 근본적인 변화가 있을 때에는 조약을 종료시킬 수 있다. 이것을 사정변경의 원칙(principle of *rebus sic stantibus*)이라고 한다.

조약은 오랜 기간 효력을 발생하기 때문에 도중에 중대한 사정변경이 있게 되면 조약의 한쪽 당사자에게 과도한 부담이 지워질 수 있다. 그런 때에는 조약을 새로운 환경에 맞게 수정해야 하는데, 다른 당사자가 수정에 완강하게 반대한다면 국가 간의 관계는 긴장되고 법을 넘는 극단적인 행동이 나올 수도 있다. 국제법이 사정변경을 조약의 종료사유로 인정한 것도 이러한 극단적인 행동을 피하기 위한 안전판으로의 이 원칙의 기능을 인정하였기 때문이다.

오늘날 조약들은 효력발생기간이 짧아지고 있고, 일정한 기간의 경과 후 재검토를 규정하고 있는 경우가 많아서 이 원칙의 유용성은 많이 줄어들었다. 그러나 지금도 장기간 효력을 가지는 조약들이 체결되고 있는바, 사정변경은 조약을 종료시키거나 다른 당사국을 조약개정을 위한 협상에 나오게 하는 역할을 하고 있다.[73]

2. 내용과 제한

1969년 비엔나협약 제62조는 1항에서 조약의 체결 당시 존재하였던 사정에 근본적인 변화(a fundamental change of circumstances)가 있고 당사국들이 이를 예상하지 못한 경우에도, 그러한 사정이 당사국들의 조약에 대한 기속적 동의의 본질적 근거(an essential basis of the consent)가 아니었다든가 그러한 변화가 앞으로 이행될 의무의 범위를 급격히 변화시키는 것이 아니라면, 조약을 종료시키거나

---

73) *Ibid.*, pp.169, 256-258.

정지케 하는 사유로 원용하지 못한다고 하였다. 이 조문이 이처럼 부정적으로 표현되어 있는 것은 사정변경의 원칙을 원용하려면 매우 까다로운 조건들을 충족해야 함을 암시하는 것이다.[74]

그런데 비엔나협약 제62조 2항은 사정변경을 이유로 조약을 종료·정지시킬 수 없는 두 가지 경우를 규정하였다. 사정변경은 국경선을 획정하는 조약에 영향을 미치지 아니하며, 조약에 위반하여 스스로 사정에 근본적인 변화를 초래한 국가도 사정변경을 원용하지 못한다.[75]

3. 국제법원의 입장

국제적인 사법기관에서는 사정변경의 원칙 자체는 인정하지만, 이 원칙을 실제로 적용하는 데에는 매우 신중하였다. 사정변경이란 조건은 상당부분 주관적인 판단을 요하는 것이므로, 현재와 같이 분권화된 국제사회에서는 이를 실제로 적용하여 어떤 사건을 판단하기 어렵기 때문이다.

사정변경의 원칙이 문제가 된 대표적인 사례로 상설국제사법재판소(PCIJ)의 1932년 프랑스와 스위스 간 상부사보이 및 젝스자유지역 사건이 있는데, 여기에서 PCIJ는 변화된 사정은 당사국들이 조약체결 시 생각하였던 그런 사정은 아니었다고 하여 원칙의 존재는 인정하되 이를 실제로 적용하지는 않았다. 한편 1973년 ICJ는 영국과 아이슬란드 간 어업관할권 사건(Fisheries Jurisdiction Case)에서 비엔나협약에 기초하여 사정변경원칙의 적용가능성을 검토하였다.[76]

---

74) *Restatement*, pp.218-219.
75) *Ibid.*, pp.220-221. 사정변경에 의한 조약의 종료에서 국경조약들이 제외된 이유는 그런 조약들은 이미 집행된 것이어서 더 이상 이행할 의무가 없기 때문이다. 실제로 현재의 모든 국경선은 이전의 국제적인 합의의 산물이어서, 새로운 합의의 가능성을 인정하게 되면 국제관계가 매우 불안해질 수 있다.
76) Henkin, p.519.

어업관할권 사건[77)]

Fisheries Jurisdiction Case, 1973

아이슬란드는 1952년 직선기선(straight baseline)과 4해리 배타적 어업수역(exclusive fishery zone: EFZ)을 설치하였으며, 1958년에는 수역의 너비를 12해리로 확대하였다. 이곳에서 어로에 종사해 온 영국과 독일은 여기에 대해 항의하였으나 화해가 성립되어 아이슬란드와 영국(1961년 3월), 아이슬란드와 독일(1961년 6월) 간에 각서교환이 있었다. 영국과 독일은 아이슬란드의 12해리 수역을 인정하고 앞으로 아이슬란드의 어업수역 확대로 분쟁이 발생하는 경우에는 일방의 청구로 문제를 국제사법재판소(ICJ)에 부탁하기로 하였다. 그러나 1971년 7월 14일 아이슬란드는 성명을 발표하여 이 합의의 종료를 요구하면서 자국의 배타적 어업수역을 이듬해 10월 1일부터 50해리로 확대한다고 선언하였다.

아이슬란드의 이러한 조치에 대해 영국과 독일은 항의하였으나 아이슬란드의 입장에는 변화가 없었다. 영국과 독일은 1972년 4월 초 각각 이 분쟁을 ICJ에 부탁하였으나, 아이슬란드는 1961년에 교환된 각서의 부탁조항(compromissory clause)은 이미 효력을 상실하였으므로 ICJ는 이 사건에 대해 관할권이 없다고 주장하였다.

아이슬란드는 1972년 자국의 어업수역을 50해리로 확대하고 이 수역 내에서 외국인의 어로를 금지시켰다. ICJ는 영국과 독일의 요청으로 ICJ 규정 제41조에 따른 임시조치(interim measures)를 취하여, 최종판결 전까지 아이슬란드는 영국과 독일 어선에 대한 규정의 적용을 보류하도록 하였고, 영국과 독일에게는 이 수역에서의 지난 5년간 양국의 평균 어획량인 17만 톤(영국)과 11만 9천 톤(독일)을 연간어획량으로 배정하였다. 임시조치 발표 후 영국과 독일은 이를 따랐으나, 아이슬란드는 이를 거부하여 아이슬란드 연안경비대와 영국 군함 및 독일 어업보호선 사이에 '대구전쟁'(cod war)이 발생하였다.

ICJ는 먼저 이 사건에 대한 자신의 관할권을 확인하였다. ICJ는 1961년 각서의 타당성과 해석을 면밀히 검토하고, 아이슬란드가 조약의 종료원인으로 제시한 사정변경의 문제를 검토하였다. 아이슬란드는 지난 10여 년간의 국제법 발전에 따라 영해기선에서 12해리까지 배타적 어업수역을 선포할 수 있었던 연안국들의 권리가 점차 넓게 허용되어 온 사실을 적시하였다. 따라서 1961년의 각서에 나타난 합의사항 중 자국이 12해리 수역을 인정받는 대가로 합의해 준 ICJ에의 부탁조항은 더 이상 지킬 필요가 없게 되었

---

77) *The Fisheries Jurisdiction Case, ICJ Reports*, 1973, p.3.

다는 것이다(para.31). ICJ는 법의 변화도 일정한 조건하에서는 사정변경에 속하여 조약의 존속에 영향을 줄 수 있다고 하여 사정변경의 원칙 자체는 인정하였으나, 아이슬란드의 주장은 이것과는 상관이 없다고 하였다. 아이슬란드는 1961년 각서교환 시 존재하였던 몇 가지 동기들이 오늘날에는 완전히 사라졌다고 하지만, 아이슬란드는 이미 조약으로부터 상당한 것을 얻었고 조약의 대상과 목적이 사라진 것도 아니라고 하였다(paras.32, 33). 1969년 비엔나협약에 따르면 사정변경은 근본적인(fundamental) 것이어야 하는데, 아이슬란드가 주장하듯이 어로기술의 발달에 따른 자원고갈 우려가 ICJ의 관할권을 인정하는 부탁조항을 바꿔야 할 정도로 근본적인 이유는 아니라는 것이 ICJ의 판단이었다(paras.36-43).

ICJ는 아이슬란드는 조약을 종료시킬 수 있는 아무런 법적 근거도 가지고 있지 아니하다고 결론지었다. ICJ는 10:4로 다음과 같이 판시하였다. 첫째, 아이슬란드의 조치는 영국과 독일의 그곳에서의 전통적인 어로를 고려하지 않으면 이들에게 대항할 수 없다. 둘째, 당사자들은 아이슬란드의 우선적인 몫과 영국과 독일의 전통적 어업권을 고려하면서 신의와 성실로써 형평에 따른 어족자원 배분에 합의할 의무가 있다.[78]

IX. 외교관계 단절과 강행규정 출현

전쟁을 비롯한 여러 가지 사유에 의해 외교관계와 영사관계가 단절되는 경우에도 당사국 간에 체결된 조약은 영향을 받지 않는다. 그러나 외교관계나 영사관계가 조약의 적용에 필수적인 경우에는 영향을 받게 될 것이다(비엔나협약 제63조). 일반국제법에 관한 강행규정(peremptory norm)이 새로이 등장하였는데, 그것이 기존의 조약과 충돌되는 내용의 것인 때에도 그 조약은 무효가 되며 종료된다(협약 제64조).

---

78) 아이슬란드는 1974년 6월의 이 판결을 무시하였다. 아이슬란드는 1975년 6월 200해리 배타적 어업수역(EFZ)을 선포하였으며, 1976년에는 독일과 영국의 어획량을 더욱 감축하는 선에서 합의하였다. 그러나 유럽공동체 회원국들도 1977년 1월 200해리 배타적 어업수역을 설치하였으며, 유럽 각국의 대외어업정책에 관한 권한이 EEC로 넘어가게 되어 아이슬란드와의 교섭도 이러한 기초 위에 진행되게 되었다. 이러한 일련의 과정을 거치게 되면서 국제사법재판소의 판결의 실질적인 영향력은 제한적이 되었다.

‖ 제9절 ‖ 국제관습법

I. 서 론

국제사법재판소 규정 제38조는 조약에 이어 법으로 승인된 일반적 관행의 증거인 국제관습 즉 국제관습법(international customary law)을 국제법의 법원으로 규정하였다. 이것은 국제관습법은 일반적인 관행의 성립에 이어 그러한 관행을 따르는 것이 법적으로 요구된다는 법적인 인식이 생겨나면 국제관습법이 성립된다는 국제법의 일반화된 입장을 표현하고 있다. 관행은 관련 규칙의 내용을 명확히 하는 데 기여하며, 법적인 인식은 이러한 행위규칙들을 법적인 강제성을 가지는 국제법 규범으로 전환시키는 역할을 한다.[79]

국제관습법은 의도된 입법절차의 산물이 아니라는 점에서 특이하다. 조약은 어떤 행위기준을 마련하고자 하는 국가들의 의도된 행위의 결과이지만, 국제관습법의 경우에 관행의 형성에 참여하는 국가들이 어떤 국제법 규칙의 수립을 주된 목적으로 행동하는 것은 아니다. 국가들의 주요 관심은 어떤 경제적·사회적·정치적 이익을 지키는 데 있는 것이며, 새로운 국제법 규칙의 등장은 그 부산물일 뿐이다. 켈젠(Kelsen)이 관습법을 '무의식적이고 의도되지 않은 입법'이라고 한 것도 바로 이러한 이유에서이었다.[80]

제2차 대전 이후 관습법은 상대적으로 위축되었다. 신생국의 폭발적인 증가와 세계의 블록화로 다양한 국가들의 지지를 받는 법규칙의 등장이 어려워지고, 새로운 관행의 등장으로 기존의 관습법 규칙은 점차 훼손되어 가는데 새로운 문제를 관습법에 의해 규율하고자 하는 동인이 사라진 것이 주요 이유이었다. 그러나 많은 국제기구를 중심으로 관습법 발달의 새로운 가능성이 열려 가고 있으며, 관습법의 역할이 중요한 분야가 새로이 생겨나고 있다.[81] 국제관습법의 형성과정

---

79) G. M. Danilenko, *Law-Making in the International Community*, Martinus Nijhoff Publishers, 1993, p.81.

80) Cassese, p.156.

81) 자세한 것은 *Ibid.*, pp.165-166.

과 적용범위, 효력, 성문화에 관하여 살펴본다.

II. 관습법의 형성

1. 관행의 성립

국제사법재판소(ICJ) 규정 제38조의 관습법에 대한 정의에는 어떠한 주체들이 '일반적 관행'(general practice)을 만들어 내는가 하는 데 관해 아무런 규정이 없다. 그러나 국제관습법의 실질적 요소인 일반적 관행은 주로 국제법에 관련된 국가나 국제기구의 반복적 행위를 통해 성립된다고 본다.[82] 국가들은 외교선언이나 국제기구에서의 정부대표의 발언, 국내법 제정 등의 방법으로, 국제기구는 선언이나 결의 등을 통하여 국제관행의 성립에 참여하는 것이다.

국가나 국제기구의 행위들이 관행으로 발전하려면 그러한 행위들은 상당한 시간 동안 상당한 지역에서 반복되어야 한다. 그러나 시간적인 조건은 절대적인 것이 아니어서 단기간 내에 관행이 성립되는 경우도 있다. 1969년 북해대륙붕 사건에 대한 판결에서 ICJ는 많은 국가들이 일정한 행위를 반복하게 되면 오랜 시간이 경과하지 않아도 관습법 형성이 가능하다고 하면서, 특별한 이해관계를 가지고 있는 국가들의 관련 문제에 대한 관행이 얼마나 광범위하고 동일한가 하는 것이 중요하다고 하였다.[83]

국제관습법이 형성되려면 ICJ 규정 제38조가 언급한 대로 '법으로 인정되는 일반적인 관행'(a general practice accepted as law)의 성립이 필요하다. 일반적인 국제관습법은 국제사회의 많은 구성원들의 참여를 필요로 하는 것이다. 그러나 이러한 공간적 조건 역시 가변적인 것이어서, 얼마나 많은 국가들이 그러한 관행을 따르는가 하는 것 못지않게 특별한 이해관계를 가지는 국가들과 강대국들의 실행이 중요하다. 특히 지역관습법 또는 특별관습법의 경우에는 모든 국가들의 참여가 아닌 당해 사안에 관련이 있는 국가들의 보편적인 참여가 중요하다.[84]

---

82) Danilenko, pp.82-83.
83) *North Sea Continental Shelf Cases, ICJ Reports*, 1969, pp.43-44.
84) Danilenko, p.94.

ICJ는 1986년 니카라과 사건에 대한 판결에서 무력사용금지와 불간섭에 관한 국제관습법 규칙을 검토하는 과정에서 간접적으로 국제관행의 일관성 문제를 다루었다. 재판소는 어떤 관습법 규칙에 대한 위반이 있다고 해서 그 관습법 규칙의 존재를 부정할 수는 없으며, 국가들의 실행에서 문제의 법규칙의 적용이 완벽해야 하는 것은 아니라고 하였다. 재판소는 어떤 규칙이 관습법 규칙이 되기 위하여 국가들의 관행이 그 규칙과 완벽하게 일치해야 하는 것은 아니라고 하면서, 어떤 관습법 규칙에 어긋나는 국가행위는 대부분 그 규칙에 대한 위반일 뿐이라고 하였다.[85]

2. 법적 인식의 생성

심리적 요소인 '법적 인식'(*opinio juris*)이란 어떤 관행을 따라야 한다는 법적인 의무감을 말하며 관행과 함께 관습법 형성에 필수적인 요소이다. 일반적으로 관습법형성에 필요한 관행과 법적 인식은 동시에 나타나지는 않는다. 국제적인 관행은 보통 어떤 정치적·경제적·사회적 필요에서 등장하며, 그것이 시간이 갈수록 널리 수용되고 묵인되게 되면 서서히 관습법규칙이 등장하는 것이다. 국가들이 어떤 관행을 따르는 것이 정치적, 경제적, 사회적 고려에서 나온 것이라기보다는 국제법이 그렇게 하도록 요구하기 때문이라고 믿게 되면 그때에 국제관습법 규칙은 성립하게 되는 것이다.[86]

그런데 법적 인식이란 심리적인 상태를 말하며 주관적인 것이어서 객관적인 판단이 곤란하다. 결국 주관적 요소인 법적 인식도 어떤 국가의 성명이나 조치와 같은 '실행'으로부터 연역해 알 수 있는 것이다. 그런데 국가의 실행이란 양면을 가지고 있고 상대적인 것이다. 즉 한 국가가 명시적으로 또는 묵시적으로 어떤 권리를 주장하면, 그에 영향을 받게 되는 국가는 항의(protest)를 하거나 묵인하는 방식으로 반응을 보이게 된다. 항의가 제기되지 아니하면 권리주장이 힘을 얻고, 항

---

85) *Military and Paramilitary Activities in and against Nicaragua, ICJ Reports*, 1986, para. 186.

86) Cassese는 국제관습법의 형성에서 '필요인식'(*opinio necessitatis*)에서 출발하여 '법적 인식'(*opinio juris*)으로 발전해 간 국제관습법 규칙으로 대륙붕과 외기권 우주에 관한 규칙을 들었다. Cassese, pp.157-158.

의가 제기되면 그러한 주장은 배제되는 방식으로, 양측의 실행은 관습법 규칙의 형성에 기여하는 것이다.[87]

국제적인 사법기관에서는 관행이 확고하게 성립된 경우에는 심리적인 요소, 즉 법적 인식도 존재하는 것으로 본다.[88] ICJ는 '인도영토 통행권 사건'에 대한 판결에서 분쟁당사국 간 관계를 규율하는 확고한 관행이 있는 경우에는 그 관행에 당사국 간 권리와 의무를 결정하는 '결정적 효과'(decisive effect)를 부여한다고 하여, 관행이 확고한 경우에는 그것만으로도 법적인 효과를 인정할 수 있다고 하였다.

인도영토 통행권 사건[89]

Right of Passage over Indian Territory, 1960

1947년 인도가 영국에서 독립한 이후에도 포르투갈은 인도 서해안의 Daman과 위요지(enclave)인 Dadra 및 Nagar-Avely를 소유하고 있었다. 그런데 1953년 인도는 포르투갈이 그때까지 누려 온 Daman과 상기한 위요지 간 통행을 제한하기 시작하였다. 1954년 여름 인도 민족주의자들이 Dadra와 Nagar-Avely를 점령하자 포르투갈은 Daman으로부터의 통행을 요구하였으나 거절당하였다. 이에 포르투갈은 ICJ에 자국의 인도영토에의 통행권의 존재를 확인해 주도록 소송을 제기하였다.

ICJ는 우선 인도가 제기한 몇 가지 선결적 항변들을 검토하였으며, 1957년 11월 판결에서 자신의 관할권을 확인하였다. 이어서 ICJ는 범위를 좁혀 결정적 기일인 1954년 당시 포르투갈이 통행권을 가지고 있었는지를 확인하는 작업에 들어갔다.

재판소는 포르투갈이 제시한 1779년 Poona 조약과 두 가지 명령은 일단 관련이 없는 것으로 판단하였다. 그러나 그 후에도 영국과 인도는 포르투갈의 이 지역에 대한 영토주권을 실제로 인정해 왔고, 당시까지 125년간 위요지로의 자유로운 출입이 관련국가 간 관행으로 내려오고 있었음에 유의하였다. 재판소는 양국 간의 이러한 오래되고 지속적인 관행은 일정한 권리와 의무를 발생시키기에 충분하다고 보았다. 따라서 장기간의 관행에 비추어 포르투갈의 비군사적 통행(non-military passage)은 법으로 인정된

---

87) Evans, p.123.
88) 유병화, pp.330-331.
89) *Case Concerning Right of Passage over Indian Territory, ICJ Reports*, 1960, p.6.

다고 하였으나, 군사적 통행(military passage)은 권리가 아닌 호혜에 따라 인정되어 온 것이라고 하여 군대의 통행은 법적인 권리가 아니라고 하였다.

포르투갈은 이 사건에서 일반국제법과 법의 일반원칙을 자신의 통행권 주장에 원용하였다. 그러나 재판소는 인도(영국)와 포르투갈 간의 비군사적 통행에 관한 관행이 확인되었으므로 일반국제법이나 법의 일반원칙에 의해서도 동일한 결론에 도달하게 되는지 검토할 필요는 없다고 하였다. 또한 이 사건이 인접국가 간의 관계가 자세한 법규칙보다는 관행이 지배하던 시기에 관한 것임을 상기시키면서, 재판소로서는 자신이 확인한 양국 간의 관계를 규율하는 확고한 관행에 당사국들의 권리와 의무를 결정하는 결정적인 효과(decisive effect)를 부여하지 않을 수 없다고 하였다.

Ⅲ. 적용범위

관습법의 적용범위는 관습법의 타당근거에 대한 인식과 연결되어 있다. 관습법 형성의 두 가지 요소 중 관행이란 요소를 중시하여 법적 주체들의 의식적·무의식적 행위에 의해 관습법이 형성된다고 보는 입장에서 보면 확고한 관행에 의해 성립된 관습법은 모든 주체들에게 자동적으로 적용된다. 그러나 관습법 형성에 있어서 법적 인식이란 주관적 요소를 중요시하는 입장에서 보면 관습법은 선례구성에 참여한 국가와 관습법 규칙의 형성에 반대하지 아니한 국가들에게만 효력이 있다는 주장이 나올 수 있다.

관습법 형성에 있어서 관행이 보다 중요한 요소임은 이미 설명한 바와 같으며, 확고한 국제관행의 존재는 관습법의 존재를 판단하는 가장 중요한 기준이 되어 국가들을 구속하게 된다. 그러나 관습법의 적용범위를 결정하는 데 있어 국가들의 법적 인식을 무시할 수는 없다. 국제관습법은 국가들의 관행이 법적인 의무감과 결합되어 법규범으로 성립됨으로써 국가들을 구속하게 되기 때문이다. 특히 관습법의 형성과정에서 당해 규범의 성립에 지속적으로 반대한 국가와 신생국들도 국제관습법을 따를 의무가 있는가 하는 문제는 남는다.

일부 유력한 견해에 의하면 광범위한 관행과 법적 인식에 의해 어떠한 국제관습법이 생성되었다고 할지라도, 처음부터 그러한 관습법에 반대해 온 국가는 그러한 규칙을 따라야 할 의무가 없다고 한다. 브라운리(Brownlie)가 '지속적 반대자의 원칙'(principle of persistent objector)이라 부른 이 원칙은 어업사건에서 ICJ에 의해 지지되었다. 이 사건에서 재판소는 만에 관한 10해리 규칙이 국제관습법의 지위를 획득하기는 하였지만, 그러한 규칙을 자국 해안에 적용하는 데 계속 반대해 온 노르웨이를 구속하지는 못한다고 하였다.[90] 미국의 리스테이트먼트도 이러한 원칙은 국제법은 본질적으로 국가들의 동의에 의존한다는 전통적인 원칙을 적용한 결과라고 하여 이 원칙을 지지하였다.

반면에 오늘날 국제사회에서 한 국가가 대다수 국가들의 압력으로부터 자유롭지 못하고 국가관행과 국제판례가 확고하게 '지속적 반대자의 원칙'을 지지한 것은 아니었던 것을 고려하여, 이 원칙을 거부하는 입장도 있다. 관습법의 형성을 위해서는 모든 국가들의 '묵시적 동의'(tacit agreement)가 필요하므로 관습법 형성에 반대한 국가에게는 당해 관습법 규칙은 적용되지 아니한다는 주장은 지구상에 소수의 독립국만이 존재하였고 그 대부분이 유럽국가 이었던 제2차 대전 이전에나 타당하였다는 것이다. 국제관습법은 더 이상 모든 국가들의 묵시적인 합의에 의해 탄생하는 것이 아니며, 일부 법은 그 의무에 구속되기를 거부하는 국가에게도 적용된다고 보아야 한다.[91]

비슷한 맥락에서 신생국들의 기존의 국제관습법 준수의무 문제가 제기된다. 그러한 의무를 긍정적으로 보는 견해에 의하면, 국제사회에 참여하기를 원하는 모든 국가는 기존의 모든 일반 국제법 원칙들을 따라야 한다고 한다. 반면에 주권평등의 원칙에 근거하여 신생국들은 그들의 참여 없이 생성된 법규칙들을 따를 의무가 없다는 견해도 있다. 이 두 가지 견해는 매우 상이하다. 그러나 국제사회에의 참여는 자발적이지만 실제로 어떠한 국가도 고립해서는 존재할 수 없는 오늘날의 국제사회의 현실을 감안하면, 이 두 가지 입장 사이에 타협이 가능해진다. 이제까지의 국제사회의 실행은 신생국들이 공동으로 어떤 관습법규칙에 반대하거나 어떤 신생국이 자국의 특수한 사정을 들어 특별대우를 요구하는 경우에는 관습법의 적용에 있어서 예외로 인정받고 있음을 보여 주었다.[92]

---

90) Fisheries case, *ICJ Reports*, 1951, p.131. 이 사건에서 노르웨이는 새로운 관습법규칙의 적용을 거부할 수 있는 권리와 확립된 법규칙을 따르기를 거부하는 것을 혼동하면 안 된다고 하여 지속적 반대의 원칙을 옹호하였다. 반면에 영국은 관습법으로부터 일탈할 수 있는 권리는 절대적인 것이 아니라고 하였다. 재판소가 영국의 주장을 기각한 것인지는 불분명하지만, 지속적 반대자의 원칙에 대한 예외를 인정하지 않은 것은 확실하다.

91) Cassese, pp.162-163.

92) Danilenko, pp.113-116.

IV. 관습법의 효력

성문법주의를 취하는 국가의 국내법 질서에서 관습법은 성문법을 보충하는 정도의 효력을 가진다. 그러나 국제법의 법원들 간에는 효력상 상하가 없기 때문에, 국제법에서 조약과 관습법은 원칙적으로 동등한 효력을 가진다. 따라서 양자 간에 충돌이 있을 때에는 신법우선원칙이나 특별법우선원칙 같은 일반적인 규범 충돌 해결방법에 의해 해결한다. 그러나 조약이나 관습법 중에 국제강행규정(*jus cogens*)에 해당하는 것이 있으면 그것이 우월한 효력을 가진다.

국제관습법은 각국의 헌법규정이나 법원칙에 의해 국내법의 일부로 포함된다. 그러나 조약과 달리 국제관습법을 각국의 국내법원들이 적용하는 데에는 상당한 어려움이 있다. 각국의 법관들이 국제관습법을 찾아내고 적용하는 것이 현실적으로 쉽지 않기 때문이다.[93]

V. 지역관습법

국제관습법이란 대개 보편적으로 적용되는 것이지만, 예외적으로 일부 지역의 국가들 사이에서 형성되어 그들 사이에서만 통용되는 지역관습법도 있을 수 있다. 이러한 지역관습법의 대표적인 예는 한 국가 내 외교공관에 들어가 정치망명을 요청하는 외교적 망명 또는 외교적 비호에 관한 중남미 국가들의 관습법이다. 국제사법재판소는 망명권사건에서 지역관습법 규칙이 존재할 수 있음을 인정하였다. 이 사건에서 콜롬비아는 '라틴아메리카 국가들에게 특수한 지역적 또는 지방적 관습'(regional or local custom peculiar to Latin American States)에 의하면 외교적 비호(diplomatic asylum)는 당연히 허용되며 비호를 요청하는 자의 범행의 성격은 비호국가가 독자적으로 결정한다고 주장하였다. 판결에서 재판소는 콜롬비아가 그러한 규칙의 존재를 입증하지 못하였다고 하였으나, 지역관습법의 존재는 인정하였다.[94]

---

93) 유병화, pp.331-333.

망명권 사건95)

Asylum Case, 1950

1948년 페루에서 있었던 쿠데타가 실패로 돌아간 이후, 반군 지도자 중의 한 사람인 토레(Victor Raul Haya de la Torre)는 페루의 수도 리마의 콜롬비아 대사관에 비호를 요청하였다. 콜롬비아 대사는 본국 정부가 그에게 정치적 난민 자격을 부여한 사실을 들어 페루 정부에게 토레가 출국할 수 있도록 안도권(safe-conduct)을 부여해 달라고 요구하였다. 그러나 페루는 콜롬비아 정부가 일방적으로 토레의 행위의 정치적 성격을 판단할 수는 없다고 하면서 그러한 요청을 거부하였다. 이에 콜롬비아는 정치범에 대한 비호권을 인정하는 여러 조약과 관습법규칙을 들어 페루를 상대로 국제사법재판소(ICJ)에 제소하였다.

이 사건의 쟁점은 외교적 망명 또는 외교적 비호에 관한 라틴아메리카 국가 간의 지역관습법에 관한 것이었다. 콜롬비아 정부는 자신이 원용한 '미주국제법'(american international law)이란 이름의 법규칙은 중남미 국가들이 준수해 온 일관된 규칙이며, 외교적 비호는 비호를 부여한 국가에게 속하는 권리이자 영토국가의 의무라고 하였다. 또한 1933년 몬테비데오 협약은 이미 라틴아메리카 국가들에 의해 승인되어 온 원칙들을 성문화한 것으로 관습법으로 페루에게도 적용된다고 하였다.

재판소는 외교적 비호를 허용하는 것은 영토국가의 주권을 훼손하는 것이라고 하면서, 그러한 영토주권의 손상은 사안별로 그 법적인 기초가 확립되어 있지 아니하면 인정될 수 없다고 하였다. 특히 지역관습법과 관련하여 관습법에 의존하는 국가는 그러한 관습이 확립되어 있음을 입증해야 하는데, 관련 관행은 아주 불확실하며, 유동적이고, 때로는 상반될 뿐 아니라 정치적 고려의 대상이 되기도 하여 관습법규칙을 만들어 낼 수 없다고 하였다.

재판소는 콜롬비아가 외교적 비호에 관한 라틴아메리카 국가 간 관습법의 존재를 증명하지 못하였다고 하면서, 설사 그러한 관습법이 있었다고 하여도 그러한 규칙을 정치적 비호에 관한 1933년과 1939년 몬테비데오 협약을 비준하지 않은 페루에게 적용하는 것은 무리라고 하였다.

망명권 사건에서 ICJ는 지역관습법의 형성에도 관행과 법적 인식이 필요하다

---

94) Cassese, p.163.
95) *Asylum Case, ICJ Reports*, 1950, p.266.

는 것을 확인하였다. 아울러 지역관습법의 경우에 그러한 규칙은 모든 관련 국가들에 의하여 묵시적으로라도 받아들여졌어야 하며, 그러한 규칙의 존재는 규칙을 원용하는 국가에 의해 입증되어야 한다는 점에서 차이가 있다고 보았다.[96]

VI. 관습법의 성문화

국제공동체 대부분의 구성원들은 관습법보다는 조약을 선호하는 경향이 있다. 그것은 조약은 그 내용이 보다 명확할 뿐더러 협상과정에서 체약국의 자발적인 참여가 보장되기 때문이다. 특히 1960년부터 1980년대 사이에 신생국들이 국제관계에 적극적으로 참여하며 전통국제법의 변화를 요구하게 되면서 조약에 대한 선호는 더욱 강해졌다.[97]

관습법도 나름대로 장점을 가지지만, 국제사회에서는 기존의 관습법을 성문화하여 국제법의 안정을 도모해 왔다. 북해대륙붕 사건에 대한 판결에서 소렌슨(Sørenson) 재판관이 말한 대로 기존의 관습법규를 성문화하게 되면 그 내용이 보다 명확해지고 적용범위와 방식이 확실해져서 그 조약의 비당사국들을 포함하는 모든 국가들로 하여금 법규칙을 보다 쉽게 인식하게 하여 결과적으로 법적 안정성을 가져오는 것이다.[98]

국제관습법의 성문화는 국제연맹에 의해 처음으로 시도되었다. 국제연맹은 국제법의 성문화를 위해 전문가위원회(Committee of Experts)를 설치하여 준비작업을 진행한 결과 1930년 헤이그에서 47개국이 참가한 가운데 국제법의 성문화를 위한 국제회의를 개최하였으나 그 성과는 미미하여 국적에 관한 몇 가지 협약을 채택하였을 뿐이다.

유엔에서는 국제법위원회(International Law Commission)를 설치하여 국제법의 성문화를 추진하고 있다. 위원회는 34명의 위원으로 구성되며 지리적 대표성이 확보되도록 조직된다. 국제법위원회가 관습법을 성문화한 조약안을 마련하여

---

96) Cassese, pp.164-165. 국제사법재판소는 인도영토통행권 사건에서는 단지 2개국에게만 강제력이 있는 '지방관습법'(local custom)도 존재할 수 있다고 하였다.

97) *Ibid.*, p.167.

98) *North Sea Continental Shelf Cases, ICJ Reports*, 1969, pp.242-243; Danilenko, p.147.

체결된 조약 중에는 1958년 제1차 유엔해양법회의에서 채택된 해양법에 관한 4개
의 협약, 1961년의 「외교관계에 관한 비엔나협약」, 1969년 「조약법에 관한 비엔
나 협약」, 1978년과 1983년에 체결된 국가승계에 관한 두 개의 협약 등이 있다.[99]

‖ 제10절 ‖ 법의 일반원칙

I. 법의 일반원칙

국제사법재판소(ICJ) 규정 제38조 1항 (c)는 문명국들에 의해 승인된 법의 일
반원칙(general principles of law)을 국제법의 법원의 하나로 규정하였다. 조약이나
관습법 이외에 법의 일반원칙이 또 하나의 법원으로 인정되어야 하는 이유는 무
엇일까. 조약과 관습법은 가장 중요한 국제법의 법원이지만 이것만으로는 개별화
되고 구체적인 국제법적 문제를 모두 해결할 수는 없다. 법규정은 어차피 일반적
인 내용을 담게 되는 데 비해 법이 해결해야 할 문제는 구체적이어서, 조약이나
관습법만으로는 문제의 해결이 곤란한 경우가 있게 된다.[100] 제3의 법원으로 법
의 일반원칙이 도입된 것은 재판불능을 막기 위한 것이다.

여기서 말하는 법의 일반원칙의 의미에 대해서는 여러 가지 견해가 있지만,
각국의 국내법 원칙 중에서 국제사회에 적용가능한 원칙을 의미하는 것으로 보는
것이 일반적이다. 관습적인 것이든 아니면 합의에 의한 것이든 국제법은 세계 주
요 법체계에서 발견되는 원칙과 유사한 내용의 원칙들을 가지고 있으며, 실제로
국제법 원칙들 중에는 주요 법체계의 국내법 원칙에서 유래한 것이 많다.

상설국제사법재판소(PCIJ) 규약이 만들어진 1920년대에 조약이나 관습법의
적용범위 밖에 있어서 법의 일반원칙을 적용하였던 국제관계의 범위는 명확하지

---

99) Cassese, p.167.
100) Evans, pp.127-128. PCIJ 규정을 만들 당시 법률가위원회는 재판소에 부탁될 사건 중에
적용할 조약이나 관습법 규칙이 없어서 적용가능한 법의 부존재를 이유로 재판불능(*non
liquet*)을 선언해야 하는 상황을 우려하였다.

않았으며, 그것은 현재에도 마찬가지이다. 그 이유는 어찌되었든 과거의 PCIJ는 물론이고 오늘날의 ICJ도 법의 일반원칙에 근거하여 판결한 사례는 거의 찾아볼 수 없다.101) 법의 일반원칙을 독립된 국제법의 법원으로 인정하는 보편적인 이론에도 불구하고, 국제적인 사법기관과 국제기구는 국내법 원칙을 국제문제에 원용하는 데 매우 신중하였다. 그나마 법의 일반원칙으로 자주 원용된 것은 법적 책임의 일반개념과 사법행정상 준칙에 관한 부분인 불법행위책임, 특별법우선, 기판력, 시효의 원칙이었다.102)

법의 일반원칙과 형평은 주관적 판단의 범위를 확대하여 객관적 판단기준을 훼손할 우려가 있다는 점이 문제점으로 지적되어 왔다. 그러나 법의 일반원칙은 국제법을 형성하고 적용하는 데 있어서 매우 중요한 역할을 수행하고 있는바, 국제법이 새로운 영역으로 확대되어 가는 데 있어서 보다 중요한 역할을 하게 될 것이다.103)

II. 형 평

법에 있어서 형평에 관한 이론의 뿌리는 아리스토텔레스(Aristotle)까지 거슬러 올라간다. 아리스토텔레스는 아무리 훌륭한 법규칙도 모든 상황에 적합할 수는 없기 때문에 법의 조정을 위해 형평이 필요하다고 하여 재판상재량으로서의 형평의 필요성을 제기하였다. 그 후 그로티우스(Grotius)는 「전쟁과 평화의 법」에서 법관들에게 법규칙에 대한 예외를 인정할 수 있는 재량이 인정되어야 한다고 하여 유사한 주장을 하였다. 19, 20세기에는 미국과 영국간 카유가 인디언사건에서 중재재판소가 재판의 근거를 정의와 형평에서 구하는 등 중재재판에서는 형평이 자주 사용되었다.104)

---

101) Evans, p.128.

102) *Ibid.*, pp.51-52.

103) Schachter, p.49.

104) Aristotle, *Nichomachean Ethics*, translated by Oswald, 1962, bk.5, pp.141-142; H. Grotius, *The Law of War and Peace*, translated by F.W. Kelsey in Classics of International Law, Carnegie Endowment for International Peace, bk.2, pp.424-425; Cayuga Indians Claim Arbitration between U.S. and Great Britain(1926), *R.I.I.A.*, vol.6,

국제법에서 형평에 대한 본격적인 연구는 1920년 PCIJ의 설립을 앞두고 법률 자문위원회가 조직되면서 시작되었다. 여기에서 프랑스 대표 De Lapradelle은 어떤 법적 해결이 정당하고 형평에 맞는지를 판단하고 필요한 경우에는 이를 정의와 형평에 입각하여 시정할 수 있는 재량을 재판소에 부여하자고 제의하였다. 그러나 형평의 의미가 국가에 따라 다르다는 이유로 그 제의는 받아들여지지 아니하였고 대신에 공평과 선(*ex aequo et bono*)에 관한 조항이 추가되었으나, 이것은 형평(equity)과는 근본적으로 다른 것이었다.105)

한때 잠잠하던 형평에 관한 논의는 1969년 북해대륙붕사건에 대한 ICJ 판결과 1970년대 들어 구체화되기 시작한 신국제경제질서(New International Economic Order: NIEO) 운동에 의해 재연되었다. 북해대륙붕 사건에서 재판소는 인접국의 대륙붕이 서로 겹치는 경우 경계획정은 1958년 대륙붕협약이 규정한 등거리선이 아니라 가능한 한 각국에게 육지영토의 자연적 연장을 구성하는 대륙붕을 주도록 형평의 원칙에 따라 이루어져야 한다고 하였다. 이 판결의 취지는 그 후 일련의 해양경계획정 사건에 관한 판결에서 계승되었으며, 1982년 유엔해양법협약도 형평에 맞는 해결을 대륙붕과 경제수역 경계획정의 목표로 삼았다.

해양경계획정과 함께 국제법상 형평의 문제가 제기된 곳은 국제경제법 분야이다. 1974년 유엔은 「국가의 경제적 권리와 의무에 관한 헌장」(Charter of Economic Rights and Duties of States)을 위시한 신국제경제질서에 관한 결의들을 채택하였는데, 개발도상국들은 이러한 결의를 통해 국제경제질서를 형평에 맞게 재편할 것을 주장하였다. 여기에서 말하는 형평은 각자에게 그의 몫을 주자고 주장하였던 아리스토텔레스의 분배적 정의(distributive justice)에서 그 원천을 찾을 수 있으며, 과거 형평이 주로 재판상재량의 의미로 사용되었던 것과는 대조된다.

국제법상 법의 일반원칙의 일환으로 적용되는 형평(equity)은 재판상 재량으로의 교정적 형평이다. 국제법학자들은 '공평과 선'과 구별하기 위하여 형평을 '법의 일반원칙'에 속하는 것으로 보아 국제법에 편입하였다.106) 법의 일반원칙과 형

---

p.173.

105) P. van Dijk, "Equity: A Recognized Manifestation of International Law?" in W.P. Heere(ed.), *International Law and Its Resources*, Kluwer Law and Taxation Publishers, 1989, pp.3-5.

106) M. W. Janis, "The Ambiguity of Equity in International Law," *Brooklyn Journal of International Law*, vol.9, 1983, pp.10-11.

평은 모두 이성에 대한 호소이지만, 법의 일반원칙은 사안을 일반화(generalization)하는 방법에 의해, 형평은 이를 특수화(particularization)하는 방법에 의해 문제 해결을 시도한다는 데 차이가 있다. 1937년 뮤즈강 수로변경사건(The Diversion of Water from the Meuse Case)에 대한 재판에서 허드슨(Manley O. Hudson) 재판관은 개별의견을 통하여 형평은 법의 일반원칙이란 통로를 통하여 국제재판에 적용된다고 하였다.[107] 오늘날 많은 국제법 학자들이 이 견해를 지지하고 있는바, 재판에서 사용되는 형평의 적용범위는 법의 일반원칙의 범위에 의해 제한된다고 하겠다.

‖ 제11절 ‖ 사법판결과 학설

I. 사법판결

국제사법재판소(ICJ) 규정 제38조 1항 (d)는 재판소는 법규칙의 결정을 위한 보조수단으로 제59조 규정(기판력의 상대성)의 조건하에 사법판결(judicial decisions)과 각국의 가장 우수한 법학자들의 학설을 사용한다고 하였다. ICJ규정 제59조는 재판소의 판결은 당사자와 당해 사건에 대해서만 강제력을 갖는다고 하였으니, 이 규정은 국제법에는 선례구속의 원칙은 적용되지 않는다는 전통적 견해를 반영한 것이다.

그렇지만 ICJ 등 국제법원과 재판소는 과거의 판례의 취지를 중요시하는 경향이 있다. 국제적인 사법기관들의 판결은 국제법 문제들에 대한 결정이므로 법에 대한 매우 설득력 있는 증거가 되며, 특히 ICJ의 판결은 대단한 무게를 갖는다.[108] 더구나 판결이나 권고의견과 같은 결정들이 재판관 대부분의 찬성으로 이

---

107) *The Diversion of Water from the Meuse, PCIJ Reports*, Ser. A/B, No.70, 1937, pp.76-77. 허드슨 판사는 "PCIJ 규정 제38조는 문명국들에 의해 승인된 법의 일반원칙들의 적용을 명시적으로 요구하고 있고 형평의 원칙들은 한 국가 이상의 법체계에서 확고한 지위를 차지하고 있다. … 결국 규정 제38조에 따라 재판소는 형평의 원칙들을 자신이 적용해야 할 국제법의 일부로 간주할 수 있다"고 하였다.

108) *Restatement*, pp.36-37.

루어진다면 그 법적 의미는 한층 강화될 것이다. 재판관들의 반대의견(dissenting opinion)과 개별의견(individual opinion) 중에 일부는 매우 훌륭한 것이어서 큰 영향을 미치기도 한다.

여기서 말하는 법규칙 결정을 위한 보조수단으로의 사법판결에는 유럽인권재판소나 유럽연합사법재판소와 같은 지역기구의 사법기관은 물론 국내법원의 결정도 포함되므로, 이들의 판결 중 국제사회에 적용가능한 것들은 국제법 결정을 위한 보조수단으로 사용될 수 있다. 국제적 합의에 따라 설립되어 분쟁해결에 이바지해 온 중재재판소는 엄격한 의미에서 국제적인 사법기관이라고 할 수 없는 경우도 있지만, 중재판정이 국제법에 따른 것이라면 그 판정 역시 국제법 결정을 위한 보조수단에 포함된다.109)

국제사법재판소가 다룬 체포영장사건(Arrest Warrent Case)에서 쟁점은 국가원수와 외무장관이 그들의 재임기간 중의 범죄행위로 인한 처벌로부터 절대적인 면제를 누리는가 하는 것과 전쟁범죄나 반인도적 범죄의 경우에는 예외가 인정되는가 하는 것이었다. 이 사건의 당사국인 벨기에와 콩고민주공화국은 모두 영국 상원의 피노체트(Pinochet) 사건에 대한 결정과 프랑스 파기원(Cour de Cassation)의 카다피(Qadaffi) 사건에 대한 결정을 인용하였다. 이러한 결정에 나타난 국제법에 대한 언급은 국가관행의 증거로서 제시되었고 그렇게 다루어졌지만, 당해 문제에 대한 관습법을 결정하기 위한 '보조수단'으로 다루어질 수도 있었다.110)

II. 학 설

국제사법재판소 규정 제38조 1항은 국제법 결정을 위한 다른 하나의 보조수단으로 각국의 권위 있는 국제법학자들의 학설을 들었다. 여기에는 학자들의 논문과 저작들, 국제법학회(*Institut de droit International*) 및 국제법협회(International Law Association) 같은 학술단체의 결의, 국제법위원회의 초안과 보고서, 미국법학원(American Law Institute)이 만든 리스테이트먼트(Restatement)와 같은 국제법에

---

109) *Ibid.*, pp. 122-123.
110) Evans, 130.

관한 학술적 업적들이 포함된다.[111]

국제법은 그 근본체계가 그로티우스(Grotius)와 겐틸리(Gentilis) 이후 학자들에 의해 수립되었고, 그 발전과정에서도 학자들의 역할이 매우 컸다. 그러한 경향은 현재까지도 이어지고 있어서, 국제법에 있어서 학설은 국내법에서보다는 중요하다.[112] 그러나 오늘날 가장 유명한 학자들도 과거에 그로티우스, 바텔(Vattel), 빈커스후크(Bynkershoek), 비토리아(Vitoria)가 누렸던 권위를 따라갈 수는 없다. 과거에 유명한 학자들은 국가실행이나 사법판결보다는 자연법에 기초하여 자신들의 주장을 전개하였으며, 학자의 권위가 커질수록 그가 주장하는 자연법에 대한 신뢰도 커졌기 때문이다.[113]

국제법학자들로 구성된 국제조직으로는 유엔 보조기관으로서 지리적 대표성을 고려하여 선출되는 34명의 위원들로 구성되는 국제법위원회(International Law Commission)가 있으며, 국제적 학술단체로는 국제법학회와 국제법협회가 있다. 그중에서도 국제법위원회가 마련하는 조약안과 초안, 보고서는 상당히 중요한 의미를 가지며, 두 개의 학회가 채택하는 법규칙에 대한 결의들 역시 중요하게 취급된다. 「미국의 대외관계법에 대한 리스테이트먼트」(Restatement of the Foreign Relations Law of the United States)는 저명한 미국 법학자들에 의해 작성되어 토론을 거쳐 미국법학원(American Law Institute)이 채택하는 것으로, 미국에 적용되는 국제법규와 미국의 대외관계에 적용되는 미국 국내법을 다루고 있다. 그러나 이 리스테이트먼트는 미국정부의 입장을 표명하기보다는 국제적 사법기관이 분쟁에 대한 재판을 진행하면서 적용해야 할 법규칙에 관한 미국법학원의 견해를 표명한 것이므로, 국제법 연구에 많은 도움이 된다.[114]

---

111) *Restatement*, p.38.

112) Henkin은 국내법에 있어 학자들의 학설의 중요성은 그 국가의 법적인 전통에 따라 달라진다고 하였다. 전통적으로 코먼로 국가에서는 학자들의 이름을 거론하지 않는 경향이 있다고 하며, 이는 미국보다 영국에서 더욱 강하다고 하였다. 반면에 대륙법계에서는 교재나 주석서의 저자가 비교적 자주 언급되는 편이라고 한다. Henkin, pp.123-124.

113) Evans, p.129.

114) Henkin, pp.124-125.

‖ 제12절 ‖ 국제의무의 기타 원천

Ⅰ. 국제기구의 결정

ICJ 규정 제38조는 국제기구의 결의나 선언을 국제법의 법원은 물론 법칙 결정을 위한 보조수단으로도 인정하지 않았다. 그런데 이 규정이 PCIJ가 창립되었던 1920년대에 만들어져 ICJ에 의해 계승된 것으로 오늘날의 국제사회의 현실을 제대로 반영하지 못한다는 비판을 받고 있다. 오늘날 국제기구는 보편적 법원칙에 대한 각국의 입장이 표명되는 곳으로 그곳에서 채택되는 결의들은 때때로 매우 중요한 법의 증거로 인정되는 것이 현실이기 때문이다. 물론 국가들의 실제 행동이 국제기구에서의 선언이나 결의보다 중요하다는 주장도 있지만, 유엔이나 전문기구와 같은 보편적 국제기구에서 컨센서스(consensus)나 만장일치 또는 그에 준하는 압도적인 다수의 찬성으로 채택된 결의는 국제법의 증거로서의 가치를 인정해 주는 것이 타당하다고 생각된다.115)

유엔헌장에 의하면 일부 예외적인 경우를 제외하고는 유엔 기관들 특히 총회는 회원국들에게 구속력 있는 결정을 할 수가 없다. 일부에서는 총회가 1946년부터 1993년까지 채택한 8천여 개에 달하는 결의와 결정들 중에서 70-80개는 국가들의 일반적 준칙에 관한 것으로 그 법적 성격과 효력을 특별히 고려해야 한다고 주장한다. 그러한 결의들은 상당기간의 연구와 토의를 거쳐 컨센서스나 만장일치로 채택된 것으로, 일반국제법 원칙을 선언한 것으로 보아도 무리가 없다.116)

국제기구의 설립헌장 등이 규범창설절차(norm-setting process)를 규정해 놓은 경우에 국제기구는 그런 절차에 따라 법적인 구속력이 있는 규범을 만들 수 있다. 국제기구가 이러한 방식에 의해 창설되는 규범을 인정한 것은 오늘날 국제법의 특징적인 모습 가운데 하나인데, 어떤 규칙이 시급히 필요한데 국가들이 모여서 합의하는 것이 현실적으로 곤란하거나 시간이 너무 지체되는 경우에 활용된다.

---

115) *Restatement*, pp.38-39.
116) Henkin, p.129.

예를 들어 국제민간항공기구(ICAO) 이사회는 3분의 2 다수결에 의하여 항공교통에 관한 국제적인 기준을 채택할 수 있으며, 회원국의 과반수가 반대를 통고하지 않는 한 이러한 기준은 채택 3개월 후부터 회원국들에게 구속력을 갖는다.117)

II. 국가의 일방행위

국가의 일방행위(unilateral acts) 역시 ICJ 규정 제38조에 나타나 있는 국제법의 법원은 아니지만, 조약이나 관습법과 마찬가지로 국가를 구속하는 법규칙을 만들어 낼 수 있다. 국가의 모든 일방행위가 국가의 법적인 의무를 만들어 내는 것은 아니지만, 행위에 따라 다양한 법적인 효과를 발생시킬 수 있는 것이다.

국가의 일방행위 중에서 항의(protest)는 다른 국가의 조치에 반대하는 일방선언으로 그러한 조치를 승인하거나 묵인하는 것으로 취급되지 아니하게 하는 법적인 효과가 있다. 승인(recognition)이란 어떤 상황이나 행위를 합법화하는 일방선언으로 금반언 원칙에 따라 이미 승인한 것을 나중에 부인하지 못하게 한다. 포기(renunciation)는 어떤 권리를 자발적으로 포기하는 것으로, 그것이 명시적인 것이든 아니면 묵시적인 것이든 명백한 것이어야 한다. 통고(notification)란 한 국가가 다른 국가들로 하여금 자국의 조치를 분명히 인식하게 하는 일방행위이며, 그런 조치를 알지 못하여 달리 행동하였다고 주장하지 못하게 하는 효과가 있다.118)

약속(promise)은 그 자체로서 국가의 다른 국가에 대한 국제의무를 발생시키는 유일한 일방적인 조치이다. 약속은 한 국가가 어떻게 행동하겠다는 일방적인 선언이며, 다른 국가의 상응하는 약속을 필요로 하지 않는다. 핵실험사건에서 ICJ는 국가의 일방선언인 약속의 법적 성격에 대하여 자세히 검토하였다. 호주와 뉴질랜드가 남태평양 프랑스령 폴리네시아에서의 프랑스에 의한 핵실험을 저지하기 위해 제소한 이 사건에서, 재판소는 1974년 프랑스 대통령과 국방장관 등이 발표한 일련의 핵실험 중지선언을 근거로 분쟁(dispute)의 부존재를 결정하였다.119)

---

117) Cassese, pp.185-187.

118) *Ibid.*, p.184.

119) ICJ는 호주와 뉴질랜드가 어떤 선언적 판결(declaratory judgment)을 요구한 것이 아니므로, 1974년 6월 프랑스 수상과 국방장관이 기자회견을 통해서 1974년 이후에는 대기 중 핵

이 사건에서 ICJ는 한 국가의 법적 의무는 그 국가의 일방선언으로부터 나올 수 있음을 분명히 밝혔다. 만일 어떠한 선언을 한 국가가 그 선언에 구속될 의사가 있고 그러한 의사를 선언의 문맥에 비추어 확인할 수 있다면, 그러한 의사표시는 선언에 법적인 성격을 부여하게 된다는 것이다. 아울러 이러한 선언은 다른 국가를 상대로 이루어져야 할 필요도 없고, 서면으로 되어 있어야 하는 것도 아니며, 다른 국가들의 수락이 있어야 하는 것도 아니라고 하였다.[120]

실험을 중지하겠다고 거듭 선언한 이상 재판절차를 계속 진행할 이유가 없어졌다고 한 것이다. 이러한 결정은 9대 6의 근소한 차이로 이루어졌으며 4명의 재판관들은 개별의견 (separate opinion)을 제시하였고 6명의 재판관들은 반대의견(dissenting opinion)을 제시하였다. 반대의견을 개진한 재판관들은 호주와 뉴질랜드 양국은 이 사건에서 핵실험의 적법성에 대한 판단을 요구한 것이라고 하였다.

120) *Nuclear Test Cases, ICJ Reports*, 1974.

제8장

분쟁의 평화적 해결

‖ 제1절 ‖ 분쟁의 평화적 해결 일반

I. 서 론

국제법의 가장 중요하고 현실적인 목적 가운데 하나는 국제평화와 안전의 유지이다. 따라서 분쟁의 평화적 해결은 오늘날 국제법과 국제관계에서는 기본원칙에 속한다. 국제분쟁이 무력이 아닌 평화적인 방법으로 해결되어야 한다는 사상은 오랜 역사를 가지고 있으나, 그것이 제도화된 것은 비교적 근래의 일이고, 현재 존재하는 제도는 대부분 20세기 이후에 특히 제2차 세계대전 이후에 만들어진 것이다.[1]

분쟁의 평화적 해결을 위해서는 매우 다양한 수단과 방법들이 개발되었으며, 그러한 수단들은 크게 외교적인 방법과 법적인 방법으로 나누어진다. 한때는 분쟁의 성격에 따라 사용가능한 분쟁해결 수단이 결정되어야 한다는 주장도 있었으나, 분쟁의 성격과 분쟁당사국들의 입장 및 분쟁해결 수단의 특성 등을 감안하여

---

1) Malcolm D. Evans, *International Law*, 2nd ed., Oxford, 2006, p.533.

분쟁해결에 가장 적합한 방법을 선택하여야 한다.

특히 국내법에서와는 다르게, 국제법에서 국가들은 분쟁해결의무를 지지 아니하며, 분쟁해결을 위해 사용할 수 있는 방법 역시 분쟁당사국들의 동의가 있어야 활용이 가능하다. 이는 아직 분권화된 상태에 있는 국제사회의 현실을 반영한 것이다.

II. 연 혁

1899년과 1907년 제1, 2차 헤이그 평화회의를 거치면서 채택된 「국제분쟁의 평화적 해결 협약」(Convention for the Pacific Settlement of International Disputes)은 국제분쟁의 평화적 해결을 위한 방법으로 주선, 중개, 사실심사, 중재를 규정하였다. 특히 법적 분쟁의 해결을 위하여 '상설중재재판소'(Permanent Court of Arbitration: PCA)를 설치하였다. 그러나 이 협약은 분쟁당사국들에게 분쟁의 평화적 해결을 촉구하는 것일 뿐 각국에게 의무를 지우는 것은 아니어서 실효성에는 한계가 있었다.

국제분쟁을 평화적으로 해결해야 할 의무는 1919년 국제연맹규약에서 보편화되기 시작하였으며,[2] 1928년 「국제분쟁의 평화적 해결에 관한 일반의정서」(General Act for the Pacific Settlement of International Disputes)에 이르러 확립되었다. 부전조약을 보완하기 위하여 채택된 이 의정서는 법적 분쟁은 당사자 간의 합의에 의해 조정(conciliation)에 맡기고, 조정이 실패하는 경우에는 중재나 상설국제사법재판소(PCIJ)에 부탁해야 한다고 하였다. 비법적 분쟁의 경우에는 조정에 의해 해결되지 못하면 중재에 부탁하도록 하였다.[3]

---

2) 국제연맹 규약은 제12조에서 회원국들 사이에 분쟁이 발생하여 국교단절에 이를 우려가 있는 경우에는 이 문제를 중재재판이나 사법적 해결 또는 이사회에 의한 심사에 부탁하도록 하였다.

3) 일반의정서 제3장은 분쟁당사국들이 반대되는 합의를 하지 않고 실정국제법 규칙이 분쟁을 해결하지 못하는 경우, 재판소는 분쟁을 '형평과 선'(*ex aequo et bono*)에 따라 해결해야 한다고 하였다. 그러나 이 규정의 의미는 명확치 않아 현실적으로 중요한 의미를 가지지는 못하였다. Louis Henkin, Richard Crawford Pugh, Oscar Schachter, and Hans Smit (이하에서는 Henkin), *International Law: Cases and Materials*, West Publishing Co.,

유엔헌장은 제2조 3항에서 "모든 회원국들은 그들 간의 국제분쟁을 국제평화와 안전, 그리고 정의가 위협받지 않게 평화적 수단에 의해 해결해야 한다"고 하여, 평화적 분쟁해결 의무를 규정하였다. 이어서 제33조 1항에서는 다음과 같이 분쟁의 평화적 해결을 위해 사용될 수 있는 방법들을 나열하였다.

> 어떠한 분쟁도 그의 계속이 국제평화와 안전의 유지를 위태롭게 할 우려가 있는 것일 경우, 그 분쟁의 당사자는 우선 교섭, 심사, 중개, 조정, 중재재판, 사법적 해결, 지역적 기관 또는 지역적 약정의 이용 또는 당사자가 선택하는 다른 평화적 수단에 의한 해결을 구한다.

유엔에서의 분쟁해결에서 특히 주목을 끄는 것은 안전보장이사회의 역할이다. 헌장 제33조 2항은 안보리는 필요한 경우 당사국들에게 위의 수단들에 의한 분쟁해결을 요구한다고 하였으며, 제34조부터 제38조까지 안보리의 역할에 관해 비교적 자세한 규정들을 두었다. 특히 제36조 3항은 안보리는 분쟁해결 방법이나 절차를 권고하는 데 있어서, 일반적으로 법적인 분쟁은 국제사법재판소(International Court of Justice: ICJ)에 회부되어야 함을 고려해야 한다고 하였다.

유엔헌장에 이어 1970년 유엔총회에서 결의 2625로 채택된「국가 간의 우호관계 및 협력에 관한 국제법원칙선언」(Declaration on Principles of International Law Concerning Friendly Relations and Cooperation among States)은 국가들은 분쟁의 평화적 해결을 추구해야 한다고 하였다. 이어서 유엔총회는 1982년 채택한 결의 37/10「국제분쟁의 평화적 해결에 관한 마닐라 선언」(Manila Declaration on the Peaceful Settlement of International Disputes)에서도 모든 국가에게 국제분쟁을 국제평화와 안전 그리고 정의가 위협받지 않도록 오로지 평화적인 수단에 의하여 해결할 것을 요구하였다.[4]

1928년 일반의정서나 유엔헌장 이외에도 분쟁의 평화적 해결방법을 규정해 놓은 조약들은 많다. 양차 대전 간에 체결된 많은 분쟁해결 관련 양자조약들은 국가 간 분쟁의 조정과 중재를 통한 해결을 규정하고 있었다.[5] 오늘날 지역협력에

1993, p.774.
4) Evans, p.534.
5) Henkin, pp.774-775.

관한 다자조약과 경제·운송·통신·사회 문제에 관한 조약 가운데 상당수는 조약과 관련하여 발생하게 될 분쟁의 해결에 관한 조항들을 두고 있다. 이러한 조약들 중 일부는 당사국 간 분쟁을 교섭·조정·중재·사법적 해결 등 포괄적인 평화적 수단에 의해 해결하도록 규정하고 있으며, 유엔헌장 제33조 1항 규정과 대동소이한 규정을 둔 조약들도 있다.[6]

III. 분쟁의 의미

분쟁의 평화적 해결에서 말하는 '분쟁'(disputes)의 정확한 의미에 관해서는 논란의 여지가 있다. 평화적 해결 의무는 '분쟁'에만 적용되므로 그 의미와 범위를 명확히 해야 한다. 1924년 마브로마티스(Mavrommatis) 사건에서 상설국제사법재판소(PCIJ)는 분쟁을 정의하여 "법이나 사실문제에 대한 의견의 불일치 또는 법적인 견해와 이익의 충돌"이라고 하였다.[7] 또한 이론상 '사태'(situations)란 국제적인 마찰을 초래할 수 있는 국가 간의 상태로 분쟁의 전 단계이고, '분쟁'은 어떤 특정한 문제에 대한 당사국 일방의 확정적 요구와 타방의 부인 또는 거부로 인한 국가 간 충돌상태라 하여 양자를 구분한다. 예를 들어서 아랍과 이스라엘 간의 갈등이라고 하면 그것은 엄격하게는 분쟁이 아니라 '사태'라고 보아야 한다. 그러나 '사태'에는 일반적으로 분쟁들이 포함되어 있으므로 이들을 분명히 구분하는 것은 결코 쉽지 않으며 실제로 구분이 불가능한 경우도 많다. 따라서 중요한 것은 어떤 사태나 분쟁의 당사국들이 어떤 분쟁해결방법을 선택하는가 하는 것이며, 각 분쟁해결기관이나 절차는 자신이 처리할 수 있는 분쟁의 범위를 미리 정해 놓아야 한다.[8]

국제사법재판소(ICJ)가 재판관할권을 행사하는 분쟁의 범위와 관련하여, 재판소는 당사국 간 관계에 실질적인 영향을 미칠 수 있는 '분쟁'에 대해서만 재판관할권을 행사하며, 선언적 의미만을 가지는 판결이 내려질 사안에 대한 재판은 회피해야 하는가 하는 문제가 제기되었다. 다시 말하면 재판소의 결정이 현실적인

---

6) 1949년 NATO조약과 1955년 Warsaw조약이 그러한 예에 속한다.

7) *Mavrommatis Palestine Concession Case, PCIJ Reports*, Series A, No.2, 1924, p.11.

8) Henkin, p.776; Evans, pp.533-534.

의미를 가지지 못한다면 분쟁이라 할 수 없고 그러한 문제는 사법적 해결의 대상
이 될 수 없는가 하는 것이다.9) 이 문제는 핵실험사건(Nuclear Tests Cases)에 대한
ICJ의 판결에서 다루어졌다. 남태평양에서 핵실험을 해온 프랑스의 정책에 반대
하여 호주와 뉴질랜드가 제기한 이 사건에서, ICJ는 프랑스 정부가 더 이상 핵실
험을 하지 않겠다는 성명을 발표함으로써 분쟁은 종료되었다고 하였으나 많은 반
대의견들이 있었다.

핵실험 사건

Nuclear Tests Cases, ICJ, 1974

프랑스는 1966년에서 1972년 사이 남태평양의 프랑스령 폴리네시아에서 여러 차례
대기 중 핵실험을 하였다. 프랑스가 앞으로도 계속 핵실험을 할 것으로 예상되는 가운
데, 1973년 5월 9일 호주와 뉴질랜드는 ICJ에 프랑스를 상대로 소송을 제기하였다.

호주는 재판소에 프랑스의 핵실험이 국제법 위반이므로 프랑스가 더 이상 핵실험을
하지 못하도록 하는 결정을 내려줄 것을 요청하였고, 뉴질랜드는 프랑스의 핵실험이 뉴
질랜드의 국제법상 권리를 침해하는 것임을 밝혀달라고 하였다. 동시에 이들은 판결에
앞서 프랑스가 핵실험을 중지하도록 ICJ규정 제41조에 따른 잠정조치를 요청하였다.

ICJ는 먼저 당사국들의 권리보호를 위해 잠정조치가 필요한가 하는 문제를 다루었
다. ICJ는 핵실험은 방사능 낙진을 유발하여 호주와 뉴질랜드에 돌이킬 수 없는 피해를
야기할 우려가 있고, 프랑스가 가까운 시일 내에 핵실험을 재개할 가능성이 있음에 유
의하였다. 따라서 재판부는 8:6으로 잠정조치를 결정하여 프랑스에게 핵실험을 잠정적
으로 중지하도록 요구하였다.

ICJ는 잠정조치를 취할 때 자신의 관할권(jurisdiction) 문제를 속히 해결하겠다고 밝
혔었다. 그러나 ICJ는 사건에 대한 자신의 관할권에 대한 명확한 설명 없이 사법기관이
라는 사실로부터 나오는 '고유한 관할권'(inherent jurisdiction)에 근거하여 '분쟁의 존
재'(existence of dispute)를 근본적인 선결적 문제로 삼았다. 재판부의 판단으로는 호
주와 뉴질랜드가 요구하는 것은 프랑스로 하여금 대기 중 핵실험을 중단하게 하는 것이
었다. 그런데 프랑스는 1974년 일련의 성명들을 발표하여 더 이상 대기 중 핵실험을 하
지 않겠다고 선언하였는바, 재판부는 이러한 프랑스의 일방적 선언을 근거로 분쟁은 더

---

9) *Ibid.*(Evans), pp.568-569.

이상 존재하지 않는다고 판단하였다. 재판부에 의하면 호주와 뉴질랜드는 결코 선언적 판결(declaratory judgment)을 요구한 것이 아니므로 1974년 6월 프랑스 수상과 국방장관이 기자회견을 통해 1974년 이후에는 대기 중 핵실험을 하지 않겠다고 선언한 이상 재판절차를 계속 진행할 이유가 없어졌다는 것이다.

이 결정은 9:6의 근소한 차이로 이루어졌다. 4명의 재판관들은 개별의견(separate opinion)을 제시하였고 6명의 재판관들은 반대의견(dissenting opinion)을 제시하였다. 반대의견을 개진한 재판관들은 호주와 뉴질랜드가 요구한 것은 핵실험의 적법성에 대한 판단이었다고 하면서 비판하였다.[10]

IV. 분쟁해결방법

국제법에서는 국제분쟁을 법적 분쟁과 정치적 분쟁으로 구분하려는 시도들이 있었다. 그리고 그 기준으로는 분쟁의 정치적 중요성, 분쟁에 관련된 국제법 규칙의 유무, 당사국들이 국제법에 입각하여 다투고 있는가 하는 것이 고려되었다.[11] 이러한 구분에 따르면 법적 분쟁이란 국제법을 적용하여 해결해야 할 국제문제로서 법적인 방법으로 해결하며, 정치적 분쟁은 정책이나 초법적인 문제에 관한 것이므로 법적인 방법보다는 정치적·외교적 방법으로 해결해야 한다고 한다.

국제분쟁의 해결방법은 크게 두 가지로 나누어진다. 하나는 외교적 방법(diplomatic means)이라 부르는 것으로 교섭, 중개, 심사, 조정이 여기에 속한다. 다른 하나는 법적 방법(legal means)으로 중재와 사법적 해결이 여기에 포함된다. 외교적 방법에 있어서는 분쟁 자체에 대한 통제권을 당사국이 계속 보유하며 결정이 구속력을 가지지 못하는 데 비해, 법적 방법에서는 제3자가 구속력 있는 결정을 내린다는 점에서 근본적인 차이가 있다.[12]

법실증주의가 유행하던 19세기에는 대부분의 분쟁을 정치적인 분쟁으로 보는 경향이 있었다. 그러나 20세기 들어 국제법이 발달하면서 국가들은 많은 법적인 의무와 규칙에 종속되었다. 특히 대부분 국가들이 유엔 회원국이 되어 헌장상

---

10) *Encyclopedia of Public International Law* (이하에서는 *EPIL*), vol.2, North-Holland Publishing Co., 1981, pp.216-219.

11) 이한기, 「국제법강의」, 박영사, 1994, pp.622-624.

12) J. G. Merrills, *International Dispute Settlement*, Grotius Publications Ltd., 1991, p.80.

의 의무를 부담하게 되면서 국제관계와 전쟁과 평화의 문제까지도 대부분이 법적인 규율대상에 편입되게 되었으니, 순전히 정치적인 것으로 보이는 문제에도 법적인 요소들이 포함되게 된 것이다. 이처럼 법적인 분쟁과 정치적 분쟁을 엄격히 구분하는 것은 곤란하기 때문에, 정치적인 분쟁이라 할지라도 법적인 절차에 맡겨지며, 법적인 분쟁도 정치적 · 외교적 방법에 따라 해결되곤 하였다.13)

따라서 실제로 국제분쟁을 해결하는 데에는 정치적 방법과 법적 방법이 교대로 사용되거나 두 가지 방법이 동시에 사용되는 것을 볼 수 있다. 차드와 리비아는 1973년 시작된 국경분쟁으로 한때는 무력충돌을 벌이기도 하였다. 그러나 양국은 1989년 8월 31일 「영토분쟁의 평화적 해결에 관한 기본협정」을 체결하여 평화적 해결을 모색하기로 합의하였다. 그러나 정치적 해결이 이루어지지 않는 경우에는 사건을 ICJ에 맡기기로 한 합의에 따라, 교섭이 실패한 후 양국은 이 문제를 ICJ에 부탁하여 분쟁을 해결하였다.14)

국제분쟁을 평화적으로 해결하는 데 필요한 수단과 방법은 결국 당사국들에 의하여 결정된다. 유엔헌장 제33조 1항이 국제분쟁의 계속이 국제평화와 안전의 유지를 위태롭게 할 우려가 있는 경우에는 분쟁당사국에게 "교섭, 심사, 중개, 조정, 중재재판, 사법적 해결, 지역적 기관 또는 지역적 약정의 이용 또는 당사자가 선택하는 다른 평화적 수단에 의한 해결"을 모색하도록 한 것은 이미 앞에서 본 바와 같다. 1982년 마닐라선언 역시 분쟁당사국들로 하여금 유엔헌장 제33조 1항에 나열된 분쟁해결수단들을 사용하여 신의성실과 협력의 정신으로 그들이 분쟁을 조기에 형평에 맞게 해결하도록 하되, 분쟁해결을 추구함에 있어서는 상황과 분쟁의 성격에 비추어 적합한 수단에 대하여 합의하여야 한다고 하였다.15)

---

13) David H. Ott, *Public International Law in the Modern World*, Pitman Publishing, 1987, pp.332-333.

14) Malcolm N. Shaw, *International Law*, 7th edition, Cambridge University Press, 2014, pp.732-733.

15) Evans, p.534.

‖ 제2절 ‖ **외교적 해결**

I. 교 섭

1. 의 미

국제법에서 교섭(negotiation)이란 두 가지 의미를 가진다. 교섭은 조약문의 교섭을 포함한 국가 간의 접촉을 의미하는 동시에 분쟁해결에서는 분쟁당사국들이 다른 국가나 국제기구의 도움 없이 직접 만나서 그들 간의 분쟁을 해결하는 것을 말한다. 국제분쟁해결에서 교섭은 단순하면서도 가장 많이 사용되는 방법이어서 많은 관심을 끌고 있다. 교섭은 분쟁해결에서 제일 먼저 시도되는 방법이며, 교섭이 가지는 장점 때문에 다른 방법을 사용할 필요가 없는 경우도 많았다.

교섭은 당사자 간의 대화를 통하여 최소한 상대방의 입장을 이해하고 견해차이를 조정하는 것이다. 그렇지만 국제사법재판소(ICJ)도 언급한 대로, 교섭은 단순한 항의나 논쟁과는 다른 것이다. 교섭에 임하는 당사국은 타방 당사국과 대화를 진행하여 분쟁을 해결하겠다는 진정성을 가지고 있어야 한다는 것이다.[16]

교섭은 단순히 이미 발생한 분쟁을 해결하는 수단에 머물지 아니하며 분쟁의 발생을 예방하는 기술로 사용되기도 한다. 교섭의 일환인 '협의'(consultation)란 한 국가의 새로운 정책이 다른 국가에게 피해를 줄 가능성이 있는 경우에 미리 그 국가와 대화를 시도하여 정책을 조정하고 분쟁을 회피하는 것을 말한다.[17] 따라서 협의는 사전통고(notification)와는 다르다. 사전통고는 새로운 정책을 입안한 국가의 독자적인 판단이나 법적인 의무에 따라서 이루어지지만, 협의는 새로운 정책을 미리 통보하여 다른 국가가 대책을 세울 시간을 제공하여 기정사실(*fait accompli*)의 통고가 가져올 파멸적인 결과를 예방하기 위한 것이다.[18]

---

16) Shaw, pp.735-736.
17) Merrills, p.3. 어떤 정책이 결정되기 전에는 사소한 정책조정으로도 분쟁의 회피가 가능한 경우가 많다. 반면에 나중에 정책을 수정하는 것은 다른 국가의 압력에 대한 굴복이나 국가이익의 희생으로 비추어질 수 있어서 실제로 양보가 어려워지는 경우가 많다.

2. 주 체

교섭은 일반적으로 통상적인 외교채널, 즉 각국의 재외공관이나 외교관들에 의해 이루어진다. 복잡한 교섭이 진행되는 경우에는 당사국 정부의 관련기관 대표를 포함하는 대표단이 이를 수행하기도 한다. 일부 특정한 주제에 대한 교섭은 당사국 관계기관 간의 교섭—즉 무역문제의 경우에는 무역관련 부처들이, 무기에 관해서는 국방관련 부처들이 교섭을 하듯이—으로 진행되기도 한다.[19] 어떤 문제가 반복해서 발생하거나 계속적인 감시가 필요한 경우에는 국가들은 '혼합위원회'나 '공동위원회'(mixed or joint commission)를 설치하여 교섭을 위한 창구로 활용하기도 한다.[20] 교섭이 지지부진하면 국가원수 간의 '정상회담'이나 외무장관 회담을 갖기도 한다. 정상회담은 국가원수들의 정치적 명성을 선전하고 관료조직을 배제하여 합의를 쉽게 한다는 이점이 있다. 그러나 정상회담은 이미 교섭을 통해 합의된 성과를 확인하는 데 그치는 것이 대부분이며, 사람들의 기대에 비해 실제 성과는 미미한 경우가 많다.[21]

3. 의 무

오늘날에는 양자협정 또는 다자협정을 통하여 관련 분쟁의 해결을 위한 협의 의무를 부과하는 경우가 있다. 유엔해양법협약은 제283조에서 분쟁당사국들의 의견교환의무(obligation to exchange views)에 대하여 규정하였다. 해양법협약의 해석이나 적용에 관하여 분쟁이 발생하는 경우 분쟁당사국들은 평화적 분쟁해결 절차에 관하여 신속히 의견을 교환해야 하며, 그러한 절차에 의하여 분쟁해결에

---

18) *Ibid.*, p.6.
19) *Ibid.*, p.8.
20) *Ibid.*, pp.8-9. 국경을 접하고 있는 국가들은 국경선 문제 등의 공동 관심사를 다루기 위해 혼합위원회를 구성하였다. 사건발생 후 조직되는 임시적 성격의 혼합위원회도 있지만, 일 반적으로 혼합위원회는 양측이 임명하는 동수의 대표들로 구성되어 장기간 활동하였다. 소련은 여러 인접국들과 국경분쟁 등 여러 가지 사건들을 혼합위원회에 회부하기로 하는 조약을 체결하였으며, 미국과 캐나다는 1909년 창설된 캐나다-미국 국제공동위원회 (International Joint Commission)를 통해 개발과 대기오염 등으로 인한 문제들을 해결하였 다.
21) *Ibid.*, pp.9-10.

도달하지 못하였거나 이행방식에 관한 협의가 필요한 경우에도 신속히 의견을 교환해야 한다고 한 것이다. 이러한 규정은 국제해양법재판소(ITLOS)에서 일부 국가들에 의하여 재판소의 사건에 대한 관할권을 부인하는 근거로 사용되기도 하였다. MOX 제조공장 사건에서 영국은 아일랜드가 잠정조치를 청구하기 이전에 양국 간에 해양법협약이 요구하는 분쟁해결에 관한 의견교환이 없었던 점을 지적하면서 재판소의 관할권에 의문을 제기하였다. 재판소는 분쟁당사국이 분쟁해결과 관련하여 합의에 도달할 가능성이 없다고 판단될 때에는 의견교환을 계속할 의무는 없다고 하여, 그 관할권에 문제가 없다고 하였다.[22]

WTO협정도 「분쟁해결양해」에 따른 분쟁해결 시 협의(교섭) 절차를 거치도록 하였다. WTO는 모든 분쟁해결에서 당연히 시도되는 협의절차에 시한을 부과하고 체계화함으로써 보다 효율적인 분쟁해결이 가능하도록 한 것이다.[23]

4. 방 법

교섭에 의한 분쟁해결은 당사국들이 합의에 의해 분쟁을 해결하는 것이 유리하다고 판단하는 경우 가능해지기 때문에, 당사국들의 이해가 정면으로 대립되는 경우에는 교섭은 지지부진해진다. 이처럼 교섭에 의한 분쟁해결에 애로가 발생하는 경우 이를 타개하기 위하여 여러 가지 방법을 사용한다.

첫째, 분쟁의 중심에 있는 사안이 분리가 가능한 것인지 검토하여 분쟁당사국들이 모두 만족을 얻을 수 있는 방법을 모색하는 방법이 있다. 1978년 오스트리아와 파푸아 뉴기니는 토레스(Torres)해협 해양경계획정 시 이 방법을 사용하였다. 양국은 이 해역에 단일경계선을 긋는 데 실패한 후, 해협 원주민들의 이익과

---

22) *The MOX Plant Case, Order, ITLOS,* 3 December 2001, paras.54-62. ITLOS의 간척사건에서도 유사한 문제 제기가 있었다. 싱가포르는 말레이시아가 잠정조치 청구의 전제조건인 협약 제283조의 의견교환 의무를 다하지 아니하였으므로, 해양법재판소는 잠정조치에 대한 관할권이 없다고 하였으나, 말레이시아는 자국은 여러 차례 간척사업 관련 분쟁의 해결을 위한 당국자 간 면담을 제의했다고 하였다. 재판소는 본 사건처럼 의견교환이 긍정적인 결과를 만들어 낼 수 없는 경우에는 의견교환을 지속할 의무는 없다고 하였다. *Case Concerning Land Reclamation by Singapore in and around the Straits of Johor, Order, ITLOS,* 8 September 2003, paras.33-59.

23) WTO 분쟁해결양해 제4조 참조.

섬의 지위, 해저관할권, 어업관할권, 자원보존, 항행권을 분리하여 다루어 합의에 도달하였다.[24]

둘째, 다자간 또는 양자 간 교섭에서 전체적으로는 분쟁해결을 위한 합의가 가능하지만 한두 가지 결정적인 장애가 있는 경우에는, '예민한 문제는 건드리지 않는'(without prejudice) 방식으로 분쟁해결에 접근할 수 있다. 1959년 남극조약은 현상을 동결(freeze)하는 방식을 취하여 관련 국가들의 기존의 영유권 관련 주장을 추인하지도 부인하지도 않음으로써 합의가 가능하였다.[25]

셋째, 분쟁의 속성상 일방이 양보하면 다른 일방이 이익을 취하게 되는 경우에는 양자 간의 득실에 균형을 이루게 하는 방법을 사용할 수 있다. 이러한 '일괄타결'(package deal) 방식은 특히 다자간 협상에서 효율적이다. 많은 국가들이 다양한 의제를 놓고 협상을 벌였던 제3차 유엔해양법회의와 우루과이라운드 협상이 좋은 예이다.[26]

5. 평 가

교섭이 유엔헌장 제33조 1항과 1982년 마닐라 선언에서 평화적 분쟁해결 방법으로 제일 먼저 등장한 것은 단순히 분쟁해결 시 가장 먼저 시도되는 방법이기 때문만은 아니다. 실제로 교섭을 통해 해결된 국제분쟁의 숫자가 다른 방법에 의해 해결된 분쟁의 숫자를 합한 것보다 많은 것은 교섭이 국제분쟁해결에 매우 효율적인 방법인 것을 보여 준다.[27]

교섭은 제3자의 개입 없이 당사국들 사이에서 직접 이루어지므로 분쟁이 보다 악화되기 전에 이를 신속히 해결하며, 교섭에 의해 분쟁이 해결되는 경우에는 당사국 간 화해가 증진되는 장점이 있다.

그렇지만 교섭은 약점도 있다. 첫째, 분쟁이 악화되어 당사국들이 만나기조차 꺼리는 경우에는 교섭은 시작될 수 없다. 1979년 테헤란 주재 미국대사관 인질사건 이후의 미국-이란 관계와 1982년 포클랜드 전쟁시 영국-아르헨티나 관계에

---

24) Merrils, p.12.

25) *Ibid.*, pp.13-14. 남극조약 제4조 참조.

26) *Ibid.*, pp.14-15.

27) Evans, p.535.

서 보듯이 국가 간의 심각한 분쟁은 때때로 국가 간 교섭루트인 외교관계의 단절을 가져온다. 외교관계가 단절된다고 해서 국가 간의 모든 접촉경로가 단절되는 것은 아니지만, 외교관계가 단절되면 교섭에 의한 분쟁해결은 곤란해진다.[28] 둘째, 당사국들의 입장차가 크고 그 차이를 메울 공동이익이 없는 경우에는 교섭에 의한 분쟁해결은 비효율적이 된다. 영토분쟁에서 영토를 점령하고 있는 국가가 교섭 자체를 거부한다든가, 한 분쟁당사국은 자기의 법적인 권리만을 주장하고 다른 국가는 형평에 따른 해결만을 주장하는 경우에도 타협의 여지는 없어진다.[29] 셋째, 교섭에는 제3자의 개입이 차단되어 있고 분쟁을 공정하게 해결해 줄 기관이 없기 때문에, 당사국들의 협상력(bargaining power)에 커다란 차이가 있는 때에는 불공정한 결과를 가져올 수 있다. 특히 어떤 교섭이 제로섬 게임(zero-sum game)으로 진행될 때에는 교섭의 결과는 형평성을 상실하기 쉽다.[30]

II. 주선과 중개

1. 의 미

분쟁당사국들이 직접교섭을 통한 분쟁해결에 실패하는 경우에는 국가, 국제기구, 개인과 같은 제3자가 개입하는 분쟁해결 방법을 시도하게 된다. 제3자가 개입하는 분쟁해결 방법으로는 주선(good office)과 중개(mediation)가 있다. 주선이란 제3자가 회담장소를 마련한다든가 하여 분쟁당사국들이 다시 교섭에 임할 수 있게 하는 것이다. 반면에 중개란 제3자의 개입이 보다 적극적이어서, 분쟁당사국들의 만남을 주선하는 데 그치지 않고 나름대로 분쟁내용을 조사하고 해결방안을 제시하기도 한다.

---

28) Merrills, pp. 22-23.

29) *Ibid.*, p. 23.

30) Michael Akehurst, *A Modern Introduction to International Law*, Allen & Unwin, 1987, p. 240; Ott, p. 333. 교섭의 이러한 문제점을 극복하기 위한 방법으로 국제회의를 통한 교섭을 생각해 볼 수 있다. 국제회의를 통한 교섭은 주선이나 중개와 유사한 모습을 보이는데, 절차는 번거롭지만 교섭내용과 논의의 공개로 그 단점을 메울 수 있다. 유병화, 「국제법 II」, 진성사, 1994, p. 484.

그렇지만 주선과 중개를 엄격히 구분하기는 어렵다. 유엔에서는 주선과 중개가 함께 사용되는 경우가 많으며, 국제상업회의소(International Chamber of Commerce: ICC) 중개규칙에서도 주선과 중개는 명확히 구분되지 않았다.[31]

2. 중개자(주선자)

주선과 중개는 주로 국가와 국제기구·개인에 의해 시도되지만 중개자(주선자)의 조건이 미리 정해져 있는 것은 아니다. 그러나 중개(주선)를 담당하는 국가나 국제기구가 충분한 영향력을 가지고 있을 때 중개(주선)의 성공가능성은 커진다.

일반적으로 힘과 영향력을 가지고 있는 강대국이 중개자로 나서는 것이 성공가능성이 높은 것은 사실이지만, 강대국들은 때때로 자국의 이익을 추구한다는 의심을 받는다. 강대국이 아닌 국가들은 그러한 의혹은 받지 않지만, 영향력이 약하여 분쟁당사국들을 화해에 이르게 하는 데 한계가 있다. 여하튼 주선과 중개는 강대국에 의해서만 수행되지 않으며, 강대국이 아닌 중위권 국가들에 의한 중개가 오히려 효과적인 경우도 있다.[32] 1980년 알제리는 테헤란 주재 미국외교관 인질사건을 계기로 촉발된 미국과 이란 간의 분쟁에 대한 중개에 성공하였으며,[33] 1994년 이스라엘과 팔레스타인해방기구(PLO) 간에 이루어진 화해는 노르웨이의 중개로 실현되었다.

유엔과 같은 국제기구에서는 사무총장과 같은 책임자들을 통하여 종종 국제분쟁을 주선 또는 중개에 의해 해결하기 위해 노력해 왔으며, 국제적십자(ICRC) 같은 비정부간기구들이 중개자의 역할을 맡기도 하였다.[34]

주선과 중개는 분쟁당사국들과 특별한 관계를 가진 국가나 국제기구 또는 개인들이 맡는 경우가 많다. 1982년 영국과 아르헨티나 간 포클랜드(Falkland) 분쟁의 중개를 맡았던 미국의 헤이그(Alexander Haig)와 유엔 사무총장 케야르(Cuellar)는 국제정치적인 배경에서 중개에 나섰었다.[35] 1978년 칠레와 아르헨티나가 비

---

31) Peter Malanczuk, *Akehurst's Introduction to International Law*, Routledge, 1997, p.276.
32) *Ibid.*, pp.276-277.
33) Merrills, p.29.
34) *Ibid.*, p.28.
35) 미국은 NATO 동맹국인 영국과 미주기구(OAS)의 회원국인 아르헨티나 간의 무력충돌에 곤혹스러워하였으며, 유엔과 그 회원국들 모두 이 사태를 우려하였다.

글수로(Beagle Channel) 문제로 전쟁위기에 봉착하였을 때 교황은 Antonio Samore 추기경의 중개를 제안하였고 그의 중개로 분쟁은 해결되었는데, 양국 모두 가톨릭 국가라는 점이 교황의 중개를 용이하게 하였다. 1965년 인도와 파키스탄 간 카슈미르(Kashmir) 분쟁은 소련의 중개로 해결되었는데, 역사적·종교적 배경을 가진 이 분쟁에서 소련은 자국 남쪽 국경의 안전을 도모하고, 이 지역에 대한 자국의 영향력을 증대하고자 중개자로 나섰다.[36]

3. 내 용

분쟁이 심각하여 분쟁당사국 사이의 모든 대화채널이 단절된 경우에는 주선(good offices)을 통하여 당사국 간의 대화를 가능하게 하는 것이 일차적인 목적이 된다. 1979년 11월 테헤란 미국대사관 인질사건과 미국의 군사작전으로 미국과 이란 간의 관계는 완전히 단절되었다. 이러한 상황에서 분쟁해결의 단초는 대화의 재개였는데, 이 일은 분쟁당사국 양측의 신뢰를 받고 있던 알제리가 맡았다.[37]

분쟁당사국 간 대화가 재개되면 중개자는 분쟁 중에 조성된 긴장을 완화하여 교섭이 원만하게 이루어지도록 환경을 만드는 임무를 맡게 된다. 중개자는 분쟁당사국들의 의도를 상대방에게 전달하고 그들이 갖고 있는 해결방안을 상대방이 수용할 수 있도록 다듬어 분쟁해결을 위한 분위기를 조성한다.[38]

중개자의 최종 목표는 당사자 양측을 만족케 하여 분쟁을 해결하는 것이다. 당사국 간에 대화가 재개되고 분쟁해결을 위한 분위기가 조성되면 중개자는 여러 가지 사정을 종합적으로 고려하여 양측에 해결안을 제시하기도 한다.

4. 방 법

중개 또는 주선이 애로에 봉착하는 경우 중개자는 교섭에서와 유사한 방법을

---

36) Merrills, pp. 28-29.
37) *Ibid.*, pp. 34-35.
38) 포클랜드 위기 때 중개자 알렉산더 헤이그는 아르헨티나 정부에게 영국의 무력사용 위협이 결코 허풍이 아니며, 비타협적인 태도로 나올 경우 상당한 대가를 치르게 되리라는 점을 주지시키려고 하였다.

사용하여 그러한 난관들을 극복한다. 분쟁당사국들이 원하는 대상이 분리 가능한 경우에는 각자에게 원하는 것을 주도록 하면 분쟁을 해결할 수 있을 것이다.[39]

국제분쟁에서 스스로 우월한 입장에 있다고 판단하는 국가는 자연히 자기가 원하는 방법으로 분쟁이 해결되기를 기대하게 된다. 때문에 양측 모두 자신이 상대적으로 강하다고 생각하는 경우에 중개는 실패하기 쉬운데, 이럴 때에는 분쟁당사국과 특별한 관계에 있는 국가가 중개에 나서게 되면 성공할 가능성이 높다.[40]

분쟁당사국 중 한쪽이 결정적으로 불리한 상황에 처하게 되는 경우에도 중개의 성공가능성은 커진다. 불리한 상황에 있는 국가는 자기의 원래 목표는 포기하고 손실을 줄이고 체면을 유지하는 방법을 찾게 되는데, 이럴 때 중개자가 어떤 유인책을 제시하면 중개는 쉽게 성공하게 된다. 양측 모두 승리를 확신하지 못하는 경우에도 중개의 성공가능성은 커진다.[41]

5. 평 가

주선과 중개는 많은 국제분쟁의 해결을 통해서 그 진가를 발휘하였다. 그러나 주선과 중개에 의한 분쟁해결도 몇 가지 한계를 가지고 있다. 첫째, 성공적인 주선과 중개를 위해서는 양쪽 분쟁당사자 모두로부터 신뢰를 얻고 있는 중개자가 필요한데, 그 적격자를 발견하는 것이 쉬운 일은 아니다. 둘째, 주선과 중개 제도에는 분쟁사실과 법규칙을 조사하기 위한 절차와 수단이 마련되어 있지 않다. 셋째, 주선과 중개가 이루어지더라도 중개자가 제시한 해결책은 구속력을 가지지 못하며 그 효과도 제한적이다. 따라서 주선과 중개는 조정이나 심사, 유엔 등 국제기구에 의한 정치적 해결과 같은 보다 전문화된 방법을 사용하기 위한 예비적·보완적 단계에 머물 가능성이 크다.[42]

---

39) 비글수로 사건에서 아르헨티나의 목표는 해양이익에 있었으며 칠레는 영토를 원하였다. 따라서 Samore 추기경은 중개를 통하여 문제의 섬들에 대한 칠레의 주권을 인정해 주는 대신 남대서양에 대한 권리는 포기하도록 하였다.

40) Merrills, pp.36-37. 포클랜드 위기와 카슈미르 분쟁에서는 중개국이 한쪽 당사자의 강력한 후원자이었기 때문에 다른 당사국의 양보를 얻어내는 데 용이하였다.

41) *Ibid.*, pp.37-39. 인도와 파키스탄은 카슈미르 분쟁에서 군사적 정돈상태가 계속되자 각자의 원래 목표를 수정하여 손실을 줄이는 데 관심을 가지게 되었다.

Ⅲ. 국제심사

1. 의 미

넓은 의미에서의 국제심사(international inquiry)는 분쟁의 대상인 사실문제를 해결하기 위해 법원과 같은 분쟁해결기관이 수행하는 사실확인 절차를 말한다. 반면에 좁은 의미에서의 심사란 하나의 독립된 분쟁해결 방법을 말하는 것으로, 심사위원회(commission of inquiry)와 같은 국제적인 기관으로 하여금 분쟁의 원인 된 사실들을 명확히 밝히도록 하여 국제분쟁을 평화적으로 해결하는 것이다. 따라서 이러한 의미의 심사는 사실문제에 관한 견해차이가 주요 원인인 분쟁을 해결하는 데 매우 효과적이다.[43]

2. 관련 조약

국제심사는 러시아의 마르텐스(Martens)의 제의로 1899년 「국제분쟁의 평화적 해결을 위한 헤이그협약」에 처음으로 규정되었다. 이 협약에 의하면 국제심사위원회(Commission of International Inquiry)는 중립국 출신 위원 1명을 포함한 3명의 위원으로 구성하게 되어 있었다. 한편 1907년 개정된 헤이그협약은 심사위원 수를 5명으로 확대하여 각 분쟁당사국은 자국인 1명을 포함 2명을 선임하고 이들이 중립국인 위원장을 뽑도록 하였다.[44]

도거뱅크 사건을 계기로 많은 국가들이 심사에 관한 조약들을 체결하게 되었다. 미국은 1911년 영국 및 프랑스와 국제심사에 관한 조약인 녹스(Knox)조약을 체결하였으며,[45] 1914년에서 1915년 사이에는 브라이언(Bryan)조약이라 불리는 30여 가지 국제심사 조약을 체결하였다. 특히 브라이언 조약에 따라 설치되는 심

---

42) Akehurst, p.240.

43) Merrills, p.43.

44) 유병화, pp.486-487.

45) 녹스조약은 1908년 미국이 영국 및 프랑스와 체결한 중재조약을 보충하는 것으로 중재에 회부하기 전에 의무적으로 심사를 거치도록 하였다. 그러나 녹스조약은 미국상원의 비준 동의를 받지 못하여 효력을 발생하지 못하였다.

사위원회는 사실문제는 물론 법적 문제도 조사할 수 있는 권한을 부여받았기 때문에 조정과 비슷한 제도가 되었다. 그 외에도 미주대륙에서는 국제심사에 관한 다자조약들이 다수 체결되었다.[46]

3. 관련 사례

국제심사에 의해 분쟁이 해결된 사례는 그리 많지 않다. 그러나 1905년 도거뱅크(Dogger Bank) 사건은 사실에 대한 오해에서 발생한 분쟁을 해결하는 데 있어서 심사제도가 가지는 장점을 잘 보여 주었다.

도거뱅크 사건

Dogger Bank Case, 1905

1904년 1월 9일 새벽 극동에서 발발한 러-일 전쟁에 참가하기 위해 발틱해를 떠나 극동으로 향하고 있던 러시아 함대는 도거뱅크 근처에서 우연하게도 영국 어선단 속으로 들어가게 되었다. 그로 인한 혼란 속에서 러시아 제독은 소문대로 자신들이 일본 어뢰정의 공격을 받고 있다고 생각하여 발포하기 시작하였다. 10여 분 진행된 공격으로 트롤어선 1척이 침몰되고 5척이 피해를 입었으며, 2명의 선원이 죽고 6명이 부상당하는 피해가 발생하였다.

이 소식이 영국에 전해지자 여론은 악화되었고 영국은 지브롤터에 접근하고 있는 러시아 함대를 요격할 준비를 갖추게 되었다. 이러한 위기상황에서 영국과 러시아 간 관계의 파탄을 원치 않았던 프랑스의 외교적 노력으로 헤이그협약에 따라 심사위원회가 설립되었다. 1904년 11월 출범한 이 위원회는 양국 제독 각 1명과 프랑스·오스트리아·미국인 1명씩 해서 모두 5명으로 구성되었다.

위원회는 두 달 간의 준비 끝에 1905년 보고서를 내놓았는데, 당시 그 근방에 일본 어뢰정은 없었던 것으로 판명되어 러시아는 발포행위의 정당성을 주장할 수 없었다. 양국이 이 보고서를 접수한 후 러시아는 영국에게 6만 5천 파운드의 배상금을 지불하여 이 분쟁은 종결되었다.

---

46) 유병화, pp.488-489.

　　도거뱅크 사건은 분쟁해결 수단으로의 국제심사 제도의 가치를 보여 준 좋은 사례로 심사제도의 발전을 가져오는 중요한 계기가 되었다.[47) 그 후 국제심사에 맡겨진 사건들로는 타비냐노(Tavignano)호 사건과 타이거(Tiger)호, 투반티아(Tubantia)호 사건이 있는데, 이들 사건에 대한 심사는 1907년 헤이그협약이 규정한 절차에 따라 진행되었다.[48)

　　최근에 국제심사에 의해 해결된 분쟁으로는 1961년 덴마크 어업보호선과 영국 트롤어선 레드크루제이더(Red Crusader)호 사이에 발생한 레드크루제이더호 사건이 있다. 이 사건을 다루었던 심사위원회 위원들은 분쟁당사국이 아닌 벨기에, 프랑스, 네덜란드 출신의 국제법학자들이었으며, 심사절차는 재판절차와 유사하였고, 심사보고서도 법적인 내용들로 구성되어 있었다.[49)

4. 평　가

　　국제심사제도의 효율성은 국제심사에 부탁되는 사건에 따라 크게 달라진다. 도거뱅크 사건에서 심사제도는 매우 탁월한 성과를 거두었지만, 실제로 심사제도가 자주 사용된 것은 아니다. 거기에는 몇 가지 이유가 있다. 첫째, 오늘날 사실에 대한 견해차를 해소하는 데에는 심사보다 교섭이 더 많이 사용되고 있다. 둘째, 사실에 대한 조사가 필요한 경우에는 유엔과 같은 국제기구들이 심사를 하고 있다.[50)

---

47) 도거뱅크 사건에서는 위원회가 심사를 개시하기 이전에 절차규칙을 마련하는 데 많은 시간이 소요되었다. 이러한 문제점을 시정하기 위하여, 1907년 헤이그협약은 1899년 협약의 규정들을 보다 세밀하게 하여 심사위원회의 구성과 절차에 관한 새로운 조문들을 도입하였다. Merrills, p.46.

48) *Ibid.*, pp.46-50. 타비냐노(Tavignano)호 사건은 1911-1912년 터키와 이탈리아 간 전쟁 시 이탈리아가 프랑스 선박들이 금제품(contraband)을 수송하였다고 하여 이를 나포함으로써 발생한 사건이었다. 프랑스와 이태리·영국의 해군장교들로 구성된 심사위원회의 심사결과는 법적인 검토를 위하여 중재에 넘겨졌는바, 이 사건은 다른 분쟁해결절차에 기초를 제공하는 제도로서의 심사의 가치를 보여 주었다. 한편 1차대전 시 독일의 잠수함 공격으로 인한 선박피해와 관련하여 노르웨이 선박 타이거(Tiger)호와 네덜란드 선박 투반티아(Tubantia)호 사건이 있었다. 타이거호 사건에 대한 심사에서 당사자들은 심사위원회 보고서를 구속력 있는 것으로 받아들이기로 사전에 합의하여 심사를 최종적인 분쟁해결 수단으로 삼았다. 투반티아호 사건에서는 처음으로 법률가가 심사위원회에 참여하였다.

49) *Ibid.*, pp.51-54; Shaw, pp.725-726.

IV. 조 정(conciliation)

1. 의 미

조정이란 조정위원회라 부르는 국제기관이 분쟁해결에 나서는 것으로 분쟁의 사실문제는 물론 법률문제도 함께 다룬다는 점에서 국제심사와 다르다. 이 제도는 원래 사실심사에서 발전한 것으로 위원들이 사실문제뿐만 아니라 법률문제도 다룰 수 있도록 권한을 확대한 것이다.

2. 조 약

1920년 스웨덴과 칠레는 최초로 조정에 관한 조항을 둔 조약을 체결하였다. 그러나 이 조약은 심사를 중요시하였고 조정에 관해서는 하나의 조항만을 두었다. 그 후에 체결된 국제조약에서도 조정은 중요하게 취급되지 않았으나, 1922년 국제연맹이 회원국들에게 조정조약 체결을 권고하면서 진전이 이루어지게 되었다.

1925년 조정제도에는 두 가지 획기적인 발전이 있었다. 프랑스와 스위스는 조정에 관한 조약을 체결하면서 조정위원회의 기능을 분명히 하였다. 조약은 "상설조정위원회는 분쟁을 명백히 밝히고, 심사 등의 방법으로 모든 유용한 정보를 수집하며, 당사국들로 하여금 합의에 이르게 하고, 당사국들에게 수용가능한 해결조건을 제시하며, 절차가 종결된 뒤에는 보고서를 작성해야 한다"고 하여 오늘날의 조정제도에 접근하였다. 그 해 독일은 벨기에·프랑스·체코·폴란드와 로카르노조약(Locarno Treaties)을 체결하였다. 로카르노조약은 상설국제사법재판소(PCIJ)에 의한 사법적 해결이나 중재에 부탁되지 아니하는 모든 분쟁을 조정에 부탁하도록 하였는데, 상설조정위원회는 프랑스와 스위스 간 조약의 위원회와 유사

---

50) 1982년 유엔 안보리는 세이셸(Seychelles)에서의 외국 용병에 의한 쿠데타 기도를 조사하기 위해 사실조사위원회를 설립하였다. 1983년 KAL기 사건 때 국제민간항공기구(ICAO)는 소련에 의한 한국의 KE007기 격추를 조사하였다. 소련의 비협조적 태도로 이 사건의 전모를 제대로 밝혀내지는 못하였으나, 조사결과는 ICAO의 대 소련 비난결의의 기초가 되었으며 시카고 민항조약을 개정하는 데 활용되었다.

한 권한을 갖고 있었다.

조정제도는 1928년 「국제분쟁의 평화적 해결에 관한 일반의정서」(General Act for the Pacific Settlement of International Disputes)에도 규정되었다. 의정서는 PCIJ의 사법적 해결에 부탁되지 아니하는 분쟁은 조정에 맡기고 조정이 실패하는 경우에는 중재절차를 밟도록 하였다. 1925년부터 1940년까지는 조정제도의 전성기로 이 기간 동안 200여 개의 조정조약이 체결되었다.[51]

조정제도는 1945년 이후에도 양자조약에서 분쟁해결 제도로 중요한 위치를 차지하고 있으나, 그 사용빈도는 크게 감소하였다. 반면에 다자조약에서 조정제도의 위치는 확고해졌다. 1969년 「조약법에 관한 비엔나협약」은 조약규정의 해석과 적용에 관한 분쟁이 있을 때에는 부속서의 조정제도에 부탁하도록 하였다. 1982년 해양법협약도 제284조에서 당사국들은 협약의 해석과 적용에 관한 분쟁을 조정절차에 따라 해결할 수 있다고 하였으며, 1992년 생물다양성협약도 관련 규정을 두었다.[52]

특히 1987년 체결된 「오존층파괴물질에 관한 몬트리올의정서」는 특별한 조정제도라고 할 수 있는 '불이행절차'(non-compliance procedure)를 도입하였다. 그 절차에 의하면 10개 당사국으로 구성된 '이행위원회'(Implementation Committee)는 사무국 또는 다른 당사국이 제출하는 당사국들의 불이행에 관한 문서를 검토하고 "의정서 규정의 존중을 기초로 문제의 원만한 해결방안을 찾기 위하여" 권고할 수 있다고 하였다. Chinkin이 점진적으로 발전해 가는 규제제도에 적합한 것으로 평가한 이 비공식적인 절차는 몬트리올의정서에 이어 1997년 교토의정서와 1998년 Aarhus 협약을 비롯한 많은 환경관련 조약에도 등장하였다.[53]

3. 사 례

국제조정에 관한 조약들은 제2차 세계대전 발발 이전 15년 동안 많이 체결되었지만, 국제분쟁들이 실제로 조정에 의해 해결된 것은 제2차 대전 이후이다.[54]

---

51) Merrills, pp. 59-61.
52) Evans, p. 541.
53) *Ibid.*
54) 유병화, p. 496.

    제2차 세계대전 이전에 조정에 의해 해결된 분쟁 중에서 대표적인 것은 볼리비아와 파라과이 간 차코위원회(Chaco Commission)에 의한 차코지방 국경분쟁이 있다. 위원회는 각 분쟁당사국이 2명, 미국을 비롯한 5개 미주국가에서 1명씩 모두 9명의 위원으로 구성되었다. 위원회는 양측에게 각자의 일부 주장을 포기하게 하고 영토의 현상유지와 외교관계 재개를 권고하였다.

    1947년 프랑스-샴 조정위원회(Franco-Siamese Conciliation Commission)는 프랑스령 인도차이나와 샴 간의 국경선 문제를 다루었다. 1928년 일반의정서에 따라 양국인 각 1명과 중립국인 3명을 임명하여 모두 5인으로 구성된 위원회는 차코사건에서와는 달리 국경지역의 인종적·지리적·경제적 상황을 고려하는 포괄적인 임무를 부여받았었다.[55]

    1925년 체결된 양국 간 조정조약에 따라 1955년에 설치된 프랑스-스위스위원회(Franco-Swiss Commission)는 2차 대전 중 발생한 특이한 사건을 다루었다. 1940년 프랑스가 독일에 항복하였을 때, 프랑스군의 일부로 전투에 참가하였던 한 폴란드 사단이 스위스로 넘어와 1945년까지 스위스에 억류되어 있었다. 문제는 그 비용을 부담할 국가를 결정하는 것인데, 위원회는 프랑스인 억류자들이 석방된 1941년까지의 비용은 프랑스가 부담하고 그 이후의 비용에 대해서도 프랑스는 형평에 따라 상당부분을 부담하게 하였다.[56]

    조정은 조정위원회에 의해 이루어지는 것이 일반적이지만 단독조정자(single conciliator)에 의한 조정도 가능하다. 1977년 케냐와 우간다, 탄자니아는 스위스의 노련한 외교관 Victor Umbricht 박사에게 동아프리카공동체(East African Community)의 자산분배 문제를 부탁하였다. 이 공동체는 토지와 선박, 항공기, 철도 등을 자산으로 가지고 있었으며 자산의 분포범위도 지역적으로 광범위하였다. 조정자의 보고서는 약간의 수정을 거쳐 분쟁해결에 활용되었다.[57]

    최근에 조정에 부탁된 사례로는 아이슬란드와 노르웨이 간 얀마옌(Jan Mayen)섬 부근 대륙붕 경계획정분쟁이 있었다. 1980년 양국은 아이슬란드와 노르웨이 영토인 얀마옌섬 사이의 대륙붕 경계선을 권고할 위원회를 설립하였다. 위원회는 가스와 석유자원 부존가능성이 있는 지역 전체를 커버하는 공동개발협정(joint

---

55) Merrills, pp.62-64.
56) *Ibid.*, pp.64-65.
57) *Ibid.*, pp.65-66.

development agreement)을 제안하였다. 이 권고는 양국에 의해 받아들여져 분쟁해결에 기여하였다.[58]

4. 기 능

조정위원회는 보통 법률가들로 구성되지만 외교관이나 전문가들이 위원을 맡기도 한다. 조정위원회는 일반적으로 분쟁을 조사하고 해결방안을 제시한다. 그러나 위원회가 수행하는 기능은 맡겨진 임무에 따라 그 성격과 내용이 달라져서, 조정은 사안에 따라 교섭과 유사하게 운영되기도 하고 중재와 비슷하게 운영되기도 한다. 조정을 일종의 제도화된 교섭(institutionalized negotiation)으로 보는 견해에 의하면, 조정위원회는 당사국들의 대화를 유도하여 그들이 분쟁해결에 이를 수 있게 보조적인 역할을 수행한다고 한다. 반면에 조정을 심사나 중재와 유사한 제도로 이해하는 입장에 의하면, 위원회는 당사국들의 입장을 청취한 후 분쟁해결방안을 제시해야 한다.[59]

조정안은 판결이 아니라 제안이기 때문에 중재판정과 달리 구속력을 가지지 못한다. 당사국들은 조정위원회의 제안을 받아들일 의무는 없으나, 일정한 기간 내에 당사국들은 수락여부를 통보해야 한다. 위원회의 제안이 수락되면 위원회는 분쟁해결조건에 관한 합의문을 작성하고 절차를 종료하게 되지만, 제안이 거부되면 조정안은 당사국들에게 아무런 의무도 부과하지 못한다.[60]

5. 평 가

조정제도는 분쟁해결에 관한 조약에 대부분 포함되어 있지만, 이 제도가 실제로 사용된 사례는 많지 않다. 더구나 조정위원회의 제안은 구속력이 없으므로 조정이 성공하리라는 보장은 없다. 그러나 의무적 절차는 그 존재만으로도 불합리한 주장을 억제하는 효과가 있으며, 얀마옌 해양경계획정 분쟁과 같이 분쟁의 중요한 쟁점은 법적인 것이지만 당사국들이 형평에 따른 해결을 원하는 분쟁을

---

58) *Ibid.*, pp.66-67.
59) *Ibid.*, p.67.
60) *Ibid.*, pp.70-71.

해결하는 데 매우 유용하다.[61]

조정제도가 생겨난 이후 현재까지 조정에 부탁된 국제분쟁은 20개에도 미치지 못한다. 조정제도의 사용이 이처럼 저조한 데에는 몇 가지 이유가 있다. 첫째, 양자조약들은 일부 분쟁만을 조정에 부탁할 수 있게 하고 있고, 다자조약들은 광범위한 유보를 허용하고 있어, 실제로 조정에 부탁될 수 있는 분쟁의 범위가 제한되었다. 둘째, 유엔과 같은 국제기구에서 비공식적 조정과 중재가 빈번하게 사용되고 있어 조정제도의 필요성이 줄어들었다. 셋째, 조정은 절차는 복잡하지만 정치적 권위가 없어 커다란 분쟁의 해결수단으로 매력적이지 못하다는 평가를 받는다.

‖ 제3절 ‖ 국제기구에 의한 해결

Ⅰ. 서 론

국제분쟁의 평화적 해결은 국제평화와 안전의 유지를 위해 필수적이므로 국제기구들도 많은 관심을 가지고 있다. 국제기구를 통한 분쟁해결은 그 방법에 따라 두 가지로 나누어 볼 수 있다. 하나는 평화적 방법이고, 다른 하나는 무력적 방법이다. 여기서는 평화적 분쟁해결만을 다루는데, 국제기구에 의한 평화적 분쟁해결은 다시 보편적 국제기구에 의한 해결과 지역기구에 의한 해결로 나눌 수 있다.

Ⅱ. 국제연맹

국제연맹(League of Nations)에서는 분쟁해결에 관한 권한을 이사회와 총회에 부여하였다. 그러나 전체기관인 총회는 외교적 방법에 의해 국제분쟁을 해결하는

---

61) Evans, p.542; *Ibid.*, pp.76-77.

데 한계가 있었고, 연맹규약도 분쟁이 이사회에 제기되고 14일이 경과한 후에야 총회에 제기할 수 있게 하였다. 그 결과 국제연맹에서 분쟁해결은 주로 이사회의 임무가 되었다.[62]

국제연맹 이사회는 유엔 안전보장이사회와 달리 권고적 성격의 결의를 채택할 수 있을 뿐 강제성 있는 결의를 채택할 수 없었으며, 의결 시에도 만장일치를 원칙으로 하였기 때문에 매우 비효율적이었다. 연맹규약 제11조 2항은 회원국들은 국제관계에 영향을 미칠 사태로서 국제평화를 위태롭게 할 우려가 있는 분쟁에 이사회가 개입해 주도록 요청할 수 있다고 하였다. 이러한 요청이 있게 되면 이사회는 심사·주선·중개 등의 방법으로 적절한 조치를 취한다. 그 결과 분쟁해결에 성공하면 이사회는 당해 분쟁에 대한 보고서를 작성·공표하며, 실패하면 분쟁사실과 해결조건을 담은 권고적 성격의 보고서를 작성·공표한다(연맹규약 제15조 3항, 4항). 만일 이 보고서가 분쟁당사국을 제외한 모든 국가의 찬성으로 채택되면 권고를 따르는 국가를 상대로 한 전쟁은 금지되었다(동조 6항).

III. 국제연합

1. 총 설

국제연합(United Nations)의 평화유지체제는 그 기본이념부터 국제연맹의 그것과 달랐다. 국제연맹은 국가 간 주권평등에 충실하였던 데 비해, 국제연합은 국제사회의 현실을 중요시하였다. 국제연합을 처음 구상하였던 사람들은 강대국 간 협조가 없이는 세계평화는 있을 수 없다는 인식 아래 현실에 바탕을 둔 효율적인 제도의 구축을 목표로 하였다.

국제연맹은 분쟁해결에 있어서 원칙적으로 총회와 이사회에 동등한 권한을 부여하였으나, 유엔은 국제평화와 안전의 유지에 관한 주된 책임을 안전보장이사회에 부여하여 총회는 안보리가 다루고 있는 분쟁을 다룰 수 없게 하였다. 의결절차에 있어서도 국제연맹은 만장일치를 요구하여 실질적으로 모든 국가에게 거부

---

62) 유병화, pp. 500-501.

권을 인정하였으나, 유엔은 안보리에서 상임이사국들에게만 거부권을 주었다.[63]

2. 안전보장이사회

유엔헌장 제33조 1항은 분쟁당사국인 유엔 회원국들은 분쟁의 계속이 국제평화와 안전의 유지를 위태롭게 할 가능성이 있는 때에는 교섭, 중개, 조정, 중재, 사법적 해결, 국제기구에의 회부와 같은 수단을 사용하여 평화적인 해결을 모색해야 한다고 하여 국제평화에 위협이 되는 분쟁을 안보리에 회부할 수 있게 하였다. 또한 안보리는 어떤 분쟁이나 사태의 지속이 국제평화와 안전의 유지에 유해하다고 판단되는 경우 이를 조사할 수 있는 권한을 가지며, 유엔 회원국이 아닌 국가도 자신이 당사자인 분쟁을 안보리나 총회에 회부할 수 있다고 하였다(유엔헌장 제34조, 제35조).

안보리는 부탁받은 분쟁의 해결절차와 방법에 관해 적절한 권고를 하며, 특히 법적인 분쟁은 ICJ에 부탁하게 하였다(헌장 제36조). 한편 분쟁당사국이 헌장 제33조에 나와 있는 방법에 따른 해결을 시도하였으나 실패한 경우에도 분쟁을 안보리에 맡기도록 하였다. 안보리는 자기에게 부탁되는 분쟁에 대해 분쟁의 평화적 해결을 위한 권고를 할 수 있다(헌장 제37조, 제38조). 분쟁당사국은 안보리의 분쟁해결 토의에 투표권 없이 참석할 수 있으며, 분쟁당사자인 상임이사국은 거부권을 행사하지 못한다.

3. 총 회

총회는 일반적인 권한을 가지므로 헌장 제10조가 규정하는 바와 같이 "헌장의 범위 내에 있거나 헌장상 기관들의 권한과 기능에 관련된 모든 문제와 사항"을 토의하고 회원국과 안보리에 권고할 수 있다. 그러나 총회의 권한은 안보리와의 관계에서 일정한 제한을 받는다. 안보리가 헌장에 따라 어떤 분쟁이나 사태에 관해 자신에게 주어진 기능을 수행하고 있는 동안 총회는 안보리의 요구가 없이는 그 분쟁에 관해 토의는 할 수 있지만 결의는 할 수 없다(유엔헌장 제12조 1항).

---

63) *Ibid.*, pp.501-503.

또한 헌장 제11조 2항은 '행동'(action)이 필요한 문제에 대해서는 총회에서의 토의 전후에 안보리에 회부해야 한다고 하였는바, 여기서 말하는 행동이란 헌장 7장의 강제조치를 의미하므로 총회는 강제조치를 결정할 수 있는 권한이 없다.[64]

유엔의 출범 이후 그 창시자들의 구상과는 달리 거부권행사로 안보리가 마비되면서 총회의 권한을 강화하는 조치들이 나오게 되었다. 1947년 총회는 결의를 채택하여 1년마다 열리는 정기총회 중간에 각국 대표 1명이 참석하는 중간위원회(또는 소총회)를 개최하기로 하였다. 1950년에는 총회결의로 소위 '평화를 위한 단결'(Uniting for Peace) 결의를 채택하였다. 이 결의는 안보리가 마비되는 경우 총회가 군사적 조치를 포함하는 조치들을 회원국들에게 권고할 수 있는 권한을 총회에 부여하였다.[65] 그러나 이러한 조치들은 실제로는 거의 활용되지 못하였다.

IV. 지역기구

유엔헌장은 국제평화와 안전의 유지 문제에 있어서 지역협정이나 지역기구의 존재와 유용성을 인정하여 지역분쟁 해결에 있어서 지역기구의 역할에 대하여 규정하였으며(헌장 제52조, 제53조), 마닐라 선언 역시 국제분쟁의 지역기구나 지역적 협정에 의한 해결을 중요시하였다. 이와 관련하여 중요한 지역기구로는 아프리카단결기구(Organization of African Unity: OAU)에서 명칭이 바뀐 아프리카연합(African Union: AU), 미주기구(Organization of American States: OAS), 북대서양조약기구(NATO), 유럽공동체(EEC), 유럽안보협력기구(CSCE) 등이 있다.[66]

분쟁의 평화적 해결과 관련하여 지역기구의 주요 기능의 하나는 분쟁당사국 정부에게 제도화된 틀 속에서 외교적 접촉을 가질 수 있는 기회를 제공하는 것이다. 지역기구를 통한 이러한 접촉은 분쟁이 지역기구 회원국 간의 것이고 정상적인 대화가 불가능한 경우에는 매우 유용하게 사용될 수 있다. 지역기구들은 실제

---

64) ICJ는 1962년 '유엔경비사건'에 대한 권고의견에서 헌장 제11조의 '행동'(action)이란 헌장 7장의 강제조치를 의미한다고 하였다; *Certain Expenses of the United Nations, ICJ Reports*, 1962, pp.162-166.

65) 유병화, pp.508-509.

66) Evans, p.549.

로 많은 국제분쟁에서 독자적으로 또는 다른 국제기구나 국가들과 연대하여 평화
적 해결을 위해 노력함으로써 많은 결실을 거두었다.[67]

아프리카단결기구(OAU)는 1963년 설립헌장에서 분쟁의 평화적 해결 원칙을
선언하였다. 역사적으로 아프리카 국가들은 중재나 사법적 해결보다는 OAU 주
도로 설립되는 위원회를 통한 분쟁해결을 선호해 왔는데, 1993년에는 '분쟁의 예
방·관리·해결제도'(Mechanism for Conflict Prevention, Management, and Reso-
lution)가 마련되어 절차의 활용이 보다 용이해졌다.[68]

미주기구(OAS)는 1948년 보고타에서 조인되어 1985년 개정된 헌장에서 회원
국 간의 분쟁은 평화적 해결을 위하여 기구에 부탁되어야 한다는 원칙을 선언하
였으며(OAS헌장 제23조), 1948년 함께 체결된 보고타협정(Pact of Bogota)에서는
주선과 중개에서부터 ICJ에 의한 사법적 해결에 이르는 절차들을 상세히 규정하
였다. 미주기구에서는 보조기관인 '미주국 간 평화적 해결위원회'(Inter- American
Committee on Peaceful Settlement)와 'OAS 상설이사회'(Permanent Council of the
OAS)가 분쟁해결의 중추기능을 담당하고 있다.[69]

유럽안보협력기구(CSCE)는 1975년 채택된 헬싱키 최종의정서에서 회원국들
은 그들 간의 분쟁이 신속하게 형평에 맞는 해결에 도달하도록 성실히 노력해야
한다는 원칙을 선언하였다. 1992년에는 「조정과 중재협약」(Convention on Concil-
iation and Arbitration)을 채택하여 조정위원회와 중재재판소에 의한 분쟁해결을 제
도화하였다. 유럽안보협력기구는 코소보, 마케도니아와 같은 구 유고연방 지역과
그루지야, 몰도바, 타지크스탄, 체첸 등 구소련 지역에 사절단을 파견하여 지역분
쟁의 평화적 해결을 위해 노력하였다.[70]

각종 지역기구들의 활동에도 불구하고 지역기구보다는 유엔에 의한 평화적
분쟁해결 시도가 성공할 가능성이 높다. 분쟁해결에 나설 때 지역기구들은 분쟁
당사국 일방으로부터 편파적이란 인상을 주는 경우가 많은 데 비해, 유엔은 광범

---

67) *Ibid.*; Henkin, pp.786-787. 구 유고에서는 유엔 사무총장과 유럽공동체가 임명한 중개자
들이 함께 노력하였으며, 엘살바도르에서는 미주기구 대표와 유엔 사무총장이, 소말리아
에서는 유엔과 아프리카단결기구, 그리고 아랍연맹이 함께 노력하였다.

68) Shaw, pp.730-731. 아프리카단결기구가 위원회를 설립하여 분쟁해결에 나섰던 사례로는
알제리-모로코 간 국경분쟁과 소말리아-에티오피아 간 분쟁, 서사하라 분쟁이 있다.

69) *Ibid.*, pp.731-732.

70) *Ibid.*, pp.733-734.

위한 지역적 대표성을 갖추고 있어서 공정하다는 믿음을 주기 때문이다. 또한 유엔은 평화유지군(Peace-Keeping Forces)을 비롯한 여러 가지 동원 가능한 수단들을 가지고 있지만, 지역기구들은 그렇지 못하다. 이러한 복합적인 이유로 1992년부터 1993년 사이 유고, 소말리아, 아이티에서 있었던 분쟁들은 효율성에 있어서 지역기구의 한계와 유엔의 우월성을 잘 보여 주었다.[71]

‖ 제4절 ‖ 중　재

Ⅰ. 서　론

중재(arbitration)는 분쟁의 법적인 해결방법 중에서는 가장 오래된 방법이다. 중재는 외교적 해결과는 달리 구속력 있는 결정을 하며, 사법적 해결과는 달리 재판정의 구성과 재판절차 및 준칙을 마련하는 데 있어서 당사국들의 폭넓은 재량이 허용되는 분쟁해결 제도이다. 중재의 가장 특징적인 모습은 분쟁당사국들이 구성하는 재판소가 분쟁해결을 맡고, 주로 국제법이지만 그 준칙도 분쟁당사국들이 합의하여 정하며, 당사국들의 합의에 의하여 중재판정에 구속력이 인정된다는 점이다.[72]

중재에는 이처럼 분쟁당사자들의 의사가 많이 반영되기 때문에 사법적 해결에 비하여 유연하며 절차도 비공개로 진행할 수 있어 분쟁당사국들이 선호해 왔다.[73] 하지만 오늘날에는 국가들이 조약을 통해 미리 합의한 절차에 따라 중재재판을 진행하는 경우도 많다.

---

71) Henkin, pp.786-787.
72) Evans, p.542.
73) Malanczuk, p.293.

II. 연혁과 사례

　　중재재판은 고대 그리스와 중세 이래 분쟁해결에 자주 사용되어 왔으며, 이제까지 부탁되어진 사건의 종류와 건수를 고려하면 가장 효율적인 국제분쟁 해결 수단이었다고 할 수 있다. 근대 이후에도 미국과 영국이 제이(Jay)조약(1794)과 겐트(Ghent)조약(1814)을 체결한 이후 수많은 국제분쟁들이 중재에 의해 해결되었다. 특히 미국과 영국 간 앨라배마(Alabama)호 사건은 중재제도 발전에 크게 기여하였다.[74]

　　1899년 헤이그평화회의에서 채택된 「국제분쟁의 평화적 해결 협약」도 중재에 관한 규정을 상당수 포함하고 있었다. 협약은 중재를 법적인 성격의 문제들 특히 국제협약의 해석과 적용에 있어 가장 효율적이고 형평에 맞는 분쟁해결수단이라고 하였다(협약 제16조). 협약에는 국제중재에 관한 상세한 규정들이 있었으며 '상설중재재판소'(Permanent Court of Arbitration)도 설립되었다. 그러나 이 재판소는 실제로는 상설적인 것이 아니며, 상설적인 중재관 명부로부터 법정을 구성할 수 있을 뿐이다.[75] 제2차 세계대전 이후 국가들은 일반적으로 활용되는 다자간 중재협정을 체결하는 데에 다소 소극적이었으며, 상설중재재판소는 다른 중재재판정의 구성을 도와주는 역할을 맡고 있다.[76]

　　20세기 들어 국제분쟁이 국가 간 중재에 의해 해결되는 건수는 많이 감소하였지만, 분쟁해결 방법으로의 중재의 가치는 널리 인정받고 있다. 1982년 해양법협약은 제15장에 분쟁해결에 관한 규정들을 두고 있는데, 제287조는 당사국이 다른 분쟁해결수단을 선택하지 아니한 경우에는 중재를 수락한 것으로 본다고 하였다. 중재제도는 요즈음에는 사인 간 국제분쟁 해결에 아주 많이 사용되고 있다. 국제상사중재로 불리는 이 제도는 국제거래의 증가에 따라 급증하고 있는 국제상

---

74) Henkin, pp.788-789. 국가 간 중재의 전성기는 미국과 영국이 1794년 제이조약을 체결한 이후 1세기 동안이었다. 제이조약에 따라 1799년부터 1804년 사이에만 500건의 중재판정이 내려졌으며, 1795년부터 1914년 사이에는 200여 개의 국제중재재판이 있었다. Malanczuk, pp.293-294.

75) Henkin, p.789. 상설중재재판소는 설립 이후 그 이용실적이 매우 저조하여 1900년부터 1932년까지 20여 건의 사건이 부탁되었을 뿐이다.

76) Malanczuk, p.294.

사분쟁의 해결에 널리 사용되고 있다. 또한 1965년 체결된 「국가와 외국인 간 투자분쟁해결협약」(Convention on the Settlement of Investment Disputes between States and Nationals of Other States)은 한 국가와 외국인 간의 투자분쟁을 국제규범에 따라 해결하기 위해 체결된 조약으로, '국제투자분쟁해결센터'(International Center for the Settlement of Investment Disputes: ICSID)를 통한 중재가 중요하다.

전통적으로 중재는 그 주제는 법적인 것이고 양국 간 관계에서 장애를 제거하기 위하여 구속력이 있는 해결이 필요한 분쟁의 해결에 사용되어 왔는데, 영토와 경계선에 관한 분쟁이 바로 그런 범주에 속하는 것이다. 중재에 의해 해결된 국제분쟁 중에서 중요하고 영향력이 있는 사례로는 다음과 같은 것들이 있다. 20세기 전반기의 것으로는 티노코사건(1923), 팔마스섬사건(1928), 트레일제련소사건(1938-1941) 등이 있으며, 후반기의 것으로는 이집트와 이스라엘 간 국경선 문제에 관한 타바사건(Taba Case, 1988), 캐나다와 프랑스 간의 해양경계선에 관한 생피엘미클론사건(St. Pierre and Miquelon Case, 1992), 영토주권과 해양경계선 문제에 관한 에리트리아와 예멘 간의 홍해도서사건(Red Sea Islands Case, 1998-1999) 등이 있다.77) 최근 필리핀과 중국 간의 남중국해사건(The South China Sea Arbitration)도 해양법협약에 의하여 중재재판소에 부탁되었다. 유엔해양법협약 제15부의 분쟁해결 규정은 소위 강제분쟁해결절차를 도입한 것인데, 협약 제287조 규정에 따라서 해양법협약 제7부속서에 따른 중재재판 절차에 따라 절차가 진행된 것이다. 필리핀의 사실상의 완승으로 끝난 이 사건에 대한 최종판정은 2016년 7월 12일 내려졌다.78)

Ⅲ. 중재재판의 제기

분쟁 당사자들 간에 의무적 중재재판에 관한 사전합의가 존재하지 않는 한 분쟁을 중재재판에 맡기려면 그에 관한 합의가 필요한데, 이를 부탁합의(compromise)라고 한다. 부탁합의에는 중재재판정 구성방법과 쟁점, 절차가 명시된다.

---

77) Evans, pp.542-543.
78) *The South China Sea Arbitration(The Republic of Philippines v. The People's Republic of China), Award, PCA*, 12 July 2016.

국제법위원회(ILC)가 마련한 중재절차표준규칙(Model Rules on Arbitral Procedure)도 부탁합의는 사건을 중재에 따라 해결한다는 서약, 분쟁의 쟁점, 중재재판정의 구성방법, 중재관 숫자를 명시해야 한다고 하였다. 또한 필요한 경우에는 적용할 법규칙과 원칙, 중재재판정의 권한과 중재절차, 판정이 이루어져야 할 시간적 한계, 언어에 관한 규정을 둔다고 하였다.[79]

　국제중재는 사전에 체결되어 있는 분쟁당사국 간 양자조약과 당사국이 모두 가입해 있는 다자조약에 의해서도 시작될 수 있다. 만일에 국가들이 어떤 조약을 체결하면서 그 조약에서 발생하는 일정한 분쟁을 중재에 의해 해결하기로 합의하였다면, 그러한 분쟁이 발생하는 경우 일방의 제기에 의해 중재절차는 시작된다. 또한 독립된 조약으로 중재조약을 체결하여 일정한 범위의 분쟁을 중재에 부탁하기로 합의한 경우에도 마찬가지이다.

IV. 중재기관의 종류와 구성

1. 혼합위원회

　혼합위원회(mixed commission)란 분쟁당사국이 지명하는 동수의 중재관으로 구성되는 중재기관이다. 이러한 형태의 중재기관은 미국과 영국이 1794년 제이조약과 1814년 겐트조약을 체결하여 양국 간 분쟁을 양국이 지명하는 위원들의 중재에 맡기기로 하였을 때 사용되었다.[80] 혼합위원회에 의한 중재는 외교적인 방법과 법적인 방법의 중간적인 형태라 할 수 있다.

2. 단독중재

　단독중재란 국가 간의 분쟁을 어떤 국가원수나 교황, 법률가와 같은 한 사람

---

79) 중재절차표준규칙 제2조.
80) Merrills, pp.80-81. 1794년 제이조약은 양국의 국적위원(national commissioner)만으로 위원회를 구성하였지만, 1814년 겐트조약에서는 국적위원들 간에 의견이 갈릴 때에는 중립적인 제3자의 판단에 맡기기로 하였다.

의 중재관에게 맡기는 것으로, 중개(mediation)에서처럼 분쟁해결에 중재자의 영향력을 이용할 수 있다는 이점이 있다. 과거의 단독중재는 판정이유가 제시되지 않는 경우가 많았으나, 19세기 말 중재가 법적인 절차로 인식되면서부터 그러한 문제는 해결되었다. 그 후 대부분의 단독중재는 법률가의 조언에 따라 법논리에 따라 이루어지게 되었다. 이탈리아 왕에 의한 클리퍼튼섬 중재는 좋은 예이다.[81]

단독중재에 의한 분쟁해결에 있어서 가장 어려운 점은 적임자를 찾는 일이다. 그러나 1923년 미국 대법원장 태프트(Taft)에 의한 티노코 사건 중재와 1928년 스위스 법률가 후비(Max Huber)에 의한 팔마스섬 사건 중재에서 보듯이 적절한 중재인을 찾은 경우에 단독중재는 매우 훌륭한 성과를 거둘 수도 있다.[82]

3. 합의체적 법정

오늘날 가장 널리 사용되는 중재기관은 홀수인 중재관으로 구성되는 합의체(collegiate body) 형태의 법정이다. 중재기관은 대개 3명 또는 5명으로 구성되며 판정은 표결에 의해 이루어지는데, 이런 형태의 법정은 1871년 앨라배마(Alabama)호 사건에서 처음으로 사용되었다. 합의체적 법정에 의한 중재에 의해 해결된 분쟁으로는 1977년 영불대륙붕사건과 1985년 기니와 기니비소 간 해양경계획정사건이 있다.[83]

합의체적 법정은 당사국 간 교섭에 의해 구성된다. 일반적으로 각 분쟁당사국은 각각 1명 이상인 동수의 중재관을 임명하며 이들이 나머지 중립중재관을 선임한다. 재판정 구성에 있어서의 이러한 특성 때문에 합의체적 법정에 의한 중재에 있어서는 중립중재관들의 역할이 절대적으로 중요해져 중립중재관 선정에 어려움을 겪는 경우가 종종 있었다. 이러한 경우에 대비하여 일부 중재조약들은 유엔 사무총장이나, ICJ 재판소장과 같은 중립적 인물에게 중립중재관의 지명을 부탁하도록 하였다.[84]

---

81) 1986년 프랑스와 뉴질랜드 간 Rainbow Warrior 사건에서는 유엔 사무총장이 단독중재자 역할을 맡았었다.

82) Merrills, pp.81-82.

83) *Ibid.*, pp.82-83.

84) *Ibid.*, pp.83-84. 라누호수(Lake Lanoux) 중재 때 프랑스와 스페인 정부는 중립중재관 선정을 스웨덴 왕에게 부탁하였고, 쿠치(Rann of Kutch) 사건에서는 유엔 사무총장이 그 역

중재재판정 구성과 관련하여 이란-미국청구권법정(Iran-United States Claims Tribunal)은 특이한 모습을 보여 주었다. 이 법정은 9명의 중재관들로 구성되었는데, 미국과 이란이 각각 3명을 지명한 후 이들이 나머지 3명을 선임하도록 하였다. 또한 이들이 나머지 3명을 지명하는 데 합의하지 못하는 경우에는 상설중재재판소(PCA) 사무총장이 지명권을 행사할 사람을 정하도록 하였는바, 결국 네덜란드 대법원장이 지명권을 행사하였다.[85]

V. 중재의 준칙

당사자 간 부탁합의 시 결정해야 할 중요한 사항 중의 하나로 판정 시 법정이 따라야 할 준칙이 있는데, 국제중재의 당사국들은 국제법을 판정의 준칙으로 합의하는 경우가 많다. 명확한 합의가 존재하지 않는 경우에도, 여러 가지 상황을 감안하여 당사국들이 국제법에 따른 판정을 원하고 있다고 판단되는 경우에는 국제법에 따른 중재는 가능하다.

당사국들은 합의에 의해 어떤 특정한 국가의 국내법을 적용해 주도록 요구할 수도 있다. 트레일제련소 사건(Trail Smelter Case)에서 중재재판소는 "국제법과 국제관행은 물론 미국에서 유사한 문제를 다룰 때 적용하였던 법과 관행"을 적용하였다. 이 사건은 국경을 넘는 대기오염에 따른 책임에 관한 것으로, 국제법은 최근에야 이 분야에 관심을 가지기 시작한 관계로 당시에는 이러한 문제에 적용할 국제법 규범이 없었기 때문이다. 국제상사중재에서도 국내법은 자주 판정을 위한 준칙으로 사용된다.[86]

중재재판소는 여러 가지 형평에 맞는(equitable) 고려사항들을 동원하여 법 적용과 해석에 어느 정도 재량을 행사할 수도 있다. 이러한 형평에 따른 해결방식은 철저한 법에 따른 해결이 곤란한 영토와 해양경계획정 문제에 자주 사용되어 왔다. 그동안 국제재판소와 중재재판소들은 그들의 결정이 법에 따른 것이며 결코 형평과 선(*ex aequo et bono*)에 따른 것이 아님을 강조해 왔다. 그러나 만일에

할을 맡았다.

85) Henkin, p.803.

86) Merrills, pp.90-91.

당사국들이 중재관들의 재량을 확대하기를 원한다면 그들은 국제법이나 국내법과 함께 '형평과 선' 또는 '공평하고 합리적인 것'(what is fair and reasonable)에 따른 결정을 요구할 수도 있다.[87]

VI. 중재판정의 효력

중재판정은 구속력을 가지며 대개는 종국적인 것이다. 중재는 구속력 있는 결정을 만들어 내지만 패소한 국가에게 판정에 따라 자신의 의무를 이행하도록 강제할 수 있는 확실한 방법은 없다. 그렇지만 현실적으로 중재에 임하였던 국가가 판정에 불복한 사례는 거의 없다.

당사자들은 중재판정의 해석과 수정·재심을 요구하고 판정 자체를 무효화하기 위한 절차를 밟을 수 있지만, 판정의 해석과 재심을 요청하려면 다른 당사국의 명시적 동의가 있어야 하기 때문에 대부분의 판정은 종국적이 된다. 당사국들이 중재절차를 밟는 목적은 분쟁의 종결에 있기 때문에 중재합의에 재심에 관한 조항이 포함되는 경우는 거의 없다.

그렇지만 판정에 대한 해석은 판정의 수정이 아니라 그 내용을 명확히 하는 것이므로 종종 합의된다. 영불대륙붕사건 중재를 위한 부탁합의에서 영국과 프랑스는 판정의 의미와 범위를 둘러싸고 분쟁이 있게 되면 판정 후 3개월 내에 해석을 요청할 수 있게 하였다. 판정이 있은 후 실제로 판정의 해석을 둘러싸고 양국 간에 심각한 견해차이가 있었기 때문에 이 합의는 큰 의미를 가지게 되었다.[88]

---

87) *Ibid.*, pp.92-93. 그러면 상부사보이 및 젝스자유지역(The Fee Zones of Upper Savoy and the District of Gex)에 대한 중재에 사용된 형평과 선(*ex aequo et bono*)에 따른 중재와 영·불대륙붕사건에서와 같은 법에 따른 중재 간에는 어떤 차이가 있을까? 사법적인 판단은 단순히 법을 기계적으로 적용하는 절차가 아니며 항상 입법적인 요소를 포함한다는 지적에 유념할 필요가 있다. 반대로 중재관에게 명시적으로 폭넓은 법 적용의 자유가 주어진다고 하여도 그는 당사국들의 법적인 권리를 기초로 적용할 법을 찾게 될 것이다. 따라서 '법에 따른 중재'(arbitration according to law)와 '공평과 선에 따른 중재'(arbitration *ex aequo et bono*)는 근본적으로 상이한 것이 아니며 하나의 연장선상에 있는 것이다. 즉, 중재에 법이 적용되는가 하는 것보다는 중재관에게 법이 아닌 다른 근거에 따른 판정을 할 수 있는 재량이 얼마나 주어져 있는가 하는 것이 중요한 것이다.

88) *Ibid.*, pp.95-96.

VII. 결 론

중재는 분쟁당사국들이 합의하여 부탁한 사건을 당사국들이 선정한 재판관들로 구성된 재판정에서 당사국들이 합의한 준칙에 따라 판정하는 것이다. 그러나 판정에는 구속력이 인정되기 때문에 분쟁해결을 원하지만 상설화된 국제재판을 꺼리는 국가들이 비교적 자주 사용하였다. 따라서 국가 간 중재는 팔마스섬사건(1928), 타바사건(1988), 생피엘미클론사건(1992), 홍해도서사건(1998-1999), 라누호수(Lake Lanoux) 사건 등에서 보듯이 영토적 · 준영토적 분쟁의 해결에서 진가를 발휘해 왔다.

오늘날 중재가 국제분쟁 해결에 있어서 매우 중요한 수단인 것은 분명하지만, 중재제도에도 한계는 있다. 첫째는 분쟁의 법적해결 방법으로서 가지는 한계이다. 국가들은 기본적으로 국제분쟁이 제3자의 법적인 판단에 맡겨지는 것을 원하지 않는바, 중재도 법적인 방법의 하나로서 그러한 약점을 피할 수는 없다. 둘째는 집행에 있어서의 한계이다. 중재판정은 분쟁당사국들의 합의에 의하여 구속력이 인정되지만, 남중국해 중재판정에 대한 중국의 태도에서 보듯이 패소한 국가가 판정을 이행하지 않는 경우 이를 강제할 수단이 없다. 국제사법재판소의 경우에는 판결이 이행되지 아니하면 유엔 안전보장이사회가 개입할 수도 있지만, 중재의 경우에는 그러한 장치도 없다.[89]

‖ 제5절 ‖ 국제사법재판소

I. 서 론

중재재판은 당사자의 합의에 의해 재판정을 구성하고 그들이 합의한 규칙과

---

89) Evans, pp.543-544.

절차에 따라 판정이 이루어지는 데 비해, 국제사법재판소(International Court of Justice: ICJ)는 상설적인 것으로 적용할 법과 절차가 미리 정해져 있는 보다 제도화된 국제재판 제도이다.

국제사회 최초의 상설적인 재판소는 1907년 중미 5개국이 설립한 중미사법재판소라고 한다. 그러나 보다 엄격한 의미에서 국제사회 최초의 보편적 사법기관은 상설국제사법재판소(Permanent Court of International Justice: PCIJ)이다. 이 재판소는 그 규정이 1921년 연맹총회에서 채택됨에 따라서 1922년 정식으로 설립되었으니, 이는 세계재판소의 창설을 요구하였던 국제연맹 규약에 따른 것이다.

현재의 국제사법재판소(ICJ)는 1945년 채택된 유엔헌장과 재판소규정(Statute of the Court)에 의해 창설되었다. ICJ는 상설국제사법재판소 헌장을 그대로 계승하였고 판례도 연속성을 가지지만, 유엔헌장 제92조에 의해 유엔 주요기관(principal organ)의 하나가 되었다는 점에서 차이가 있다.[90]

ICJ는 출범 이후 한 동안은 부탁되는 사건수가 많지 않았으나, 1980년대 후반부터 부탁되는 사건수가 크게 증가하고 있다. 이것은 재판소 업무의 세계성을 보여 주는 것으로 재판소규정 당사국이 190개 이상으로 증가한 것도 그 이유 중의 하나이다.[91]

II. 재판소의 구성

1. 재판관

국제사법재판소(ICJ)는 임기 9년인 15명의 재판관들로 구성되며, 동일한 국적의 재판관이 두 명 이상이 되어서는 안 된다. 재판소는 "덕망이 높은 자로서 각국에서 최고법관으로 임명되는 데 필요한 자격을 가진 자 또는 국제법에 정통하다고 인정된 법률가 중에서 국적에 관계없이 선출되는 독립적인 재판관들로 구성

---

90) Shaw, pp.745-746. 유엔헌장 제7조는 유엔의 주요기관으로 총회와 안전보장이사회, 경제사회이사회, 신탁통치이사회, 사무국과 함께 국제사법재판소를 들었다.

91) Robert Y. Jennings, "The United Nations at Fifty: The International Court of Justice after Fifty Years," *AJIL.*, 1995, pp.493-494.

된다"(재판소규정 제2조, 제3조).

　　재판관의 선출은 유엔총회와 안보리에 의하여 이루어진다. 상설중재재판소 (PCA)의 국가별 그룹에 의해 지명된 후보자를 상대로 선거가 이루어지는데, 총회 와 안보리 양쪽에서 절대다수표를 획득한 사람이 재판관이 된다.[92]

　　재판소규정 제9조는 선거 시 재판관들이 갖추어야 할 조건들과 재판관단이 전체적으로 세계의 주요 문명형태와 법체계를 대표할 수 있게 구성되어야 함을 유 의해야 한다고 하였다. 이러한 규정에 따라 유엔회원국들 사이에서는 ICJ 재판관 들의 지리적 분배에 관한 신사협정이 마련되어 지켜지고 있다.[93] ICJ 재판관 중에 항상 안전보장이사회 상임이사국 출신이 1명씩 있는 것은 관행에 따른 것이다.

2. 임시재판관

　　ICJ의 특징의 하나는 임시재판관(ad hoc judge) 또는 국적재판관(national judge) 제도이다. ICJ 규정 제31조는 "각 당사자의 국적재판관은 재판소에 제기된 사건에 출석할 권리를 가진다"(재판소규정 제31조 1항)고 하여 분쟁당사국은 모두 자국출신 재판관을 재판에 참여시킬 수 있게 하였다. 이어서 "재판소가 그 재판관 석에 당사자 중 1국의 국적재판관을 포함시키는 경우에는 다른 어느 당사자도 재 판관으로서 출석할 1인을 선정할 수 있다"(동조 2항)고 하는 동시에 "재판소가 그 재판관석에 당사자의 국적재판관을 포함시키지 아니한 경우에는 각 당사자는 재 판관을 선정할 수 있다"고 하여, 분쟁당사국 중 자국의 국적재판관이 재판관단에 없는 국가는 자국의 국적재판관 또는 임시재판관을 선정하여 소송에 참여시킬 수 있게 하였다. 국적재판관 제도는 특별재판부(Chamber)에 의한 재판에도 적용된다 (동조 4항).

　　임시재판관 제도는 독립적인 재판기관으로서의 ICJ의 성격을 훼손하였다는 비판을 받는다. 그러나 이 제도의 도입은 국제정치의 현실에 비추어 이해되어야 하며, 임시재판관들로 인하여 ICJ의 기능이 크게 방해받는 것은 아니다. 오히려 임시재판관을 임명한 국가의 입장이 ICJ에 보다 잘 전달되게 하는 장점도 있는 것

---

92) 상세한 것은 재판소규정 제4조-제12조를 볼 것.
93) Henkin, p.805. 현재 ICJ 재판관들을 출신지역으로 나누어 보면 서구 4, 동구 2, 아프리카 3, 아시아 3, 라틴아메리카 2, 북미 1로 구성되어 있다.

이다.94)

3. 특별재판부

ICJ에서는 보통 재판관 전원이 참석하는 전원재판부(full court)가 판결을 한다. 그러나 재판소는 특정한 사건이나 특정한 부류의 사건을 다루기 위해 특별재판부(Chamber)를 둘 수 있다. 특별재판부는 당사자들이 동의하는 경우에 헤이그가 아닌 다른 곳에서 재판을 진행할 수 있으며(재판소규정 제28조), 판결은 전원재판부에 의한 판결과 동일한 효력을 갖는다(규정 제27조).

ICJ규정에 의하면 특별재판부에는 세 가지가 있다. 첫째, ICJ는 노동이나 교통·통신 같은 특정한 부류의 사건들을 다루기 위해 3명 이상의 재판관으로 구성되는 특별재판부를 둘 수 있다(규정 제26조 1항). ICJ는 1993년 7명의 재판관들로 구성된 환경분쟁특별재판부(Chamber for Environmental Matters)를 구성하였다.95) 둘째, 재판소는 어떤 특정한 사건의 재판을 위해 당사국들이 동의하는 재판관들로 구성되는 특별재판부를 구성할 수 있다(동조 2항). 이러한 형태의 특별재판부는 미국과 캐나다 간 메인만 해양경계획정 사건(1984), 부르키나파소와 말리 간 국경분쟁사건(1985), 미국과 이태리 간 ELSI사건(1989), 엘살바도르와 온두라스 간 국경분쟁사건(1992)에 활용되었다.96) 셋째, 재판소는 업무의 신속한 처리를 위해 당사자의 요청이 있는 경우에는 5명의 재판관으로 구성되는 간이절차재판부(Chamber of Summary Procedure)를 구성할 수 있다. 그러나 간이절차재판부는 아직 구성된 적이 없다.97)

세 가지 특별재판부 중에서 가장 주목할 것은 특정한 사건을 다루기 위해 구성되는 두 번째 형태의 특별재판부인데, 이러한 재판부의 역할과 구성상의 문제에 대해서는 많은 논란이 있다. 전원재판부에 의한 재판은 자칫 올바른 판단을 위한 진정한 토론의 장이 아닌 말의 경연장으로 변질될 우려가 있는 데 반해, 특별

---

94) Shaw, pp.747-748.
95) *Ibid.*, p.748; Henkin, p.805; Jennings, p.496. 환경분쟁 특별재판부의 구성에도 불구하고 나우루와 호주 간 나우루(Nauru)사건과 헝가리와 슬로바키아 간 사건은 모두 전원재판부에 부탁되었다.
96) Shaw, pp.748-749.
97) *Ibid.*, p.748.

재판부는 집중적인 토론을 거쳐 신속히 결론에 이르게 하는 장점을 갖는다. 그러나 재판부의 구성과 관련해서 몇 가지 문제들이 제기된다. 특히 재판소규정 제26조와 규칙 제17조 규정의 모호함에도 불구하고, 이제까지 당사국들은 특별재판부의 선택과 임시재판관 선정에 직접적으로 관여하였기 때문에 부탁되는 주제에 따라 특정 지역 출신 재판관들을 주축으로 재판부가 구성되는 경향이 있다.[98] 또한 특별재판부의 재판관들은 전원재판부의 재판관들 중에서 선임되기 때문에 특별재판부가 활성화되면 될수록 전원재판부의 업무에 지장이 초래될 것이라는 우려도 있다.[99]

III. 소송당사자(인적 관할)

ICJ에 소송을 제기할 수 있는 자격은 국가에게만 인정된다. 유엔헌장 제93조는 1항에서 모든 유엔 회원국은 당연히 재판소 규정의 당사국이 된다고 하였으며, 2항에서는 유엔 회원국이 아닌 국가는 안보리의 권고에 의하여 총회가 결정하는 조건에 따라 규정의 당사국이 될 수 있다고 하였다.

유엔의 주요기관들은 소송당사자는 될 수 없으나 ICJ에 권고의견을 요청할 수 있다. 유엔헌장 제96조 1항에 의하면 총회와 안보리는 ICJ에 직접 법적 문제에 대한 권고의견을 요청할 수 있다. 이어서 동조 2항은 유엔의 다른 기관들과 전문기구들도 총회의 승인을 얻어 그들의 활동에 관련된 법적 문제에 관한 권고의견을 재판소에 요청할 수 있게 하였다.

---

98) 특별재판부의 활동에 대한 부정적인 견해와 긍정적인 견해에 대해서는 다음을 볼 것. Shigeru Oda, "Further Thoughts on the Chambers Procedure of the International Court of Justice," *AJIL*, vol.82, 1988, pp.556-557; Stephen Schwebel, "*Ad Hoc* Chambers of the International Court of Justice," *AJIL*, vol.81, 1987, pp.831, 850.

99) Jennings, pp.496-497.

IV. 물적 관할

1. 특별협정

ICJ는 임의관할을 원칙으로 한다. 재판소규정 제36조 1항은 "재판소의 관할권은 당사국들이 재판소에 부탁한 모든 사건에 미친다"고 하여, 재판소의 물적 관할에 관하여 임의관할 원칙을 천명하였다. 따라서 ICJ의 관할권은 원칙적으로 당사국들이 합의하여 ICJ에 부탁하는 사건에 미치는데, 이러한 합의를 특별협정(Special Agreement)이라고 한다. 특별협정에는 분쟁을 ICJ에 맡긴다는 분쟁당사국들의 동의와 분쟁대상이 언급되며, 적용할 법이 언급되는 경우도 있다.

2. 확대관할권

임의관할을 원칙으로 하는 국제재판에서 재판소의 관할권이 성립되려면 당사자들의 합의가 있어야 한다. 그러나 PCIJ와 ICJ는 명시적 합의가 없더라도 당사국들의 묵시적인 합의를 추정할 수 있는 경우에는 관할권 성립을 인정해 왔다. 이는 피소국의 사후동의에 의한 관할권 성립이라고 할 수 있으며, 이를 통해 성립되는 재판소의 관할권을 확대관할권(*forum prorogatum*)이라고 한다.

PCIJ 이래 재판소의 실행에 의해 인정되어 온 확대관할권 성립을 위한 피소국의 행위에 어떤 특별한 형식이 필요한 것은 아니다. 피소국이 관할권 문제를 제기함이 없이 어떤 사건의 시비에 관한 변론에 참여한다든가 반소를 제기하는 경우에는 재판소의 관할권에 대한 묵시적 동의가 있었던 것으로 추정하여 재판소는 관할권 성립을 인정하는 것이다.[100]

과거에는 ICJ도 일단 제소가 이루어지면 이를 유엔 사무총장과 회원국에게 통보하고 사건목록에도 이를 기재하였다고 한다. 피소국의 응소거부가 확인되면 이를 삭제하였지만, 제소국의 입장에서는 제소만으로도 자신의 입장을 ICJ를 통

---

100) 정인섭, 「신국제법강의」, 제6판, 박영사, 2016, p.1001. 이런 경우에도 오직 관할권을 부인하기 위하여 출정한 경우에는 확대관할권이 인정되지 않는다.

하여 널리 알릴 수 있으므로 확대관할권 제도의 오용이라는 비판이 있었다. 이에 따라 ICJ는 1978년 규칙을 개정하여 제소만으로는 ICJ의 사건목록에 기재하지 않기로 하였다. 특히 요즘에는 제소 이후 피소국에게 응소여부를 직접 문의하고 있는바 묵시적 동의를 통해 관할권 성립을 인정하는 확대관할권이 인정될 여지는 거의 사라졌다고 할 수 있다.[101]

3. 조약규정

재판소의 재판관할권은 다자조약이나 양자조약의 부탁합의조항(compromissory clause)에 의해서 인정되기도 한다. 이러한 조약은 일정한 분쟁을 ICJ에 맡기기로 하는 것을 주요 내용으로 할 수도 있고 분쟁의 평화적 해결에 관한 일반적인 조약일 수도 있지만, 다른 주제에 관한 조약의 일부로 부탁합의 규정이 포함되는 경우도 있다.

일반조약에 의해 재판소의 관할권이 인정된 사례로는 「헤이그 일반의정서」에 의한 것이 있으며, ICJ가 PCIJ를 계승한 것이기 때문에 1945년 이전의 일반조약(예를 들면 1928년 「중재재판에 관한 일반조약」)에 의해 재판소의 관할권이 인정된 경우도 있다. 양자조약들은 조약의 해석이나 적용에 관련된 분쟁에 대한 의무적 관할을 규정해 놓은 경우가 많다. 예를 들어 우호통상항해조약을 체결하면서 이러한 조항을 삽입하게 되면 특별한 합의 없이도 재판소의 관할권이 인정된다.[102]

일부 조약들은 ICJ에 일종의 상소관할권(appellate jurisdiction)을 부여하고 있다. 1944년 국제민간항공조약은 국제민간항공기구(ICAO) 이사회의 결정에 불복할 경우 재판소에 상소할 수 있도록 하였다. 한편 ICJ는 자신의 권고적 관할권을 활용하여 국제행정재판소의 판결을 심사하기도 한다.[103]

4. 선택조항

선택조항(optional clause)이란 재판소규정 제36조 2항을 말하며, 재판소의 강

---

101) *Ibid.*, pp.1001-1002.
102) Henkin, pp.809-810.
103) *Ibid.*

제관할권을 부분적으로나마 확대하기 위하여 도입된 것이다. 이는 임의관할과 강제관할 원칙 간의 타협으로 등장한 제도라고 할 수 있는 것이다. 선택조항의 수락여부는 각국이 스스로 결정하지만, 일단 수락한 다음에는 이를 수락한 국가 간에 법적인 분쟁이 발생하면 특별협정 없이도 일방당사자의 제소로 ICJ의 관할권이 성립된다. ICJ 규정 제36조 2항은 다음과 같이 규정하였다.

> 재판소규정의 당사국은 다음 사항에 관한 모든 법률적 분쟁에 대하여 재판소의 관할을, 동일한 의무를 수락하는 모든 다른 국가와의 관계에 있어서 당연히 또한 특별한 합의 없이도, 강제적인 것으로 인정한다는 것을 언제든지 선언할 수 있다.
>   가. 조약의 해석
>   나. 국제법상의 문제
>   다. 확인되는 경우, 국제의무의 위반에 해당하는 사실의 존재
>   라. 국제의무의 위반에 대하여 이루어지는 배상의 성질 또는 범위

선택조항을 수락하는 국가는 유엔 사무총장에게 수락선언을 기탁하며, 사무총장은 그 사본을 규정당사국들에게 송부한다.[104]

이제까지 선택조항의 수락상황은 고무적이지 못하였다. 제2차 세계대전 이전에는 59개 PCIJ규정 당사국 중 54개국이 선택조항을 수락한 적도 있으나, 규정 당사국의 증가에도 불구하고 1987년 그 숫자는 46개국으로 감소하였었다. 하지만 최근 이러한 감소세는 진정되었고 완만하나마 다시 증가해 가는 추세에 있다고 한다.[105]

하지만 선택조항을 수락하는 선언의 내용들도 다양하여 일정한 시한을 정하여 수락하는 경우가 있는가 하면, 언제든지 일방적으로 철회할 수 있는 권리를 유보하는 선언도 있다. 또한 매우 다양한 형태의 유보들이 행하여져 선택조항 수락의 의미를 반감시키는 경우도 많다. 유보 중에 가장 흔한 것은 일정한 범주에 속하는 분쟁을 제외시키는 것이며, 상황에 따라 수시로 유보내용을 바꾸는 경우도

---

104) 재판소규정 제36조 4항.

105) Henkin, p.811. 선택조항을 수락한 국가는 2015년 72개국으로 다시 증가하였다. 특히 1990년 폴란드는 동구권 국가로는 최초로 선택조항을 수락하였다. 1984년 니카라과 사건에 대한 판결 이후 미국이 선언을 철회하여 상임이사국 가운데는 영국만이 남게 되었으나 동구권과 아프리카 국가들이 그 공백을 메워 주고 있는 것이다. Jennings, pp.494-495.

종종 있다.106)

특히 ICJ의 관할권을 인정하면서도 자국을 상대로 제기된 소송에 응하고 싶지 아니한 경우 이를 가능하게 하는 수단으로 사용되어 온 '자동적 유보'(automatic reservation)에 대해서는 그 합법성 여부가 논란의 대상이다. '자기판단유보'(self-judging reservation) 또는 '코널리유보'(Conally reservation)라 부르기도 하는 이 유보는 국가가 특정한 사안에 대해 자국의 국내관할권에 속한다고 결정하기만 하면 ICJ의 재판관할권을 부인하는 효과가 발생한다. 이러한 유보는 재판소의 관할권에 관한 분쟁은 재판소의 결정에 따른다는 재판소규정 제36조 6항에 위반되는 것으로 볼 수도 있다. 그러나 ICJ 스스로도 아직 이 문제에 대해 확고한 입장을 밝히지 않고 있어 합법성에 대한 논란은 사라지지 않았다.107)

최근 선택조항을 수락하는 국가가 증가하고는 있지만, 이것이 ICJ에 제소되는 사건의 증가를 가져오는 직접적인 원인은 아니다. 월독(Waldock)의 말대로 선택조항이 근거한 상호성 원칙에도 불구하고, 아직 국가들은 선택조항 밖에 남아 있는 것을 정치적 이득이라 생각하고 있는 것이다.108)

V. 재판의 준칙과 절차

ICJ규정 제38조는 재판소는 재판소에 부탁된 분쟁을 국제법에 따라 재판한다고 하면서 국제법의 여러 가지 법원에 대하여 언급하였다. 즉 ICJ 규정은 조약과 관습법 및 법의 일반원칙을 주요 법원이라고 하였고, 판결과 학설을 법칙결정을 위한 보조수단으로 그리고 형평과 선은 당사자들이 합의하는 경우 적용가능한 법원이라고 하였다. 따라서 ICJ는 조약과 국제관습법 및 법일반원칙을 찾아서 해석하고 적용하여야 한다. 다만, 국제관습법과 법일반원칙의 경우에는 법규칙의 존

---

106) 1994년 캐나다는 기존의 유보를 종료시키고 새로운 유보를 붙였다. 캐나다는 스페인 및 포르투갈과 북서대서양 어로문제로 분쟁을 겪은 후, 북서대서양어업규제수역 안에서의 어로와 관련하여 캐나다가 취한 어족자원 보존조치와 그러한 조치의 이행에 관한 분쟁을 제외시켰다. 더구나 캐나다는 어떠한 유보든지 추가·수정·철회할 권리를 보유한다고 통보하였다. Jennings, p.495.

107) Ray August, *Public International Law*, Prentice Hall, 1995, p.452.

108) Jennings, p.495.

재여부와 내용에 대하여 다툼이 있는 경우가 많이 있으므로, 당사국이 이를 확인하여 제시할 필요가 있다.

ICJ에서의 재판절차와 관련해서는 우선 「재판소 규정」(Statute)이 중요하다. 그러나 규정 제30조는 재판소는 그 임무를 수행하기 위하여 소송절차규칙을 정한다고 하였는바, 재판소는 1946년 「재판소규칙」(Rules of Court)을 정하였고 이 규칙은 1972년과 1978년에 수정되었다.[109]

ICJ에서 쟁송사건은 두 가지 방법으로 시작된다. 하나는 분쟁당사국들이 특별협정을 체결하여 재판소에 제소하는 경우인데, 이때에는 당사국들이 그 사실을 재판소에 통고함으로써 재판절차가 진행된다. 다른 하나는 한 국가가 다른 국가를 상대로 재판절차를 시작하는 신청서를 제출하는 경우인데, 이때에는 재판소 사무국이 그 사실을 관련 국가들에게 통보함으로써 절차를 시작한다. 그런데 ICJ가 재판관할권을 행사하여 해결한 사건들을 분석해 보면, 전자 즉 당사국들이 특별협정에 의하여 재판절차가 시작된 경우가 다수를 차지하고 있다.[110]

분쟁당사국 일방의 제소로 본안절차에 들어가기 이전에 피제소국은 재판소의 관할권(jurisdiction)이나 수리가능성(admissibility) 등의 문제를 제기할 수 있다. 이를 선결적 항변(preliminary objection)이라고 하는데, 선결적 항변이 인용되면 재판절차는 더 이상 진행될 수 없게 된다.

재판소규정 제43조 1항이 규정하고 있는 바와 같이 소송절차는 서면소송절차와 구두소송절차의 두 부분으로 구성된다. ICJ에서의 소송절차는 서면변론을 중시하는 대륙법계 제도와 심리를 중시하는 영미법제도가 혼합되어 있는 것이다. 재판소 규정에 따르면 "서면소송절차는 준비서면·답변서 및 필요한 경우 항변서와 원용할 수 있는 모든 문서 및 서류를 재판소와 당사자에게 송부하는 것으로 이루어진다"고 하였는데(재판소규정 제43조 2항), 당사국들의 서면변론은 제소국의 준비서

---

109) Evans, p.565.

110) 당사국들이 분쟁을 ICJ에서 해결하기를 원하는 경우, 특별협정을 체결하게 되면 그 교섭과정에서 쟁점이 분명히 밝혀지고 재판소의 관할권에 관한 분쟁가능성이 줄어드는 장점이 있다. 따라서 일방 당사국에 의한 제소가 가능한 경우에도 국가들은 특별협정에 따른 제소를 추구하는 경우가 많다고 한다. 또한 피츠모리스(Fitzmaurice)는 당사국들이 특별협정을 체결하여 제소하면 일방은 원고같이 되고 타방은 피고같이 되는 것을 피할 수 있는 장점도 있다고 하였다. Merrils, "The International Court of Justice and Adjudication of Territorial and Boundary Disputes," *Leiden Journal of International Law*, vol 13, 2000, pp.876-877.

면(Memorial), 피제소국의 답변서(Counter Memorial), 제소국의 항변서(Reply), 피제소국의 재항변서(Rejoinder)에 의하여 이루어진다. 당사국들이 제출한 서면변론서는 보통 구두절차의 개시 시점에 맞추어 공개된다.111)

ICJ 규정 제62조는 그 1항에서 "사건의 결정에 따라 어떤 영향을 받을 수 있는 법적인 성격의 이익을 가지고 있는 국가는 재판소에 소송참가를 허락해 주도록 요청할 수 있다"고 하여 소송에 대한 제3국의 소송참가(intervention)를 규정하였다. 규정에 의하면 소송참가는 국가들이 가지는 일종의 권리로 인정되므로, 논리적으로 재판소의 허락(permission)을 받아야 하는 것은 아닌 것으로 판단된다. 그러나 당해 규정이 정한 조건이 충족되었는지 여부를 결정하는 권한은 재판소에 있는바, 제3국의 소송참가 문제가 이따금 제기되었다.

심리는 재판소장 또는 재판소장이 주재할 수 없는 경우에는 재판소부소장이 지휘하며(재판소규정 제45조), 서면절차 때와 마찬가지로 제소국이 먼저 발표하고 피제소국이 이어서 발표하는 순서로 진행된다. 그러나 사건이 양국이 합의한 특별협정에 따라 제소된 경우에는, 당사국이 제소국와 피제소국으로 분명하게 나뉘는 것은 아니므로, 발표순서는 재판소가 당사국들의 입장을 고려하여 결정한다. 심리절차는 보통 며칠이 소요되며 때로는 수 주일이 걸리기도 한다. 재판소 규정에 의하면 재판소에서의 심리는 공개하는 것이 원칙이지만, 재판소가 달리 결정하거나 당사자들이 비공개를 요구하는 경우에는 공개하지 않을 수도 있다(규정 제46조).112)

ICJ는 판결을 포함한 모든 문제를 출석한 재판관 과반수의 찬성으로 결정한다. 가부동수인 경우에는 재판소장이 결정투표권(casting vote)을 행사한다(규정 제55조). 판결문에는 판결이유가 명시되어야 한다(규정 제56조).113) 판결이 전부 또는 부분적으로 재판관 전원일치의 의견을 나타내지 아니한 때에는 재판관들은 판결문에 그들의 개인의견(individual opinion)을 붙일 수 있다(규정 제57조). 이러한 의견들은 판결문이 발표되거나 채택되기 이전에 완료되어 서면으로 제출되어야

---

111) Evans, p.566.

112) Ibid.

113) 판결문에는 재판에 참여한 재판관의 명단과 당사국 이름, 당사국 소송대리인(agent)·법률고문(counsel)·변호인(advocate)의 성명, 재판의 진행과정, 분쟁사실과 적용법규, 당사국들의 주장내용 등을 담고 있는 판결이유, 판결문이 낭독되거나 채택된 날짜, 여러 언어로 되어 있는 판결문 중 우월한 것, 재판소장과 서기의 서명이 들어 있다.

하며, 재판정에서는 낭독되지 않는다. 이러한 의견 중에서 판결 자체에 반대하는 재판관의 의견은 반대의견(dissenting opinion), 판결 자체에는 동의하지만 판결이유에 대해 전체적 또는 부분적으로 반대하는 재판관의 의견은 개별의견(separate opinion)이라고 한다.114)

VI. 판결의 효력과 집행

ICJ 규정은 "재판소의 결정은 당사자 사이와 그 특정사건에 관하여서만 구속력을 가진다"고 하였다(재판소규정 제59조). 재판소의 판결은 기판력 상대성의 원칙에 따라 당사자 사이에서 당해 사건에 대해서만 구속력(binding force)이 있다. 국제법에서는 선례구속의 원칙이 인정되지 않으므로 판결의 효력은 당해 사건에만 미친다는 의미이다. 그러나 실제로 재판소는 판결에서 매우 자주 자신과 상설국제사법재판소(PCIJ)의 선례들을 인용하고 있다.

재판소의 판결은 최종적(final)이며 상소할 수 없다. 그러나 판결의 의미와 범위에 대해 분쟁이 있어 일방 당사국이 해석을 요구하면 재판소는 이를 해석한다(규정 제60조). 또한 분쟁당사국은 판결시 알려지지 않았던 사실로서 판결에 결정적인 요소가 될 사실이 발견된 경우에는 재심(revision of judgement)을 요청할 수 있다. 재심은 새로운 사실의 발견 이후 6개월 이내, 판결일로부터 10년 이내에 청구되어야 한다(규정 제61조).

분권화되어 있는 국제사회의 현실을 감안할 때, ICJ의 판결이 제대로 집행되지 못하는 경우를 예상할 수 있다.115) 재판소 판결의 효율적인 집행을 위하여 유엔은 헌장에 관련 규정을 두었다. 유엔헌장 제94조는 다음과 같이 규정하였다.

1. 국제연합의 각 회원국은 자국이 당사자가 되는 어떤 사건에 있어서도 국제사법재판소의 결정에 따를 것을 약속한다.
2. 사건의 당사자가 재판소가 내린 판결에 따라 자국이 부담하는 의무를 이행하지 아니

---

114) Evans, p.567.
115) ICJ 판결을 제대로 이행하지 아니한 국가로는 코르푸해협 사건의 알바니아, 어업관할권 사건의 아이슬란드, 테헤란인질 사건의 이란을 들 수 있다. Shaw, p.766.

하는 경우에는 타방의 당사자는 안전보장이사회에 제소할 수 있다. 안전보장이사회는 필요하다고 인정하는 경우 판결을 집행하기 위하여 권고하거나 취하여야 할 조치를 결정할 수 있다.

1항에서는 모든 유엔 회원국은 자신이 관련된 분쟁에 대한 ICJ의 판결을 따르기로 약속한다고 하였다. 2항에서는 만일 어떤 국가가 재판소가 판결을 통해 자신에게 부과한 의무를 이행하지 않는 경우에 다른 국가는 이를 안보리에 제소할 수 있고, 안보리는 판결의 집행을 위하여 권고를 하거나 필요한 조치를 취할 수 있다는 것이다. 여기서 말하는 조치에는 강제조치도 포함되는 것으로 본다.

VII. 권고의견

1. 의 미

국제사법재판소(ICJ)는 국가 간의 분쟁에 대한 재판을 담당하는 동시에 유엔의 주요기관과 전문기구들의 요청에 따라 법률적인 자문을 하기도 한다. 유엔과 산하기구들의 요청에 따라 재판소가 제시하는 법적인 의견을 권고의견(advisory opinion)이라고 하는 것이다.

권고의견은 어디까지나 권고적인 것이며 결정적인 것이 아니다. 권고의견은 국제법 원칙과 규칙에 대한 재판소의 견해를 밝히는 것일 뿐 국가에게 의무를 지우는 것이 아니며, 권고의견을 요청한 기구에게조차 어떤 조치를 요구하지 않는다.[116]

2. 청구주체

ICJ에 재판을 청구할 수 있는 주체는 국가뿐이지만, 권고의견을 요청할 수 있는 것은 유엔의 주요기관과 전문기구들이다. 유엔헌장 제96조는 다음과 같이 규

---

116) Evans, pp.582-583.

정하였다.

> 1. 총회 또는 안전보장이사회는 어떠한 법적 문제에 관하여도 권고적 의견을 줄 것을
>   국제사법재판소에 요청할 수 있다.
> 2. 총회에 의하여 그러한 권한이 부여될 수 있는 국제연합의 다른 기관 및 전문기구도
>   언제든지 그 활동범위 안에서 발생하는 법적 문제에 관하여 재판소의 권고적 의견을
>   요청할 수 있다.

유엔총회와 안전보장이사회는 자신들의 독자적인 판단에 따라 ICJ에 권고의
견을 요청할 수 있으며, 유엔 다른 기관들과 전문기구들은 총회의 허락을 받아 권
고의견을 요청할 수 있다. 그러나 국가나 개인·법인 같은 다른 주체들은 권고의
견을 요청할 수 없다.

한편 2항에 의하면 "총회에 의하여 그러한 권한이 부여될 수 있는 유엔의 다
른 기관 및 전문기구도 그 활동범위 안에서 발생하는 법적 문제에 관하여 재판소
의 권고적 의견을 요청할 수 있다"고 되어 있는데, 실제로 그러한 권한이 부여된
곳은 경제사회이사회와 전문기구들이다. 그런데 전문기구 중에서 세계보건기구
(WHO)는 총회로부터 권고의견을 요청할 수 있는 권한을 포괄적으로 부여받아
ICJ에 한 국가에 의한 핵무기의 사용이 국제법상의 의무에 대한 위반인가 하는 것
을 문의하였었다. 재판소는 이에 대해 '전문성의 원칙'(principle of speciality)에 비
추어 볼 때 WHO는 그러한 문제를 다룰 수 없다고 하였는바, 이는 전문기구들이
재판소에 문의할 수 있는 문제가 받게 되는 제약을 보여 주었다.[117]

3. 효 력

권고의견은 법적인 구속력이 없다. 따라서 권고의견을 요청한 기관이라 할지
라도 ICJ의 의견을 따라야 할 의무는 없으며, 국가 역시 권고의견에 구속되지 않
는다. 그러나 권고의견은 세계적인 국제법 권위자들이 제시하는 의견인 만큼 그
권위까지 부인할 수는 없을 것이다.

---

117) *Ibid.*, p.583; *Legality of the Use by a State of Nuclear Weapons in Armed Conflict,
Advisory Opinion, ICJ Reports*, 1996, p.66.

권고의견은 구속력이 없지만 과거에 일부 조약들은 당해 조약의 해석과 적용에 관한 일정한 문제를 재판소의 권고의견에 부탁하기로 하면서 권고의견에 법적인 구속력을 부여하기로 미리 합의해 두는 경우가 있었다. 그것은 국제기구는 ICJ의 쟁송절차에서 당사자가 될 수 없기 때문인데, 국제기구와 국제기구 간의 그리고 유엔 등 국제기구와 국가 간의 조약에서 그러한 합의는 비교적 자주 이루어졌다. 예를 들면 1946년「유엔의 특권면제협약」에 앞으로 일정한 분쟁이 발생하는 경우에는 총회가 관련 문제에 관하여 재판소에 권고의견을 요청하기로 하는 규정을 두고, 당해 국가와 국제기구가 미리 재판소의 의견을 구속력이 있는 것으로 받아들이기로 합의해 두는 것이다. 그러한 합의가 있는 경우에도 권고의견의 권고적 성격 자체에 변화가 있는 것은 아니지만, 그러한 종류의 합의는 가능하다는 것이 국제사회의 입장이다.118)

4. 실제와 평가

1993년까지 ICJ는 모두 22개의 권고의견을 제시하였다. 그중 12개는 총회의 요청에 의한 것이고, 안보리·경제사회이사회·3개의 전문기구(UNESCO, WHO, IMCO)들이 각각 하나씩 요청하였다. 나머지 5개의 권고의견은 '유엔행정법원판결재심청구위원회'(U.N. Committee on Applications for Review of Administrative Tribunal Judgements)의 요청에 의한 것이다. 이 위원회는 ICJ에 유엔행정법원(U.N. Administrative Tribunal)의 결정에 대한 재심을 요청하는 문제를 다루기 위하여 1955년 설립되었다.119)

ICJ는 배상사건(Reparation Case)과 서사하라사건(Western Sahara Case) 등 일련의 사건들에 대한 권고의견을 통하여 국제법 발전에 크게 이바지해 왔다. 그러나 ICJ가 내린 권고의견이 결코 많은 것은 아니다. 요즈음 유엔과 그 산하기구들은 자체 법률고문들을 충원하기 때문에 특별한 경우를 제외하고는 ICJ에 의견을 청구할 필요가 없어졌기 때문이라고 한다.120)

---

118) *Ibid.*(Evans), p.583; Henkin, p.856.
119) *Ibid.*(Henkin).
120) Jennings, p.503.

제9장

해 양 법

‖ 제1절 ‖ 해양법 일반

I. 해양법이란 무엇인가?

"해양법은 국가만큼이나 오래되었고, 근대 해양법은 근대 국제법만큼 오래되었다"고 말한 학자가 있는데 그 말은 사실이다.[1] 실제로 해양법의 역사는 국제법의 역사만큼 오래되었으며 근대적인 의미에 있어서의 국가의 역사만큼이나 오래되었기 때문이다.

그러면 해양법은 무엇을 규율하고자 하는가? 그 대상은 당연히 지구표면의 70% 이상을 차지하고 있는 바다이다. 해양은 오래전부터 수산물의 공급원이었으며 국가와 국가를 연결하는 주요 교통로이었다. 바다에는 어족자원은 물론이고 석유나 가스와 같은 광물자원이 풍부하여 바다는 "자원의 보고"라 일컬어져 왔으며, 바다의 국제적인 수송로로서의 역할은 육상 및 항공 교통수단이 발달된 오늘날에도 위축되지 않고 있다. 이러한 중요성으로 인하여 "바다를 지배하는 자가 세

---

1) Henkin, *How Nations Behave*, 2nd ed., 1979, p.212.

계를 지배한다"는 말도 나오게 되었지만, 바다는 종종 국제분쟁의 대상이 되기도
하였다.

　　국제법의 한 분야인 '해양법'(law of the sea)은 해양에 관련된 국가들의 권리
와 의무 관계를 다룬다. 해양법에는 연안국의 관할권이 미치는 수역에 대한 연안
국과 제3국의 권리와 의무에 관한 법규칙과 국가관할권 너머 수역에 적용되는 법
규칙들이 모두 포함된다.[2]

　　1982년 제3차 유엔해양법회의에서 채택된 해양법협약은 매우 복잡하고 방대
한 조약으로 해양에 관한 거의 모든 문제를 규율하고 있어 '해양의 헌법'이라 일컬
어진다. 따라서 해양법협약만 잘 이해해도 오늘날의 국제해양질서를 어느 정도는
파악할 수 있지만, 그 규정들이 국제해양질서에서 가지는 의미를 보다 정확히 알
아보려면 그 역사적 배경과 현실적인 함의를 보다 정확히 살펴보아야 한다.[3]

II. 해양법의 역사

1. 20세기 중반까지

　　중세에 해양은 '만인의 만인에 대한 투쟁'(*bellum omnium contra omnes*) 상태
에 있었으며, 실제로 14세기에 이르기까지 대부분의 바다는 해적들의 지배하에
있었다. 통상과 항해는 불안정한 국제관계로 인하여 항상 중단의 위험에 직면해
있었고, 안정적인 해양질서 수립은 요원한 꿈이었다.[4]

　　근대에 들어서면서 시작된 해양법의 역사는 서로 상반되면서도 보완적인 관
계에 있는 두 개의 원칙, 즉 영토주권에 근거한 폐쇄해론과 공해의 자유를 중심으
로 하는 자유해론 간의 대립이란 측면에서 접근하면 쉽게 이해할 수 있다. 콜럼버

---

2) 해사법(maritime law 또는 admiralty law)은 사람과 화물의 운송에 관한 사적 주체 간의 관
　계를 주로 규율하는 것으로 해양법과는 다르다. 해사법에서는 해상안전과 해양오염 방지
　를 위해 국제해사기구(IMO)가 후원하여 체결되는 조약과 지침들이 중요하다. *Third Re-
　statement of the Foreign Relations Law of the United States* (이하에서는 *Restatement*),
　vol.2, 1986, p.3.

3) E. D. Brown, *The International Law of the Sea*, vol.1, Dartmouth, 1994, p.5.

4) *Ibid.*, p.6.

스(Columbus)는 일찍이 "18세기 말까지 유럽 주변에는 각국의 관할권 주장으로부터 자유로운 바다는 없었다"고 하였다. 이는 근대 이후 상당한 기간 동안 유럽에 해양의 자유를 지지하는 국가가 거의 없었음을 의미하는 것이다. 그러나 자유해론과 폐쇄해론은 시대에 따라 상대적으로 강해지기도 하고 약해지기도 하였으니, 이러한 과정에서 강대국들이 중요한 역할을 하였다.[5]

자유해론과 폐쇄해론 간의 갈등이 명료하게 나타난 것은 그로티우스(Grotius)의 「해양자유론」(*Mare Liberum*, 1609)이 출간된 이후이다. 그는 해양의 자유를 주장함에 있어 그의 고객인 네덜란드 동인도회사의 이익을 중요시하였으니, 스페인과 포르투갈의 제해권에 대한 네덜란드의 도전을 이론적으로 정당화한 것이다. 셀덴(Selden) 역시 당시 영국의 경제적·정치적 이익을 고려하여 폐쇄해론을 주장하였다. 그는 동인도 진출을 시도하던 엘리자베스 여왕으로부터 왕위를 이어받아 네덜란드의 이익축소에 관심을 가지고 있었던 제임스 왕을 위하여 폐쇄해론을 주장하였던 것이다.[6]

영국은 자국의 이익에 따라 폐쇄해론과 자유해론 사이를 오갔으나, 19세기 초부터는 최대의 해양강대국으로서 해양자유의 강력한 옹호자가 되었다. 20세기에는 미국과 구소련이 전통적인 영국의 해양정책을 계승하여 해양의 자유에 근거한 해양질서의 수호자가 되었다.[7]

2. 제3차 유엔해양법회의까지

18세기 초부터 제2차 세계대전 이후 탈식민화가 본격화되기 이전까지 해양의 자유는 국제법의 근본원칙으로 굳건히 자리를 잡고 있었다. 국가에 따라 약간의 차이가 있지만 영해는 최대한 12해리[8]를 초과할 수는 없다는 데 대해 이견이 없었으며, 공해의 자유 중에서 가장 중요한 부분인 어업과 항해의 자유에 대한 도전도 별로 없었다.[9]

---

5) *Ibid.*, pp.6-7; C. J. Columbus, *The International Law of the Sea*, 6th ed., 1967, p.48.

6) *Ibid*(Brown)., p.7.

7) *Ibid.*, pp.7-8.

8) 해양법에서 사용하는 해리(nautical mile)는 1해리가 1,852미터에 해당한다. 이것은 1929년 국제수로국(International Hydrographic Bureau)에서 정한 것이다. 참고로 1마일은 1609.3 미터이다.

제2차 세계대전 이후 1960년대까지 90개 이상의 신생국들이 국제정치 무대에 등장하면서 기존의 해양질서에 대한 재평가가 이루어지게 되었다. 이들은 자신들의 이익에 비추어 기존의 국제해양질서를 평가하였으며, 국제회의에서는 굳건히 단결하여 막강한 협상력을 과시하였다.

전후 해양법의 역사는 두 개의 시기로 나눌 수 있다. 1945년부터 1960년까지의 첫 번째 시기에는 성문화를 통해 관련 국제관습법규칙이 명확해지고, 과학기술 발전에 부응하여 해양법에 많은 발전이 있었다. 1958년 제네바에서 개최된 제1차 유엔해양법회의(UNCLOS I)에서는 「영해 및 접속수역에 관한 협약」(The Convention on the Territorial Sea and the Contiguous Zone, 영해협약), 「공해에 관한 협약」(The Convention on the High Seas, 공해협약), 「공해상 어업 및 생물자원보존 협약」(The Convention on Fishing and Conservation of the Living Resources of the High Seas), 「대륙붕에 관한 협약」(The Convention on the Continental Shelf, 대륙붕협약) 등 4개의 협약을 채택하였다. 영해협약과 공해협약은 주로 기존의 국제관습법 규칙을 성문화한 것이었다. 반면에 공해어업 및 생물자원보존협약은 어업기술의 발달로 인하여 제기되었던 해양생물자원 남획에 대한 우려를 반영하였으며, 대륙붕협약은 해저석유 탐사·개발기술의 발달에 따른 요구를 반영하였다. 특히 대륙붕협약은 1945년 트루먼선언 이후 단기간에 이루어진 법발전을 수용한 것으로 연안국 해양관할권의 급속한 팽창을 가져오는 계기가 되었다.[10]

1960년 제네바에서 개최된 제2차 유엔해양법회의의 가장 중요한 임무는 영해의 너비를 확정짓는 것이었다. 이 회의에서는 영해의 너비와 관련하여 3해리 주장과 12해리 주장 사이에 팽팽한 의견대립이 있었다. 미국은 타협안으로 6해리 영해에 6해리 접속수역을 인정하는 소위 '6 더하기 6 방식'(six plus six formula)을 제안하였으나, 한 표 차이로 부결되어 회의는 별다른 성과 없이 막을 내리게 되었다.

3. 제3차 유엔해양법회의와 유엔해양법협약

전후 해양법의 역사에서 두 번째 시기인 1960년대 이후에는 해양과학기술의

---

9) Brown., p.8.
10) *Ibid.*, pp.8-9. 1958년 제1차 유엔해양법회의에서 체결된 4개 협약의 당사국은 영해협약 46, 공해협약 57, 공해어업 및 생물자원보존협약은 36, 대륙붕협약 54개국이었다.

발달로 기존의 해양질서에 근본적인 변화가 있었다. 원양어업기술의 발달로 연안 국들의 어업이 위협을 받게 됨에 따라 배타적 경제수역(Exclusive Economic Zone: EEZ)이 등장하였으며, 심해저 다금속단괴의 상업적·기술적 개발가능성은 공해의 해저에 새로운 제도의 도입을 요구하게 되었다. 특히 몰타 출신의 빠르도(Arvid Pardo)는 1967년 유엔총회 연설에서 심해저와 그 자원을 '인류의 공동유산'(Common Heritage of Mankind)으로 하자는 제안을 하였는데, 이는 1973년 시작된 제3차 유엔해양법회의(UNCLOSIII)의 직접적인 계기가 되었다.[11]

제3차 유엔해양법회의에는 150개 이상의 국가들이 참가하였고 의제도 매우 다양하였다. 더구나 회의는 총의(consensus)에 의한 협약 채택을 목표로 삼았기 때문에 협상타결에 상당한 어려움이 있었다.[12] 그러나 회의는 1982년 4월 30일 실시된 표결 결과 압도적 다수의 찬성으로 「유엔해양법협약」(United Nations Convention on the Law of the Sea)을 채택하는 데 성공하였다.[13]

해양법협약은 320개 조문과 9개의 부속서로 구성되어 있으며 경계획정, 환경 보호, 해양과학조사, 경제적·상업적 활동, 기술이전, 분쟁해결 등 해양에 관한 거의 모든 문제를 다루고 있다. 특히 해양법협약은 영해를 12해리로 확장하였고, 국제해협에 통과통항제도를 도입하였으며, 군도수역과 경제수역을 새로이 성문화하고, 대륙붕을 확장하였으며, 심해저와 그 자원을 인류의 공동유산으로 하였고, 국가들의 해양환경보호 의무와 책임을 규정하였으며, 국제해양법재판소를 설립하는 등 분쟁해결제도를 정비하였다.

해양법협약 제308조 1항에 의하면 협약은 60번째 비준서나 가입서가 기탁된

---

11) R. R. Churchill, and A. V. Lowe, *The Law of the Sea*, Manchester University Press, 1999, p.15. 전후 국제정치 무대에 등장한 신생국들은 해양자유론에 기초한 기존의 해양질서의 개편을 주장하였으며, 그들의 국제사회에서의 수적인 우위는 그들의 주장을 관철시키는 원동력이 되었다. 어업수역과 경제수역은 개발도상국들에 의해 국제법제도가 되었으며, 심해저자원을 인류의 공동유산으로 하자는 그들의 주장은 제3차 해양법회의가 개최되는 직접적인 계기가 되었다.

12) Robert L. Freidheim, *Negotiating the New Ocean Regime*, University of South Carolina Press, 1993, pp.3-5.

13) 제3차 유엔해양법회의는 1980년 협약초안을 채택하였다. 1981년 심해저 광물자원개발에 관한 미국의 수정안이 거부된 이후 회의는 컨센서스에 의한 협약문 채택을 포기하고 1982년 4월 30일 협약안을 표결에 부쳐서 찬성 130, 반대 4, 기권 17로 통과시켰다. 반대한 4개국은 미국·이스라엘·터키·베네수엘라였고, 유럽 선진국들이 대거 기권하였다.

날로부터 12개월 후 효력발생에 들어가도록 되어 있다. 심해저 개발 관련 규정에 불만을 가지고 있던 대부분의 서방국가들은 한때 협약에 대한 서명·비준을 거부하였기 때문에 해양법협약의 장래에 대해 비관적인 전망도 있었다. 그러나 우여곡절 끝에 60번째 비준서가 유엔에 기탁된 12개월 후인 1994년 11월 16일 협약은 효력발생에 들어갔으며, 서구 선진국 중에도 협약에 가입하는 국가가 서서히 증가하였다.[14] 2017년 2월 현재 협약을 비준하였거나 협약에 가입한 국가는 총 168개국이며, 우리나라는 1996년 1월 29일 가입하여 84번째로 당사국이 되었다.

해양법협약은 제309조에서 "이 협약의 다른 조항에 의하여 명시적으로 허용되지 아니하는 한 이 협약에 대한 유보나 예외는 허용되지 않는다"고 하여 유보를 전면적으로 금지하였다.[15] 아울러 해양법협약 제311조는 협약 당사국 간에는 해양법협약이 1958년 제네바에서 채택된 협약에 우선한다고 규정하여, 해양법협약에 의한 세계 해양질서 재편의지를 분명히 하였다.

해양법협약의 채택과 발효 이후에도 미국 등 선진국들은 여전히 해양법협약에 대하여 반대하면서 가입을 거부하였으나, 그들이 반대한 것은 협약 전체가 아니라 심해저개발에 관한 규칙과 절차를 담고 있는 협약 제11부이었다. 심해저 광물생산한도를 정하고 기술이전을 의무화하는 등 시장원칙에 반하는 규정들이 들어 있다는 것이 반대이유이었다.[16] 심해저개발과 관련하여 선진국들이 제기해 온 문제점들을 해결하기 위하여 유엔 사무총장은 일련의 비공식협의를 진행하였고, 그 결과 1994년 7월 「1982년 유엔해양법협약 제11부의 이행에 관한 협정」(Agreement Relating to the Implementation of Part XI of the United Nations Convention on the Law of the Sea of 10 December 1982)이 채택되었다. 1996년 7월 28일 효력발생에 들어간 이 협정은 해양법협약의 심해저 개발제도에 관한 미국 등 선진국들의 불만을 수용하기 위하여 마련된 것으로, 해양법협약의 일부 조항들을 개정하는 효과를 갖게 되었다.

---

14) 해양법협약이 효력발생에 들어갈 때 협약을 비준한 서구국가로는 아이슬란드밖에 없었다. 그러나 이듬해인 1995년 13개 국가가 추가로 가입하는 등 서구국가들의 참가가 점차 활기를 띠었다. Malanczuk, p.174.

15) 하지만 협약 제310조에 의해 어떤 국가가 자국의 국내법령을 협약 규정과 조화시킬 목적으로 선언이나 성명을 행하는 것은 금지되지 않는다.

16) Louis B. Sohn and John E. Noyes, *Cases and Materials on the Law of the Sea*, Transnational Publishers, 2004, p.14.

한편 1995년 8월 4일 유엔은 「경계왕래성어류와 고도회유성어류의 보존관리에 관한 유엔해양법협약 관련 조항의 이행협정」(Agreement for the Implementation of the United Nations Convention on the Law of the Sea Relating to the Conservation and Management of Straddling Fish Stocks and Highly Migratory Fish Stocks)을 채택하였다. 경계왕래성어류와 고도회유성어류의 보존과 지속적 사용을 위해 체결된 이 협정은 2001년 12월 11일 효력발생에 들어갔으며, 전통국제법 원칙인 공해어업의 자유에 상당한 변화를 가져올 것으로 전망되고 있다.[17]

Ⅲ. 해양법의 구조변화와 구분

해양법은 그로티우스(Grotius)의 '자유해양'과 셀덴(Selden)의 '폐쇄해양' 논쟁에서 보듯이, 해양공간을 가능한 자유롭게 유지하자는 입장과 국가의 해양에 대한 관할권을 폭넓게 인정하자는 주장 사이에서 움직여 왔다. 그러나 그로티우스의 해양자유론이 승리한 이래 상당기간 해양을 지배해 온 전통적 패러다임에 의하면 해양자원은 모두에게 속하지만(*res communis*) 실제로는 아무에게도 속하지 않는 무주물(*res nullius*)과 같은 것이었다. 그것은 결국 국제공동체의 구성원은 누구든지 해양을 사용할 수 있으며, 그 어떤 국가나 국제기구도 해양자원에 대해 배타적 권한을 주장하지 못한다는 의미이었다.

하지만 이제 해양은 모든 사람들의 자유로운 사용에 개방될 만큼 넓고 무진장한 자원을 가지고 있지 못하다. 급속한 과학기술의 발달은 '해양의 자유'(freedom of seas)를 '파괴의 자유'(freedom to destroy)로 변질시켰다.[18] 그 결과 해양환경의 보호가 해양법 최대의 숙제로 등장하여 국제해양법도 새로운 패러다임을 준비하게 되었다.

오늘날 해양법은 공간과 함께 기능을 중요시하는 방향으로 발달해 가고 있다고 한다. 과거에는 영해·대륙붕·공해와 같은 해양공간에 대한 국가의 권리와

---

17) 2010년 1월 현재 이 협정에는 77개국이 가입하였으며, 우리나라는 2008년 2월 1일 가입하였다.

18) Robert L. Friedheim, "The Political, Economic, and Legal Ocean," in Robert L. Friedheim(ed.), *Managing Ocean Resources: A Primer*, Westview Press, 1979, pp. 26-32.

의무가 해양법의 주요 관심사였으나, 오늘날에는 항해·자원개발·해양오염방지와 같은 해양의 특수한 기능들이 관심을 끌고 있다. 결국 해양법은 해양의 사용방법과 과학기술의 발달에 따라 그 내용과 구조가 달라지는바, 1982년 해양법협약은 이러한 새로운 요구들을 일부 반영하였다고 할 수 있다.[19]

오늘날 국제해양법에서 기능에 관한 연구가 활발해지고 있지만, 해양법의 기본적인 개념과 구조를 이해하려면 공간적으로 구분되는 각종 해양수역의 법적 체제에 대한 연구가 필요하다. 20세기 중반까지 해양에는 영해와 공해만 있었다고 해도 과언이 아니다. 그러나 사람들의 해양사용방법이 다양해지고 해양개발능력이 향상됨에 따라서 국가의 해양관할권은 확대되었고 새로운 해양수역이 등장하게 되었다. 본서에서는 육지영토에 가까운 부분부터 출발하여 각 해양수역의 법질서를 고찰해 보고자 한다. 즉 내수와 군도수역, 영해, 해협, 경제수역, 대륙붕, 공해, 심해저의 순서로 살펴보고자 한다.

〈그림〉 해양의 구조와 해양수역

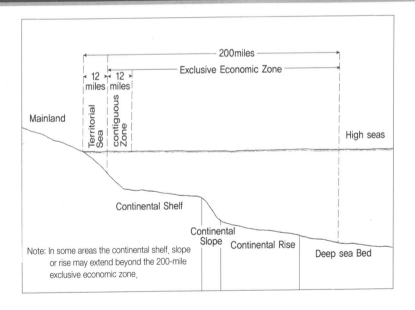

19) Churchill and Lowe, pp.1-2.

IV. 해양법의 과제와 미래

해양법협약은 오늘날 대다수 국가들이 가입해 있는 보편적인 국제규범인 동시에 해양에 관한 거의 모든 문제에 관한 규정을 담고 있어 '해양의 헌법'이리고 부른다. 그렇지만 해양법협약이 모든 해양문제를 해결한 것은 아니며, 해양법협약의 효력발생 이후 새로이 등장한 문제들도 있어서 국제적인 대응이 필요하다. 해양법협약이 모호하고 피상적인 규정만을 둔 제도들도 있는데, 거기에는 국가 간 첨예한 의견대립이 있었던 분야에 관한 것들이 주로 포함되어 있지만, 협약문의 채택과정에서 미봉된 부분도 있다. 1973년부터 1982년까지 진행된 제3차 유엔해양법회의는 본래 컨센서스(총의)에 의한 협약채택을 목표로 진행되었기 때문에, 국가들의 이해관계와 입장이 첨예하게 대립되는 사안에 대해서는 적당한 수준에서 타협을 하였기 때문에 해양법협약에는 추상적이고 모호한 규정들이 일부 도입된 것이다.[20] 그러한 주제로는 배타적 경제수역(EEZ)의 법적 지위, EEZ와 대륙붕 경계획정, 해양지형, 해양과학조사, 군함의 지위, 해양보안, 해양보호구 등이 있다.

해양법협약은 필요한 경우에는 이행협정 등을 통하여 부족한 부분을 보완해가는 유연성을 갖추고 있어서 협약체제에 대한 대부분의 도전은 능히 극복해 나아갈 것으로 예상된다. 그렇지만 해양법협약 체제 앞에는 기후변화 등 지구환경의 변화와 국가들의 해양수역에 대한 관할권 강화 경향과 같은 만만치 않은 도전들이 기다리고 있다. 지구온난화 등 지구환경의 변화와 해양오염 등으로 인한 해양환경의 변화는 기존의 국제해양법 질서에 대한 중대한 도전이 되고 있다. 기후변화는 해수면 상승, 수온변화, 해안침식, 해양산성화, 이상기후 등을 초래하며, 극지 얼음의 해빙에서부터 어족자원의 재배치에 이르기까지 해양환경에 매우 다양한 변화를 가져올 것이다.[21] 이는 해양법협약의 기선제도, 도서 등 해양지형 제도, 해양구분 방법에 근본적인 변화를 초래하여 해양법체제에 커다란 도전이 될 것이다.

연안국 해양관할권 강화에 따른 국제해양질서의 변화도 예상해 볼 수 있다.

---

20) 국제해양법학회, 「유엔해양법협약 관련 쟁점과 대응방안」, 세창출판사, 2012, 서문 참조.
21) Donald R. Rothwell and Tim Stephens, *The International Law of the Sea*, Hart Publishing, 2010, pp. 25-26.

옥스만(Oxman) 교수는 과거에 육지에 대한 국제법의 역사를 영토적 유혹의 점진적인 승리의 역사라고 할 수 있다면, 국제해양법의 역사는 그 반대 즉 그로티우스(Grotius)가 주장한 '해양자유'(*mare liberum*)의 점진적인 승리의 역사이자 영토주권 주장 금지의 역사이었다고 하였다.[22] 하지만 20세기 중반 이후, 육지에서는 법적인 한계에 직면한 '영토적 유혹'은 신속하고 광범위하게 바다로 확산되어 나아가고 있다고 한다.[23] 해양법협약은 전통적인 해양자유 원칙, 연안국 해양관할권 확대, 인류공동유산 원칙, 해양자원개발의 요구, 해양환경보호의 필요성과 같은 다양한 요구들을 수렴하여 만들어진 '해양의 헌법'이다. 따라서, 국제사회가 분출되는 국가들의 해양영토 확장을 위한 욕구를 적절히 통제하지 못하면, 해양은 다시 관할권 확대를 위한 국가들의 경연장이 되고 해양법협약 체제는 근본적인 변화를 요구받게 될 것이다.

‖ 제2절 ‖ 내수와 군도수역

Ⅰ. 내 수

1. 의 미

유엔해양법협약(이하에서는 해양법협약)에 의하면 내수(internal waters)란 기선(baseline)의 육지 쪽 수역이다(해양법협약 제8조 1항). 따라서 내수에는 하구, 만, 항구, 호수와 기선 안쪽 수역들이 포함된다. 내수에 대한 연안국의 권한은 주권(sovereignty)이므로, 연안국은 내수에 대해 육지영토에 대한 권한과 유사한 정도

---

22) Bernard B. Oxman, "The Territorial Temptation: A Siren Song at Sea." *American Journal of International Law*, vol. 100, 2006, p.830. 이는 현재 영해와 기준선을 활용한 해양관할권의 확대, 경제수역의 등장과 강화, 대륙붕의 확대와 연안국 관할권의 강화, 섬을 통한 해양관할권 확대 등으로 나타나고 있다.

23) *Ibid.*, pp.831-832.

의 강력한 권한을 행사한다.

그렇지만 해양법협약은 제8조 2항에서 직선기선의 설정으로 종전에 내수가 아니었던 수역이 내수에 포함되게 된 경우에는 협약에 규정된 무해통항권이 그 수역에서 계속 인정된다고 하였다. 군도국가의 경우에도 일반적인 기선 설정방법에 따라 설정되는 기선의 육지 쪽 수역이 그 내수가 되며, 군도국가는 그곳에서 완전한 주권을 행사한다. 군도수역은 군도의 외측섬을 직선으로 연결하는 군도기선 안쪽의 수역이다.24)

내수에 대해서는 1958년 영해협약과 해양법협약 모두 자세한 규정을 두고 있지 않아서 관련 국제관습법 규칙들이 중요하다.25)

2. 외국선박의 출입권

내수의 법적 체제와 관련해서는 외국선박들이 연안국의 주권이 미치는 공간인 내수에 자유롭게 출입할 수 있는가 하는 문제가 중요하다. 이 문제에 관해 국제사회는 그간 명확한 입장을 정하지 못하였다. 국제법학자들은 국제관습법상 항구에의 출입권이 인정되는가 하는 데 대하여 상이한 입장을 취해 왔으며,26) 중재판정들도 통일된 입장을 보여 주지 못하였다. 국가들은 각종 양자조약과 다자조약을 체결하여 항구에의 출입권을 상호 간에 보장하기도 하였으나 보편화된 것은 아니었다.27)

1982년 해양법협약도 외국선박의 항구 등 내수에의 출입권에 관하여 명문의 규정을 두지는 않았다. 그렇지만 협약 제18조 1항이 영해에서 "내수를 향하여 또는 내수로부터 항진하는" 무해통항을 허용함으로써 간접적으로 내수에의 출입권을 인정한 것으로 보인다. 또한 국제사법재판소(ICJ)도 니카라과 사건에서 "항구에의 출입권을 누리려면 외국선박들은 국제관습법에 따라 이러한 무해통항권을 가져야 한다"고 하였다.28)

---

24) Sohn and Noyes, p.357.

25) Malanczuk, p.175.

26) 연안국이 내수에 대하여 가지는 권한을 주권이라 생각해 온 사람들은 연안국이 외국선박의 자국항구에의 출입을 통제할 수 있는 권한을 가지는 것은 당연하다고 하였다. 그러나 그로티우스 이래 선박의 외국항구에의 출입권을 인정하여야 한다는 견해도 있다.

27) Sohn and Noyes, pp.358-366.

연안국은 그 주권에 따라 자국항구에 대해 통제권을 가지나 그러한 권한은 일부 제한된다. 국가들은 군사적인 목적에 사용되는 항구를 제외한 항구들을 외국선박들에게도 개방하여 출입권을 인정할 것으로 기대된다. 연안국은 조난선박들의 피항권은 인정하여야 하지만 정당한 사유가 있을 때에는 일부 항구를 폐쇄할 수 있다고 본다.[29]

3. 외국선박에 대한 관할권

선박이 다른 국가의 항구나 내수에 진입하는 경우에는 선박에서 발생하거나 선박과 관련이 있는 사건에 적용할 법과 제도를 정함에 있어서 국기국가(flag state, 기국)와 항구국가(port state) 사이에 관할권 다툼이 발생할 수 있다.

국제법에서는 해양에서의 질서유지를 위하여 기국의 선박에 대한 관할권을 널리 인정해 왔으며, 다른 국가의 내수에 진입해 있는 자국선박에도 기국의 관할권은 미친다. 그러나 선박은 외국의 내수에 진입하는 순간부터 연안국의 주권에 종속되는바, 연안국의 주권은 군함이나 정부선박과 같이 주권면제를 누리는 선박들을 제외한 모든 외국선박과 그 선원들에게 미친다. 더구나 해양법협약과 일부 국제조약들은 해양오염, 선박의 안전, 근로기준에 관한 규칙의 준수를 돕기 위하여 항구국가로 하여금 외국선박을 검색할 수 있는 권한을 확대하여 인정하였으며 위반이 있는 경우에는 처벌할 수 있도록 하였다.

내수 내 외국선박에 대한 관할권을 둘러싼 기국과 항구국가 간의 관할권 다툼은 자칫 큰 문제로 발전할 가능성이 있지만 실제로 그러하지는 않았다. 현실적으로 연안국은 항구와 같은 내수에서 발생한 범죄가 자국의 평화와 질서를 해치는 경우에만 관할권을 행사하였으며, 선박 내부의 문제 등 나머지 문제에 대해서는 기국이 대부분 관할권을 행사하고 있기 때문이다.[30]

---

28) *Ibid.*, p.360.

29) Thomas A. Clingan, *The Law of the Sea: Ocean Law and Policy*, Austin and Winfield, 1994, p.76.

30) Churchill and Lowe, pp.54-56.

4. 군함의 지위

연안국은 자국의 내수에 진입한 외국의 사선에 대해서는 자국법을 적용하고 다양한 집행수단을 사용할 수 있지만 외국 군함에 대한 관할권 행사는 많은 제약을 받는다. 원칙적으로 군함은 강제집행으로부터 면제되므로 연안국은 문제가 있어도 외국군함에게 퇴거를 요구할 수 있을 뿐이다. 일반적으로 외국군함은 통항과 위생 등에 관한 연안국 법령을 준수해야 하지만, 연안국 관헌은 기국이나 그 선장의 허락 없이는 단속을 위하여 승선할 수 없다. 군함의 승무원들은 제복을 착용하고 공무에 종사하고 있는 한, 선상에서 범한 것이든 육상에서 범한 것이든, 범죄행위에 대해서도 연안국에 의한 처벌로부터 대부분 면제를 누린다.[31]

기국은 다른 국가의 내수에 진입한 군함에 대하여도 폭넓은 관할권을 행사한다. 군함이 다른 국가의 내수에 진입하려면 까다로운 조건들을 충족해야 하겠지만, 일단 진입이 이루어진 이후에는 연안국의 관할권 행사로부터 많은 면제를 누리는 것이다.[32]

II. 군도수역

1. 서 론

국제해양법에서 군도수역(archipelagic waters) 문제는 정치적으로나 법적으로 국제항해에 사용되는 국제해협과 유사한 부분이 있다. 군도수역 제도를 도입하는 데 있어서 군도국가인 연안국은 내수나 영해와 유사한 제도를 원하였으나, 해양강국들은 자유로운 통항제도가 유지되기를 희망하여 이해관계의 대립이 심하였다.[33]

---

31) Malanczuk, p.176.
32) Clingan, pp.79-80.
33) Sohn and Noyes, pp.475, 478. 피지, 인도네시아, 모리셔스, 필리핀은 제3차 유엔해양법회의 시작 이전에 이미 심해저위원회(Sea-Bed Committee)에 비군사용 선박에게 제한된 무해통항을 허용하도록 하는 내용의 군도수역에 관한 초안을 제출하였으나, 해양강국들은 공해에서와 같이 항해의 자유가 유지되는 군도수역을 염두에 두고 있었다.

군도국가들은 오래전부터 군도를 구성하는 섬들 사이의 수역은 군도국가의 안전·교통·어업에 매우 중요하므로 군도국가들의 배타적 주권행사가 허용되어야 한다고 주장해 왔으며, 일부 국가는 자국의 군도를 둘러싸고 있는 수역에 특별한 수역체제를 도입하여 운영해 오고 있었다. 그러나 군도수역이 처음으로 국제해양법상의 보편적인 제도로 받아들여진 것은 1982년 해양법협약에 의해서이다.

2. 군도국가

1982년 해양법협약에 의하면 '군도국가'(archipelagic state)란 전체적으로 하나 또는 그 이상의 군도로 구성된 국가를 말하며, '군도'(archipelago)란 섬들이 밀접히 연관되어 있어서 지리적·경제적·정치적으로 단일체를 이루고 있거나 역사적으로 그렇게 인정되어 온 도서군을 말한다(해양법협약 제46조).

군도수역은 군도국가에게만 특별히 허용되는 수역인데, 군도국가에 대한 해양법협약의 정의와 관련하여 정리가 필요한 부분이 있다. 첫째, 군도국가에는 연안에서 멀리 떨어진 군도를 가지고 있는 국가 포함되지 않는다. 덴마크(파로군도), 에콰도르(갈라파고스), 노르웨이(스발바르), 포르투갈(아조레스), 스페인(카나리군도) 등은 군도국가가 아니므로 그러한 군도 주변에 기선을 그어 군도수역을 창설할 수 없다.[34)]

둘째, 해양법협약의 군도군가에 대한 정의에 비추어 보면 군도국가로서의 조건을 갖추고는 있지만 스스로를 군도국가라고 생각해 오지 아니한 영국, 일본, 뉴질랜드 등은 군도국가가 아닌 것으로 보아야 한다. 이러한 국가들이 스스로를 군도국가로 간주할 수 있는지는 분명하지 않지만, 이들은 전통적으로 자신을 군도국가라 간주하지 않았기 때문이다. 이들은 군도기선에 관한 규정들 때문에도 군도수역을 가지는 데 현실적으로 제약을 받을 수도 있다.[35)]

---

34) Churchill and Lowe, pp.120-121. 제3차 유엔해양법회의 초기인 1975년 작성된 비공식단일교섭문(Informal Single Negotiating Text)은 대륙국가가 소유한 군도들도 군도수역을 가질 수 있게 되어 있었다. 그러나 1976년에 이르러 대륙국가는 군도수역을 가질 수 없는 것으로 합의가 이루어졌다. Louis Henkin, Richard Crawford Pugh, Oscar Schachter, and Hans Smit(이하에서는 Henkin), *International Law: Cases and Materials*, West Publishing Co., 1993, p.1251.

35) Churchill and Lowe, pp.121-122.

3. 군도수역의 범위

군도의 바깥쪽에 있는 외측점을 직선으로 연결하는 군도기선(archipelagic baselines)의 안쪽 수역이 군도국가의 군도수역이 된다. 해양법협약 제47조의 군도기선 설정에 관한 규칙의 일부를 인용하면 다음과 같다.

1. 군도국가는 군도의 가장 바깥쪽 섬의 가장 바깥점과 드러난 암초의 가장 바깥점을 연결한 직선군도기선을 그을 수 있다. 다만, 이러한 기선 안에는 주요한 섬을 포함하며 수역의 면적과 육지면적(환초 포함)의 비율이 1:1에서 9:1 사이어야 한다.
2. 이러한 기선의 길이는 100해리를 넘을 수 없다. 다만, 군도를 둘러싼 기선 총 수의 3퍼센트까지는 그 길이가 100해리를 넘어 최장 125해리까지 될 수 있다.
3. 이러한 기선은 군도의 일반적 윤곽으로부터 현저히 벗어날 수 없다.
4. 이러한 기선은 간조노출지와 연결하여 설정할 수 없다. 다만, 영구적으로 해면 위에 있는 등대나 이와 유사한 시설이 간조노출지에 설치되어 있거나, 전체적 또는 부분적으로 간조노출지가 가장 가까운 섬으로부터 영해폭을 넘지 아니하는 거리에 있는 경우에는 그러하지 아니하다.

1항은 군도기선 내 수역과 육지면적의 비율이 1:1에서 9:1의 사이이어야 한다고 하였다. 1:1이란 비율은 영국, 아이슬란드, 뉴질랜드, 쿠바와 같이 몇 개의 거대한 섬들로 이루어진 국가들이 군도수역을 설치하는 것을, 그리고 9:1이란 비율은 키리바시나 투발루와 같은 나라들이 멀리 떨어진 조그만 섬을 군도기선으로 연결하는 것을 방지하는 효과가 있다.[36) 2항은 군도기선의 길이에 관한 규정인데, 군도기선은 100해리를 초과할 수 없지만 그 3%는 125해리까지 설정할 수 있게 하였다. 3항에서는 군도기선이 군도의 일반적 윤곽(general configuration of the archipelago)에서 크게 벗어나면 아니 된다고 하였고, 4항에서는 군도기선은 간조노출지(low-tide elevation)까지 연결할 수 없다고 하였다.

---

36) *Ibid.*, p.101.

4. 법적 지위

군도수역의 법적 지위와 관련하여 해양법협약 제49조는 1항에서 "군도국가의 주권은 군도수역의 깊이나 해안으로부터의 거리에 관계없이 군도수역이라고 불리는 수역에 미친다"고 하였으며, 2항에서는 "이러한 주권은 군도수역의 상공·해저와 하층토 및 이에 포함된 자원에까지 미친다"고 하였다. 일반적으로 군도국가는 군도수역에서 내수에서보다는 약하지만 영해에서보다는 강력한 권한을 갖는다고 본다.

군도국가의 이러한 권한에도 몇 가지 제한이 따른다. 군도국가는 외국과의 기존 조약을 준수하고, 인접국들의 전통적인 어업권과 합법적인 활동을 인정해야 하며, 다른 국가들이 부설한 기존의 해저전선을 존중하고, 외국선박에게는 통항권을 인정해야 한다(협약 제51조).

5. 통항제도

군도수역에의 통항은 두 가지 방식으로 이루어진다. 하나는 군도수역에 군도국가가 지정한 항로를 통한 군도항로대통항(archipelagic sea lanes passage)이며, 다른 하나는 그러한 항로에 속하지 아니하는 군도수역을 통한 무해통항(innocent passage)이다.[37]

군도국가는 어떤 공해나 경제수역과 다른 공해나 경제수역 사이의 군도수역에 국제통항로 또는 국제항공로로 사용되어 온 해로와 항로를 모두 포함하는 항로대(sea lane)와 항공로(air route)를 지정하여야 하며, 이러한 항로대와 항공로에서 모든 국가의 모든 선박과 항공기는 자유로운 통항권을 갖는다. 군도수역에서의 통항질서는 주로 통과(transit)의 자유에 초점이 맞추어져 있어서 국제해협에의 통과통항과 내용이 비슷하다. 통과하는 선박과 항공기는 당해 수역을 계속적으로 신속하게 통과해야 하는 것도 유사하다(협약 제53조). 해양법협약은 제53조 9항에서 군도국가는 군도수역에 설정된 항로를 지정·대체하거나 통항분리제도를 설

---

37) Contance Johnson, "A Rite of Passage: The IMO Consideration of the Indonesian Archipelagic Sea-Lanes Submission," *International Journal of Marine and Coastal Law*, vol.15, 2000, pp.318-319.

정·대체하는 경우에는 채택을 위하여 권한 있는 국제기구에 제안하여야 한다고 하였다. 따라서 군도수역 항로대의 지정 및 대체와 관련하여 '권한 있는 국제기구'(competent international organization)의 역할이 주목되고 있다. 여기에서 밀하는 권한 있는 국제기구는 '국제해사기구'(IMO)와 '국제민간항공기구'(ICAO)를 의미한다.38)

모든 국가의 선박은 항로대에 속하지 아니하는 군도수역에서 무해통항권을 갖는다. 통항하는 선박은 군도국가의 주권과 영토보전, 독립에 유해한 무력행사는 자제해야 하며, 연안국은 통과에 관련된 권리를 실질적으로 부인하거나 방해하는 효과를 가지는 법령을 제정하면 아니 된다(협약 제52조).

‖ 제3절 ‖ 기선제도

I. 서 론

해양법에서 연안국의 관할권에 속하는 영해를 비롯한 각종 관할수역의 범위는 연안의 일정한 지점에서부터 측정되는데 그러한 출발점을 기선(baseline)이라고 한다. 기선은 영해는 물론 접속수역과 경제수역, 대륙붕의 외측한계를 측정하는 출발점으로 사용된다. 뿐만 아니라 기선은 외국이 아무런 일반적 권리도 가지지 못하는 수역인 내수와 외국이 일정한 권리를 향유하는 수역 간의 분계선이 되기도 하며, 연안국들이 그들 간의 해양경계선을 중간선·등거리선 방식에 따라 획정하는 경우에는 경계획정에 활용되기도 한다.39)

오늘날 그냥 '기선'(baseline)이라 부르는 이 제도는 과거에는 일반적으로 '영해기선'(territorial sea baseline)이라 불렸으며, 영해법의 일부로 다루어졌었다.40) 영해기선이란 명칭은 영해가 연안국의 유일한 관할수역이었던 때에는 타당한 것이었

---

38) *Ibid.*, pp.319-321.
39) Churchill and Lowe, p.31.
40) 해양법협약도 '영해 및 접속수역'에 관한 제2부(Part II)에 기선에 관한 규정들을 두었다.

다. 하지만 오늘날 이 선은 영해는 물론 접속수역과 경제수역, 대륙붕의 외측한계를 측정하는 데 사용되고 있으므로 그냥 기선이라 부르는 것이 적합하게 되었다.[41]

II. 기선의 설정방법

국제해양법의 가장 중요한 임무의 하나는 해양을 공간적으로 구분하여 연안국 관할권에 속하는 수역의 범위를 정하는 것인데, 이는 연안국의 각종 해양관할권이 출발하는 지점인 기선을 확정하는 데에서부터 시작된다. 만일 모든 해안선이 곧고 단순하다면, 해안에 기선을 긋는 일은 매우 단순하고 기계적인 일이 될 것이다. 하지만 해안선은 굴곡이 심한 모습을 보이는 경우가 많으며, 연안에 산재한 크고 작은 섬들과 간출지, 암초는 해안선을 매우 복잡한 모습으로 바꾸어 놓는다. 이러한 해양의 다양성 특히 해안선의 무궁무진한 다양함은 기선설정의 방법을 복잡하게 만들어 놓았다. 기선설정에 통상기선 이외에 직선기선이 도입되게 된 것도 이러한 해안의 형상의 무한한 다양성에 대처하기 위한 것이다.[42]

1958년 영해협약과 1982년 해양법협약은 기선설정에 관하여 비교적 상세한 규정을 두었다. 그러나 연안국들은 자국의 해양관할권 확대를 위하여 직선기선을 의도적으로 과도하게 사용하여 갈등을 유발하는 경우가 많다. 1951년 어업사건 판결에서 ICJ가 각국의 해양수역의 범위를 결정하는 것은 연안국의 재량에 속하는 일이지만 해양에 경계선을 긋는 것은 항상 국제적인 의미를 가지므로 그 유효성은 국제법적인 검토대상이 된다고 한 것도 그러한 맥락에서이었다.[43]

1. 통상기선(normal baseline)

통상기선(또는 정상기선)은 일반적인 상황에서 사용되는 기선이다. 1958년 영

---

41) D. W. Bowett, *The Legal Regime of Islands in International Law*, Oceana Publications Inc., 1979, p.1.

42) Tanaka Yoshifumi, *The International Law of the Sea*, Cambridge University Press, 2012, pp.43-44.

43) *Fisheries Case, Judgment, ICJ Reports*, 1951, p.132.

해협약에 이어 1982년 해양법협약은 제5조에서 "이 협약에 다른 규정이 있는 경우를 제외하고는, 영해의 폭을 측정하기 위한 통상기선은 연안국에 의하여 공인된 대축척해도(large-scale charts)에 표시되어 있는 해안의 저조선(low-water line along the coast)이다"라고 하였다. 해양법협약은 해안에 특별한 상황이 없는 한 저조선을 기선으로 삼도록 한 것이다.44)

2. 직선기선(straight baseline)

해안의 굴곡이 심하거나 연안에 많은 섬들이 있는 경우에는 육지나 섬, 암초의 외측점을 기점(base point)으로 하는 직선기선을 설정할 수 있다. 19세기부터 유럽 각국에서 사용되어 온 직선기선은 1951년 영국과 노르웨이 간 어업사건에 대한 국제사법재판소(ICJ)의 판결을 계기로 만 이외에 굴곡이 많은 육지나 섬에도 널리 사용되기 시작하였다.

어업사건45)

Fisheries Case, 1951

노르웨이의 북부해안은 수많은 '협만'(fjord)과 '스캬엘가드'(Skjaergaard)라 부르는 수많은 섬과 암초들로 인하여 매우 복잡한 모습을 보이고 있다. 노르웨이는 19세기 중반 이후 직선기선을 사용해 왔으나, 1935년 국왕령(Royal Decree)을 발표하여 북위 66도 28분 이북의 1천 마일에 달하는 해안에 4해리 어업전관수역(Exclusive Fishery Zone)을 설치하였다. 노르웨이는 육지의 돌출부와 섬, 암초를 연결하는 직선기선을 긋고 여기서부터 4해리까지를 어업수역(실제로는 영해)으로 선언한 것이다.

오래전부터 노르웨이 북부해안에서 어로를 해 온 영국은 1949년 이 문제를 ICJ에 제

---

44) D. P. O'Connel, *International Law of the Sea*, vol.1, Clarendon Press, 1982, pp.171-173. 고대 로마시대에는 해안이란 일반적으로 만조점(high-water mark)을 기준으로 말하는 것이었고, 과거 코먼로에서는 만조점과 저조점 사이에서 유동하는 가변적인 수역을 의미하였다. 저조선은 1839년 영국과 프랑스 간 어업협정에 처음 등장하였으며, 1930년 헤이그성문화회의와 1951년 어업사건에 대한 판결을 거치면서 통상기선 설정방법으로 굳어지게 되었다.

45) Fisheries Case, *ICJ Reports*, 1951, p.116.

소하였다. 영국은 노르웨이가 만에서만 사용할 수 있는 직선기선을 남용하였으며, 최장 10해리를 넘으면 안 된다는 국제법규칙에 위반하여 44해리에 달하는 직선기선을 사용하였다고 비난하였다. 반면에 노르웨이는 법이란 다양한 상황을 고려해야 한다고 하면서 자국 해안의 예외적인 형상과 자국 어민들이 이곳에서 오랫동안 독점적으로 어로에 종사해 온 사실 및 역사적 이익을 고려할 때 자국의 기선은 정당하다고 주장하였다.

ICJ는 1951년 판결에서 노르웨이의 직선기선이 국제법에 어긋나지 않는다고 하였다. 재판소는 '스캬엘가드'를 노르웨이 본토의 연장으로 보았으며, 그곳에서 영토와 바다를 구분하는 것은 본토의 해안선이 아니라 스캬엘가드의 외측선이라고 하였다. 재판소는 이처럼 직선기선의 타당성을 인정하였지만, 자의적인 직선기선 설정을 인정한 것은 아니다. 재판소는 직선기선 설정 시 지켜야 할 몇 가지 준칙을 제시하였다. 첫째, 직선기선은 '해안의 일반적 방향'(the general direction of the coast)에서 현저히 벗어나면 안 된다고 하였다. 둘째, 직선기선의 안쪽 수역은 내수에 포함될 정도로 육지영토와 밀접한 관련을 가져야 한다고 하였다. 셋째, 오랜 관행에 의해 증명되는 어떤 수역에 대한 경제적 이익과 현실, 중요성을 고려해야 한다고 하였다.

1951년 어업사건에 대한 ICJ 판결은 주로 노르웨이 해안의 특수성을 강조하는 것이었지만 영해와 기타 해양수역 설정에 많은 영향을 주었다.[46] 1958년 영해협약은 직선기선 개념을 받아들였을 뿐 아니라 직선기선 설정과 관련하여 재판소가 제시한 준칙들을 수용하였다. 이러한 입장은 제3차 해양법회의에서도 계승되어, 해양법협약 제7조는 다음과 같은 규정을 두었다.

1. 해안선이 깊게 굴곡이 지거나 잘려 들어간 지역(coastline is deeply indented and cut into), 또는 해안을 따라 아주 가까이 섬이 흩어져 있는 지역(there is a fringe of islnads along the coast in its immediate vicinity)에서는 영해기선을 설정함에 있어서 적절한 지점을 연결하는 직선기선의 방법이 사용될 수 있다.
2. 삼각주가 있거나 그 밖의 자연조건으로 인하여 해안선이 매우 불안정한 곳에서는, 바다쪽 가장 바깥 저조선을 따라 적절한 지점을 선택할 수 있으며, 그 후 저조선이 후퇴하더라도 직선기선은 이 협약에 따라 연안국에 의하여 수정될 때까지 유효하다.

---

46) Lothar Gündling, "Fisheries Case," in *Encyclopedia of Public International Law* (이하에서는 *EPIL*), vol.2, North-Holland Publishing Co., 1981, pp.94-95. Lauterpacht 교수는 이 판결을 'a daring piece of judicial legislation'이라 하였다. O'Connel, p.205.

3. 직선기선은 해안의 일반적 방향으로부터 현저히 벗어나게 설정할 수 없으며(must not depart to any appreciable extent from the general direction of the coast), 직선기선 안에 있는 해역은 내수제도에 의하여 규율될 수 있을 만큼 육지와 충분히 밀접하게 관련되어 있어야 한다.

4. 직선기선은 간조노출지(low-tide elevation)까지 또는 간조노출지로부터 설정할 수 없다. 다만, 영구적으로 해면 위에 있는 등대나 이와 유사한 시설이 간조노출지에 세워진 경우 또는 간조노출지 사이의 기선설정이 일반적으로 승인을 받은 경우에는 그러하지 아니하다.

해양법협약에 의하면 직선기선의 사용이 가능한 곳은 해안선이 깊게 굴곡이 지거나 잘려 들어간 지역, 해안을 따라 아주 가까이 섬이 흩어져 있는 지역, 삼각주가 있거나 그 밖의 자연조건으로 인하여 해안선이 매우 불안정한 곳, 영구적으로 해면 위에 있는 등대나 이와 유사한 시설이 세워진 간출지 등이다.[47] 실제로 기선을 획정할 때 따라야 하는 규칙들은 대개 1951년 어업사건에 대한 판결을 통해서 ICJ가 제시한 것으로 해양법협약에도 규정되어 있다. 그러한 규칙으로는 직선기선은 해안의 일반적 방향(general direction of the coast)으로 부터 현저하게 이탈하면 안 된다는 것과 기선 내의 수역은 내수제도에 속할 만큼 육지와 밀접한 관계를 가져야 한다는 것, 등대나 유사한 시설이 그 위에 건설된 경우가 아니면 간출지는 기점이 될 수 없다는 것 등이다. 직선기선의 길이에 대하여는 해양법협약에 규정은 없지만, 지나치게 길어서는 아니 된다는 컨센서스가 형성되어 있다.[48]

Ⅲ. 한국의 기선제도

기선의 설정은 대개 국내문제에 속하는 사항이므로 한 국가의 일방행위에 의하여 이루어진다. 그러나 직선기선의 남용 등에 의한 과도한 기선설정은 다른 국가의 해양이익을 침해할 수 있으므로 관련 국제법 규칙을 고려하여 설정되어야 한다. 하지만 오늘날 각국은 해양에 대한 관할권을 가능한 확대·강화 하고자 노

---

47) Rothwell and Stephens, p.43.
48) *Ibid.*, p.44.

력하고 있는바 상당히 긴 직선기선을 사용하는 경우가 많다. 동북아시아의 중국
과 일본, 러시아, 대만의 직선기선도 관련 국제법 규칙에 잘 부합하는 것으로 볼
수 없다.

우리나라는「영해 및 접속수역법」제2조에서 "영해의 폭을 측정하기 위한 통
상의 기선은 대한민국이 공식적으로 인정한 대축척해도에 표시된 해안의 저조선
으로 한다"고 하여 통상기선을 원칙으로 삼았으며, "지리적 특수사정이 있는 수역
의 경우에는 대통령령으로 정하는 기점을 연결하는 직선을 기선으로 할 수 있다"
고 하였다. 우리나라는 동해안은 해안선의 모양이 단순하므로 통상기선을 설치하
였으나, 서해안과 남해안에서는 직선기선을 사용하였다. 우리나라 서해안과 남해
안은 대체로 해안선의 굴곡이 심하고 많은 섬과 암초가 해안 가까이 산재해 있는
바 대부분 직선기선의 사용을 정당화한다.[49]

IV. 만과 역사적 만

만(Bay)의 경우에는 어업사건에 대한 ICJ의 판결이 있기 전부터 만의 입구를
가로지르는 직선기선을 그어 그곳으로부터 영해의 너비를 획정하는 것이 관습법
적으로 허용되어 왔다. 그러나 만구폐쇄선인 직선기선의 길이에 대하여는 논란이
있었다. 1958년 제1차 해양법회의는 상당한 논란을 거쳐 24해리를 그 한계로 설
정하였으며, 그러한 한계는 1982년 해양법협약에도 반영되었다.[50]

그런데 해양법협약 제10조 6항이 규정하고 있는 바와 같이 역사적 만에는 직
선기선에 관한 규정들은 적용되지 않는다. 역사적 만이란 일반국제법에 의해서가
아니라 특별한 역사적 권리에 의하여 연안국의 내수로 주장되는 해역이다. 상당
한 기간 동안 어떠한 연안국이 특정한 만을 자국의 내수라 주장하고 다른 국가들
이 이를 묵인하는 경우, 연안국은 이러한 역사적 근거에 기초하여 만에 대해 주권

---

49) 미국 국무부가 발간하는 *Limits in the Seas*에 의하면, 한국은 해양법협약이 상정한 직선기
　　선 사용을 위한 지리적 조건을 충족하지 못하는 곳에 직선기선을 사용하였으며, 직선기선
　　중에는 과도한 것들이 있다고 하였다. United States Department of State, "Straight
　　Baselines and Territorial Sea Claims: South Korea", *Limits in the Seas*, No. 121, 1998,
　　pp.4-8.

50) Malanczuk, p.181.

을 주장하게 되는 것이다.[51)]

논란이 있지만 캐나다는 만의 면적이 58만 평방해리에 달하고 만구는 50마일에 달하는 허드슨만(Hudson Bay)에 대하여 역사적 권리를 주장하고 있으며, 러시아는 블라디보스토크 항이 위치한 피터대제만, 중국은 발해만을 역사적 만이라고 한다. 국제법상 '역사적 만'이란 제도는 분명히 인정되고 있으나, 그 모호한 판정기준으로 인하여, 역사적 만의 인정여부를 둘러싸고 국가 간에 분쟁이 발생하기도 한다. 리비아는 1973년 이래 290해리 너비의 시드라만(Gulf of Sidra)을 역사적 만이라 주장해왔다. 그러나 다른 대부분의 국가들은 이를 인정하지 않았으며, 특히 미국은 이곳을 공해로 보아 그 해역에서 군사연습을 실시함으로써 양측 간에 무력충돌이 발생하기도 하였다.[52)]

‖ 제4절 ‖ 영 해

I. 서 론

사람들의 생활은 육지영토를 중심으로 이루어져 왔고, 인류의 역사도 영토를 중심으로 전개되어 왔다. 전통적으로 사람들의 공간에 대한 관심도 육지영토에 집중되었고, 해양에 대한 관심은 부차적인 것이었다. 따라서 오늘날 가장 오래된 국제해양법 제도인 영해조차도 20세기 들어서야 국제법상 제도로 확고하게 자리를 잡게 되었다. 특히 국가들의 입장차이로 영해제도에서 매우 중요한 문제인 영해의 너비를 확정하는 데 있어서도 많은 시간이 소요되었다.

1982년 해양법협약은 제2조에서 연안국의 주권(sovereignty)은 그 육지영토와 내수를 넘어 영해라 부르는 인접 해대의 상공과 해저·지하에 미친다고 하였다. 이는 연안국의 국가주권이 연안국의 영토와 내수에 인접한 영해의 상부수역·해

---

51) *Ibid.*, p.181.
52) *Ibid.*, pp.181-182.

저·지하에 미친다는 오래된 국제해양법의 기본원칙을 확인한 것이다. 그러나 영해에 대한 연안국의 권한은 제3국 선박에게 부여되는 무해통항권에 의하여 제한된다.

II. 역 사

17세기 해양자유론과 폐쇄해론 간에 대논쟁이 있었을 때에 해양자유론의 옹호자였던 그로티우스도 모든 바다가 자유로운 사용을 위해 개방되어야 한다고 주장하지는 않았다. 그는 육지로부터 효과적으로 통제되는 연근해에 대해서는 연안국의 관할권의 존재를 인정하였던 것이다.[53] 1930년 국제연맹이 소집한 헤이그 성문화회의(Hague Codification conference)는 영해제도의 성문화에 대해 심의하였으며 연안국의 영해에 대해 주권을 인정하기로 하였으나 그 너비에 대해서는 합의하지 못하였다.

1958년 제1차 유엔해양법회의는 「영해 및 접속수역에 관한 협약」(영해협약)을 채택하였다. 그러나 당시 회의는 3해리 영해와 12해리 영해를 지지하는 국가가 팽팽하게 균형을 이루고 있는 가운데 진행되었으며, 결국 협약에는 영해의 너비에 관한 규정이 포함되지 못하였다. 1960년 개최된 제2차 유엔해양법회의에서는 난관을 타개하기 위하여 캐나다와 미국이 6해리 영해에 6해리 접속수역을 허용하는 절충안을 제시하였으나 한 표 차이로 부결되었다.[54]

1973년 시작된 제3차 유엔해양법회의에서도 영해 문제는 매우 중요한 문제이었다. 영해의 너비가 어떻게 결정되는가 하는 데 따라서 해협제도 등이 영향을 받을 수밖에 없었기 때문이다. 하지만 영해제도의 대부분은 이미 확립되어 있었고, 1960년대 이후 대다수의 국가들이 12해리 영해를 선포하였기 때문에, 제3차 유엔해양법회의는 비교적 용이하게 영해관련 제도에 합의하게 되었다.

---

53) Churchill and Lowe, p.71.
54) *Ibid.*, pp.63-67.

Ⅲ. 영해의 폭

영해의 폭(너비)과 관련하여 16, 17세기에는 100해리설, 60해리설, 목측거리설, 1일 항해거리설 등을 근거로 매우 넓온 바다를 각국의 영해로 삼으려는 주장들이 있었다. 그러나 18세기 초 빈커스후크(Bynkershoeck)가 "무기의 힘이 끝나는 곳에서 영토의 힘도 끝난다"고 하여 착탄거리설(Cannon-shot Rule)을 주장한 이래 이 학설이 널리 받아들여졌다. 그 후 착탄거리설은 3해리설로 발전되었다. 착탄거리설은 포대의 위치와 대포의 사정거리에 따라 영해의 너비를 달리하게 되어 합리적이지 못하다는 갈리아니(Galiani)의 논증에 따라, 18세기 말에 이르러 3해리 영해가 확고한 국가관행으로 자리를 잡게 된 것이다. 국가관행에 3해리 영해가 처음 도입된 것은 1793년이었다. 당시 전쟁 중에 있었던 영국과 프랑스는 중립국 미국에게 관할수역의 범위를 분명히 밝히도록 요구하였으며 미국은 3해리를 제시하였다.[55]

19세기에는 대부분의 국가들이 3해리 규칙을 준수하였다. 다만 스칸디나비아 국가들은 4해리, 스페인과 포르투갈은 6해리 영해를 주장하였다. 그러나 20세기 들어 3해리 규칙은 점차 외면을 당하게 되었다. 1930년대 국제연맹성문화회의 때만 해도 3해리 영해를 지지하는 국가들이 다수였으나, 1958년 제1차 해양법회의 때에는 86개국 중 21개국만이 이 입장을 지지하였다.[56]

1958년 제1차 유엔해양법회의와 1960년 제2차 유엔해양법회의는 모두 영해의 너비를 확정하는 데 실패하였다. 그러나 1960년 회의에서 6해리 영해에 6해리 접속수역을 인정하자는 제안(6 plus 6 formula)이 표결결과 3분의 2에서 한 표가 모자라 부결됨에 따라, 각국은 3해리와 12해리 사이에서 영해의 너비를 결정할 수 있다는 묵시적인 합의가 이루어진 것으로 간주하게 되었다. 오늘날에는 12해리 영해가 보편화되었으며, 제3차 해양법회의도 이를 명문화하는 데 별 어려움이 없었다. 해양법협약 제3조는 "모든 국가는 이 협약에 따라 결정된 기선으로부터 12

---

55) Henkin, p.1241.

56) Malanczuk, p.178; Clingan, pp.85-86. 1900년 당시를 기준으로 볼 때 영해를 선포한 21개국 중에서 20개국이 3해리 영해를 선언하였으며, 1930년 헤이그성문화회의에 참석하였던 38개국 중에서도 20개국이 3해리 영해를 가지고 있었다.

해리를 넘지 아니하는 범위에서 영해의 폭을 설정할 권리를 가진다"고 하였다.

IV. 연안국의 권한

연안국의 주권은 내수를 넘어 영해의 상공과 해저 및 지하에 미친다(해양법협약 제2조). 연안국이 영해에 대해 행사하는 권한은 주권이기 때문에, 연안국은 영해는 물론 그 상공과 해저에서 포괄적이고 배타적인 관할권을 행사한다. 여기에는 구체적으로 경찰권, 연안어업권, 자원개발권, 연안무역권, 과학적 조사권, 오염규제권 등이 포함된다. 그러나 이러한 연안국의 주권은 외국선박들이 누리는 무해통항권에 의해 제한된다.

V. 무해통항권

선박의 외국영해에의 무해통항권은 관습법 제도로 내려오다가 1958년 영해협약에 규정되었다. 그러나 무해통항의 의미를 분명히 하기 위한 노력은 오랜 기간 결실을 거두지 못하였으니, 1958년 영해협약도 "통항은 연안국의 평화·질서·안전을 해하지 아니하는 한 무해하다"는 원칙적인 규정을 두었을 뿐이다.

해양법협약은 영해협약에 비하여 상당히 자세한 규정들을 두었다. 협약은 제18조에서 '통항'(passage)이란 내수에 들어감이 없이 영해를 횡단하거나, 내수를 향하여 또는 내수로부터 항진하는 것이라고 하였다. 이어서 협약은 제19조에서 통항은 연안국의 평화·질서·안전을 해하지 아니하는 한 무해하다고 하면서 '유해한 통항'에 해당되는 12가지 사례를 나열하였다. 무력행사, 군사훈련, 정보수집, 선전행위, 항공기의 선상 이착륙, 오염행위, 어로활동, 연구조사활동이 그러한 사례에 해당되는데, 그 목록의 마지막에 포함된 '통항과 직접 관련이 없는 기타 활동'(any other activities not having a direct bearing on passage)이란 항목은 해양법협약 제19조에 적시된 사례들이 소진적인 것이 아님을 보여 준다.[57] 또한 협약 제20

---

57) K. Hakapaa and E. J. Molenaar, "Innocent Passage — Past and Present," *Marine Policy*,

조는 "잠수함 및 기타 잠수항행기기는 수면 위에 부상하여 국기를 게양하고 항행해야 한다"고 하여 잠수정에게는 비정상적인 항해를 요구하였다.

1982년 해양법협약의 무해통항 관련 규정에서 발견되는 특징의 하나는 통항의 '무해' 여부를 판단하는 데 있어서 일정한 행위를 기준으로 삼도록 하였다는 점이다. 1958년 영해협약은 일정한 행위가 아닌 여러 가지 복합적인 사항들을 고려하여 통항의 '무해' 여부를 판단할 수 있도록 한 데 반하여, 1982년 해양법협약은 외견상 장비불량, 장비비비, 화물의 위험성과 같은 요소들을 탄력적으로 고려하기가 어렵게 되었다는 것이다.[58]

연안국은 무해통항을 방해하지는 못하지만, 안전한 항로를 이용하도록 요구할 수는 있다. 1982년 해양법협약도 "연안국은 필요한 경우 항행의 안전을 고려하여 영해에서 무해통항권을 행사하는 외국선박에게 선박의 통항을 규율하기 위하여 지정하거나 규정한 항로대 및 통항분리방식을 이용하도록 요구할 수 있다"고 하였다. 연안국은 항로대를 지정하고 통항분리방식을 규정할 때 IMO와 같은 권한 있는 국제기구의 권고 등 다양한 요소들을 고려해야 한다. 연안국은 특히 유조선, 핵추진선박, 핵 등 위험물질이나 유독물질을 운반하는 선박에게 이 항로대를 이용하도록 요구할 수 있다.[59]

연안국은 외국 선박의 무해통항을 방해해서는 안 되지만, 영해에서의 무해통항에 관한 법령을 제정하고 이를 집행할 수 있는 권한을 가진다. 해양법협약은 제21조 1항에서 연안국은 영해에서의 무해통항과 관련하여 해양법협약과 국제법규칙에 따라 일정한 사항에 관한 법령을 제정할 수 있다고 하면서, 그러한 사항으로 항해의 안전과 해상교통규칙, 항해보조시설 등의 보호, 해저전선과 도관의 보호, 해양생물자원보존, 연안국 어업법령 위반방지, 연안국 환경보호, 해양과학조사와 수로측량, 연안국 관세·재정·출입국관리·위생 관련 법령의 위반방지를 들었다.

해양법협약에 따르면 연안국은 일단 상기한 사항과 관련하여 외국선박들이 지켜야 할 법령을 제정할 수 있으며, 무해통항 중인 외국선박은 그러한 연안국의 법령과 해상충돌방지에 관한 일반국제법규를 준수해야 한다.[60] 그러나 현실적으

---

vol. 23, p. 132.

58) *Ibid.*, pp. 132-133.

59) 해양법협약, 제22조.

로 큰 문제는 법령의 제정보다는 집행 분야에서 발생한다. 연안국에 의한 법령의 전면적인 집행은 무해통항에 대한 간섭으로 비화될 수 있기 때문이다. 결국 연안국에게는 법령제정권과 함께 외국선박의 무해통항을 방해하지 아니할 의무도 있는바, 현실적으로 연안국 법령에 위반하는 외국선박이 있을 때마다 그 통항에 간섭할 수는 없을 것이다.

VI. 군함의 무해통항권

1958년 영해협약과 1982년 해양법협약은 모두 군함의 무해통항과 관련하여 특별히 규정을 두지 않았으므로, 협약의 무해통항에 관한 규정들은 군함을 포함한 모든 선박에게 동일하게 적용되는 것으로 해석할 수 있다. 그러나 군함의 외국 영해 통항은 처음부터 엄청나게 논란이 많은 문제이었고, 실제로는 합의에 도달할 수 없었기 때문에 규정을 둘 수가 없었던 것이다. 군함의 무해통항과 관련하여 제기되는 현실적인 문제는 연안국이 자국의 영해를 통항하는 외국 군함에게 사전허가(prior authorization) 또는 사전통고(prior notification)를 요구할 수 있는가 하는 것이다.

1958년 제1차 유엔해양법회의에서는 군함이 향유할 수 있는 무해통항권의 범위에 대해 많은 논란이 있었지만, 군함의 무해통항에 대해 별도의 규정을 두지는 못하였다.[61] 군함의 무해통항 문제를 다루는 데 있어서 1958년 제1차 해양법회의와 1973년 시작된 제3차 해양법회의 간에는 상당히 유사한 점이 있었으며, 영해협약의 군함에 관한 규정과 해양법협약의 군함관련 규정 간에도 상당한 유사점이 있다. 제3차 유엔해양법회의에서도 막바지까지 연안국이 사전통고 또는 사전허가를 요구할 수 있도록 협약을 개정하려는 시도들이 있었으나, 결국 군함의 무해통항에 관한 특별규정은 도입되지 않았다.[62]

---

60) 해양법협약, 제21조 4항.

61) UNCLOS I Off. Rec., vol.Ⅲ; First Committee, 1958, p.131. 군함의 무해통항에 사전통고를 요구할 권리만 있으면 된다고 생각한 국가들은 전체회의에서 그 수적인 열세를 메우기 위하여 연안국의 사전허가를 요구하는 권리를 삭제하기를 원하였던 국가들 편에 서게 됨으로써 협약문에서 사전허가와 통고는 빠지게 되었다. Brown, pp.64-65.

62) *Ibid.*(Brown), p.66. 외국군함의 무해통항에 대해 연안국으로 하여금 사전허가나 사전통

해양법협약은 제309조에서 협약에 대한 유보를 금지하였다. 그러나 일부 국가들은 해양법협약에 서명 · 비준 · 가입하면서 선언을 발표하여 군함의 무해통항에 대한 그들의 입장을 표명하였다. 예멘은 자유로운 통항은 상선에게만 적용되며 군함과 군용기 및 핵추진 선박은 자국의 사전동의를 얻어야 된다고 하였으며, 상토메 프린시페는 외국군함의 자국 영해 무해통항과 관련하여 법규정을 채택할 수 있는 권리를 유보한다고 하였다. 그 외에 이집트, 유고, 이란 등도 유사한 선언을 하였다.[63]

반면에 미국 등 해양강대국들은 해양법협약의 무해통항 관련 규정에 만족을 표시하였다. 프랑스는 해양법협약이 연안국의 권리와 해양국가들의 이익 간에 균형을 이루었다고 하면서, 모든 선박이 영해에서 무해통항할 수 있는 권리가 분명하게 확인되었다고 하였다. 미국은 심해저개발 제도에 대해서는 불만을 토로하였지만, 제3차 해양법회의가 영해에서의 무해통항에 관한 미국의 전통적인 입장을 지지한 것에 대해서는 만족하였다.

현재 군함의 영해통항에 관련된 국가실행을 분석해 보면 사전통고만을 요구하는 국가, 사전허가를 요구하는 국가, 사전통고와 사전허가 모두 반대하는 국가로 나누어진다. 숫자로는 사전허가를 요구하는 국가가 많으나, 막강한 해군을 보유하고 있는 해양강대국들은 사전허가와 사전통고 모두에 반대하고 있다.[64]

VII. 한국의 영해

한국은 1977년 영해법을 제정하고 1978년 영해법시행령을 마련하였다. 1978년 4월 30일 효력을 발생한 우리나라 영해법은 1995년 12월「영해 및 접속수역법」으로 개정되었는바, 동법 제1조에서는 기선으로부터 12해리까지의 수역을 영해

고를 요구할 수 있게 해야 한다는 수정안은 제3차 유엔해양법회의 마지막 회기인 1982년 11회기에도 제출되었다. 이때 제출된 수정안은 두 가지였는데, 그중 하나는 가봉이 단독으로 제출한 것이었고, 다른 하나는 29개국이 공동으로 제출한 것이었다. 29개국의 공동수정안은 연안국의 국가안보 관련 법규정 위반 방지의 관점에서 연안국에게 법령제정권을 인정하자는 것이었다. 그러나 회의 의장의 호소에 따라 이들 수정안은 철회되었다.

63) *Ibid.*, pp.69-71.
64) Hakapaa and Molenaar, p.143.

로 하되, 대통령령이 정하는 수역에서는 이를 12해리 이내로 할 수 있다고 하였다. 이어서 시행령은 대한해협의 일부 수역 직선기선 외측에 너비 3해리의 영해를 설정하였다.[65] 영해의 너비를 12해리로 한 것은 1960년대 이후 일반화되기 시작한 12해리 영해에 관한 국제관행을 따른 것이며, 대한해협에 예외적으로 3해리 영해를 설정한 것은 국제항행에 사용되는 해협의 특수성을 감안한 것이다.

영해의 기선 역시 일반국제법 원칙에 따라 우리나라가 작성한 공식해도에 나타난 저조선(low-water line)에 따르되 남해안과 서해안에서는 섬의 외곽이나 육지의 돌출부를 기점으로 하여 직선기선을 그었다.[66] 이러한 우리나라의 직선기선들은 남·서해안의 복잡한 형상을 고려하여 설정된 것이다.[67]

외국선박의 우리나라 영해에의 무해통항도 인정된다. 영해법은 우리나라의 평화·공공질서·안보를 침해하지 아니하는 무해통항을 외국선박들에게 인정하였다. 다만 외국의 군함과 정부선박은 우리나라 영해를 통항하기 3일 전까지 우리나라 외교부장관에게 선명·종류·목적·항로·일정을 통고하여야 한다.[68] 영해법은 무해하지 아니한 통항, 즉 유해통항에 해당하는 13가지 사례를 규정하고 있으며, 안전보장을 위해 대통령령에 따라 무해통항을 정지시킬 수 있게 하였다.[69]

VIII. 접속수역

접속수역(contiguous zone)이란 연안국의 영해에 접속해 있는 수역으로서, 연안국은 이곳에서 (a) 연안국의 영토나 영해에서의 관세·재정·출입국관리 또는 위생에 관한 법령의 위반방지와 (b) 연안국의 영토나 영해에서 발생한 위의 법령 위반에 대한 처벌을 위하여 필요한 통제를 할 수 있다(해양법협약 제33조).

---

65) 영해 및 접속수역법 제1조; 동 시행령 제3조, 별표2 참조.
66) 영해 및 접속수역법 제2조; 동 시행령 제2조, 별표1 참조.
67) Choon-Ho Park, *East Asia and the Law of the Sea*, Seoul National Univ. Press, 1983, pp.140-141. 우리나라의 직선기선들 중에는 60.3해리, 46.09해리에 달하는 다소 긴 것들도 있다.
68) 영해 및 접속수역법 제5조 1항; 동 시행령 제4조.
69) 영해 및 접속수역법 제5조 2항, 3항.

18세기 영국의 hovering act에서 유래한 이 수역은 원래 좁은 영해를 보완하기 위해 도입되었다. 그러나 해양법협약이 영해를 12해리로 확장하고 200해리 경제수역을 도입하면서 접속수역의 필요성에 의문이 제기되고 있다.[70] 1958년 영해협약에 이어 1982년 해양법협약도 접속수역에 관한 규정을 두었으나, 실제로 이 제도를 이용하는 국가는 많지 않다.

해양법협약 제33조 2항에 의하면 접속수역은 영해기선으로부터 24해리까지 설정할 수 있는바, 영해의 너비가 12해리인 국가의 경우에는 그 외측에 12해리까지 접속수역을 설치할 수 있게 된다. 1995년 12월 개정된 우리나라의 「영해 및 접속수역법」 제3조의2도 "대한민국의 접속수역은 기선으로부터 측정하여 그 바깥쪽 24해리의 선까지에 이르는 수역에서 대한민국의 영해를 제외한 수역으로 한다"고 하였다.

‖ 제5절 ‖ 국제해협

Ⅰ. 서 론

해양은 우리 인류에게 갖가지 자원을 제공해 주는 자원의 보고일 뿐 아니라 국가와 국가를 연결하는 주요 통항로이다. '해협'(strait)은 선박들의 주요 항로의 병목부분이므로, 해협통과의 자유는 해양의 자유로운 항행의 수준을 보여 주는 가늠자가 되었다. 해협의 이러한 중요성으로 인하여 해협통항 문제는 해양법에 관한 국제회의가 개최될 때면 항상 주요한 이슈가 되었다.

해협이란 일반적으로 넓은 두 개의 바다를 연결하는 좁은 바다를 지칭하는 지리학적 용어이지만, 국제법에서 말하는 국제해협은 이와는 다르다. 더구나 해양법협약을 포함하여 그 어떠한 중요한 국제협약에도 '해협'에 대한 정의가 들어 있지 않아 혼란이 초래되기도 하였다. 국제법상 해협제도에서 중요한 것은 해협

---

70) Churchill and Lowe, pp.112, 116.

에 대한 지리학적 정의가 아니라 해협을 구성하고 있는 해역의 법적 지위와 국제통항로로서의 사용빈도이다.[71]

II. 해협통항제도 연혁

1. 코르푸해협 사건

1949년 코르푸해협 사건(Corfu Channel Case)에 대한 국제사법재판소(ICJ)의 판결은 국제법상 해협 통항제도 발달에 많은 영향을 미쳤다.

코르푸해협 사건[72]

Corfu Channel Case, 1949

1946년 영국해군은 알바니아 본토와 코르푸섬 사이의 코르푸해협에 두 척의 군함을 파견하였다. 영국정부는 군함들도 사전통고나 허가 없이 해협을 통과할 권리를 가진다고 주장하였고, 알바니아는 해협을 통과하는 선박은 미리 이를 통고하고 자국의 허가를 받아야 한다고 하였다. 동년 11월 13일 알바니아의 입장을 시험하기 위해 영국은 두 척의 순양함과 두 척의 소해정을 코르푸해협에 파견하였다. 함대가 코르푸해협 북쪽에 이르렀을 때 두 척의 소해정이 기뢰에 부딪혀 크게 파손되었고 수병 중에 사상자가 발생하였다.

유엔 안전보장이사회는 1947년 4월 결의에서 양국에게 분쟁을 ICJ에 맡기도록 권고하였다. 영국은 동년 5월 일방적으로 사건을 ICJ에 부탁하였고, 알바니아는 처음에는 거부하였지만 나중에는 소송절차에 참여하였다. 재판소는 먼저 알바니아가 제기한 재판소의 관할권에 관한 선결적 항변(preliminary objection) 문제를 다루었는데, 재판소는 확대관할(*forum prorogatum*)의 법리에 따라서 관할권을 인정하였다.

재판소는 폭발사건에 대한 알바니아의 책임문제를 검토하였다. 해군장교들로 구성된 위원회의 사실상황에 대한 전문적 의견을 참고하여, 재판소는 영국군함들에게 피해

---

71) *Ibid.*, p.102.
72) Corfu Channel Case, *ICJ Reports*, 1949, p.4.

와 손실을 유발한 기뢰들은 얼마 전에 부설된 것이 확실하고 알바니아 당국이 이 사실을 몰랐다는 것은 이해할 수 없다고 하였다. 또한 알바니아가 이 사실을 인지한 것이 확실하다면 알바니아는 자국수역 내에 기뢰가 있다는 사실을 접근하는 영국군함들에게 고지할 의무를 위반한 것이라고 하였다. 재판소는 11:5로 이러한 의무를 다하지 않은 알바니아의 책임을 인정하였다.

이 판결에서 ICJ는 해협을 통한 무해통항 문제에 대해 매우 중요한 언급을 하였다. 모든 국가들은 평화 시 통항이 무해하다는 조건하에 연안국의 사전허가 없이도 자국 군함을 두 개의 공해를 연결하는 국제항행에 사용되는 해협에 통항하게 할 권리를 갖는다는 것이다. 재판소는 코르푸 수로도 그러한 해협에 해당되며 영국군함의 통항은 무해하였다고 하였다. 따라서 영국군함들이 알바니아 수역에 진입한 것은 알바니아의 주권을 침해한 것이 아니라고 하였다. 재판소는 알바니아는 영국에게 84만 3947파운드를 배상해야 한다고 판시하였다.

ICJ는 이 판결에서 외국선박의 통항권이 적용되는 국제해협을 정의하였다. 재판소는 영국이 사전허가가 없이 군함의 해협통과를 시도함으로써 자국의 주권을 침해하였다는 알바니아의 주장을 검토하면서, 해협통항의 관점에서 국제해협을 정의하였다. 재판소는 각국은 통항이 무해하다는 조건하에 평화 시 연안국의 사전허가가 없이 공해의 두 부분 간의 국제항해에 사용되는 해협을 통항하게 할 권리를 갖는다는 것이 일반적으로 승인되고 있으며 국제관습법에도 부합한다고 하였다. 국제협약에 별도의 규정이 없는 한, 연안국에게는 평화 시에 그러한 통항을 금지시킬 권리가 없다고도 하였다. 특히 재판소는 국제해협 여부를 결정하는 결정적인 요소는 해협이 공해의 두 부분을 연결하는 지리적 상황과 국제항행에 사용되고 있다는 사실이라고 하였다.

2. 1958년 영해협약

1958년 제1차 유엔해양법회의에서 채택된 영해협약에 의하면 해협통항권은 당해 수역이 영해인가 아니면 공해인가 하는 데 따라 달라졌다. 해협에 공해가 있으면 통항하는 외국 선박들은 연안국의 관할권이나 통제에 구속되지 않는 항해의 자유를 누렸으며, 해협이 하나 또는 그 이상의 국가들의 영해에 속하는 경우에는 외국 선박들은 무해통항권을 가질 뿐이었다.

그런데 이미 18세기에 바텔(Vattel)이 지적한 바와 같이, 지브롤터나 말라카 해협과 같이 공해를 연결하는 해협들의 통항이 정지되게 되면 공해에서의 항해의 자유가 훼손되는 결과를 가져오게 되므로, 공해와 공해를 연결하는 국제항해 (international navigation)에 사용되는 해협의 무해통항은 정지시킬 수 없다는 국제법 규칙이 생겨나게 되었다.[73) 그리고 그러한 규칙은 1949년 코르푸해협사건에 대한 ICJ의 판결과 영해협약에 의해 확인되었다. 특히 영해협약 제16조 4항은 "공해의 한 부분과 공해의 다른 부분 또는 외국의 영해 사이의 국제통항에 사용되는 해협을 통한 외국선박의 무해통항은 정지시키지 못한다"고 규정하였다. 영해협약이 공해와 다른 국가의 영해를 연결하는 해협에도 정지되지 아니하는 무해통항을 허용하게 된 것은 티란해협(Straits of Tiran)을 거쳐 아카바 만 안쪽의 이스라엘 항구 에일라트(Eilat)에 출입할 수 있게 해주려 하였기 때문이다. 바로 이 규정 때문에 아랍국가들이 영해협약 비준을 거부함으로써 협약규정의 취지는 훼손되었다. 그러나 서방국가들은 기회가 있을 때마다 규정의 타당성을 주장하였고, 1967년 유엔 안전보장이사회에서 만장일치로 채택된 결의 242호도 중동의 국제수로들을 통한 통항의 자유 확립의 필요성을 강조하였다.[74)

1958년 영해협약이 국제해협에 정지되지 아니하는 무해통항을 인정하였으나 해협통항과 관련하여 몇 가지 불명확한 점이 있었다. 즉 정지되지 아니하는 무해통항권은 군함에게도 적용되는 것인지, 해협을 통항하려는 외국군함에게 사전통고나 사전허가를 요구하는 것이 합법적인 것인지, 공해와 외국의 영해를 연결하는 해협에도 정말로 정지되지 아니하는 무해통항이 적용된다고 보아도 되는지 불분명하였던 것이다.[75) 한편 해양강대국들은 영해협약이 잠수함은 수면에 떠서 국기를 게양하고 항해할 것을 요구하고, 모호한 무해통항의 내용으로 인하여 연안국이 통항을 규제할 수 있는 길을 널리 열어 놓은 것에 대해서도 불만이었다.

3. 1982년 해양법협약

제3차 유엔해양법회의에서 해양강대국들은 정지되지 아니하는 무해통항을

---

73) Churchill and Lowe, pp.102-103.

74) *Ibid.*

75) Brown, pp.80-81.

규정한 1958년 영해협약 제16조 4항의 적합성을 검토하였다. 특히 1960년 이후 연안국 중에 3해리를 넘어 12해리 영해를 주장하는 국가들이 급증하였고 제3차 유엔해양법회의도 12해리 영해를 채택할 것으로 예상되고 있었던바, 이전에는 그 가운데 공해대가 존재하던 해협 중에서 116개가 완전히 연안국 영해에 포함되게 된다는 사실에 유의하였다.[76]

　　제3차 유엔해양법회의를 전후하여 미국, 소련, 영국과 같은 해양강국들은 12 해리 영해를 받아들이는 대신에 국제해협에의 '자유통과'(free transit)를 강력히 요 구하였다. 미국은 12해리 영해를 인정해 주는 대신에 국제해협을 통과하는 모든 선박과 항공기는 공해에서 누리는 것과 같은 항해와 상공비행의 자유를 누려야 한다고 하였으며, 구 소련은 해협 자유통과 원칙의 거부는 일부 해협연안국에게 세계 130여 개 해협에의 선박통과에 대한 실질적인 지배권을 인정해 주는 것이라 고 하였다. 제3차 유엔해양법회의에서 해양국가들의 자유로운 해협통과 요구는 이처럼 매우 확고하였던 데 비해, 해협연안국들의 반대는 상대적으로 미약하였 다.[77] 해양법협약은 국제해협에 관해 제34조에서 제45조에 이르기까지 12개의 조문을 두었는데, 새로운 해협통항제도의 핵심은 통과통항 제도이다.[78]

III. 해협통항제도의 분류

　　해양법협약은 주된 해협통항 제도로 통과통항 제도를 도입하였지만, 실제로 는 해협을 여러 가지 범주로 분류하여 다양한 통항제도를 마련하였다. 그것은 통

---

76) *Ibid.*, p.81. 그러한 해협에는 지브롤터 해협, 도버 해협, 베링 해협, 쿠릴 열도와 알류샨 열 도 섬 사이의 해협, 홍해 남단의 밥엘만데브 해협, 호르무즈 해협, 말라카 해협 등이 있다. Scovazzi, "Management Regimes and Responsibility for International Straits," *Marine Policy*, vol.19, 1995, p.138.

77) 1973년 키프러스, 그리스, 인도네시아, 말레이시아, 모로코, 필리핀, 스페인, 예멘 등 8개 해협연안국들은 심해저위원회 제2소위에 제출하였던 '8개국 초안'(Eight Power Draft)에서 영해통항과 하나의 문제로 다루어져야 한다고 하면서, 연안국의 특수한 이익과 국제항해 라는 일반적인 이익 간의 균형은 무해통항의 원칙에 의해 가장 잘 달성될 수 있다고 하였 다.

78) William T. Burke, *International Law of the Sea*, Lupus Publications Ltd., 1997, Chapter 1, p.73; Scovazzi, p.138.

과통항이 적용되는 해협, 통항이 오래된 국제협약에 의해 규율되는 해협, 해양법
협약에 부합하는 국제협약에 의해 통항이 규율되는 해협, 중간에 공해항로가 있
는 해협, 무해통항이 적용되는 해협이다.

1. 통과통항이 적용되는 해협

해양법협약이 고안해 낸 가장 중요하고도 보편적인 해협통항 제도는 통과통
항이다. 해양법협약이 제37조에서 제44조에 걸쳐 규정한 통과통항은 공해 또는
경제수역의 일부분과 공해 또는 경제수역의 다른 부분을 연결하는 국제항행에 사
용되는 해협의 통항에 적용된다. 자세한 것은 절을 바꿔 살펴본다.

2. 통항이 오래된 국제협약에 의해 규율되는 해협

해양법협약은 제35조 (c)에서 협약 제3부의 국제해협에 관한 협약 규정은
"특정해협에 관하여 장기간에 걸쳐 유효한 국제협약에 따라 통항이 전체적 또는
부분적으로 규제되고 있는 해협의 법제도에는 영향을 미치지 아니한다"고 하였
다. 이것은 해양법협약의 해협 관련 규정의 적용을 배제하는 중대한 예외를 인정
하는 것임에도 불구하고, 협약은 상세한 규정을 두지 않았다. 특히 '장기간'(long-
standing)이란 표현의 모호함이 문제가 될 수 있으나, 분명한 것은 여기에서 말하
는 장기간 유지되어 온 국제협약에 의해 규율되는 국제해협이란 1936년 몬트로협
약(Montreux Convention)에 의해 통과가 규율되고 있는 터키해협과 같은 해협을
지칭한다는 점이다.[79]

3. 해양법협약에 부합하는 국제협약에 의해 통항이 규율되는 해협

해양법협약 제311조 2항은 어떤 해협연안국이 다른 국가와 합의하여 해양법
협약이 규정하고 있는 것과 동등한 정도 또는 보다 자유로운 선박의 통항을 보장
하기로 하였다면 그러한 합의는 그대로 효력을 유지하게 된다고 하였다. 여기에

---

79) Brown, p.86.

해당하는 해협으로는 1979년 3월 26일 체결된 이집트와 이스라엘 간 평화협정에 포함된 티란(Tiran) 해협과 아카바(Aqaba) 만을 들 수 있다. 양국 간 평화협정 제2 조는 티란해협과 아카바 만을 "모든 국가의 방해받지 아니하고 정지되지 아니하는 항해와 상공비행 자유에 개방된 국제수로로 간주한다"고 하였다.[80]

4. 해협 내에 공해항로가 있는 해협

해협 가운데에 공해나 경제수역과 같이 자유로운 통항이 가능한 수역이 존재하는 경우, 그곳을 지나는 선박과 항공기는 항해의 자유와 상공비행의 자유를 누리므로 굳이 연안국의 영해부분 통항에 편의를 제공할 필요는 없다. 해양법협약도 제36조에서 "항행상 및 수로상 특성에서 유사한 편의가 있는 공해 통과항로나 배타적 경제수역 통과항로가 국제항행에 이용되는 해협 안에 있는 경우, 이 부를 그 해협에 적용하지 아니한다"고 하였다.[81]

5. 무해통항이 적용되는 해협

해양법협약 제45조 1항은 어떤 연안국의 본토와 섬에 의해 형성된 해협으로 섬의 해양 쪽에 유사한 편의를 가진 공해나 경제수역 항로가 있는 해협과 공해 또는 경제수역의 한 부분과 외국 영해를 연결하는 해협에는 무해통항이 적용된다고 하였다. 해양법협약 제38조 1항은 해협이 해협연안국의 섬과 본토에 인해 형성되어 있는 경우, 항해상 또는 수로상의 특성에 있어서 섬의 바다 쪽에 유사한 편의를 가진 공해 통과항로나 경제수역 통과항로가 있는 해협에는 통과통항을 적용하지 않는다고 하였는데, 통과통항에 대한 이러한 예외는 섬에 의해 해협이 형성된 경우에 인정되는 예외이므로 '섬의 예외'(island exception) 또는 '메시나 조항'(Messina clause)이라고 부른다.[82] 세계에는 연안국의 본토에 가까이 위치한 섬들이 무수히

---

80) 이집트와 이스라엘 간 평화협정은 양국 간 협정이지만, 아카바 만과 티란해협 통항과 관련하여 '모든 국가'(all nations)에게 일정한 권리를 부여하려는 당사국들의 의사가 담겨져 있다.

81) Brown, p.88; Scovazzi, pp.143-144.

82) *Ibid.*(Scovazzi), p.143; W. Michael Reisman, "The Regime of Straits and National Security: An Appraisal of International Lawmaking," *AJIL*, vol.74, 1980, pp.65-67. '섬의

많기 때문에, 이 조항에 따라 수많은 해협에 정지되지 아니하는 무해통항이 적용될 수 있다.[83] 해양법협약은 제45조 1항 (b)에서 공해 또는 경제수역의 한 부분과 외국 영해 사이의 해협에도 무해통항 제도가 적용된다고 하였는데, 이 규정은 1958년 영해협약의 입장을 계승한 것이다.

IV. 통과통항

1. 의 미

1958년 제1차 유엔해양법회의 이후 제3차 유엔해양법회의가 열린 1970년대 초까지 많은 연안국들은 영해의 확대, 경제수역과 군도수역 창설 등을 통하여 해양관할권을 확대해 왔다. 반면에 해양강대국들은 영해제도와 분리된 새로운 해협통항제도의 수립을 원하였고, 특히 해군의 기동성을 중시하였던 미국과 소련은 자유로운 해협통항제도의 확립을 협약타결의 전제조건으로 삼았다. 결국 양측 간에 타협이 이루어져, 해협에는 "자유로운 통과와 정상적인 항해"(free transit and normal navigation)를 보장하는 통과통항(Transit Passage) 제도가 도입되었다.[84]

2. 내 용

해양법협약은 제37조에 통과통항 제도의 적용범위에 관한 규정을 두어, "이 절은 공해나 배타적 경제수역의 일부와 공해나 배타적 경제수역의 다른 부분 간의 국제항행에 이용되는 해협에 적용한다"고 하였다. 이는 통과통항 제도의 적용을 위해 두 가지 조건 즉 해협이 공해나 경제수역의 한 부분과 공해나 경제수역의 다른 부분을 연결해야 한다는 지리적 조건과 해협이 '국제항행'에 사용되어야 한

예외' 또는 '메시나 조항'이 적용되는 해협으로는 아프리카의 탄자니아 본토와 펨바(Pemba) 섬에 의해 형성된 펨바 해협도 있다.

83) *Ibid.*(Scovazzi), p.143. 이 조항은 본토와 섬이 서로 다른 국가의 영역에 속하는 해협에는 적용되지 않으며, 한 국가의 영역에 속하는 두 개의 섬에 의해 해협이 형성된 곳에서는 보다 큰 섬을 분명히 그 국가의 '본토'로 인정할 수 있는 경우에만 이 조항은 적용될 수 있다.

84) Burke, Chapter 1, p.73; Churchill and Lowe, pp.90-91.

다는 기능적 조건을 제시한 것이다. 이러한 두 가지 조건은 ICJ의 1949년 코르푸 해협사건 판결에서 제시된 기준들이다.[85]

오늘날 대표적인 해협통항 제도인 통과통항은 공해 또는 경제수역과 다른 공해 또는 경제수역 사이의 국제항행에 사용되는 해협에 적용된나(해양법협약 제37조, 제38조). 다시 말해 통과통항은 두 개의 통칭이 자유로운 바다, 즉 통항에 있어서 공해의 법질서가 적용되는 바나를 연결하는 해협에 적용되며, 무해통항에 비해 자유로운 항해와 상공비행을 보장하고 있다.

통과통항의 도입으로 해협통항제도에는 많은 변화가 있었다. 첫째, 과거 무해통항이 적용될 때에는 많은 국가들이 군용선박과 항공기에게 사전동의를 얻도록 요구했지만, 이제는 이를 요구할 수 없게 되었다. 둘째, 무해통항에서는 잠수함의 경우 물위에 떠서 국기를 게양하고 항해하여야 하였지만, 통과통항에서는 더 이상 그럴 필요가 없어졌다. 셋째, 연안국은 어떠한 경우에도 통항을 정지시키지 못하게 되었다.

3. 선박과 항공기의 의무

해양법협약 제39조는 1항에서 선박과 항공기가 통과통항권을 행사함에 있어서 지켜야 할 의무를 몇 가지 규정하였다. 첫째, 해협 또는 그 상공을 지체 없이 항진하여야 한다. 둘째, 해협연안국의 주권, 영토보전 또는 정치적 독립에 반하거나 또는 유엔헌장에 나타나 있는 국제법 원칙에 위반되는 무력의 위협이나 무력의 행사를 자제한다. 셋째, 불가항력 또는 조난으로 인하여 필요한 경우를 제외하고는 계속적이고 신속한 통과에 관한 통상적인 방식에 따르지 아니하는 활동은 자제해야 한다. 통과통항 중에 있는 선박과 항공기에게 요구되는 통과의 '정상적인 방식'(normal mode)에 관하여 해양법협약은 아무런 규정도 두지 않았다. 필요한 것은 선박과 항공기별로 정상적이거나 일상적인 통항방식을 정하는 것이다. 일반적인 형태의 선박들은 수면 위로 통항하는 것이 정상적인 방식이지만, 잠수함의 경우에는 잠수통과가 포함되어야 한다. 호버크래프트 등 특수한 항행기기의

---

85) Satya N. Nandan and Shabtai Rosenne(eds.), *United Nations Convention on the Law of the Sea 1982: A Commentary*, vol. II , 1993, p.317.

경우에도 그 특성에 따라 정상적인 방식으로 항행할 권리를 갖는다. 항공기의 경우에 정상적인 통과방식이란 주어진 상황에 적합한 고도와 속도를 유지하는 것이다.[86]

4. 연안국의 권한

(1) 항로대 지정과 통항분리방식 설정

해양법협약 제41조는 해협연안국에게 국제항행에 사용되는 해협에 항로대를 지정하고 통항분리방식을 설정할 수 있는 권한을 주었다. 항로대 지정 및 통항분리방식 설정과 관련하여 해협연안국이 가지는 권한은 매우 광범위하여 남용 시 통과통항권은 유명무실한 것이 될 수 있다. 따라서 협약은 항로대와 통항분리방식 제안은 일반적으로 수락된 국제규칙을 반영한 것이어야 하며(협약 제41조 3항), 국제해사기구(IMO)와 다른 해협연안국의 동의를 얻어야 하고(동조 4항), 외국 선박 간에 차별하면 아니 되며(제42조 2항), 연안국이 취한 모든 조치는 실제로 통과통항을 방해하거나 정지시키면 아니 된다고 하였다(제44조).

(2) 법령제정권

해양법협약은 제42조에서 해협연안국이 통과통항에 관한 법령을 채택할 수 있는 활동을 열거하고, 외국 선박은 통과통항권 행사 시 그러한 법령을 준수해야 한다고 하였다. 나아가 주권면제 선박이나 항공기가 그러한 법령에 어긋나는 행동을 하여 연안국에게 피해를 준 경우에는 그 기국이 책임을 부담한다고 하였다. 해양법협약 제42조 2항은 해협연안국의 법령제정권을 제약하는 두 가지 지침을 담고 있다. 그것은 해협연안국이 제정한 법령은 외국선박을 형식상 또는 실질상 차별하지 않아야 한다는 것과 해협연안국이 제정한 법령은 적용에 있어서 통과통항권을 부정·방해·침해하는 실질적인 효과를 초래하지 않아야 한다는 것이다.

---

86) *Ibid.*, p.342.

V. 우리나라의 해협

우리나라는 두 개의 국제해협을 가지고 있다. 대한해협은 23해리의 너비를 가지고 있으며 제주해협은 너비가 14해리이다. 대한해협은 우리나라와 일본 대마도 사이에 있는 해협이다. 일본은 1977년 5월 영해법에서 12해리 영해를 설정하였는데, 대한해협에는 다른 4개의 주요 해협에서와 마찬가지로 3해리 영해를 설치하였다. 이러한 일본의 조치가 있은 후 우리나라도 1977년말 제정된 영해법과 1978년의 동 시행령에서 대한해협에 3해리 영해를 설정하였다.[87] 따라서 현재 대한해협에는 통항이 자유로운 항로대가 존재하므로 통항하는 선박들은 자유롭게 통과할 수 있다. 그러나 이곳의 영해도 3해리 이상으로 확대해야 한다는 주장도 있다.

전통적으로 국제항해에 사용되어 온 대한해협과 달리, 제주해협은 국제항해에 그다지 중요한 통로가 아니다. 한때 우리나라는 직선기선을 제주도까지 연결하여 제주해협을 내수로 편입시키려 하였으나 포기하고 현재는 내수가 아닌 영해에 포함되어 있다.[88] 따라서 제주해협을 지나는 외국선박들은 '정지되지 아니하는 무해통항권'을 누린다는 것이 우리나라의 입장이다. 그러나 주변의 다른 국가들은 제주해협을 통과통항이 적용되는 국제해협이라 보고 있다.

‖ 제6절 ‖ 대 륙 붕

I. 서 론

지질학에서는 육지에 인접한 해저를 세 부분으로 나눈다. 해안으로부터 수심

---

87) Park, p.142.
88) *Ibid.*

130미터에서 200미터에 이르는 지점까지는 완만한 경사를 보이는데 이곳을 대륙붕(continental shelf)이라고 한다. 대륙붕을 지나 수심 1,200미터에서 3,500미터에 이르는 보다 경사가 급한 부분은 대륙사면(continental slope)이라 하며, 대륙사면을 넘어 수심 3,500미터에서 4,000미터에 이르는 퇴적층으로 구성되어 있는 비교적 완만한 경사를 이루고 있는 부분은 대륙대(continental rise)라고 한다. 그리고 대륙붕과 대륙사면, 대륙대는 대륙변계(continental margin)를 구성하는바, 대륙변계는 전체 해저면적의 5분의 1 정도를 차지하고 있다.[89]

국제법상 대륙붕에 대한 정의는 상기한 지질학에서의 정의와는 차이가 있다. 대륙붕이 국제법적인 제도로 처음 자리를 잡기 시작하던 때에는 지질학에서의 정의와 유사한 부분이 많았지만, 해양에 대한 연안국의 관할범위가 확대되면서 대륙붕의 범위는 지질학적인 대륙붕에서 벗어나 대륙변계로 확대되었고 그에 따라 대륙붕의 법적인 정의도 달라졌다.

1945년 미국의 트루먼선언으로 처음 등장하여 1958년 대륙붕협약에 의하여 성문화된 대륙붕제도는 1970년대 배타적 경제수역(EEZ) 제도의 등장으로 한때 존폐의 기로에 서기도 하였다. 하지만 그 육지영토의 자연적 연장이 영해기선에서 200해리 너머까지 발달되어 있는 연안국들은 그들의 권리를 쉽게 포기하려 하지 않았다. 오히려 1982년 해양법협약을 통해 연안국들은 대륙변계가 발달해 있는 경우에는 영해기선에서부터 200해리 너머까지 대륙붕의 바깥한계를 넓혀갈 수 있게 되었다. 그러나 이런 광역대륙붕을 가진 국가들은 관련 자료와 정보를 대륙붕한계위원회(Commission on the Limits of the Continental Shelf: CLCS)에 제공하여 심사를 받아 그 권고에 입각하여 대륙붕의 외측한계를 정하게 되었다.

해양법협약에 의하면 대륙붕에 대한 연안국의 권한은 주권(sovereignty)이 아니라 주권적 권한(sovereign right)이다. 연안국은 그 영해에서, 무해통항권을 제외하고는, 영토에 대한 주권에 준하는 완전한 주권을 가진다. 그러나 연안국이 대륙붕과 경제수역에서 가지는 주권적 권한은 성격상 기능적인 것이고 특정한 활동에 한정된 것이어서 차이가 있다.[90]

---

89) Sohn and Noyes, pp.495-496; Churchill and Lowe, p.141.

90) *Restatement*, § 511, Comment b.

II. 연 혁

20세기에 들어서면서부터 연안국이 해저와 지하를 포함하는 영해의 자원에 대하여 배타적인 권리를 갖는다는 인식은 이미 일반화되었으며, 그러한 연장선상에서 일부 공해의 해저도 한 국가의 실효적인 점유의 대상이 될 수 있다는 인식이 생겨났다. 1942년 영국(트리니다드토바고)과 베네수엘라가 체결한 파리아만(Gulf of Paria)에서의 「해양 및 해저지역 경계획정 조약」은 영해 너머 만의 대륙붕을 양국 간에 나누는 것으로, 이전의 국가관행에서 벗어나 인접국의 해저광물자원 개발에 대한 배타적인 권리를 염두에 둔 것이었다.91)

1945년 9월 28일 미국은 대륙붕의 해저와 지하의 천연자원에 관한 미국의 정책을 밝히는 「트루먼선언」(Truman Proclamation)을 발표하였는데, 이것이 대륙붕에 대한 연안국 최초의 체계적인 관할권 주장이었다. 여기에서 미국은 대륙붕에 인접해 있는 국가의 대륙붕의 지하와 해저 천연자원에 대한 관할권 행사는 자원 활용의 효율성 확보와 대륙붕이 연안국 대륙괴(land mass of the coastal nation)의 연장이란 근거에서 합리적이고 정당하다고 하였다.92) 트루먼선언 이후 다른 국가들의 대륙붕 관련 주장들이 이어졌다. 그중에는 대륙붕의 자원에 대한 관할권을 주장하는 국가가 있는가 하면, 대륙붕 자체에 대한 관할권을 주장하는 국가도 있었으며, 일부 라틴아메리카 국가들은 대륙붕만이 아니라 그 상부수역과 수역 상공에 대해서도 관할권을 주장하였다.93)

1958년 제1차 유엔해양법회의(UNCLOS I)가 개최될 때에는 이미 20여 개 국가가 대륙붕과 관련하여 주장을 제기해 놓은 상태이었기 때문에 회의에서는 연안

---

91) Churchill and Lowe, pp.142-143. 영국은 실론 연안에서의 진주조개잡이에 대하여, 프랑스는 튀니지연안 영해이원 수역에서의 해면어업에 대하여 일정한 권리를 주장하였다.

92) Policy of the United States with Respect to the Natural Resources of the Subsoil and Sea Bed of the Continental Shelf, United States Presidential Proclamation 2667, Sep.28, 1945. 선언에 첨부된 언론보도문에 의하면 여기서 대륙붕이란 수심이 100 fathom, 즉 600 피트에 달하는 곳까지를 고려하였다고 한다.

93) Churchill and Lowe, pp.143-144. 트루먼선언 이후 국가들의 실행이 일관된 모습을 보이지 못하였기 때문에, 1951년 아스퀴스경(Lord Asquith)은 대륙붕 이론은 아직 국제법규칙으로서 확고한 지위를 획득하지 못하였다고 하였다.

국이 그 연안의 대륙붕에 대하여 일정한 권리를 가진다는 제안은 쉽게 받아들여
졌다. 그 결과 제1차 유엔해양법회의는 「대륙붕협약」을 채택하게 되는데, 협약에
따르면 연안국은 영해 외측 수심 200미터까지의 지점이나 천연자원의 개발이 가
능한 곳까지를 그 대륙붕으로 할 수 있다고 하였다.

1972년 시작된 제3차 유엔해양법회의 초기에는 관할수역의 범위가 유사하고
보다 포괄적인 경제적 관할권인 EEZ제도의 등장으로 대륙붕 제도는 폐지해야 한
다는 주장이 제기되기도 하였다. 그렇지만 교섭과정을 거쳐 대륙붕 제도는 보다
복잡하고 확대된 제도로 존속하게 되었다.

Ⅲ. 범　위

지질학에서 육지에 인접한 해저를 해저지형과 수심을 기준으로 대륙붕, 대륙
사면, 대륙대의 세 부분으로 나누어 온 것은 앞에서 설명하였다. 그렇지만 국제법
에서 말하는 대륙붕의 정의와 범위는 지질학에서와는 차이가 있으며, 그 범위는
국제법이 정하는 바에 따라 달라져 왔다.

1945년 미국은 트루먼선언을 통해 대륙붕의 해저와 지하의 천연자원에 대한
연안국의 관할권을 주장하면서 자원활용의 효율성 확보와 대륙붕이 연안국의 자
연적 연장인 것을 그 근거로 제시하였다. 그렇지만 당시 미국은 대륙붕의 외측한
계와 관련하여 거리나 수심 등 구체적인 기준을 제시하지 않았다.

1958년 대륙붕협약은 제1조에서 대륙붕이란 연안국의 해안과 섬에 인접한
영해 외측 수심 200미터까지의 지점이나 천연자원의 개발이 가능한 곳까지라고
하였다.[94] 그러나 이러한 규정은 개발가능성(exploitability)이란 상대적 기준 때문
에 비판을 받았다. 새로운 기술의 발달에 따라 대륙붕의 외측한계는 점차 해양 쪽
으로 확대될 것이 분명하였으며, 개발가능성도 그것이 연안국의 능력인지 아니면
다른 국가들의 능력까지 의미하는지 불명확하였기 때문이다. 1969년 북해대륙붕

---

94) *Ibid.*, pp.124-125. 대륙붕에 대한 정의와 관련하여 1958년 제1차 유엔해양법회의를 앞두
　고 국제법위원회(ILC)에서는 수심 200미터와 개발가능성 중 어떤 기준을 선택할지에 관하
　여 많은 논의가 있었다. 결국 국제법위원회는 수심 200미터와 개발가능성이란 2중 기준을
　담고 있는 초안을 제출하였으며 결국 그 제안이 받아들여졌다.

사건에 대한 국제사법재판소(ICJ)의 판결은 대륙붕 개념에 큰 영향을 미쳤다. 판결에서 재판소는 대륙붕협약의 대륙붕에 대한 정의를 거부하고 대륙붕은 '국가영토의 자연적 연장'(natural prolongation of land territory)이라고 하여 해저지형이 중요한 요소임을 분명히 밝혔다.[95]

제3차 유엔해양법회의에서 대륙붕의 정의 내지 외측한계에 관한 합의에 이르는 길은 순탄하지는 않았다. EEZ의 등장으로 200해리 거리기준이 대륙붕 제도에 영향을 미치게 되면서, 대륙붕의 외측한계도 200해리로 제한하자는 의견과 대륙붕을 대륙변계 끝까지 인정해야 한다는 견해가 대립하였다. 결국 1982년 해양법협약은 대륙붕을 EEZ에서 사용된 200해리 거리기준과 국제관습법이 지지해 온 대륙변계라는 지질학 개념을 사용하여 정의하였다.

해양법협약은 제76조 1항에서 연안국의 대륙붕은 육지영토의 자연적 연장을 통하여 대륙변계의 바깥 끝까지, 대륙변계의 바깥 끝이 기선에서부터 200해리에 미치지 못하는 경우에는 영해기선으로부터 200해리에 이르는 해저지역의 해저 및 지하라고 정의하였다. 여기서 말하는 대륙변계란 대륙붕·대륙사면·대륙대를 포괄하는 개념이며, 대륙변계가 200해리를 넘어서도 발달된 경우에는 대륙붕의 바깥 끝을 정하는 데에는 매우 복잡한 규칙이 적용된다. 즉 퇴적암의 두께가 대륙붕 외측한계로부터 대륙사면까지의 거리의 최소한 1%가 되도록 하거나, 대륙붕 바깥 끝에서 대륙사면 하단까지의 거리가 60해리를 넘지 않도록 해야 한다. 그러나 대륙붕의 바깥 끝은 기선에서 350해리 또는 2,500미터 등수심선(isobath)에서 100해리를 초과하지 못한다. 해양법협약은 제76조에서 대륙붕의 정의에 대하여 규정한다고 하였지만 실제로는 연안국의 대륙붕에 대한 권원과 그 범위를 정하는 데 관한 규칙들을 담고 있다. 해양법협약 제76조를 인용하면 다음과 같다.

1. 연안국의 대륙붕은 영해 밖으로 영토의 자연적 연장에 따라 대륙변계의 바깥 끝까지, 또는 대륙변계의 바깥 끝이 200해리에 미치지 아니하는 경우, 영해기선으로부터 200해리까지의 해저지역의 해저와 하층토로 이루어진다.
2. 연안국의 대륙붕은 제4항부터 제6항까지 규정한 한계 밖으로 확장될 수 없다.
3. 대륙변계는 연안국 육지의 해면 아래쪽 연장으로서, 대륙붕·대륙사면·대륙융기의 해저와 하층토로 이루어진다. 대륙변계는 해양산맥을 포함한 심해대양저나 그 하층

---

95) *North Sea Continental Shelf Cases, ICJ Reports*, 1969, p.47.

토를 포함하지 아니한다.

4. (a) 이 협약의 목적상 연안국은 대륙변계가 영해기선으로부터 200해리 밖까지 확장되는 곳에서는 아래 선 중 어느 하나로 대륙변계의 바깥 끝을 정한다.

　　(i) 퇴적암의 두께가 그 가장 바깥 고정점으로부터 대륙사면의 끝까지를 연결한 가장 가까운 거리의 최소한 1퍼센트인 가장 바깥 고정점을 제7항에 따라 연결한 선

　　(ii) 대륙사면의 끝으로부터 60해리를 넘지 아니하는 고정점을 제7항에 따라 연결한 선

　(b) 반대의 증거가 없는 경우, 대륙사면의 끝은 그 기저에서 경사도의 최대변경점으로 결정된다.

5. 제4항 (a) (i)과 (ii)의 규정에 따라 그은 해저에 있는 대륙붕의 바깥 한계선을 이루는 고정점은 영해기선으로부터 350해리를 넘거나 2,500미터 수심을 연결하는 선인 2,500미터 등심선으로부터 100해리를 넘을 수 없다.

IV. 대륙붕한계위원회

　　해양법협약 제76조는 8항에서 "연안국은 영해기선으로부터 200해리를 넘는 대륙붕의 한계에 관한 정보를 공평한 지리적 배분의 원칙에 입각하여 제2부속서에 따라 설립된 대륙붕한계위원회(Commission on the Limits of the Continental Shelf: CLCS)에 제출한다"고 하였으며, 연안국이 위원회의 권고를 기초로 확정한 대륙붕의 한계는 최종적이며 구속력이 있다고 하였다. CLCS의 가장 중요한 임무는 대륙붕의 외측한계가 200해리 밖으로 확장되는 지역에 있어서의 대륙붕의 외측한계에 관한 연안국의 제출문서를 심사하여 권고하는 것이다.

　　해양법협약 제2부속서 제4조는 연안국이 제76조에 따라 200해리 이원으로 자국 대륙붕의 외측한계를 설정하려고 하는 경우에는 한계의 상세사항을 과학적·기술적 자료와 함께 위원회에 제출하도록 하였다. 그리하여 연안국들은 2009년 5월 13일까지 문서를 제출하였다.[96]

96) 2008년 6월 제18차 유엔해양법협약 당사국회의에서는 '예비정보'(preliminary information)의 제공으로도 시한 내에 문서제출이 이루어진 것으로 보기로 하였다. 이는 일부 개발도상국들이 재원과 전문성의 부족으로 문서준비에 어려움을 겪고 있음을 감안한 결정이었다.

　　CLCS는 각국이 제출한 자료들을 심사하여 대륙붕 외측한계 설정에 관련된 사항에 관하여 연안국에 권고하며 이러한 권고를 기초로 연안국이 확정한 대륙붕의 한계는 최종적이며 구속력을 가진다. 그런데 CLCS 의사규칙 제46조와 동 제1부속서에 따르면 대안국이나 인접국 간 대륙붕경계획정과 관련하여 분쟁이 있거나 영토 또는 해양관련 분쟁이 있는 경우에는 위원회는 제출한 자료를 심사하지 않는다고 하였다.[97]

　　CLCS의 권고를 기초로 연안국이 설정한 대륙붕의 한계는 최종적이며 구속력을 가진다고 하지만, 그러한 권고는 연안국의 대륙붕에 대한 권원에 관한 것일 뿐 연안국의 대륙붕의 범위를 정하는 것은 아니다. 인접국 또는 대안국 간의 대륙붕 경계획정은 CLCS의 권고와는 직접적인 관계가 없으며, 경계획정은 연안국 간 협의를 통해 별도로 추진되어야 한다.

　　CLCS가 각국의 제출문서를 심사하고 권고하는 데에는 많은 시간이 소요될 것이며, 2035년은 되어야 모든 제출문서를 처리할 수 있으리라는 예상도 있다. 따라서 연안국들의 200해리 이원 광역대륙붕의 정확한 범위가 정해지기까지는 상당한 시간이 필요하지만, 연안국 기준선에서 200해리 이원에 위치한 전체 외측대륙붕(outer continental shelf)의 총면적은 1,500만㎢에 달하는 것으로 예측되고 있다.[98]

---

97) 한국이 제출한 문서도 주변국가들 특히 일본이 동중국해에 해양분쟁이 존재한다는 이유에서 심사에 반대하였기 때문에 심사가 이루어지지 못하고 있다.

98) 전 세계 배타적 경제수역의 총면적이 8,500만㎢이고 국제심해저기구가 관할하는 심해저의 총면적이 대략 2억 6,000만㎢에 달하는 것을 감안할 때 외측대륙붕의 크기는 결코 작지가 않다. 호주는 600만㎢의 200해리 경제수역에 340만㎢의 외측대륙붕(OCS), 뉴질랜드는 408만㎢의 200해리 경제수역에 170만㎢의 외측대륙붕, 캐나다는 275만㎢의 200해리 경제수역에 130만㎢의 외측대륙붕, 미국은 1135만㎢의 200해리 경제수역에 100만㎢의 외측대륙붕, 인도는 230만㎢의 경제수역에 100만㎢의 외측대륙붕, 브라질은 366만㎢의 경제수역에 92만6000㎢의 외측대륙붕을 갖게 될 것으로 예상된다. Lindsay Parson, "Non- living and Living Resources of the Seafloor beyond 200 Nautical Miles and Their Significance for Application of Article 82 of the United Nations Convention on the Law of the Sea," *Background Paper for International Seabed Authority Discussion Forum-Chatham House*, January 2009, pp.8-10.

V. 연안국의 권리

대륙붕에 대한 연안국의 권리는 주권적 권한(sovereign right) 또는 관할권(jur-isdiction)이라고 부른다. 영해에 대한 연안국의 권한이 주권(sovereignty)인 데 비하여 EEZ와 대륙붕에 대한 연안국의 권한을 주권적 권한 또는 관할권이라고 부르는 것은 이들 경제적 관할수역에 대한 연안국의 권한은 당해 수역의 자원에 대한 기능적 관할권이기 때문이다.

대륙붕은 원래 공해의 해저이었기 때문에 이곳에 대한 연안국의 권한은 처음부터 매우 제한적이었다. 대륙붕은 공해의 자유를 최대한 보장하면서 연안국들의 해저자원에 대한 관할권을 보장하기 위해 등장하였기 때문에, 대륙붕에 대한 연안국의 권한은 해저와 지하의 자원에 대한 권한으로 한정되었고 다른 문제에 있어서는 공해의 자유가 유지되게 된 것이다. 대륙붕에 대한 연안국의 권리에 관한 해양법협약 제77조를 인용하면 다음과 같다.

1. 연안국은 대륙붕을 탐사하고 그 천연자원을 개발할 수 있는 대륙붕에 대한 주권적 권리(sovereign rights)를 행사한다.
2. 제1항에 언급된 권리는 연안국이 대륙붕을 탐사하지 아니하거나 그 천연자원을 개발하지 아니하더라도 다른 국가는 연안국의 명시적인 동의 없이는 이러한 활동을 할 수 없다는 의미에서 배타적 권리이다.
3. 대륙붕에 대한 연안국의 권리는 실효적이거나 관념적인 점유 또는 명시적 선언에 의존하지 아니한다.
4. 이 부에서 규정한 천연자원은 해저와 하층토의 광물, 그 밖의 무생물자원 및 정착성 어종에 속하는 생물체, 즉 수확가능단계에서 해저표면 또는 그 아래에서 움직이지 아니하거나 또는 해저나 하층토에 항상 밀착하지 아니하고는 움직일 수 없는 생물체로 구성된다.

해양법협약 제77조는 1항에서 연안국이 대륙붕을 탐사하고 천연자원을 개발할 수 있는 주권적 권리를 가짐을, 2항에서는 연안국의 명시적인 동의가 없이는 대륙붕을 탐사하거나 그 천연자원을 개발할 수 없다는 의미에서 대륙붕에 대한 연안국의 권리는 배타적인 권리임을, 3항에서는 대륙붕에 대한 연안국의 권리는 실효적이거나 관념적인 점유 또는 선언에 의존하는 것이 아님을 밝히고 있다. 4항은 대륙붕 연안국의 배타적 관할권이 미치는 자원에는 해저와 지하의 광물자원과 무생물자원, 해저 표면이나 지하에 살거나 항상 그곳에 붙어 움직이는 생물인 정착성생물자원(sedentary species)이 포함된다고 하였다.

연안국은 대륙붕개발을 위해 인공섬이나 시설물을 건설·사용할 권한을 가지며 이들 시설을 보호하기 위해 반경 500미터를 초과하지 않는 범위 내에서 주변에 안전수역(safety zone)을 설치할 수 있다(협약 제80조, 제60조).

VI. 다른 국가들의 권리

해양법협약 제78조는 대륙붕의 상부수역과 상공의 법적 지위 및 다른 국가의 권리와 자유에 대하여 다음과 같이 규정하였다.

1. 대륙붕에 대한 연안국의 권리는 그 상부수역이나 수역 상공의 법적 지위에 영향을 미치지 아니한다.
2. 대륙붕에 대한 연안국의 권리행사는 다른 국가의 항행의 권리 및 이 협약에 규정한 다른 권리와 자유를 침해하거나 부당한 방해를 초래하지 아니한다.

대륙붕은 본래 공해이었던 곳이므로, 대륙붕협약에 이어 해양법협약에서도 연안국의 배타적인 자원관할권은 인정하되 그 상부수역과 상공의 법적 지위에는 변화가 없도록 하여 조화를 모색하였다. 또한 해양법협약체제에서 대륙붕의 상부수역은 연안국의 EEZ이거나 공해이므로 다른 국가의 항행의 권리와 기타의 권리 및 자유를 침해하지 않도록 하였다.

해양법협약은 제79조에서 국가들은 다른 연안국의 대륙붕 해저에 전선(cable)과 관선(pipeline)을 부설할 권리를 가지며, 연안국은 이러한 전선이나 관선의 부설이나 유지를 방해할 수 없다고 하였다. 또한 대륙붕에 관선부설 시 그 경로의 설정은 연안국의 동의를 받아야 하며, 이미 설치된 전선이나 관선이 있는 경우에는 이를 적절히 고려해야 한다고 하였다.

Ⅶ. 동중국해 대륙붕 문제

동북아시아 각국이 대륙붕 문제에 대해 본격적으로 관심을 가지게 된 것은 1969년 유엔극동경제위원회(ECAFE)가 동중국해와 황해가 세계에서 가장 유망한 유전이 될 가능성이 높다는 보고서를 발표하면서부터이다. 그 후 각국은 대륙붕에 관한 국내법을 서둘러 제정하고 해저광구를 설치하였으므로 각국이 설정한 광구들은 곳곳에서 중복되었다.

해양자원개발을 촉진하기 위하여 한국과 일본은 1974년 1월 30일 「대한민국과 일본국 간의 양국에 인접한 대륙붕 북부구역경계획정에 관한 협정」(북부대륙붕협정)과 「대한민국과 일본국 간의 양국에 인접한 대륙붕 남부구역공동개발에 관한 협정」(남부대륙붕협정)에 서명하였으며, 이들 협정은 1978년 6월 22일 효력발생에 들어갔다.[99] 그중에 남부대륙붕협정은 양국의 대륙붕 주장이 중복되는 82,000㎢의 동중국해 해저와 지하를 공동으로 개발한다는 내용의 합의이므로 「한일대륙붕공동개발협정」(대륙붕공동개발협정)이라고 한다.

한일대륙붕공동개발협정이 효력발생에 들어간 후 초기에는 양국 간 대화와 합의를 통해 일부 구역에서 탐사활동이 이루어지기도 하였다. 그러나 최근에는 일본 측의 소극적인 태도로 탐사 및 개발작업이 제대로 수행되지 못하는 가운데 협정의 종료시점이 다가오고 있다. 협정의 종료시점인 2028년 이후를 대비하기 위해 양국은 해양경계획정에 관한 새로운 합의를 시도할 수 있다. 하지만, 육지영토의 자연적 연장에 따른 경계획정을 주장하는 우리나라의 입장과 중간선에 따른 경계획정을 주장하는 일본의 입장 사이에 쉽사리 타협이 이루어질 가능성은 낮아 보인다. 우리나라로서는 오늘날 대륙붕경계획정에서 기준선에서 200해리 이내인 수역에서도 해저의 단절이 있는 경우에는 이를 존중해야 한다는 주장을 유지하되, 기존의 협정인 1974년 협정의 취지를 계승하여 공동개발의 골격은 유지하면서 보다 효율적으로 자원개발이 추진될 수 있도록 보완조치를 강구해 나아가는 방안도 고려할 필요가 있다.

---

99) 북부대륙붕협정은 전문과 4개 조문으로 되어 있으며 합의의사록이 첨부되어 있는데, 제주도 동북수역과 대한해협을 거쳐 동해 남부 일정수역까지 중간선에 의해 한일 양국 간 대륙붕 경계를 획정하였다.

〈지도 9-1〉 한일 대륙붕 공동개발구역

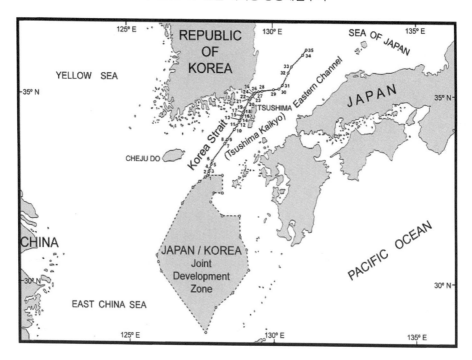

‖ 제7절 ‖ 배타적 경제수역

Ⅰ. 서 론

해양과학기술의 발달로 인한 해양사용 방법의 다양화와 해양사용 범위의 광역화는 국제해양질서에 커다란 변화를 가져왔다. 대륙붕 제도가 해저에서의 석유탐사 및 개발 관련 기술의 발달로 인하여 등장하였듯이, 배타적 경제수역(Exclusive Economic Zone: EEZ) 제도는 원양에서의 어업관련 기술의 발달과 냉동선의 등장으로 원양이나 다른 연안국 근해에서 대규모 어로활동이 가능해지면서 나타났다. 개발도상의 연안국들은 그들의 어업과 경제적 이익을 지키기 위한 수단으로 EEZ를 통해 관할수역을 확대하는 방법을 선택한 것이다.[100) EEZ제도가 등장하게 된 또 하나의 배경은, 이 제도가 해양생물자원을 남획으로부터 지켜 내어서 해양의 공유물의 비극을 막아 낼 수 있으리라는 기대였다. 세계 수산자원의 대부분은 해안에서 200해리 이내에 존재하므로, EEZ가 도입되면 연안국들에 의해 보다 효율적인 자원관리가 이루어질 것으로 기대되었던 것이다.[101)

EEZ는 기선에서 200해리에 달하는 수역에서 연안국의 자원에 대한 주권적 권리(sovereign right)을 인정해 주기 위하여 도입된 것으로, 제3국은 그 수역에서 공해에서 누리던 항해, 상공비행, 해저전선과 도관부설의 자유를 그대로 누리도록 되어 있었다. 하지만 오늘날 EEZ에서의 연안국의 권한은 해양의 영토화 추세 가운데 빠른 속도로 강화되어 가고 있다. 연안국의 EEZ에 대한 관할권은 수산자원과 같은 자원관할권 분야는 물론이고 해양환경보호, 해적활동 억제 등 해양보안과 안보 분야에서도 강화되고 있다.[102)

II. 연 혁

미국은 1945년 대륙붕에 관한 정책을 발표하면서 연안에서의 어업에 관한 정책도 밝혔다. 미국은 「공해 일부 지역에서의 연안어업에 관한 미국의 정책」(Policy of the United States with Respect to Coastal Fisheries in Certain Areas of the High Seas) 이라는 명칭의 선언에서 어업자원의 보존과 보호를 위한 절박한 필요에 따라, 대규모로 어로활동이 이루어져 온 미국 연안에 인접한 공해수역에 '보존수역'(conservation zone)을 설치하는 것이 적절하다고 하였다. 이 선언은 실행에 옮겨지지는 않았지만 남미국가들의 200해리 수역 주장에 빌미가 되었다.

남미대륙의 태평양연안 국가들에게 대륙붕 제도는 거의 아무런 경제적 이득도 가져다 주지 않았다. 그 해안에는 지질학적 대륙붕이 발달해 있지 않았고, 대

---

100) Sohn and Noyes, p.533.
101) Rothwell and Stephens, p.82.
102) *Ibid.*, pp.82-83.

류붕 제도로는 그들의 주된 관심대상인 연안의 수산자원을 독점할 수도 없었다. 따라서 남미국가들은 1947년 칠레를 선두로 200해리 수역을 주장하기 시작하였고, 1952년에는 「산티아고 선언」(Santiago Declaration)을 통해 이를 공동으로 선언하기도 하였다.[103] 남미국가들에 의해 주장되기 시작한 200해리 수역은 점차 오늘날의 경제수역과 유사한 모습으로 변모되면서 확산되어 갔다. 배타적 경제수역(EEZ)이란 용어는 1972년 1월 나이지리아의 라고스에서 있었던 아시아·아프리카법률자문회의(Asian-African Legal Consultative Committee)에서 케냐 대표가 처음으로 사용하였다. 그 후 200해리 경제수역은 아프리카와 아시아의 많은 개발도상국들의 지지를 받게 되었으며, 케냐는 1972년 심해저위원회에 이를 공식적으로 제안하였다.

1973년 개막된 제3차 유엔해양법회의에서 배타적 경제수역은 라틴아메리카 국가들이 제안한 '세습수역'(Patrimonial Sea) 개념을 포섭하여 광범위한 지지를 얻게 되었다. 그리하여 1974년 정도에는 오늘날의 EEZ와 유사한 내용을 갖게 되었고, 1975년 이후에는 이 제도에 반대하는 국가가 없어졌다. 그리하여 국제사법재판소(ICJ)는 1985년 리비아 대 몰타 간 대륙붕사건 판결에서 EEZ 제도가 관습국제법의 일부가 되었다는 것은 명확해졌다고 하였다. 경제수역제도는 1970년대 중반 국제관습법 제도로 정착되어 해양법협약에도 등장하게 된 것이다.[104] 다음의 대구전쟁은 단기간에 급격하게 바뀐 국제어업질서를 잘 보여 준다.

대구전쟁

1948년 아이슬란드 의회는 법을 제정하여 어업부(Ministry of Fisheries)로 하여금 보존수역(conservation zone)을 설치할 수 있도록 하였다. 아이슬란드는 1952년 직선기선에서 4해리에 달하는 어업수역을 설치하면서 외국인들의 조업을 금지한 데 이어, 1958년에는 수역의 폭을 12해리로 확대하였다. 그러나 영국이 그 수역에서 조업을 시도하면서 양국 간에 충돌이 발생하였다. 아이슬란드 관헌이 영국 어선에 승선하여 선원을 체포

---

103) 당시 남미국가들은 200해리 수역을 선포하면서 이를 영해라고 부르기도 하였다. 당시에는 경제수역과 같은 적당한 명칭이 없었기 때문인데, 그 명칭이 어떠하든 이들이 주장한 200해리 수역은 오늘날의 경제수역과 유사한 것이었다.

104) Sohn and Noyes, p.551.

하고 어망을 찢는 일이 발생하였고, 영국이 자국 트롤어선의 보호를 위하여 군함을 파견하면서 소위 '대구전쟁'(Cod War)이 시작되었다. 1961년 각서교환에서, 영국은 아이슬란드의 연안어업에 대한 경제적 의존도를 감안하여 12해리 수역에 반대하지 않고, 아이슬란드는 또다시 어업수역을 확대할 때에는 6개월 전에 영국에 통고하기로 하여 화해분위기가 조성되었다. 그러나 1972년 아이슬란드는 그 배타적 어업수역을 아무런 예고도 없이 50해리로 확대하는 조치를 취함으로써 양국 간에 긴장이 고조되어 '대구전쟁'이 재발되었다. 영국과 아이슬란드 간의 이 어업분쟁은 결국 국제사법재판소(ICJ)에서 다루어지게 되었다. 재판소는 1974년 「어업관할권사건」(Fisheries Jurisdiction Case) 판결에서 사실상 아이슬란드의 패소를 선언하였으나, 아이슬란드는 오히려 그 수역을 50해리에서 200해리로 확대하는 조치를 취하였다.[105]

III. 범위와 법적 성격

해양법협약 제57조는 "배타적 경제수역은 영해기선으로부터 200해리를 넘을 수 없다"고 하였다. 대륙붕은 태생적으로 해저지형과 밀접한 관련을 가지고 있어 그 정의와 범위에 관한 규정이 복잡하지만, 경제수역은 오직 200해리라는 '거리'를 중심으로 발달해 왔기 때문에 관련 규정의 내용도 단순하다.

연안국의 EEZ의 크기는 해안선의 길이와 인접국과의 거리에 따라 차이가 있게 된다. 특히 본토에서 멀리 떨어진 곳에 도서와 같은 영토나 속령을 가지고 있는 국가들의 경제수역은 엄청나게 커진다. 이는 세계에서 가장 넓은 경제수역을 가지고 있는 국가 중에 미국, 호주, 브라질, 캐나다, 칠레, 인도와 함께 프랑스, 인도네시아, 뉴질랜드, 일본, 키리바시 등이 들어 있는 것을 보아도 알 수 있다.

해양법협약은 EEZ의 법적 지위에 대하여 명확한 규정을 두지 않았다. 미국 등 해양강국들은 경제수역을 연안국의 특별한 권리에 종속되는 공해의 일부로 이해하는 입장이지만, 중국 등은 경제수역은 항해와 상공비행의 자유가 인정되는 연안국 관할수역의 일부라고 주장한다.[106] 이러한 의견대립으로 인하여 해양법협약 제55조는 "배타적 경제수역은 영해 밖에 인접한 수역으로서, 연안국의 권리

---

105) *Ibid*, pp.537-546.
106) *Ibid*, p.552.

와 관할권 및 다른 국가의 권리와 자유가 이 협약의 관련규정에 의하여 규율되도록 이 부에서 수립된 특별한 법제도에 따른다"고 규정하였으나 문제가 해결된 것은 아니다.[107]

IV. 연안국의 권리와 의무

해양법협약에 의하면 연안국은 영해기선에서 200해리에 달하는 광범위한 수역에서 포괄적이고 광범위한 문제들에 대해 '주권적 권리'를 행사한다. 연안국은 경제수역 해저의 상부수역, 해저, 지하의 생물 및 무생물 자원의 탐사·개발·보존·관리를 목적으로 하는 주권적 권리를 가짐은 물론 해수·해류·해풍을 이용한 에너지생산과 같은 경제적 개발과 탐사를 위한 기타 활동에 관해서도 주권적 권리를 가진다.

해양법협약 제56조는 경제수역에서의 연안국의 권리와 의무에 대하여 다음과 같이 규정하였다.

1. 배타적 경제수역에서 연안국은 다음의 권리와 의무를 갖는다.
   (a) 해저의 상부수역, 해저 및 그 하층토의 생물이나 무생물 등 천연자원의 탐사, 개발, 보존 및 관리를 목적으로 하는 주권적 권리와, 해수·해류 및 해풍을 이용한 에너지생산과 같은 이 수역의 경제적 개발과 탐사를 위한 그 밖의 활동에 관한 주권적 권리
   (b) 이 협약의 관련규정에 규정된 다음 사항에 관한 관할권
      (i) 인공섬, 시설 및 구조물의 설치와 사용
      (ii) 해양과학조사
      (iii) 해양환경의 보호와 보전
   (c) 이 협약에 규정된 그 밖의 권리와 의무
2. 이 협약상 배타적 경제수역에서의 권리행사와 의무이행에 있어서, 연안국은 다른 국가의 권리와 의무를 적절히 고려하고, 이 협약의 규정에 따르는 방식으로 행동한다.

---

107) Rothwell and Stephens, pp.84-85.

협약에 의하면 연안국은 경제수역의 천연자원 탐사 및 개발과 에너지개발 등의 경제활동에 대하여 주권적 권리(sovereign right)를 가지며, 인공섬 및 시설물의 설치와 사용, 해양과학조사, 해양환경보호 등에 대해서는 관할권(jurisdiction)을 가진다. 그러한 주권적 권리와 관할권을 상세히 살펴본다.

1. 해양생물자원관할권

해양과학기술과 어로기술의 발달에 따라 사람들의 해양생물자원에 대한 관심도 연근해 어업에서 원양어업으로 확대되었다. 더구나 제3차 유엔해양법회의가 EEZ제도를 성문화함으로써 국가의 해양관할권이 미치는 범위가 200해리까지로 확대되면서, 해양생물자원 관리에 관한 권한은 대부분 연안국들에게 맡겨지게 되었다. 유용한 해양생물자원의 대부분은 연근해에 서식하는바 EEZ의 등장으로 어로활동에 대한 연안국의 관할권이 크게 강화된 것이다.

오늘날 연안국은 자국 EEZ에서의 어업활동에 대하여 거의 완벽한 관할권을 가지게 되었다. 해양법협약에 의하면 연안국은 EEZ에서의 어업에 대해 배타적인 주권적 권한을 행사할 수 있으며 EEZ에서의 어업을 규제할 수 있는 광범위한 권한을 부여받았다. 해양법협약 제61조에 의하면 연안국은 그 EEZ에서의 생물자원의 허용어획량을 결정하지만, 동시에 과학적 증거들을 고려하고 관련 국제기구들과 협력하여 남획으로 인하여 EEZ에서 생물자원의 유지가 위태롭게 되지 아니하도록 적절한 보존관리조치를 취하여야 하는 의무도 부담한다.[108]

연안국들은 해양법협약 제62조에서 보듯이 어업에 관련된 다양한 활동을 규제할 수 있는 권한도 가지게 되었다.[109] 연안국은 수산자원의 어획량을 결정하는 데 있어서 재량을 가지며, 수산자원이 남획되지 않도록 보존관리 조치를 취하고, 허용어획량에 잉여분이 있는 경우에는 다른 국가들에게 이를 분배할 수 있다.

해양법협약은 일부 어종에 대해서는 보존과 관리를 위하여 특별한 규정을 두

---

108) 해양법협약은 해양생물자원 보존과 관리의 목표는 관련상황과 경제적 요소를 고려하여 결정되는 허용어획량 또는 '최대지속적 생산량'(maximum sustainable catch)의 유지에 있다. 최대지속적 생산량이란 특정한 어종의 재생산 능력을 축소하거나 관련 어종들에게 부정적인 영향을 주지 않고 포획할 수 있는 최대어획량을 의미한다.

109) Rothwell and Stephens, pp.88-89.

었다. 제63조는 경계왕래성어족(straddling fish stock) 즉 2개국 이상 연안국의 EEZ
에 출현하거나 EEZ와 공해수역에 걸쳐 나타나는 어족에 대해서는 직접 또는 지역
기구를 통하여 이러한 어족의 보존과 개발을 위한 조치에 합의하도록 하였다. 참
치와 같은 고도회유성어종(highly migratory species)의 경우에는 연안국과 어업국
은 EEZ와 그 인접수역에서 그러한 어종을 보존하고 최적이용목표를 달성하기 위
하여 직접 또는 국제기구를 통하여 협력한다고 하였다(협약 제64조). 해양포유동
물에 대해서는 "각국은 그 보존을 위하여 노력하며, 특히 고래류의 경우 그 보
존·관리 및 연구를 위하여 적절한 국제기구를 통하여 노력한다"고 하였다(협약
제65조). 송어나 연어처럼 산란을 위해 강으로 이동하는 소하성어종(anadromous
stocks)에 대해서는 그 어종이 기원하는 하천의 국가 즉 모천국이 일차적 이익과
함께 책임을 지도록 하였으며(협약 제66조), 뱀장어와 같이 산란을 위해 강에서 바
다로 이동하는 강하성어종(catadromous species)의 경우에는 생존기간의 대부분을
보내는 수역의 연안국이 어종의 관리에 대한 책임을 지며 회유어의 출입을 보장
한다고 하였다(협약 제67조).

2. 무생물자원의 관할권

EEZ와 대륙붕은 그 해저와 지하의 무생물자원에 대해서 동일한 제도를 가지
고 있다. EEZ와 대륙붕 그 어떤 제도에 의하든 연안국은 그 관할범위 내에서는 석
유나 가스와 같은 탄화수소자원이나 광물자원과 같은 무생물자원의 탐사와 개발
에 있어서 배타적인 권리를 향유한다. 연안국은 개발에 따른 이익을 독점하며 개
발권을 다른 국가와 나눌 의무도 없기 때문이다.110)

요즘 EEZ의 무생물자원으로서 많은 관심을 끄는 것은 해수·해류·해풍을
이용한 에너지생산과 같은 경제적 활동인데, 연안국은 이러한 활동에 대해서도
주권적 권리를 갖는다. 해양법협약 제56조는 미래 과학기술의 발달을 예상하여
조문을 포괄적으로 구성한 것으로 보인다. 오늘날 각국은 조력, 파력, 풍력 등 신
재생에너지 개발에 매진하고 있는바 이 규정은 현실적으로도 중요한 의미를 가지
게 되었다. 물론 이러한 연안국의 권한도 무제한한 것은 아니다. 협약 제56조 2항

---

110) *Ibid.*, p.89.

의 규정대로 연안국은 다른 국가의 권리를 적절히 고려해야 하고 협약과 상충되는 방법으로 이용하면 아니 되기 때문이다.[111]

3. 인공섬 및 시설의 설치와 사용 관할권

해양법협약 제60조는 연안국은 EEZ에서 인공섬, 시설물, 구조물을 건설하고 사용하는 것을 허가하고 규제하는 배타적 권리를 가진다고 하였다(1항). 그리고 필요한 경우에는 항행의 안전과 인공섬과 시설물의 안전을 보장하기 위하여 500미터 범위 내에서 안전수역을 설치할 수 있게 하였다(4항, 5항). 그러나 이들 인공섬이나 시설물은 섬의 지위를 가지지 아니하며, 영해와 경제수역 등 자체의 해양수역도 가질 수 없다(8항).

4. 해양과학조사 관할권

해양법협약 제246조에 의하면 연안국은 자국의 경제수역과 대륙붕에서의 해양과학조사를 규제·허가·수행할 권리를 가지며, 다른 국가들은 연안국의 동의를 얻어서 해양과학조사를 할 수 있다(1항). 그러나 연안국은 다른 국가 또는 권한 있는 국제기구가 오로지 평화적인 목적을 위하여 또는 해양환경에 대한 과학지식의 증진을 위하여 수행하는 해양과학조사 사업에는 동의하여야 한다(3항).[112]

5. 해양환경보호 관할권

연안국은 자국 경제수역 내에서의 해양환경보호에 있어서도 일차적인 관할권과 함께 의무를 부담한다. 연안국은 외국선박에 의한 오염의 방지·통제·감소를 위하여 관련 국제기구나 일반국제회의가 마련한 보편적 국제법규와 기준을 시행하기 위한 법령제정권을 갖는다. 연안국은 자국 경제수역 내에서 국제규칙을

---

111) *Ibid.*

112) 해양법협약에는 해양과학조사와 관련하여 권한 있는 국제기구의 역할에 관한 규정들이 들어 있는데, 그 대표적인 기구로는 유네스코 내의 자치적인 조직인 정부간해양학위원회(Intergovernmental Oceanographic Commission)가 있다. Sohn and Noyes, p.578.

위반한 선박에게 관련 자료의 제출을 요구할 수 있으며, 법규위반으로 인하여 심각한 해양오염을 야기한 선박이나 자료제출을 거부하는 선박을 조사할 수 있다. 한 국가의 영해나 경제수역을 항해하면서 이를 오염시켜 연안국에게 중대한 손해를 야기하였거나 야기할 위험이 있는 배출을 하였다는 명백한 증거가 있는 경우에는 연안국은 당해 선박을 억류하는 등 자국법에 따른 재판절차를 진행할 수도 있다(협약 제220조).

V. 다른 국가들의 권리

EEZ란 과거에는 공해에 속하였던 수역으로 연안국의 관할권과 공해의 법질서가 공존하는 곳이므로, 다른 국가들의 권리와 자유가 널리 인정된다. 따라서 전통적인 공해의 자유 중에서 어업의 자유를 제외한 나머지 자유들은 EEZ에서도 계속 인정되는 것이다. 해양법협약 제58조는 다음과 같이 규정하였다.

> 1. 연안국이거나 내륙국이거나 관계없이, 모든 국가는, 이 협약의 관련규정에 따를 것을 조건으로, 배타적 경제수역에서 제87조에 규정된 항행·상공비행의 자유, 해저전선·관선부설의 자유 및 선박·항공기·해저전선·관선의 운용 등과 같이 이러한 자유와 관련되는 것으로서 이 협약의 다른 규정과 양립하는 그 밖의 국제적으로 적법한 해양 이용의 자유를 향유한다.
> 2. 제88조부터 제115조까지의 규정과 그 밖의 국제법의 적절한 규칙은 이 부에 배치되지 아니하는 한 배타적 경제수역에 적용된다.
> 3. 이 협약상 배타적 경제수역에서 권리행사와 의무를 이행함에 있어서, 각국은 연안국의 권리와 의무를 적절하게 고려하고, 이 부의 규정과 배치되지 아니하는 한 이 협약의 규정과 그 밖의 국제법 규칙에 따라 연안국이 채택한 법령을 준수한다.

모든 국가는 타국의 EEZ에서 항행의 자유, 상공비행의 자유, 해저전선과 관선 부설의 자유를 비롯하여 국제적으로 적법한 기타 해양 이용의 자유를 가진다. 그러나 각국은 EEZ에서의 권리행사와 의무이행에 있어서 연안국의 권리와 의무를 적절하게 고려하고 연안국이 제정한 법령을 준수해야 한다.

해양법협약의 비교적 상세한 규정에도 불구하고 EEZ에서의 활동과 관련하여 연안국과 다른 국가 간에는 각자의 권리 및 관할권의 범위와 관련하여 분쟁이 발생할 가능성이 있다. EEZ에 대한 연안국과 제3국의 권리관계와 관련하여 소위 '잔여권리'(residual rights) 문제가 제기되는 것이다. 해양법협약이 EEZ 내에서 연안국과 제3국 어느 쪽에도 어떤 권리나 관할권을 부여하지 않은 경우에는 그러한 권리나 관할권이 누구에게 귀속되는지 결정해야 하기 때문이다. 이와 관련하여 해양법협약 제59조는 EEZ에서의 권리나 관할권이 연안국이나 다른 국가에 귀속되지 아니하고 또한 연안국과 다른 국가 간 이해관계를 둘러싼 마찰이 발생한 경우, 그 마찰은 당사자의 이익과 국제사회 전체의 이익의 중요성을 고려하여 형평에 입각하여 모든 관련상황에 비추어 해결한다고 하였다. 이는 잔여권리 문제는 연안국의 이익보호가 중요한지 아니면 국제공동체의 이익을 보호하는 것이 중요한지 하는 것을 기준으로 사안에 따라 결정하도록 한 것이다.

VI. 동북아 어업질서

EEZ의 등장으로 각국은 연근해 어업에 관련된 국내법을 정비하고 인접국들과의 해양경계선을 획정하여 어업관계를 조정하였다. 그러나 동북아시아는 정치적·지리적·경제적 특수성으로 인하여 관련 어업질서의 수립이 늦어졌다. 그러나 마침내 1996년 우리나라와 중국·일본은 모두 EEZ 관련 국내법을 제정·공포하였으며, 수년간의 협상을 거쳐 잠정적인 성격의 어업협정에 각각 합의하였다.

한국과 일본은 1965년 「대한민국과 일본국 간의 어업에 관한 협정」(한일어업협정)을 체결하여 각각 기준선에서 12해리까지의 수역을 어업전관수역으로 하여 연안국의 배타적인 어업활동을 보장하고, 한국의 어업전관수역 외측에는 공동규제수역을 설치하여 일본어선의 어획량을 제한하고 기국주의를 적용하기로 했었다. 하지만 1970년대 경제수역이 국제관습법상의 제도로 정착되어 가면서 1965년 한일어업협정은 급격히 세계어업질서의 변화에 뒤떨어진 진부한 협정이 되어갔으며, 1982년 해양법협약이 EEZ제도를 성문화하자 개정 압력을 받게 되었다.

일본과 새로운 어업협정을 체결하기 위한 협상은 1996년 5월부터 시작되어 1998년 11월 28일 일본 가고시마에서 「대한민국과 일본국 간의 어업에 관한 협정」

(신한일어업협정)에 서명이 이루어졌으며, 협정은 1999년 1월 22일 효력발생에 들어갔다. 신한일어업협정은 수역을 두 가지로 구분하였다. 각국은 자국의 경제수역에서 어업과 관련하여 주권적 권리를 행사하며, 합의를 통해 상호입어를 허용하기로 하였다. 또 하나는 우리나라에서는 '중간수역'이라 하고 일본에서는 '잠정수역'이라 부르는 수역인데, 동·해 중간 부분과 제주도 남부 수역에 위치하고 있다. 양국은 이 수역에서 상대방 국민 및 어선에 대하여 자국의 법령을 적용하지 않기로 하였다.[113)

한국과 중국 간의 교섭은 1993년 12월 외교당국 간 회담으로 시작되었으며 한중어업협정은 2001년 4월 최종 타결된 후 동년 6월 30일 효력발생에 들어갔다. 한중어업협정은 협정수역을 4가지 수역으로 구분하여, 수역별로 차등화된 어업관리 조치를 도입하였다. 배타적경제수역은 양국이 국내법에 따라 배타적 관할권을 행사하는 수역으로 합의를 통하여 서로 상대방의 국민 및 어선에 대하여 입어를 허가할 수 있다. 잠정조치수역은 협정 제7조에 좌표로 지정된 수역으로, 이곳에서 양국은 해양생물자원의 합리적 이용을 위하여 어업공동위원회의 결정에 따라 보존관리조치를 취한다(한중어업협정 제7조). 과도수역은 협정발효 이후 4년 이후 각각 연안국의 배타적 경제수역으로 편입되었다. 현행조업유지수역은 잠정조치수역의 북단에 위치한 위도선 이북의 황해 일부수역과 동중국해 잠정조치수역과 남쪽의 일부 수역으로, 이곳에서는 일단 기존의 조업질서를 그대로 유지하기로 하였다(협정 제9조). 이곳은 북한과의 관계를 고려하여 수역의 범위를 명시할수 없다는 중국의 입장과 중일어업협정에 따른 잠정조치수역과의 중첩 문제가 제기되었던 곳이다.

한중어업협정의 체결로 황해와 동중국해에서의 어업질서는 어느 정도 정비되었다. 그러나 협정의 실시와 관련하여 몇 가지 과제가 제기되었다. 특히 협정의 이행을 얼마나 철저하게 관리할 수 있는가 하는 문제이다. 법적인 성격을 가지는 국제적인 합의가 이루어진 만큼 양국 어선들은 그 규칙을 철저히 따라야 하지만, 중국어민들의 준법의식 부족 등으로 우리측 수역에서의 불법조업이 성행하고 있어 양국 간 갈등원인이 되고 있다.

---

113) 신한일어업협정 제8,·9조, 부속서 I.

〈지도 9-2〉 동북아시아 국가 간 어업협정도

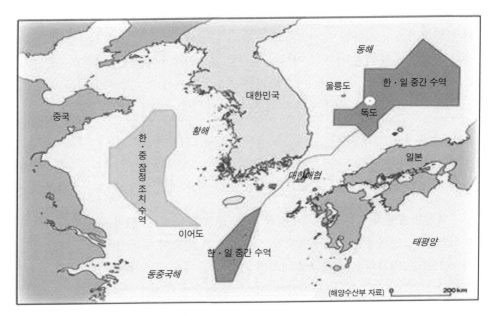

(해양수산부 자료)

‖ 제8절 ‖ **해양경계획정**

Ⅰ. 서 론

해양경제획정이란 대안국 또는 인접국 간에 관할권 주장이 중복되는 수역에 경계선을 긋는 것이다. 제3차 유엔해양법회의에서는 해양경계획정 문제도 주요 이슈의 하나이었다. 1982년 해양법협약을 통하여 영해, 접속수역, 대륙붕 등 연안국의 주권이나 관할권에 속하는 기존의 해양수역의 범위는 확장되었고, 배타적 경제수역과 군도수역 같은 새로운 해양수역이 창설되었기 때문이다. 더구나 인간생활과 국가경제에 있어서 해양과 해양자원에 대한 의존도는 계속 높아지고 있는 바, 대안국 또는 인접국 간의 해양경계획정은 더욱 중요한 문제가 되었다.114)

제3차 유엔해양법회의에서는 영해 경계획정에 관한 규정에 대하여는 쉽게 합의가 이루어졌으나, 경제수역과 대륙붕 경계획정에 관한 규정의 경우에는 합의에 도달하기까지 상당한 의견대립과 진통이 있었다. 그것은 영해와는 달리 대륙붕과 경제수역은 거의 아무런 역사적 권원도 존재하지 아니하는 '변경'(frontier)과 같은 곳이기 때문에, 형평에 맞고 편리하게 해양경계선에 도달하기 위한 방법을 찾아내는 것은 용이한 일이 아니기 때문이다.[115]

II. 영해경계획정

해양법협약의 영해의 경계획정에 관한 규정은 1958년 제1차 유엔해양법회의에서 채택된 영해협약의 해양경계획정 규정과 그 내용이 대동소이하다. 해양법협약 제15조는 영해의 경계확정에 대하여 다음과 같이 규정하였다.

> 두 국가의 해안이 서로 마주보고 있거나 인접하고 있는 경우, 양국 간 달리 합의하지 않는 한 양국의 각각의 영해 기선상의 가장 가까운 점으로부터 같은 거리에 있는 모든 점을 연결한 중간선 밖으로 영해를 확장할 수 없다. 다만, 위의 규정은 역사적 권원이나 그 밖의 특별한 사정에 의하여 이와 다른 방법으로 양국의 영해의 경계를 획정할 필요가 있는 경우에는 적용하지 아니한다.

해양법협약이 대륙붕과 경제수역의 경계획정과 관련하여서는 '형평에 맞는 해결'(equitable solution)을 강조하였지만 영해에서의 경계획정에서는 중간선을 규정한 데 대해서는 여러 가지 해석이 있을 수 있다. 그러나 200해리에 이르는 광대한 수역에 대한 경제적 관할권인 대륙붕이나 경제수역과는 달리, 너비가 12해리에 불과한 영해의 경우에는 중간선에 의한 경계획정이 적합하다는 국가들의 확신을 반영한 것으로 보아야 한다. 영해의 경우에는 등거리선에 의하여 경계선을 획

---

114) Budislav Vukas, *The Law of the Sea*, Martinus Nijhoff Publishers, 2004, p.84.

115) W. Langeraar, "Delimitation of Continental Shelf Areas: A New Approach," *Journal of Maritime Law and Commerce*, vol.17, 1986, p.393; K. P. Beauchamp, "The Management Function of the Ocean Boundaries," *San Diego Law Review*, vol.23, 1986, p.23.

정하더라도 현실적으로 형평에 어긋나는 결과가 초래될 가능성은 매우 낮다는 것이다.

III. 대륙붕과 경제수역의 경계획정

대륙붕 경계획정 원칙으로 먼저 등장한 것은 1958년 대륙붕협약이 규정한 등거리선 원칙이었다. 그러나 그 후의 관습법은 이를 거부하고 형평의 원칙을 강조하는 방향으로 나아갔고, 1982년 해양법협약은 경제수역과 대륙붕의 경계획정에서 국제법에 따른 형평에 맞는 해결을 경계획정의 목표로 삼았다.

1. 등거리선 원칙

1936년 보그스(Boggs)가 중간선을 획정하는 방법을 고안해 낸 이래 등거리선(인접국 간)과 중간선(대안국 간)은 해양경계획정에 관한 협상이나 재판에서 자주 사용되고 있다. 이 방법이 이처럼 자주 사용되게 된 것은 경계선의 획정이 편리하고 단순하여 경계선획정을 둘러싼 분쟁의 소지를 없애주며, 주권평등에 대한 요구에 부합하고, 대부분의 경우에 형평에 맞는 경계선을 만들어내는 장점을 가지기 때문이다.[116]

1958년 대륙붕협약 제6조는 경계획정과 관련하여 "하나의 대륙붕에 접해 있는 대안국 및 인접국 간의 대륙붕 경계선은 그들 간의 합의에 의해 결정되어야 하며, 그러한 합의가 없거나 특별상황(special circumstances)에 의해 다른 경계선이 정당화되지 않는 한, 중간선이나 등거리선이 경계선이 된다"고 하여 등거리선·중간선 원칙을 선언하였다.

그렇지만 국제사법재판소(ICJ)는 1969년 북해대륙붕 사건에 대한 판결에서 등거리선 원칙이 대륙붕협약 제6조에 규정된 특이한 형식과 다른 조문들과의 관계를 고려하면 등거리선은 일반국제법 원칙이 아니라고 하였다. 재판소는 등거리

---

116) Prosper Weil, *The Law of Maritime Delimitation—Reflections*, Grotius Publications, 1989, pp.205-206.

선 방법의 편리함은 인정하면서도 경우에 따라서는 이 원칙의 적용이 불합리한 결과를 가져올 수 있다고도 하였다. 결국 재판소는 대륙붕이란 육지의 자연적 연장이며 경계획정은 합의와 형평에 의해 이루어져야 한다고 하였다. 그 후 1977년 영불대륙붕사건에 대한 중재재판소의 판결, 1984년 미국과 캐나다 간의 메인만 경계획정 사건에 관한 ICJ 특별재판부의 판결, 1982년 튀니지와 리비아 간 대륙붕 사건에 대한 ICJ의 판결도 등거리선보다는 형평의 원칙을 강조하였다.[117)

제3차 유엔해양법회의에서도 등거리선 원칙과 형평의 원칙이 정면으로 대립하였다. 그 결과 해양법협약은 중간선·등거리선에 대한 언급 없이 ICJ규정 제38조에 언급된 국제법을 기초로 형평에 맞는 해결을 모색하도록 하였는바, 형평을 강조하는 입장이 승리한 것이라는 평가가 있다. 그러나 등거리선 원칙을 지지하였던 국가들은 경계획정이 "국제법"을 기초로 합의에 의하여야 한다는 조문과 국가들의 실행을 들어 이러한 주장을 반박하고 있다.[118)

오늘날 등거리선 방식은 EZZ와 대륙붕 경계획정에서 그 역할이 오히려 더 중요해졌다. 일정한 조건들이 미리 검토된다면 등거리선 방법은 보다 편리하게 형평에 맞는 해결에 도달하는 방법이 되며, 해양법협약이 대륙붕과 경제수역의 범위를 측정하는 데 200해리 '거리' 기준을 사용한 데에서 알 수 있듯이 연안국의 해양수역의 범위를 결정할 때 '거리'가 중요한 기준이 되었기 때문이다.

2. 육지영토의 자연적 연장

미국은 1945년 트루먼선언에서 대륙붕은 '연안국 대륙괴의 연장'이라고 하여 대륙붕에 대한 연안국의 권리는 육지영토에 대한 주권에서 나온다는 것을 분명히 하였다. 그러나 경계획정 시 육지영토의 자연적 연장이 최대한 고려되어야 한다는 주장이 체계적으로 전개된 것은 ICJ의 1969년 북해대륙붕사건에 대한 판결에

---

117) ICJ는 1982년 튀니지 대 리비아 간 대륙붕사건에 대한 판결에서 1969년 북해대륙붕 사건에서의 자신의 입장을 재확인하였다. 재판소는 등거리선 방법이란 강력력 있는 관습법 규칙이 아니며, 이 방법의 적용이 형평에 맞는 해결을 가져오는 경우에만 가치가 있다고 하였다.

118) Nuno Marques Antunes, *Towards the Conceptualization of Maritime Delimitation: Legal and Technical Aspects of a Political Process*, Martinus Nijhoff Publishers, 2003, p.92.

서이었다. 이 판결에서 재판소는 대륙붕이란 육지영토의 자연적 연장이며 경계획정은 각국에게 가능한 육지영토의 자연적 연장 부분 전체를 주도록 이루어져야 한다고 하였다.

그렇지만 육지영토의 자연적 연장론은 국제사회로부터 큰 호응을 얻지는 못하였다. 비록 해양법협약 제76조가 육지영토의 자연적 연장을 대륙붕을 정의하는데 사용하였지만 경계획정에서는 형평이 보다 중요한 위치를 차지하게 되었기 때문이다. 더구나 대륙붕과 경쟁적인 위치에 있는 '거리'를 중시하는 경제수역이 등장하고, 대륙붕에도 거리개념이 도입됨으로써 자연적 연장론의 입지는 더욱 좁아지게 되었다.

3. 형평의 원칙

오늘날 국제법에서 자주 사용되는 형평(equity)이란 개념은 대륙붕 제도가 처음 국제법에 도입될 때부터 경계획정에서는 중요한 요소이었다. 1945년 트루먼선언에서 미국은 자국해안의 대륙붕이 다른 국가 연안까지 뻗어 있거나 인접국과 대륙붕을 공유하고 있는 경우에는 경계선은 미국과 관련 국가에 의하여 형평의 원칙에 따라 결정된다고 하였다.[119]

1969년 북해대륙붕사건 판결에서 ICJ는 "경계획정은 다른 국가영토의 자연적 연장에 저촉함이 없이, 가능한 한 각국에게 육지영토의 해저에의 자연적 연장을 구성하는 대륙붕 전체를 주도록 형평의 원칙에 따라 모든 관련상황을 고려하여 이루어져야 한다"고 하여 형평의 원칙을 강조하였다.[120] 그 후 1977년 영불대륙붕사건에서 중재재판소도 경계획정이란 특수한 지형과 특성으로 인하여 형평에 어긋나는 결과가 야기되지 않도록 치유하는 데 목적이 있다고 하여 형평의 원칙을 강조하였으며, 1982년 튀니지와 리비아 간 대륙붕사건에서 ICJ는 "경계획정은 모든 관련상황을 고려하여 형평의 원칙에 따라 이루어져야 한다"고 하였다. 1958년 대륙붕협약의 등거리선/중간선 규칙에도 불구하고, 국제관습법은 해양경계획정에

---

119) Policy of the United States with Respect to the Natural Resources of the Subsoil and Sea Bed of the Continental Shelf, *United States Presidential Proclamation 2667*, Sep. 28, 1945.

120) *North Sea Continental Shelf Cases, ICJ Reports*, 1969, p. 53.

서 형평의 원칙을 강조하는 방향으로 나아간 것이다.

　제3차 유엔해양법회의에서는 해양경계획정에 관한 규정을 둘러싸고 1958년 대륙붕협약의 등거리선-특별상황 규칙을 지지하는 '등거리선그룹'과 국제관습법이 지지해 온 형평의 원칙을 지지하는 '형평원칙그룹' 간에 첨예한 대립이 있었다. 결국 회의 막바지에 회의의장이 개입하여 해양법협약 제74조(경제수역 경계획정)와 제83조(대륙붕 경계획정)에 나타나 있는 규정을 채택하게 되었다.121) 그 규정은 다음과 같다.

1. 서로 마주보고 있거나 인접한 연안을 가진 국가 간의 배타적 경제수역 경계획정은 공평한 해결에 이르기 위하여, 국제사법재판소규정 제38조에 언급된 국제법을 기초로 하는 합의에 의하여 이루어진다.
2. 상당한 기간 내에 합의에 이르지 못할 경우 관련국은 제15부에 규정된 절차에 회부한다.
3. 제1항에 규정된 합의에 이르는 동안, 관련국은 이해와 상호협력의 정신으로 실질적인 잠정약정을 체결할 수 있도록 모든 노력을 다하며, 과도적인 기간 동안 최종 합의에 이르는 것을 위태롭게 하거나 방해하지 아니한다. 이러한 약정은 최종적인 경계획정에 영향을 미치지 아니한다.
4. 관련국 간에 발효 중인 협정이 있는 경우, 배타적 경제수역의 경계획정에 관련된 사항은 그 협정의 규정에 따라 결정된다.

　해양법협약은 EEZ와 대륙붕 경계획정은 합의에 의하여(by agreement), ICJ 규정 제38조에 언급된 국제법을 기초로(on the basis of international law as referred to in Article 38 of the Statute of the International Court of Justice) 형평에 맞는 해결(equitable solution)을 목표로 이루어져야 한다고 한 것이다.

　이러한 규정을 놓고 여러 차례의 국제재판을 통해 확인된 형평을 중요시하는 국제관습법 경향이 제3차 유엔해양법회의의 막바지에 재현된 것으로 보는 견해가 있다. 그것은 해양법협약 제74조와 제83조 1항이 등거리선과 중간선에 대하여는 아무런 언급도 없이 형평에 맞는 해결을 경계획정의 목적으로 규정한 데서 알

---

121) Myron H. Nordquist(ed.), *United Nations Convention on the Law of the Sea 1982: A Commentary*, Volume I , 1985, pp.66-68, 78-79.

수 있다는 것이다. 반면에 등거리선 원칙을 지지하였던 국가들은 교섭과정에서 "국제법"(international law)에 대한 언급은 본래 등거리선의 의무적 적용을 주장하는 국가들에 의하여 제기되었다는 점 등을 들어 오히려 자신들의 주장이 받아들여진 결과라고 하였다.[122]

그렇지만 등거리선이 해양경계획정의 원칙이 되어야 한다고 주장하더라도 ICJ와 중재재판소 등이 형평의 원칙을 경계획정의 대원칙으로 삼아온 것을 부인할 수가 없다. 1969년 북해대륙붕사건에 대한 판결이 있은 후 지금까지 국제적인 사법기관들은 일관되게 경계획정에 형평의 원칙을 적용하여 오고 있다. 더구나 해양법협약 제74조 1항과 제83조 1항 내용들이 국제관습법을 반영하고 있음을 인정한다면, 형평의 원칙을 해양경계획정의 대원칙으로 인정하지 않을 수 없다.[123]

해양경계획정에 있어서 형평의 원칙은 이처럼 중요하지만 실제 적용에 있어서는 모호한 부분이 있다. 그러나 형평에 따른 판결도 법규칙을 고려해야 하며 법규칙도 사실을 반영해야 한다면 법은 어차피 사실강조적(fact-intensive)이거나 법규강조적(rule-intensive)이 되는바, 경제수역과 대륙붕의 경계획정이 형평에 맞는 해결을 목표로 하게 되었다는 것은 경계획정 시 대상수역의 다양한 사실들을 최대한 고려하고 결과의 형평성도 고려해야 함을 강조하는 것으로 이해해야 할 것이다.[124]

---

122) Antunes, pp.90-91.

123) 경제수역과 대륙붕 경계획정에 관한 국가실행을 분석하여 형평의 원칙의 관습법적 성격을 부인하는 입장이 있다. 예를 들어 Antunes는 300여 건의 일방적 또는 양국 간 해양경계선 관련 합의에 관한 국가실행을 조사하여 분석해 보니 놀라운 사실들이 발견되었다고 하였다. 대략 20%의 사례에서는 적용기준이 밝혀지지 아니한 가운데, 형평의 원칙에 대한 언급은 오직 10% 정도의 사례에서 발견되었다고 한다. 더구나 그중의 3분의 1은 1958년 이전의 것이며, 1982년 이후에는 그 비율이 2%에 불과하였다고 한다. 반면에 등거리선에 대한 언급은 거의 50%에 달하는 사례에서 발견되는바, 국가실행에서는 형평의 원칙의 사용을 지지하는 일관된 관행을 발견할 수 없다고 하였다. 더구나 EEZ 경계획정에 있어서는 형평의 원칙의 사용은 더욱 찾기 어렵다고 하였다. 이제까지 경제수역 경계획정에서 형평의 원칙이 언급된 적은 많지 않으며, 국가들의 일방선언들을 보면 그 3분의 2는 등거리선을 경제수역이나 어업수역의 임시경계선으로 언급하고 있다고 한다. Ibid., pp.96-97.

124) J. I. Charney, "Ocean Boundaries between Nations: A Theory for Progress," AJIL, vol.78, 1984, pp.584-585.

4. 최근의 경향

해양경계획정에 관한 국제법의 역사를 보면 법원칙과 현실적 방법을 결합하여 해양경계획정에 관한 객관적인 법규칙을 만들어 내자는 입장과 형평에 맞는 경계획정을 목적으로 삼아야 한다는 입장 사이에서 움직여 온 것을 알 수 있다. 전자는 등거리선에 의해 일단 임시경계선을 긋고 여러 가지 상황들을 감안하여 이를 수정하자는 것이라고 하면, 후자는 소위 특수성이론(*unicum* theory)에 입각하여 모든 상황을 종합적으로 고려하여 단번에 경계선에 도달해야 한다는 주장이다.[125]

위의 두 가지 입장을 실제로 경계획정에 적용하면 현실적으로 커다란 차이를 가져오게 되리라 생각되기 쉽다. 그러나 실제로 대부분의 경계획정은 등거리선 원칙에서 지지하는 방식을 따라 먼저 임시경계선을 긋고 관련상황들을 고려하여 이를 수정해 가는 방법으로 이루어지고 있으며, 경계획정의 대원칙으로 형평의 원칙을 지지하는 사람들도 실제 경계획정에 있어서의 편의 때문에 그러한 방식에 반대하지 않는다.

ICJ는 1993년 얀마엔(Jan Mayen) 사건에 대한 판결에서 "기존의 판결에서 발전되어 온 대륙붕에 관한 관습법을 적용하는 것이 적절하기는 하나, 임시경계선인 중간선에서 시작하여 특별상황이 그 선의 조정이나 이동을 요구하는가 하는 것을 따져보는 것은 선례에 부합한다"고 하여 임시경계선인 중간선으로부터 경계획정 절차를 시작하는 것을 지지하였다.[126] 2001년 카타르 대 바레인 사건에 대한 판결에서도 12해리 수역 너머의 해양수역 경계획정을 위해 임시로 등거리선을 그은 후, 그 선을 조정하도록 하는 상황이 존재하는지를 검토하였다.[127]

최근에는 형평의 원칙과 등거리선 원칙을 대립적인 관계가 아닌 상호보완적인 관계에서 보려는 경향이 강해지고 있다. ICJ는 카타르 대 바레인 사건에서 등거리선/특별상황 규칙(equidistance/special circumstances rule)과 대륙붕과 경제수역 경계획정에 관한 1958년 이후의 판례법 및 국가실행 가운데 발전해 온 형평의

---

125) L.D.M. Nelson, "The Roles of Equity in the Delimitation of Maritime Boundaries," *AJIL*, vol. 84, 1990, pp.840-841.

126) *Jan Mayen Case, ICJ Reports*, 1993, para.51.

127) *Qatar v. Bahrain Case, ICJ Reports*, 2001, para.230.

원칙/관련상황 규칙(equitable principles/relevant circumstances rule)은 밀접히 연관되어 있다고 하였다.[128]

5. 대륙붕과 경제수역 경계선의 관계

대륙붕 경계획정 원칙이 1969년 북해대륙붕 사건에 대한 ICJ의 판결 이후 등거리선 원칙으로부터 형평의 원칙으로 이동하는 시기에, 해양에 대한 보다 포괄적인 경제적 관할권인 경제수역이 등장하였다. 경제수역과 대륙붕은 모두 연안국의 경제적 관할권에 속하는 수역으로, 해양법협약에 의하면 그 범위도 어느 정도 비슷하다. 그러나 대륙붕이 해저와 지하에 대한 관할권만을 의미하는 데 비해 경제수역은 상부수역에 대한 관할권까지 포함하기 때문에 경계획정 시 이들의 경계선을 같게 할 것인지 아니면 다르게 할 것인지를 결정해야 하였다.

1982년 해양법협약은 경제수역과 대륙붕의 경계획정에 관하여, "형평에 맞는 해결에 도달하기 위하여 ICJ규정 38조에 나타나 있는 국제법 원칙을 기초로 합의"에 의하도록 하는 내용의 동일한 규정을 두었다. 이러한 규정의 내용을 생각해 볼 때 이들 수역의 경계선을 같게 하는 것이 형평의 원칙에 부합하는가 하는데 대해서는 논란의 여지가 있지만, 행정적·관할권적 관점에서는 편리하고 분쟁의 가능성도 줄어들게 할 것이다.[129]

IV. 우리나라의 해양경계선

1. 대륙붕

우리나라가 해저자원 개발에 본격적으로 관심을 가지게 된 것은 황·동지나해의 석유부존 가능성을 시사한 1969년 ECAFE 보고서 발표 이후이었다. 우리나

---

128) *Ibid.*, paras. 230-231.
129) 대륙붕은 육지의 자연적 연장이란 관념을 쉽게 불식시킬 수는 없을 것이고, 경제수역은 순전히 인위적인 제도로 거리가 유일한 기준이라는 사실을 생각해 보면, 양 수역의 경계선이 달라야 한다는 주장도 일리가 있으며, 실제로 국가 간에 합의를 통해 상이한 경계선을 획정한 사례들도 있다.

라는 1970년 해저광물개발법을 제정하고 같은 해 대통령령을 제정하여 7개의 해저광구를 설치하였다. 그러나 우리나라가 설치한 광구들은 중국과 일본이 설치한 광구들과 중복되어 경계획정(delimitation) 문제를 야기하였다.

동중국해에서 중국은 자연적 연장의 원칙을 주장하고 일본은 중간선 원칙을 주장하는 데 비해, 우리나라는 해저지형 등을 감안하여 중국에 대해서는 중간선을 그리고 일본과는 자연적 연장에 따른 경계획정을 주장해 왔다. 하지만 우리나라는 일본과는 1974년 협정을 체결하여 관할권 주장이 중복되는 지역을 공동개발구역으로 지정하여 그곳의 자원을 공동으로 개발하기로 하였다. 그러나 중국과는 아직 아무런 합의가 없다.

해양법협약에 따라 새로운 대륙붕제도가 도입되면서 연안국으로부터 200해리 이원까지 대륙붕의 바깥 한계를 설정하고자 하는 국가는 2009년 5월 13일까지 대륙붕한계위원회(CLCS)에 관련 자료들을 제출하도록 되어 있었다. 우리나라와 중국, 일본은 각각 '예비정보' 또는 '문서제출'의 형태로 관련자료를 제출하였으나, 궁극적인 경계선은 당사국 간 합의를 통해 이루어져야 한다.

2. 경제수역(어업수역)

우리나라는 1952년 평화선을 선포하였다. 일부에서는 이것을 경제수역과 유사한 제도로 보고자 하였으나, 이들을 동일시하기는 어렵다. 더구나 1965년 체결된 한일어업협정도 시간이 가면서 시대에 뒤떨어졌다는 비판을 받고 있을 때 경제수역 제도가 등장하였다.

우리나라는 경제수역이 국제법상의 제도로 등장한 이후에도 한동안 경제수역이나 이와 유사한 제도를 가지고 있지 않았다. 우리나라가 경제수역 선포를 미루어 온 가장 큰 이유는 중국·일본 등 주변국들과의 경계획정 문제가 해결되지 못했기 때문이다. 그러나 우리나라는 1996년 2월 해양법협약을 비준하고 동년 8월 「배타적 경제수역법」을 제정한 후, 일본 및 중국과의 경제수역(어업수역) 경계획정을 위한 협상을 시작하였다.

일본과 새로운 어업협정을 체결하기 위한 협상은 1996년 5월부터 시작되었다. 지리한 협상 끝에 양국은 경제수역 경계획정이 아닌 잠정적 성격의 어업협정을 1998년 9월 말 타결하였다. 새로운 어업협정에 따라 동해에서 양국은 연안으로부터 35해리의 배타적 어업수역을 설치하고 나머지는 중간수역으로 하기로 하였다. 그 결과 일본 근해에서 조업을 하던 우리 어선들이 타격을 입게 되었으나, 대화퇴 어장의 절반 정도가 중간수역에 포함되어 우리 어선들의 조업이 가능해졌다.

중국과의 어업협정도 우여곡절 끝에 2001년 4월 최종적으로 타결되었다. 1994년 해양법협약이 발효된 이후에도 중국은 한국 근해에서 불법어업을 계속해왔으나, 어업협정의 타결로 황해에서의 저인망 남획으로 인한 자원고갈을 피할 수있게 되었다. 중국과의 협정에 따라서 배타적 어업수역과 잠정수역(중간수역) 외에임시적인 성격의 20해리 과도수역을 설치하였으나 4년 후 배타적 어업수역에 편입시켰다.

‖ 제9절 ‖ 공 해

Ⅰ. 서 론

공해는 국제해양법에서 오랫동안 절대적으로 중요한 위치에 있었다. 17세기 영해제도가 등장하였으나 영해는 범위가 좁아서 20세기 중반에 이르기까지 해양 관련 국가실행과 국제관습법에서 공해가 차지하는 비중은 절대적이었다. 공해의 중요성이 상대적으로 줄어들기 시작한 것은 1945년 이후로 대륙붕, 어업수역, EEZ의 등장에 따른 것이다.[130) 새로이 등장한 연안국의 경제적 관할권이 확대되면서 공해의 범위는 축소되었지만, 현재에도 공해는 전체 해양면적의 64% 정도를 차지하고 있다.

폐쇄해론과의 경쟁에서 자유해론이 승리하면서 해양의 자유 또는 공해자유의 원칙은 연안국의 인접해양에 대한 주권주장을 극복하고 일반국제법 원칙이 되었다. 그러나 제3차 유엔해양법회의의 결과 채택된 해양법협약에 따라 배타적 경제수역(EEZ)과 군도수역이 등장함으로써 연안국의 해양관할수역은 확대되고 공

---

130) Rothwell and Stephens, p.145.

해의 범위는 축소되었으며, 공해의 자유도 양적·질적으로 축소되었다.

여기에서는 공해제도의 역사와 공해의 자유의 내용 및 한계를 살펴보고, 공해상 선박에 대한 관할권 문제도 살펴본다.

II. 공해제도의 역사

2세기 때 로마의 법률가 마르시아누스(Marcianus)는 바다와 그곳의 물고기들은 자연법에 따라 공유에 속하거나 모든 사람에게 개방되어 있다고 하였다. 그러나 로마시대 지중해 일대는 모두 로마제국의 영토이었기 때문에 그의 해양의 자유사용 원칙에 관한 언급이 국제법을 표현한 것이라고 말할 수는 없었다.[131]

15세기에는 많은 국가들이 광범위한 바다에 대해 관할권을 주장하였다. 스웨덴과 덴마크는 발틱해와 노르웨이해, 베니스는 아드리아해, 제노아와 피사는 리구리안해, 영국은 영국해에 대하여 주권적인 권리를 주장하였다. 1493년 교황 알렉산더 6세가 대서양을 스페인과 포르투갈에게 나누어 주었다가 이듬해 Tordesillas 조약을 통해 이를 수정한 것도 유사한 사례라 할 수는 있으나, 실제로 그것은 해양에서의 세력범위를 정한 것이었다.[132] 그러나 15세기 말 소위 해양시대가 열리면서 이러한 폐쇄해적인 경향에 제동이 걸리게 되었다.[133]

해양질서의 기본구조를 둘러싼 해양자유론과 폐쇄해론 간의 논쟁은 1607년 그로티우스의 「해양자유론」(Mare Liberum)이 출간되면서부터 본격화되었다. 그는 「전쟁과 평화의 법」(De Jure Belli ac Pacis)에 이어 「포획법론」(De Jure Praeda)을 저술하였는데 그 12장이 「해양자유론」이었다. 「해양자유론」은 네덜란드와 동인도 간의 무역을 옹호하기 위하여 저술된 것이지만, 여기에서 그로티우스는 공해가 자유로운 공간이 되어야 하는 이유를 체계적으로 논증하였다.[134] 국제법의 근거로서 '자연법'을 중요시하였던 그는 국제무역과 통상권은 자연법적인 국제법

---

131) Pardo, "The Law of the Sea: Its Past and Its Future," *Oregon Law Review*, vol.63, 1984, p.7 이하.

132) Churchill and Lowe, p.204.

133) Pardo, p.7 이하.

134) *Ibid.*

원칙이고, 해양은 너무나 넓어서 전유의 대상이 될 수 없으며, 해양자원은 무궁무진하므로 누구의 소유로 묶어 둘 수 없다는 이유를 들어 해양은 자유로운 공간이 되어야 한다고 하였다.135) 폐쇄해론과의 경쟁에서 자유해론이 승리하면서, 18세기 들어 해양에 대한 광범위한 주권 주장은 대부분 철회되었으며, 19세기 초부터 제2차 대전 이후까지 공해의 자유는 일반국제법 원칙의 자리를 확고하게 지키게 되었다.

국제관습법 규칙으로 발달해 온 공해제도도 20세기 들어서는 일련의 과정을 거치면서 성문화의 길을 가게 되었다. 그 과정에서 중요한 전환점이 된 것은 1930년 성문법전화회의, 1958년 제1차 유엔해양법회의, 1973년부터 1982년까지의 제3차 유엔해양법회의이었다. 제3차 유엔해양법회의에서는 군도수역과 경제수역이 새로이 등장하고 대륙붕의 범위가 확대되면서 공해의 범위는 축소되었고, 공해의 자유의 내용도 해양환경보호의 필요성 등에 대해 공감대가 형성되면서 축소되게 되었다. 공해의 자유 중에서도 특히 많은 제약을 받게 된 것은 어업의 자유이었다.

Ⅲ. 공해의 범위와 법적 성격

해양법협약은 공해의 범위에 대하여 명확한 규정을 두지 않았다. 이는 해양법협약의 성안과정에서 미국 등 주요 해양강국들은 EEZ를 연안국의 특별한 권리가 인정되는 공해의 일부로 보았지만, 중국 등 일부 국가들은 경제수역을 제3국의 항해와 상공비행의 자유가 인정되는 연안국의 수역이라고 주장하여, 공해의 법적 성격을 둘러싸고 입장이 첨예하게 대립되었기 때문이다.136) 하지만 해양법협약 제86조는 공해에 관한 협약 제7부의 적용범위와 관련하여 "이 규정은 어느 한 국가의 배타적 경제수역·영해·내수 또는 군도국가의 군도수역에 속하지 아니하는 바다의 모든 부분에 적용된다"고 하였는바, 이는 간접적으로 공해의 범위를 규정한 것이다. 공해는 전체 바다 중에서 국가의 해양관할권이 미치는 수역을 제외한 나머지 수역이다.

---

135) Clingan, p.18.
136) Louis B. Sohn and John E. Noyes, *Cases and Materials in the Law of the Sea*, Transnational Publishers, 2004, p.45.

공해의 법적 성격에 대해서는 여러 학설이 있었다. 공해는 그 누구도 소유권을 주장할 수 없는 무주물이라는 견해, 그 누구의 전유에도 속하지 않는 공유물이라는 견해, 지분이 허용되지 않는 특수한 형태의 공유의 논리가 적용되는 국제공역이라는 견해가 있었다. 인간의 능력이 연근해에만 미쳤던 과거에는 무주물설이 설득력이 있었으나, 해양과학과 어업기술의 발달을 고려할 때 이제는 공유물설과 국제공역설이 설득력이 있는 학설이 되었다고 할 수 있다.[137]

IV. 공해자유의 내용과 한계

1. 공해자유의 종류와 한계

새로운 해양기술과 해양사용방법이 꾸준히 등장하면서 공해의 자유에 속하는 자유는 일일이 열거할 수 없을 정도로 다양해졌다. 그러나 1958년 공해협약은 공해의 자유에는 항해의 자유, 어업의 자유, 해저전선과 도관 설치의 자유, 상공비행의 자유가 포함된다고 하면서, 모든 국가들은 이러한 자유들과 '일반국제법 원칙에 따라 인정되는 기타의 자유들'을 누린다고 하였다(공해협약 제2조). 1982년 해양법협약은 공해협약이 규정한 전통적인 공해의 4대 자유 이외에 '인공섬 및 기타 시설 건설의 자유'와 '과학조사의 자유'를 추가하여 6가지 자유를 열거하였다. 해양법협약은 제87조에서 공해의 자유에 대하여 다음과 같이 규정하였다.

1. 공해는 연안국이거나 내륙국이거나 관계없이 모든 국가에 개방된다. 공해의 자유는 이 협약과 그 밖의 국제법규칙이 정하는 조건에 따라 행사된다. 연안국과 내륙국이 향유하는 공해의 자유는 특히 다음의 자유를 포함한다.
   (a) 항행의 자유
   (b) 상공비행의 자유
   (c) 제6부에 따른 해저전선과 관선 부설의 자유
   (d) 제6부에 따라 국제법상 허용되는 인공섬과 그 밖의 시설 건설의 자유
   (e) 제2절에 정하여진 조건에 따른 어로의 자유

---

137) 박춘호 · 유병화, 「해양법」, 민음사, 1986, pp.105-106.

(f) 제6부와 제13부에 따른 과학조사의 자유
2. 모든 국가는 이러한 자유를 행사함에 있어서 공해의 자유의 행사에 관한 다른 국가의 이익 및 심해저활동과 관련된 이 협약상의 다른 국가의 권리를 적절히 고려한다.

1항에서 해양법협약이 "공해의 자유는 특히(*inter alia*) 다음의 자유를 포함한다"고 한 것은 협약에 나타나 있는 6가지 자유는 공해의 자유 중에서 일부라는 의미이다. 이처럼 1958년 공해협약과 1982년 해양법협약에 명시된 자유들은 공해의 자유의 일부에 해당하는 것이므로, 공해의 자유의 범위를 둘러싸고 국가 간에 분쟁이 발생할 소지가 있다. 공해에서의 활동 중에는 일부 국가들은 공해의 자유에 속하는 것으로 보지만 다른 국가들은 그렇게 생각하지 않는 것들이 있기 때문이다. 그렇지만 어떤 특별한 국제법규칙에 의해 분명히 배제되지 아니하고 공해의 지위를 해하지 아니하는 활동들은 일단 공해의 자유에 포함되는 것으로 보아야 할 것이다.[138]

해양법협약 제87조에 의하면 공해의 자유를 누리는 주체는 연안국과 내륙국(land-locked state)을 포함하는 모든 국가이다. 제90조도 "연안국이거나 내륙국이거나 관계없이 모든 국가는 공해에서 자국 국기를 게양한 선박을 항행하게 할 권리를 가진다"고 하였다. 공해는 모든 국가와 모든 사람의 사용에 개방되며, 공해의 자유는 모든 국가와 모든 사람에게 인정된다.

공해의 자유란 한 국가나 개인에게만 인정되는 것이 아니고 모든 국가와 사람들에게 인정되는 것이므로 공해의 자유를 행사하는 데에는 상대방에 대한 '적절한 고려' 의무가 따른다.[139] 그러나 '적절한 고려'라는 기준도 공해의 자유의 한계와 관련하여 객관적인 기준을 제시하지 못하는 약점이 있는바, 공해의 사용을 둘러싸고 분쟁이 발생하는 경우에는 사안별로 관련된 이익을 비교하여 판단하여야 한다.[140]

---

138) Churchill and Lowe, pp.205-206.
139) 이러한 '적절한 고려' 의무는 국제환경법상 다른 국가에 대한 피해방지의무와 관련하여 인정되는 '상당한 주의의무'(due diligence)와 유사한 것으로 선량한 이웃에 대한 기대를 반영하는 국제관습법 원칙이라 할 수 있다.
140) Churchill and Lowe, p.206. 공해를 항해하는 선박들은 다른 선박들의 통항을 고려하여 항해의 안전과 해양환경보존에 관한 규칙들을 준수해야 하며, 공해 상공을 비행하는 항공기도 국제민간항공기구(ICAO)가 설정한 관련 규칙을 지켜야 한다. 해저전선과 도관의 설

2. 항행의 자유

해양법협약 제90조는 "연안국이거나 내륙국이거나 관계없이 모든 국가는 공해에서 자국기를 게양한 선박을 항행시킬 권리를 가진다"고 하였다. 모든 국가는 자국과 '진정한 관련'(genuine link)이 있는 선박에게 자국의 국적을 부여할 수 있으며, 그 선박으로 하여금 공해를 항행하게 할 수 있는 것이다. 그렇지만 이러한 항행의 자유도 일부 금지된 행위를 한 선박에게는 인정되지 아니한다. 해적행위, 마약거래, 노예수송, 불법방송에 연루된 선박은 기국은 물론 외국 군함이나 정부선박의 단속대상이 되는 것이다.

3. 상공비행의 자유

1958년 공해협약 제2조 4항에 이어 1982년 해양법협약 제87조 1항도 공해에서의 '상공비행의 자유'(freedom of overflight)를 규정하였다. 특히 해양법협약의 채택에 즈음하여 국제민간항공기구(ICAO) 사무총장이 공해에서의 상공비행의 자유는 200해리 EEZ 상공에서도 완전히 인정된다는 점을 밝힌 것을 주목할 필요가 있다. 시카고협약과 부속서 및 기타 항공법상 EEZ는 공해와 동일한 법적인 지위를 가지는 것으로 간주되는 것이다.[141]

최근에는 '방공식별구역'(air defence identification zone: ADIZ) 문제가 종종 제기되고 있다. 일부 국가들이 일방적으로 설치하여 운영하는 이 제도에 의하면, 국가들은 그 구역에 진입하는 국내외 항공기에게 항공계획과 정기적인 위치보고를 요구하는바, ADIZ가 영해 너머에까지 설치되면 EEZ와 공해의 상공비행 자유에 제한을 초래하게 된다.[142] 우리나라도 한국방공식별구역(KADIZ) 제도를 운영하고 있는데, KADIZ에 진입하는 외국 항공기는 24시간 이전에 합참의 허가를 받아야 하고 지정된 지점에서는 의무적으로 위치보고를 해야 한다. 그런데 2013년 11

치에도 따라야 할 규칙이 있으며, 인공시설물의 설치와 과학조사는 해양법협약 등 관련 협약과 규칙에 따라 이루어져야 한다. 특히 어업의 자유는 공해 생물자원의 보호와 관련하여 많은 제한을 받게 되었다. *Restatement*, pp.78-80.

141) Sohn and Noyes, p.49.

142) Sohn, Louis B., John E. Noyes, Erik Francks, and Kristen G. Juras, *Cases and Materials in the Law of the Sea*, 2nd ed., Brill/Nijhoff, 2014, p.52.

월 중국이 우리나라의 이어도를 포함하는 방공식별구역(CADIZ)를 선포하면서, 우리나라도 2013년 12월 8일 새로운 KADIZ를 선포하였다. 새로운 KADIZ는 그 범위를 국제민간항공기구(ICAO)의 비행정보구역(FIR)과 일치시킴으로써 논란의 소지를 줄이고 이어도, 마라도, 홍도도 포함시키게 되었다.

4. 어업의 자유

1970년대 EEZ의 등장 이전까지 해양의 어업질서는 매우 단순하였다. 연안국들은 자국 영해에서의 어업에 대하여 완전한 주권을 보유하였다. 공해에서는 누구든지 마음대로 어로를 할 수 있는 자유가 인정되었으며, 어선들은 별다른 사유가 없는 한 오직 그 기국(flag state)의 법을 따르면 되었다. 이러한 구조에서는 국가들은 국제적인 합의를 통하여 자국 어민들의 어로를 규제하는 것을 꺼려 했기 때문에 1970년대 중반까지 공해에서의 어로의 자유는 거의 완벽하게 보장되었다.[143]

그로티우스가 그의 해양자유론을 주장할 때 상정하였던 조건 중의 하나는 해양자원 특히 해양생물자원은 무궁무진하여 굳이 누구의 소유로 묶어 둘 필요가 없다는 것이었다. 그러나 과학과 어업기술의 발달은 그로티우스의 그러한 전제를 무색하게 만들었다. 따라서 오늘날 국제사회에서는 해양생물자원의 보존과 관리를 위하여 다양한 방법들이 사용되고 있다. 국제적인 합의를 통하여 참치와 같은 경계왕래성어류(straddling stock)나 고도회유성어종(highly migratory species) 같은 특정 어류의 어획을 규제하고, 고래와 같은 일부 해양포유류 남획을 금지하며, 특정한 어로장비의 사용을 제한하고, 어획량을 조절하는 등 여러 가지 방법이 사용되고 있는 것이다.[144]

1970년대 제3차 유엔해양법회의가 시작된 지 얼마 되지 않아 EEZ이 관습법적인 제도로 자리를 잡아 가면서 경계왕래성어류의 관리 문제가 국제적인 이슈로 등장하였다. EEZ의 등장으로 세계 총어획고의 90% 이상이 연안국들의 관할수역에서 어획되게 되었으니 해양생물자원 보호는 걱정할 필요가 없다는 낙관적인 견

---

143) Burke, Chapter 3, p.1.
144) *Ibid.*, p.79.

해도 있었다. 그러나 EEZ의 확산으로 어장에서 축출된 원양어선들이 경제수역 바로 외측에서 집중적으로 어로활동을 하면서 연안국과 어업국 간에 갈등이 생기게 되었다.145) 해양법협약은 이전에 대규모 어업이 행하여지던 대부분의 수역이 연안국들의 관할수역에 포함되게 되었다는 이유에서 공해어업에 관하여 자세한 규정을 두지 않았으나, 국제사회는 곧 해양법협약만으로는 공해어업을 제대로 규율할 수 없음을 깨닫게 되었다.146)

1995년 8월 채택되어 2001년 12월 11일 정식으로 효력발생에 들어간 「경계왕래성어류와 고도회유성어류의 보존관리에 관한 UN협정」(The United Nations Agreement on Straddling Fish Stocks and Highly Migratory Fish Stocks: 공해어업협정)에는 공해의 자유에 영향을 미칠 수 있는 조항들이 들어 있다. 협정은 경계왕래성어류와 고도회유성어류의 보존과 지속가능한 사용을 위하여 수산자원 보호에 예방의 원칙을 도입하였고, 지역수산기구를 통한 국제협력을 강화하였으며, 보존관리조치에 일관성의 원칙을 도입하였다. 특히 공해어업협정은 공해 어족자원의 보존과 관리에 있어서 지역적 · 소지역적 수산기구(subregional or regional fisheries management organization)의 역할을 강화함으로써 결과적으로 공해어업의 자유를 제한하게 되었다. 협정은 연안국과 공해 어업국가들은 경계왕래성어류와 고도회유성어류의 효율적인 보존과 관리를 위하여 직접협상을 통하여 또는 적절한 소지역적 · 지역적 수산관리기구나 약정(arrangements)을 통하여 국제적인 협력을 모색해야 한다고 하면서(공해어업협정 제8조 1항, 2항), "수산관리기구의 회원국과 약정의 참가국 또는 그러한 기구나 약정이 설정한 보존관리조치의 적용에 동의한 국가만이 그러한 조치가 적용되는 수산자원을 이용할 수 있다"고 하였다(동조 4항). 이는 결국 관련 수산기구나 약정에 참가하지 않은 국가의 공해어업을 봉쇄하는 것으로 전통적인 공해상 어업의 자유를 크게 제한하는 것이다.147)

---

145) Lawrence Juda, "The 1995 United Nations Agreement on Straddling Fish Stocks and Highly Migratory Fish Stocks: A Critique," *Ocean Development and International Law*, vol.28, pp.147-148.

146) 공해상에서의 경계왕래성어류 어업과 관련하여 발생한 연안국과 원양어업국 간 분쟁으로는 베링해 가운데의 공해부분인 '도넛홀'(Donut Hole)에서의 명태잡이와 북대서양에서의 그린란드 대구(Greenland halibut) 문제가 있었다.

147) Juda, p.155. 협정이 비당사국의 공해조업을 금지한 것은 조약상대성 원칙에 대한 위반인 동시에 일반국제법 원칙에 속하는 공해의 자유에도 어긋나는 것이어서 논란의 여지가 있다.

5. 해저전선과 관선부설의 자유

해저전선(submarine cable)은 처음에는 전보에 의한 통신을 위하여 부설되었으나, 오늘날에는 인터넷의 확산 등으로 인하여 그 시장이 급격히 팽창하였다. 해저석유의 개발과 거래가 활성화되면서 해저관선(submarine pipeline) 부설도 크게 증가하였다. 해양법협약 제112조는 1항에서 "모든 국가는 대륙붕 밖의 공해 해저에서 해저전선과 관선을 부설할 수 있다"고 하여 해저전선과 관선부설의 자유를 규정하였다. 아울러 해양법협약 제113조는 모든 국가는 자국선박이나 자국인이 공해의 해저전선을 고의나 과실로 파괴하거나 훼손하는 행위를 처벌하기 위하여 필요한 법령을 제정한다고 하였다.

6. 인공섬과 그 밖의 시설 건설의 자유

해양법협약은 전통적인 공해의 자유에 더하여 "국제법상 허용되는 인공섬과 그 밖의 시설 건설의 자유"를 새로운 공해의 자유로 첨가하였다. 그러나 이 자유 역시 무제한한 것은 아니다. 공해에 인공시설과 인공섬을 설치하는 경우는 다음의 2가지가 있다. 하나는 200해리 이원 대륙붕에서의 활동을 지원하기 위하여 구조물을 건설하는 것이다. 이런 경우에는 구조물 건설에 관해 적절한 고지를 하고 안전구역을 설치할 수 있지만, 국제항해에 필수적인 해로를 방해하면 아니되고 폐기된 구조물은 철거해야 한다. 다른 하나는 인공섬과 그 밖의 시설을 대륙붕과는 관계없이 공해에 건설하는 경우이다. 공해의 이런 부분에는 어떤 국가의 관할권도 미치지 아니하지만, 인공섬과 기타 시설의 건설이 연안국에게 여하한 관할권도 부여하지 않는다.[148]

7. 과학조사의 자유

공해에서의 해양과학조사에는 제257조가 적용된다. 협약 제257조는 "지리적 위치에 관계없이 모든 국가와 권한 있는 국제기구는 이 협약에 따라 배타적 경제

---

148) Rothwell and Stephens, pp.156-157.

수역 바깥 수역에서 해양과학조사를 수행할 권리를 가진다"고 하였다. 그렇지만 공해에서의 자유는 한 국가에게만 인정되는 것은 아니므로, 해양과학조사의 자유도 다른 국가의 공해의 사용에 방해가 되어서는 아니 된다. 따라서 공해상에 배치된 연구시설이나 장비는 국제항로대를 방해하면 아니되고, 바다에서의 안전을 확보할 수 있도록 식별 가능하고 적절한 위험표지를 갖추어야 한다.[149]

V. 선박에 대한 기국관할권과 의무

1. 기국관할권

해양이 어떤 국가의 해양관할수역에 속하는 경우 그곳의 질서는 연안국에 의해 유지된다. 그런데 공해에는 그 어떠한 국가의 배타적 관할권도 미치지 못하므로, 국제사회는 이곳에 질서를 유지하기 위한 방법을 찾게 되었다. 그리고 해양에서의 사람들의 활동은 선박을 사용해 이루어지는 것에 착안하여 해양법은 공해상 선박에 대한 관할권 행사를 통해 질서를 유지하는 방법을 취하게 되었으며, 기국주의를 원칙으로 삼게 되었다. 공해에서 선박은 국제법과 그 기국의 법에 종속되는 것이 일반적인 원칙이다.

선박에 대해 기국의 관할권을 인정하게 된 근거에 대해서는 여러 가지 해석이 있었다. 무어(John Basset Moore)는 공해상의 선박은 기국 영토의 일부를 형성하므로 법적인 의미에서 그 관할권은 준영토적(quasi territorial)인 것이라고 하였다. 그러나 미국대법원은 선박을 기국의 '부유하는 일부'(floating part)로 보는 입장에 반대하면서, 선박에 적용되는 법은 경험상 선박의 소유국가의 법보다 적절한 법은 없다는 실용주의적 관점에서 기국의 관할권을 인정하였다.[150]

해양법협약은 제90조에서 모든 국가는 자국국기를 게양한 선박 즉 자국선박을 공해에 항해하게 할 권리를 갖는다고 하였다. 이는 공해의 자유에서 나오는 당연한 결과로 모든 국가는 '진정한 관련'(genuine link)이 존재한다는 전제하에 선박

---

149) 해양법협약 제261, 262조 참조.
150) Sohn and Noyes, pp.158-159.

에게 자국 국적을 부여하고 이를 공해에서 항해케 할 수 있는 것이다(해양법협약 제
90, 91조). 나아가 협약은 제92조 1항에서 "국제조약이나 이 협약에 명시적으로 규
정된 예외적인 경우를 제외하고는 선박은 어느 한 국가의 국기만을 게양하고 항행
하며 공해에서 그 국가의 배타적인 관할권에 속한다"고 하여 이를 확인하였다.

2. 기국의 권리와 의무

선박의 국기국가에게는 일정한 권리와 함께 의무도 부과된다. 해양법협약은
모든 국가는 자국국기를 게양한 선박의 행정적 · 기술적 · 사회적 사항에 관하여
관할권을 행사하고 통제하며 해상안전을 확보하기 위하여 필요한 조치를 취해야
한다고 하였다(협약 제94조 1항, 3항). 그리고 이러한 조치는 "일반적으로 수락된
국제적인 규제 조치, 절차"를 따르도록 하고 있는바, 주로 국제해사기구(IMO) 후
원으로 마련된 국제협약에 나타나 있다.

3. 선박충돌의 관할권

국기국가 관할권에 관한 국제법 규칙은 공해에서 발생한 범죄에도 적용된다.
따라서 형사관할권 문제에 있어서 선박은 기국의 영토처럼 취급된다. 그러나 해
양에서의 선박충돌에 따른 책임문제와 관련해서는 논란이 있었다. 상설국제사법
재판소(PCIJ)는 1927년 로터스(Lotus)호 사건에서 피해 선박 국기국가의 관할권을
인정하여 충격을 주었다.

로터스호 사건151)

The Lotus Case, 1927

1926년 공해에서 발생한 프랑스 선박 Lotus호와 터키 선적의 Boz-Kourt호 간의 선박
충돌로 인하여 터키 선박이 침몰하고 8명의 터키인들이 사망하였다. 사고 후 프랑스 선
박이 콘스탄티노플에 도착하자 터키 당국은 충돌 당시 프랑스 선박의 당직사관

---

151) *The Case of the S. S. Lotus*, *PCIJ Report*, Series A, vol. 2, 1927-1928.

Demons를 형사처벌하기 위한 절차를 시작하였다. Demons는 터키 당국의 관할권을 부인하였으나, 터키 법원은 이러한 주장을 기각하고 Demons에게 80일 간의 구류와 22만 파운드의 벌금을 선고하였다. 결국 이 분쟁은 양국 간의 특별협정에 의해 상설국제사법재판소(PCIJ)로 넘겨지게 되었다.

PCIJ에서 이 사건을 다룰 때 논점은 국제법상 터키가 이 사건에 대한 형사재판관할권을 가지고 있는가 하는 것이었다. 프랑스는 터키가 이 사건에 대해 관할권을 행사한 것은 국제법 위반이라고 주장하였으나, PCIJ는 Demons는 프랑스는 물론 터키 법원으로부터도 재판을 받을 수 있다고 하였다.[152]

객관적 영토원칙에 근거한 이 판결은 각국의 선원들을 경악하게 하였으며, 국제법학자들로부터도 많은 비판을 받았다. 소위 로터스 원칙에 대한 끈질긴 반대운동은 1958년 공해협약이 가해선박의 기국이나 선원의 재판관할권을 국적국가에게 부여함으로써 결실을 맺게 되었다.[153] 해양법협약 제97조 1항도 다음과 같이 규정하였다.

공해에서 발생한 선박의 충돌 또는 선박에 관련된 그 밖의 항행사고로 인하여 선장 또는 그 선박에서 근무하는 그 밖의 사람의 형사책임이나 징계책임이 발생하는 경우, 관련자에 대한 형사 또는 징계절차는 그 선박의 기국이나 그 관련자의 국적국의 사법 또는 행정당국 외에서는 제기될 수 없다.

VI. 공해상 선박에 대한 제3국의 관할권

일반적으로 공해상의 선박에 대해서는 기국만이 관할권을 행사한다. 군함과 정부선박은 전시에는 적국군함의 공격을 받지만, 평시에는 다른 국가의 간섭으로부터 절대적으로 면제된다. 상선과 같은 사용선박들도 공해에서 다른 국가의 간섭을 받지 않는 것이 원칙이지만, 선적국의 동의가 있거나 해적행위, 노예무역,

---

152) 로터스호 사건에서는 1923년 로잔협약(Convention of Lausanne) 제15조의 "터키와 다른 체약국 간의 모든 관할권 문제는 국제법 원칙에 따라 결정되어야 한다"는 규정의 해석이 중요하였다.

153) Malanczuk, p.190.

불법방송, 무국적 등의 혐의가 있을 때에는 다른 국가 군함이나 정부선박의 간섭을 받는다.

해양법협약 제110조는 외국선박에 대한 임검권에 관한 규정을 두었다. 군함 등의 주권면제 선박이 아닌 외국선박이 해적행위, 노예거래, 무허가방송에 종사하거나 무국적선인 경우, 모든 국가의 군함은 임검권을 행사할 수 있는 것이다. 임검하는 군함은 그 선박이 그 국기를 게양할 권리를 가지는지 확인할 수 있으며, 서류를 검열한 후에도 혐의가 남아 있는 경우에는 계속하여 선내에서 검사를 진행할 수 있다.

1. 노예수송

국제법에서는 노예무역을 금지해 왔으며, 다수의 조약들이 그러한 규정을 두었다. 노예무역은 국제관습법 위반이며 국제범죄에 속한다.[154] 해양법협약도 모든 국가는 자국 선박에 의한 노예수송을 방지하고 처벌하기 위한 실효적인 조치를 취하여야 한다고 하였다(협약 제99조).

2. 해적행위

해적은 한동안 관심대상이 아니었으나, 1980년대 이후 발생빈도가 꾸준히 증가해 왔으며 그로 인한 피해도 증가하였다.[155] 국제사회는 아덴만에서의 해적퇴치를 위하여 국제적인 해군협력체계를 갖추어 대응하는 등 다양한 방안을 마련하여 대응하였다. 하지만 소말리아 해적문제를 계기로 국제사회에서는 관련 국제법

---

154) Henkin, pp.1300-1301.

155) Nong Hong and Adolf K. Y. Ng, "The International Legal Instruments in Addressing Piracy and Maritime Terrorism: A Critical Review", *Research in Transportation Economics*, vol. 27, 2010, pp.51-52. 1980년대부터 점차 증가해 온 해적행위는 소말리아 등 일부 지역의 불안정을 틈타서 1990년대에는 3배 정도 늘어났고, 2000년대 초 또다시 3배로 증가하였다. 최근 해적활동은 소말리아 근처 아덴만 지역과 홍해 남측입구, 아프리카 서부 기니 만과 니제르델타, 말라카해협 등에서 집중적으로 발생하고 있다. 특히 1990년대 소말리아가 내전상태에 빠진 이후 아덴만 지역에 등장한 소말리아 해적들은 생계형에서 기업형으로 바뀌어 가면서 그 활동이 갈수록 흉포화·광역화·대형화되고 있어서 해양안전에 커다란 위협이 되었다.

제도를 체계적으로 재검토하게 되었다.

해양법협약 제101조는 해적행위를 다음과 같이 정의하였다.

해적행위라 함은 다음 행위를 말한다.

(a) 민간선박 또는 민간항공기의 승무원이나 승객이 사적 목적으로 다음에 대하여 범하는 불법적 폭력행위, 억류 또는 약탈 행위

(i) 공해상의 다른 선박이나 항공기 또는 그 선박이나 항공기 내의 사람이나 재산

(ⅱ) 국가 관할권에 속하지 아니하는 곳에 있는 선박·항공기·사람이나 재산

(b) 어느 선박 또는 항공기가 해적선 또는 해적항공기가 되는 활동을 하고 있다는 사실을 알고서도 자발적으로 그러한 활동에 참여하는 모든 행위

(c) (a) 와 (b)에 규정된 행위를 교사하거나 고의적으로 방조하는 모든 행위

해양법협약은 해적행위를 공해에서 사유의 선박이나 항공기의 승무원 또는 승객이 사적인 목적에서 다른 선박이나 항공기 또는 그 안의 사람이나 재산을 상대로 행하는 불법적인 폭력 및 약탈행위라고 정의하였는데, 이러한 정의는 해적에 대한 일반적인 인식과는 차이가 있다. 사람들은 보통 해적행위란 해양에서 발생하는 모든 국제법 위반행위라고 생각하지만, 해양법협약상 해적행위는 다른 선박을 상대로 이루어져야 하므로 일단 선상반란 등은 해적행위가 아니다.[156] 조문에서 말하는 '사적 목적'이란 조건의 의미는 모호하며, '공해상'이란 조건으로 인하여 해적행위의 범위가 지나치게 좁혀졌다는 비판도 있다.[157]

해양법협약 제105조는 "모든 국가는 공해 또는 국가관할권 밖의 어떠한 곳에서라도, 해적선·해적항공기 또는 해적행위에 의하여 탈취되어 해적의 지배하에 있는 선박·항공기를 나포하고, 그 선박과 항공기 내에 있는 사람을 체포하고, 재산을 압수할 수 있다"고 하였다. 공해에서 기국은 물론 다른 모든 국가도 해적행위를 단속할 수 있는 권한을 가지는 것이다.

---

156) Malanczuk, p.189.

157) Sohn and Noyes, p.169.

3. 마약류 불법거래

모든 국가는 공해에서 선박에 의해 행해지는 마약류의 부정거래를 억제하는 데 협력해야 하며, 다른 국가에게 협력을 요청할 수도 있다(해양법협약 제108조).

4. 무허가방송(해적방송)

1950년대 후반 라디오와 텔레비전 방송국들이 북해와 발틱해 공해상에서 무허가방송 활동을 하였다. 당시 유럽 국가들은 공동으로 또는 독자적으로 고정된 플랫폼이나 편의치적(flags of convenience) 선박에 설치된 이들 방송국을 규제하고자 하였으며, 1965년에는 유럽평의회(Council of Europe) 주도로 「국가영토 밖의 시설로부터의 방송방지를 위한 유럽협정」(European Agreement for the Prevention of Broadcasts Transmitted from Stations outside National Territories)을 체결하였다.[158] 해양법협약은 제109조 1항에서 "모든 국가는 공해로부터의 무허가방송을 억제하는 데 협력한다"고 하여 국가들의 무허가방송 억제에 대한 협력의무를 규정하였다. 아울러 불법방송에 관여한 사람들의 처벌을 위하여 선박의 기국, 시설의 등록국, 종사자의 국적국, 송신이 수신될 수 있는 국가, 허가된 무선통신이 방해를 받는 국가의 법원에 관할권을 인정하였다.

Ⅶ. 추적권

연안국은 그 내수와 영해, 접속수역, 대륙붕, 경제수역에서 외국 선박에 대하여 일정한 권한을 갖는다. 추적권은 선박들이 공해로 도망함으로써 이러한 권한 행사가 방해받는 것을 방지하기 위하여 연안국에게 부여된 권한이다. 추적이란 육지나 상공에서도 이루어지지만 해양에서의 추적만이 국제법상의 권리로 성문화되었는데, 공해에서의 추적권은 추적국가의 관할수역 안에서 그 국가의 법령을 위반한 선박을 공해까지 추적하여 나포할 수 있는 권한으로 19세기에 확립되었

---

158) Henkin, pp.1302-1303.

다.159)

해양법협약은 제111조에 추적권에 관한 규정을 두었다. 연안국은 자국의 내수·군도수역·영해·접속수역·경제수역·대륙붕에 적용되는 국내법을 위반한 외국선박들을 처벌하기 위하여 이들을 공해까지 추적할 수 있으며, 추적은 군함·군용기·정부용 선박과 항공기에 의해 이루어진다. 추적은 시각이나 음향 정선신호가 외국선박이 보거나 들을 수 있는 거리에서 발신된 후 시작할 수 있다. 추적은 피추적선박이 문제의 수역 내에 있을 때 시작되어야 하며, 이 선박이 자신의 기국이나 제3국의 영해에 들어가면 종료된다. 부당한 추적권 행사로 인하여 피해를 입은 선박은 그 손해를 보상받는다.

연안국은 추적권 행사 시 피추적 선박을 격침시킬 수 있는가 하는 것이 문제가 되었다. 중재재판소는 I'm Alone 사건에 대한 중재판정에서 추적권에 추적당하는 선박을 고의로 격침시킬 수 있는 권리는 포함되지 아니하지만, 나포하는 과정에서 우발적으로 침몰된 경우에는 불법적인 것으로 볼 수는 없다고 하였다.160)

VIII. 선박의 국적

1. 서 론

해양에 질서를 유지하는 데 있어서는 선박의 국기국가의 역할이 중요하다. 선박의 국적은 선박에 대한 국기국가 관할권(flag state jurisdiction)을 행사하는 국가가 어떤 국가인가 하는 것, 선박의 작위나 부작위로 인한 책임이 국가에 귀속되는 경우 어떤 국가가 국제법상의 책임을 부담하는가 하는 것, 선박을 위한 외교적 보호(diplomatic protection)는 어떤 국가가 행사하는가 하는 것을 보여 주기 때문이다.161)

---

159) F. Wooldridge, "Hot Pursuit," in *EPIL*, vol.11, 1987, p.145.

160) Malanczuk, p.187.

161) Churchill and Lowe, p.205. 대부분의 경우 선박의 등록국가(state of registration)가 곧 국기국가(flag state)이자 국적국가(state of nationality)가 되지만, 항상 그런 것은 아니다. 가끔 선박들은 외국인이나 외국회사에 의해 용선되는바, 그런 경우 그 선박은 그 국가의 국기를 게양할 권리를 가지게 된다. Burke, Chapter 1, pp.1-3.

2. 편의치적

국제사회에서는 자국과 별다른 관련이 없는 선박에게 자국의 국적을 부여하는 편의치적(flag of convenience 또는 open registry)이 널리 행해져 왔다. 1920년대 미국의 선주들이 파나마나 온두라스에 선박을 등록하면서 시작된 편의치적은 제2차 세계대전 직전에 크게 확산되었으며 대전 이후에는 더욱 증가하였다.[162]

선박회사들이 오늘날까지 편의치적을 선호하는 가장 큰 이유는 편의치적 국가들의 세율이 낮고 노동법상의 규제가 약하기 때문이다.[163] 오늘날 편의치적을 인정하는 주요 국가들로는 라이베리아, 파나마, 사이프러스, 바하마, 온두라스 등을 들 수 있다. 이들은 대부분 소국들로 외국인의 자국선박 소유를 널리 허용하고 있을 뿐 아니라, 선박의 등록절차가 매우 간단하며, 선박관련 세율은 매우 낮고, 외국인을 선원으로 고용하는 데 관해 별다른 제한을 두지 않고 있다.[164]

3. 진정한 관련

각국은 선박에게 자국의 국적을 부여하기 위한 조건들을 정하여야 하는데, 대부분의 국가들이 등록과 같은 단순한 행위에 의하여 선적취득이 가능하게 하고

---

162) 1949년 전직 미국 국무장관이 라이베리아에 등기소를 설립하면서 편의치적은 크게 증가하였다. 그 결과 편의치적 선박은 선복량 기준으로 1985년 27.6%에 이르렀다. 제2차 대전 당시까지 편의치적은 금제품 수송이라든가 선원들에게 지급되는 임금을 절약하기 위해 이루어지는 경우가 많았다. 특히 제2차 대전 직전인 1939년 11월 미국은 '중립법 수정안'을 통과시켜 자국 선박들의 전쟁수역에의 항행을 금지하였는바, 미국의 선박회사들은 서유럽 국가들과 계속 무역을 하기 위하여 선적을 바꾸었다. B. Bocek, *Flags of Convenience: An International Legal Study*, 1962; H. Wefers Bettink, "Open Registry, the Genuine Link and the 1986 Convention on Registration Conditions for Ships," *Netherlands Yrbk. Int'l. L.*, vol.18, 1987, pp.71-72.

163) 1981년 UNCTAD가 조사한 바에 의하면 편의치적 국가들은 대부분 선박회사들에게 법인세를 부과하지 않는 데 비해, 전통적 해양국가들은 28%에서 50.8%에 이르는 높은 세율을 적용하고 있다고 한다. 한편 많은 선진 해양국가들의 노동법은 최저임금은 물론 노동조건에 관한 까다로운 규정들을 두고 있는 데 비해, 편의치적을 허용하는 개발도상국들의 노동법은 비교적 느슨한 규정들을 두고 있어 선박회사들에게 유리하다. Bettink, pp.72-75.

164) 위에 나열된 여섯 가지 편의치적의 특징들은 '영국선박조사위원회'(United Kingdom Committee of Inquiry into Shipping), 즉 'Rochdale Committee'에서 밝힌 것이다. Burke, Chapter 1, p.3.

있다. 그러나 선박의 국적에 관한 하나의 규칙이 있으니, 그것은 국제사법재판소 (ICJ)가 1955년 노테봄(Nottebohm) 사건에서 국적을 부여하기 위한 조건으로 제시한 '진정한 관련'(genuine link)이란 기준이다.

선박의 국적문제는 국제법위원회가 제1차 해양법회의를 준비할 때 체계적으로 검토되기 시작하였으며,[165] 1958년 공해협약 제5조는 선적국가와 선박 간에는 현실적 유대, 즉 '진정한 관련'이 있어야 한다고 하였다. 1982년 해양법협약도 제91조 1항에서 다음과 같이 유사한 규정을 두었다.

> 모든 국가는 선박에 자국국적을 부여하고, 자국에 선박을 등록하며, 자국 국기를 게양하게 하기 위한 조건을 정해야 한다. 선박들은 그들이 게양할 국기국가의 국적을 갖는다. 국가와 선박 사이에는 '진정한 관련'이 있어야 한다.

진정한 관련의 원칙을 더욱 강화하고 편의치적 관행을 단절하고자 1986년 2월 「유엔선박등록조건협약」(United Nations Convention on the Conditions for Registration of Ships)이 체결되었다. 협약은 국내법과 국제법 규칙을 효율적으로 집행하기 위한 기관의 설립을 요구하였으며, 기업소유 선박에 대한 통제권과 관련하여 기국의 역할을 강조하였고, 선원의 자국민 충원에 관한 규정도 두었다.[166] 그러나 이 협약은 기본적으로 권고적 성격의 조문들로 구성되어 있으며, 40개국 이상의 비준과 세계 선박 총톤수의 25% 이상을 차지하는 국가들의 비준이라는 효력발생 요건을 두고 있어 가까운 시일 내에 효력발생에 이르기는 어려울 것으로 예상되고 있다.

4. 편의치적 선박의 지위

국제사회는 1958년 공해협약, 1982년 해양법협약, 1986년 선박등록조건협약을 체결하여 편의치적 관행을 단절하고자 노력해 왔다. 그러나 국제사회의 현실은 이러한 접근방법이 별로 효과적이지 못하였음을 보여 주고 있다. 국가와 선박

---

165) 1955년 국제법위원회가 작성한 공해협약 초안 제5조는 등록되는 선박은 그 국가나 국민, 법인의 소유여야 한다고 하였다.

166) The 1986 Convention on Registration Conditions for Ships, Articles 6-10.

간에 진정한 관련을 요구하는 국제협약에도 불구하고 국제사회에서는 편의치적
관행이 계속되고 있는 것이다.

　　더구나 선진국 사이에서도 편의치적에 대한 입장이 통일되지 못하고 있다.
프랑스는 편의치적에 강력히 반대한다. 그러나 미국은 전시 자국 선주들이 선박
들을 징발하는 데 협력하기만 한다면 굳이 편의치적에 반대하지 않으며, 편의치
적이 자국 선주들에게 이익이 되기도 한다고 믿고 있다.[167]

　　이러한 현실 때문에 국제사회에서는 일반적으로 편의치적을 국제법원칙에
반하는 것으로 보지 않으며, 진정한 관련이 없다는 이유만으로 어떤 선박의 선적
을 거부할 수는 없다고 보고 있다.[168]

‖ 제10절 ‖ 심 해 저

Ⅰ. 서　론

　　심해저(The Area)란 국가의 관할권 밖에 있는 해저·해상·지하이다(해양법
협약 제1조 1항). 다시 말하면 심해저란 해양 중에서 연안국의 관할권이 미치는
내수·영해·접속수역·경제수역·대륙붕을 제외한 바다의 해저와 지하를 의
미한다.

　　심해저에는 엄청난 양의 망간단괴 등 자원이 부존되어 있어 세인의 관심을
끌었다. 심해저 문제는 제3차 유엔해양법회의가 개최된 가장 큰 이유였으며, 심해
저 자원개발에 관한 선진국과 후진국 간의 견해차이는 해양법협약의 조기 채택과
효력발생에 큰 장애가 되었었다.

　　그렇지만 국제사회는 1982년 해양법협약을 채택하면서 사전투자자보호제도
를 도입하는 등 선진국들에게 기득권을 부여하였으며, 1994년에는 이행협정을 채

---

167) Malanczuk, pp. 185-186.

168) Osieke, "Flags of Convenience Vessels: Recent Developments," *AJIL*, vol. 73, 1979,
　　p. 626.

택하였다.

Ⅱ. 연 혁

심해저자원이란 다금속단괴(polymetallic nodules)를 비롯한 심해저에 존재하는 모든 자원을 의미한다(해양법협약 제133조). 심해저자원 중에서 가장 중요한 다금속단괴 또는 망간단괴에는 구리·니켈·코발트·망간과 같은 상업적 이익을 갖는 광물들이 함유되어 있는데, 이들은 보통 수심 3,000미터에서 6,000미터에 이르는 해저에 산재해 있다.

망간단괴가 처음으로 끌어올려진 것은 영국의 해양조사선 챌린저(Challenger)호가 세계를 순항할 때(1873-1876)이었다. 과학적 호기심에서 비롯된 망간단괴에 대한 연구는 1957년 캘리포니아 대학 해양연구소가 심해저자원개발의 경제성에 관해 긍정적인 연구보고를 함으로써 차츰 세인의 관심을 끌게 된다.

심해저와 심해저 자원을 인류의 공동유산으로 하자는 제안은 1967년 유엔주재 몰타대사 빠르도(Arvid Pardo)가 제기하였다. 빠르도의 제안은 즉각 제3세계 국가들의 환영을 받았다. 그 결과 심해저자원의 개발 문제는 1968년 조직된 심해저위원회(Seabed Committee)와 1973년 시작된 제3차 유엔해양법회의의 주요 의제가 되었다.

해양법회의는 1982년에 해양법협약을 채택하여 심해저는 국제법상의 제도로 성문화되었으나, 미국 등 선진국들의 반대로 협약의 효력발생이 지체되었다. 그러나 1994년 협약이 효력발생에 들어가고 이행협정이 체결되어 심해저 문제는 새로운 단계에 접어들게 되었다.

Ⅲ. 법적 지위

해양법협약 제136조는 "심해저(The Area)와 그 자원은 인류의 공동유산(common heritage of mankind)"이라고 하였다. '인류의 공동유산'이란 1967년 유엔총회에서 유엔주재 몰타대사 빠르도(Pardo)가 사용한 정치적 용어이었으나, 해양법협약에 명문으로 등장하면서 법적인 개념이 되었다. 해양법협약이 심해저를 인류의 공동유산이라고 한 것은 심해저 자원의 개발은 장려하되 개발이익은 형평에 맞게 분배하자는 의도로 생각된다. 심해저가 인류의 공동유산이 됨으로써 심해저와 그 자원은 국제공동체 전체에 귀속되었으며, 개발에 따른 이익은 인류 전체 특히 개발도상국 국민들의 복지를 위해 사용되게 되었다.

심해저와 그 자원은 인류의 공동유산이므로 그 어떠한 국가도 배타적인 관할권을 주장할 수 없으며, 어떠한 국가·자연인·법인도 이를 전유할 수 없다(해양법협약 제137조 1항). 또한 심해저 자원에 대한 권리는 인류 전체에게 부여된 것이며 해저기구(the Authority)가 인류를 대표하여 활동한다(동조 2항).

심해저는 이처럼 인류의 공동유산이란 지위를 갖게 되었지만, 심해저의 상부수역과 상공에는 공해의 질서가 그대로 적용된다(협약 제135조). 따라서 심해저의 상부수역과 상공에는 항해의 자유, 어업의 자유, 상공비행의 자유, 해저전선과 송유관 건설의 자유와 같은 공해의 자유가 유지된다.

IV. 해양법협약의 심해저제도

1. 해저기구

1982년 해양법협약은 심해저 자원의 탐사와 개발을 총괄하는 기구로 해저기구(the Authority)를 설립하였다. 해저기구는 자메이카 킹스턴에 위치하며, 해양법협약 당사국은 당연히 이 기구의 회원국이 된다(협약 제156조).

해저기구에는 주요기관으로 총회, 이사회, 사무국을 두며, 직접 심해저 활동을 수행하고 심해저로부터 채취된 광물의 수송·가공·판매를 담당하는 심해저기업(Enterprise)을 설치한다(협약 제158조 1항, 2항). 심해저기업은 심해저 개발을 효율적으로 수행하기 위해 설립된 기업형태의 기관으로 자율성이 부여된다.

2. 해저자원 개발제도

해양법협약은 심해저기업과 당사국 및 당사국 국적을 가지는 사기업에게 심

해저 개발권을 부여하는 병행개발제도(dual system)를 채택하였다(협약 제153조 2
항). 제3차 유엔해양법회의가 시작될 당시 개도국들은 해저기구 또는 심해저기업
에 의한 개발을 주장하였고, 선진국들은 공기업이나 사기업이 개발권을 가지도록
하고 해저기구는 감독기능만을 갖게 하자고 맞섰다. 해양법협약이 병행개발을 선
택하여 해저기구와 당사국 및 사기업들을 개발 주체로 인정한 것은 양측 주장 간
의 타협의 결과라고 하겠다.

제1세대에 개발가능한 품위를 갖추고 있는 망간단괴의 양은 이론상 1750억
톤에 달하며 실제로 개발가능한 양은 230억 톤 정도라고 한다. 이것을 제련하면 2
억 9천만 톤의 니켈, 2억 4천만 톤의 구리, 6천만 톤의 망간을 생산할 수 있다. 그
런데 니켈의 경우에는 캐나다·구소련·뉴칼레도니아·호주가 전 세계 생산량의
4분의 3을, 코발트는 자이레와 뉴칼레도니아·호주·잠비아가 67%, 망간은 구소
련과 남아공·가봉·인도가 총생산량의 77%를 차지하고 있어, 심해저개발이 본
격화되면 이들 광물의 육지생산국들이 경제적으로 심각한 타격을 받게 될 것으로
예상되었다.[169]

해양법협약은 이들 광물들의 육지생산국들을 보호하기 위한 장치를 마련하
였다. 협약은 제151조에서 니켈 생산량을 중심으로 이들 광물들의 생산한도를 설
정한 것이다. 그러나 이러한 생산한도는 1994년 체결된 이행협정에 의해 폐기되
었다.

3. 사전투자자 보호

해양법협약은 사전투자자의 기득권을 일부나마 보장하기 위하여 사전투자자
보호(Pioneer Investor Protection: PIP) 제도를 도입하였다. 선진국들이 심해저 자원
에 대한 연구·개발을 시작한 것은 1960년대였으며, 1970년대 들어서는 컨소시
엄을 조직하여 본격적인 상업생산 준비에 나서게 되었다. 제3차 해양법회의가 이
들의 당초 의도와는 다른 방향으로 전개되어 가자, 선진국들은 협약에 서명을 거
부하고 국내법에 의해 자국기업들의 이익을 보호하는 한편, 그들 간의 협정을 통

---

169) United Nations Department of International Economic and Social Affairs, *Seabed
Mineral Resource Development*, 1982.

하여 서로 상대방의 이익을 인정해 주기로 약속하기도 하였다.[170]

이러한 상황에서 1981년 미국 레이건 행정부가 협약에 대한 재검토를 선언하자 선진국들의 사전투자를 일부나마 보호해 주기 위한 조치로서 사전투자자 보호제도가 도입되었다. 사전투자자로 보호를 받게 되는 것은 프랑스·일본·인도·구소련의 4개국과, Kennecot·OMA·OMI·OMCO 등 선진국 중심의 4개의 컨소시엄, 그리고 3,000만 달러 이상을 연구·개발에 투자한 국가이다. 사전투자자들에게는 최대 15만㎢의 배타적 사전투자구역이 우선적으로 부여되며, 자원의 탐사·개발·생산허가에 있어서 우선권을 부여하기로 하였다.

사전투자자보호 제도가 도입되었지만 미국·영국 등 선진국들은 여전히 미온적인 입장을 견지하였다. 오히려 한국·일본·중국·인도와 같은 아시아 국가들과 프랑스·러시아가 연구·개발에 적극적으로 나서 이미 사전투자자 자격을 획득하였다.[171]

V. 1994년 이행협정

해양법협약은 병행개발제도, 생산정책, 기술이전 등 매우 혁신적인 내용들을 담고 있었으나, 미국 등 선진국들은 심해저 관리제도에 대하여 많은 불만이 있었다. 그리하여 미국의 레이건 대통령은 1982년 1월 29일 성명에서 "협약초안의 대부분의 규정은 수용가능하고 미국의 이익에도 부합하지만, 심해저 광물개발 제도의 일부는 받아들일 수 없다"고 하였다. 많은 선진국들이 미국과 함께 행동하면서 해양법협약이 효력발생에 이를 때까지 협약을 비준한 국가는 대부분 개도국이었

---

170) 미국은 1980년 「심해저광물자원개발법」(Deep Seabed Hard Mineral Resources Act)을 제정하여, 미국 시민과 기업의 심해저개발을 허가하고 규제하기 위한 장치를 마련하였다. 이 법은 호혜와 심해저자원 개발권을 상호 간에 인정해 주는 규정을 가지고 있었다. 영국도 1981년 「심해저개발법」(Deep Sea Mining Act)을 제정하였는데, 자국법과 유사한 법을 가지고 있는 국가를 '호혜국'(reciprocating country)으로 인정하여 허가권을 상호 인정하도록 하였다. 미국, 영국, 서독, 프랑스, 벨기에, 일본, 이태리, 네덜란드는 1984년에는 「심해저개발에 관한 잠정양해」(Provisional Understanding Regarding Deep Seabed Mining)에 합의하여 다른 국가에서 신청되었거나 심사 중에 있는 지역에 대해서는 개발을 허가하지 않기로 약속하였다. Shaw, pp.446-448; *Resatement*, pp.92-93.

171) *Ibid.*(Shaw), pp.446-447.

다. 그런데 심해저기구의 운영비도 대부분은 미국과 일본 등 선진국들에 의존할 수밖에 없는 것이 현실이었다. 해양법협약이 냉전시대에 체결된 관계로 현 상황을 반영하지 못하므로 수정이 필요하다는 논리가 아니더라도 현실은 새로운 협상을 필요로 하고 있었다.[172]

이러한 배경하에 1990년 당시 유엔 사무총장 케야르(Javier Perez de Cuellar)는 해양법협약에 보다 많은 선진국들이 참여하게 하기 위한 협상을 시작하도록 하였으며, 1994년 7월 드디어 「1982년 유엔해양법협약 11장의 이행에 관한 협정」 (Agreement Relating to the Implementation of Part XI of the United Nations Convention on the Law of the Sea) 즉 이행협정이 채택되었다. 이 협정은 1996년 7월 효력발생에 들어갔다.[173] 1994년 이행협정에 의하여 1982년 해양법협약의 심해저에 관한 내용들 중에서 상당한 부분이 수정되었다.

1994년 이행협정에 의하여 달라진 심해저 제도는 다음과 같다.[174] 첫째, 해양법협약은 심해저 광물생산에 한도를 설정하고, 해저기구로 하여금 다소 자의적이고 차별적인 결정을 할 수 있게 하였다는 것이 선진국들의 불만이었다. 이행협정은 해저자원의 개발은 '건전한 상업원칙'(sound commercial principles)에 입각하여 이루어져야 한다고 하였으며, 해양법협약의 생산한도, 생산제한, 생산허가 등에 관한 규정은 적용하지 않기로 하였다. 이행협정은 그 대신에 해저활동에 시장지향적인 GATT협정의 규정들을 적용하기로 하였다. 특별한 경우가 아니면 심해저 활동에 대한 보조금 지급은 금지되게 되었으며, 심해저에서 생산된 광물과 다른 곳에서 생산된 광물 사이에 차별도 금지하였다.[175] 둘째, 해양법협약은 해저기구의 초국가적 기업인 심해저공사(Enterprise)에 상당한 영업상의 우대조치를 부여하여 병행개발체제의 다른 당사자인 사기업들은 차별대우를 받을 수밖에 없었다. 이는 미국 등 선진국들의 참여를 봉쇄하고 심해저공사의 독점권을 보장해 주

---

172) Yoshifumi Tanaka, *The International Law of the Sea*, Cambridge University Press, 2012, p.178.

173) 1994년 7월 28일 유엔총회에서 이 협정은 찬성 121, 기권 7로 채택되었다. 2010년 3월 현재 이 협정에 가입한 국가는 160개국이며, 우리나라는 1996년 1월 29일에 가입하였다.

174) Bernard H. Oxman, "The 1994 Agreement and the Convention", *American Journal of International Law*, vol. 88, 1994, p.687이하 참조; Sohn, Noyes, Francks, and Juras, pp.581-589.

175) 해양법협약 제11부 이행협정, 부속서 Section 6(Production Policy) 참조.

는 것이라는 비판이 있었다. 이에 이행협정은 심해저공사가 해저기구 사무국의 도움을 받지 않고 독자적으로 업무를 수행할 수 있을 때까지는 해저기구 사무국이 그 기능을 대신 수행하도록 한 것이다. 또한 이행협정은 심해저공사에게도 건전한 상업규칙을 동일하게 적용하도록 하였다.[176) 셋째, 해양법협약은 그 국민이 심해저 광물활동에 참여하는 국가에게 과도한 재정적인 부담을 지울 수 있었다. 이에 이행협정은 탐사 또는 개발을 위한 신청비를 절반으로 인하하였으며 연회비를 비롯한 기타 재정적인 의무도 삭제하였다.[177) 아울러 이행협정은 심해저공사에의 의무적 기술이전 조항을 개정하여 시장에서 공정하고 합리적인 조건으로 기술을 획득하도록 하였고, 육지광물생산국 보호를 위해 도입된 심해저 생산한도를 철폐하여 시장원리에 따르도록 하였다.[178) 넷째, 해양법협약 제155조는 최초의 상업생산 개시 후 15년마다 심해저자원의 탐사·개발제도에 관한 협약 제11부와 관련 부속서의 규정을 검토하기 위한 재검토회의(review conference)를 갖기로 했었다. 더구나 회의는 심해저자원의 개발제도가 인류 전체에게 이익이 되었는지를 검토하도록 하였는데, 이행협정은 해양법협약 제155조의 재검토회의에 관한 규정은 적용하지 않기로 하였다.[179)

VI. 최근동향

심해저 광물자원의 개발을 위해 오늘날 심해저에서는 망간단괴와 망간각, 해저열수광상 및 메탄수화물 개발이 추진되고 있다. 육상자원의 감소로 이들은 미래 자원공급원으로 주목을 받고 있다. 망간단괴는 소위 전략광물에 속하는 코발트, 니켈, 구리, 망간 등을 함유하고 있는바, 우리나라는 1994년 해저기구로부터 태평양 공해상 Clarion-Clipperton(클라리온-클리퍼튼) 지역에 15만㎢를 광구로 확보하였고, 2002년 최종적으로 7만 5천㎢의 단독광구를 설치하였다.

해저기구는 망간단괴에 관한 탐사규칙 등 해저자원의 탐사와 개발에 관한 규

---

176) 해양법협약 제11부 이행협정, 부속서 Section 2(Enterprise) 참조.

177) Sohn, Noyes, Francks, and Juras, pp.587-588.

178) Burke, Chapter 2, pp.63-66; Sohn, Noyes, Francks, and Juras, p.588.

179) 해양법협약 제11부 이행협정, 부속서 Section 4(Review Conference) 참조.

칙들을 정비해 가고 있다. 우리나라는 망간단괴 광구를 확보한 데 이어 해저열수광상 개발을 위하여 탐사작업을 진행해 왔으며, 망간각 광구 탐사도 준비하고 있다.

‖ 제11절 ‖ **섬과 해양지형**

Ⅰ. 서 론

섬은 국가영토의 한 부분으로서 그 자체가 국가 간 영유권 분쟁의 대상이 되지만, 오늘날의 섬 문제는 주변해양에 대한 관할권 문제와 결부되어 발생하는 경우가 많다. 영토는 국가존립의 근거이자 국가적·민족적 자존심의 상징으로 인식되어 온 만큼 도서영유권 분쟁은 종종 국가 간 무력충돌의 원인이 되기도 하였지만, 오늘날 도서영유권 문제의 기저에는 해양수역을 둘러싼 국가 간 이익의 충돌이 자리를 잡고 있는 경우가 많은 것이다. 그리하여 미국 국무성의 Geographer이었던 하지슨(Hodgson)은 그의 논문 「섬: 정상적 그리고 특별한 상황」(Islands: Normal and Special Circumstances)에서 섬은 때로는 경계획정에 있어서 그리고 때로는 영유권과 관련하여 문제를 야기한다고 하였던 것이다.[180) 국제사법재판소(ICJ) 판결로 해결된 인도네시아와 말레이시아 간 리기탄과 시파단 섬 분쟁은 도서영유권에 관한 분쟁이었다.

리기탄(Ligitan)과 시파단(Sipadan) 섬 분쟁

Sorereignty over Pulau Ligitan and Pulau Sipadan, ICJ, 2002

인도네시아와 말레이시아는 1998년 11월 특별협정을 통해 국제사법재판소(ICJ)에 리기탄과 시파단 섬 영유권 분쟁의 해결을 의뢰하였고, ICJ는 2002년 12월 17일 이 사

---

180) Hodgson, R. D., "Islands: Normal and Special Circumstances", in J.K. Gamble and G. Pontecorvo(eds), *The Law of the Sea: The Emerging Regime of the Oceans*, Ballinger Publishing Co., 1973.

건에 대해 판결하였다. ICJ는 16:1로 리기탄과 시파단 섬에 대한 영유권은 말레이시아에게 있다고 한 것이다.

리기탄과 시파단 섬은 셀레베스(Celebes) 해, 보르네오 섬 동북쪽 연안에 위치해 있다. 리기탄은 대부분 모래로 이루어져 있으며, 작은 나무들만이 자라는 무인도이다. 면적이 0.13㎢인 시파단은 나무가 울창한 화산섬이지만, 1980년대 관광지로 개발되기 전까지는 무인도이었다. 인도네시아의 영유권 주장은 1891년 영국과 네덜란드 간 협정을 근거로 삼았으며, 말레이시아는 술루의 술탄—스페인—미국—영국—말레이시아로 연결되는 승계과정 및 지속적인 평화적 점유와 통치를 통해 영유권을 획득하였다고 주장하였다.

ICJ는 인도네시아가 영유권 주장의 근거로 제시한 1891년 협정은, 협정의 문맥과 목적에 비추어 볼 때, 이들 섬의 영유권을 결정하는 근거가 되지 못한다고 하였다. 재판소는 인도네시아와 말레이시아가 승계에 의해 이들 섬에 대한 영유권을 획득하였는가 하는 것도 검토하였으나, 양측 주장을 모두 기각하였다. ICJ는 결국 실효성을 기준으로 이들 섬의 영유권 문제를 해결하게 되었다. 인도네시아는 네덜란드와 자국 해군의 활동과 자국 어민들의 전통적인 어업을 근거로 제시하였으나, ICJ는 이를 영유권 인정의 근거로 받아들이지 않았다. 반면에 말레이시아는 리기탄과 시파단 섬에서의 거북알 채집 규제조치와 두 섬에 건설한 등대를 근거로 제시하였다. ICJ는 그러한 활동이 횟수는 많지 않지만 입법적·행정적·준사법적 활동을 포함하고 있는 것으로 보았으며, 그 당시 네덜란드와 인도네시아가 이에 대해 항의하지 않은 것을 주목하였다.

ICJ는 실효성을 근거로 리기탄과 시파단 섬에 대한 영유권은 말레이시아에 속한다고 한 것이다. ICJ는 직접적인 관련성이 없는 조약과 지도의 증거력은 대부분 부인한 데 비하여, 국가활동을 통한 실효성의 확보를 중요시하였던 것이다.

오늘날 도서문제가 중요한 국제법적 이슈로 등장하게 된 배경에는 연안국들의 해양관할권 확대와 강화 움직임이 자리하고 있다. 오늘날 연안국들의 해양관할권 확대와 강화는 배타적경제수역(EEZ)과 대륙붕을 통해서 주로 이루어지지만, 광대한 수역을 창설할 가능성이 있는 작은 섬을 활용하여 시도되기도 한다.

II. 도서제도의 역사

과거에는 해양을 주로 안보의 관점에서 이해하였기 때문에 섬을 정의하는 데 있어서도 중요한 것은 어떤 해양지형이 자체의 영해를 가질 수 있는가 하는 것이었다. 1930년 개최된 헤이그성문화회의(Hague Codification Conference)는 영해 문제를 검토하였는데, 자연스레 섬을 법적으로 정의하기 위한 첫 번째 국제적인 시도가 되었다. 당시 제2위원회 제2소위원회는 "모든 섬은 영해를 갖는다. 섬이란 항상 만조점 위에 존재하는 물로 둘러싸인 육지지역이다"라는 정의를 채택하였다.[181] 1958년 제1차 해양법회의 역시 영해협약에서 "섬이란 만조 시 수면위에 존재하는 물로 둘러싸인 자연적으로 형성된 육지지역이다"라고 정의하였다.

1973년 시작된 제3차 유엔해양법회의에서는 경제수역과 대륙붕, 군도수역을 통한 국가의 해양관할권 확대가 논의되었기 때문에 1958년 영해협약에 규정된 섬의 정의에 대한 재검토가 필요해졌다. 특히 이 회의에서는 경제수역을 통하여 조그만 섬에도 매우 넓은 해양공간을 부여하는 데 따른 비형평의 문제가 논의되었다. 결국 해양법협약 제121조 1항은 "섬이란 만조 시 수면위에 존재하는, 물로 둘러싸인, 자연적으로 형성된 육지지역이다"라는 1958년 영해협약 제10조 1항의 규정을 그대로 답습하였지만, 섬 중에서 암석의 경우에는 EEZ와 대륙붕을 창설할 수 없게 하였다.

III. 섬의 정의와 조건

1. 섬의 정의

해양법협약 제121조 1항은 섬을 정의하여 "섬이라 함은 바닷물로 둘러싸여 있으며, 밀물일 때에도 수면위에 있는, 자연적으로 형성된 육지지역을 말한다"고

---

181) Hiran W. Jayewardene, *The Regime of Islands in International Law*, Martinus Nijhoff Publishers, 1990, pp.3-4.

하였다. 따라서 어떠한 지형이 국제법상의 섬이 되려면 자연적으로 형성된 것이어야 하고, 육지로 된 지역이어야 하며, 만조 시 수면위에 노출되어 있어야 한다. 이외에 섬의 조건과 관련하여 섬은 상당한 면적을 가져야 한다든가 거주가 가능하고 경제생활이 가능해야 한다는 주장이 있었으나 이러한 조건들은 해양법협약의 섬의 정의에는 포함되지 않았다.182)

2. 섬의 조건

섬이 국제법상의 섬으로 인정받기 위한 조건들은 조금 더 상세히 살펴보면 다음과 같다.

첫째, 국제법상의 섬은 '자연적으로 형성된'(naturally formed) 것이어야 한다. 1958년 제1차 해양법회의 이전에는 인공섬이나 인공시설들도 국제법상의 섬으로 인정되어야 한다는 유력한 주장이 있었다.183) 그러나 1958년 영해협약은 자연적 형성을 국제법상 섬이 되기 위한 조건으로 삼았고, 1982년 해양법협약도 마찬가지 입장을 취하였다. 따라서 해저나 간출지(low-tide elevation)에 건설된 등대와 같은 인공시설물들은 국제법상 섬의 지위를 가지지 못한다.

둘째, 국제법상의 섬은 '육지지역'(area of land)이어야 한다. 일정한 지형을 국제법상의 섬으로 인정하여 그 주변에 해양수역을 설치할 수 있게 한 것은 그러한 지형이 육지영토와 상당한 유사성을 가지기 때문이다. 따라서 정박해 있는 선박과 빙산처럼 부유하는 자연적 형성물, 해저시설물은 섬의 지위를 가지지 못한다.

셋째, 국제법상의 섬은 '만조 시 노출'(emergence at high-tide)되어 있어야 한다. 일정한 지형이 국제법상의 섬이 되려면 항상 노출되어 있어야 하므로, 썰물 시에는 노출되었다가 밀물 시에는 물속에 잠기는 간출지(low-tide elevation)는 국제법상 섬의 지위를 가지지 못한다.

---

182) Clive Ralph Symmons, *The Maritime Zones of Islands in International Law*, Martinus Nijhoff, 1979, p.20.

183) 독일과 네덜란드는 1930년 헤이그회의에서 항상 물 위에 존재하는 인공섬이나 인공시설에도 섬의 지위를 부여하자고 주장하였으며, 1956년 국제법위원회 특별보고자가 작성한 초안도 인공시설물에 섬의 지위를 부여하는 것으로 되어 있었다.

3. 섬의 해양수역

해양법협약 제121조는 1항에서 섬을 자연적으로 형성되어 만조 시 수면위에 있는 육지지역이라고 정의하였고, 2항에서는 이러한 섬들은 다른 영토의 경우와 마찬가지 방식에 의해 결정되는 영해·접속수역·배타적 경제수역·대륙붕을 가진다고 하였다. 오래전부터 면적이 상당히 넓고 중요한 섬은 한 국가의 영토의 일부로서 유사한 대우를 받아온 데 따른 결정이다. 그러나 작고 보잘 것 없는 해양지형에도 해양에 대해 동일한 권원을 인정하는 것은 형평에 어긋나는 것이므로, 해양법협약은 국제법상의 섬 중에서 암석(rock)에 해당하는 해양지형의 경우에는 EEZ와 대륙붕을 가지지 못한다고 하였다.

IV. 암석의 정의와 조건

해양법협약 제121조는 섬은 다른 영토와 동일한 방식에 의해 결정되는 각종 해양수역을 가진다고 하면서, 3항에는 암석(rock)에 대한 예외조항을 두었다. 즉 "인간이 거주할 수 없거나 독자적인 경제활동을 유지할 수 없는 암석은 배타적 경제수역이나 대륙붕을 가지지 아니한다"고 한 것이다.

중요한 것은 EEZ와 대륙붕에 대한 권원을 가지지 못하는 암석이 무엇인가 하는 것이다. 여기에 대해서는 많은 국가와 학자들이 다양한 기준을 제시하였었다. 그러나 해양법협약은 "인간의 거주가능성"과 "독자적 경제생활"을 '완전한 주권을 가진 섬'(fully entitled island)과 '암석'(rock)을 구분하는 기준으로 제시하였는데, 이는 매우 모호한 것으로 평가되었다. 인간의 거주라는 조건을 현재의 거주상태 보다는 거주가능성을 의미하는 것으로 해석한다면, 과학기술의 발전에 따라 그러한 섬은 크게 증가할 것이므로 객관성을 유지하기가 어렵다. '독자적인 경제생활'이란 기준 역시 모호하고 가변적인 것이어서, 등대 등 각종 시설이나 구조물로 인한 경제적 이익과 주변 해양의 각종 자원이 가져올 이익을 포함시킨다면 경제수역을 가질 수 있는 섬의 범위 역시 크게 확대될 것이기 때문이다.[184]

---

184) Robert W. Smith, "Maritime Delimitation in the South China Sea: Potentiality and

이런 모호함을 이용하여 일부 연안국들은 작고 가치가 없는 해양지형도 완전한 권원을 가지는 섬이라고 간주하여 그 주변에 EEZ와 대륙붕을 설치하였다. 어느 기준을 적용하더라도 암석일 수밖에 없는 오키노도리시마(일본)와 남중국해의 해양지형들(중국)이 대표적인 사례이다.[185) 게다가 국제사법재판소(ICJ)를 비롯한 국제법원과 재판소들도 완전한 섬과 암석, 간출지의 분류를 위한 기준을 제시하고 해양수역에 대한 권원의 문제를 다루는 데 소극적이었다. 이런 가운데 유엔해양법협약 부속서 VII에 따라 설립된 제7부속서 중재재판소(이하 중재재판소)는 필리핀이 중국을 상대로 제기한 남중국해중재사건(The South China Sea Arbitration) 본안에 대해 2016년 7월 12일 판정을 내렸다.[186)

남중국해 사건

The South China Sea Arbitration, Award, PCA, 2016.

유엔해양법협약 제7부속서에 따라 설립된 제7부속서 중재재판소(이하 중재재판소)는 2016년 7월 12일 필리핀이 중국을 상대로 제기한 남중국해사건 본안에 대해 판정을 내렸다. 중국과 필리핀 등 동남아시아 국가들은 스프래틀리 군도(Spratly Islands, 남사군도) 등 남중국해의 해양지형에 대한 영유권과 그곳에서의 어업 등 자원개발 문제를 둘러싸고 오랫동안 갈등상태에 있었다. 그런 가운데 2009년 베트남과 말레이시아가 대륙붕한계위원회(CLCS)에 대륙붕에 관한 정보를 공동으로 제출하자, 중국은 남중국해의 대부분을 커버하는 9단선(Nine-Dash-Line)이 표시된 문서를 유엔에 제출하면서 항의하였다. 게다가 Scarborough Shoal(황옌다오)에서의 어업을 둘러싼 중국과 필리핀 간의 충돌이 이어지는 가운데 중국에 의한 남사군도 일부 해양지형에서의 간척사업 및 인공섬 건설이 추진되자, 필리핀은 2013년 1월 유엔해양법협약 제7부속서 중재재판소에 중국을 상대로 일방적으로 제소하였다. 중국은 중재재판 절차를 거부하고 시종일관

Challenges", *Ocean Development and International Law*, vol. 41, 2010, p.221.

185) 일본은 1996년 「배타적 경제수역 및 대륙붕에 관한 법률」을 제정하면서 동경 남쪽 1,800㎞ 해상에 위치해 있는 오키노도리시마 주변에 404,382㎢에 달하는 200해리 경제수역을 설치하였다. 중국은 1996년 영해기선을 발표하면서 대륙 연안의 49개 기점과 서사군도 주변의 28개 기점을 연결하는 직선기선을 선포하였는데, 특히 연안에서 69해리나 떨어진 항조우만의 암석인 동도를 기점에 포함시켰다.

186) *The South China Sea Arbitration(The Republic of Philippines v. The People's Republic of China)*, Award, PCA, 12 July 2016.

참석하지 않았으나 중재재판은 결석재판으로 진행되었다.

필리핀의 사실상의 완승으로 결말이 난 이 사건에서 필리핀이 중재재판소에 청구한 것은 다음의 세 가지였다. 첫째, 필리핀은 남중국해 수역과 해저, 해양지형에 대한 연안국들의 권리와 의무는 해양법협약에 의해 규율되며 소위 '9단선'에 함축된 중국의 '역사적 권리'(historic right)에 근거한 주장은 해양법협약에 반하는 것이므로 무효로 선언해 주기를 원하였다. 재판소는 남중국해에서 중국의 9단선에 근거한 역사적 권리 주장은 해양법협약에 위반되는 것이므로 받아들일 수 없다고 하였다.

둘째, 필리핀은 해양법협약에 의할 때 양국이 주권 또는 관할권을 주장하는 일부 해양지형이 섬(islands), 암석(rock), 간출지(low-tide elevation), 수중암초(submerged bank) 중 어떤 것에 속하는 것인지 그 지위를 결정해 달라고 하였다. 중재재판소는 우선 Hughes Reef, Gaven Reef, Subi Reef, Mischief Reef, Second Thomas Shoal은 섬이 아닌 간출지라고 하였다. 이어서 중재재판소는 Scarborough Shoal은 해양법협약 제121조 3항의 목적상 '암석'이라고 하였다. Scarborough Shoal에는 식수, 식물, 거주 공간이 없으며 다른 해양지형으로부터 멀리 떨어져 있어서 인간거주를 유지할 수 없음이 분명하고, 독자적인 경제생활을 유지할 수 있다는 증거도 없다고 하였다.[187] 중재재판소는 Johnson Reef, Cuarteron Reef, Fiery Cross Reef, Gaven Reef, Mckennan Reef도 해양법협약 제121조 3항의 목적상 '암석'이라고 하였다. 이들은 대부분 식수, 식물, 거주 공간이 없거나 부족하여, 인간거주나 경제생활의 유지가 불가능한 작고 척박한 지형이라고 하였다. 중국은 일부 해양지형에 시설물을 건설하고 대대적인 간척사업을 진행하였으나, 재판소는 이러한 중국의 건설작업이 해양지형의 지위를 암석으로부터 '완전한 권원을 가진 섬'으로 승격시킬 수는 없다고 하였다.[188]

셋째, 필리핀은 중국이 자국의 해양법협상 권리와 자유의 행사를 방해하고 해양환경을 저해하는 건축과 어업활동을 함으로써 협약을 위반하였다고 선언을 해 달라고 하였다. 재판소는 중국이 간척사업과 인공섬의 건설 등을 통하여 해양환경을 보호하고 보전할 협약상의 의무를 위반하였다고 하였다.

남중국해 중재판정에서 중재재판소는 EEZ와 대륙붕을 가질 수 있는 완전한 권원을 가진 섬과 그런 수역을 가질 수 없는 암석을 구분하는 데 있어서 이제까지의 국가들의 실행과는 달리 매우 엄격한 기준을 적용하였다. 중재재판소는 인간

---

187) *Ibid.*, paras.554-556.
188) *Ibid.*, paras.557-570.

거주와 관련하여 가장 중요한 요소는 단기적인 거주는 아니 된다는 것이며 '안정적인 인간공동체'(stable community of people)에 의한 거주를 포함하는 것으로 보아야 한다고 하였다. 독자적 경제생활에 대해서도 경제생활은 해양지형 자체를 지향하는 것이어야지 주변 수역에 초점이 맞추어져 있으면 아니 된다고 하였으며 독자적 경제생활은 실제로 "안정적인 인간공동체"(stable human community)에 의한 거주를 필요로 한다고 하였다.[189]

남중국해 사건에서 중재재판소가 암석에 대해 취한 입장은 해양법협약의 암석에 관한 규정을 연안국들이 편의대로 느슨하게 해석하고 적용해 온 그간의 국가들의 실행에 비추어 보면 매우 엄격한 것이다. 자국 소유 수면위의 섬들을 EEZ와 대륙붕을 가질 수 없는 암석으로 분류한 국가를 거의 찾아볼 수 없었던 상황에서, 금번 중재재판소의 판정이 각국의 실행 그리고 국제법상 도서제도에 어떤 영향을 미치게 될 것인지는 조금 더 지켜보아야 할 것이다.

V. 해양경계선에 대한 섬의 영향

섬의 해양수역 경계선에 대한 효과를 결정짓는 데 영향을 미치는 요소로는 섬의 위치, 면적, 주민, 경제적 가치, 정치적 지위 등을 들 수 있다. 일반적으로 말하면, 섬은 그 위치가 본토에 가까울수록, 섬의 면적이 클수록, 인구가 많고 경제적으로 중요할수록 해양경계획정 시 육지영토와 유사한 효과를 발휘하게 된다. 이처럼 해양수역 경계획정 시 섬과 해양지형에 부여될 효과를 결정하는 데에는 여러 가지 요소들이 고려되어야 하지만, 특히 중요한 것은 섬의 크기와 위치이다. 섬의 면적은 그 자체만으로도 상당한 의미가 있지만, 섬의 주민숫자나 경제적 가치에 큰 영향을 미치기 때문에 더욱 중요하다. 하지만 Bowett와 같은 학자는 섬을 그 위치에 따라 분류하면서 섬의 지리적 위치가 해양경계선에 대한 효과를 정하는 데 매우 중요한 요소임을 강조하였다.[190]

---

189) *Ibid.*, para.543.

190) D. Bowett, "Islands, Rocks, Reefs, and Low-tide Elevations in Maritime Boundary Delimitations", in J. Charney and L. M. Alexander(eds), *International Maritime Boundaries*, vol.1, Martinus Nijhoff Publishers, 1993, pp.131-151.

‖ 제12절 ‖ 해양법협약의 분쟁해결제도

I. 서 론

해양법협약은 협약의 해석과 적용에 관한 분쟁을 평화적으로 해결해야 한다고 하면서, 유엔헌장 제33조 1항에 나열된 방법들을 언급하였다. 따라서 모든 국가들은 유엔헌장에 나열된 방법들을 포함하여 자신들이 선택하는 방법으로 그들 간의 분쟁을 해결할 수 있다(협약 제279조, 제280조). 해양법협약이 당사국 간 해양분쟁 해결을 위해 제시하고 있는 방법은 크게 두 가지로 나누어진다. 그것은 조정절차와 강제절차이다.

II. 조정절차

해양법협약 당사국은 조약의 해석 및 적용과 관련하여 다른 분쟁당사국에게 그들 간의 분쟁을 제5부속서의 조정절차에 부탁하도록 요청할 수 있으며, 타방 당사국이 이를 수락하면 조정절차가 진행된다(해양법협약 제284조). 조정위원회는 5명의 위원으로 구성한다. 각 분쟁당사국은 자국인 1명을 포함한 2명을 선임하며, 5번째 위원은 4명의 위원들이 제3국 명단에서 선정한다. 그러나 조정은 일반국제법상의 조정제도와 마찬가지로 법적인 구속력이 없다.

III. 강제절차

모든 당사국은 협약의 해석과 적용에 관한 분쟁을 해결하기 위하여 협약에 서명·비준·가입할 때 또는 그 후 언제라도 서면으로 된 선언을 통하여 제6부속서에 따라 설립되는 국제해양법재판소(International Tribunal for the Law of the Sea: ITLOS), 국제사법재판소(ICJ), 제7부속서에 따라 구성되는 중재재판소, 제8부속서에 따라 설립되는 특별중재재판소 중 하나 또는 그 이상의 분쟁해결 수단을 선택하도록 하였다(협약 제287조 1항). 당사국이 상기한 분쟁해결 수단 중에서 아무것도 선택하지 않은 경우에는 제7부속서에 따른 중재절차를 선택한 것으로 본다(동조 3항). 남중국해 사건이 해양법협약 제7부속서 중재재판소에 부탁된 것도 바로 이 규정에 의한 것이다.

IV. 국제해양법재판소

해양법협약은 해양관련 분쟁의 평화적 해결을 위해 국제해양법재판소(ITLOS)를 설립하였다. 국제해양법재판소는 독일 함부르크에 위치한다. 국제해양법재판소는 공정성과 성실성에 있어서 최고의 명성을 가지며 해양법분야에서 능력을 인정받은 21명의 독립적인 재판관들로 구성된다. 재판소는 전체적으로 세계의 주요 법체계가 대표되고 형평에 맞게 지리적 분배가 이루어지도록 구성되어야 한다. 재판관의 임기는 9년이고 재선될 수 있다(ITLOS규정 제2조, 제5조). 국적재판관 제도는 국제해양법재판소에도 적용되어 분쟁당사국은 자국 출신 재판관을 한 명씩 재판절차에 참여하게 한다(규정 제17조).

당사국들이 제기하는 분쟁에 대한 재판에는 대개 모든 재판관들이 참여한다. 그러나 재판소에는 11명의 재판관들로 구성되는 심해저분쟁재판부(Seabed Disputes Chamber)를 둘 수 있다. 또한 재판소는 특별한 종류의 분쟁들을 처리하기 위하여 3인 이상으로 구성되는 재판부를 구성할 수 있으며, 업무의 신속한 처리를 위하여 5명의 재판관들로 구성되는 재판부를 구성하여 약식절차에 따라 분쟁을 처리하고 결정을 내릴 수 있다(규정 제15조).

국제해양법재판소는 해양법협약과 관련하여 재판소에 부탁되는 모든 분쟁과 재판소에 관할권을 부여하는 협정에 규정된 모든 사항을 다룬다(규정 제21조). 재판소는 심해저분쟁특별재판부를 통해 국제심해저에서의 활동에 관련된 분쟁들에 대해서는 배타적인 관할권을 갖는다.

제10장

특수지역과 상공

‖ 제1절 ‖ 국제운하

Ⅰ. 서 론

운하(canal)란 두 개의 바다가 연결되도록 인공적으로 만든 통로로 해협과 비슷한 기능을 수행한다. 그러나 운하는 자연적인 것이 아니고 사람들에 의해 건설된다는 점에 차이가 있고, 관할권은 원칙적으로 운하가 지나는 국가의 영토주권이나 관할권에 종속된다. 그러나 수에즈·파나마·킬 운하에서 보듯이 외국선박들의 잦은 운하 사용으로 이러한 국제운하에 적용가능한 일반적 규칙들을 모색하게 하였다.[1]

---

1) Ian Brownlie, *Principles of Public International Law*, Clarendon Press, 1990, p.275.

II. 통행제도 성립의 법리

국제해협에의 자유로운 통행권은 국가관행이 국제관습을 거쳐 조약에 명문화되면서 확립되었지만, 해양을 연결하는 운하에의 자유로운 통행은 각 운하별로 국제공동체의 사용에 개방된 결과 인정되게 되었다. 즉 수에즈·파나마·킬 운하 등 주요 운하를 자유로이 통행할 수 있는 권리는 그것이 자유의사에 의한 것이든 아니면 다른 국가들의 강박에 의한 것이든, 영토국가가 당사자인 조약들에 의해 개별적으로 인정된 것이다.[2]

국제운하의 통행을 보장하는 조약의 당사국이 아닌 국가들이 누리는 통행의 자유를 설명하기 위하여 국제지역권(international servitude) 이론, 제3자 이익 (third-party beneficiary) 이론이 제시되었다. 처분적(dispositive) 성격의 조약들은 영토에 귀속되는 권리를 창설하므로 일단 조약이 체결되면 더 이상 조약에 얽매이지 않는다는 이론과 유엔헌장처럼 객관적이고 입법적인 조약에 대한 유추에서 조약이 일단 국제적인 지위를 만들면 그 지위는 조약당사국 여부를 불문하고 모든 국가들에 의해 인정된다는 학설도 제기되었다. 아울러 한 국가가 어떤 수로의 전체 또는 일부를 국제적인 사용을 위해 기부하고 그러한 기부행위가 국제사회의 해운에 유익한 법적인 권리를 창설하였다는 주장도 있었다.[3]

III. 국제운하 통행제도

1. 수에즈운하

수에즈운하(Suez canal)는 1869년에 개통되었는데, 이집트의 국내법에 따라 이집트 정부로부터 99년간 양허권을 획득한 레셉스가 설립한 Universal Suez

---

2) Baxter, *The Law of International Waterways*, 1964, pp.168-169.

3) Louis Henkin, Richard Crawford Pugh, Oscar Schachter, and Hans Smit(이하에서는 Henkin), *International Law: Cases and Materials*, West Publishing Co., 1993, p.1264; Baxter, pp.182-183.

Maritime Canal Company가 건설하였다. 이 회사는 설립 이후 1956년 이집트에 의해 국유화되기 이전까지 그 소재지와 기능에 있어서 이집트와 프랑스의 국내법에 종속되었으며 영국정부가 최대의 주주였다.[4]

이 운하의 법적 체제는 1888년 콘스탄티노플 협약에 의해서 확립되었다. 이전에도 모든 국가의 선박에 통행의 자유가 인정되기는 하였으나, 러·터전쟁 당시 영토국가가 교전자인 경우의 법적 체제 문제가 제기되었다. 영국·프랑스·독일·오스트리아·러시아·이태리·스페인·네덜란드·터키 등 9개국이 체결하고 나중에 6개국이 가입한 이 협약은 제1조에서 "운하는 전시건 평시건, 그 국기에 관계없이, 모든 상선과 군함에 개방된다"고 하였으며, 영토국가가 교전자인 경우라 할지라도 운하 내부와 그 항구 및 항구의 3마일 범위 내에서는 전투행위가 금지된다고 하였다(협약 제4조).

1956년 이집트의 나세르 대통령은 운하회사의 국유화를 단행하였다. 영국과 프랑스는 국유화는 불법이며 국유화와 운하의 국제적 지위는 양립할 수 없다고 반대하였다. 그러나 이 문제는 1957년 4월 24일 이집트가 콘스탄티노플 협약상의 권리와 의무를 준수하고 협약에 따라 모든 국가에게 자유롭고 방해받지 않는 통행을 보장한다는 선언을 함으로써 해결되었다.[5] 그 후 이집트는 1979년 캠프데이비드협정에서 이스라엘에게도 운하 통행권을 부여하였다.[6]

2. 파나마운하

파나마운하(Panama canal)의 통행의 자유는 이미 1850년 영국과 미국 간의 Clayton-Bulwer 조약과 1901년 Hay-Paunceforte 조약에 의해 약속되었다. 1903년 미국과 파나마는 Hay-Varilla 조약을 체결하여 통행의 자유를 확인하고, 미국이 파나마 지협에서 너비 10마일의 운하지대를 영구조차하며, 이 지역의 안보와 파나마 공화국의 독립을 보장해 주기로 합의하였다.[7]

---

4) Brownlie, pp.275-276; 유병화, 「국제법 II」, 진성사, 1994, p.163.

5) Brownlie, pp.276-277.

6) 이집트는 1979년 4월에 체결된 평화조약에서 모든 이스라엘 선박들에게 수에즈운하에의 자유통과권을 인정하기로 하였다. 동시에 티란해협과 아카바만은 모든 국가들의 방해받지 않고 중지되지 아니하는 항해와 상공비행에 개방된 국제수로임을 확인하였다.

7) 유병화, p.167.

오늘날 운하에 대한 미국과 파나마의 지위와 권한은 1977년 9월 워싱턴에서 체결된 조약들에 의해 규율된다. 이들 조약은 「파나마운하조약」(Panama Canal Treaty)과 그 부속서, 「파나마운하의 영구중립과 운영에 관한 조약」(Treaty Concerning the Permanent Neutrality and Operation of the Panama Canal)과 의정서로 되어 있다. 이 조약들로 인하여 파나마 운하에는 새로운 체제가 도입되었다.[8] 「파나마운하조약」은 운하와 운하지대에 대한 파나마의 영토주권을 명백히 인정하였으며, 미국은 1999년까지만 운하에 대한 통제권을 행사하고 운하를 파나마에 반환하였다.

「파나마운하의 영구중립과 운영에 관한 조약」은 제1조에서 국제적인 통과수역(international transit waterway)인 운하는 항구적으로 중립적인 지위를 갖는다고 선언하였으며, 제2조는 운하는 "평시와 전시를 불문하고 모든 국가의 평화적 통과에 개방된다"고 하여 운하의 중립화를 선언하였다. 의정서는 파나마와 미국 이외의 국가들이 새로운 조약체제에 참여할 수 있는 길을 마련하였다. 의정서는 제3조에서 의정서가 세계 모든 국가들의 가입에 개방된다고 하였으니, 이 의정서는 운하의 비차별적 사용과 중립에 관한 규정들을 다자조약화하는 데 기여하였다.[9]

3. 킬운하

1919년 베르사유 조약이 체결되기 이전까지 킬(Kiel)운하는 모든 국가들에게 개방된 국제수로가 아니었다. 그러나 베르사유 조약 제380조는 "킬운하와 그 부속시설들은 독일과 평화를 유지하고 있는 모든 국가들의 상선과 군함들에게 완전히 평등한 조건으로 자유롭게 개방되어야 한다"고 하였다.[10]

킬운하의 통항문제는 1923년 상설국제사법재판소(PCIJ)가 Wimbledon호 사건을 다룰 때 다시 거론되었다. 1921년 3월 한 프랑스 회사가 용선한 영국 선적의 윔블던호는 살로니카항에서 4,200톤의 탄약과 대포들을 싣고 단치히로 향하던 중 독일로부터 킬운하 통행을 거절당하였다. 독일은 폴란드나 러시아로 향하는 이러한 종류의 화물통과를 금지하는 1920년 6월 제정된 자국의 중립규칙(Neutrality Orders)을 원용하여 자신의 조치를 정당화하였다. 그러나 재판소는 베르사유조약

---

8) J. G. Starke, *Introduction to International Law*, Butterworth, 1984, p.281.

9) *Ibid.*, pp.281-282.

10) Henkin, p.1264.

제380조를 들어 독일의 행동을 비난하고 킬운하는 평화 시나 전시나 독일과 평화 관계에 있는 국가의 모든 선박에게 개방되어야 한다고 하였다.[11] 그 후 1936년 독일은 킬운하의 중립화에 관한 베르사유조약 제380조를 일방적으로 폐기했으나 2차 대전 후 원상회복되었다.

‖ 제2절 ‖ 국제하천

Ⅰ. 서 론

하천 · 호수 · 운하와 같은 내수는 이들이 위치한 국가의 영토주권에 종속된다. 어떤 하천이 완전히 한 국가의 영토 안에 있으면 그 하천은 전적으로 그 국가의 관할권에 속하게 되며, 여러 국가를 관류하는 하천에 대해서는 각국이 자국 영토 내의 하천 부분에 대해 관할권을 행사하는 것이 원칙이다.[12]

그러나 국제사회에서 국가들은 여러 국가를 관류하는 하천, 즉 국제하천(international rivers)을 조약을 통해 국제화하여 각국의 선박에게 통행의 자유를 부여하고자 하였다. 더구나 요즈음 각국은 하천에 대한 종합개발을 추진하고 있어 통행 이외의 분야에서도 국가 간 협력이 필요해졌다.

Ⅱ. 국제하천제도의 변화: 수로에서 유역으로

국제하천 중에서 국가 간 경계선을 이루는 하천에는 소위 '2중주권'(dual sovereignty)이 적용되기 때문에, 일찍부터 한 국가가 다른 연안국의 하천사용에 방해가 되는 조치를 취하는 일은 자제해야 했다. 또한 일방적인 조치의 관습법상 한계

---

11) *The Wimbledon case, PCIJ Reports*, Ser. A, No. 1, 1923, pp. 18-30.
12) Starke, p. 184.

는 불분명하였지만, 2개국 이상을 관류하는 하천들도 국제적 합의의 대상이었다.[13] 하천 연안국과 비연안국들에게 권리를 부여하고 연안국들의 영토관할권 행사를 제한하는 하천에 관한 법제도는 대부분 조약에 의해 형성되어 온 것이다.

국제하천의 법제도는 하천에 따라 달라진다. 하천은 나름대로의 특수성과 기술적 문제들을 가지고 있기 때문에 하천제도의 특수화와 개별화는 불가피하다. 더구나 하천은 과거에는 주로 항행과 어로에 사용되었으나, 이제 하천들은 관개·수력발전·공업용수 공급에도 사용되고 있어서 과거에 마련된 국제하천에 관한 일반원칙이 현재에도 타당성을 갖는가 하는 것은 의문이다.[14] 하천 특히 국제하천의 중요성은 과거 '수로' 중심에서 '유역'(basin) 중심으로 이전되었으며 그에 적합한 제도가 요구되고 있는 것이다.[15]

Ⅲ. 하천항행

1. 항행의 자유

그로티우스가 항해의 자유를 자연법적 권리라 주장하였을 때, 항해의 자유에는 국제하천 항행의 자유도 포함되어 있었다. 또한 국가 간 국경을 지나는 하천과 여러 국가를 관류하는 하천을 특별히 국제하천이라 부르는 것은 국제하천 연안국들이 일정한 관습법적 의무를 가진다는 것을 전제로 하는 것이었다.[16] 그러나 국제관습법이 국제하천의 자유항행권을 인정하였다는 일부의 주장은 지나친 논리의 비약이다. 현실적으로 국제하천 항행의 자유는 일반국제법이 아니라 당해 하천에 관한 조약에 의해 개별적으로 인정되기 때문이다.[17]

---

13) Henkin, p.1353.

14) Brownlie, p.272.

15) 유병화, p.170.

16) Henkin, p.1353.

17) 특별한 합의가 없어도 국제하천 항행의 자유가 인정된다는 주장은 1929년 오데르강 사건에 대한 상설국제사법재판소의 판결을 예로 들고 있다. 재판소에 의하면, 연안국들은 '자연적인 이익공동체'(natural community of interest)에 속하므로 이들 하천의 평등한 사용에 '공동의 법적 권리'(common legal right)를 갖는다고 하였다. *Case concerning the Inter-*

2. 국제하천

대표적인 국제하천으로는 라인강과 다뉴브강이 거론되어 왔다. 1815년 비엔나회의 최종의정서는 국제하천 자유항행의 원칙을 규정하였는데, 라인강은 1831년 메옌스(Meyence)조약과 1868년 만하임(Mannheim)조약에 의해, 다뉴브강은 1856년 파리조약에 의해 국제화되었다.

1919년 베르사유조약은 유럽의 일부 하천을 국제화하고, 국제연맹은 Transit and Communications Organization을 통하여 모든 하천에 항행의 자유를 도입하기 위한 기초작업을 하였다. 그 결과 1921년 바르셀로나 회의에서는 「가항수로제도에 관한 협약」(Convention on the Regime of Navigable Waterways of International Concern)과 「통과자유에 관한 협약」(Convention on Freedom of Transit)이 체결되었다.[18]

3. 연안국 간 합의

국제하천 연안국들은 그들 간의 합의에 의해 부분적으로 항행의 자유를 보장할 수 있다. 연안국들은 비연안국 선박들에게 과도한 부담을 지우지 않고, 차별적인 대우를 하지 아니하며, 하천 항구에의 출입을 허용하고, 위험이 있을 때에는 이를 공시하기로 합의할 수 있으니, 이러한 합의가 있게 되면 하천항행의 자유는 부분적으로나마 보장되는 것이다. 세인트로렌스수로(St. Lawrence Seaway) 개설을 위해 1954년 체결된 미국과 캐나다 간 협정은 좋은 예이다.[19]

하천 연안국들이 국제하천에의 통행의 자유를 그들 사이에서만 인정하는 경우도 있다. 다뉴브강은 1856년 파리조약에 의해 국제화된 이후 오랫동안 비연안국들에게도 통행의 자유를 인정해 왔다. 제1차 세계대전 이후에는 하천 하류에 대해서는 유럽위원회가, 상류에 대해서는 국제위원회가 이를 관리해 왔다. 그러나 제2차 세계대전 후인 1948년 연안국들은 베오그라드(Belgrade)협약을 체결하여, 연안국 대표들로 '다뉴브위원회'를 구성하고 회원국 간에만 항행의 자유를 인

national Commission of the River Oder, PCIJ Reports, Ser. A, No. 23, 1929, p. 27.
18) Starke, p. 186.
19) *Ibid.*

정하기로 합의하였다.[20]

IV. 유역으로의 하천사용

1. 국제하천유역

하천은 항행 이외에 관개·발전·농업 및 공업용수 공급원으로도 중요하다. 특히 요즈음에는 하천유역을 하나의 권역으로 묶어 종합적·체계적으로 개발하려는 움직임이 보편화되어 항행 이외의 목적을 위한 하천개발이 관심을 끌게 되었으며, 그 결과 하천유역의 물리적인 연계를 중시하는 '국제하천유역'(international drainage basin) 개념이 보편적으로 인정되게 되었다. 1966년 국제법협회가 마련한 「국제하천수역의 사용에 관한 헬싱키규칙」(Helsinki Rules of the Uses of the Waters of International Rivers) 제2조는 국제하천유역이란 분수계를 중심으로 2개국 이상에 걸쳐 있는 지리적 구역이라고 하였다.

유엔의 연구보고에 의하면 지구상에는 170개에 달하는 국제하천유역이 존재한다고 한다. 국제하천에 대한 국제적인 합의의 단위인 국제하천유역이 이처럼 많다는 것은 국제하천의 사용을 둘러싼 국제분쟁의 발생 가능성이 그만큼 크다는 것을 보여 준다.

2. 영토주권과 다른 국가의 이익

(1) 문제의 제기

국제하천의 사용을 둘러싼 분쟁의 핵심에는 국제법의 기본원칙인 영토주권과 주변국가들의 이익의 조화문제가 있다. 이러한 두 가지 법익의 충돌과 국제사회의 대응방식을 보여주는 대표적인 사례로는 국제하천 오염에 관한 사건인 산도스 사건과 하천 종합개발에 관련된 라누호수 사건이 있다.[21]

---

20) Brownlie, p.272.

21) 산도스 사건의 내용에 대해서는 본서 제12장 국제환경법의 관련 부분을 볼 것.

라누호수 사건

Lake Lanoux Case, 1957

프랑스와 스페인 간 라누(Lanoux)호수 사건은 라누호수의 출구이자 양국 간 국경선을 이루는 캐롤(Carol) 강의 자연적 흐름에 대한 스페인의 권리에 관한 것이었다. 호수의 물을 수력발전에 사용하려는 프랑스의 계획에 대해 스페인은 그렇게 하면 물의 흐름이 바뀌게 된다면서 반대하였다.

문제는 하천개발을 계획하고 있는 국가는 상류국 또는 하류국과 협의의무가 있는가 하는 것이었다. 중재재판소는 당사국 간 사전협의의 필요성은 인정하면서도 합의의무가 인정된다면 국가는 독자적으로 행동할 권리를 상실하게 된다고 하였다. 이는 결국 주변국가들의 '동의권' 또는 '거부권'을 인정하는 것이므로 한 국가의 재량에 의해 다른 국가의 영토주권 행사가 마비되는 결과를 가져온다고 하였다. 때문에 국제관행은 하천개발을 계획하는 국가의 사전협의 의무는 인정되나 그들의 영토주권을 당사국 간 합의에 종속시키는 것은 아니라고 하였다.

중재재판소는 관련국가들 간에 사전합의가 있는 경우에만 국가들이 국제하천의 수력을 사용할 수 있다는 규칙은 관습법규칙이 아니며 법일반원칙도 아니라고 하였다. 상류국가는 사업계획을 수립하는 데 하류국가의 의견을 따라야 할 의무는 없으며, 협의 과정에서 상류국가는 하류국가의 제안을 진지하게 검토해야 하지만 하류국가의 이익을 합리적으로 고려한다는 전제하에 자신의 구상을 선택할 권리를 갖는다는 것이다. 중재재판소는 프랑스가 앞으로도 이전과 동일한 양의 물을 하천에 공급한다면 프랑스가 1866년 체결된 조약상의 의무를 위반한 것은 아니라고 판정하였다.

(2) 학 설

산도스 사건과 라누호수 사건은 국제하천의 상류국과 하류국 간 하천사용권을 둘러싸고 발생하는 분쟁의 전형적인 사례들이다. 상류국과 하류국 간 국제하천 사용문제에 적용가능한 국제법의 법원으로는 조약을 먼저 생각해 볼 수 있다. 그러나 관련 조약이 없거나 조약이 구체적인 내용을 담고 있지 아니한 경우에는 국제관습법이 고려되어야 한다. 결국 국제하천에 관한 보편적 조약은 존재하지 않으므로 국제관행이나 일반국제법원칙을 검토해야 하는데, 여기서 우리는 국제하천 사용에 관한 다음과 같은 입장들을 연역해 낼 수 있다.

첫째는 절대적 영토주권(absolute territorial sovereignty) 이론인데 하몬주의 (Harmon Doctrine)라고도 한다. 일찍이 그로티우스는 하천은 하천이 흐르는 영토에 살고 있는 사람과 그 지배자의 소유라고 말한 바 있거니와, 영토주권의 절대성을 강조하는 전통국제법에서는 국가들이 국제하천의 자국영토 부분에 대해 절대적 영토주권을 행사하는 것은 당연하다고 생각하였다.[22] 둘째는 절대적 영토보전(absolute territorial integrity) 이론인데, 하류국가는 상류국가에게 하천의 수량이나 수질에 아무런 변화가 없는 온전한 하천의 흐름을 요구할 수 있는 권리를 가진다는 주장이다. 절대적 영토주권론에 반대되는 이 이론은 하류국가에게 유리한 이론이다.[23] 셋째는 공동체(community)이론인데, 모든 국제하천유역은 국경을 초월하여 하나의 단위로 다루어져야 하므로, 유역국가들은 하천유역을 공동으로 관리·개발하고 그 이익을 나누어야 한다고 한다. 이것은 매우 매력적인 이론이지만 실현가능성에 의문이 있어 공허한 이론에 머물 가능성이 많다.[24] 넷째는 제한적 영토주권(limited territorial sovereignty) 이론으로, 상류국가는 하류국가의 합리적인 물사용(reasonable use of waters)을 방해하지 않는 범위 내에서 자국 영토를 흐르는 하천을 사용할 수 있다고 한다.

상기한 이론들 중에서 중요한 것은 절대적 영토주권 이론과 제한적 영토주권 이론이다. 절대적 영토주권이론은 영토 내에서 행하여진 국가행위에 대한 적법성 추정을 통하여 하천에 대한 국제법적 규제를 어렵게 하며 '유역' 개념의 도입에 반대하는 이론으로 과거에는 다수설이었다. 그러나 이 이론은 하류국가의 이익을 지나치게 무시한다는 비판을 받게 되었다.

반면에 한 국가가 일방적으로 하천의 흐름을 방해하거나 변경하여 다른 국가

---

22) Zygmunt J. B. Plater, Robert H. Abrams, and William Goldfarb(이하에서는 Plater), *Environmental Law and Policy: Nature, Law, and Society*, West Publishing Co., 1992, p.1000. 1985년 멕시코는 미국이 리오그란데(Rio Grande) 강물을 전용한 데 대해 항의하였다. 이에 대해 당시 미국 법무장관 하몬(Judson Harmon)은 "국제법의 규칙과 원칙, 사례 등 그 어느 것도 미국에게 어떤 책임이나 의무를 부과하지 않는다"고 하였다. 하몬주의란 영토주권의 절대성에 근거한 주장인 것이다.

23) *Ibid.*

24) 공동체이론은 1929년 상설국제사법재판소(PCIJ)의 오데르강위원회 영토관할권에 관한 판결에 근거를 두고 있다. 재판소는 항행이 가능한 국제하천에 대한 이익공동체(community of interest)가 공동의 권리에 관한 법적 기초라고 하면서, 하천사용에 있어 모든 연안국들은 완전한 평등을 누린다고 하였다. *PCIJ Reports*, No.23, Ser.A, 1929, 27; *Ibid.*, p.1002.

에게 과도한 피해를 주는 것은 국제법 위반이라는 제한적 영토주권론이 국제·국 내법원과 국제기구 및 비정부간기구 사이에 점차 설득력을 얻게 되었다.[25] 국제 사법재판소는 코르푸해협(Corfu Channel) 사건에서 그리고 중재재판소는 라누호 수(Lake Lanoux) 사건에서 이 입장을 지지하였다. 트레일제련소(Trail Smelter) 사 건에서도 중재재판소는 모든 국가는 자국영토를 사용하여 다른 국가의 영토나 그 국민들에게 피해를 주면 안 된다고 하여 유사한 입장을 취하였다.[26]

이제 국제하천 개발을 추진하는 국가는 형평의 관점에서 다른 국가에 대한 영향을 충분히 고려할 의무가 있다는 인식이 일반화되었다. 결국 자국 영역에 속 하는 부분이라 할지라도, 국제하천의 흐름이나 하천의 질에 많은 영향을 미치는 행위를 한 국가는 그에 따른 국제책임을 부담하게 된 것이다.[27]

(3) 헬싱키규칙

국제법협회(International Law Association)는 1966년 헬싱키에서 개최된 제52 차 회의 보고서에서 국제하천에 관한 규칙을 제안하였다. 「국제하천수역의 사용 에 관한 헬싱키규칙」(Helsinki Rules on the Uses of the Waters of International Rivers)은 '국제하천유역'(international drainage basin)이란 개념을 널리 사용하였다. 규칙 제2조의 국제하천유역에 대한 정의는 과거 항행 중심의 하천제도가 유역 중 심으로 바뀌고 있음을 잘 보여 주었다. 유역이란 수역의 각 부분을 최대한 이용하 기 위해 포괄적인 고려를 요구하는 불가분의 수계인데 오늘날의 국제하천에 대한 다목적 개발을 고려한다면 이러한 접근은 당연한 것이다.[28]

헬싱키규칙은 영토주권의 절대성보다 형평에 따른 사용을 강조하였다. 과거 에는 모든 영토국가는 자국영역을 지나는 국제하천의 물을 사용하고 처분하는 무 제한한 권리를 갖는다는 '하몬독트린'이 유행했었다. 그러나 헬싱키규칙 제3조와 제4조는 유역국가를 먼저 정의하고, 유역국가들은 국제하천의 유익한 사용에 합 리적이고 형평에 맞는 몫(a reasonable and equitable share)으로 참여할 권리를 갖

---

25) Henkin, pp. 1353-1354; Starke, p. 186.
26) Plater, p. 1001.
27) *ILC Report on Work of Its 31st Session*, 1979: GAOR 34th Sess. Supp. No. 10(A/34/10), para. 130, pp. 459-460.
28) Helsinki Rules, Arts. 1 and 2.

는다고 하였다.[29]

(4) 국제사회의 실행

오늘날에는 국제기구들과 비정부간기구(NGO)들도 제한적 영토주권론을 지지하고 있다. 1972년 스톡홀름선언의 원칙 21은 국가들의 자원개발권을 인정하면서도 각국은 관할구역 내에서의 활동이 다른 국가의 환경에 피해를 주지 않게 할 책임이 있다고 하였다. 비정부간기구인 국제법협회도 헬싱키규칙에서 모든 유역국가들은 국제하천유역의 물에 대해 합리적이고 형평에 맞는 몫을 갖는다고 하여 유사한 입장을 취하였다.[30]

영토주권의 절대성을 감안하면 과거에는 하몬독트린이 국제관행이었다고 생각된다. 그러나 Henkin에 의하면 이 이론이 실제로 널리 지지된 적은 없었다고 한다. 라우카(Lauca) 강에 대한 볼리비아와 칠레 간의 분쟁에서 상류국가인 칠레는 자신의 행위를 정당화하기 위한 근거로 영토주권의 절대성을 주장하지 않았으며, 오히려 볼리비아의 하천에 대한 권리를 일부 인정하였다. 또한 이스라엘과 인근 아랍국들 간의 요르단계곡 분쟁에서도 양측 모두 상대방의 강물에 대한 권리를 인정하였다.[31]

국제하천 사용의 문제는 가끔 국제분쟁의 원인이 되었지만, 당사국 간 협상과 다른 국가나 국제기구에 의한 주선·중개에 의해 분쟁이 원만하게 해결되는 경우가 많았다. 그 대표적인 것으로는 컬럼비아강 개발에 관한 미국과 캐나다 간 협력 사례와[32] 인도와 파키스탄 간 인더스강 분쟁이 있다.

---

29) Helsinki Rules, Arts. 3 and 4. 헬싱키규칙 제5조는 제4조의 합리적이고 형평에 맞는 몫이란 그곳의 지리·수문학·기후·과거의 사용·경제적 사회적 요구·인구 등 관련요소들(relevant factors)을 종합적으로 고려하여 결정된다고 하였다.

30) Plater, pp.1001-1002.

31) Henkin, p.1357.

32) 미국은 1951년 캐나다에게 홍수조절과 전력생산을 위해 컬럼비아강 지류에 댐을 건설하겠다는 의사를 전달하였다. 이 계획에 의하면 100마일 길이의 호수가 생기는데 그 중 42마일은 캐나다 쪽에 위치하게 되는바, 양국 간 협상이 개시되었으나 결렬되어 양국은 공동조사를 실시하기로 하였다. 양국 정부가 설치한 「국제공동위원회」는 1959년 「Principles for Determining and Apportioning Benefits from Cooperative Use of Storage of Waters and Electrical Interconnection within the Columbia River System」이라는 보고서를 작성하였다. 위원회는 보고서에서 "협력사업에 따른 이익의 형평에 맞는 분배와 관련국가들이 취할

인더스강 분쟁

히말라야에서 발원하여 인류문명의 시작 이래 관개에 사용되어 온 인더스강은 인도와 파키스탄 간 물 분쟁의 대상이 되었다. 1947년 인도와 파키스탄이 분리 독립하면서 인더스의 많은 지천들은 인도에 남겨진 채 본류는 파키스탄에 위치하게 된 것이 분쟁의 발단이었다. 그러나 양국 간 첨예한 대립양상을 보이던 이 분쟁은 1952년부터 1954년까지 인도·파키스탄·국제부흥개발은행(IBRD)의 공동조사와 협상 결과 1960년 인도와 파키스탄 간에 「인더스강 조약」(Indus Waters Treaty)이 체결되면서 해결되었다. 이 조약은 동쪽의 하천들에 대한 인도의 관할권에 관하여 일반적인 규정들을 두어 농업용수와 비축을 위한 물 사용을 제한함으로써 파키스탄에 물이 원활하게 공급되도록 하였다. 또한 '인더스위원회'(Indus Commission)를 설립하여 양국 간 의견교환과 협력증진을 위한 대화통로로 사용하기로 하였다. 특이한 것은 세계은행, 즉 IBRD의 활약이었다. 세계은행은 양국 간 협상을 추진하는 원동력이었으며, 조약이 세계은행에게 일정한 기능을 부여하고 있다는 이유에서 양국과 함께 조약에도 서명하였다.33)

‖ 제3절 ‖ 극　지

Ⅰ. 서　론

인류의 마지막 프론티어인 극지(polar regions)에 대한 관심은 원래 과학적 호기심과 탐험정신에서 비롯되었다. 북극의 경우에는 인근에 대륙이 발달되어 있어서 비교적 일찍부터 관할권 주장이 제기되어 왔으나, 남극은 영토주권 획득을 위한 조건이 충족되지 않아 법적으로 불안정한 상태에 있었다. 그러나 남극대륙과 주변 해역에는 석유를 비롯한 광물자원들이 다량 부존되어 있고 고래와 크릴새우 등 생물자원도 풍부하여 이곳에 대한 관심이 점차 높아지고 있다. 더구나 1959년

수 있는 대안을 비교하여 이익이 되는 원칙들이 마련되어야 한다"고 하였다. *Ibid.*, pp.1358-1359.

33) *Ibid.*, pp.1359-1360.

체결된 남극조약에 대한 비판도 만만치 않아 국제사회에서는 새로운 남극체제에 대한 논의가 활발히 이루어지고 있다.

II. 북 극

북극에 대해서는 일찍부터 선형이론(sector theory)이라는 독특한 이론이 주장되어 왔다. 1903년 영국(캐나다)은 최초로 지도상에 자국연안에서 북극점에 이르는 선형을 표시하였으며, 이곳에서의 탐사나 조사를 위해서는 자국이 발급한 허가증이 있어야 한다고 하였다. 소련도 1926년 이래 자국연안에서 북극점에 이르는 선형지역 내의 모든 섬에 대한 주권을 주장해 왔다.[34] 1961년 소련과학아카데미(Academy of Sciences of the U.S.S.R.)는 국제법에 관한 문서에서 선형이론에 따라 획정된 북극에 대한 소련의 관할범위와 선형이론이 적용되어야 하는 이유들을 밝혔다.[35] 하지만 북극권 국가인 노르웨이, 핀란드, 덴마크, 미국 등은 그러한 주장에 찬성하지 않고 있다.

북극은 국제화된 지역이 아니고 별도의 국제적인 합의가 존재하는 것도 아니기 때문에 이곳에만 적용되는 특별한 국제법 규칙은 필요하지 않다고 보는 것이 옳다. 북극지방은 영토에 대한 국가의 일반적 권리와 해양법 규칙에 의해 규율되는 것이 바람직하다고 할 수 있다. 즉, 북극해에 육지나 섬을 가지고 있는 국가의 영토주권과 해양에 대한 관할권은 선형이론이 아닌 관련 일반국제법 규칙에 따라 행사되는 것이다. 물론 북극해에 대한 해양관할권과 관련하여 경계획정 문제가 제기되기는 하지만, 이 경우에도 일반국제법의 해양경계획정 원칙들이 적용되는 것이 바람직하다.[36] 현재 북극해에서는 연안국 간에 EEZ와 대륙붕 경계선을 획

---

34) 김찬규・이영준, 「국제법개설」, 법문사, 1994, p.277.

35) 소련은 선형의 범위는 1926년 4월 15일 중앙집행위원회가 밝힌 선형과 같은 것이라고 하면서, 이 범위 내에 있는 모든 섬들은 소련의 영토라고 하였다. 북극이 선형으로 나누어져야 하는 이유로는 북극에 영토를 가지고 있는 국가들의 영토는 일련의 섬들과 녹지 않는 얼음에 의해 북극점까지 연결되어 있는 사실, 북극지역은 경제적・군사적으로 매우 중요하다는 점, 북극은 관련국가들에 의해 오래전부터 개발되어 왔으며 주민들이 정착해 살고 있다는 사실을 들었다. Academy of Sciences of the U.S.S.R., *International Law*, 1961, pp.190-193; Henkin, pp.1364-1365.

정하는 문제가 최고의 현안이다. 특히 해양법협약이 새로이 도입한 광역대륙붕 제도를 활용하여 자국의 대륙붕을 넓게 인정받기 위한 국가 간 치열한 경쟁이 대륙붕한계위원회(CLCS)를 중심으로 전개되고 있다.

현재 북극에는 북극이사회가 조직되어 활동하고 있다. 북극해 연안국인 러시아, 노르웨이, 캐나다, 덴마크, 아이슬란드, 스웨덴, 핀란드, 미국 등 8개국은 1996년 캐나다 오타와에서 북극이사회설립선언문을 채택하여 북극이사회를 출범시켰는데, 이사회는 북극권의 환경보호와 원주민보호, 지속가능발전을 목적으로 한다. 이사회의 옵시비 국가로는 영국, 독일, 프랑스, 폴란드, 스페인 외에 한국, 일본, 중국, 인도, 이탈리아, 싱가포르 등이 2013년부터 포함되었다.

III. 남 극

1. 영유권 주장

영국은 20세기 초부터 남극에 대해 영유권을 주장하였다.[37] 그 후 아르헨티나, 오스트레일리아, 프랑스, 뉴질랜드, 노르웨이, 칠레 등이 남극에 대한 영유권을 주장하여 이제까지 7개국이 남극대륙의 일부에 대해 영유권을 주장해 왔다. 그런데 이들의 영유권 주장근거는 단순한 발견에서부터 남미국가들이 주장하는 선형이론에 이르기까지 매우 다양하였다.[38]

반면에 미국과 소련은 영토획득에 관한 전통적 조건들이 충족되지 않았다는 이유에서 남극에 대한 영유권 주장에 반대하였다. 남극이 무주지(*terra nullius*)라

---

36) 김찬규 · 이영준, pp.276-277.

37) 영국은 1908년 처음으로 남극에 대해 영유권을 주장하였다. 남빙양에서의 고래잡이 규제를 위해 선포된 영국의 영유권 주장 범위는 서경 20도에서 50도 사이로 남위 50도 이하의 모든 육지와 섬을 포함하는 것이었다. 영국은 1923년에는 로스해와 그 주변지역 동경 160도에서 서경 150도에 이르는 지역에 대해 영유권을 주장하면서 뉴질랜드 총독의 지배하에 두었으며, 1933년에는 호주에 인접한 남극에 대해 영유권을 주장하면서 호주 총독이 통치하게 하였다.

38) Malcolm N. Shaw, *International Law*, Combridge University Press, 1997, p.364; R. Wolfrum, "Antarctica," in *Encyclopedia of Public International Law*(이하에서는 *EPIL*), vol.12, North-Holland Publishing Co., 1990, pp.10-11.

할지라도 단순한 발견으로는 권리가 생기지 않으며, 발견을 미완의 권리라 인정하더라도 '실효적 점유'(effective possession)를 입증하는 것이 쉽지 않기 때문이다. 1924년 미국 국무장관 휴즈(Hughes)는 육지를 발견한 후에 실제로 정착이 이루어지지 않으면 유효하게 주권을 주장할 수 없다고 하였다. 미국은 버드(Byrd) 제독이 매리버드랜드(Marie Byrd Land)를 발견하여 미국령으로 주장하였을 때에도 그러한 주장을 받아들이지 않았다. 소련 역시 19세기 러시아 항해가와 과학자들의 발견과 탐사에 따른 권리 주장에 대해 유사한 입장을 취하였다.[39] 남극에 선형이론을 적용하자는 주장에 대해서는, 남극에는 북극과 달리 기준선, 즉 선형을 형성하는 해안이 없으며 남극대륙은 다른 대륙에서 수천 km나 떨어져 있다는 사실이 반박의 근거로 제시되었다.[40]

남극사건[41]

Antarctica Cases, 1956

영국과 아르헨티나, 칠레는 남극대륙 중에서 서경 0도에서 90도 사이 남미대륙에 인접한 부분에 위치한 육지와 섬에 대해 관할권을 주장하였는데, 그러한 주장들은 서로 중복되었다. 아르헨티나와 칠레는 지리적·역사적 사실과 외교적·법적 조치들을 제시하면서 자신들의 영유권을 주장하였다. 반면에 영국은 발견과 장기간의 지속적이고 평화적인 주권행사 및 포클랜드 군도에 대한 영유권에 근거하여 남극에 대해 영토주권을 주장하였다.

제2차 세계대전 이후까지 이들의 남극에 대한 입장차는 해소되지 않아 한때 무력충돌이 우려되기도 했었다. 1948년 이들 세 나라는 남위 60도 이남에 군대를 파견하지 않기로 합의하기도 하였으나, 1953년 아르헨티나와 칠레가 건설한 Deception 섬의 기지들이 영국에 의해 해체되는 사건이 발생하였다. 이 사건을 계기로 영국은 이 문제를 국제사법재판소(ICJ)에 맡길 것을 제의하였으나, 아르헨티나와 칠레는 거절하였다. 그 후 1955년 5월 영국은 일방적으로 이 사건을 ICJ에 제소하였으나, 아르헨티나와 칠레는 재판소의 관할권을 받아들이지 않았다. 재판소는 아르헨티나와 칠레가 재판소의 관할권

---

39) Wolfrum, p.11; Shaw, p.364.
40) Academy of Sciences of the U.S.S.R., pp.190-193.
41) *Antartica Cases, ICJ Reports*, 1956.

을 받아들이지 않았음을 확인하고 이 사건을 사건목록에서 삭제하였다.

결국 남극대륙의 영유권에 관한 이 분쟁은 별다른 성과 없이 막을 내렸으며, 1959년
에 체결된 남극조약 역시 남극의 영유권 문제를 해결한 것은 아니었다.[42]

2. 남극조약

남극의 영유권 문제를 해결하기 위한 방법으로 영국은 칠레와 아르헨티나에
게 국제사법재판소에 부탁할 것을 제의하였으며, 칠레는 일정기간 관할권주장을
동결하자고 하였고, 뉴질랜드는 신탁통치를 제의하였으며, 인도는 유엔이 이 문
제에 개입해야 한다고 하는 등 다양한 제안들이 있었다. 그러던 중 지구관측년
(International Geophysical Year)을 맞아 미국은 남극에 직접적 이해관계를 갖고 있
는 국가들을 초청하였는데 이것이 조약체결로 연결되었다. 남극조약(Antarctic
Treaty)은 남극대륙에 대해 영유권을 주장하였거나 과학적 관심을 가지고 있던 미
국·영국·소련·아르헨티나·칠레·일본 등 12개국에 의해 1959년 체결되었으
며, 1961년 6월 효력발생에 들어갔다.

남극조약에서 관심을 끄는 것은 영유권에 관한 제4조 규정인데, 여기서는 이
조약으로 인해 당사국들이 이전에 주장해 온 권리나 영유권 주장을 포기한 것으
로 해석되어서는 안 된다고 하였다(남극조약 제4조 1항). 동시에 조약의 효력발생
기간 중에 발생한 그 어떠한 행동이나 조치도 남극에 대한 영유권 주장을 제기·
지원·부인하는 근거가 되지 못한다고 하여(동조 2항), 이 조약이 남극의 영유권
문제에는 아무런 영향도 미치지 않음을 분명히 하였다.

남극조약의 기타 내용은 다음과 같다. 첫째는 평화적 사용의 원칙이다. 남극
조약 제1조는 남극은 평화적 목적에만 사용되며, 그곳에 군사시설을 한다든가 군
사연습을 하는 등의 군사적 성격의 활동은 금지된다고 하였다. 둘째는 과학적 조
사의 자유이다. 남극조약 제2조는 남극에서의 과학적 조사의 자유와 협력은 계속
되어야 한다고 하였다. 셋째는 국제협력의 원칙이다. 남극조약 제3조는 과학적
조사에 있어서 국제협력 증진을 위하여 당사국들 간의 정보·인원·연구결과의
교환에 대해 규정하였다. 넷째는 남극조약 제5조가 규정한 남극에서의 핵실험과

---

42) Axel Berg, "Antarctica Cases," in *EPIL*, vol. 2, 1981, pp. 17-18.

방사능 폐기물 투기 금지이다. 다섯째는 환경보호의 원칙이다. 남극조약은 제9조 1항에서 남극 생물자원의 유지·보존에 관해 짤막한 규정을 두었으나, 그 후 채택된 권고와 조약들은 이곳의 환경보호에 관한 국제적인 관심을 반영하였다.

남극조약체제의 특징 중 하나는 운영체제의 이중성에 있다. 남극조약 가입국은 협의당사국과 비협의당사국으로 분류되어 그에 따라 상이한 권한을 행사한다. 남극조약 협의당사국(Antarctic Treaty Consultative Parties)은 원래 조약에 가입하였던 12개국으로 남극의 제반문제 결정에 절대적인 권한을 행사해 왔다. 그러나 그 후 남극에서 상당한 연구활동을 수행한 국가들을 받아들여 현재는 우리나라를 포함한 27개국이 협의당사국 지위를 갖고 있다.[43]

3. 남극의 자원개발 문제

여러 차례의 협의당사국 회의와 일련의 특별회의 끝에 1988년 「남극광물자원 활동규제협약」(Convention on the Regulation of Antarctic Minerals Resource Activities: CRAMRA)이 채택되었다. 이 협약은 광물자원 개발활동의 세 가지 단계를 마련하고 필요한 기관을 설립하는 등 남극의 광물자원개발을 위한 골격을 담고 있었고, 협약에 대한 서명도 순조롭게 이루어져 남극개발에 대한 기대가 성숙되어 가고 있었다.[44]

그러나 CRAMRA의 채택을 계기로 이에 대한 반대도 커져 갔고 급기야 유엔 총회는 결의 43/83을 채택하여 이 협약에 대한 서명이 이루어지고 있는 데 대해 '깊은 유감'(deep regret)을 표시하였다. 프랑스와 호주는 1989년 10월 남극조약당사국회의에서 남극에서의 모든 광물활동을 금지하고 남극을 지구의 '야생보호구'(wilderness reserve)로 지정하자고 제안하였다. 결국 1991년 4월의 남극조약협의당사국회의에서는 「남극조약환경보호의정서」(Protocol on Environmental Protection to the Antarctic Treaty)가 채택되었는데, 제7조는 광물자원에 대한 과학적 연구를

---

43) 협의당사국 중에서 원래서명국은 아르헨티나, 호주, 칠레, 프랑스, 뉴질랜드, 노르웨이, 영국, 미국, 소련, 일본, 남아공, 벨기에 등 12개국이다. 그리고 남극기지 설치 등 실질적인 과학조사 실적에 의해 나중에 자격을 취득한 국가로는 폴란드, 독일, 브라질, 인도, 우루과이, 중국이 있으며, 한국은 페루와 함께 1989년 자격을 취득하였다.

44) Shaw, p.365.

제외한 모든 활동을 금지시켰다.[45]

4. 기타 남극관련조약

1959년 남극조약은 남극에 관한 기본협약의 성격을 가지므로 그 후에 체결된
여러 개의 조약들에 의해 내용이 보충되었다. 후속 조약으로는 1972년 「남극물개
보존협약」(Convention for the Conservation of Antarctic Seals)과 1980년 「남극해양생
물자원보존협약」(Convention on the Conservation of Antarctic Marine Living Re-
sources)이 있다.

5. 남극의 장래

남극조약은 1961년 효력을 발생한 이후 1991년 6월 23일로 30년을 경과하였
기 때문에 어떤 원서명국이든지 전체 당사국회의 소집을 요구할 수 있으며, 회의
는 다수결에 의해 조약을 개정할 수 있다. 따라서 새로운 남극체제 문제가 국제사
회의 중요한 이슈로 등장해 있다. 남극의 장래에 관하여는 갖가지 의견이 제시되
고 있다. 종래 영유권을 주장해 온 국가들은 자신들의 영유권 주장을 유지하고 있
고, 1959년 남극조약 체제가 그대로 유지되기를 희망하는 국가들도 있다. 반면에
개도국들은 1982년 해양법협약이 심해저에 도입한 '인류공동유산'(Common Heri-
tage of Mankind) 개념이 남극에도 적용되어야 한다고 주장한다.

1975년 스리랑카 대표 아메라싱헤(Amerasinghe)는 1970년대의 신국제경제질
서 주장과 마찬가지로 형평을 강조하는 공동유산 개념을 남극에 적용할 것을 공
식적으로 유엔에 제의하였다. 그 후 유엔은 1985년 제40차 총회에서 이러한 주장
을 지지하는 결의를 채택하기도 하였다. 그러나 제3세계 국가들의 폭넓은 지지에
도 불구하고 남극에 공동유산 개념을 도입하자는 주장은 아직 실현되지 못하고
있다.

---

45) *Ibid.*

‖ 제4절 ‖ 영공과 항공법

Ⅰ. 영 공

1. 영공의 범위

한 국가의 영공의 수평적 범위는 그 국가의 국가영역에 의해 정해진다. 1944년 시카고협약은 "이 협약에서 국가영역이란 그 국가의 주권이나 종주권, 보호권, 위임통치하에 있는 육지와 그에 인접한 영수"라고 규정하였다. 접속수역이나 경제수역의 상공은 영공에 속하지 않는다.

일부 국가들은 국가안보를 위하여 영공 외측에 방공확인구역(Air Defence Identification Zone: ADIZ)을 설치하여 항공기 기장들에게 이 구역에 진입하기 이전에 미리 통과시간과 위치를 통보하도록 하고 있다. 미국은 1950년부터 이 제도를 운영하고 있으며 우리나라(KADIZ)를 비롯하여 많은 국가들이 이러한 구역을 설치하였다. 국제사회에서는 방공확인구역에 대해 별로 이의가 제기되지 않았던 만큼 이 제도가 이미 국제관습법상의 제도가 되었다는 주장도 있으나, 이를 주장하는 국가가 다수는 아니므로 일반국제법상 제도라고 할 수는 없다.[46]

영공의 수직적 한계가 문제가 되기 시작한 것은 항공기의 고공비행과 인공위성에 의한 우주개발이 본격화된 이후이다. 과거에는 "땅의 주인은 하늘의 주인"이란 로마법 원칙에 따라 국가영역의 상공 무한대까지를 영공에 속하는 것으로 보았었다. 그러나 오늘날 상공 무한대까지를 영공이라 주장하는 사람은 없으며, 영공에도 수직적 한계가 존재한다고 본다.

영공의 수직적 한계를 설정하기 위해 제시되어 온 기준으로는 항공기도달설,

---

46) 미국의 방공확인구역(ADIZ)은 일부 지역에서는 영해를 넘어 수백 마일까지 뻗어 있으며, 이곳에 진입하는 외국 항공기들은 비행계획을 통보하고 정기적으로 항공기의 위치를 통보해야 한다. 방공확인구역과 유사한 제도로는 1956년 알제리 전쟁 당시 프랑스가 알제리해안 80마일까지 설치하였던 '특별책임구역'(zone of special responsibility)이 있다. Henkin, p.342.

실효적 지배설, 대기권설, 삼분설, 공기역학적 부양력설 등이 있었다. 또한 영공과 우주 간에 명확한 한계를 긋지 말고 우주활동의 성격을 고려하여 기능적인 관점에서 이를 구분해야 한다는 주장도 있었다. 이처럼 대기권과 우주의 경계선을 긋는 문제는 학문적으로나 현실적으로 미묘하고 어려운 문제였기 때문에, 1967년의 우주에 관한 원칙조약도 이 문제에 대해 명확한 입장을 밝히지 않았다. 그러나 인공위성이 우주궤도에 머물 수 있는 최저고도(perigee)인 지상 90km를 그 분계선으로 보는 견해가 가장 유력하다.[47]

2. 법적 성격

20세기 초 항공법의 선구자 포시유(Fauchille)는 일정한 높이까지의 상공은 영해와 같이 하토국의 주권에 속하고 그 이상의 공간에는 공해처럼 항공의 자유가 인정된다는 자유공설을 주장하였다. 그러나 바다의 선박과는 달리 상공에 떠 있는 외국항공기는 그 자체만으로도 하토국에게는 위협이 되기 때문에 자유공설은 배척되었다. 결국 1914년 이후에는 대기권에 대한 하토국의 배타적 관할권을 인정하는 완전주권설이 확립되었고 무해통행권 주장도 사라지게 되었다.[48]

제1차 세계대전 때에는 항공기에 의한 공습 및 정찰 가능성과 중립국들의 자국 상공에서의 공중전에 대한 우려로 완전주권설 이외의 학설들은 철저히 외면되었다. 그리하여 1919년 파리에서 체결된 「국제항공협약」(International Flying Convention)은 국가의 영공에 대한 완전하고 절대적인 주권을 재확인하였다. 1944년 시카고 「국제민간항공협약」(Convention on the International Civil Aviation)도 모든 국가는 그 영역의 상공에서 완전하고 배타적인 주권을 갖는다고 하여 완전주권을 명문화하였다.

---

47) *Ibid.*, p.1369; 유병화, p.208.
48) Peter Malanczuk, *Akehurst's Modern Introduction to International Law*, Routledge, 1997, p.198.

II. 항공법의 정의와 역사

상공은 대기권과 외기권 우주로 구분된다. 대기권은 항공기의 비행이 가능한 공간으로 국제법에서는 항공법의 연구대상이 된다. 반면에 외기권은 인공위성 같은 우주물체들이 활동하는 공간으로 국제법에서는 우주법의 연구대상이다. 항공법(air law)의 정의에 대해서는 학계에서도 상당한 견해차이가 있었다. 그러나 가장 보편적으로 인정되는 견해에 따르면 항공법이란 대기권과 대기권 사용에 관한 문제를 다루는 법분야라고 하겠다.[49]

항공법의 법원으로는 항공관련 다자조약, 양자조약, 국내법이 있다. 그런데 항공은 처음부터 국제적인 차원에서 시작되었기 때문에 항공법은 처음부터 국제적인 면이 강하였다. 항공기술의 급속한 발달은 국제항공법에서 조약을 중요한 법원이 되게 하였다.[50]

항공법에서는 법이 항공기술에 앞서서 발전해 가는 듯한 특이한 모습을 발견하게 된다. 이미 1900년 프랑스의 법학자 포시유(Fauchille)는 국제법학회에 국제항공에 관한 규범을 제정하자고 제의하였으나, 라이트형제가 최초로 엔진으로 움직이는 항공기를 개발한 것은 1903년이었다.[51]

항공에 관한 최초의 다자조약은 1899년 「전쟁무기로서의 기구와 기타 장치에 관한 헤이그선언」이지만, 이것은 주로 기구에 관한 조약이었다. 1910년 파리회의에서는 '항공의 자유'(freedom of the air)가 아닌 '하토국의 영토주권'을 원칙으로 하는 협약초안이 채택되었다. 항공법 분야에서 효력발생에 이른 최초의 중요한 조약은 1919년 「항공규제에 관한 파리협약」(Paris Convention on the Regulation of Aerial Navigation)이었다. 이 협약은 하토국의 상공에 대한 완전하고 배타적인 주권을 인정하였으며, 협약에 따라 '국제항공위원회'(ICAN)가 설립되었다. 한편 1929년에는 「바르샤바 국제항공운송통합규칙협약」(Warsaw Convention for the Unification of

---

49) I. H. Ph. Diederiks-Verschoor, *An Introduction to Air Law*, Kluwer Law and Taxation Publishers, 1993, p.1.

50) *Ibid.*, pp.3-4.

51) *Ibid.*, p.2. 항공에 관련된 최초의 국내법 규칙은 1784년 4월 23일 프랑스 파리경찰청이 발표한 지침이었다. 이것은 Montgofier 형제가 기구를 발명한 이후 경찰청의 허가를 받지 않고 기구를 띄우는 것을 금지하기 위해 마련되었다.

Certain Rules Relating to International Carriage by Air)이 채택되었다.[52] 그러나 국제 민간항공의 기본법 역할을 한 것은 파리협약에 이어 1944년 시카고에서 체결된 「국제민간항공협약」(Convention on International Civil Aviation: 시카고협약)이며, 이 협약은 오늘날 국제민간항공의 골격을 형성하고 있다.

III. 국제민간항공법

1. 국제민간항공협약

제2차 세계대전이 진행 중이던 1944년 11월 시카고에서는 연합국과 중립국 대표들이 참석한 가운데 국제민간항공에 관한 국제회의가 개최되었다. 여기에서 는 오늘날 '민간항공의 헌법'이라 일컬어지는 「국제민간항공협약」이 채택되었 다.[53] 일반적으로 시카고협약이라 부르는 이 협약에 의해 창설된 국제민간항공기 구(ICAO)는 전체기관인 총회(Assembly)와 33개국 대표로 구성되는 상설기관인 이 사회(Council)를 두고 있으며, 1947년 유엔 전문기구가 되었다.

2. 항공의 자유

(1) 민간항공기

영토국가들이 가지는 외국 항공기의 자국 상공비행에 대한 규제권은 이미 1919년 파리협약에서 확인되었다. 시카고 국제민간항공협약도 상공에 대한 영토 국가의 완전하고 배타적인 관할권을 인정하여 이러한 입장을 계승하였다.

시카고협약은 파리협약에서 채택된 민간항공기의 부정기항공에 대해서만 무 해통행권을 인정한다는 입장을 계승하였다. 따라서 국가항공기는 항공의 자유를

---

52) Bin Cheng, "Air Law," in *EPIL*, vol.11, p.6.
53) 국제민간항공협약은 1944년 12월 채택되어 1947년 4월 효력발생에 들어갔으며, 2008년 12월 현재 우리나라를 포함한 190개국이 당사국이다. 협약에는 두 개의 협정, 즉「국제항 공업무통과협정」(International Air Services Transit Agreement)과 「국제항공운송협정」 (International Air Transport Agreement) 및 18개의 부속서가 부가되어 있다.

제한받으며(시카고협약 제3조), 민간항공기도 그것이 정기항공에 종사하는가 아니면 부정기 항공에 종사하는가 하는 데 따라 누리는 항공의 자유의 내용이 달라진다.[54]

(2) 부정기항공

1944년 시카고협약에 의하면 정기국제항공업무에 종사하지 아니하는 민간항공기는 다른 당사국의 상공을 무해통행할 수 있는 권리가 인정되며, 운수 이외의 목적으로 착륙할 권리도 갖는다. 협약당사국의 공항은 다른 당사국의 항공기에도 개방된다. 그러나 당사국들은 안보상 이유로 비행금지구역을 설정할 수 있고, 하토국이 착륙을 요구할 때에는 이에 응해야 하며, 안전비행을 위하여 영토국가가 지정하는 항로로 비행해야 한다(협약 제5조).

(3) 정기항공

1944년 시카고협약은 제6조에서 정기항공에 종사하는 항공기는 다른 국가의 허가가 있는 경우에만 그 상공을 비행할 수 있다고 하였다. 따라서 정기항공에 종사하는 항공기는 당사국 사이에 합의가 있거나 타방 당사국의 허가가 있는 경우가 아니면 원칙적으로 무해통행권을 누리지 못한다.

1944년 시카고에서는 국제민간항공협약 이외에 정기항공과 관련하여 「국제항공업무통과협정」(International Air Services Transit Agreement)과 「국제항공운송협정」(International Air Transport Agreement)이 체결되어 협정 당사국들은 정기항공의 통행과 관련하여 몇 가지 권리를 상호 인정하기로 하였다.

「국제항공업무통과협정」은 체약국의 영공을 무착륙 횡단하는 자유와 운수 이외의 목적, 즉 연료보급이나 항공기 정비 같은 기술적 착륙(technical landing)을 위한 착륙권을 규정하고 있다. 「국제항공운송협정」은 이러한 두 가지 자유 이외에 자국에서 탑승한 승객과 화물을 다른 당사국에서 내릴 수 있는 자유와 다른 당사국에서 탑승한 승객과 화물을 자국에서 내릴 수 있는 자유, 제3국 간 승객과 화물을 수송할 수 있는 이원권을 규정하고 있다. 두 가지 협정 중에서 국제항공업무

---

54) 비정기항공은 정기항공과는 달리 공표된 시간표에 따라 이루어지지 않으며, 정기항공에 적용되는 항공료와 관세도 그대로 적용되지 않는다. Diederiks-Verschoor, p.15.

통과협정은 1945년 효력발생에 들어갔으나 국제항공운송협정은 이원권 문제로 많은 국가들이 가입을 꺼리고 있다.[55]

이러한 사정 때문에 정기항공의 경우에는 아직 무해통행이 인정되지 않고 있으며, 당사국 간에 체결되는 양자조약에 의해 부분적으로 자유가 인정되고 있을 뿐이다.

3. 에어 카보타즈(Cabotage)

시카고협약 제7조는 협약 당사국들은 다른 체약국 항공기들에 의한 자국 영토 내 지점 간 여객·우편물·화물의 항공운송을 거부할 수 있는 권리를 갖는다고 하였다. 원래 해상운송에서 사용되는 개념인 카보타즈는 국제항공법에서는 보다 넓게 해석되어, 국가들은 자국 영역은 물론 해외영토·식민지를 연결하는 항공운송에도 이를 적용하고 있다.[56]

IV. 항공범죄와 국제협약

1. 동경협약

오늘날 대부분의 국가들은 자국 국적의 항공기들이 외국이나 공해상에 있을 때에도 그들의 항공관련 규칙들을 적용하도록 하고 있다. 그러나 과거 일부 국가들은 그들의 일반 형사법규나 형사관할권을 이처럼 확대하여 적용하지 않았다. 따라서 항공기가 공해 상공처럼 국가의 영공 밖에 있을 때에는 적용가능한 일반적 형사법규나 관할권에 공백이 생기게 되었다.[57] 이러한 문제를 해결하기 위하

---

55) *Ibid.*, pp.12-13.

56) 최완식, 「실무항공법론」, 한국항공대학출판부, 1988, p.13.

57) 항공기에서의 범죄행위에 대한 형사관할권을 확립해야 할 필요성은 몇 가지 사건들을 보면 분명해진다. United States v. Cordova and Santana 사건은 그러한 사례 중의 하나이다. 1948년 푸에르토리코의 상후안 공항에서 60명의 승객과 승무원들을 태운 미국항공기가 뉴욕을 향하여 출발하였다. 출발 전부터 럼주를 다량으로 마신 코르도바와 산타나는 럼주 여러 병을 갖고 비행기에 탄 후 이를 계속해서 마셨다. 비행기가 이륙한 지 한 시간 반쯤 지나

여 1963년 동경에서는 「항공기에서 발생한 범죄와 기타 행위에 관한 동경협약」 (Tokyo Convention on Offences and Certain Other Acts Committed on Board Aircraft: 동경협약)이 체결되었다.

동경협약은 공해처럼 어떤 국가에도 속하지 아니하는 영역 상공에서 발생한 범죄와 범행지역을 정확히 알 수 없는 범죄에 적용할 형법을 결정하고, 이러한 범죄에 관한 기장의 권리와 의무를 정하며, 항공기가 착륙한 국가의 권리와 의무를 정하는 것을 목적으로 하였다(동경협약 제1조 4항).

항공기에서 발생한 범죄행위에 대하여 관할권을 행사할 수 있는 국가는 원칙적으로 항공기의 등록국(state of registration)이다. 그러나 범행의 결과가 영향을 미치는 국가와, 범행이 자국민에 의하여 또는 자국민을 상대로 행하여진 국가도 관할권을 행사할 수 있다(협약 제4조). 기장은 범죄행위 혐의자를 구금할 수 있으며, 다음 기착지에서 내리게 하거나 관련당국에게 인도할 수도 있다.

동경협약은 불법적인 항공기 납치에 대해서도 규정하고자 하였다. 그러나 협약은 당사국들에게 항공기에 대한 통제권을 회복시키기 위한 적절한 조치를 취할 의무를 부여하였을 뿐 효율적인 대응조치는 마련하지 못하였다. 동경협약은 항공기 불법납치를 억제하는 데에는 미흡했던 것이다.[58]

2. 헤이그협약

1960년대 후반 이후 민간항공기 불법납치가 기승을 부리자 ICAO 이사회는 자체 법률위원회(Legal Committee)를 통하여 이에 대처하기 위한 조약안을 마련하도록 하였다. 그 결과 1970년 헤이그에서 「항공기불법납치억제협약」(Convention

---

공해상을 날고 있을 때부터 이들은 싸우기 시작하였다. 승무원들의 만류로 산타나는 조용해졌으나, 코르도바는 승무원들에게 폭행을 가하는 등 난폭한 행동을 계속하여 감금되었다. 이 사건을 다루었던 뉴욕 지방법원은 코르도바의 폭행혐의를 인정하였으나, 그의 행위는 미국의 관할권에 속하지 않는다고 하였다. 형사재판관할권에 관한 미국법은 공해상 선박에서 발생한 사건에는 적용되지만, 항공기는 선박이 아니라는 것이었다. 결국 법원은 코르도바의 범죄행위는 인정하면서도 유죄판결을 내릴 수 없었다. 이 사건에 대한 법원의 결정에 대한 국내외의 비판으로 미국의회는 관련 연방법을 개정하여 공해상의 자국 항공기에서 발생한 범죄행위에 대해서도 형사관할권을 인정하게 되었다. *USA v. Cordova and Santana*, US District Court, Eastern District of New York, March 17, 1950.

58) Diederiks-Verschoor, p.202.

for the Suppression of Unlawful Seizure of Aircraft: 헤이그협약)이 체결되었다. 헤이그협약은 항공기가 '운항 중'(in service)에 있을 때, 즉 탑승 후 모든 외부의 문들이 닫힌 순간부터 착륙 이후 어떤 문이든 항공기의 문이 열릴 때까지 항공기에 탑승한 사람들에 의한 항공기 탈취행위를 규율하고자 하였다(헤이그협약 제3조).

헤이그협약은 항공기를 상대로 범행을 저지른 범인들의 도피처를 차단하기 위하여 항공기납치범죄에 대한 형사관할권을 여러 국가에 분산하여 인정하였다. 협약은 항공기 등록국, 항공기 착륙국, 항공기 임차인의 주요 영업장소나 주소지가 위치한 국가, 범인이 발견되거나 체포된 국가 및 범인을 인도하지 아니한 국가에게 형사재판관할권을 인정하였다(협약 제4조).

헤이그협약은 범죄인의 처벌과 인도를 의무화하였다. 협약은 항공기 납치 혐의자를 발견한 국가는 그를 인도하든지 처벌을 위하여 관계당국에 넘겨야 한다고 하여, 범인을 직접 처벌하지 않는 경우에는 다른 국가에게 인도하도록 하였다. 또한 관계당국에서는 그 국가의 법에 따라 '중한 범죄'(offence of a serious nature)로 재판하도록 하였다(협약 제7조).

그렇지만 헤이그협약은 각국의 국내법에 따른 처벌을 규정함으로써 진정으로 처벌을 의무화하지 못하였고, 배상책임에 관한 규정도 도입하지 못했다.[59]

3. 몬트리올협약

동경협약과 헤이그협약은 모두 항공기에 탑승한 사람에 의한 범죄만을 대상으로 하였기 때문에 민간항공의 안전을 위해서는 추가적인 조약이 필요하였다. 1971년 몬트리올에서 체결된 「민간항공의 안전에 대한 불법행위억제를 위한 협약」(Convention for the Suppression of Unlawful Acts against the Safety of Civil Aviation)은 항공기에 탑승한 자에 의한 항공기를 대상으로 하는 범죄는 물론 항공시설의 파괴 등 다양한 항공방해 행위들을 규제하고자 체결되었다.

몬트리올협약은 비행 중에 있는 항공기에 탑승한 사람에 대한 폭력행위로 항공기의 안전을 위험하게 한 사람, 운항 중에 있는 항공기를 파괴하거나 피해를 주어 비행을 불가능하게 하거나 안전을 위태롭게 한 사람, 항공기를 파괴하거나 비

---

59) *Ibid.*, pp.208-209.

행을 어렵게 할 수 있는 장치나 물질을 운항 중인 항공기에 설치한 사람, 항공시
설을 파괴하거나 손상하여 비행 중인 항공기의 안전을 위험하게 한 사람, 허위정
보를 알려서 비행 중에 있는 항공기의 안전을 위태롭게 한 사람을 범죄자로 규정
하였다(몬트리올협약 제1조).

　　몬트리올협약은 범죄자 처벌과 범죄인 인도에 관해서는 헤이그협약과 유사
한 규정들을 두었다.

V. 항공기에 대한 무력행사

　　1950년대 미국 군용기들이 헝가리, 소련, 체코슬로바키아에 의해 격추되는
사건들이 있었다. 미국은 이 사건들을 국제사법재판소(ICJ)에 제소하였으나 피제
소국들이 응소하지 않아 재판에는 이르지 못했다. 1955년에는 오스트리아와 이스
라엘 간 정기항공 노선에 취항하고 있던 이스라엘 민항기가 불가리아에 의해 격
추되는 사건이 발생하여, 미국·영국·이스라엘이 ICJ에 제소하였으나 역시 관할
권 흠결로 기각되었다. 1960년 5월에는 미국의 U2 정찰기가 소련상공에서 격추
되기도 하였다.[60]

　　항공기에 대한 무력행사에 대해서는 두 가지 입장이 전개되어 왔다. 첫째는
리시친(Lissitzyn)이 주장한 '유연한 원칙'(flexible principle)이다. 리시친은 국가관
행으로부터 관습법을 추론해 보건대, 영토국가는 자국영토에 들어온 외국항공기
와 승객들을 불필요하고 불합리한 위험(unnecessary or unreasonably great danger)
에 처하게 하면 안 된다고 하였다. 한 국가는 자국 영공 내에 들어온 항공기가 진
정으로 안보에 위협이 되지 아니하는 경우에는 공격하면 안 되며, 항공기를 공격
하기 이전에 착륙이나 항로변경을 요구해야 한다는 것이다. 리시친의 유연한 원
칙은 외국의 허락 없이 영공에 들어간 군용기에는 적용 가능하지만 민간항공기에
적용하는 데에는 문제가 있었다.[61]

　　둘째는 민간항공기에 적용되는 것으로 어떤 경우에도 무력사용은 금지된다

---

　60) Malanczuk, p.198.
　61) *Ibid.*, pp.198-199.

는 '절대적 규칙'(absolute rule)이다. 오늘날 대부분의 국가들과 국제민간항공기구(ICAO)는 사전허가 없이 영공에 들어온 민간항공기를 어떤 경우에도 공격하면 안되며, 착륙이나 퇴거를 요구하거나 등록국가에게 항의를 할 수 있을 뿐이라고 한다. 1981년 국제민간항공기구가 회원국들에게 "민간항공기를 요격할 때에는 무력을 사용하면 안 된다"는 권고를 한 것도 바로 이러한 입장에 따른 것이다.[62]

1983년 10월 1일 구소련 전투기들은 자국 영공에 들어온 대한항공 007기를 격추하여 269명의 인명피해가 발생하였다. 일주일 후 유엔 안보리에 상정된 소련을 비난하는 결의안은 소련의 거부권 행사로 채택되지 못했으나, 결의안은 서문에서 민간항공의 안전을 위협하는 무력행사를 금지하는 국제법 규칙을 확인하였다.[63]

대한항공 007기 사건 후인 1983년 10월 16일 ICAO 이사회는 이 사건을 보다 세밀히 조사하기로 하는 한편, 항공위원회(Air Navigation Committee)로 하여금 시카고협약과 관련 조약들을 재검토하고 항공기와 항공통제소 간의 통신수단을 개선하여 이러한 비극적인 사건이 재발하지 않도록 요구하는 지침을 마련하였다. 항공위원회의 보고서를 접수한 후,[64] ICAO 이사회는 대한항공기의 격추를 비난하는 결의와 시카고협약 개정안을 채택하였다.

시카고협약 제3조는 원래 민간항공기의 안전을 적절히 고려해야 한다는 일반적인 원칙을 담고 있었으며, 협약에 대한 부속서 II 에는 요격(intercepting) 시 따라야 할 세부적인 절차들이 규정되어 있었다. 이러한 규정들에도 불구하고 ICAO 이사회는 협약 제3조의 일반원칙 자체를 강화하기로 하여, "모든 국가는 권한 없이 자국 영토 상공을 비행하는 민간항공기로 하여금 지정된 공항에 착륙할 것을 요구할 수 있다"는 규정과 함께 협약 제3조에 다음과 같은 규정을 도입하였다.[65]

(a) 체약국들은 어떤 국가이든 비행 중에 있는 민간항공기에 대하여 무기를 사용(use of weapons)하여서는 안 되며, 요격 시에도 탑승한 사람들의 생명과 항공기의 안전

---

62) *Ibid.*, p.199.
63) Shaw, p.377.
64) ICAO에서는 KAL 007기가 조종사들의 부주의로 소련 영공에 들어간 것이라고 결론지었다.
65) Shaw, pp.377-378.

을 위험하게 하여서는 안 된다는 것을 인정한다. 이 규정은 어떠한 경우에도 유엔헌장에 나타난 국가들의 권리와 의무를 변경하는 것으로 해석되지 않는다.[66]

민간항공기 보호 문제는 이란과 이라크가 전쟁 중이던 1988년 7월 페르시아만에서 미국 전함 빈센스(Vincennes)호가 이란항공 655기를 격추하여 290명의 승객과 승무원이 사망하는 사건으로 다시 한 번 제기되었다. 물론 이 사건은 허가 없이 영공을 넘어 들어온 민간항공기의 대우에 관한 문제는 아니다. 당시 교전지역에 있었던 빈센스호는 자신이 공중으로부터 공격을 받고 있다고 오인하여 발생한 사건이므로 미국은 법적으로 책임이 없다는 주장도 있었다. 그러나 자위권은 긴급성(necessity)과 비례성(proportionality)에 의해 제한되므로, 미국의 민간항공기 격추행위가 이제는 관습법이 된 시카고협약의 새로운 조항에 대한 위반임을 부인할 수 없었다. 이 사건은 1989년 5월 이란에 의해 ICJ에 제소되었으나, 양국 간 합의로 해결되었다.[67]

‖ 제5절 ‖ 우 주 법

I. 서 론

우주법이란 우주와 천체의 탐사와 이용을 중심으로 하는 우주활동과 우주물체 및 우주인에게 적용되는 국제법이다. 과학기술의 발달에 따라 우주개발이 시

---

66) 새로운 조문이 무력(force)이 아니라 무기(weapons)의 사용을 금지한 것에 주의할 필요가 있다. 이것은 무기를 실제로 사용하지 아니한다는 조건하에, 요격 시 비행 중에 있는 민간 항공기에 대하여 무력이 사용될 수는 있음을 의미하는 것으로 해석된다. *Ibid.*, p.378.

67) *Ibid.*, pp.379-380; Malanczuk, p.200. 미국은 책임을 인정하지는 않았으나, 호의로(*ex gratia*) full-time 직업이 있는 사람의 가족들에게는 25만 달러, 그 외 사람들의 가족에게는 10만 달러의 보상금을 지급하겠다고 제의하였다. 그러나 이란은 이러한 제의를 거절하고 ICJ에 제소하였다. 그 후 1966년 2월 22일 미국과 이란은 직업이 있는 사람의 가족에게는 30만 달러, 그렇지 않은 사람의 가족에게는 15만 달러씩 지급하기로 합의하여 사건은 종결되었다.

작되면서 과거에는 우주를 사용할 능력도 관심도 없었던 국가들에게도 우주의 법질서는 관심거리가 되어 가고 있다. 그러나 국제법에서 우주법의 역사는 우주개발의 역사만큼이나 짧기 때문에 우주의 법질서는 아직 형성되어 가는 과정에 있다고 하겠다.

II. 우주법의 역사

우주개발의 역사는 1957년 소련이 스푸트니크(Sputnik) 1호를 발사하면서 시작되었다. 유엔총회는 1958년 '우주의 평화적 사용에 관한 임시위원회'에 이어 1959년 '우주의 평화적 사용위원회'(Committee on the Peaceful Uses of Outer Space: COPUOS)를 설립하였는데, 우주법은 이 특이한 위원회의 활동으로 인하여 입법에 있어서 일관성을 유지하게 되었다.[68]

1963년 유엔총회는 COPUOS가 작성한 「우주의 탐사와 사용에 있어서 국가활동에 관한 법원칙선언」(Declaration of Legal Principles Governing the Activities of States in the Exploration and Use of Outer Space)을 채택하였는데, 이 선언에는 우주에 관한 9가지 원칙이 들어 있었다. 그 후 유엔총회는 이러한 원칙들을 강제성 있는 조약으로 만들 것을 요구하여, COPUOS가 작성하고 1967년 유엔총회에서 채택된 「달과 천체를 포함하는 우주의 탐사 및 사용에 있어서의 국가활동에 관한 원칙조약」(Treaty on Principles Governing the Activities of States in the Exploration and Uses of Outer Space Including the Moon and Outer Celestial Bodies, 우주에 관한 원칙조약)이 등장하여 동년 효력발생에 들어갔다.[69]

그 후에도 COPUOS가 준비하여 유엔총회가 채택하는 방식으로 여러 가지 협약이 체결되었다. 예를 들면 1968년 「우주비행사의 구조와 우주물체 반환에 관한 협정」, 「우주물체로 야기된 손해에 대한 국제책임협약」(우주책임협약), 1974년 「우주물체의 등록에 관한 협약」, 1979년 「달과 다른 천체에서의 국가활동에 관한 협

---

68) COPUOS는 두 개의 소위원회, 즉 과학기술소위원회와 법률소위원회를 두고 있으며, 그 행정부서는 비엔나에 본부를 두고 있는 '유엔우주사무국'(United Nations Office for Outer Space Affairs)이다. Malanczuk, p.202.

69) 유병화, pp.294-296.

약」(달협약)이 있다.[70]

Ⅲ. 우주의 범위

우주의 범위를 정하는 데 있어서는 크게 세 가지 입장이 대립되어 왔다. 즉 일정한 고도를 경계선으로 하여 그 이원의 공간을 우주로 하자는 공간적 방법, 우주활동의 성격과 형태에 따라 경계선을 달리하자는 기능적 방법, 현 단계에서는 경계선을 획정해야 할 필요가 없다는 입장이 그것이었다. 이러한 세 가지 입장 중에서 가장 유력한 것은 공간적 방법에 의해 우주와 영공의 경계선을 획정하자는 주장이다.

우주의 범위를 공간적으로 정한다고 할 때, 어디서부터가 우주인가 하는 문제가 제기된다. 여기에 대해서는 여러 가지 학설이 주장되었으나, 가장 유력한 것은 하부국가의 영공을 이루는 대기권과 우주 간의 경계선은 인공위성이 공기와의 마찰로 파괴되지 아니하고 우주궤도에 머물 수 있는 최저고도(perigee)인 지상 90km 상공이라고 하는 학설이다.[71] 항공기가 날 수 있는 이론적 한계인 지상 84km를 경계선으로 하자는 주장도 있었으나, 그러한 한계는 지형에 따라 차이가 있고 기술의 진보에 따라 다시 조정되어야 하는 단점을 안고 있었다.

Ⅳ. 우주법의 특징

우주법은 1959년 창설된 '우주의 평화적 사용위원회'(COPUOS)를 통하여 거의 모든 입법작업이 추진되어 온 관계로 다른 국제법 분야와는 달리 입법에 일관성이 유지되고 있다. 우주에 관한 기본법이라 할 수 있는 「달과 천체를 포함하는 우주의 탐사 및 사용에 있어서의 국가활동에 관한 원칙조약」에서부터 최근에 체

---

70) *Ibid.*, pp.296-297.

71) Perek, "Scientific Criteria for the Delimitation of Outer Space," *J. Space L.*, vol.5, 1977, pp.111, 118; Henkin, p.1369. 1968년 국제법협회도 결의를 채택하여 1967년 원칙조약에서 말하는 우주란 perigee 위의 모든 공간이라고 해석하였다.

결된 조약에 이르기까지 거의 모든 조약들이 이 위원회에 의해 작성되었기 때문에, 우주법은 다른 국제법 분야에 비해 월등하게 일관성을 유지하고 있는 것이다.[72]

우주법에서는 다른 분야에 비해 국제기구를 통한 국제협력이 원활하게 이루어지고 있다. 우주의 자원은 함께 사용되어야 하며, 우주활동에는 엄청난 재원과 기술이 필요하고, 국제기구를 통한 국제협력도 필수적이기 때문이다. 우주법이 정비되면서 국제사회에는 관련 국제기구들이 등장하였다. 특히 전 지구적인 또는 지역적인 위성통신체제 구축과 관련하여 '국제통신위성기구'(INTELSAT), '국제해양위성기구'(INMARSAT), '아랍위성통신기구'(ARABSAT) 등이 생겨났다.[73]

V. 우주법의 원칙

1. 자유사용

1967년 원칙조약 제1조는 우주의 탐사와 사용은 경제적·과학적 발전 정도에 관계없이 모든 국가의 이익을 위해 수행되어야 하고 우주는 모든 인류의 영역(province of mankind)이라고 하면서, 모든 국가는 아무런 차별 없이 평등과 국제법에 따라 우주를 탐사·이용할 수 있다고 하였다.

2. 전유의 금지와 국제법 준수

원칙조약은 자유이용 원칙을 규정하면서도 이를 전유(appropriation)하거나 다른 국가의 이익과 활동을 방해하면 안 된다고 하였다. 조약은 제2조에서 달과 천체를 포함하는 우주는 주권주장과 사용, 점령 등 그 어떠한 수단에 의해서도 국가의 전유가 되지 않는다고 하였으며, 제3조는 각국의 우주활동은 유엔헌장을 포함하는 국제법에 따라 국제평화와 안전을 유지하고 국제협력을 증진하는 방향으

---

72) Malanczuk, p.202.
73) *Ibid.*, pp.202-203.

로 이루어져야 한다고 하였다.

3. 평화적 사용

1967년 원칙조약은 제4조에 우주의 평화적 사용에 관한 규정을 두었다. 제4조는 핵무기나 그 외의 대량파괴무기(weapons of mass destruction)를 실은 물체를 지구궤도나 천체·우주에 배치할 수 없게 하였다. 또한 군사기지나 군사시설, 방어시설을 달과 천체에 배치하거나 천체에서 무기를 실험하고 군사연습을 하는 것을 금지하였다.

원칙조약 제4조의 규정 중에서 다음의 몇 가지 점을 주목해야 한다. 첫째, 제4조의 앞부분에서는 대량파괴무기를 천체와 우주 모두에 배치할 수 없도록 하면서, 후반부에서는 일종의 특별규정으로 군사기지와 시설, 무기실험, 군사연습을 유독 천체에 대해서만 금지하고 있다. 이러한 규정은 이미 미국과 구소련이 군사적 목적의 위성을 수없이 발사해 온 현실을 수용한 것으로 볼 수 있다. 둘째, 제4조가 전반부에서 핵무기 등의 대량파괴무기를 지구궤도 주위에 배치할 수 없다고 한 규정은 이러한 궤도가 아닌 다른 궤도에 배치하는 것은 허용되는 것으로 해석되어 문제점으로 지적되었다.[74]

4. 국제책임

1967년 원칙조약 제6조는 당사국들은 달과 천체를 포함한 우주에서의 국가활동이 정부기관에 의해 수행되든 비정부적 실체(non-governmental entities)에 의해 수행되든 그에 따른 국제책임을 부담한다고 하였다. 또한 제7조에서는 우주물체를 발사한 국가와 우주물체의 발사를 부탁받은 국가 및 우주물체가 자국의 영토나 장비에 의해 발사된 국가는 다른 국가나 국민에게 피해가 초래되는 경우 그러한 피해에 대해 책임을 부담한다고 하였다.

원칙조약 제6조와 제7조의 국제책임에 관한 문제를 보다 구체화하기 위하여 1972년에는 「우주물체로 인한 손해에 대한 국제책임협약」(Convention on Inter-

---

74) 유병화, pp.302-303.

national Liability for Damage Caused by Space Objects)이 체결되었다.

5. 국제협력

1967년 원칙조약 제9조는 "우주의 탐사 및 사용에 있어서 당사국들은 협력과 상호원조의 원칙을 따라야 하며 다른 국가의 이익을 적절히 고려하면서 모든 활동을 수행하여야 한다"고 하여 국제협력의 원칙을 밝혔다. 국제협력에 관련된 내용들을 자세히 살펴보면 다음과 같다.

첫째는 우주인의 보호와 우주물체의 반환에 관한 규정이다. 원칙조약은 우주인들을 우주에 보낸 '인류의 사절'(envoys of mankind in outer space)로 규정하여, 이들이 사고나 조난을 당하거나 비상착륙을 하게 되면 당사국들은 '모든 가능한 원조'(all possible assistance)를 제공하여야 한다고 하였다(원칙조약 제5조). 또한 모든 우주물체는 항상 등록국의 소유에 속한다고 하였다(조약 제8조).

둘째는 우주와 지구의 환경보호이다. 원칙조약은 제9조에서 우주에서의 국제협력 의무를 규정함과 동시에 우주에서의 연구와 탐사로 인해 우주가 오염되지 않도록 하고 지구환경의 악화를 회피해야 한다고 하였다.

셋째는 관측에 있어서의 편의 및 정보제공이다. 원칙조약은 우주에서의 국제협력을 조장하기 위해 다른 당사국들에게 비행관측의 기회를 제공하고 유엔에 정보를 제공하도록 하였다. 즉, 조약 제10조는 우주물체의 비행을 관찰하기를 원하는 국가들의 요청이 있을 때 이를 평등의 기초에서 검토해야 한다고 하였으며, 그러한 관찰기회의 성격과 조건은 관계국 간의 합의에 의해 정하도록 하였다. 제11조는 우주활동에 종사하는 당사국들로 하여금 우주활동의 성격과 상황·결과를 유엔 사무총장과 국제학계에 제공하도록 하였다.

VI. 현실문제

1. 지구정지궤도

지구정지궤도(geostationary orbit)란 지구의 적도 35,800km(22,300마일) 상공

을 지나는 원형의 궤도이다. 이곳에 위치한 위성은 지구와 동일한 방향과 동일한 속도로 회전하기 때문에, 이곳의 위성은 지구에서 보면 항상 같은 위치에 정지해 있는 것처럼 보이기 때문에 붙여진 이름이다. 이 궤도는 통신과 기상관측 등 여러 가지 용도에 사용되기 때문에 우주에서도 가장 중요한 부분이라 할 수 있다.[75]

1967년 원칙조약은 우주의 자유사용 원칙을 분명히 하였지만, 컬럼비아·콩고·에콰도르·인도네시아·케냐·우간다·자이레·브라질 등 8개 적도국가들은 1976년 보고타(Bogota) 선언을 발표하여 지구정지궤도에 대한 관할권을 주장하였다. 그들은 지구정지궤도는 하부국가 영역의 일부이므로 그곳에 위성을 배치하려면 사전에 하부국가의 허가를 받아야 한다고 하였다. 그들은 우주와 영공 간의 경계선에 관해서는 아무런 합의가 없으므로 하부국가들이 우주에 대해 주권을 행사하는 데 제한이 있을 수 없으며, 위성이 한곳에 머물 수 있는 것은 하부국가의 영토와 그 중력 때문이라는 것을 그 근거로 제시하기도 하였다. 이에 대해 선진국들은 적도국가들의 이러한 주장은 1967년 원칙조약의 자유사용과 전유금지 원칙에 대한 위반이며, 우주는 기본적으로 모든 능력 있는 국가들의 사용에 개방되어야 한다고 반박하였다. 국제전신연합(ITU) 역시 선착순(first-come, first-served) 방식에 따라 계속 위성에 필요한 무선주파수(radio frequencies)를 배분하고 있으며, COPUOS도 적도국가들의 정지궤도에 대한 주권 주장을 받아들이지 않았다.[76]

지구정지궤도와 관련된 보다 복잡한 문제는 인공위성의 주파수 배분에 관한 것이다. 개발도상국들은 기존의 선착순 배분방식을 비판하면서, 이 방식은 나중에 위성을 갖게 될 후발국가들의 참여를 봉쇄하는 것이라고 비판하였다. 개도국들은 일부 주파수를 유보해 두든지 주파수 배정기간을 단축하여 후발국가들도 주파수를 배정받을 수 있게 해야 한다고 주장하였다. 반면에 선진국들은 지구정지궤도의 효율적인 사용을 위해서는 능력 있는 국가들에게 주파수가 우선 배정되어야 하며, 현재 주파수가 필요 없고 조만간 필요하지도 않을 국가를 위해 주파수를 유보해 두는 것은 낭비라고 주장하였다.[77]

한때 지구정지궤도에 대한 관할권을 주장하였던 적도국가들도 이제는 그들

---

75) Henkin, p.1370.

76) *Ibid.*, pp.1370-1371.

77) *Ibid.*, pp.1371-1372.

의 주장을 포기하였다. 그러나 지구정지궤도에 어떠한 제도를 도입할 것인가 하는 문제와 국제전신연합에 의한 주파수 배분문제는 앞으로 풀어가야 할 과제이다.[78)]

2. 위성 TV방송

과학기술의 발달로 인공위성을 이용한 방송이 가능해지면서 세계 많은 지역에서 인공위성을 사용한 방송이 행하여지고 있다. 그러나 위성을 사용한 방송, 특히 텔레비전 방송은 광범위한 지역을 가시청권으로 하며, 상업적 목적에서 의도적으로 광범위한 지역에 전파를 보내는 경우도 있어 다른 국가들의 문화적 · 정치적 정체성에 영향을 미치게 된다.

위성에 의한 직접TV방영을 규제하는 다자간 협약은 아직 체결되지 않았다. 그러나 1982년 유엔총회는 「국제적인 직접TV방송을 위한 국가의 인공위성 사용원칙」(Principles Governing the Use by States of Artificial Earth Satellites for International Direct Television Broadcasting)을 채택하였다. 이 결의는 전파발사국과 수신국 간의 사전협의와 합의의 필요성을 지적하면서, 직접TV방영(DTBS)은 다른 국가의 '문화적 · 정치적 정체성'(cultural and political integrity)을 존중해야 한다고 하였다. 그러나 미국과 서구국가들은 사람은 모든 수단을 사용하여 정보와 이상을 추구하고 전수받으며 전파할 수 있는 권리를 갖는다는 세계인권선언 제19조를 인용하면서 이 결의에 반대하였다.[79)]

「국제적인 직접TV방송을 위한 국가의 인공위성 사용원칙」 결의의 법적인 성격에 대해서는 여러 가지 입장이 있을 수 있다. 이 결의를 국제관습법의 반영이라 생각하는 사람이 있을 것이다. 그러나 급속도로 확산되어 가는 직접TV방영을 감안할 때, 다른 국가에게 영향을 미친다고 해서 위성방송을 전면금지하는 국제법이 있다고 말할 수는 없다. 반면에 이를 무제한 허용하는 일반국제법 규칙도 없다

---

78) Malanczuk, p.203.
79) Henkin, p.1374. 우주에 관한 주요 조약들과 COPUOS가 작성하여 유엔총회가 통과시킨 결의들은 모두 표결이 아닌 컨센서스 방식으로 채택되었다. 그러나 하나의 예외가 있으니 그것은 바로 「국제적인 직접TV방송을 위한 국가의 인공위성 사용원칙」의 결의였다. 유엔총회의 표결에서 이 결의는 찬성 108, 반대 13, 기권 13으로 채택되었다.

고 보아야 한다. 결국 위성을 사용한 직접TV방영을 금지하는 국제적 규칙은 없으나, 방송내용을 결정할 때 다른 국가 국민들의 문화적 · 정치적 정서를 존중해야 한다고 하겠다.

3. 원거리탐사

우주활동의 자유와 관련하여 위성을 사용하여 이루어지는 우주로부터의 원거리탐사(remote sensing)의 적법성 문제가 제기되었다. 원거리탐사는 대기권은 물론 우주에서도 인공위성을 사용하여 이루어지는데, 우주로부터의 원거리탐사는 자원 · 기상 · 해양을 탐사하는 데 사용되고 있으며 탐사방법도 매우 다양하다.

개발도상국들은 원거리탐사의 제한과 탐사를 통해 입수된 자료의 의무적 이전을 주장하는 데 비해, 미국 등 탐사능력을 보유한 국가들은 우주활동의 자유에 근거한 탐사의 자유를 주장하면서 입수된 자료의 배포에 있어서도 독자적인 결정권을 주장하고 있다.

원거리탐사에 관한 여러 가지 법적인 문제에 관한 보편적인 법규칙은 아직 마련되지 않았다. 다만 1986년 유엔총회가 채택한 「우주로부터 지구에 대한 원거리탐사원칙」(Principles Relating to Remote Sensing of the Earth from the Space)이 있을 뿐이다. 이 원칙에 따르면 피탐사국은 탐사자료를 입수할 권리를 가지며, 탐사국은 자료를 다른 국가들에게 배포할 권리를 갖는다. 이것은 결국 탐사에 대한 사전동의를 배제함으로써 실제로는 주권원칙보다는 우주활동의 자유를 보장한 것이라고 평가할 수 있다.[80]

---

80) *Ibid.*, p.1373.

제11장

국제경제법

‖ 제1절 ‖ 국제경제법 일반

I. 국제경제법의 정의

'국제경제법'(International Economic Law)의 정의에 대해서는 매우 다양한 의견들이 제시되었다. 넓은 의미에서의 국제경제법에는 국제적 요소와 경제적 요소를 담고 있는 모든 법적인 주제들이 포함될 것이다. 그러나 이러한 정의를 따르게 되면 국제경제법에는 기본적인 국제경제질서부터 통화·금융·투자·무역 등 국제경제활동에 관련된 모든 국제법 및 국내법이 포함되게 되어 그 범위가 지나치게 넓어지게 된다. 따라서 그 범위를 적절히 제한해야 하는데, 국제법은 전통적으로 최소한 법률관계의 한쪽 당사자는 국가이어야 한다는 기준을 유지해 온 사실에 유념할 필요가 있다. 국제경제법에서는 기본적인 국제경제질서와 국가 간 경제관계, 한 국가와 외국인 또는 외국기업 간의 경제관계를 다룬다고 하겠다.

오늘날 국제경제법은 국제법의 여러 분야 중에서도 가장 중요한 분야의 하나가 되었다. 이처럼 국제법에서 국제경제법이 중요해진 것은 세계 경제의 국제화와 상호의존의 심화 때문이다. 더구나 국제경제법의 발달로 국제법 원칙에도 변화가 생겨나고 있다. 국제법의 기본원칙인 국가주권과 독립권은 한 국가의 경제 정책이나 무역정책이 다른 국가에 직접 영향을 미치는 현실에서는 제한을 받게 되었으며, 국가의 평등권 역시 국가 간의 인구·경제력·기술력에서의 격차로 인하여 약화되었기 때문이다.[1]

국제경제법에 속하는 영역은 보통 국제무역, 국제통화, 국제투자 분야로 나눈다. 국제무역과 통화 문제는 GATT협정, WTO협정, IMF협정과 같은 다자조약의 규율을 받지만, 국제투자는 통상항해조약이나 투자보장협정 같은 양자조약에서 주로 다루어져 왔다.[2]

II. 국제경제법의 역사와 국제화

1. 국제경제법의 역사

외국상인 간의 무역거래는 역사의 여명기까지 거슬러 올라간다. 무역은 아테네, 이집트, 베니스, 플로렌스, 제노아와 한자동맹 국가들에 이르기까지 많은 고대와 중세 국가들에게 중요한 문제이었다. 하지만 근대적인 의미에서의 자유무역정책의 제도적인 기초는 유럽에서도 18세기 중엽이나 19세기 초에야 마련되기 시작하였다.[3] 18세기 후반 애덤 스미스(Adam Smith)와 흄(David Hume)은 무역자유화의 이론적 기초를 놓았다. 애덤 스미스는 시장메커니즘과 개인의 이익에 의해 움직여지는 적절한 자원배분이 국내시장은 물론이고 국제무역에서도 중요하다고 보았다. 그 후 리카도(David Ricardo)와 밀(John Stuart Mill)은 애덤 스미스의 자유무역

---

1) Peter Malanczuk, *Akehurst's Modern Introduction to International Law*, Routledge, 1977, p.222; John H. Jackson and William J. Davey, *International Economic Relations*, West Publishing Co., 1986, pp.2-3; John A. Jackson, "International Economic Law," in *Encyclopedia of Public International Law(EPIL)*, vol.8, North-Holland Publishing Co., 1985, p.149.

2) Louis Henkin, Richard Crawford Pugh, Oscar Schachter, and Hans Smit(이하 Henkin), *International Law: Cases and Materials*, West Publishing Co., 1993, pp.1163-1164.

3) Michael Trebilcock, Robert Howse, and Antonia Eliason, *The Regulation of International Trade*, 4th edition, Routledge, 2013, pp.21-22.

주장을 보다 넓은 개념적 기초 위에 세움으로써 비교우위론(theory of comparative advantage)을 발전시켰다.[4]

19세기 후반부터 제1차 세계대전 이전까지 영국 등 일부 유럽국가들은 자유무역에 따른 복지증진과 상호이익에 대한 신념을 실천에 옮겼으나, 많은 유럽국가들과 미국은 여전히 보호주의적인 입장을 유지하였다. 그나마 유지되던 자유무역도 제1차 대전의 발발로 붕괴되었으며, 보호주의적인 경향과 통화의 불안정은 양차대전 간 자유로운 국제경제질서로의 회귀를 가로막았다.[5] 제1차 대전 이후 미국의 윌슨대통령은 '14개조'(Fourteen Points)에 국가 간 무역조건의 평등을 담았고, 국제연맹은 "모든 회원국 간 무역의 형평에 맞는 대우"를 추구하였으나, 그 후에도 무역자유화 움직임은 정체된 상태에 있었다. 특히 1930년 미국에서 시작된 대공황의 여파로 각국이 관세장벽을 높게 세우는 등 보호무역적인 조치를 취하면서 나타난 경제적인 갈등은 제2차 세계대전의 원인의 하나가 되었다.

국제경제법은 2차 대전 이후 국제법의 한 분야로 자리를 잡기 시작하였다. 2차 대전 이후의 국제경제질서 특히 국제금융질서는 1944년 브레튼우즈회의에서 그 기초가 마련되었기 때문에 '브레튼우즈체제'(Bretton Woods System)라고 부르기도 한다. 브레튼우즈회의는 관세와 무역장벽을 낮추고 국가 간 경제적 갈등을 줄이기 위한 세계경제질서를 구축한다는 분명한 목적을 가지고 출발하였기 때문에, 이 체제하의 국제경제질서는 과거와는 달리 질서 있는 모습을 보이게 되었다.[6]

국제사회는 국제금융과, 통화, 무역을 관할하는 3개의 국제기구를 창설하였다. 브레튼우즈회의에서는 관련협정의 체결을 통하여 '국제통화기금'(International Monetary Fund: IMF)과 세계은행으로 알려진 '국제부흥개발은행'(International Bank for Reconstruction and Development: IBRD)을 창설하였으며, 1947년에는 '관세 및 무역에 관한 일반협정'(General Agreement on Tariffs and Trade: GATT)이 체결되었다. GATT는 본래 무역과 관세에 관한 다자조약에 불과한 것이지만, 국제

---

4) Matthias Herdegen, *Principles of International Economic Law*, Oxford, 2013, pp.13-14. 비교우위론에 의하면, 국가들은 각각 비교우위가 있는 상품을 전문적으로 생산하고 이를 수출하며 비교열위의 물건을 수입하여 사용하면 모든 국가들의 복지가 증대될 수 있다고 한다.

5) *Ibid.*, p.14.

6) Ernst U. Petersmann, "International Economic Order", in *EPIL*, vol. 8, 1985, p.336.

사회가 설립하기로 한 국제무역기구(International Trade Organization: ITO)가 미국 상원의 관련조약에 대한 비준거부로 출범에 실패하면서, 국제무역의 관리자가 되었다.

브레튼우즈체제는 무역자유화를 통해 인류의 복지증진에 크게 기여하였다. 그러나 사회주의 국가들은 시장경제를 기초로 하는 이 체제에 비판적이었으며, 대부분의 개발도상국들도 처음에는 냉담하였다. 따라서 구소련 등 동구 사회주의 국가들은 처음부터 체제 몰락 때까지 이 체제에 참가하지 않았으나, 개발도상국들은 서서히 태도를 바꿔 나중에는 많은 국가들이 참여하여 국제기구나 국제회의에서 상당한 영향력을 행사하기도 하였다. 개발도상국들은 브레튼우즈체제의 규범들을 형평에 맞게 개편하자고 하면서 '신국제경제질서'(New International Economic Order) 운동을 전개하기도 하였다.[7]

분열되어 있었던 세계경제는 1970년대부터 빠르게 통합되었다. 신흥공업국들을 선두로 일부 개발도상국들은 세계경제질서의 변화에 편승하기 시작하였으며, 1980년대 후반 시작된 동구권의 몰락과 중국의 시장경제체제 도입에 의해 사회주의 경제권은 자본주의 경제권에 편입되었다. 특히 세계무역기구(WTO)의 출범으로 세계는 한 지붕 경제권을 형성하게 되었다.

2. 국제화

오늘날 세계경제의 특징은 국제화(globalization)이다. 오늘날의 경제의 국제화가 규범적인 기초를 갖추게 된 것은 국제무역의 자유화를 지향하는 보편적인 다자조약인 1947년 GATT 협정과 1994년 WTO 협정에 의해서이다. 특히 이들 협정의 기본원칙인 최혜국대우와 내국민대우의 원칙을 통해서 국제무역은 크게 신장되었으며, 외국인투자에 대한 진입장벽도 낮아졌다. 그 외에 보편적으로 진행되어 온 각국의 민주화, 법의 지배(rule of law)의 확산, 동구권과 중국 등 기존의 사회주의권 국가들의 시장경제 체제로의 변신도 국제화를 촉진하는 중요한 요소이었다.[8]

---

7) Jackson, pp. 152-153.
8) Herdegen, pp. 20-21.

경제의 국제화와 무역자유화에 따라서 세계경제는 비약적으로 발전하였고 복지수준도 전반적으로 높아졌지만, 빈국들의 복지수준 향상은 기대에 미치지 못하였다. 미국과 주요 유럽국가, 일본, 중국 등은 국제무역에서 중요한 행위자가 되었으나, 시장의 통합은 교육과 기술이 국제적인 수준에 미달되고 천연자원이 부족하며 산업이 경쟁력을 갖추지 못한 저개발국들에게는 오히려 부담과 위험이 되기도 하였다. WTO법은 개발도상국을 위해 여러 가지 우대조치를 도입하였지만, 부의 분배에 있어서의 불균형은 계속되고 있다.[9]

경제의 국제화에 대한 비판은 개발도상국은 물론이고 서진국에서도 점차 강해지고 있다. 국제화에 의해 촉발된 경쟁으로 환경보호를 위한 투자가 방해를 받고 사회적·문화적 공동체가 위험에 처해 있으며, 환경보호와 근로기준 보호를 위한 사회적인 투자가 약화되리라는 우려가 있는 것이다.[10]

III. 국제경제법의 법원

ICJ규정 제38조는 조약과 관습법 및 법의 일반원칙을 주요 법원으로, 판결과 학설을 법칙결정을 위한 보조수단으로 인정하였다. 그러나 국제경제법에서 중요한 법원은 조약과 관습법이다. 그러나 국제경제법의 법원은 다른 국제법 분야의 경우와 비교할 때 다음과 같이 몇 가지 특징이 있다.

첫째, 국제경제법에서는 조약이 중요하다. 오늘날 국제통화체제와 다자간 무역체제는 IMF 조약과 GATT 및 WTO협정 같은 조약에 기초하고 있으며, 양국 간 경제관계들도 대부분 조약을 통해 규율되고 있다. 국제경제질서에 관한 다자조약 중에서는 세계무역기구(WTO) 협정과 같이 국제경제기구에 관한 조약들이 중요하다.

둘째, 국제경제법은 국제적인 공법관계는 물론 사법관계도 부분적으로 규율한다. 국제경제법도 국가들에 의해 창설되며 주로 국가 간의 경제관계를 규율한다. 그러나 국제경제법은 기업이나 개인과 같은 사적 주체들의 행위를 규율하고

---

9) *Ibid.*, pp.21-22.
10) *Ibid.*, pp.22-23.

조정하는 기능을 수행하기도 한다.

셋째, 국제경제법은 국제법의 다른 분야에 비해 국내법과 밀접히 연결되어 있다. 국제경제법 원칙 중에서 상당수는 각국의 국내법에서 유래하였으며, 반대로 국제경제법 규칙들 중 상당수는 각국의 국내법에 영향을 미치게 된다. 따라서 국제경제법의 연구대상에는 대외무역법과 같은 각국의 국내법이 일부 포함된다.11)

넷째, 국제경제법은 연성법(soft law)인 경우가 많다. 국가 간에는 경제발전 수준에 큰 차이가 있어 당장 보편적이고 강제성 있는 보편적 법규칙을 마련하여 시행하는 것이 어려운 경우가 종종 있다. 더구나 오늘날처럼 정치적·경제적·문화적 배경이 상이한 국가들이 혼재해 있어 바로 경성법(hard law)인 조약을 체결하기가 어려운 경우에 국제사회에서는 강행적인 성격을 가지는 조약이 아니라 행동규범·권고·지침·결의·원칙선언·골격조약과 같은 법적 구속력이 없는 연성법을 만들어 단계적으로 의도된 목적에 도달하고자 한다. 연성법의 등장을 국제법의 '병리적 현상' 이라고 하면서 우려하는 견해도 있으나, 국제환경법과 국제경제법에서 연성법은 법발전을 선도하고 있다. 연성법은 새로운 개념들을 국제질서에 도입할 뿐 아니라 법의 유연성을 증대시켜 국제법의 영역을 확대해 가는 데 기여하고 있다.12)

Ⅳ. 국제경제법의 주체

국가는 국제법의 가장 중요하고 완전한 주체이다. 국제법은 중세 이후 교황권의 쇠락과 함께 등장한 주권국가 간의 관계를 규율하기 위해 등장하였으며, 현재에도 주로 국가 간의 관계를 규율하기 위해 존재하기 때문이다. 국가는 국제사회의 가장 중요한 행위자인 동시에 주체인 것이다. 국제경제법에서도 국가는 가장 중요한 주체이다. 다른 국제법 분야에서와 마찬가지로 국제경제법 역시 그 골격은 국가들에 의해 만들어지며, 국가 간의 경제관계는 국제경제법의 기본구조를

---

11) Petersmann, pp. 534-535.

12) Malanczuk, pp. 244-245.

형성한다.

오늘날 국제경제법에서 국제기구 역시 매우 중요한 주체이다. 제2차 세계대전 이후 국제경제질서인 브레튼우즈체제는 국제통화기금(IMF), 국제부흥개발은행(IBRD), 관세 및 무역에 관한 일반협정(GATT)과 세계무역기구(WTO) 같은 국제기구들에 의해 유지되고 있다고 해도 과언이 아니다. 그 외에 수많은 유엔 산하기구와 유럽연합(EU) 같은 지역기구들도 오늘날 국제경제법에서 매우 중요하다.

개인은 과거에는 국제법의 주체가 아니었다. 오늘날에도 개인이 국제법의 주체인가 하는 데 대해 학설의 대립이 있는 것은 사실이지만, 대부분의 학자들은 개인이 좁은 범위에서 국제법의 주체임을 인정하고 있다. 요즘 개인은 국제적인 경제활동에 활발하게 참여하고 있는바, 오늘날 국제법은 개인과 기타 사적 행위자의 경제적 권리와 자유에 대하여 보다 많은 관심을 기울이고 있다. 오늘날 개인은 유럽연합이나 국제행정법원, 1965년 체결된 「국가와 외국인 간 투자분쟁해결 협약」에 의해 설립된 「국제투자분쟁해결센터」(International Center for the Settlement of Investment Disputes: ICSID)에서 국가나 국제기구를 상대로 청원하거나 소송을 제기할 수 있다. 특히 ICSID 협약은 국가와 외국인 투자자 간 중재와 조정에 의한 투자분쟁 해결에 관해 규정하고 있는데, 분쟁당사자가 일단 ICSID의 관할권을 받아들이면 양측은 동등한 입장에서 분쟁해결을 위한 절차를 밟게 된다.[13]

오늘날 다국적기업(multinational enterprise: MNE)의 활동은 매우 광범위하고 중요하다. 일부 다국적기업들은 웬만한 국가보다 국제적인 영향력이 강하다. 그렇지만 다국적기업들은 과거 제국주의시대 후진국을 침탈하는 첨병 역할을 했으며 20세기 들어서도 개발도상국들의 자원을 약탈하는 존재로 비춰져 독립된 법인격을 얻는 데 많은 어려움이 있다. 그렇지만 오늘날처럼 경제의 국제화가 급속히 진행되고 주권개념은 약화되어 기업활동이 보다 자유로워지면, 이들 다국적기업들에게도 그 활동에 걸맞은 지위를 부여하게 될 것이다. 현재로는 다국적기업의 보호를 위한 보편적이고 체계적인 법규칙은 물론 이들을 규율하기 위한 통일된 법규칙도 없는 상태이다.

---

13) Herdegen, p.4.

‖ 제2절 ‖ 국제통화

Ⅰ. 서 론

화폐는 국제금융과 국제무역에 중요한 수단이어서 건전한 국제경제질서의 수립을 위해서 통화의 안정은 필수적이다. 특히 외환의 가치를 나타내는 환율의 안정은 국제금융은 물론이고 국제무역을 위해서도 매우 중요하다.

국제통화의 안정이 이처럼 중요함에도 불구하고 제2차 대전 이전에는 각국이 마음대로 환율을 결정할 수 있는 주권을 보유하고 있어서 국제경제의 안정을 저해하였다. 만일 한 국가가 마음대로 환율을 올리게 되면 자국상품의 가격경쟁력이 높아져 수출은 증가하고 자국의 산업은 성장하게 되지만 결국에는 다른 국가들의 대응조치를 유발하여 국제무역의 흐름이 방해받게 된다. 1930년대의 대공황을 경험한 국제사회는 제2차 세계대전 이후 국제통화기금(IMF)을 설립하여 국제통화의 안정을 도모하였다.

Ⅱ. 국제통화제도의 역사

통화의 안정은 국제경제의 발전에 필수적인 요소이다. 그러나 제2차 대전 이전까지는 통화의 안정을 위한 국제협력은 지지부진하였다. 일찍이 유럽에서는 국제통화 문제를 결제수단의 통합이란 차원에서 접근하여 1865년 벨기에 · 프랑스 · 이태리 · 스위스 · 그리스는 '라틴통화연합'(Latin Monetary Union)을 창설하기도 하였다. 제1차 세계대전 이후 국제사회는 국제경제의 안정과 효율적인 국제통화협력을 위하여 환율의 안정, 통화 간의 태환성 보장, 국제수지의 건전한 균형이 필요하다는 데 대해 인식을 함께 하였으나, 이를 제도화하지는 못하였다.[14]

국제경제의 안정을 위한 국제적인 통화협력의 틀이 마련된 것은 제2차 세계

---

12) F. A. Mann, "International Monetary Law," in *EPIL*, vol.8, 1985, p.397.

대전 이후이다. 국제통화법(International Monetary Law)은 통화의 안정을 통한 국제경제관계의 안정과 발전을 위해 등장하였다.[15] 현재의 국제통화법은 1944년 브레튼우즈회의에서 그 골격이 정해졌다고 할 수 있는데 국제통화 분야의 효율적인 국제협력을 위하여 창설된 국제통화기금(International Monetary Fund: IMF)의 역할이 중요하다.

III. 국제통화기금

1. 목적과 기능

국제통화기금(IMF)은 1944년 브레튼우즈에서 채택된 국제통화기금협정에 따라 1945년 출범하였다. 국제통화기금은 국제적인 통화협력과 환율안정, 다자간 결제제도의 수립, 세계무역의 성장을 방해하는 외환거래규제의 철폐, 무역수지 불균형의 시정 등을 목적으로 한다.

그중에서도 IMF에게는 통화 특히 환율정책의 조정 및 감시와 경제적 어려움을 겪고 있는 회원국에 대한 금융 및 정책지원이 중요한 사업이 되었다. 특히 1970년대와 80년대를 거치면서 개발도상국에 대한 신용공여를 촉진 또는 규제하는 일을 자주 수행하게 됨으로써, IMF는 뜻하지 않게 '세계경제경찰'의 임무를 맡게 되었다.[16]

2. 조직과 쿼터시스템

국제통화기금(IMF)의 회원자격은 IMF협정이 정한 회원국으로서의 의무를 이행할 의사와 능력이 있는 모든 국가들에게 개방된다. 어떤 국가의 가입신청이 있으면 이사회는 이를 심의하여 가입조건을 결정하며 총회가 그 조건을 승인함으로써 회원자격을 취득하게 된다. 회원국은 이미 190개국을 넘어섰다.

---

15) *Ibid.*, pp.396-397.

16) R. H. Folsom, M. W. Gordon, and J. A. Spanogle, *International Business Transactions*, 3rd edition, West Publishing Co., 1995, pp.928-929; Herdegen, p.437.

유엔 전문기구의 하나인 IMF의 주요 기관으로는 모든 회원국 대표들로 구성되는 총회(Board of Governors)와 24명의 이사들로 구성되어 있는 집행이사회(Executive Board), 국제통화재정위원회(International Monetary and Financial Committee) 등이 있다. 집행이사회 이사들 중 5명은 가장 많은 분담금(quotas)을 납부한 미국·영국·독일·프랑스·일본이 지명하고, 3명은 중국, 러시아, 사우디아라비아가 투표로 선출하며, 나머지 16명은 국가별 그룹을 대표한다. 집행이사회는 IMF의 영업을 담당하며, 집행이사회가 선출하는 사무총장(Managing Director)은 이사회의 지시를 받아 일상적인 업무를 수행한다.[17]

회원국들은 특별인출권(SDR)으로 표시되는 쿼터(quota)를 갖는데, 이는 회원국들의 IMF에의 출자금을 고려하여 정해진다. 쿼터는 회원국과 IMF 간의 관계에서 매우 중요한 부분으로 한 회원국이 가지고 있는 쿼터는 IMF에서의 표결 시 표의 가중치를 결정하는 요소가 될 뿐 아니라, IMF자금의 사용한도를 결정하는 데에도 활용된다. 국가별 쿼터는 국내총생산(GDP) 50%, 무역개방수준 30%, 금과 국제통화보유고 등 기타 요소 20%를 반영하여 결정되며, 5년마다 총회에서 조정된다.[18]

IMF는 각국의 경제력을 고려하여 쿼터를 조정한다. IMF는 신흥국들의 경제력 신장을 감안하여 2010년 서울에서 열린 G20 정상회의에서 IMF 개혁안에 합의하였지만 미국의회의 반대로 무산된 바 있었다. 그러나 2015년 12월 IMF 구조개혁안이 미국의회를 통과함으로써 IMF에서 신흥국들의 목소리가 커지게 되었다. 개혁안은 IMF의 기금을 현재의 2배인 6,600억 달러로 늘리고 출자비율의 6%를 선진국에서 신흥국으로 이전하는 것이 핵심이다. 특히 중국·브라질·인도·멕시코·싱가포르·터키·한국 등 신흥공업국가와 개발도상국의 쿼터를 크게 증가시켰다. 이번에 조정된 쿼터시스템에 의하면 미국(17.68%에서 17.41%로), 일본(6.56에서 6.46로), 중국(4에서 6.39로), 독일(6.12에서 5.59로), 프랑스와 영국(4.51에서 4.23로)의 쿼터에 변화가 있었으며, 우리나라의 쿼터는 전체의 1.41%에서 1.8%로 높아졌다.[19]

---

17) Malcolm D. Evans, *International Law*, 2nd ed., Oxford, 2006, p.692.
18) Herdegen, p.438.
19) 중앙일보, 2015.12.21; *Ibid.*, pp.438-439; Folsom, Gordon and Spanogle, pp.930-931. 참고로 가장 적은 쿼터를 가진 국가는 팔라우로 전체 쿼터의 0.001%이다.

IMF에서의 의사결정에는 투표가중치제도(weighted voting system)가 적용되어 각국의 투표는 분담금액에 상응하는 가치를 가지기 때문에 의사결정은 분담금액이 큰 서구국가들에 의해 좌지우지되어 왔다.

3. 외환제도

외환문제와 관련하여 IMF는 본래 금본위제에 입각한 환율안정과 회원국 산 통화의 강제태환을 기본골격으로 삼았었다. 미국은 자국통화인 달러화를 금 1온 스당 35달러에 태환해 주기로 하였고, 다른 국가들은 자국통화의 달러에 대한 고정된 환율을 유지하는 것이었다. 금본위제의 장점은 안정화 효과에 있다. 반면에 금본위제의 단점은 유동성의 부족에 있다. 세계 금 공급량에 따라 화폐의 공급은 제한을 받을 수밖에 없기 때문이다. IMF는 1968년 국제유동성 부족에 대처하기 위하여 특별인출권(Special Drawing Right: SDR) 제도를 창설하기도 하였었다.

그렇지만 IMF의 금본위제에 입각한 환율제도는 1971년 미국의 닉슨 대통령이 그간 기축통화의 역할을 담당해 온 달러화의 금으로의 태환을 중지시킴으로써 사실상 종료되었다. 이어서 1978년에는 킹스턴(Kingston) 협정에 따라 회원국들로 하여금 자유로이 환율제도를 선택할 수 있게 됨에 따라 금본위제는 공식적으로 종식되고 변동환율제로 이행하였다.[20] 변동환율제는 일부 긍정적인 기능에도 불구하고 국제수지의 불균형을 해소하지 못한다는 비판을 받고 있다. 오늘날에는 정부나 중앙은행이 외환시장에 전혀 개입하지 않는 자유변동환율제도 또는 순수 변동환율제도가 아닌 관리변동환율제도를 취하는 국가들이 많다. 장기적으로는 수요와 공급에 따른 환율 결정을 수용하되 단기적으로는 환율의 지나친 등락을 방지하기 위하여 부분적으로 외환시장에 개입함으로써 환율의 급변에 따른 부작용을 축소하고자 하는 것이다.[21]

IMF는 회원국들이 환율조작 등에 의하여 불공정 무역을 하는 것을 방지하기 위하여 회원국들의 환율정책을 감독하고 조정하는 기능을 수행한다. IMF 회원국들은 제8조국과 제14조국으로 분류된다. IMF 협정 제8조는 회원국들에게 경상지

---

20) Evans, pp.691-692.
21) 최승환, 「국제경제법」, 제3판, 법영사, 2006, pp.738-739.

급에 대한 제한을 철폐하고, 차별적 통화정책을 포기하며, 외국이 보유하고 있는
자국통화의 상시매입을 요구하고 있다. 그러나 협정 제14조는 특수한 사정에 있
는 회원국들이 IMF에 통보하면 이러한 의무들을 잠정적으로 면제받을 수 있게 하
였다.[22]

4. 대여제도

IMF는 국제무역의 질서 있는 확대에 필수적인 국제통화제도의 안정을 위해
설립되었다. 이를 위해 IMF는 다자간 결제제도를 확립하고, 회원국들의 환율정책
을 감시한다. 그러나 극심한 수지불균형을 겪고 있는 회원국에 대해서는 외환을
제공하여 정책조정을 지원하기도 한다. IMF는 세계경제의 경찰역할을 수행하고
있으며, 대외채무 지불불능에 빠질 위기에 있는 채무국이 기댈 수 있는 마지막 보
루인 것이다.

수지불균형으로 외환위기를 겪고 있는 국가는 여러 가지 방법을 사용하여 재
원을 조달할 수 있지만, 그들이 최종적으로 기댈 수 있는 곳은 IMF이다. 그러나
IMF가 제공하는 여신에는 조건이 부가되어 있는바, IMF와 채무국이 체결하는 '대
기성협정'(stand-by arrangements)을 통해 채무국은 수지불균형에서 벗어나기 위해
경제개혁조치를 취할 것을 약속해야 한다. 채무국은 IMF와의 협의를 거쳐 마련된
집행이사회에 보내는 공식문서인 '의향서'(letter of intent)를 통해 국제수지 문제에
대처하기 위한 경제적·재정적 계획을 이행할 것을 서약한다.[23] 이러한 개혁조치
에는 일반적으로 인플레 억제, 임금상승 억제, 정부지출 축소 등 긴축조치들이 포
함되는데, 국가들은 그러한 조건들을 부담스러워 하여 IMF에 신용공여를 요청하
기를 꺼려 했다. 그러한 엄격한 융자조건은 그 경제적 효과를 둘러싼 논란은 물론
이고 경제적·사회적 정책의 선택과 관련하여 주권의 문제를 제기하였다. 특히
엄격한 융자조건 때문에 실업 등 사회문제가 악화되고 경제개혁 조치도 단기처방
에 그친다는 비판이 있지만, 그러한 융자조건이 보다 효율적이고 투명한 거버넌
스와 빈곤의 감소를 가져왔다는 긍정적인 평가도 있다.[24]

---

22) 한국은 IMF협정 14조국이었으나 1988년 8조국이 되어 외환통제가 어렵게 되었다.

23) Herdegen, pp.452-453.

24) *Ibid.*, p.453.

이제까지 IMF로부터 신용공여를 받은 국가 중에는 라틴아메리카의 멕시코와 브라질, 1997년 외환위기 당시 우리나라와 인도네시아 등이 있었다. 2007년 미국발 금융위기 이후 IMF는 헝가리와 리투아니아와 같은 유럽연합(EU) 국가들을 처음으로 지원하였고, 2010년 이후 그리스는 유로존 국가 중에서는 처음으로 IMF로부터 신용공여를 받았다.[25)]

IMF로부터 신용공여를 받은 국가는 대기성협정의 긴축조치들을 부담스러워하여 스스로를 IMF의 관리 아래에 있다고 비하하거나 자신의 주권이 침해당하고 있다고 생각하였다. 그러나 법적으로 IMF 여신에 부가되어 있는 조건들은 법적인 의무는 아니므로 채무국이 조건을 따르지 않더라도 국제법상 불법행위가 되지는 않는다고 본다. 다만 IMF가 부과한 조건들을 따르지 않게 되면 IMF의 추가적인 지원을 받을 수 없게 될 것이고, 다른 국제기구들로부터 추가로 여신을 받는 데 어려움이 있을 것이므로, 실제로 그러한 조건들을 거부하기는 어렵다고 하겠다.[26)]

‖ 제3절 ‖ 국제투자

I. 서 론

전통국제법에서 외국인 직접투자(foreign direct investment: FDI) 문제는 전적으로 영토국가의 주권에 속하는 사항이었다. 따라서 얼마 전까지 국제법에서 외국인투자 문제는 외국인이 입은 피해에 대한 국제책임이란 관점에서 다루어졌으며, 법적으로는 영토국가의 주권의 한계가 주된 관심사였다.[27)]

---

25) *Ibid.*, p.451.

26) Malanczuk, pp.226-227; *Ibid.*, p.452.

27) 과거 국제법에서 외국인투자 문제는 영토국가가 국유화를 통하여 투자활동을 파탄에 이르게 하였거나, 일방적으로 계약을 폐기하였거나, 과도한 세금을 징수하여 실제로 외국인 재산을 몰수한 경우에 제기되었다. A. A. Fatouros, "Towards an International Agreement on Foreign Direct Investment," in OECD, *Towards Multilateral Investment Rules*, 1996, p.47.

경제의 국제화가 진전되고 이전의 사회주의권 국가들과 개발도상국들이 외국투자자에게 문호를 개방하면서, 국제투자는 국제법 학자들의 관심대상이 되었고, 국제투자의 활성화를 위한 다자조약과 양자조약들이 속속 체결되고 있다. 무역과 투자는 불가분의 관계에 있으므로, 국제무역제도가 자유무역을 지향하는 한 외국인 투자의 활성화와 투자보호 장치의 강화는 불가피한 부분이 있다. 그러나 국제무역은 WTO를 중심으로 보편화된 다자간제도를 확립하여 효율적으로 운영되고 있는 데 비해, 국제투자의 경우에는 그러한 보편화된 제도가 아직 존재하지 않는다. 다만 오늘날 양자 간 투자협정이 급증하면서 다자간체제의 결여로 인한 공백을 메워 가고 있다.[28]

오늘날 외국인투자는 저개발국의 경제적·사회적 발전, 지속적인 경제성장, 빈곤의 퇴치, 재정의 안정 등을 위해서도 중요한 요소로 평가되고 있다. 2002년 '개발금융에 관한 몬테레이 국제회의'에서 합의된 '몬테레이 컨센서스'(Monterrey Consensus)에서도 사적 자본의 국제적인 이동이 빈곤국가의 장기적인 성장에 기여해 온 것을 인정하고, 개발도상국이 직접투자를 유치하기 위해서는 필요한 국내적·국제적 환경을 조성하는 것이 중요하다고 하였다.[29]

II. 국제투자제도 연혁

20세기 중반까지 국제투자란 주로 간접투자였으며 직접투자는 천연자원 개발에 집중되었다. 제2차 세계대전 이후에도 1970년대에 이르기까지 개발도상국들은 외국인 직접투자에 대한 규제에 관심을 기울였으며 그 결과 '천연자원에 대한 영구주권론'이 등장하기도 하였다.

그렇지만 1980년대 들어서면서 상황은 크게 달라지기 시작하였다. 전 세계적으로 경제에 대한 국가의 간섭을 배제하는 입장이 득세하였고, 개발도상국들은

---

28) *Ibid.*, pp.47-48. 국제투자의 활성화에 따라 오늘날 외국인투자에 대한 법적인 접근방식도 정책중심으로 바뀌어졌으며, 관련 국제법 원칙보다는 어떠한 정책과 조치가 외국자본과 기술의 유치에 유리한가 하는 것이 관심대상이 되었다.

29) *Report of the International Conference on financing for Development*, Monterrey, Mexico, 18-22 March 2002, UNDoc. A/Conf.198/11. para.20; Herdegen, p.353.

외국인투자에 대한 통제를 완화하였다. 1980년대 이후 현재에 이르기까지 각국의 외국인투자에 대한 규제는 계속 완화되고 있는바, 외국인 투자자의 공평한 대우와 보호를 내용으로 하는 양자조약과 다자조약이 체결되었으며, 외국인 직접투자를 용이하게 하는 국내법들도 속속 제정되었다.

Ⅲ. 국제투자관련 국내법과 국제법

국제투자에 관한 법은 크게 관련 국내법과 국제법으로 나누어 볼 수 있다. 국내법에는 외국에 투자하려는 사람이나 기업의 본국법과 투자유치국의 법이 포함되며, 국제투자에 관한 국제법에는 양국 간 또는 다자간에 체결되는 조약과 국제관습법이 포함된다.

1. 국내법

1970년대 외국인투자를 규율하는 각국의 국내법에는 크게 두 가지 흐름이 있었다. 하나는 합작기업들을 규율하는 규제적인 법을 제정하는 것으로, 이미 상당한 규모로 외국인 투자가 이루어졌던 멕시코, 나이지리아, 인도 등이 이러한 방향으로 나아갔다. 이들은 외국의 다국적기업에 대한 통제권을 확대해 가는 방법으로 새로운 법을 제정하였는바, 주식과 경영에 자국인의 참여를 요구하는 규정들을 도입하였다. 반면에 비시장경제권에 속하는 국가들은 합작기업을 수용하는 법률을 제정하고 외국인투자에 문호를 개방하는 등 외국인의 투자를 적극적으로 유치하기 위한 갖가지 제도들을 마련하였다. 중국과 동구권 국가들이 그러한 국가들이다. 이처럼 비시장경제 국가들이 보다 자유로운 외국인투자법을 제정하게 되면서, 외국인 투자자들은 개발도상의 시장경제 국가들보다 비시장경제 국가들을 투자장소로 선호하게 되었다.[30]

한때 외국인투자를 제한하였던 각국의 법은 1990년대 초에는 대부분 외국인투자를 장려하는 방향으로 바뀌었다. 이러한 변화는 내부적으로는 1980년대 초

---

30) Folsom, Gordon, and Spanogle, pp.852-853.

개발도상국들이 외채에 대한 지불불능 사태를 겪으면서, 외부적으로는 경제협력을 위한 지역협정이나 GATT와 같은 보편적 협정에 가입하면서 확산되었다. 또 어떤 국가들은 외국인투자법을 개정하기 위하여 관련 헌법 조항을 개정하기도 하였다. 중국은 외국인투자를 금지하고 있었던 헌법조항을 1978년에 개정한 후, 1979년 합작기업에 관한 법을 개정하여 외국인들에게 투자를 허용하였다.[31)

다국적기업의 진입에 대한 제한은 다음과 같은 방법으로 이루어진다. 합작형태의 기업을 허용하는 국가들도 외국인 소유지분에 상한선을 정하거나 경영권을 제한하는 경우가 많다. 그러나 합작기업을 허용하지 않는 국가에서는, 외국인지분을 소유권 제한이란 방법에 의하여 제한할 수는 없다. 이러한 국가들은 생산과 분배 수단의 사유를 허용하지 않으며 기업에 관한 법률도 가지고 있지 않기 때문에 외국인투자에 대한 통제는 계약(contract)이란 수단에 의존할 수밖에 없었다. 외국인 투자자의 권리는 합작기업 계약서라 부르는 문서에 자세히 기록되는데, 이러한 합의를 통해 외국인은 일정한 이익을 획득하고 정해진 범위에서 경영권을 행사할 수 있었다.[32)

기업활동에 대한 규제는 최소한의 현지부품 사용(minimum local content), 현지 노동력 사용, 생산기술의 종류를 명시하는 방법에 의해 이루어지기도 한다. 기업활동에 대한 이러한 갖가지 규제의 철폐는 GATT와 WTO를 중심으로 하는 다자간 무역협상의 중요한 부분으로 다루어졌으며, 그 결과 그러한 제한은 많이 줄어들었다. 외국자본은 철수할 때에도 갖가지 제약을 받는다. 그러한 제한은 자본의 본국송환 제한, 철수하는 기업의 부채에 대한 부담을 모기업이나 자회사에의 이전, 그 국가로부터의 물적 재산 이전에 대한 제한 등의 방법으로 이루어진다.[33)

국제투자의 경우에는 국제투자자의 본국법에 대한 검토도 필요하다. 본래 기업의 해외활동보다는 국내적인 활동을 규제하기 위하여 제정된 법령인 증권법이나 독점금지법과 같은 법에 대한 검토와 어떤 대외적 목적을 가지고 제정된 법령인 일정 품목의 수출을 제한하는 데 관한 법에 대한 검토가 필요한 것이다. 그 외에 다국적기업의 해외활동을 규제하는 법, 세법, 관세법, 일반특혜관세제도(GSP)에 관한 법 등도 기업의 해외활동에 영향을 미친다.[34)

---

31) *Ibid.*, p.854.

32) *Ibid.*, p.855.

33) *Ibid.*

2. 국제법

(1) 국제관습법

법으로 승인된 일반적 관행임이 증명되는 국제관습 즉 국제관습법은 조약과 함께 국제법의 가장 중요한 법원의 하나이다. 외국인투자에 관한 국제관습법 규범 중에서 가장 중요한 것은 국가주권에 관련된 규범이다. 외국인재산의 국유화 등 국가주권에 관한 규범들은 오늘의 현실에 비추어 보면 진부한 것이지만 현재도 외국자본의 유입과 활동을 규제하는 근거가 되고 있다.

(2) 양자조약

20세기 초중반 이후 국가들이 양자 간 경제관계와 관련하여 체결해 온 전통적인 조약인 '우호통상항해조약'(Treaty of Friendship, Commerce, and Navigation: FCN Treay)은 투자의 수용과 보호 등 투자의 대우에 관한 조문들을 담고 있는 경우가 많았다. 또한 국가들은 근래들어 양자간투자조약(Bilateral Investemnt Treaty: BIT)이라 부르는 투자의 촉진과 보호를 위한 조약들을 체결해 왔다. 서구국가들에 이어서 개발도상국들도 오늘날 이러한 조약들을 적극적으로 체결하고 있는바, 2011년 현재 전 세계적으로 이미 3,000건 이상의 BIT가 체결되었다.[35]

국가들이 조약을 체결하는 데에는 폭넓은 자유가 허용되기 때문에, 양국 간에 체결되는 투자협정들은 다양한 명칭과 내용들을 가지고 있다. 그러나 투자협정들은 일반적으로 외국자본에 대한 내국인 대우와 자본의 자유로운 이동, 국유화 시 보상과 같은 분쟁해결 방법을 그 내용으로 담고 있어 당사국 간 자본이동을 촉진하는 데 기여하고 있다. 미국, 캐나다, 중국, 독일 등은 각자 모델조약을 기초로 양자 간 투자관련 조약들을 체결하고 있는데, 모델조약들은 대개 내국인대우, 최혜국대우, '공정하고 공평한 대우' 등에 관한 규정을 두고 있다.[36]

(3) 다자조약

외국인 직접투자의 모든 것을 규율하는 포괄적인 다자조약은 아직 존재하지

---

34) *Ibid.*, pp.852-853.

35) Herdegen, p.380.

36) *Ibid.*, p.381.

않는다. 따라서 현재 외국인투자에 관한 국제법은 모자이크처럼 여러 종류의 규범들과 문서들로 혼재된 상태에 있다고 할 수 있다. 그러나 오늘날 세계경제는 빠르게 통합되어 가고 있어서 단일경제권의 등장이 현실로 다가오고 있으며, 외국인 직접투자의 중요한 주체인 다국적기업들의 활동범위는 넓어져 가고 있다. 이렇게 세계경제가 통합되어 가는 상황에서 우루과이라운드를 통하여 국제무역에 관한 통일된 규범이 마련되었듯이 국제투자 분야에서도 통일된 규범이 마련되리라는 기대가 있었다. 그러한 기대에 부응하여 1995년 5월 OECD 이사회는 빠른 시일 내에 「다자간투자협정」(Multilateral Agreement on Investment: MAI)을 체결하는 것을 목표로 협상을 시작하였으나, 국가들의 입장이 극명하게 대립되는 분야가 있어서 결실을 보지는 못하였다.37)

그렇지만 국제사회는 그동안 단편적이나마 외국인투자에 관한 규정을 일부 포함하고 있는 다자조약들을 만들어 왔다. 이 다자조약들은 그 법적인 지위와 적용범위, 접근방법에 있어서 매우 다양한 모습을 보이고 있다. 보편적인 적용을 목적으로 하는 다자조약 중에서도 IBRD협정, IMF협정, GATT협정은 외국인투자에 관하여 비교적 포괄적인 규정을 두었으며, 우루과이라운드협정 중에서 '서비스무역협정'(GATS)과 '무역관련투자조치협정'(TRIMS)은 관련분야에 적용된다. '국제투자분쟁해결센타'(ICSID)를 창설한 1965년 '국제투자분쟁해결협약'과 '다자간투자보증기구'(MIGA)를 설립한 1985년 협약도 분쟁해결이란 특수한 분야에 적용된다.38)

지역적인 차원에서도 포괄적인 조약에서부터 특수한 분야에만 적용되는 조약에 이르기까지 다양한 조약들이 체결되었다. 유럽연합(EU)와 북미자유무역지대협정(NAFTA)에서는 지역경제통합이란 차원에서 이 문제에 접근하고 있으며, '아시아태평양경제협의체'(APEC) 국가들은 1994년 '투자원칙'(Non-Binding Investment Principles)에 합의하였다.39) 특히 유럽연합 회원국들은 이미 제3국과 1,300여 개에 달하는 투자에 관한 협정을 체결하였으며, 리스본조약은 유럽연합에게 외국인

---

37) MAI협정은 자본자유화와 투자자보호를 추진하며 분쟁해결에 관한 명확한 규칙들을 마련하는 것을 목적으로 하였으며, OECD 회원국은 물론 비회원국에게도 문호를 개방할 예정이어서 타결될 경우 우루과이라운드 못지않은 충격이 예상되었다.

38) Fatouros, pp.50-51.

39) *Ibid.*, pp.51-52; APEC, *APEC Non-Binding Investment Principles*, endorsed by the APEC Ministerial Meeting, Seattle, November 1994.

투자에 관한 협정을 체결할 수 있는 권한을 새로이 부여하였다. NAFTA는 역내 무역자유화는 물론 투자분쟁해결 등 투자보호에 관한 규정도 가지고 있다.[40] 오 늘날 세계에서 외국인투자를 가장 많이 유치하고 있는 지역의 하나인 아세안 (Association of Southeast Asian Nations: ASEAN) 국가들은 투자유치를 위하여 노력 하고 있다. 아세안 국가들은 아세안이 단일투자지역이 되도록 노력하고 있는바 아세안투자지역(AIA) 또는 아세안 자유무역지역(AFTA) 등을 통해 경제통합을 추 진해 가고 있다.[41]

국제투자에 관한 국제적인 합의들 중에는 그 형식과 규정에 비추어 법적인 구속력을 가지지 못하는 연성법(soft law)에 해당하는 것들이 종종 발견된다. 보편 적 법규범과 법원칙을 보완하는 이러한 합의들은 행위규범(code of conduct)이나, 선언(declaration), 지침(guideline)이란 명칭들을 주로 사용하고 있다.[42]

IV. 국제투자자

외국인의 투자는 직접투자(direct investment)와 간접투자(indirect investment) 또는 증권투자(portfolio investment)로 나눌 수 있다. 직접투자와 간접투자는 투자 가 장기적인 투자인가 하는 것, 경영권에 대한 통제의 수준, 사업상 위험에 대한 부담여부 등을 기준으로 구분된다.

IMF는 직접투자란 한 국가의 실체가 다른 국가의 기업의 장기적인 권리를 취 득하는 것이라고 하였으며, IBRD는 직접투자란 투자자의 본국이 아닌 다른 국가 에서 영업활동을 하는 기업의 경영지분을 취득하기 위하여 투자하는 것이라고 하 였다. 반면에 간접투자(증권투자)란 외국인 투자자가 어떤 국가의 특정 기업의 주 식, 지분, 채권을 취득하는 것으로 경영권에 대한 중대한 통제는 수반하지 않는 다. 간접투자는 경영권에는 큰 관심이 없으며 주로 적절한 자본이익률(return on

---

40) Herdegen, pp.381-382.
41) Ray August, Don Mayer and Michael Bixby, *International Business Law*, 5th edition, Pearson Education International, 2009, p.228.
42) 연성법에 속하는 것으로는 1980년 유엔총회가 채택한 「제한적 기업관행에 관한 UNCTAD 행위규범」, 1987년 ILO 집행이사회가 채택한 「다국적기업의 노동관계 선언」, 1992년 세계 은행의 「외국인투자지침」을 들 수 있다.

investment)에 관심을 갖는다.[43]

투자자 중에는 어떤 국가의 정부가 설립·소유·통제하는 공기업도 있다. 이러한 공기업 중에서 유명한 것은 국부펀드(sovereign wealth fund)인데, 석유 등 천연자원의 개발이익을 적립하여 조성된 경우가 많다. 현재 거대한 국부펀드를 운영하는 국가로는 아부다비, 사우디아라비아, 쿠웨이트 등 산유국과 중국, 러시아, 노르웨이 등이 있다. 이러한 국부펀드의 활동에 대해서는 평가가 엇갈리고 있다.[44]

V. 국제투자의 보호

외국인투자를 유치하려면 국제투자의 유치에 유리한 환경을 조성해야 한다. 특히 재산권의 확실한 보호, 독립적이고 효율적인 사법제도 수립, 기업활동 관련 법체계의 수립이 중요하다. 우호적인 투자환경이란 곧 '법의 지배'(rule of law)의 확립을 의미한다고 할 수 있다.[45]

1. 외국자본의 도입

전통적인 국제법에서 각국은 영토주권에 따라 자국 내의 외국인과 외국자본에 대해 완전한 통제권을 갖고 있었다. 그러나 20세기 중반 이후 이러한 입장은 바뀌기 시작하여, 1970년대 중반 각국은 외국인투자를 선별적으로 받아들이고 통제하는 국내법 제도를 마련하게 되었다. 나아가 1980년대에는 자본자유화 물결이 더욱 거세어지면서 대부분의 국가들은 국방과 같은 특수한 분야를 제외한 대부분의 영역에서 외국인투자를 자유화하였다.

외국인투자의 자유화는 국제적인 차원에서도 진행되었다. 우루과이라운드 협정의 '서비스무역협정'과 '무역관련투자조치협정'은 외국자본의 자유로운 이동을 규정하였으며, APEC도 외국기업에 대한 비차별원칙을 채택하였다.[46]

---

43) Herdegen, pp.354-355.
44) *Ibid.*, pp.355-356.
45) *Ibid.*, pp.353-354.

2. 국제투자의 보호범위

국제투자보호조약은 대개 다른 체약당사국에 투자한 모든 체약당사국 자연인과 법인을 그 보호대상으로 한다. 법인의 경우에는 당사국 법에 따라서 설립된 회사와 같은 법인이 해당되지만, 조약을 통해 그 적용범위를 체약국들이 소유하고 있거나 지배하고 있는 법인에도 확대하는 경우가 많으며, 체약당사국 기업이 설립한 자회사에도 적용하기도 한다.47)

국제투사에 관한 조약들은 보호대상 투자를 폭넓게 규정하고 있다. 미국의 모델 BIT는, 투자란 투자자가 직접 또는 간접적으로 소유하고 있거나 통제하고 있는 투자의 특성을 가지는 모든 자산을 의미한다고 하였다. 그리고 그러한 투자는 기업, 기업의 지분·주식·채권, 선물과 기타 파생상품, 지적재산권 등의 형태일 수 있다고 하였다.48)

3. 국제투자보호의 기준

외국인투자와 관련하여 한 국가에 도입된 외국자본을 어떻게 대우할 것인가 하는 것이 종종 문제가 되었다. 전통국제법에서는 국가의 영토주권을 절대시하여 일단 도입된 외국자본은 그 영토국가의 관할권에 종속된다고 보았다. 하지만 GATT가 국제무역의 증진을 위해 최혜국대우(most-favored-nation treatment)와 내국인대우(national treatment)를 원칙으로 정하면서 외국자본에 대해서도 이러한 원칙들이 적용되게 되었다.

국제투자에 관한 조약에서 공통된 기준의 하나인 내국인대우의 원칙은 한 국가가 '유사한 상황에서'(in like situation) 외국인 투자자와 내국인 투자자를 동등하게 대우하도록 요구한다. 미국의 모델 BIT는 "각 당사국은 타방당사국 투자자에게, 유사한 상황에서, 기업의 설립, 인수, 확장, 관리, 운영, 판매 등에 있어서 자국 투자자에게 부여하는 것보다 불리하게 대우하지 아니한다"고 하였으며, 한미 FTA 협정 제11.3조도 이와 유사한 규정을 두었다. 또한 내국인대우의 의무에는 법률

---

46) Fatouros, pp.53-54.

47) Herdegen, pp.384-385.

48) *Ibid.*

상 차별의 금지는 물론 사실상 차별의 금지도 포함된다. 실제로 국제경제관계에서는 법률상의 차별보다는 사실상의 차별이 핵심적인 사안이 되는 경우가 많다.[49]

국제투자에서 최혜국대우란 한 국가 내에서 어떤 당사국의 투자자가 제3국 출신인 다른 투자자들보다 불리한 대우를 받지 아니한다는 원칙이다. 미국의 모델 BIT는 "각 당사국은 타방당사국 투자자를 기업의 설립, 인수, 확장, 관리, 운영, 판매 등에 있어서 제3국 투자자에게 부여하는 것보다 불리하게 대우하지 아니 한다"고 하였으며,[50] 한미 FTA 협정 제11.4조는 유사한 규정을 두었다.

국제사회의 실행을 보면 최혜국대우는 비교적 보편적으로 인정하는 데 비해, 내국인대우는 널리 인정되지 못하는 경우가 많다. 하지만 최근 국가 간에 외국자본 유치경쟁이 본격화되면서 오히려 외국자본을 우대하는 경우도 나타나고 있다.

VI. 국제투자활동의 파탄과 분쟁해결

외국인직접투자와 관련하여 전통국제법에서는 외국인 재산의 국유화 또는 몰수가 중요한 이슈로 다루어져 왔으며, 국유화 조치를 취할 수 있는 합법적인 조건과 보상 문제가 논의되었다. 그러나 최근에는 국유화의 주요 대상이었던 양허계약(concession)이 거의 자취를 감추었을 뿐 아니라, 국가중심의 사고도 개선되어 외국인재산의 국유화 조치는 거의 취해지지 않고 있다. 하지만 영토국가가 외국인에 의한 투자활동에 파탄을 초래할 조치를 취할 가능성은 여전히 남아 있는바, 외국인투자자를 보호하기 위한 다양한 방안들이 등장하였다.

종래에는 피해를 당한 외국인투자자가 직접 영토국가의 법원에 제소하거나 본국에 외교적 보호를 요청하는 방법이 주로 사용되었으나, 오늘날에는 국제투자분쟁해결센터(ICSID)나 국제상업회의소(ICC)의 중재절차가 자주 사용되고 있다.[51] 오늘날의 투자조약들은 대부분 한 국가와 외국인투자자 간의 분쟁을 국제중재 등에 의해 해결할 수 있게 하는 규정을 두고 있기 때문이다.

---

49) *Ibid.*, p.391.

50) *Ibid.*, pp.392-393.

51) *Ibid.*, pp.56-57.

특히 최근의 양자간투자협정들은 투자자―투자유치국 간 투자분쟁해결절차 (ISD 절차)에 관한 규정을 두고 있는 경우가 많다. 이런 경우 외국인투자자는 국내적 구제절차를 거치지 않고 바로 국제중재에 의한 분쟁해결에 나설 수 있게 하는 경우가 많으므로 외국인투자자에게는 편리하고 비교적 공정한 해결을 기대하게 하는 규정이다. 이러한 규정으로 인해 외국인투자자는 각국의 번잡한 국내절차법, 영토국가에게 유리한 사법절차, 최종결정에 이르기까지 소요되는 오랜 시간과 고비용에 따른 낭비를 피할 수 있게 되었다.[52]

VII. 세계은행그룹

국제금융 내지 국제투자를 위한 보편적 국제기구로는 '국제부흥개발은행' (International Bank for Reconstruction and Development: IBRD)이 가장 중요하다. 국제사회에서는 IBRD 이외에 '국제금융공사'(International Finance Corporation: IFC)와 '국제개발처'(International Development Association: IDA)를 묶어 세계은행그룹 (World Bank Group)이라고 한다. IBRD는 회원국들의 특별 프로젝트와 정부의 보증 아래 적정금리로 기업에게 자금을 대부해 주는 데 비해, IFC는 정부의 보증 없이도 생산적인 기업에게 자금을 융자하며, IDA는 자금시장의 일반적인 조건으로는 자금을 얻을 수 없는 최빈국들에게 양허자금(concessionary loans)을 제공한다.[53]

1. 국제부흥개발은행

1945년 브레튼우즈회의는 국제통화의 안정을 위해 IMF를 설립하는 동시에, 전후 경제부흥에 소요되는 자금을 지원하는 기관으로 '국제부흥개발은행'(IBRD)

---

52) Herdegen, pp.411-412. 세계 각국이 체결한 2,676건의 BIT 대부분에 ISD 규정이 들어 있으며, 우리나라가 체결한 85건의 BIT 중 한미 FTA를 비롯한 81건의 BIT에도 ISD 제도에 관한 규정이 포함되어 있다. 한국국제경제법학회, 「신국제경제법」(중판), 2014, pp.677-680.

53) Malanczuk, pp.227-228.

을 설립하였다. 세계은행이라 불리는 IBRD는 설립협정 제1조에서 밝혔듯이 회원
국들의 전후 복구와 개발을 지원하고, 개인에 의한 국제투자를 증진하며, 생산활
동 자금을 지원하고, 국제무역의 균형성장과 수지균형을 제고하며, 투자정책을
조정하는 것을 목표로 하였다. 실제로 IBRD는 그 명칭에서 보듯이 처음에는 유럽
의 전후 복구사업 지원에 치중하였으나, 오늘날에는 개발도상국들의 사회간접자
본과 경제개발 프로젝트를 지원하는 데 자금을 주로 사용하고 있다.[54]

　　IBRD의 회원국이 되려면 먼저 국제통화기금(IMF) 회원국이 되어야 하기 때
문에, 양 기구의 회원국들은 비슷하다. 주요기관의 구성 방식과 표결제도도 IMF
와 유사하기 때문에 IMF에서와 마찬가지로 출자를 많이 한 국가들이 의사결정에
서 주도권을 행사한다.

2. 국제금융공사와 국제개발처

　　'국제금융공사'(IFC)와 '국제개발처'(IDA)는 과거 국내사법의 대상에 머물러
있었던 국제적인 자본이동 문제를 국제법의 영역으로 끌어들였다. 1957년 IBRD
가 설립한 IFC는 본국정부의 보증 없이 개도국 기업들에게 자금을 융자하여 개도
국의 민간기업 활성화에 이바지하고 있다. 반면에 IDA는 IBRD와 같은 국제기구
로부터는 자금을 얻을 수 없었던 최빈국들에게 양허성 자금을 융자하는 일을 맡
고 있다.

3. 국제투자분쟁해결센터

　　국제투자분쟁해결센터(ICSID)는 국제부흥개발은행(IBRD) 후원으로 1965년 3
월 18일 채택되어 1966년 10월 14일 효력발생에 들어간 「국가와 외국인 간 투자
분쟁해결협약」(Convention on the Settlement of Investment Disputes between States
and Nationals of Other States)에 따라 설립된 기구로 미국의 워싱턴에 위치해 있
다.[55]

---

54) *Ibid.*, p.227. 1995년 IBRD로부터 자금을 융자받을 수 있는 국가는 국민소득이 5,055달러
　　미만인 개발도상국으로 정해져 있었다. 우리나라는 1995년 융자대상에서 졸업하였다. 최
　　승환, p.626.

ICSID는 각국의 경제개발에 필수적인 국제민간투자를 활성화하려면 그로 인한 분쟁가능성을 줄여야 한다는 사실에 유념하면서, 이러한 국제투자분쟁을 국내법인 국제사법이나 외교적 보호가 아니라 국제조정과 중재를 통하여 해결하고자 설립된 것이다.[56)]

4. 다자간투자보증기구

다자간투자보증기구(Multilateral Investment Guarantee Agency: MIGA)는 1985년 서울 총회에서 합의되어 만들어진 IBRD 산하기구이다. MIGA는 사업외적 위험으로부터 발생하는 손실을 공동보험과 재보험을 통하여 보증함으로써 개도국에 대한 국제투자를 활성화하기 위하여 창설되었다.[57)]

VIII. 전 망

오늘날 세계경제는 급격히 통합되어 가고 있어 단일경제권 또는 단일시장의 등장이 현실로 다가오고 있으며, 외국인 직접투자의 중요한 주체인 다국적기업들의 활동범위도 넓어져 가고 있다. 이러한 상황에서 국제무역에 관한 통일된 규범이 마련되었듯이 외국인투자 분야에서도 통일된 규범의 등장이 기대되고 있다.

이러한 기대 가운데 1995년 5월 OECD 이사회는 빠른 시일 안에 다자간투자협정(Multilateral Agreement on Investment: MAI)을 체결하는 것을 목표로 즉시 협상을 시작하도록 하였다. MAI협정은 자본자유화를 추진하되, 투자자보호의 추진

---

55) Edmund Jan Osmanczyk, *Encyclopedia of the United Nations and International Agreements*, Tayolr and Francis, 1990, p.408.

56) ICSID는 1963년 세계은행(IBRD) 이사회가 은행 총재에게 지역전문가 회의를 소집하여 국제투자 분쟁의 해결을 위한 기관 설립을 검토할 것을 요구한 데서 시작되었다. 따라서 ICSID는 출발에서부터 세계은행과 밀접히 연결되어 있다. 또한 ICSID 이사회에는 세계은행의 위원들이 체약국 대표로 참여하고 세계은행 총재가 ICSID 이사회 의장을 맡게 되어 있어 조직에 있어서도 밀접히 연관되어 있다. 그러나 ICSID 체약국들은 세계은행 회원국과 동일하지 아니하며, ICSID는 법률상으로도 독립된 국제기구이다.

57) 최승환, pp.632-633.

과 명확한 분쟁해결 규칙을 도입하여 타결될 경우 큰 변화가 예상되었으나 국가 간의 입장차로 합의에 실패하였다.[58]

‖ 제4절 ‖ GATT와 WTO

Ⅰ. GATT

1. 출범과 변화

국제무역의 역사는 상당히 오래전에 시작되었다. 그러나 오늘날의 국제무역 질서와 유사한 형태의 제도가 뿌리를 내린 것은 제2차 세계대전 이후 곧 브레튼우 즈 체제가 성립된 이후이다. 「관세 및 무역에 관한 일반협정」(General Agreement on Tariffs and Trade: GATT) 즉 가트는 본래 IMF 및 IBRD와 함께 전후 경제질서를 유지하는 임무를 부여받았던 국제무역기구(International Trade Organization: ITO) 가 관장할 하나의 조약이었다. 1948년 3월 53개국이 서명하였던 「ITO설립에 관 한 아바나헌장」에 따르면, ITO는 GATT를 통한 상품무역의 자유화와 외국인투자 와 제한적인 기업관행에 대한 통제권 및 관련 규범의 준수를 추진하는 등 강력한 집행력을 가지도록 되어 있었다. 그러나 당시 세계경제에서 절대적으로 중요한 위치에 있었던 미국의 의회가 ITO헌장의 비준을 거부함으로써 ITO의 설립은 좌 절되었고 대신에 GATT가 국제무역질서의 공백을 메우는 역할을 떠맡게 되었 다.[59]

아바나회의에서 ITO설립헌장의 채택이 지체되자 당시 회의에 참가하였던 23 개국 대표들은 1947년 10월 30일 GATT협정문과 함께 「잠정적용의정서」(Protocol

---

58) MAI 협상은 원래 1998년 4월까지 마무리할 예정으로 추진되었다. 그러나 1998년 10월 프 랑스가 문화 분야에 대한 예외를 주장하면서 MAI협상 불참을 선언하여 난관에 봉착하였 다.

59) Folsom, Gordon and Spanogle, pp.306-307.

of Provisional Application)를 채택하였는바, 동 협정과 의정서에 따라 GATT협정은 1948년 1월 1일 먼저 효력발생에 들어갔다.[60] 결국 국제무역기구(ITO)가 출범도 못한 채 실패로 돌아감에 따라 GATT가 뜻하지 않게 국제무역을 규율하고 조정하는 중심적인 다자간규범이자 국제기구의 역할을 맡게 된 것이다.[61]

1948년 효력발생에 들어간 「관세 및 무역에 관한 일반협정」은 국제무역의 기본질서를 규율하는 다자간협정으로 반세기 동안 내국인대우, 최혜국대우, 자유무역, 공정무역의 원칙 아래 세계무역이 지유화와 확대에 크게 기여하였다. 그렇지만 그사이 국제무역환경에는 많은 변화가 있었으며, 이러한 변화에 대응하기 위하여 GATT는 우루과이라운드에 이르기까지 모두 8차례의 라운드(round), 즉 다자간 무역협상(multilateral trade negotiations: MTNs)을 진행하여 타결하였다. 1차 협상부터 6차 협상인 케네디라운드까지는 관세인하가 주된 관심사였다. 반면에 7차 협상인 동경라운드에서는 비관세장벽의 완화 문제를 본격적으로 다루어 9개의 다자간무역협정(Multilateral Trade Negotiation Codes: MTN Code)을 타결하였다.[62]

2. 한 계

여러 차례의 다자간무역협상을 통한 대응조치에도 불구하고 GATT는 한계에 봉착하였다. GATT가 가진 한계는 내부적인 것과 외부적인 것으로 나누어 볼 수 있다.

GATT의 내부적인 한계로는 다음과 같은 것을 들 수 있다. 첫째, GATT는 본래 국제기구가 아니라 조약으로 의도되었던 데에서 오는 태생적인 한계이다. 비록 협정의 효율적인 운영을 위해 나중에 사무국을 설치하여 국제기구와 비슷한 모습과 지위를 가지게 되었지만, GATT가 안고 있는 조직상의 결함은 그대로 남아 있었다.[63] 둘째, GATT는 분쟁해결 분야에서도 분명히 약점이 있었다. GATT

---

60) Robert E. Hudec, *Enforcing International Trade Law: The Evolution of the Modern GATT Legal System*, Butterworth, 1993, pp.3-5.

61) Henkin, p.1397.

62) 대우경제연구소, 「우루과이라운드와 한국경제」, 한국경제신문사, 1994, pp.13-14. 동경라운드에서 타결된 9개의 다자간협정은 가입국 간에만 적용되는데, 반덤핑, 보조금, 상계관세, 기술장벽, 수입허가절차, 관세평가, 항공기교역, 정부조달, 낙농품, 우육협정이었다.

의 분쟁해결 절차는 회원국들의 동의가 없이는 원활하게 진행될 수 없게 되어 있었기 때문에, GATT는 자신에게 맡겨진 분쟁들을 제대로 해결할 수 없었다.

GATT의 외부적인 한계로는 다음과 같은 것들이 있었다. 첫째, 선진국들의 경기침체와 높은 실업률, 경상수지 적자확대로 인하여 선진국들 사이에 보호무역주의 경향이 대두하고 있었다. 둘째, 수출자율규제나 시장질서협정과 같은 GATT체제를 벗어난 회색지대조치(grey area measures)와 반덤핑조치 및 상계관세조치의 남용으로 GATT에 대한 불신이 점차 높아져 가고 있었다. 셋째, 경제블록화가 진행되면서 보호무역적인 지역주의에 대한 우려가 팽배하였다. 넷째, 농산물과 서비스무역 및 지적재산권 문제를 다자간무역체제에 포함시켜야 한다는 주장이 제기되었다.[64]

GATT는 출범 이래 국제무역의 자유화를 위하여 많은 노력을 기울여 왔고, 그 결과 세계경제는 크게 성장할 수 있었다. 그러나 점차 가속도가 붙고 있는 세계경제의 국제화 추세와 급변하는 무역환경은 갖가지 내부적·외부적 한계들을 안고 있는 GATT의 퇴장과 새로운 무역기구의 등장을 요구하고 있었다.

II. WTO협정

1. 우루과이라운드

1986년 우루과이의 푼타 델 에스테(Punta del Este)에서 시작된 우루과이라운드(Uruguay Round)는 포괄분야가 광범위하고, 참가국 수가 120개국을 넘었으며, 국가 간 이해관계 대립이 심하였고, 협상분야 간 연관성도 깊어 타결에 상당한 어려움이 있었다. 그러나 1991년 12월 제시된 던켈 초안(Dunkel Clean Text)이 협상

---

63) 1980년대 중반부터 10여 년간 GATT의 직원은 200명에서 350명 수준으로 증가하였다. 그러나 당시 IMF와 IBRD의 직원이 이미 수천 명에 달하였던 것에 비추어보면 상대적으로 적은 인원이었다. 또한 GATT사무총장을 역임한 던켈의 명함에는 GATT에 대한 언급은 없이 ITO임시이사회 사무총장(Executive Secretary of the Interim Committee of the ITO)이라 직함이 적혀 있었다. Folsom, Gordon and Spanogle, pp.306-307.

64) 대우경제연구소, pp.15-17; 대외경제정책연구원, 「WTO출범과 신교역질서」, 1994, pp. 11-12.

의 기초로 받아들여지면서 협상은 급진전되었다. 그 후에도 미국과 EC 간에 체결된 농산물 보조금 감축에 관한 블레어협정이 프랑스의 반발로 파기되면서 미국대통령의 신속처리권한(Fast Track Authority)의 시한인 1992년을 넘기게 되어 좌초의 위기를 맡기도 하였다.[65] 미국대통령의 신속처리권한 연장으로 재개된 협상은 1993년 11월부터 12월 중순에 걸쳐 최대의 난제였던 농산물 보조금과 쌀시장 개방을 둘러싼 협상, 서비스시장 개방에 대한 선진국과 개도국 간 협상, 세계무역기구 창설에 대한 합의를 이루게 되어 동년 12월 15일 7년 3개월에 걸친 기나긴 협상을 마무리하였으며, 1994년 4월 모로코의 마라케시(Marrakesh) 각료회의를 끝으로 대단원의 막을 내렸다.[66]

우루과이라운드를 통한 세계무역기구(WTO)협정의 채택과 기구의 설립은 ITO의 뒤늦은 출범이라 할 수 있으며, WTO 출범을 계기로 세계경제는 비로소 하나의 규범과 하나의 기구로 통일되어 하나의 경제권을 형성하게 되었다. 동시에 산업과 무역의 명실상부한 세계화와 국경 없는 무한경쟁 시대가 개막되게 되었다.[67]

2. WTO협정의 구조

우루과이라운드협상 결과를 총정리한 「우루과이라운드 최종협정문」(Final Act Embodying the Results of the Uruguay Round of Multilateral Trade Negotiations)은 크게는 「최종의정서」(Final Act)와 「세계무역기구설립협정」(Agreement Establishing the World Trade Organization; WTO협정 또는 우루과이라운드협정), 「각료선언 및 결정」(Ministerial Declarations and Decisions), 「금융서비스의 서약에 관한 양해」(Understanding on Commitments in Financial Services)로 구성되어 있다.

가장 중요한 「세계무역기구설립협정」, 즉 WTO협정은 전문과 16개 조문으로 구성된 본문과 4개의 부속서(annex)로 구성되어 있다. 부속서 1에는 부속서 1A 「다자간상품무역협정」, 부속서 1B 「서비스무역일반협정」, 부속서 1C 「무역관련지적재산권협정」이 들어 있다. 부속서 1A에는 다시 GATT 1994와 농산물협정,

---

65) Folsom, Gordon and Spanogle, pp.59-62.

66) 대우경제연구소, pp.18-20.

67) 대외경제정책연구원, pp.12-13.

위생 및 검역조치협정, 섬유류협정, 무역에 대한 기술장벽협정, 무역관련투자조치협정, 반덤핑협정, 관세평가협정, 선적전검사협정, 원산지규정협정, 수입허가절차협정, 보조금 및 상계조치협정, 세이프가드협정이 포함되어 있다. 부속서 2는 「분쟁해결규칙 및 절차에 관한 양해」(Understanding on Rules and Procedures Governing the Settlement of Disputes: DSU), 부속서 3은 「무역정책검토제도」(Trade Policy Review Mechanism: TPRM)에 관한 것이며, 부속서 4는 「복수국간무역협정」(Plurilaretal Trade Agreement)인데, 여기에는 민간항공무역협정, 정부조달협정, 국제낙농협정, 국제쇠고기협정 등 4개의 협정이 들어 있다.

WTO협정의 체결은 1947년 체결된 「관세 및 무역에 관한 일반협정」(GATT)에는 어떠한 영향을 미치는가? 일단 1995년 1월 1일 세계무역기구(WTO)가 출범하면서 국제조직으로서의 GATT는 해체되었다. 그런데 「1994 관세 및 무역에 관한 일반협정」(GATT 1994)은 제1조에서 GATT 1994는 1947년에 체결되어 그간 여러 차례 개정된 'GATT 1947'과 6가지 양해서, 'GATT 1994'에 대한 마라케시의정서로 구성된다고 하였다. 'GATT 1947'은 갖가지 양해서와 함께 일단 GATT 1994의 일부로 흡수된 후, 1995년 12월 31일 소멸된 것이다.[68]

III. 세계무역기구

1. 세계무역기구의 법적 지위

우루과이라운드 협상과정을 살펴보면 초기부터 국제기구로서의 WTO의 창설이 예정되어 있었던 것은 아니었다. 우루과이라운드 협상이 상당히 진척된 1990년 12월 각료회의를 전후하여 캐나다와 EC를 중심으로 다자간무역기구(Multilateral Trade Organization: MTO)의 창설이 주장되기 시작하였으며, 1991년 12월 당시 사무총장이 작성한 '던켈초안'에 MTO 초안이 포함된 후 1993년 그 명칭이 WTO로 바뀌었다.[69]

---

68) 최승환, pp.146-147.

69) *Ibid.*

GATT는 사실상 국제기구와 유사한 모양을 갖추게 된 이후에도 여전히 법적으로는 'ITO 잠정위원회'(Interim Commission for the International Trade Organization)가 관장하는 다자조약의 지위를 가지고 있었을 뿐 국제기구는 아니었다.[70] 반면에 WTO는 '세계무역기구 설립을 위한 마라케쉬협정'에 따라 국제기구로서 설립되었으므로 GATT와는 큰 차이가 있다. 협정 제3조와 제8조는 세계무역기구는 국제기구로서 국제법상의 법인격을 가지며, 각국은 WTO에게 그에 적합한 법적인 능력을 부여하여야 한다고 하였다. 또한 WTO는 국제기구로서 필요한 특권과 면제를 누리며, 소재지 국가와의 본부협정 등 국제조약을 체결할 수 있는 능력을 갖는다고도 하였다.

2. 세계무역기구의 구조

세계무역기구는 3층 구조로 되어 있다.[71] 모든 당사국 대표들로 구성되는 '각료회의'(Ministerial Conference)는 최소한 2년마다 개최되며, 세계무역기구에 부여된 기능을 수행하는 데 필요한 조치를 취한다(WTO협정 제4조 2항). 각료회의에서는 새로운 다자간 협상을 시작하고 그 결과를 채택할 수 있으며, 4분의 3 이상의 찬성으로 긴급한 상황에 처한 국가의 의무를 일부 면제할 수 있다. 각료회의에서 모든 회원국들은 동등한 투표권을 갖는다.

'일반이사회'(General Council) 역시 모든 회원국 대표로 구성되며 각료회의가 휴회 중일 때 그 기능을 대신 수행한다. 이사회는 필요할 때에는 언제든지 소집되며, 모든 회원국의 투표권은 동등한 효력을 갖는다.

세계무역기구의 마지막 단계에는 각료회의와 일반이사회에 책임을 지는 각종 이사회(Council)와 기구(Body) 및 위원회(Committee)들이 있다. 각료회의 산하에는 '무역개발위원회'와 '국제수지위원회', '예산재정운영위원회'를 둔다(동조 7항). 일반이사회에는 '분쟁해결기구'(DSB)와 '무역정책검토기구'(TPRB)를 두며, '상품무역이사회'(Council for Trade in Goods)와 '서비스무역이사회'(Council for Trade in Services) 및 '무역관련지적재산권이사회'(Council for TRIPs)도 설치되어 있다(동

---

70) 국제경제법학회, 「국제경제법」, 박영사, 2010, p.35.
71) Folsom, Gordon and Spanogle, pp.73-74.

조 5항).72) 한편 사무국은 세계무역기구의 행정기능을 담당하며, 사무총장(Director General)은 각료회의에서 선출된다.

3. 회원국과 표결절차

세계무역기구의 원회원국은 1947년 GATT협정의 당사국으로서 WTO설립협정과 다자간무역협정들을 수락하고 GATT 1994와 서비스협정에 자국의 양허표를 부가한 국가들이다(WTO협정 제11조 1항). 그러나 유엔이 인정하는 최저개발국(least-developed countries)은 각국의 발전 정도 및 능력에 부합하는 수준의 서약과 양허를 함으로써 원회원국이 될 수 있다(동조 2항). 새로운 회원국의 가입은 각료회의가 결정한다(협정 제12조). WTO로부터의 탈퇴는 통지서가 사무총장에게 접수된 날로부터 6개월이 경과해야 효력을 발생한다(협정 제15조).

WTO의 회원자격과 관련하여 특이한 것은 국가 이외에 '독자적 관세영역'(separate customs territory)도 회원국이 될 수 있게 한 점이다. WTO협정 제12조는 1항에서 "국가 또는 자신의 대외무역관계 및 이 협정과 다자간무역협정에 규정된 그 밖의 사항을 수행하는 데에 있어서 완전한 자치권을 보유하는 독자적 관세영역은 자신과 세계무역기구 사이에 합의되는 조건에 따라 이 협정에 가입할 수 있다"고 하였으며, "이러한 가입은 이 협정 및 이 협정에 부속된 다자간무역협정에 대하여 적용된다"고 하였다. 그 결과 대만, 홍콩 등은 독자적 관세영역으로서 WTO에 가입하였다.

WTO각료회의와 일반이사회에서의 의사결정 절차는 GATT에서와 마찬가지로 컨센서스를 원칙으로 한다. 그런데 어떤 안건에 대한 컨센서스는 공식적인 반대를 제기하는 국가가 하나도 없어야 성립되므로, 컨센서스에 의해 어떤 결정을 이끌어 내는 것이 불가능한 경우가 많다.73) WTO에서는 컨센서스를 원칙으로 하되 예외를 인정하여 다수결에 따른 결정도 가능하게 한 것이다.

---

72) 상품무역이사회는 부속서1A의 다자간상품무역협정들의 기능을 관할하며, 서비스무역이 사회는 '서비스무역일반협정'(GATS)의 기능을, TRIPs이사회는 무역관련지적재산권협정(TRIPs)을 관할한다.

73) WTO협정 제9조는 1항 서두에서 컨센서스에 의해 의결한다고 하였다. 그러나 바로 다음 문장에서는 "별도의 규정이 없는 한, 컨센서스에 의한 결정이 불가능한 문제는 표결(voting)에 의해 결정된다"고 하였다. Folsom, Gordon and Spanogle, p.75.

‖ 제5절 ‖ WTO의 기본원칙

I. 서 론

다자간무역규범은 국제무역의 자유화와 확대를 위하여 몇 가지 기본적인 원칙들을 채택하여 운영해 오고 있다. GATT에 이어 WTO협정에서도 '차별 없는 무역의 원칙'과 '수량제한금지의 원칙', '상호성의 원칙'은 기본적인 원칙에 속한다. 차별 없는 무역의 원칙은 다시 외국인이나 외국상품 간의 차별을 금지하는 '최혜국대우'(most-favored-nation treatment)의 원칙과 '내국인대우'(national treatment)의 원칙으로 나눌 수 있다. 이러한 원칙 이외에 '자유무역의 원칙'과 '투명성의 원칙'도 기본원칙에 속한다.

II. 최혜국대우의 원칙

1. 의 미

최혜국대우란 한 국가 내에서 외국상품 간의 차별을 금지하는 원칙이다. GATT협정 제1조는 수출입과 관련하여 부과되는 관세와 과징금, 규칙, 절차의 적용에 있어서 모든 국가들에게 가장 유리한 대우를 해야 한다는 '최혜국대우' 원칙을 규정하였으며, 이 원칙에 힘입어 전후 세계무역은 비약적으로 신장되었다. 최혜국대우란 기본적으로 어떤 국가에게 부여된 무역상의 혜택은 다른 모든 체약국에게도 허용된다는 원칙이다. 최혜국대우 원칙의 주요 목표는 어떤 무역상대국에게 부여된 양허를 일반화함으로써 차별을 방지하는 데 있다고 할 수 있다.74)

---

74) Trebilcock, Howse, and Eliason, p.54.

2. 내 용

GATT협정 제1조는 최혜국대우에 관한 조항이다. 협정은 '수입 또는 수출과 관련한 관세와 과징금', '수입과 수출에 관련된 규칙 및 절차', '수입품의 국내판매와 운송과 유통' 등과 관련하여 어떤 국가의 상품에 부여된 각종 이익과 특전, 특권, 면제는 다른 체약국의 동종상품에도 동일하게 부여해야 한다고 하여 최혜국대우 원칙을 규정하였다. 캐나다 자동차 관세사건에서 WTO 항소기구도 밝힌 바와 같이 GATT협정 제1조는 한 국가 내에서 원산지가 다른 외국상품 사이에 차별을 금지하는 데 목적이 있는 것이다.

GATT에서 최혜국대우의 원칙은 오직 '동종'(like) 상품에만 적용되므로, 상품이 '동종'이란 사실을 확인하는 것은 상품이 비차별적 대우를 받기 위한 전제조건이다. 동종상품 또는 유사상품과 관련하여 제기되는 문제들은 상품의 최종사용, 소비자의 취향과 습관, 상품의 특성과 성격 등을 고려하여 사안별로(case-by-case basis) 검토되어야 하며, 관세분류(tariff classification) 기준을 따르기도 한다.[75] 생각건대 GATT협정 제1조에서도 '동종상품'이란 용어는 관세분류에서와 유사한 범위를 의도한 것으로 보인다.[76]

3. 예 외

최혜국대우 원칙에 대해서는 일부 예외가 인정된다. GATT협정은 처음부터 관세동맹, 자유무역지대, 국경무역에 대해서는 최혜국대우에 대한 예외로 인정하였으며, 나중에는 '일반특혜관세제도'(Generalized System of Preferences: GSP)와 '다자간섬유협정'(Multi-Fiber Arrangement: MFA)에 의해 예외를 확대하였다. 어떤 국가의 국제수지가 극도의 어려움에 처한 경우와 공중도덕이나 환경보호를 위한 경우에도 예외가 인정된다.

---

75) *Ibid.*, p.69.

76) Raj Bahla, *International Trade Law Handbook*, 2nd edition, Lexis Publishing, 2001, p.257.

캐나다 자동차 관세사건

캐나다는 자국에 투자한 미국의 빅3와 스웨덴의 볼보회사의 수입자동차에 대해서는 관세를 부과하지 않으면서, 다른 업체의 수입 자동차에 대해서는 6.7%의 관세를 부과하였다. 캐나다 자동차 산업에 많은 투자를 하고 있는 일본은 1998년 7월 캐나다의 관세정책이 WTO협정의 최혜국대우의무에 대한 위반이라는 이유로 WTO에 제소하였고, 동년 8월 유럽연합(EU)도 같은 이유로 캐나다를 제소하였다. 우리나라는 연간 2만 대 정도의 자동차를 캐나다에 수출하는 등 이해관계를 가지고 있어 제3자로 참가하였다. 이 사건에서 WTO 패널은 2000년 2월 캐나다의 관세제도가 WTO 협정에 위반된다고 판정하였으며, 동년 6월 상소기구도 패널의 판정을 대부분 지지하였다. 이러한 판정에 따라 캐나다는 모든 자동차 수출업체에 동일한 관세를 부과해야 할 의무를 부담하게 되었다.

Ⅲ. 내국인대우의 원칙

1. 의 미

GATT협정 제3조는 내국인대우에 관한 규정인데, 체약국들은 수입품에 내국세나 기타 과징금을 부과하고 국내 판매와 운송·분배에 영향을 미치는 각종 법령과 규정 등을 적용하여 국내생산을 보호하지 못한다고 하였다. 최혜국대우가 상품의 수출입과 관련하여 한 국가의 국경선에서의 비차별을 요구하는 것인 데비해, 내국인대우는 상품이 일단 한 국가에 수입된 후 수입품과 국산품 간의 비차별을 요구하는 것이다. 내국인대우 원칙은 국내적으로는 수입상품의 마케팅을 제한하려는 각국의 의도를 억제하여 국내상품과 수입품 간의 공정한 경쟁을 보장하는 데 목적이 있다고 하겠다.[77]

---

77) August, Mayer, Bixby, p.351; Herdegen, p.195.

2. 내 용

GATT협정 제3조 1항은 체약국은 내국세와 기타 내국과징금과 상품의 국내 판매, 판매를 위한 제공·구매·수송·분배·사용에 영향을 주는 법률, 규칙 및 요건, 국내법상의 수량적 규칙은 국내생산을 보호하기 위하여 수입상품 또는 국내상품에 대하여 적용하면 아니 된다는 것을 인정한다고 하여 내국인대우의 원칙을 선언하였다. 체약국은 국내생산을 보호하기 위한 목적에서 내국세와 과징금을 부과하고, 상품의 판매와 유통에 관한 법규칙과 제도를 마련하며, 수량적 규칙을 도입하여서는 아니 된다는 것이다.

동조 2항은 수입된 체약국 상품에 대하여는 내국상품에 부과되는 내국세 또는 과징금을 초과하는 내국세 또는 과징금을 부과하면 아니 된다고 하였다. 이는 '동종상품'(like product)은 물론 직접적 경쟁상품 또는 '대체상품'(directly competitive or substitutable)인 내국상품에 부과하는 세금 및 과징금과 비교하여 상당한 차이가 있는 내국세나 내국과징금을 부과하는 것을 금지하는 것이다. 그동안 GATT 와 WTO 패널의 입장을 종합해 보면 '동종상품' 및 '직접 경쟁 또는 대체상품' 여부를 판정하는 기준은 주로 제품의 물리적 성상, 최종용도 및 관세분류라는 세 가지 요소로 집약될 수 있으며, GATT 및 WTO는 이러한 입장을 상당히 일관되게 유지해 왔다.

3. 예 외

내국인대우에 대해서도 예외가 인정된다. WTO협정은 가트조약 20조에 따른 일반적 예외 이외에, 안전보장을 위한 경우(21조)에 예외를 인정하였으며, 문화적 이유에서 영화필름에 대한 쿼터제를 허용하였고(4조), 정부조달 분야에서도 자국상품 우대를 인정하였다.

IV. 수량제한금지의 원칙

1. 의 미

국제무역에서 WTO 회원국들은 쿼터, 수입허가, 수출허가, 기타 조치를 사용하여 다른 회원국들로부터의 수입과 수출을 금지하거나 제한하지 못한다. 쿼터의 사용이나 수출입 허가와 같은 수량제한(quantitative restriction) 조치들은 시장경제에 필수적인 가격메커니즘 기능을 방해하므로 금지되는 것이다.

수량제한은 특정한 상품의 수입물량을 직접 규제하는 제도로 주로 수량할당 즉 쿼터(quota)를 설정하는 방식으로 이루어진다. 수량제한은 수입국이 수입물량을 직접 통제하므로 수입규제 효과가 확실하지만 대표적인 비관세장벽으로서 국제무역을 위축시킬 우려가 있어 이를 규제하고자 하는 것이다.[78] GATT시대에는 이를 회피하기 위하여 자율수출규제와 같은 각종의 회색지대조치들이 등장하기도 하였으나, WTO는 이러한 조치들을 모두 철폐하도록 하였다.

2. 내 용

GATT협정 제11조 1항은 회원국은 할당제나 수출입허가 또는 기타 조치에 의하여 다른 회원국 상품의 수입과 다른 회원국으로의 수출을 금지하거나 제한하면 아니 된다고 하였다. 이는 수량제한금지의 원칙을 밝힌 것이다. 실제로 수량제한의 방법으로는 쿼터제가 가장 널리 사용되는데, 쿼터제란 일정한 기간동안 특정한 상품을 가액이나 수량을 중심으로 일정한 수준까지만 수입을 허가하는 수입제한조치이다. 주목할 것은 수량제한금지에 관한 이 규정은 관세, 조세, 기타 과징금에는 적용되지 않는다는 점이다. GATT 협정 제2조는 회원국들로 하여금 관세와 조세를 사용하여 국내시장을 보호할 수 있게 하였기 때문이다.[79]

GATT협정 제11조 1항은 수출입 쿼터제와 함께 수입을 제한하는 '기타 조치'

---

78) Mitsuo Matsushita, Thomas J. Schoenbaum, and Petros C. Mavroids, *The World Trade Organization: Law, Practice and Policy*, 2nd edition, Oxford, 2006, pp. 269-270.

79) Trebilcock, Howse, and Eliason, p. 280.

(other measures)들도 금지하였다. 여기에서 말하는 '기타 조치'란 수입이나 수출을 막고자 도입된 모든 조건이나 규제를 말한다. 따라서 자료수집이나 감시활동을 하고, 최저가격제를 실시하며, 특정한 방식으로 생산되지 아니한 상품의 수입을 금지하는 행위는 모두 GATT 제11조 위반이 될 수 있다.

3. 예 외

수량제한금지의 원칙에도 예외는 있다. GATT 협정은 국내 농산물시장 안정을 위한 수출제한, 국제무역에서 상품의 분류와 규격에 관련된 제한, 농ㆍ수산물의 수입제한, 국제수지방어를 위한 제한, 개발도상국에 의한 수입제한, 특정산품이 국내산업에 피해를 줄 때 발동되는 긴급수입제한, 공중도덕과 인간과 동ㆍ식물의 생명과 건강보호를 위한 GATT 20조에 의한 일반적 제한, 국가안보를 위한 제한, 분쟁해결에 따른 보복조치로의 수입제한은 적법한 것으로 인정하여 허용하였다.

V. 상호성의 원칙

GATT협정과 WTO협정에는 상호성의 원칙에 관한 규정은 없다. 그러나 '호혜적이고 상호 간에 이익이 되는 합의'는 협정의 근본을 이루는 것으로 협정 서문을 비롯한 여러 곳에서 언급되었다. 분권화된 국제사회에서 상호성이란 경제분야뿐 아니라 모든 국가 간의 관계를 규율하는 최소한의 조건이라 할 수 있다. 일방적으로 한쪽에게만 유리한 무역은 결국 경제분야에서의 국가 간 협력을 파탄에 이르게 할 것이므로, 상호성은 다른 국제법 분야에서와 마찬가지로 국제무역에서도 기본원칙에 해당된다고 할 수 있다.

‖ 제6절 ‖ 상품무역자유화와 관세제도

Ⅰ. 상품무역의 자유화와 한계

수입제한 조치들로 인한 국가 간 무역관계의 파탄을 막기 위하여, 국가들은 '우호통상항해조약'(treaty of friendship, commerce and navigation)과 같은 양자조약을 체결하여 무역관계를 조정해 왔다. 이러한 조약을 통해 체약국들은 서로 상대방 국가로부터의 상품 수입을 허용하였는데, 조약의 최혜국대우 조항은 국가 간의 무역관계를 보편화하는 데 기여하였다.[80)]

국가들은 같은 지역의 국가들끼리 '관세동맹'(customs union)이나 '자유무역지대'(free trade area)를 결성하여 회원국 간 무역을 촉진하고 역외 국가들에 대한 협상력을 강화하기도 하였다. 유럽연합(EU)과 북미자유무역지대(NAFTA)는 경제통합과 협력을 목적으로 하는 대표적인 지역적 조직들이다.

세계적인 차원에서는 GATT에 이어 세계무역기구(WTO)가 등장하여 갖가지 수입제한조치들의 완화를 통해 국제무역의 활성화를 위해 노력하고 있다. WTO 설립협정은 부속서 1A인 「상품무역에 관한 다자간협정」(Multilateral Agreement on Trade in Goods)에 관세·비관세장벽의 완화를 위한 규정들은 물론 공정경쟁을 위한 제도들과 부문별 무역자유화 관련 규정들을 두었다. 부속서 1A에는 13개의 관련 협정들이 들어 있으며, 그중에는 「1994 관세 및 무역에 관한 일반협정」(GATT 1994)이 있다. 이미 앞에서 설명한 대로 'GATT 1994'는 1947년에 체결되어 그간 여러 차례 개정된 'GATT 1947'을 중심으로 관련 의정서와 결정들을 포함하며, 비관세장벽에 관한 9개의 다자간무역협상협정(MTN Codes)들도 새로운 무역질서에 포함되었다.

시장경제체제를 채택하고 있는 국가들은 자유무역이 자국에 이익이 된다고 믿으면서도 자국산업의 보호를 위하여 갖가지 수단을 사용하여 외국상품의 수입을 억제해 왔다. 오늘날 국제무역은 빠른 속도로 자유화되고 있지만, 현재에도 갖

---

80) Folsom, Gordon and Spanogle, pp. 56-57.

가지 제한적인 조치들로 인하여 국가 간 상품이동은 제한을 받고 있는 것이다.

수입제한 조치들은 크게 관세장벽(tariff barrier)과 비관세장벽(non-tariff barrier)으로 나누어진다. 관세장벽에 속하는 조치는 주로 수입관세에 관련된 조치들이다. 비관세장벽에 속하는 조치들은 매우 다양하여, 수입쿼터, 수입허가절차, 안전 및 환경기준, 정부조달정책 등이 자유무역을 제한한다.[81]

각국은 특정한 상품을 특화하여 생산하고 이를 상호 교환하면 모든 국가에게 이익이 된다는 자유무역제도의 이념을 옹호한다. 그러나 각국은 정작 외국제품에 비하여 경쟁력을 갖추지 못한 상품을 생산하는 생산부문에서는 자국상품 보호를 위한 정부의 개입을 요구하게 된다. 그러한 요구는 기업뿐만 아니라 노동조합으로부터도 나오게 되며, 정부는 이러한 요구들을 쉽사리 무시할 수 없다.[82]

II. 관세제도

1. 관세인하

외국제품의 수입을 억제하는 가장 편리하고 효과적인 수단은 관세이다. 관세는 외국으로부터의 수입을 억제할 뿐 아니라 국부를 증가시키고, 국내기업을 보호하며, 자국 내 일자리를 보호하고, 자국의 특수한 산업을 보호한다. 그러나 관세의 부과는 국제무역의 자유화를 방해하기 때문에 GATT와 WTO는 관세인하를 위하여 노력하였다.

GATT협정 제2조는 회원국들의 관세양허계획에 따른 관세인하를 의무화하였으며, 7차례에 걸친 다자간무역협상(MTN)에서도 관세인하는 가장 중요한 이슈였다. 가트시대 관세인하는 주로 공산품분야에 집중되었다.[83] 그러나 관세는 여전히 가장 확실하고 중요한 수입규제 수단이기 때문에 우루과이라운드(UR)에서

---

81) *Ibid.*, pp.56-57.
82) Jackson and Davey, p.17.
83) 특히 1964년부터 1967년까지 진행된 케네디라운드에서는 3만 개 이상의 품목에 대해 평균 35%에 달하는 관세인하에 합의하였고, 1973년부터 1979년까지의 동경라운드에서는 2만 7000개 품목의 관세율을 평균 33% 인하하였다.

도 중심의제의 하나로 다루어졌다. 우루과이라운드에서는 GATT 1994에 부가되는 양허표에 담긴 관세협상의 결과 공산품과 수산물은 WTO 출범 후 5년 이내에 1996년 대비 1/3 이상 인하하며, 일부 품목은 무세화하기로 하였다. 따라서 관세양허가 이루어진 품목의 비율이 선진국은 종전의 78%에서 99%로, 개도국은 22%에서 72%로 상향조정되었다. 더구나 선진국들은 철강, 전자, 종이, 완구 등 13개 분야 192개 품목을 무세화하기로 하는 등 관세율을 인하하여 선진국의 평균관세율은 종전의 6.3%에서 3.9%로 인하되었으며, 무관세 공산품의 비중은 종전의 20%에서 44%로 높아졌다.[84]

우루과이라운드협상 종료 이후인 1996년 12월 싱가포르에서 폐막된 첫 번째 WTO 장관회의는 WTO Ministerial Declaration on Trade in Information Technology Products(ITA) 즉 「정보통신제품무역에 관한 WTO 장관선언」을 통해서 「정보기술협정」(Information Technology Agreement: ITA)을 채택하였다. 이에 따라 참가국들은 컴퓨터, 정보통신장비, 반도체, 반도체생산장비, 소프트웨어와 과학장비 등의 제품에 대한 관세와 기타 과징금을 철폐하기로 하였다. 관세인하는 2001년 시작된 도하라운드(Doha Round) 협상에서도 중요한 의제 중의 하나이다. 비농산물에 대한 시장접근과 관련하여, 회원국들은 관세 및 비관세 무역장벽의 제거 및 완화를 목표로 협상을 시작하였다.[85]

2. 관세양허와 변경

국가는 WTO협정에 가입할 때 다른 국가와의 협상을 통해 결정된 상품별 관세율을 자국의 관세양허표에 기재하여 제출한다. 양허표에 기재된 관세율 상한선은 '양허세율'(bound rate)이 되어 체약국이 위반하여서는 아니 되는 기준이 된다. 따라서 양허세율보다 낮은 실행관세율(applied rate)을 적용하는 경우에는 별문제가 없지만, 수입품에 대하여 자국의 양허세율보다 높은 실행관세를 부과하면 아니 된다. 관세양허표는 제1부(Part I)와 제2부(Part II)로 구성되며, 제1부에는 최혜국관세율 그리고 제2부에는 특혜관세율(preferential rate)이 기재된다.

---

84) 대외경제정책연구원, pp.56-58.

85) Trebilcock, Howse, and Eliason, pp.264-265.

GATT협정에 따라 관세양허를 한 국가가 관세양허의 의무를 수정하려면 재협상을 통하여 양허표를 수정해야 한다. 재협상을 원하는 국가는 기존의 양허에 대하여 최초로 교섭한 체약국, 최대공급국, 실질적 이해관계를 가지고 있는 '실질적 이해관계국'과 협의하는 것을 조건으로 하여 3년마다 관세율을 변경할 수 있다(GATT협정 제28조 1항).

3. 품목분류

관세에는 수입물품의 가격을 과세기준으로 삼아 관세액을 산출하는 종가세(ad valorum duties)와 수입물품의 수량을 기준으로 관세액을 산출하는 종량세(specific duties), 이 두 가지를 절충한 혼합세(mixed duties)가 있으며, 수입물품의 양에 따라 관세율이 달라지는 관세쿼터(tariff quota)도 있다. 수입관세를 부과하려면 먼저 특정상품을 어떤 범주에 넣을 것인지 품목분류(classification) 작업을 해야 하며, 이어서 종가세라면 수입물품의 과세가격을 결정하는 관세평가(customs valuation)가 이루어져야 하고, 원산지 판정도 필요하다.

수입품의 품목분류는 일차적으로는 수입업자나 화주, 통관업자에 의하여 이루어지지만 관세당국의 판단에 따라 최종적으로 결정된다. 수입품의 품목분류 결과는 수입품의 관세율을 결정하는 데 매우 중요한 요소가 된다. 예를 들어 어떤 한 완구류를 생산하는 기업이 인형을 만드는 데 사용할 가발을 수입할 때, 그 가발이 천연모발로 분류되는 경우와 완구류 원자재로 분류되는 경우에 그 관세율은 달라질 것이다.

품목분류를 둘러싼 관세당국과 수입업자 또는 화주간의 분쟁은 국내적인 분쟁인 동시에 국제적인 차원의 분쟁이므로, 국제사회에서는 품목분류에 관한 표준적인 제도를 만들어 사용하고 있다. 현재 대부분의 국가들은 세계관세기구(World Customs Organization: WCO)의 전신인 관세협력이사회가 1983년에 개발한「통일물품품목기호제도」(Harmonized Commodity Description and Coding System: Harmonized System)를 기본적인 틀로서 사용하고 있다.[86]

---

86) Folsom, Gordon and Spanogle, pp.339-340.

4. 관세평가

관세를 부과하려면 품목분류에 이어 수입물품의 과세가격을 결정하는 관세평가(customs valuation) 작업이 이루어져야 한다. 본래의 GATT 협정(GATT 1947)은 제7조에 관세평가에 관한 규정을 두었으나 매우 원칙적인 규정이었으며, 1979년 동경라운드에서 「관세평가협정」이 체결되었지만 일부 가입국에게만 적용되었다. 때문에 우루과이라운드에서는 보다 세밀한 협정을 제정하였을 뿐 아니라, 이를 WTO협정에 포함시킴으로써 모든 WTO 회원국을 구속하게 되었다. 정식명칭이 「GATT 1994 제7조의 이행에 관한 협정」인 「WTO관세평가협정」(WTO Agreement on Customs Valuation)은 각국의 관세평가 방법을 존중하면서도 관세평가가 관세양허의 효과를 침해하지 않도록 공통의 기준을 정하는 것을 목적으로 하였다.

관세평가협정에 의하면 수입상품의 관세가격(customs value)이란 거래가격(transaction value)이며, 거래가격은 '실제지급가격'(price actually paid) 또는 수입국으로의 수출을 위해 판매될 당시 상품에 대한 지급가능한 가격(price payable for the goods when sold for export to the country of importation)이다(관세평가협정 제1조).[87]

5. 관세특혜제도

개발도상국들은 오래전부터 그들의 경제발전을 위해서는 무역상의 우대조치가 필요하다고 주장해 왔다. 그들은 자기들의 관세율은 높게 유지하여 자국의 유치산업을 보호하고 자국 상품은 가능하면 관세를 적게 물고 선진국에 수출되기를 희망하였다. 이러한 개발도상국들의 희망은 일부 선진국들에 의하여 받아들여져 개발도상국에서 생산된 일정한 상품들이 선진국에 수출될 때 최혜국대우에 의한 것보다 더욱 낮은 관세율을 적용받게 되었다.[88] 개발도상국에 대한 특혜관세제도

---

87) 여기서 말하는 '실제지급가격'이란 상품의 구매자가 판매자에게 이미 지급하였거나 지급할 총액을 의미하며, 그것이 꼭 금액으로 표시되어야 하는 것은 아니다. 실제지급가격을 알 수 없을 때에는 이전에 수입된 동일한 상품의 판매가격을 거래가격으로 보며, 동일한 상품이 존재하지 않는 경우에는 유사상품(similar goods)의 가격을 참고한다.

88) Folsom, Gordon and Spanogle, pp.376-377.

는 선진국들이 개발도상국에서 생산되어 수입되는 공산품에 대한 수입관세를 감면해 주는 일반특혜관세제도(Generalized System of Preferences: GSP)가 있다. 일부 개발도상국들은 이러한 관세상의 특혜에 힘입어 공산품 수출을 크게 늘려 왔으나, 우리나라를 비롯한 선진개도국들은 이미 그 수혜대상에서 '졸업'(graduation)을 하였다.

무역특혜협정(Preferential Trade Agreement: PTA)이란 2개 이상의 국가가 상호 간에 관세 등 시장접근에 있어서 특혜를 부여하기로 함으로써 당사국 간에 무역자유화와 경제통합을 증진해 가기 위한 합의이다. GATT와 WTO에서 이러한 협정은 지역무역협정(Regional Trade Agreement: RTA)이라 부르고 있지만, 오늘날 PTA 협정은 특정한 지역의 국가 간에서만 체결되지 아니하며 오히려 차별적인 특혜무역을 내용으로 하므로 요즘에는 무역특혜협정(PTA)이란 말이 많이 사용되고 있다. PTA는 1948년에서 1990년 사이에는 70여 개가 효력을 발생하였으나, 2010년 현재 효력발생 중인 PTA가 300여 개에 이르는 등 크게 증가하고 있는바, 그 경제적인 효과와 WTO 협정과의 관계가 주목을 끌고 있다.[89]

III. 원산지규정

수입품의 관세를 정하는 데 필요한 하나의 단계로 수입품의 원산지(origin of goods)를 결정하는 문제가 있다. 최혜국대우의 일반화에도 불구하고 수입품의 원산지에 따라서 관세가 달라지는 경우가 종종 있기 때문이다. 특히 오늘날에는 생산공정의 국제화로 인하여 상품이 여러 국가를 거치면서 제조, 조립, 포장, 출고되는 경우가 많으므로, 어떤 국가를 당해 상품의 원산지(country of origin)로 결정할지 곤란한 경우가 자주 발생한다.[90]

본래 1947년 GATT협정은 체약국들이 원산지에 관한 법령을 제정할 때 고려할 원칙들을 제시하였으나, 허위표시와 오해 가능성이 있는 지리적 명칭의 사용을 금지하는 수준에 머물렀다(GATT협정 제9조). 따라서 각국이 자의적이고, 불투명하

---

89) Trebilcock, Howse, and Eliason, pp.83-84.

90) *Ibid.*, p.275.

며, 일관성 없는 규정을 적용함으로써 원산지 문제는 심각한 비관세장벽으로 등장하였다. 그러나 우루과이라운드를 통해 「원산지규정협정」(Agreement on Rules of Origin)이 WTO협정의 일부로 채택됨으로써 이러한 문제는 어느 정도 해결이 가능하게 되었다.

새로이 마련된 원산지규정협정은 원산지 결정을 위한 기본적인 조건과 절차들을 담고는 있으나, 통일된 원산지 판정기준은 WTO협정의 발효 이후 장관회의가 '관세협력이사회'(CCC)와 협력하여 마련하도록 하였다. 그 기본적인 원칙은 '상품이 완선히 취득된 국가'(the country where the good has been wholly obtained), 한 개국 이상이 상품 생산에 관련된 경우에는 상품의 '최종적인 실질적 변경이 이루어진 국가'(the country where the last substantial transformation has been carried out)가 원산지가 되어야 한다는 것이다(원산지규정협정 제9조).

‖ 제7절 ‖ 비관세장벽

I. 의 미

제2차 세계대전 이후 가트를 중심으로 이루어져 온 다자간무역협상의 결과 세계 각국 특히 선진국들의 관세는 대폭 낮아졌다. 이처럼 관세장벽이 낮아지면서 대신에 비관세무역장벽(nontariff trade barrier: NTBs)이 중요해졌다. 비관세장벽에는 건강과 안전관련 규정, 환경관련 규정, 표준관련 규정, 정부조달관련 규정, 통관관련 규정이 속한다.

1970년대 후반 동경라운드에서는 이러한 비관세장벽들을 제거하기 위한 협상이 진행되어, 보조금, 덤핑, 정부조달, 기술장벽, 관세평가, 수입허가에 관한 협정들이 체결되었다. 우루과이라운드에서는 기존의 비관세장벽 관련 규범들을 검토하여 보완하는 동시에 몇 가지 협정들을 추가하였다. 새로이 추가된 협정은 무역관련투자조치, 선적전검사, 원산지, 긴급수입제한조치, 무역관련지적재산권에 관한 것이다.[91] 여기에서는 환경과 공중보건 보호와 무역에 관한 기술장벽을 중심으로 살펴보기로 한다.

II. 환경과 공중보건 보호조치

1947년 GATT협정에 의하면 환경과 공중보건을 보호하기 위한 국내조치들도 최혜국대우, 내국인대우, 수량제한금지와 같은 협정의 일반원칙을 따라야 하였다. 그러나 GATT협정 제20조는 이러한 원칙에 대한 예외를 인정하였으니, 그 중에는 '인간·동물·식물의 생명과 건강보호에 필요한 조치'와 '유한한 천연자원의 보존에 관한 조치'가 포함되어 있어 환경과 공중보건을 위한 예외를 인정한 것으로 해석되었다.[92]

GATT 협정 제20조에 의하면 인간과 동식물의 생명 또는 건강을 보호하기 위한 조치와 유한한 천연자원의 보존에 관한 조치가 정당성을 갖추려면 두 가지 요소가 갖추어져야 한다. 하나는 조치가 갖추어야 할 조건에 관한 것으로 본문에 규정되어 있고, 다른 하나는 두문에 제시된 조건에 비추어 GATT의 일반원칙에 대한 예외조치에 해당하는지 살펴보는 것이다.[93] 조치가 갖추어야 할 조건은 우선 문제의 조치가 환경보호와 공중보건에 관한 것인지를 확인하는 것이다. 이어서 문제의 조치가 본문에 규정된 조건에 부합하는지를 분석해야 하는데, 그러한 조치들이 차별적(discriminatory)이거나 자의적(arbitrarily)으로 또는 권한을 남용하는 (abusively) 방식으로 적용되는 조치이어서는 아니 된다.[94]

WTO협정의 체결로 농·수·축산물 무역이 자유화되면서 위생 및 검역조치의 중요성이 크게 부각되었다. 이런 상황에서 각국이 자의적으로 위생기준을 도입하여 적용하게 되면 일종의 비관세장벽을 세우는 결과가 된다. 따라서 우루과

---

91) *Ibid.*, pp.94-95.

92) 법일반원칙에 대한 예외는 좁게 해석되어야 한다. GATT 원칙에 대한 환경관련 예외들은 가능한 한 좁은 범위에서 인정되어야 하며, 입증책임도 환경보호를 이유로 무역규제조치를 취한 국가가 부담한다. D. Wirth, "The Role of Science in The Uruguay Round and NAFTA Trade Disciplines," *Cornell Int'l L. J.*, vol.27, 1994, p.817이하; Folsom, Gordon and Spanogle, pp.479-480.

93) 한국국제경제법학회, 「신국제경제법」(중판), 박영사, 2014, pp.163-166.

94) Herdegen, p.204.

이라운드에서는 이에 대한 대비책을 마련하였으니, 「위생 및 검역조치협정」 (Agreement on the Application of Sanitary and Phytosanitary Measures: SPS협정)을 채택한 것이다.

위생 및 검역조치협정은 미국과 EU 간의 '호르몬쇠고기'(hormon-treated beef)를 둘러싼 장기간의 분쟁이 진행중인 가운데 무역에 대한 비관세장벽으로의 위생 및 검역조치의 남용을 억제하기 위해 체결된 것이다. 따라서 협정의 가장 중요한 관심사는 음식물의 순수성 유지를 위한 첨가물과 살충제 사용 및 기타 오염물질 사용을 어떻게 규제할 것인가 하는 것이었다.

위생 및 검역조치협정은 모든 위생 및 검역조치는 "과학적 원칙에 근거해야 하며 충분한 과학적 증거가 없이는 유지되어서는 안 된다"고 하였다. 따라서 과학적 실험이 중요한데, 일단 국제적으로 공인된 기관에서 만든 국제기준을 따르는 국내조치는 유효한 것으로 추정된다.[95]

호르몬쇠고기 분쟁

미국과 유럽 간의 호르몬쇠고기 분쟁은 1985년 12월 유럽공동체(EC)가 지침을 채택하여 축산에 호르몬기능을 수행하는 일부 물질의 사용을 금지하면서 시작되었다. 이어서 1988년 EU는 식품안전상의 이유로 성장촉진 호르몬으로 사육된 소로부터의 쇠고기의 수입을 금지하였다. 호르몬 쇠고기의 수입을 금지시킨 이 조치는 EU 회원국 간에서도 많은 논란을 불러일으켰으나, 회원국 간 정책을 조정해 가는 과정에서 호르몬 쇠고기의 수입을 전면 금지하기로 한 것이다. 미국은 EU의 이러한 조치는 타당한 과학적 근거를 갖추지 못하였기 때문에 무역에 대한 비관세장벽을 세운 것이라고 비난하였다. 미국은 1996년 캐나다와 함께 이 문제를 WTO 분쟁해결기구(DSB)에 제소하였다. 패널은 호르몬 투여를 이유로 쇠고기 수입을 금지한 EU의 조치는 과학적 근거가 없으며 SPS 협정의 의무를 위반한 것이라고 하면서, 호르몬 쇠고기 수입금지 조치의 해제를 요

---

95) SPS협정은 국제표준을 정하는 국제기관들을 언급하고 있는데, 건강보호라는 면에서 가장 중요한 것이 Codex Alimentarius Commission이다. 이 위원회는 1963년 유엔식량농업기구(FAO)와 세계보건기구(WHO)가 공동으로 설립하였다. 위원회는 소비자들의 건강보호와 공정한 음식물 거래를 목적으로, 음식물의 성분, 음식물 첨가제, 음식물 분류, 음식물 처리기술, 음식물 검사 및 처리시설에 관한 다자간 '선행'(good practice) 표준을 채택하고 있다. 1993년 현재 Codex는 187개 살충제와 523개 식물첨가물, 57개 식품오염물질을 평가하였으며, 3,019개 살충제의 최고잔류기준을 마련하였다. Wirth, p.482, note.28.

구하였다. WTO 분쟁해결기구의 판정에도 불구하고 EU가 호르몬 쇠고기 수입금지 조치를 해제하지 아니하자, 1998년 WTO는 미국과 캐나다로 하여금 EU에 대한 보복조치를 취하도록 승인하였는바, 양국은 EU산 농산물(미국은 116.8백만 달러, 캐나다는 11.3백만 캐나다 달러)에 대해서 보복 관세 조치를 취하였다. 그 후 2009년 5월 양측은 미국은 EU산 농산물에 대한 제재조치를 단계적으로 줄여나가고, EU측은 호르몬처리 않은 쇠고기의 무관세 수입물량을 단계적으로 늘려 나가기로 합의하였다. 그리고 2011년 5월 미국은 EU산 농산물에 대한 제재조치를 철회하기로 결정하였으며, 유럽의회는 2012년 3월 EU와 미국 간에 20년 이상 지속되어 온 호르몬 쇠고기 통상분쟁을 종료하는 것을 내용으로 하는 양측 간 합의안을 승인함으로써 분쟁은 최종적으로 해결되었다.

Ⅲ. 무역에 대한 기술장벽

1979년 GATT의 동경라운드에서는 다자간무역협상을 통해 「무역에 대한 기술장벽 협정」(Agreement on Technical Barriers to Trade: TBT협정)이 체결되었다. '표준협정' (Standard Code)이라고도 부르는 이 협정은 국가들이 자국의 표준제도를 의도적으로 까다롭게 하거나 다른 국가의 그것과 다르게 만들어 일종의 무역장벽으로 사용하는 것을 방지하기 위한 것이었다. 따라서 이 협정에서 어떤 표준의 타당성을 판단하는 가장 중요한 기준은 그 표준이 '무역에 대한 불필요한 장애'를 만들지 않았는가 하는 것이었다. 그러나 이 협정에는 가입한 국가가 적고 지방정부들에 대한 구속력이 확보되지 않아 실효를 거두지 못하였다.[96]

WTO체제에서는 「무역에 대한 기술장벽 협정」을 WTO협정 체제에 포함시켰다. 특히 기술규정과 표준의 범주에 '관련공정 및 생산방법'(PPMs)을 포함시켜서 기술규정과 표준, 적합판정절차가 무역장벽이 되지 않도록 하였다. 또한 지방정부들에게도 협정의 이행의무를 부과하였다.

---

96) Herdegen, p.480.

IV. 기타 비관세장벽

선적전검사(Preshipment Inspection)란 농산물이나 공산품을 수입할 때, 수입국이 자국의 정부기관 또는 중앙은행이 지정한 검사기관으로 하여금 상품의 품질·수량·가격의 적정성을 검사하게 하는 것이다. 선적전검사는 무역거래를 통한 자본의 해외도피를 차단하는 장점이 있는 반면에, 주로 개도국에 의해 이루어지는 선적전검사는 수출업자에게 시간적 지체와 과도한 비용(보세창고비용, 수수료, 서류비용)을 발생시켜 비관세장벽으로 변질될 우려가 있다.[97] WTO「선적전검사에 관한 협정」(Agreement on Preshipment Inspection: PSI협정)은 회원국에게 선적전검사 절차를 명료하게 하고 그러한 절차는 모든 수출업자들에게 평등하게 적용되어야 한다고 하였다.

수입허가란 외국으로부터 물건을 수입하는 경우 수입국의 관련 행정기관에 신청서 등 각종 서류를 제출하여 허가를 받도록 하는 제도이다. 이 제도는 때로는 외국상품의 수입을 막고 자국산업을 보호하는 비관세장벽이 된다. 이 제도의 투명성을 보장하기 위해 GATT시대에는 동경라운드를 통해「수입허가절차협정」(Agreement on Import Licensing Procedures)이 체결되었으나 일부 국가만이 가입하여 효과가 미미하였다.[98] 이제「수입허가절차협정」은 WTO협정의 일부로 편입되었다. 협정은 수입허가절차의 간소화와 투명성 보장을 위하여, 회원국들의 수입허가절차를 국제규범에 맞게 하고, 수입허가절차의 적용에 있어 중립성과 공평성이 보장되도록 의무화하였다. 또한 수입허가에 관련된 정보를 공표하고 신청서식 및 절차를 간소화하며, 자동수입허가제를 도입하도록 하였다.

무역관련투자조치란 기업으로 하여금 국산품이나 국내공급제품을 구매·사용하도록 하거나 수입제품의 구매·사용을 국산품의 수출과 연계시키는 등 외국인투자에 영향을 미치는 투자유치국의 조치들을 의미한다. 이러한 조치들은 국제투자를 방해하고 무역을 왜곡시키는 결과를 가져오므로 WTO에서는「무역관련투자조치협정」(Agreement on Trade Related Investment Measures: TRIMs)을 통하여

---

97) 대외경제정책연구원, pp. 204-208.
98) *Ibid.*, pp. 237-238.

이를 규제하게 되었다. 협정은 회원국들은 GATT 1994 제3조의 내국인대우와 제11조의 수량제한금지 규정에 어긋나는 투자관련 제한조치들을 적용하면 안 된다고 하였다(협정 제2조).

‖ 제8절 ‖ 공정무역규범

Ⅰ. 의미와 제도

오늘날의 국제무역질서는 일찍이 리카도(Ricardo)에 의해 체계화된 비교우위론에 입각하여 자유무역이 모든 국가에게 이익이 된다는 국제공동체의 신념에 기초해 수립되었다. 경제학자들은 유한한 자원의 최적배분은 오직 자유무역에 의하여 달성될 수 있다고 주장하지만, 자유무역은 공정한 경쟁을 보장하는 '공정무역의 원칙'(principles of fair trade)이 지켜지지 않는 한 공허한 구호에 그치게 된다.

공정무역이란 각국의 정부와 기업들이 국제적으로 합의된 기준을 준수하여 상품의 거래조건 간에 차별을 없이하며 기업들이 동등한 조건에서 경쟁하게 하는 것이다. 각국은 종종 자국기업들을 위하여 갖가지 지원제도를 마련하고 외국상품의 수입을 억제하기 위한 조치를 취함으로써 자국 상품의 경쟁력을 제고하고자 하였으며, 기업들은 의도적으로 자기 상품을 지나치게 낮은 가격에 판매하여 시장에서의 경쟁을 저해하는 경우가 많았다. GATT에 이어서 WTO는 자유무역과 함께 공정한 무역질서의 확립을 위한 제도들을 도입하여 국제무역이 국가나 기업의 이기심에 의하여 방해받지 않게 하였다.

국제사회는 공정한 국제무역을 위하여 몇 가지 제도를 마련하였다. 보조금 지급에 대해서는 '상계관세'(counterveiling duties: CVD)를 부과할 수 있게 하였으며, 덤핑이 있는 경우에는 시장의 왜곡을 방지하기 위하여 '반덤핑관세'(anti-dumping duties: AD)를 부과할 수 있게 하였다. 한편 외국 상품이 대량으로 수입되어 자국산업에 심각한 피해가 우려될 때에는 긴급수입제한조치를 취할 수 있게 하되 그러한 조치의 발동조건을 엄격히 제한하였다.

II. 덤핑과 반덤핑관세

1. 의 미

덤핑(dumping)이란 생산업자나 수출업자가 자국 내에서 통상적으로 거래되는 정상가격(normal price)보다 낮은 가격으로 상품을 수출하는 불공정한 무역관행이다. 과거에 국가들은 자국산업의 보호를 위해 덤핑행위를 엄격하게 규제하였는데, 미국은 1916년 처음으로 반덤핑법을 제정하면서 수입품을 그 생산지나 제3국에서의 판매가격보다 현저하게 낮은 가격으로 판매하는 행위를 형사범죄로 처벌하였다. 덤핑이 있는 경우에는 GATT와 WTO협정에 따른 반덤핑관세 부과 대상이 되는데, 체약국은 덤핑행위로 인하여 자국산업에 피해가 발생하였거나 피해 발생이 우려될 때에는 덤핑을 상쇄하거나 방지하기 위하여 덤핑마진(dumping margin)을 초과하지 아니하는 범위 내에서 반덤핑관세(Anti-Dumping Duties)를 부과할 수 있게 하였다.[99]

2. GATT와 WTO의 반덤핑협정

GATT협정은 덤핑으로 인한 피해를 상쇄할 목적의 반덤핑관세 부과를 허용하였다. 1979년 동경라운드에서 채택된 「반덤핑협정」(Antidumping Code)은 반덤핑조치가 자유무역에 대한 정당화될 수 없는 장애가 되지 않게 하기 위하여, 덤핑을 규제할 수 있게 하되 반덤핑관세가 사실상 보호무역의 수단이 되는 것을 방지하고자 하였다. 그러나 1979년 협정은 반덤핑조치를 취하는 당국이 따라야 할 일반적인 규칙과 최소한의 기준을 제시하는 데 머물렀다.

우루과이라운드에서 수출개도국들은 선진국들의 자의적인 반덤핑규제가 사라지기를 희망하였고, 선진국들은 덤핑행위를 보다 효율적으로 규율할 수 있는 제도가 도입되기를 원하였다. 우루과이라운드 결과 채택된 「GATT 1994 제6조의 이행에 관한 협정」(Agreement on Implementation of Article VI of the GATT 1994)은

---

99) GATT협정, 제6조 1, 2항.

덤핑판정 방법과 절차가 보다 명확하여지고 정상가격의 인정범위가 확대되어 수입국의 자의적인 가격산정을 통한 반덤핑조치 남용을 억제하는 방향으로 정리되었다.[100]

3. 판정기준

덤핑이란 어떤 상품의 수출가격이 정상가격보다 낮은 경우에 발생한다. 반덤핑협정은 한 국가로부터 다른 국가로 수출된 상품의 수출가격이 수출국 내에서 소비되는 동종상품에 대한 정상적 거래에서 비교가능한 가격보다 낮을 경우에 덤핑된 것이라고 하였다(반덤핑협정 제2조 1항). 협정에 의하면 이 협정에서 '동종상품'(like product)이란 동일한 상품 즉 문제의 상품과 모든 면에서 같은 상품 또는 문제의 상품과 매우 유사한 특성을 가지는 상품을 의미한다(동조 6항).

덤핑이란 어떤 상품의 수출가격이 정상가격보다 낮은 경우에 발생한다. 반덤핑협정에서 말하는 정상가격(normal price)이란 보통 수출국의 동종상품 가격을 말하지만, 이러한 국내가격이 없을 때에는 제3국 수출가격 또는 생산비에 판매경비와 적정이윤을 합산하여 산출하는 구성가격(constructed value)이 정상가격이 된다.

수출가격은 일정한 수출상품에 대하여 실제로 지불한 가격을 의미하는 것으로 본다. 그러나 구상무역(barter trade)이나 리스무역(lease trade)에서처럼 수출가격이 존재하지 아니하거나 수출자 및 수입자 또는 제3자 간의 제휴(association)나 보상약정(compensatory arrangement)으로 인하여 신뢰할 수 없는 경우에는, 수출가격은 수입품이 독립구매자에게 최초로 재판매되는 가격을 기초로 구성될 수 있으며, 독립구매자에게 재판매되지 아니하는 경우에는 당국이 결정할 수 있는 합리적인 기초에 의하여 수출가격을 구성할 수 있다(동조 3항).

반덤핑조치를 위한 전제조건인 덤핑피해로 인한 국내산업에 대한 피해의 판정은 명확한 증거에 기초하여 판단하되 덤핑수입물량과 덤핑수입품이 동종상품의 국내시장 가격에 미치는 영향, 수입품이 이러한 상품의 국내생산자에 미치는 결과를 검토해야 한다. 덤핑수입의 물량과 관련하여서는 절대적으로 또는 수입국의 생산 또는 소비에 비하여 상대적으로 덤핑수입품이 상당히 증가하였는지 여부

---

100) 대우경제연구소, p.85.

를 고려하며, 덤핑수입품이 가격에 미치는 영향과 관련해서는 수입회원국의 동종 상품의 가격과 비교하여 덤핑수입품에 의하여 상당한 가격인하가 있었는지를 고려한다(협정 제6조 2항).

Ⅲ. 보조금과 상계관세

1. 의 미

보조금(subsidies)이란 정책당국이 어떤 목표를 달성하기 위하여 산업이나 기업에게 제공하는 각종의 지원을 말한다. 각국 정부나 지방자치단체가 자국기업에게 보조금을 지급하게 되면 자국 산업은 경쟁력이 생기지만 시장의 가격메커니즘이 붕괴되어 시장질서를 교란하게 되므로, GATT와 WTO협정에서는 보조금 지급으로 피해를 입은 국가에게 보조금지급의 효과를 상쇄하는 상계관세(Countervailing Duties)를 부과할 수 있게 하였다.

보조금 지급은 정부주도로 수출증대를 통한 경제성장을 추진하는 개발도상국에서 주로 이루어져 왔다. 개발도상국들은 수출입 및 무역정책과 관련하여 전략산업에 대해서는 보조금지급 등 자국기업을 지원하기 위한 정책을 수립하여 집행하는 경우가 많기 때문이다. 하지만 선진국에서도 일부 전략사업에 대해서는 보조금 지급이 이루어지고 있다. 이는 미국과 EU 간 대형민간항공기 보조금분쟁을 통해서도 알 수 있다. 미국과 유럽연합은 서로 상대방이 에어버스사와 보잉사에 부당하게 보조금을 교부하였다고 비난하였던 것이다.[101]

2. GATT와 WTO의 보조금 협정

GATT협정은 개발도상국이 아닌 국가가 수출품에 보조금을 지급하는 것을 금지하였다. GATT시대의 보조금협정도 개발도상국이 아닌 국가의 일차상품을 제외한 모든 상품에 대한 보조금 지급을 금지하였다.[102]

---

101) Trebilcock, Howse, and Eliason, pp.295-296.

우루과이라운드에서는 보조금의 규율 강화를 주장한 선진국들의 입장을 많이 반영하였다. WTO「보조금 및 상계조치 협정」(Agreement on Subsidies and Countervailing Measures: SCM협정)은 보조금과 상계관세에 관한 내용들을 보다 상세하게 규정하였고, 개발도상국들에게 인정되어 온 예외는 궁극적으로는 일부 극빈국가에게만 인정되게 되었다.

3. 보조금

WTO협정의「보조금 및 상계조치 협정」은 제1부에서 보조금을 정의하여 정부나 공공기관에 의한 직접적인 자금이전, 정부세입의 포기, 정부에 의한 사회간접자본이 아닌 재화와 서비스제공, 정부자금 공여기관이나 민간기구를 통한 상기한 활동이라고 하였다(SCM협정 제1조).

SCM 협정에서 말하는 보조금의 존재를 위해서는 보조금의 교부 등으로 민간기업이나 특정한 산업에 '경제적 혜택'(benefit)이 부여되었어야 한다. 여기에서 말하는 '혜택'의 존재는 정부나 공공기관으로부터 재정적인 자원이 민간기업이나 특정한 산업으로 이동하여 이들이 구체적으로 경제적인 이득을 보았는가 하는 것을 살펴보아야 하는데, 특히 경제적인 '혜택'의 존재 여부는 시장기준에 입각하여 판단한다. '혜택'이 부여되었다는 판단을 위해서는 거래가 발생한 시장에서 통용되는 시장기준보다 유리한 조건으로 거래가 이루어진 것을 확인해야 하기 때문이다.[103] 만일 어떤 기업이 정부은행으로부터 자금을 대출받고 시장금리로 이자를 납부한다면 재정적 기여에도 불구하고 경제적 혜택은 존재하지 않을 것이나, 시장금리보다 매우 낮은 이자를 부담한다면 거기에는 경제적 혜택이 존재하는 것이다.

보조금 지급이 금지되려면 보조금에 특정성(specificity)이 있어야 한다. 따라서 특정성은 보조금의 금지여부를 판단하는 중요한 기준이 되는데, 보조금의 지급대상이 사실상 특정한 기업으로 제한되는 경우에는 특정성이 있다고 보아 금지된다. 구체적으로 말하면 공여기관이나 법률에 의해 일부기업에 국한된 보조금, 일부 특정한 기업에만 지급되는 보조금, 수출보조금, 수입품 대신 국산품을 사용

---

102) Henkin, p.1405.
103) Herdegen, p.246; 국제경제법학회, pp.304-306.

하는 데 따른 보조금은 특정성이 있는 것으로 인정되어 금지된다(협정 제2조).

4. 보조금의 종류

WTO의 「보조금 및 상계조치협정」은 보조금을 금지보조금(prohibited subsidies), 상계가능보조금(actionable subsidies), 비상계 또는 허용보조금(non-actionable sub-sidies)으로 분류하였다. 이러한 보조금은 교통신호에 비유하여 빨간불 보조금 (redlight subsidies), 노란불 보조금(yellowlight subsidies), 파란불 보조금(greenlight subsidies)이라고 부르기도 한다.[104]

협정 제2부는 '금지보조금'(prohibited subsidies) 또는 빨간불 보조금에 관한 것이다. 금지보조금에는 수출보조금(export subsidies)과 수입품 대신에 국산품을 사용하는 데 따른 수입대체보조금(import substitution subsidies)이 포함된다(SCM협정 제3조). 정부가 어떤 기업에게 그 부품을 수입품으로부터 국산품으로 교체하는 것을 조건으로 지급하는 보조금은 수입대체보조금의 가장 전형적인 예이다.[105] 금지보조금 지급으로 피해를 입은 국가는 협의를 요청할 수 있으며, 협의를 통한 해결이 불가능한 경우에는 분쟁해결기구(DSB)에 패널 설치를 요청할 수 있다(협정 제4조).

협정 제3부에는 '상계가능 보조금'(actionable subsidies) 또는 노란불 보조금에 관한 규정들이 들어 있다. 협정 제5조에는 상계조치가 가능한 다른 회원국에 대한 피해사례 3가지가 규정되어 있다. 그것은 다른 국가의 국내산업에 대한 피해, GATT 1994에 따른 양허 위반, 다른 국가의 이익에 대한 심각한 침해가 있는 경우이다(협정 제5조). 다른 국가의 이익에 대한 심각한 침해는 상품가액의 5%를 초과하는 보조금 지급, 특정산업의 영업손실 보전을 위한 보조금, 직접적 채무감면과 정부보유 채권의 면제 등이 있는 경우에 인정된다(협정 제6조). 상계가능보조금 지급으로 피해를 입은 국가는 이를 입증하는 서류를 첨부하여 당사국 간 협의를 요청할 수 있으며, 협의가 성과를 거두지 못하면 패널 구성을 요청할 수 있다(협정

---

104) McCartin, "Red, Yellow, or Green: GATT 1994's Traffic Light Subsidies Categories," *The Commerce Department Speaks on International Trade and Investment*, 1994, p.611; Folsom, Gordon and Spanogle, p.507.

105) *Ibid.*, p.508.

제7조).

협정 제4부는 '허용보조금', '비상계보조금'(non-actionable subsidies) 또는 파란불 보조금에 관한 규정이다. 상계조치가 허용되지 않는 보조금, 즉 비상계보조금에는 특정성이 없는 보조금과, 특정성은 있으나 허용되는 보조금인 연구활동에 대한 지원, 낙후된 지역에 대한 지원, 환경보호를 위한 지원이 포함된다(협정 제8조).

5. 상계관세

보조금의 존재가 확정되고 보조금을 받은 수입품이 피해를 초래한다는 최종판정이 이루어지면, 보조금이 철회되지 아니하는 한 상계관세를 부과할 수 있다(협정 제19조 1항). 일반적으로 상계관세는 특정한 회원국의 관세 양허표상의 관세율에 보조금교부에 따른 추가관세를 부과하는 방식으로 부과된다. 상계관세 부과의 요건이 충족된 경우 상계관세의 부과여부와 상계관세의 금액은 수입회원국 당국이 결정한다. 그러나 보조금 총액보다 적은 금액의 관세로도 국내산업에 대한 피해의 제거가 가능한 경우에는 보조금 총액보다 적게 상계관세를 부과한다(동조 제2항).

IV. 긴급수입제한조치

1. 의 미

오늘날 무역자유화가 이루어지면서 각국의 기업들은 자국시장에서도 수입품과 치열한 경쟁을 벌여야 한다. 선진국이나 한국과 같은 선발 개발도상국 기업들은 저렴한 임금을 바탕으로 저가 판매공세를 벌이는 외국기업들과의 경쟁에서 살아남기 위하여 중앙정부에게 그러한 물건의 수입을 막아 주도록 요청하기도 한다. 정부로서는 덤핑의 증거가 없고 외국정부로부터 보조금을 받았다는 증거도 없는 경우 반덤핑관세나 상계관세를 부과할 수는 없다. 이러한 경우 정부가 취할 수 있는 것이 긴급수입제한조치이다.[106]

GATT협정과 WTO협정의 일부인 「긴급수입제한협정」(Agreement on Safeguards: 세이프가드협정)은 예상치 못한 사태 진전이나 양허로 인하여 특정 상품이 한 국가에 대량으로 수입되어 자국산업에 심각한 피해(serious injury)가 초래되었거나 초래될 가능성이 있을 때에는 그 의무를 잠정 중단하거나 양허를 철회할 수 있게 하였다. 이것을 '세이프가드'(safeguard) 또는 긴급수입제한조치라고 하며 일종의 '도피조항'(escape clause)에 해당한다.

WTO 긴급수입제한협정은 GATT 시대에 만연하였던 '회색지대'(grey area) 조치들을 금지시키고, 모든 기존의 긴급수입제한조치들에 대하여는 '일몰조항'(sunset clause)을 도입하여 이들을 철폐하도록 하였다. 따라서 특정물품의 수입을 규제하는 긴급조치(emergency action)인 수출자율규제(voluntary export restraints: VER), 시장질서유지협정(oderly marketing arrangements: OMA) 및 기타 유사한 수출입 제한 조치들은 사라지게 되었다.

2. 내용과 한계

WTO의 「세이프가드협정」은 특정 상품의 절대적 또는 상대적 수입증가로 동종의 또는 직접경쟁물품을 생산하는 국내산업에 심각한 피해를 주었거나 심각한 피해위협이 있는 경우에 그 상품에 대하여 긴급수입제한조치를 취할 수 있게 하였다(세이프가드협정 제1조). 여기서 말하는 국내산업이란 수입국 내에서 영업을 하는 동종 또는 직접경쟁물품을 생산하는 생산자들을 말하며, 심각한 피해란 국내산업에 대한 중대하고 전반적인 손상을 의미한다(협정 제4조).

세이프가드조치는 심각한 피해를 예방하고 치유하며 조정을 가능하게 하는 선에서 허용된다. WTO는 Korea-Definitive Safeguard Measures on Imports of Certain Dairy Products 사건에서 세이프가드 조치는 그 형태에 관계없이 심각한 피해를 예방·구제하고 조정을 가능하게 한다는 목표에 적합한 방법으로 적용되어야 한다고 하였다.[107] 수량제한이 허용되는 경우에도 최근 3년간의 평균수입량

---

106) *Ibid.*, pp.556-557.

107) Korea-Definitive Safeguard Measures on Imports of Certain Dairy Products, para.96; Herdegen, p.419. "한국의 혼합분유 긴급수입제한조치" 사건을 요약한다. 혼합분유란 분유 75%에 쌀가루, 전분, 밀가루를 섞어 만든 제품으로 아이스크림, 발효유 등의 원료로 사용된다. 유럽연합에서는 200% 관세가 붙는 일반분유의 한국시장 진출이 어렵게 되자 관세 부과대상이 아닌 혼합분유를 대거 한국시장에 들여왔다. 이에 한국정부는 1997년 3월 7일

이하로는 감축할 수 없다. 세이프가드 조치는 최대한 4년을 초과할 수 없으나 특별한 사유가 있는 경우에는 연장 가능하며, 개발도상국에게는 최대한 10년까지 허용된다(협정 제5, 7, 9조). 일단 긴급수입제한조치의 대상이 되었던 물품에 대해서는 최소한 이전의 조치의 기간 이상이 경과하여야 다시 발동할 수 있으나, 적어도 2년은 경과되어야 한다(협정 제7조 5항).

세이프가드협정은 개발도상국에 대한 우대조치를 두었다. 개도국이 원산지인 물품이 관련물품의 수입에서 3% 이상을 차지하지 못하거나 3% 미만의 수입비중을 가진 개도국들로부터의 수입이 전체 수입의 9%를 넘지 않으면 개도국에 대해서는 긴급수입제한조치를 취할 수 없게 하였다(협정 제9조). 반면에 개발도상국들은 최대한 10년까지 긴급수입제한조치를 실시할 수 있다.

‖ 제9절 ‖ WTO에서의 분쟁해결

Ⅰ. GATT에서의 분쟁해결

「관세 및 무역에 관한 일반협정」(GATT)은 본래 '국제무역기구'(International Trade Organization: ITO)의 일부분을 형성하는 하나의 조약이었다. 그러나 ITO 설립은 좌절되었고, 1947년 채택된 GATT협정이 「잠정적용의정서」(Protocol of Pro-

---

부터 4년 기한으로 수입 혼합분유에 대해 수량제한조치를 실시하였다. 이에 대해 EU는 이와 같은 조치가 WTO협정에 위배된다는 이유로 동년 8월 WTO에 제소하였고, 1998년 7월 패널이 설치되었다. 패널에서는 수입으로 인한 국내 산업피해 입증 시 세이프가드 협정에서 규정한 개별적인 지표에 대한 검토가 불충분하였다는 것과 세이프가드 조치방법으로 수량제한 선택 시 검토가 불충분하였다는 것을 근거로 우리나라의 세이프가드 조치발동이 WTO세이프가드 협정에서 규정한 요건에 합치하지 않는다고 결론을 내렸다. 따라서 패널은 1999년 6월 21일 우리나라가 1997년 3월 이후 시행중인 혼합분유 수입제한조치(세이프가드조치)가 WTO 세이프가드협정의 일부규정에 합치하지 않는다고 판정하고 이를 동 규정에 합치시킬 것을 권고하였던 것이다. WTO 분쟁해결기구(DSB)에서도 2000년 1월 12일 우리나라의 혼합분유 긴급수입제한조치(세이프가드)가 WTO 규범에 일치하지 않는다고 판정한 패널 및 상소기구의 보고서를 최종적으로 채택하였다.

visional Application)의 채택으로 효력발생에 들어가면서, GATT는 갑자기 국제무역을 담당하는 국제기구가 되었다. 이처럼 국제무역기구(ITO)의 실패로 원래 하나의 조약에 불과하였던 GATT가 갑자기 세계무역의 관리자가 되다 보니, GATT는 분쟁해결제도를 제대로 갖추지 못한 상태에서 출발하게 되었다.

GATT협정에는 협의(consultation)와 합의(consensus)가 분쟁해결 수단으로 규정되어 있었다. 이 두 가지 중에서 처음에는 협의절차가 중요하였으나, 패널절차가 등장하면서 패널절차가 가트 내 분쟁해결의 표준적인 절차가 되었다.[108] 1960년대 이후 무역환경이 변하고 각종 비관세장벽이 등장하자 동경라운드에서는 GATT의 분쟁해결기능의 강화를 위하여「통고, 협의, 분쟁해결 및 감시에 관한 양해」(Understanding Regarding Notification, Consultation, Dispute Settlement, and Surveillance)를 채택하였으나 소기의 성과를 거두지는 못하였다.[109]

더구나 GATT는 일반적인 의사결정은 물론 분쟁해결에서도 컨센서스를 기초로 활동하였기 때문에, 패널은 패소국이 보고서의 채택을 '봉쇄'(block)하면 분쟁해결 보고서를 채택할 수도 없었다. GATT에서 패소국의 법적인 의무는 패널보고서 채택에 의하여 부과되므로 분쟁당사국이 보고서 채택을 봉쇄하는 경우에는 분쟁은 원초적으로 해결이 불가능하였던 것이다.

II. WTO의 분쟁해결제도

1. WTO 분쟁해결양해

분쟁해결제도의 개혁은 우루과이라운드 협상에서도 중요한 의제였는데「분쟁해결규칙과 절차에 관한 양해」(Understanding on Rules and Procedures Governing the Settlement of Disputes: DSU)가 채택되어 '분쟁해결기구'(Dispute Settlement Body: DSB)에 의한 단일화된 분쟁해결제도가 수립되었다. WTO에서의 분쟁해결

---

108) Trebilcock, Howse, and Eliason, pp.383-384.
109) *Ibid*., pp.384-385. GATT에는 회원국들이 이용할 수 있는 분쟁해결에 관한 절차규정이 몇 가지 있었다. 그중에서 중요한 것은 제22조의 협의와 제23조의 패널에 관한 규정이었으나, 실제로 분쟁을 해결하는 데에는 많은 약점을 안고 있었다.

은 협의, 패널에 의한 조사 및 보고서 작성, 상소기구의 재심, 패널 또는 상소기구 결정의 채택, 결정의 집행 등 다섯 가지 단계로 진행된다.[110]

WTO 분쟁해결제도의 특징은 다음과 같다. 첫째, 분쟁해결양해를 통해 독립된 패널에 의한 심리절차가 강화되고 상설항소제도가 도입되는 등 분쟁해결절차의 사법적 성격이 강화되었다. 우루과이라운드 협상 결과에 대하여 법의 외교에 대한 승리 또는 법률가들의 외교관들에 대한 승리라는 평가가 나올 정도로 분쟁해결제도에 법적인 성격이 강화되었고 동시에 법률가들의 역할이 중요해졌다. 둘째, 분쟁해결절차가 보다 제도화되었고 각 단계별로 엄격한 시간제한이 도입되어 분쟁해결절차의 신속성이 제고되었다. 셋째, WTO에서의 분쟁해결에서도 컨센서스에 관한 관념이 완전히 사라진 것은 아니지만 분쟁해결기구가 총의로 보고서를 채택하지 않기로 합의하지 않는 한 보고서는 채택되므로, GATT에서처럼 분쟁이 해결불능에 이르는 사태는 대부분 피할 수 있게 되었다.[111] 넷째, 패널이나 상소기구와 같은 법적인 해결방법 이외에 협의, 주선, 조정, 중개 등 당사국 간 외교적 해결도 사용된다.

2. 분쟁해결기구

WTO 분쟁해결기구(Dispute Settlement Body: DSB)는 WTO 일반이사회의 특별회의로서 '분쟁해결양해'에 제시된 분쟁해결 임무를 수행하기 위하여 소집된다. 분쟁해결기구는 자체 의장을 선출할 수 있으며 임무수행에 필요한 절차규칙을 마련한다(분쟁해결양해 제4조 3항).

분쟁해결기구(DSB)는 분쟁해결에 관한 규칙·절차와 관련협정들의 협의절차, 분쟁해결 규정들을 관리한다. 분쟁해결기구는 패널을 설치하고, 패널보고서와 상소기구 보고서를 채택하며, 판정과 권고의 이행을 감시하고, 관련협정상의 양해와 의무의 중지를 허가한다(양해 제2조).

---

110) Folsom, Gordon and Spanogle, p.79.

111) 패소국은 모든 다른 WTO 회원국을 설득하여 보고서 채택을 봉쇄할 수 있으나, 그것은 실제로 거의 불가능하다. 새로운 분쟁해결제도는 패소국이 자국에게 불리한 패널보고서 채택을 봉쇄함으로써 법적인 의무를 회피할 수 있는 길을 차단함으로써 '구속력 있는'(binding) 제도가 된 것이다.

III. 협의절차

분쟁당사국 일방의 협의(consultation) 요청이 있게 되면, 협의를 요청받은 국가는 요청서를[112] 접수한 날로부터 10일 이내에 응답하고, 30일 이내에 상호 간에 만족할 만한 해결책에 도달하기 위한 협의에 응하여야 한다. 협의를 요청받은 국가가 요청서를 접수한 지 10일 이내에 응답하지 않거나 30일 이내에 협의가 시작되지 않으면 협의를 요청한 국가는 패널 설치를 요구할 수 있다(양해 제4조 3항).

협의과정에서 회원국들은 분쟁이 만족스럽게 조정될 수 있도록 시도하여야 하며, 협의는 비밀로 진행된다(동조 5, 6항). 협의요청 접수 후 60일 이내에 분쟁해결에 실패하면 협의요청국은 패널설치를 요구할 수 있다.[113]

부패하기 쉬운 물건이 포함된 경우 등 상황이 급박한 경우에는 요청이 접수된 지 10일 이내에 협의절차를 개시하여야 하며, 요청이 접수된 날로부터 20일 이내에 분쟁해결에 실패하면 제소국은 패널설치를 요구할 수 있다(동조 8항).

IV. 패널절차

제소국이 패널설치를 요구하면 분쟁해결기구에서는 패널을 설치한다. 패널위원은 충분한 자질을 갖춘 정부인사 또는 비정부인사들로 구성되며, 분쟁당사국 국민은 분쟁당사국 간에 별도의 합의가 없는 한 패널에 참가할 수 없다(양해 제8조 1항, 2항, 3항). 패널은 3인의 위원으로 구성하지만, 패널구성 10일 이내에 당사국들이 합의하면 5인으로 구성할 수도 있다(동조 5항). 사무국이 패널의 명단을 제시하면 당사국들은 특별한 사유가 없는 한 이를 받아들인다(동조 6항).[114]

---

112) 협의요청국은 요청을 분쟁해결기구와 관련 이사회 및 위원회에 통보해야 한다. 모든 요청서는 서면으로 제출되며, 문제가 되는 조치와 제소의 법적인 근거를 제시해야 한다. 양해 제4조 4항.

113) 협의가 진행 중인 60일 동안에도 협의국가들은 협의가 실패하였다고 생각하는 경우 패널설치를 요구할 수 있다. 양해 제4조 7항.

114) 개발도상국과 선진국 간 분쟁의 경우에는 개발도상국이 요청하면 최소한 개발도상국인 회원국 국민 중의 한 사람을 패널리스트로 임명한다. 양해 제8조 10항.

패널은 관련규정에 따라 제소국이 제기한 문제점을 검토하고, 분쟁해결기구가 WTO 협정에 규정된 권고나 판정을 내리는 데 필요한 조사보고서를 작성·제출한다(양해 제11조). 패널은 분쟁당사국과 협의하여 1주일 이내에 패널 일정을 정하되 분쟁당사국이 답변서를 제출할 수 있는 충분한 시간을 주어야 한다(양해 제12조 3항). 분쟁당사국들이 상호 간에 만족스런 해결에 도달하지 못하면, 패널은 그에 관한 서면보고서를 분쟁해결기구에 제출한다. 서면보고서에는 분쟁사실 및 관련 규정들과 패널의 제안을 수록한다(동조 7항).

패널이 구성되어 분쟁당사국에게 최종보고서를 전달하기까지의 기간은 최대한 6개월을 넘으면 안 된다. 그러나 부패하기 쉬운 물건과 같이 긴급한 사안인 경우에는 3개월 이내에 보고서를 제출해야 한다(양해 제8조).[115] 어떤 분쟁당사국이 분쟁해결기구에 상소의사를 통보하거나 분쟁해결기구가 총의로 보고서를 채택하지 않기로 결정하지 않는 한, 패널보고서는 회원국에게 회람된 날로부터 60일 이내에 분쟁해결기구에서 채택된다.

V. 상소절차

WTO 분쟁해결제도에서 상소절차는 패널의 법적 쟁점에 대한 입장과 해석을 통일하여 법적문제에 대한 WTO의 입장을 정리하는 중요한 절차가 되었다. 과거 GATT시절 유사한 사안에 대한 패널보고서가 종종 일관되지 못하고 모순되어서 오히려 혼란을 초래하였던 것을 감안하면, WTO 분쟁해결제도에 상소제도가 도입된 것은 법적으로 커다란 발전이라 할 수 있다.

상설상소기구(Standing Appellate Body: SAB)는 분쟁해결기구(DSB)에 의하여 설치되며, 패널사안으로부터의 상소를 심의한다. 상소기구는 7인의 위원으로 구성되며, 이들 중 3인이 하나의 부(division)를 형성하여 하나의 사건을 담당한다(양해 제17조 1항). 분쟁해결기구는 4년 임기의 상소기구 위원으로 임명되며 각 상소기구위원은 1차에 한하여 연임할 수 있다. 상소기구는 법률, 국제무역 및 대상협

---

115) 정해진 기간 내에 보고서 제출이 어려울 때에는 패널은 분쟁해결기구에 서면으로 지연 사유와 보고서 발간까지 소요되는 추정기간을 통보해야 한다. 양해 제9조.

정 전반의 주제에 대하여 입증된 전문지식을 갖춘 인정된 권위자로 구성된다. 상소기구위원은 어느 정부와도 연관되지 아니하며, 세계무역기구 회원국을 폭넓게 대표하도록 구성한다(동조 3항). 패널의 경우와는 달리 상소기구 위원들은 그 국적은 문제가 되지 아니하며, WTO 회원국을 폭넓게 대표하도록 함으로써 지역적인 안배와 법제도의 다양성을 고려하도록 하였다.

상소기구에 상소할 수 있는 자격은 분쟁당사자에게만 인정되며 패널보고서에 대하여 상소할 수 있을 뿐이다. 상소기구의 업무는 패널보고서에서 다루어진 법률문제 및 패널이 행한 법률해석에만 국한된다(양해 제13조 6항). 상소절차에서 사실에 관한 문제는 제외되며, 분쟁당사국이 제기한 문제라고 할지라도 패널에서 다루어지지 아니한 문제는 배제된다.

분쟁해결양해 제17조 14항은 상소기구보고서가 회원국에게 배포된 후 30일 이내에 분쟁해결기구가 컨센서스로 동 보고서를 채택하지 아니하기로 결정하지 아니하는 한, 분쟁해결기구는 이를 채택한다고 하였다. 상소절차에서는 법률문제와 패널에 의한 법률해석의 문제만을 다루므로, 패널절차에 비하여 상당히 신속하게 절차가 진행된다.

VI. 권고와 판정의 이행

패널보고서나 상소기구보고서가 분쟁해결기구(DSB)에서 채택되면 이는 분쟁해결기구에 의하여 이행된다. 분쟁의 효과적인 해결을 위해서는 분쟁해결기구의 권고 또는 판정을 신속하게 이행하는 것이 중요하다. 따라서 패널 및 상소기구는 보고서에서 문제의 조치가 대상협정에 일치하지 않는다고 판단하는 경우에 관련 회원국에게 동 조치를 그 대상협정에 합치시키도록 권고하며 권고를 이행할 수 있는 방법을 제시하기도 한다(양해 제19조 1항). 그러나 분쟁해결기구의 권고와 판정은 이행에 대한 권고일 뿐이며 구체적인 이행방법은 당해 국가가 정치적·경제적·사회적 여건을 감안하여 결정한다.

분쟁해결기구는 기구에 의해 채택된 권고 및 판정의 이행상황을 감독한다. 권고 및 판정의 준수를 위한 조치가 취해지고 있는지 여부 또는 동 조치가 대상협정에 합치하는 지 여부에 대하여 갈등이 있는 경우에는 분쟁해결절차를 이용하여 결정한다(동조 5항).

VII. 결 론

GATT는 본래 국제기구로 예정되어 있었던 것이 아니기 때문에 그 분쟁해결절차는 비효율적일 수밖에 없었다. 반면에 WTO의 분쟁해결절차는 비교적 효율적이어서 상당히 많은 분쟁들이 부탁되고 있다.

1995년 1월 WTO 체제가 출범한 이래 2004년 말까지 그 분쟁해결절차에 부탁된 무역분쟁 건수는 총 324건에 달하였다. GATT 체제가 유지되던 47년간 그 분쟁해결절차에 부탁된 건수가 총 155건이었던 것과 비교하면 엄청나게 많은 사건이 부탁되고 있음을 알 수 있다. 그간 우리나라는 20건을 제소하고 제소당한 것이 13건이어서 총 33건의 분쟁의 당사자이었다.

제12장

국제환경법

‖ 제1절 ‖ 서 론

Ⅰ. 국제환경법과 환경의 정의

최근 국제사회에서는 지구의 환경이 직면한 위험에 대한 우려가 크게 높아져 가는 가운데 대기오염과 해양오염, 자연생태계의 파괴와 같은 갖가지 환경파괴는 국가 간의 관계는 물론 사람들의 생활관계에도 직접적으로 영향을 미치는 중요한 국제적인 관심사가 되었다.[1] 오늘날 국제환경법(international environmental law)이 국제법의 주요한 분야의 하나로 등장한 것도 바로 이러한 배경에서이다.

국제환경법이란 환경보호와 관련하여 발달해 온 국제법원칙이 적용되는 국제법의 한 분야라고 정의할 수 있다.[2] 그럼에도 불구하고 국제환경법에 대한 권위있고 통일된 정의는 아직 존재하지 않는다. 그 이유는 국제환경법의 역사가 비

---

1) Malcolm. N. Shaw, *International Law*, 7th edition, Cambridge University Press, 2014, p.613.

2) Patricia W. Birnie and Alan E. Boyle, *International Law and the Environment*, Clarendon Press, 1992, p.1.

교적 짧고, '환경' 등 핵심적인 개념에 대한 정의가 아직 확실하게 정립되지 않았기 때문이다.

우선 '환경'(environment)의 의미를 분명히 정의하는 것이 중요한데, 이 추상적인 용어는 법적으로 명확한 정의가 어렵다. 따라서 많은 환경관련 조약이 있지만 '환경'에 관해 명확한 정의를 도입한 조약은 발견하기가 쉽지 않다. 사전을 보면 환경은 "생물이나 인간을 둘러싸는 바깥의 모든 것 가운데 생물이나 인간의 생존 및 행동과 관계있는 여러 요소와 조건의 전체"라고 정의되어 있다. 그러나 엄격한 의미에서 환경의 의미는 시대에 따라 달라져 왔다. 특히 콩트가 "모든 유기체의 생존에 필요한 외부조건 전체"라고 정의하고 라마르크가 「동물철학」(1809)에서 생물과 환경문제를 다룬 이후 생태학적 연구가 진척되면서 환경은 생태계 개념으로 확대되었다.[3] 하지만 국제사법재판소(ICJ)는 1996년 「핵무기의 위협과 사용의 합법성에 대한 권고의견」(Advisory Opinion on the Legality of the Threat or Use of Nuclear Weapons)에서 환경은 추상적인 개념이 아니라고 하면서 국가의 환경보호의무 역시 구체적인 대상에 관한 것임을 밝힌 바 있다.[4] 국제환경보호에 대처하는 데 있어서 국제법이 직면한 개념적인 문제 중의 하나는 국제법의 '국가중심적 성격'(state-oriented nature)이었다. 전통적인 국제법에서 국가는 자신의 불법행위로 인하여 발생한 손해에 대해서만 책임을 부담하도록 되어 있었는데, 이러한 구조는 실제피해의 발생 여부와 책임의 귀속 및 비국가행위자의 책임 문제 등의 어려움으로 환경문제의 해결에 부적합한 것으로 인식되게 되었다.[5]

환경에 대한 정의를 둔 국제조약으로는 1993년 유럽평의회(Council of Europe)의 「환경에 위해한 활동으로 인한 손해에 대한 민사책임협약」이 있다. 그 제2조 10항은 환경을 "대기, 물, 흙, 동물, 식물과 같은 생명체 또는 무생명체인 모든 천연자원과 그러한 요소 간의 상호관계, 문화유산의 일부를 형성하는 재산, 풍경의

---

3) http://kr.dictionary.search.yahoo.com/search/dictionary(2010/02/04). 환경이란 개념은 전체 생태계에서부터 보잘것없는 미생물의 서식처에 이르기까지 다양한 부분들의 전체 또는 일부를 포함할 수 있으므로 누구나 쉽게 이해는 하지만 그 누구도 자신 있게 정의하기는 어렵다. Lynton Keith Caldwell, *International Environmental Policy and Law*, Duke University Press, 1980, p.170.

4) *The Legality of the Threat or Use of Nuclear Weapons, Advisory Opinion, ICJ Reports*, 1990, para.29.

5) Shaw, p.614.

특징적인 측면을 포함한다"고 하였다. 이처럼 광범위한 정의를 채택하게 되면, 환경에는 자연과 문화유산(1972 세계문화자연유산협약), 동식물 종과 서식처 보호(1992 생물다양성보호협약), 오염방지(1972 런던덤핑협약과 1979 LRTAP) 등이 모두 포함된다. 그런데 환경관련 국제법이 부분적인 오염과 보존을 위한 조약으로부터 생태계와 전체적인 환경보호 쪽으로 발전이 이루어지고 환경오염관련 책임과 보상 및 협약의 준수 문제에 대한 관심이 높아지면서 환경에 대한 정의는 더욱 확대되어 가고 있다. 그 결과 오늘날 국제환경법은 천연자원과 생물다양성의 보존과 지속가능 사용, 멸종위기의 또는 이동성 종의 보존, 사막화방지, 남극과 자연유산 보존, 해양과 국제수역 보호, 대기와 기후 및 오존층보호, 인간건강과 생활의 질 보호 등도 포함할 정도로 확대되었다.6)

II. 개발과 환경보호의 조화: 지속가능개발

환경보호와 경제개발요구 간의 관계는 국제환경법의 발달에 있어서 중요한 요소이었다. 과거에 많은 사람들은 경제성장과 환경파괴는 불가분의 관계에 있다고 보았었다. 그러나 오늘날에는 환경적으로 건강하고 지속가능한 개발이 가능할 뿐 아니라 그렇게 되어야 한다는 주장이 우세해졌다.

환경보호와 경제성장이 동시에 도달될 수 있다는 '지속가능개발'(sustainable development) 개념은 일찍부터 모색되어 왔다. 1948년 유엔의 후원 아래 설립된 국제자연보전연맹(International Union for Conservation of Nature and Natural Resources: IUCN)은 1980년 생태계의 지속가능개발 전략을 작성한 바 있으며, 1982년 유엔총회가 채택한 세계자연헌장 역시 자원의 최대지속적 생산을 목적으로 삼았었다.7) 특히 1972년 유엔인간환경회의에서 채택된 「스톡홀름선언」에 이어서, 1992년 「환경과 개발에 관한 리우선언」(Rio Declaration on Environment and Development) 원칙 2는 국가의 천연자원에 대한 주권적 권리와 환경보호의무를 동시에 규정하였다.8)

---

6) Malcolm D. Evans, *International Law*, 4th edition, Oxford University Press, 2014, pp.689-690.
7) Birnie and Boyle, p.4.

경제개발과 환경보호 간의 균형은 오늘날 국제사회가 직면한 중요한 도전의 하나로, 국가주권의 원칙과 국제협력의 필요라는 충돌되는 이익을 조화시키는 데 관한 문제이다. 또 하나 제기되는 문제는 현세대의 개발이익과 미래세대의 이익을 조화시키는 문제이다.9) 일찍이 브런트런드위원회(Brundtland Commission)가 *Our Common Future* 보고서에서 언급한 대로, 미래세대의 필요를 충족하는 능력을 해하지 아니하면서 현세대의 필요를 충족케 하는 개발이 중요한 의미를 갖는다. 그 후 지속가능개발을 위한 법의 역할과 관련하여 와이스(Edith B. Weiss) 교수는 세대 간 형평(intergenerational equity 또는 equity between generations) 이론을 제시하면서 이행방안도 제시한 바 있다.10)

환경보호를 위하여 국제법이 기업과 국제기구에게 일정한 법인격을 부여하였듯이, 일부 법률가들은 생태계에 법인격을 부여하는 문제를 검토하였다. 1982년 해양법협약이 '인류의 공동유산'(common heritage of mankind)이라 하여 심해저에 특별한 법적 지위를 부여하였던 것처럼, 환경보호에서도 유사한 해결책을 발견할 수 있으리라는 기대가 있었지만, 지구의 생태계에 어떤 법인격을 부여하는 것이 결코 용이한 일은 아니다.11)

---

8) 1992년 리우에서 채택된 '환경과 개발에 관한 리우선언'(Rio Declaration on Environment and Development) 원칙 2는, 국가들은 자국의 환경 및 개발정책에 따라 각국의 자원을 개발할 수 있는 주권적 권리를 가지는 동시에 자국에서의 활동이 다른 국가의 환경에 피해를 주지 않도록 할 책임을 진다고 하였다.

9) Shaw, p.617.

10) 와이스 교수는 현세대는 지구의 자원을 사용·개발할 때 미래세대의 이익도 고려해야 하지만, 현재는 미래세대를 대표하는 기관이 없으므로 미래세대의 이익을 희생시켜 가며 자원을 마음대로 사용해 왔다고 하였다. 이러한 자원남용은 자원의 고갈이나 질의 저하를 통해 미래세대의 이익을 침해하는바, 자원의 질과 자원사용수단을 유지하는 데 관한 현세대의 미래세대에 대한 법적인 의무를 인정할 것을 주장하였다. 특히 옴부즈만(Ombudsman) 제도의 도입 등 이행방안도 제시하였다. Edith Brown Weiss, *In Affairs to Future Generations: International Law, Common Patrimony and Intergenerational Equity*, United Nations University, 1989 참조.

11) Alexander Kiss and Dinah Shelton, *International Environmental Law*, Transnational Publishers Inc., 1991, pp.9-10.

Ⅲ. 국제환경법의 목적과 범위

과거에 환경법은 인간의 건강과 복지를 보호하는 것을 목적으로 하여 인간중심적이라는 비판을 받아 왔다. 반면에 오늘날에는 환경피해의 범위를 확대하여 사람에 대한 유해성 여부와는 관계없이 자연환경에 대한 피해나 간섭이 있는 경우에는 이를 보호하여야 한다는 입장이 국제협약 등을 통하여 널리 받아들여져 가고 있다. 1992년 생물다양성협약에서 보듯이 천연자원의 보존을 직접적인 목적으로 하고 사람에 대한 피해방지는 간접적인 목적으로 하는 국제협약들이 속속 등장하는 등 국제환경법의 지평이 넓어져 가고 있는 것이다.12)

국제환경보호(international environmental protection)란 오염의 방지와 축소 또는 자연과 천연자원의 보존과 합리적 사용을 위하여 국제적인 차원에서 취해지는 국가들의 조치이다. 오늘날의 환경문제로는 대기오염, 해양오염, 지구온난화, 핵과 기타 유해물질에 의한 오염, 야생동식물 멸절 등의 문제를 들 수 있는데, 이러한 문제들은 두 가지 측면에서 국제적인 관심사가 된다. 하나는 한 국가에서 발생한 오염물질이 다른 국가에게 피해를 주는 초국경적 오염(transboundary pollution)의 문제이며, 다른 하나는 오존층 파괴나 지구온난화에서 보듯이 오염의 발생과 실제 피해 간에 인과관계를 명확히 밝힐 수가 없는 국제적인 성격과 문제의 심각성을 고려하여 모든 국가들의 국제협력이 요구되는 전 지구적 문제이다.13) 전자의 사례로는 트레일제련소 사건, 구소련의 체르노빌 핵발전소 사건, 산도스 사건 등을 들 수 있는데, 여기에서는 국가의 환경피해방지의무와 국제협력의 원칙 등이 주요 관심사이다.14) 반면에 인류의 공동영역 보존을 위한 후자에서는 지구온난화나 오존층파괴와 같은 대기오염방지, 해양오염과 수질오염방지, 생물다양성 보존, 유해폐기물과 같은 오염원규제와 같은 주제들이 다루어지며, 환경보호를

---

12) Lori F. Damrosch, Louis Henkin, Richard Crawford Pugh, Oscar Schachter, and Hans Smit(이하에서는 Damrosch), *International Law: Cases and Materials*, West Publishing Co., 4th edition, 2001, pp.1509-1510.

13) Shaw, pp.613-614.

14) Zygmunt J. B. Plater, Robert H. Adams & William Goldfarb(이하에서는 Plater), *Environmental Law and Policy: Nature, Law, and Society*, West Publishing Co., 1992, p.998.

위한 국제협약의 마련과 효율적인 이행체제 구축이 주요 관심사가 된다.[15]

‖ 제2절 ‖ 국제환경법의 역사

Ⅰ. 개 관

국제환경보호 운동은 환경보호에 관심을 가진 지식인들을 중심으로 시작되었으며, 환경과 생태계의 보존이 인류 전체의 이익이라는 인식이 퍼져 가면서 확산되었다. 그러나 20세기 초까지 국제환경운동의 관심은 이동성야생동물(migratory wildlife) 보호를 위한 국제협력 차원에 머물러 있었다.[16]

국제환경보호의 필요성에 대한 주장은 1960년대 후반에 이르러서야 본격적으로 분출되기 시작하였다. 거기에는 몇 가지 이유가 있었다. 첫째, 이전에는 산업발전에 따른 환경오염과 피해가 대규모로 진행된 적이 없었다. 둘째, 국가들은 국제관계를 주권국가간의 관계로 보는 전통적인 접근방법을 취하여 경제적·정치적·이념적 국가이익 추구에 집착하였기 때문에 다른 국가가 그 공간과 자원을 어떻게 관리하는가 하는 데에는 별 관심이 없었다. 셋째, 대중의 여론도 산업발전이 환경에 미치는 영향에 민감하지 않았다.[17]

환경보호를 위한 국제사회의 대응방식에도 그사이 많은 변화가 있었다. 1972년 스톡홀름선언은 지구상의 자원들은 현세대와 미래세대의 이익을 위해 보호되어야 한다고 하여 인간중심적인 태도를 보였었다. 그 후의 국제조약들은 점차 환경을 구성하는 갖가지 요소들의 '본래가치'(intrinsic value)를 인정하였으며, 1982년 「세계자연헌장」(World Charter of Nature)은 모든 생명체들은 인간에 대한 가치와 관계없이 존중되어야 한다는 입장을 취하였다.[18]

---

15) Shaw, pp.617-618; 인터넷자료, 네이버 지식백과, 시사상식사전, 박문각, 2016.6.25.

16) Caldwell, p.22.

17) Antonio Cassese, *International Law*, 2nd edition, Oxford, 2005, p.482.

18) Kiss and Shelton, pp.11-12.

국제환경법 발달에는 몇 가지 중요한 계기가 있었다. 1972년 스톡홀름에서 열렸던 유엔인간환경회의(United Nations Conference on the Human Environment: UNCHE)는 환경에 관한 새로운 패러다임을 세우고 환경정책을 국제적인 관심사가 되게 하였으며,[19] 1992년 브라질 리우에서 열렸던 유엔환경개발회의(United Nations Conference on Environment and Development: UNCED)는 지속가능 개발이란 목표 아래 보편적 환경보호를 위한 조치의 필요성에 대해 공감대를 이루는 계기가 되었다. 국제환경법의 발달과정은 이러한 중요한 사건들을 기준으로 시기를 나누어 살펴볼 수 있다.[20]

II. 스톡홀름회의 이전

국제환경보호에 있어서 스톡홀름으로 가는 길은 100년 전인 1872년 스위스가 유럽의 이동성조류 보호를 위한 국제규제위원회 창설을 제의하면서 시작되었다. 이동성조류 보호를 위한 국제협력은 민간단체들이 각국 정부에 멸종위기의 철새보호를 요청하면서 시작되었으며, 20세기 중반 이전에 체결된 환경보호 관련 조약 중에는 조류의 남획금지 등 야생동물 보호를 목적으로 하는 조약들이 많았다.[21] 물개와 고래 같은 해양생물자원의 보존도 일찍부터 국제적인 관심 대상이었다. 그중에서 베링해 물개의 보호는 성공적이었다.[22]

---

19) Caldwell., p.21. 콜드웰은 스톡홀름회의를 계기로 지구의 자원은 유한하며, 인간은 잠시 지구의 보호자로 머물고 있을 뿐이라는 '새로운 환경 패러다임'(new environmental paradigm)이 등장했다고 하였다. 패러다임이란 사람들의 세계관을 표현하는 것으로, 천동설에서부터 코페르니쿠스의 지동설로의 이동은 패러다임 이동(paradigm shift)의 대표적인 사례이다.

20) Malcolm D. Evans, *International Law*, 2nd edition, Oxford, 2006, p.660.

21) Caldwell, pp.31-34. 1902년 3월 파리에서는 11개국이 European Convention Concerning the Conservation of Birds Useful to Agriculture를, 미주대륙에서는 1916년 Canadian-American Treaty for the Protection of Migratory Birds가 체결되어 이동성조류를 보호하고자 하였으며, 1940년에는 Convention on Nature Protection and Wild Life Preservation in the Western Hemisphere가 체결되어 당사국들은 공원과 보호구역을 설치하였다.

22) *Ibid.*, pp.34-37. 베링해 물개는 그 80%가 미국령인 프리빌로프(Pribilof) 섬에서 태어나는데, 1911년 7월에 체결된 관련 협정에 의해 성공적으로 보호되었다.

'생태계'(biosphere) 개념이 국제환경보호 정책의 중심에 등장한 것은 20세기 중반 이후의 일이다. 본래 생태계 개념은 프랑스의 라마르크(Lamarck)에 의해 형성되었으며, 그 명칭은 오스트리아의 지질학자 Edward Suess가 붙였다. 러시아 광물학자 베르나드스키(V. I. Vernadsky)는 생태계 이론을 더욱 발전시켜 생명의 영역인 생태계는 상공의 낮은 부분인 대류권(troposphere), 해양과 같은 수계(hydrosphere), 지표에서 3km 지하까지의 지각(lithosphere)을 포함한다고 하였다. 그 외에 샤르뎅(Pierre Teilhard de Chardin)과 러블록(J. E. Lovelock)은 생태계이론을 더욱 발전시키고 전파하였다.[23] 생태계이론은 다양한 생태계 요소 간의 상관관계를 밝히고, 생태계까지 바꿀 수 있게 된 인간의 능력을 강조하며, 인간이 생태계를 파괴하는 경우 그 결과는 예측할 수 없다는 점을 지적하여 국제환경보호 정책에 많은 영향을 주었다.[24] 생태계이론의 입장에서 지구의 환경위기를 경고한 책에는 레이첼 카슨(Rachel Carson)의 『침묵의 봄』(Silent Spring), 로마클럽의 『성장의 한계』(The Limits to Growth), 러블록(Lovelock)의 『가이아』(Gaia) 등이 있다.

국제환경보호운동을 주도해 온 비정부간기구들은 제2차 대전 이후 보다 체계화되었다. 1948년 유네스코가 소집한 회의에서는 중요한 환경관련 비정부간기구인 '국제자연보호연맹'(IUCN) 헌장이 채택되었으며, 미국에서는 National Audubon Society, Sierra Club과 같은 민간기구들이 탄생하였다. 한편 1968년 10월 파리에서 개최된 '생태계회의' 즉 '생태계자원의 합리적 사용과 보존을 위한 과학적 기초에 관한 정부간 전문가회의'(Intergovernmental Conference of Experts on a Scientific Basis for a Rational Use and Conservation of Resources of the Biosphere)는 결의를 채택하였다.[25]

---

23) *Ibid.*, pp.24-26.
24) *Ibid.*, pp.26-27.
25) *Ibid.*, pp.26-27, 42-45. 생태계회의는 유네스코(UNESCO) 후원으로 파리에서 열렸는데, 62개 국가와 많은 국제기구 대표들이 참가하였다. 최종보고서는 생태계 보존을 위한 연구와 자원운용계획 수립에 있어서의 국제협력을 강조하고 생태계 자원의 합리적 사용과 보존을 위한 정부간·학제간 계획의 수립을 권고하였다.

III. 스톡홀름회의부터 리우회의까지

1. 스톡홀름회의

1972년 6월 5일 스톡홀름에서 개최된 '유엔인간환경회의'(United Nations Conference on the Human Environment: UNCHE)에는 114개국이 참가하여 26개의 원칙(principle)을 남고 있는 '인간환경선언'(Declaration on Human Environment: 스톡홀름선언)과 109개 권고를 담고 있는 '행동을 위한 권고'(Recommendations for Action: 행동계획)를 채택하였다. 이들은 법적 구속력이 있는 조약은 아니지만 국제환경법의 보편적인 원칙들을 밝히는 중요한 문서가 되었다.

스톡홀름회의의 성과는 다음과 같이 요약할 수 있다. 첫째, 스톨홀름회의는 생태계보호를 국제법의 공식의제로 올려놓았다. 이전에는 환경의 특수한 부분들이 국가들의 공통관심사로 등장하였는데, 스톡홀름회의에서는 생태계보호가 국제적인 의제로 공인되었다. 둘째, 국가들의 국경을 넘는 환경오염방지의무와 국제협력의무가 보편적으로 인정되게 되었다. 셋째, 개발도상국들의 개발욕구와 환경보호를 조화시키기 위하여 선진국의 개발도상국 지원을 권고하였다. 넷째, 환경피해로 인한 국가책임에 관한 국제법의 필요성이 공인되었다. 스톡홀름선언 원칙 22는 국가들은 국경을 넘는 환경피해에 따른 국제책임에 관한 국제법을 만드는 데 협력해야 한다고 하였다. 다섯째, 스톡홀름회의를 계기로 '유엔환경계획'(United Nations Environment Programme: UNEP)이 창설되었다. UNEP는 1972년 유엔총회 결의 2997에 의하여 그 보조기관으로 창설되었으며 케냐의 수도 나이로비에 본부를 두고 있다. UNEP는 집행이사회와 사무국을 가지고 있으며 국제환경협력 증진과 관련정책 조정을 위해 노력하고 있다. UNEP는 오존층의 보호를 위한 비엔나협약(1985)과 몬트리올의정서(1987), 생물다양성협약(1992) 등의 체결을 주도하였다.[26]

---

26) Cassese, p.496; Shaw, p.614.

2. 국제협약

1970년대 스톡홀름회의를 전후하여 국제환경보호를 위해 몇 가지 중요한 다자조약들이 체결되었다. 그러한 조약에는 1972년 「세계문화자연유산보호협약」(Convention on the Protection of the World Cultural and Natural Heritage), 1972년 「폐기물과 그 외 물질의 투기에 의한 해양오염방지협약」(Convention on the Prevention of Marine Pollution by Dumping of Wastes and Other Matter), 1973년 「멸종위기에 처한 야생동식물의 국제거래에 관한 협약」(Convention on International Trade in Endangered Species of Wild Fauna and Flora: CITES), 1973년 「선박에 의한 오염방지협약」(Convention on the Prevention of Pollution from Ships) 등이 있다.

1982년 5월 케냐의 나이로비에서는 UNEP 주관으로 스톡홀름회의 이후 10년을 평가하는 회의가 열렸다. 이 회의에서는 1972년 행동계획의 성과를 검토하고 향후 발전방향을 검토하였다.[27] 이어서 동년 10월 28일 유엔총회는 「세계자연헌장」(World Charter for Nature)을 채택하였다. 대다수 국가들이 지지한 이 헌장은 인류와 생태계 그리고 인간과 자연의 조화롭고 지속가능한 관계를 달성해야 한다는 국가들의 합의를 담고 있었다. 1980년대에도 많은 다자조약들이 체결되었다. 대표적인 것으로는 1985년 「오존층보호에 관한 비엔나협약」(Vienna Convention for the Protection of the Ozone Layer), 1987년 「오존층파괴물질에 관한 몬트리올의정서」(Montreal Protocol on Substances that Deplete the Ozone Layer), 1986년 「핵사고 조기통고협약」(Convention on Early Notification of a Nuclear Accident), 1989년 「유해폐기물의 이동과 처리에 관한 협약」(Convention on Control of Transboundary Movements of Hazardous Wastes and Their Disposal)이 있다.

IV. 리우회의부터 현재까지

스톡홀름회의 20년 후인 1992년 6월 3일부터 14일까지 브라질 리우에서는 '지구정상회담'(Earth Summit)이라 부르는 '유엔환경개발회의'(United Nations Con-

---

27) Caldwell., pp.90-93.

ference on Environment and Development: UNCED)가 개최되었다. 170개 이상의 국가와 103명의 국가원수·정부수반이 참가한 이 회의는 '지속가능개발' 개념에 법적인 의미를 부여하는 등 국제환경법 발달에 중요한 계기가 되었다.[28]

리우회의에서는 다음과 같이 몇 가지 문서가 채택되었다. 첫째는 간단히 리우선언이라 칭하는 「환경과 개발에 관한 리우선언」(Rio Declaration on Environment and Development)이다. 여기에는 새로운 차원의 국제협력을 통한 형평에 맞는 동반자 관계 수립을 목적으로 지구환경보호와 개발을 조화시키는 데 필요한 27가지 원칙(principle)들이 담겨 있으나 법적인 구속력은 없다. 둘째는 「의제 21」(Agenda 21)이다. 환경과 개발문제에 관한 방대한 청사진을 담고 있는 이 문서는 갖가지 지구환경문제의 해결방안과 법제도, 기술이전, 재정지원 등 매우 다양한 주제들을 다루었으며 행동계획들도 담겨 있다. 셋째는 간단히 「산림원칙」(Principles on Forests)이라 일컫는 'Non-legally Binding Authoritative Statement of Principles for a Global Consensus on the Management, Conservation and Sustainable Development of all Types of Forests'이다. 산림에 대해서는 개발을 원하는 개도국들과 보존을 요구하는 선진국 간에 첨예한 의견대립이 있는바 이 문서는 조약이 아닌 법적 구속력이 없는 선언으로 채택되었으며 산림보존을 위한 원칙들을 담고 있다. 한편 리우회의에서는 「기후변화협약」과 「생물다양성협약」에 대한 서명식이 있었으며, 리우회의 이후인 1994년에는 「사막화방지협약」(Convention to Combat Desertification)과 「국제열대목재협정」(International Tropical Timber Agreement)이 체결되었다. 리우회의의 전반적인 성과와 생물다양성협약 및 기후변화협약의 체결 및 그 후의 국제사회의 동향에서 확인할 수 있는 것은 바야흐로 환경문제에 대한 접근이 국내적·국제적 차원에서 총체적으로 이루어지기 시작하였다는 것이다.

리우회의 이후에도 국제사회는 중요한 국제회의를 개최하여 그 성과를 검토하였다. 그러나 리우회의 10년 후 남아프리카 요하네스버그에서 개최된 2002년 '지속가능개발 세계정상회의'(World Summit on Sustainable Development)는 환경관련 제도의 개혁은 물론 다자간 규범의 마련에 있어서도 성과를 거두지 못하였다.

---

28) Peter Malanczuk, *Akehurst's Modern Introduction to International Law*, Routledge, 1997, p.247.

이어서 'Rio+20'라고 불리는 2012년 '유엔지속가능개발회의'(UN Conference on Sustainable Development)는 리우회의 이후 지속가능개발의 제한적인 성과를 평가하고 「우리가 원하는 미래」(The Future We Want)라는 문서를 채택하였다. 특히 비효율적인 것으로 평가되어 온 지속가능위원회(Commission on Sustainable Development)가 2013년 '지속가능개발 고위정치포럼'(High-level Political Forum: HLPF)으로 교체되어 과학과 정책의 소통이 중시되었다. 이러한 과정을 통해서 대대적인 제도개혁이 이루어질 것으로 기대할 수는 없지만, HLPF는 첫 보고서에서 지속가능개발 모델과 시나리오를 위한 제도의 마련을 요구하였다.[29)

국제환경법은 지난 수십 년간 비약적으로 발전하였지만, 아직은 미흡한 상태에 있다. 특히 해양법 분야의 1982년 유엔해양법협약이나 국제인권법 분야의 1948년 세계인권선언처럼 국제환경법의 기본이 되는 규칙과 원칙을 담고 있는 포괄적인 규범이 아직 마련되지 못하고 있기 때문이다.[30)

‖ 제3절 ‖ 국제환경법의 주체와 법원

Ⅰ. 국제환경법의 주체와 NGO

국가는 국제환경법에서도 가장 중요하고 완전한 주체이다. 국제기구 역시 국제환경법의 중요한 주체이며, 개인의 국제법 주체성 역시 제한된 범위에서 인정된다. 그런데 국제환경법에서는 이들 이외에 비정부간기구(non-governmental organization: NGO) 등 비국가행위자들(non-state actors)의 역할이 상당히 중요하다. 실제로 1992년 리우회의는 물론 2002년 요하네스버그 정상회담과 2012년 Rio+20 회의에서도 비국가적 행위자 특히 비정부간기구들의 참여와 역할이 매우 중요하였다.[31)

---

29) Evans, p.692.
30) *Ibid.*, p.693.
31) Evans, p.693.

NGO의 역할은 조약안 마련을 위한 교섭절차와 조약의 이행 및 준수에 있어서 중요하다. 대표적인 사례는 1971년 람사르협약(Ramsar Convention)의 체결과 이행에서 국제조류보존이사회(International Council for Bird Preservation: ICBP)와 국제물새습지조사국(International Waterfowl and Wetlands Research Bureau: IWRB)이 보여준 역할이다.

NGO의 영향력은 국제기구와 조약체결과정에 옵서버로 참가하고 조약제도에 참가함으로써 발휘된다. 기후변화협약 당사국회의와 그 하위 기관들은 제한된 범위에서나마 NGO 대표들의 참여를 보장하도록 규정하였다. 이러한 경향은 지구온난화와 생물다양성과 같은 인류의 공통된 관심사를 다루고 있는 국제협약에서 일반적으로 발견되고 있다. 이는 국제사회를 오직 국가들로 형성된 사회로 인식하는 데에서 벗어나 보다 광범위하게 보는 새로운 흐름을 반영하는 것이다. 비국가행위자는 이처럼 국제환경규범 정립에 참여할 뿐 아니라 규범의 이행에도 관여한다. NGO는 각국 국내법원에서의 초국경적 소송과 조약이행절차를 통해서, 그리고 인권소송을 통한 환경규범의 간접적인 이행을 통해서 환경관련 국제규범의 이행에도 관여하고 있다.[32]

II. 국제환경법의 법원과 특징

1. 조약과 국제관습법

국제사법재판소(ICJ) 규정 제38조 1항은 국제법의 법원으로 조약, 국제관습법, 법일반원칙을 들었다. 그중에서도 조약과 관습법이 중요한데, 그것은 국제환경법에서도 마찬가지이다. 특히 성문법원인 조약은 국제환경변화에 신속히 대응할 수 있고 그 내용이 분명하다는 장점이 있어서 국제환경법에 있어서도 매우 중요하다. 따라서 환경에 관련된 국가들의 대부분의 국제법적 권리와 의무는 국가들이 합의해서 만든 조약에서 나온다. 더구나 최근에는 다자조약의 교섭과 채택에 일괄타결(package-deal)과 컨센서스(총의) 방식이 널리 사용되면서, 국가들은

대기오염, 기후변화, 생물다양성보호처럼 문제의 소재와 해결방법에 대해 상당한 견해 차이가 있는 주제에 대해서도 관련 합의에 도달하는 경우가 종종 있게 되었다.[33)

국제관습법은 국제환경문제를 규율하는 데 있어서 몇 가지 한계가 있다. 국제환경보호를 위한 대책은 급히 마련되어야 하는 경우가 많은데 관습법 규칙의 생성에는 대개 많은 시간이 필요하며, 국제환경보호를 위해서는 기술적이고 세밀한 규칙들이 필요한데 국제관습법은 '형평'이나 '합리성'과 같이 모호한 원칙을 담고 있는 경우가 많아 실효성에 문제가 있다. 그럼에도 불구하고 환경보호를 위해 국가들의 행위를 규율하는 국제관습법 규범들이 일부 존재한다. 주변국가에게 피해를 주면 아니 된다는 선린의 원칙과 피해방지의무, 위험한 활동으로 인한 환경피해의 우려가 있는 경우에 인정되는 통고와 협의의 의무, 공유자원의 형평에 맞는 사용의 원칙 등이 그러한 예에 속한다.[34)

2. 국제환경조약의 필요조건

국제환경조약의 엄청난 증가에도 불구하고 국제환경피해 관련 국제분쟁의 해결에 있어서 국제법의 역할에 대해서는 회의적인 견해들이 많았다. 분권화되어 있는 국제사회의 현실을 감안할 때 국제법이 국제환경 문제를 효율적으로 다루기는 어렵다고 보았기 때문이다.[35) 산도스 사건은 국제환경조약의 이러한 약점들을 여실히 보여 주었다.

산도스 사건

1986년 11월 1일 밤 스위스 바젤(Basel) 근처 라인강변의 산도스 화학회사(Sandoz Chemical Company) 창고에서 화재가 발생하였다. 곧 소방대가 도착하여 화재는 다섯

---

33) *Ibid.*, p.695.

34) *Ibid.*, pp.696-697.

35) 하그로브(Hargrove)는 전통국제법에는 두 가지 '자유방임원칙'(laissez-faire principles)이 있다고 하였다. 그것은 '국가주권'(national sovereignty)과 '해양자유'(freedom of the seas)의 원칙인데, 이 원칙들은 국가에게 자국 영토뿐 아니라 자국영역 밖에도 피해를 줄 수 있는 무제한한 권리를 부여하였다고 하였다.

시간 만에 진압되었다. 그러나 진화에 과다한 물이 사용되어 11톤의 수은화합물과 1백 톤 이상의 살충제, 제초제 및 기타 화학물질을 포함한 1만 내지 1만5천 입방미터의 물이 라인강에 유입되어 북해에 이르는 900km의 강이 붉은색 유독물질로 오염되었다. 그 결과 수십만 마리의 물고기와 물새들이 폐사하고 먹이사슬이 파괴되는 재난이 발생하였다. 이 오염사고로 인한 피해액은 직접적인 피해액만 2억 프랑을 넘었다.[36]

이 문제의 해결을 위해 1869년 체결된 「스위스와 바덴 간 어업조약」, '라인강보호위원회'를 설립한 1963년 스위스·독일·네덜란드·프랑스·룩셈부르크 사이에 체결된 「베른협약」, 1976년 베른협약 당사국들과 EC회원국들이 체결한 「라인강화학물질오염방지협약」 등 여러 조약들이 검토되었으나, 이들은 산도스 사건의 해결에 별 도움이 되지 못하였다. 이 사건은 환경보호를 위해 체결된 조약들이 조약이행을 담보할 당근과 채찍을 제대로 갖추지 못하면 체약국들이 아무런 경제적·정치적 부담 없이 참가할 수 있는 '매우 행복한 문서'에 그치게 된다는 점을 보여 주었다.[37]

국제환경조약이 국제환경문제에 보다 효율적으로 대처하려면 국제환경 위기에 탄력적으로 대응할 수 있도록 조약의 체결·개정절차가 개편되어야 하며, 지리적으로 적용범위가 광범위한 경우에는 무임승차자(free-rider)를 줄여가면서 모든 국가가 함께 지켜야 할 최저기준을 마련하고, 환경은 일단 파괴되면 회복이 불가능한 경우가 많고 오염은 점점 악화되는 경향이 있으므로 예방적 접근방법을 보다 적극적으로 활용하여야 한다.[38]

3. 국제환경조약의 특징

(1) 조약체결·개정절차의 간소화

국제환경문제 중에는 시급히 대처하지 않으면 실기하게 될 문제들이 많아서 조약의 체결과 효력발생 절차를 간소화할 필요가 있다. 따라서 최근 국제환경보호를 위한 조약들은 단기간에 효력발생에 이르도록 하는 경향이 나타나고 있는바, 생물다양성협약과 기후변화협약, 오존층보호협약은 짧게는 몇 개월에서 늦어

---

36) Plater, p.999.
37) *Ibid.*, pp.1002-1006.
38) Günther Händl, "Environmental Security and Global Change: The Chalenge to International Law," *Yearbook of International Environmental Law*, vol.1, 1990, pp.2-3.

도 2년 내에 효력발생에 들어갔다.[39]

국제사회에서는 필요한 경우 신속하게 조약을 개정할 수 있게 하는 방안도 마련하였다. 그 하나가 '신속처리절차'(fast-track procedure) 또는 조정(adjustments) 제도의 도입이다. 효율적인 환경보호를 위해서는 과학적 연구결과들이 수시로 국제협약에 반영되어야 하므로, 국제환경법에서는 까다로운 개정(amendments)이 아니라 이러한 절차들을 도입하여 활용하고 있다.[40]

(2) 기본조약과 의정서

국제환경보호를 위한 조약은 대부분 지역적 또는 전 세계적인 차원의 환경보호를 목적으로 하므로 가능한 많은 국가들의 조약 준수를 필요로 한다. 그러나 국가 간의 이해관계 대립으로 그러한 목적에 단번에 도달하는 것이 곤란한 경우에는 일단 다자조약을 체결하되 주로 조약의 목적과 원칙을 밝히는 기본협약 (framework convention: 골격협약)을 만들고, 추후 별도의 의정서(protocol)를 제정하여 세부규칙들을 마련해 가는 유연한 방법을 사용하고 있다. 기본협약인 1992년 기후변화협약은 1997년 교토의정서에 의하여 보다 구체화된 시행세칙을 갖게 되었으며, 1987년 「오존층파괴물질에 관한 몬트리올의정서」와 1989년 「위험한 물질의 국제적 이동에 관한 바젤협약」도 후속 의정서에 의하여 보완되었다.[41]

(3) 연성법

국제환경법에서는 연성법(soft law)인 규범들이 중요하다. 해양오염, 대기오염, 유해물질이동을 방지하기 위한 국제적인 환경보호조치는 시급히 취해져야 하지만, 정치적·경제적·문화적 배경이 상이한 국가들이 혼재하는 국제사회에서는 바로 경성법(hard law)인 조약을 체결하는 것이 어려운 경우가 종종 있다. 이런 경우에는 우선 강행적인 성격을 가지는 조약이 아니라 행동규범·권고·지침·결의·원칙선언처럼 법적 구속력이 없는 연성법을 만들어 각국에 권고함으로써

---

39) Malanczuk, p.245.
40) 법무부, 「국제환경법과 무역」, 1995, pp.189-190; Malanczuk, p.245. 「오존층파괴물질에 관한 몬트리올의정서」 제6조는 1990년부터 적어도 4년마다 오존층 파괴물질 규제조치의 실효성을 점검하여 재검토에 활용하도록 하였다. 조정은 규제물질의 규제강도나 감축일정 변경에 사용되며 그 결과는 모든 당사국을 구속한다.
41) Händl, pp.5-7.

단계적으로 의도된 목적에 도달하고자 한다. 일부에서는 연성법을 국제법의 '병리적 현상'이라고 하여 비판하기도 하지만, 연성법은 국제환경법의 발달을 선도하는 역할을 한다. 연성법은 새로운 개념들을 국제질서에 도입하고 법의 유연성을 증대시켜 국제법의 영역을 확대해 가고 있는 것이다.[42]

유엔 등 국제기구가 개최하는 국제회의에서 채택된 각종 국제문서 중에는 법적 구속력이 없는 연성법에 속하는 국제환경보호를 위한 규칙들이 다수 들어 있다. 1972년 유엔인간환경회의(UNCHE)가 채택한 「스톡홀름선언」(Stockholm Declaration), 1982년 유엔총회에서 채택된 「세계자연헌장」(World Charter for Nature), 1992년 유엔환경개발회의(UNCED)가 채택한 「리우선언」(Rio Declaration)은 연성법에 속한다. 여기에는 국가, 국제기구, 기업, 개인이 따라야 할 행위기준이 담겨져 있으며, 비록 법적으로 구속력은 없지만 환경문제를 다루는 데 있어서 따라야 할 국제사회의 요구들이 나타나 있다.

한편 Cassese는 국제환경보호와 관련하여 연성법적인 규범으로 환경은 인류의 자산이라는 것, 국가와 국제기구 그리고 개인은 환경보호책임을 부담한다는 것, 국가는 공동의 그러나 상이한 환경보호책임을 진다는 것, 개발은 지속가능개발 원칙을 따라야 한다는 것, 사전예방의 원칙에 따라 환경피해를 예방해야 한다는 것, 오염자가 오염에 따른 비용을 부담해야 한다는 것을 제시하였다.[43]

‖ 제4절 ‖ 초국경적 환경오염과 국제책임

Ⅰ. 서 론

국가의 국제책임법 원칙에 따르면, 국제조약이나 국제관습법과 같은 국제법에 대한 위반이 있는 경우에 그로 인한 피해국은 가해국을 상대로 일정한 청구를 할

---

42) *Ibid.*, pp.7-8; Malanczuk, pp.244-245.
43) Cassese, pp.491-492.

수 있다. '초국경적 환경오염' 또는 '국경을 넘는 환경오염'(transboundary pollution)
이란 한 국가에서 발생한 오염물질이 국경을 넘어 다른 국가의 영역으로 넘어 들
어가 그 국가의 환경에 피해를 주는 것이므로, 가해국과 피해국 간에 국가책임 문
제를 발생시킬 수 있다.

하지만 국제법에서 관심을 갖는 초국경적 환경피해가 되려면 다음과 같은 조
건이 갖추어져야 한다. 첫째, 환경피해는 자연이 아닌 사람의 작위 또는 부작위의
결과이어야 한다. 바이러스나 박테리아에 의한 질병은 환경적인 것이지만 국제법
의 관심대상은 아니다. 둘째, 환경피해는 그 원인이 사람들의 행위에 있어야 한
다. 사람들의 행위와 결과 사이에 인과관계가 있어야 하는 것이다. 셋째, 환경피
해의 물리적 효과가 국경을 넘어 다른 국가에게 영향을 미치는 것이어야 한다. 넷
째, 환경피해는 상당히 중대한 것이어야 한다. 여기서 말하는 중대한 또는 상당한
피해(significant or appreciable harm)란 "정상적으로 허용되는 단순한 생활방해
(mere nuisance)나 경미한 피해보다는 심각한" 피해이어야 한다는 뜻이다.

초국경적 환경오염과 관련하여 제기되는 국제법적인 이슈로는 국제환경피해
방지의무, 국제협력의무, 국제책임의 범위와 해제 등이다.

II. 국가의 환경보호책임과 영토주권

초국경적 환경문제를 다루는 데 있어서 부딪치는 문제의 하나는 국제법이 전
통적으로 인정해 온 영토주권과 환경보호의무 사이에 조화를 모색하는 것이다.
이와 관련해서는 국제하천의 사용과 관련하여 제기되어 온 다음과 같은 네 가지
입장이 있을 수 있다. 첫째는 영토주권의 절대성을 강조하는 하몬주의(Harmon
Doctrine)이다. 절대적 영토주권에 근거하여 국가는 주변국가들에 대한 영향에 관
계없이 원하는 행동을 할 수 있다는 주장으로 오늘날에는 많은 비판의 대상이 되
었다.[44] 둘째는 절대적 영토보전(absolute territorial integrity) 이론인데, 어떠한 국
가도 다른 국가의 환경을 조금이라도 훼손하면 안 된다는 주장이다. 셋째는 공동
체이론(community theory)으로 모든 권역을 국경에 관계없이 하나의 단위로 다루

---

44) Shaw, p.618.

어 그곳을 공동으로 관리하며 이익을 나누어야 한다는 주장으로 지나치게 이상적이다. 넷째는 제한적 영토주권이론(limited territorial sovereignty)이다. 국가의 영토주권과 주변국들의 환경보전권을 적절히 조화시키는 주장으로 오늘날의 다수설이다.[45]

영토주권과 환경보호의무의 조화 문제는 1972년 스톡홀름회의에서도 제기되어 환경보호를 중시하는 선진국과 영토주권을 강조하는 개도국 간에 침예한 의견대립이 있었다. 그 결과 스톡홀름선언은 원칙 21에서 국가의 천연자원에 대한 주권적 권리와 환경보호의무를 동시에 규정하였다. 1992년 「환경과 개발에 관한 리우선언」(Rio Declaration on Environment and Development) 원칙 2는 스톡홀름선언의 원칙 21을 거의 그대로 답습한 것으로 다음과 같이 규정하였다.

> 국가들은, 유엔헌장과 국제법 원칙에 입각하여, 자국의 환경 및 개발정책에 따라 각국의 자원을 개발할 수 있는 주권적 권리(sovereign right)를 가지며, 또한 자국의 관할권이나 통제권 내의 활동이 다른 국가나 국가관할권 한계 너머에 있는 지역의 환경에 피해를 주지 않도록 보장할 책임을 부담한다.

III. 국제환경피해 방지의무

1. 환경피해방지의무

국제법학자들은 국제관습법 규칙인 '선린의 원칙'(principle of good neighborliness)에 따라 국가는 다른 국가에게 커다란 피해를 주면 안 되는 의무를 부담한다고 하였다. 그리고 국제사법재판소(ICJ)는 1949년 코르푸(Corfu) 해협 사건에서 모든 국가는 자국영토를 다른 국가의 권리를 방해하는 데 사용하면 안 된다고 하여 피해방지의무에 대하여 언급하였다.[46] 환경피해방지의무는 1965년 트레일 제련소(Trail Smelter) 사건에 대한 중재판정에서 분명하고 체계적으로 표명되었다.

---

45) Plater, pp.1000-1002.

46) Oscar Schachter, *International Law in Theory and Practice*, Martinus Nijhoff, 1991, pp.362-363.

트레일 제련소 사건

Trail Smelter Arbitration

캐나다 브리티시컬럼비아 주 트레일(Trail)에는 납과 아연을 생산하는 북미최대의 제련소가 있었다. 그런데 이곳에서 제련하는 광석에는 황산이 함유되어 있어 제련과정에서 대기에 배출된 이산화황(sulpher dioxide)이 트레일 남쪽 11마일에 위치한 미국과 캐나다 간 국경을 넘어서 워싱턴 주의 농작물과 목재, 목축에 심각한 피해를 주었다. 1927년 양국은 이 문제의 해결을 위한 교섭을 시작하여 '국제공동위원회'(International Joint Commission)에 의뢰하였으며, 위원회는 보고서에서 1932년 1월 1일까지의 피해액을 35만 달러로 산정한 보고서를 제출하였다. 그 후 양국은 위원회의 권고에 따라 1935년 4월 15일 협정을 체결하여 이 문제를 중재재판에 부탁하기로 하였다.

양국은 협정에서 위원회가 산정한 1932년 1월 1일까지의 피해액 35만 달러는 캐나다가 미국에 지급하고, 그 후의 피해액은 별도로 산정하기로 하였다. 중재재판소는 중립국 출신 재판장과 양국이 지명하는 중재관 1명씩 도합 3인으로 구성하였으며, 앞으로 있을 피해를 줄이기 위한 조치도 권고해 주도록 요청하였다. 특히 중재 시 적용할 법에 대해서는 국제법 및 국제관행과 미국 대법원이 유사한 문제를 다룰 때 적용한 법과 관행을 따르도록 하였다.

이 사건에 대한 중재판정은 두 번에 걸쳐 이루어졌다. 1938년 4월 16일에 나온 첫 번째 판정에서는 1932년 이후에도 피해가 발생한 사실을 인정하여 1937년 10월 1일까지의 피해액을 7만 8천 달러라고 하였다. 1941년 3월 11일에 내려진 두 번째 판정에서는 트레일 제련소의 환경피해방지의무를 언급하였다. 중재재판소는 국제환경피해에 대한 책임문제는 국제법에서는 생소한 것이므로, 미국 대법원(Supreme Court)이 수립한 준주권적 권리(quasi-sovereign rights)에 관한 법학 즉 미국의 주와 주 사이에 발생한 유사한 분쟁을 해결하는 과정에서 수립된 법원칙을 따르도록 하였으며, 그 어떠한 국가도 자국 영토를 매연에 의해 다른 국가의 영토나 그곳 주민들의 재산에 피해를 주는 방식으로 사용하거나 사용하도록 허용할 권리는 없다고 하였다. 아울러 중재재판소는 제련소의 매연 배출에 대하여 항구적인 조치를 마련하여 이산화황의 배출량은 환경피해를 방지할 수 있는 수준으로 제한되었고, 기상상태 변화에 따른 별도의 규제조치도 마련하였다. 또한 앞으로 환경피해가 다시 발생하는 경우에는 합의에 의해 금전배상 액수를 정하도록 하였다.

트레일제련소 사건에 대한 중재판정은 다른 국가에게 환경피해를 준 국가의 국제책임

을 인정하는 국제법원칙을 분명히 밝혔다는 점에서 중요하며, 엄격책임(strict liability)을
적용한 판례로 주목을 끌기도 하였다.[47]

트레일제련소 사건에 대한 중재판정에 언급된 환경피해방지의 원칙은 국제
환경법 발달에 있어서 매우 중요한 의미를 가진다. 이 판정의 취지는 1957년 프랑
스와 스페인 간 라누호수(Lake Lanoux) 사건과 1968년 미국과 캐나다 간 Gut Dam
사건에 대한 중재판정에도 활용되었다.

1972년 스톡홀름선언이 원칙 21에서 국경을 넘는 환경피해 방지의무를 밝힌
이후 국제사회에서는 국경을 넘는 환경피해를 예방·감소케 할 국가의무를 강조
하는 결의들이 다수 채택되었다.[48] 유엔 국제법위원회(ILC)도 잠정적으로 채택한
"국제법상 금지되지 아니하는 행위로 인한 해로운 결과에 따른 국제책임"(Inter-
national Liability for Injurious Consequences Arising out of Acts Not Prohibited by
International Law) 초안에서 국경을 넘는 피해의 발생을 방지하고 최소화하기 위
한 조치를 요구하면서 가해국의 배상책임을 인정하였다.[49] 한편 1982년 해양법
협약은 제194조 2항에서 "각국은 자국의 관할권이나 통제하의 활동이 다른 국가
와 자국의 환경에 대하여 오염으로 인한 손해를 주지 않게 수행되도록 보장하고,
또한 자국의 관할권이나 통제하의 사고나 활동으로부터 발생하는 오염이 이 협약
에 따라 자국이 주권적 권리를 행사하는 지역 밖으로 확산되지 아니하도록 보장
하는 데 필요한 모든 조치를 취한다"고 하여 주변국가에 한정되어 있었던 환경오
염방지의무의 범위를 공해와 심해저, 외기권을 포함하는 보다 광범위한 지역으로
확대하였다.[50]

---

47) *Encyclopedia of Public International Law*, vol. 2, North-Holland Publishing Co., 1981,
  pp.276-280.
48) 국제법학회(*Institut de Droit International*)는 1979년과 1987년 하천·호수의 오염 및 대
  기오염에 관한 결의에서, 국제법협회(International Law Association)는 1982년의 결의에
  서, 그리고 미국법학원(American Law Institute)은 대외관계법에 관한 리스테이트먼트에서
  한 국가 내에서의 활동이 다른 국가에게 심각한 피해를 주어서는 안 된다는 원칙을 확인하
  였다.
49) Schachter, pp.363-364. 일부 학자들은 환경관련 국제관습법이 형성되는 데 필요한 국가
  관행(state practice)과 법적 인식(*opinio juris*)이 미숙하므로 환경관련 조약들은 조약당사
  국 간에만 적용된다고 한다. 그러나 환경오염과 환경피해를 예방·경감할 의무와 환경피
  해를 줄이는 데 협력할 의무는 일반국제법 원칙에 해당하는 것으로 보아야 한다.

2. 환경피해의 형태와 범위

국가 간 청구의 대상이 될 수 있는 환경피해의 형태와 범위는 점차 확대되어 왔다. 트레일제련소 사건에서 환경오염에 의한 피해는 재산상의 이익에 국한하여 인정되었다. 그러나 그 후 국제조약에서 오염의 정의는 생물자원과 생태계에 대한 피해 및 생활편의와 기타 환경과 해양의 적법한 사용에 대한 간섭으로까지 확대되었다. 예를 들어서, 해양법협약은 제1조 4항에서 해양사용의 질의 저하를 포함시켰으며, 1985년 오존층보호에 관한 비엔나협약은 기후변화를 포함하는 물리적 환경의 변화를 오존층에 대한 피해의 범주에 넣었다. 국가 간 책임의 문제를 일으키는 피해의 형태는 재산상의 피해를 넘어서 이처럼 확대되었으나, 물질적인 형태로 정의될 수 없는 환경피해에 대해서는 여전히 모호한 부분이 남아 있다.[51]

오늘날 쓰레기, 유해가스, 수질오염은 인간생활의 불가분의 일부이고 초국경적 환경피해를 막기 위해서 국경을 밀봉할 수는 없으므로, 어느 정도의 환경피해는 감수해야 하는 부분이 있다. 각국에게 다른 국가에게 그 어떠한 환경피해도 주어서는 안 된다고 하는 것은 불가능을 요구하는 것이다. 따라서 환경피해 방지의무는 적합성(appropriateness)과 현실성(practicability)을 고려하여 적절한 수준에서 요구된다고 보아야 한다.[52] 환경피해방지의무를 선린의 원칙에서 나오는 국제관습법이라고 인정한다면, 선량한 이웃에 대한 기대를 반영하는 국제관습법 원칙은 '상당한 주의'(due diligence) 의무라고 하겠다. 그런데 상당한 주의의무란 기준은 상황에 따라 유연하게 대응하는 장점은 있지만 구체적인 경우에 요구되는 주의의무의 범위를 확정하는 데에는 큰 도움이 되지 못하는 약점이 있다. 따라서 환경피해방지를 위한 주의의무의 구체적인 내용은 필요한 경우 별도의 조약이나 관련 국제기구의 결의를 통해서 보완되어야 한다. 특히 환경피해가 오염행위 직후 나타나지 아니하고 오염물질이 어느 정도 쌓이거나 다른 물질들과 결합하여 나중에 나타나는 경우에는 오염물질별로 별도의 규제방법을 마련해야 한다.[53]

---

50) Malcolm N. Shaw, *International Law*, 5th edition, Cambridge University Press, 1997, pp.591-592.

51) *Ibid.*, pp.622-623.

52) Schachter, pp.368-369.

53) 분해성물질은 배출기준을 제대로 정하고 폐기물 처리시설을 가동하면 위험을 줄일 수 있지만, 일부 비분해성물질과 지속성 있는 오염물질의 경우에는 보다 엄격한 조치들이 강구

3. 예방의 원칙

예방의 원칙(precautionary principle)은 오늘날 국제환경법에서 매우 중요한 위치에 있지만, 이것이 국제관습법 규범으로 인정되고 있는가 하는 데 대해서는 논란이 있다. 이 원칙은 1992년 리우회의에서 채택된 「리우선언」과 「의제21」을 통해 널리 알려졌고, 공해어업협정과 같은 국제조약에도 등장하였다. 특히 공해 어업협정 제6조는 각국은 해양생물자원의 보존과 해양환경 보호를 위하여 경계 왕래성이족과 고도회유성어족의 보존·관리·이용에 예방적 접근을 넓게 적용해야 한다고 하였으며, '적절한 과학적 정보의 결여'가 어족자원의 보존·관리조치를 지연하는 구실로 사용되면 아니 된다고 하였다. 하지만 환경보호를 위한 수단으로서의 예방의 원칙의 적합성 여부에 대해서는 아직도 논란이 있으며, 국제법원과 재판소에서도 이를 적극적으로 원용하지 않고 있다. 하지만 국제해양법재판소 심해저분쟁심판부는 2011년 제시한 권고의견에서 후원국(sponsoring state)의 예방적 접근법 적용의무를 확인하였으며, 예방적 접근방법은 후원국의 일반적인 '상당한 주의' 의무의 불가분의 일부라고 하였다.[54]

IV. 국제협력의무

1. 사전협의의무

초국경적 환경피해를 줄이기 위해 국가들이 서로 협력해야 하는 것은 일반국제법 원칙이라 할 수 있다. 이 원칙은 국제하천과 같은 공유 천연자원에 대한 국가 간의 관계에서와 마찬가지로 적절한 정보에 근거한 사전협의 의무를 당사국에게 부여한다. 라누호수(Lake Lanoux) 사건에서 중재재판소는 여러 국가를 관류하는 하천의 연안국들은 강물을 다른 곳으로 돌리기 이전에 신의와 성실로 이웃 국가들과 협의할 의무가 있다고 하였다. 학설과 국가관행도 각국은 프로젝트를 시

되어야 한다. Springer, p.8.

54) *Responsibilities and Obligations of States Sponsoring Persons and Entities with Respect to Activities in the Area, Advisory Opinion, ITLOS*, 2011; Evans, p.697.

작하기 전에 환경영향평가, 통고, 협의, 협상을 통하여 인접국들이 환경피해를 줄일 수 있도록 협력할 의무가 있음을 인정하였다.[55]

2. 환경영향평가의무

1972년 스톡홀름선언 원칙 24는 국제환경보호 문제는 협조정신에 입각하여 다루어져야 하며, 다자간·양자 간 협력과 기타 방법에 의한 협력이 환경피해를 방지하고 줄이는 데 필수적이라고 하였다. 이 원칙의 선량한 이웃으로의 의무는 해로운 활동에 따른 환경위험 감소 노력으로 발전하였고, 환경감시와 영향평가는 대부분 환경위험관리 제도의 필수적인 요소가 되었다. Pulp Mills 사건에서 ICJ도 중대한 초국경적 피해가 우려되는 경우에 환경영향평가를 수행하는 것은 분명한 국제법상 의무라고 하였다.[56]

3. 신속한 통고의무

국제협력의무는 다른 국가에게 환경피해를 유발할 가능성이 있는 사건이나 사고가 발생하는 경우, 인접국들이 적절한 보호조치를 취할 수 있도록 즉시 통고할 의무를 발생시킨다. 환경피해와 직접적으로 관련은 없지만 임박한 위험을 다른 국가에게 알려야 할 의무는 1949년 Corfu해협 사건에서 이미 확인되었다. 보다 최근의 예로는 1986년 체르노빌 핵발전소 사건을 들 수 있다. 당시 소련은 핵발전소 붕괴 사실과 인접국에의 피해가능성을 주변국들에게 신속히 알리지 않았다. 많은 국가들이 소련의 그러한 행동을 비난하였고 소련 스스로도 과오를 인정하였던바, 이를 계기로 어떤 행위나 사고로 다른 국가들의 피해가 예상되는 경우에 당해 국가에게는 통고(notification) 등 '적절한' 조치를 취할 의무가 있음을 인정하게 되었다.[57]

통고의무에 관한 명문의 규정은 일부 국제조약에도 들어 있다. 1982년 해양법협약 제198조는 해양오염을 인지한 국가에게 신속한 통고의무를 부과하였고,

---

55) Birnie and Boyle, pp. 102-103.
56) Evans, p. 697.
57) Schachter, p. 373.

국제원자력기구(IAEA)는 체르노빌사고 직후 「핵사고조기통고협약」(Convention on Early Notification of Nuclear Accidents)을 채택하여 방사능 유출 시 이를 신속히 주변국가들에게 통고하도록 하였다.

그러면 조약 등에 의하여 명시적인 기준이 마련되어 있지 아니한 경우에도 통고의무는 인정되는가? 샥터(Schachter) 교수는 자국영토 내에서 국경을 넘어 다른 국가들에게 피해를 줄 가능성이 높은 원전사고나 유류오염 및 댐의 파괴와 같은 '사고'(accident)가 발생한 경우와 핵반응로나 화학공장처럼 사고발생 시 파괴적인 결과를 가져올 '시설'을 자국에 건설하는 경우, 가연성 물질이나 부식성 물질·발암물질과 같이 위험한 물질을 처리·수송하고자 하는 경우에는 관련 조약규정이 없더라도 이를 주변국가들에게 사전통고하여야 한다고 하였다.[58]

V. 국제책임의 범위

1. 위법행위책임과 엄격책임

국가가 국제법상 위법행위로 다른 국가에게 피해를 준 경우 그에 따른 책임을 지는 것은 국제법의 기본원칙이다. 따라서 국가는 자신이 스스로 약속한 의무나 일반국제법이 부과한 의무를 이행하지 아니하는 경우에는 그에 따른 국가책임을 부담하게 된다. 그러나 오늘날 각국의 국내법은 위법행위나 의무위반 여부에 관계없이 일정한 피해가 발생한 경우에는 결과에 대한 책임을 인정하는 엄격책임(strict liability)을 점차 넓게 인정해 가고 있으며, 국제법에서도 엄격책임 논리에 따라 환경오염의 결과에 대해 책임을 져야 한다는 주장이 제기되고 있다.

엄격책임은 국가의 환경보호 의무를 보다 넓게 인정한다는 점에서는 의미가 있으나, 국제법이 이미 이 원칙을 전면적으로 수용하였다고 보기는 어렵다. 국제법에서는 국가가 국제법을 위반한 경우에만 국제책임이 발생한다고 보아 왔으며, 엄격책임은 일부 극도로 위험한 활동에 대해서만 인정되고 있을 뿐이다.[59]

---

58) *Ibid.*, p.373.

59) Shaw, p.620; Schachter, p.377; Birnie and Boyle, pp.140-141. 엄격책임론에서는 환경책임을 합법적인 행위에 따른 책임(liability for lawful activities)과 불법적인 행위로 인한 책

2. 학 설

국경 너머 다른 국가에게 환경피해를 끼친 국가는 그 손해에 대해 배상해야 한다. 그러나 불법행위의 책임이 '국제법에 의해 금지되지 아니하는 행위로 인한 해로운 결과'에도 적용되는가 하는 문제가 제기된다. 이것은 결국 엄격책임에 관한 문제로 한 국가의 영역 내에서의 행위로 다른 국가에게 환경피해가 발생한 경우 그 결과를 중시하여 그 국가에게 책임을 지우는 것이 타당한가 하는 것이다.

국제법학자들 사이에는 국제환경문제에 엄격책임을 인정할 것인가, 그리고 이를 인정한다면 그 범위는 어느 정도로 할 것인가 하는 것에 대해 학설이 대립해 왔다. Goldie와 Schneider는 환경피해와 책임 간에 직접적인 관련성을 인정하여 엄격책임을 널리 인정해야 한다고 주장하였다. 그들은 코르푸해협 사건과 라누호수 사건을 통해 엄격책임이 일반국제법원칙이 되었다고 하였다. 특히 Goldie는 엄격책임의 근거로 형평을 거론하면서 환경피해는 인접국의 영토사용권을 탈취하는 것이며 일종의 부당이득이라고 하였다. 반면에 Jenks는 보다 신중한 입장에서 엄격책임은 '극도로 위험한 활동'(ultra-hazardous activity)에 대해서만 인정된다고 하였다.[60] 국제법에서 엄격책임을 옹호하는 학자들은 핵에너지, 유독성물질, 원유수송과 같이 매우 해롭거나 위험한 물질 또는 기술에 의한 사고에 대비해야 한다고 주장한다. 그러나 체르노빌원전사고 피해국들이 소련에게 책임을 제대로 묻지 못한 것은 매우 위험한 활동에 의한 사고에서도 엄격책임이 제대로 추구되지 못하고 있음을 보여 주었다. 국제법위원회에서도 환경피해로 인한 배상액은 당사국 간 협상을 통해 형평에 따라 정하게 하는 유연한 엄격책임제를 지향하였다.[61]

일부 국제법학자들의 엄격책임 주장에도 불구하고 일반국제법은 원칙적으로 환경피해가 상당한 주의의무 위반으로 초래된 경우에만 국제책임을 부담한다는 전통적인 입장을 견지하고 있다. 엄격책임의 전면적인 도입에 반대하는 이러한

임(responsibility for wrongful activities)으로 구분한다. 불법행위에 대해서는 행위 자체를 중지시키지만 합법적인 행위에 대해서는 인접국의 환경피해에 대한 책임은 인정하되 예방조치를 취하는 조건으로 활동을 계속하도록 허용하기도 한다.

60) Birnie and Boyle, pp.143-145.
61) Schachter, pp.378-379.

입장은 Dupuy나 Händl 같은 학자들은 물론 국가관행으로부터도 지지를 받고 있다. 현재의 다수설과 국가관행은 엄격책임이 법일반원칙에 이르지는 못했다고 보고 있는 것이며, 극도로 위험한 활동의 경우에 한하여 엄격책임을 부분적으로 인정하고 있다.[62]

3. 국제사회의 관행

엄격책임의 인정여부에 대해 국제법원과 재판소는 모호한 입장을 취해 왔다. 트레일제련소 사건에 대한 중재는 처음부터 캐나다의 법적인 책임을 인정하면서 출발하였기 때문에 엄격책임의 문제를 거론할 필요가 없었다. 코르푸해협 사건에서 국제사법재판소(ICJ)는 엄격책임을 받아들이지 않은 것으로 생각되며, 핵실험 사건에서는 프랑스가 핵실험을 중단함에 따라 핵실험에 대한 청구의 본질적인 부분은 논의되지 못하였다.[63]

중요한 것은 Gut Dam 사건에 대한 중재판정이었다. 이 댐은 캐나다가 미국의 동의하에 세인트로렌스강 통항을 위해 건설하였으나, 이 댐으로 인하여 하천과 온타리오호의 수위가 상승하여 하천과 호수 연안에 홍수가 나서 큰 피해가 발생하였다. 미국의 청구로 구성된 중재재판소는 댐 건설에 캐나다의 과실이 있었는지는 따져 보지도 않고 캐나다로 하여금 미국에 배상금을 일괄 지급하도록 하였다. 따라서 중재재판소의 이러한 판정을 엄격책임을 적용한 결과라 생각할 수도 있으나, 미국이 캐나다의 댐 건설에 동의하면서 댐 건설로 발생하는 모든 피해에 대해서 캐나다가 손해배상하기로 하는 조건을 첨부해 둔 사실을 고려하면 적절한 사례라고 할 수는 없다.[64]

조약에 있어서의 관행도 일관성이 떨어진다. 대부분의 국제조약은 피해 원인에 대한 성실한 통제 의무만을 요구하므로 국제책임은 조약에 명시된 의무를 위반한 경우에만 인정된다. 그러나 1972년 「우주물체로 인한 손해에 대한 국제책임협약」(Convention on International Liability for Damage Caused by Space Objects)은 우주물체로 인하여 지구상의 물건이나 운항 중의 항공기에게 발생한 피해에 대하

---

62) *Ibid.*
63) Shaw, p.620.
64) *Ibid.*

여 절대적인 책임 즉 엄격책임을 인정하였다(협약 제2조).[65]

4. 상당한 주의의무

조약 중에는 어떤 상황에 대응하여 취할 조치가 분명하게 규정되어 있는 경우도 있으나 규정내용이 모호한 경우도 많다. 이런 때에 국제책임의 기준으로서 일반적으로 적용가능한 것이 '상당한 주의'(due diligence)란 기준이다. '상당한 주의'란 다소 탄력적인 기준으로서 문제의 사건을 상황에 비추어 판단할 것을 요구하는 것이다.[66] 해양법협약은 제194조 1항에서 "각국은 개별적으로 또는 적절한 경우 공동으로, 자국이 가지고 있는 실제적인 최선의 수단을 사용하여 또한 자국의 능력에 따라 모든 오염원으로부터 해양환경 오염을 방지, 경감 및 통제하는 데 필요한 이 협약과 부합하는 모든 조치를 취하고, 또한 이와 관련한 자국의 정책을 조화시키도록 노력한다"고 하였다. 국가들은 해양환경오염 방지, 경감, 통제를 위한 조치를 개별적으로 또는 공동으로 취해야 하는데, 이러한 의무가 지나친 부담이 될 것을 우려한 개발도상국들의 입장을 반영하여 '각국의 능력에 따라' 조치를 취하도록 한 것이다.

ICJ는 2010년 Pulp Mills 사건에 대한 판결에서, 국가는 그 영토나 관할권이 미치는 곳에서 발생하는 다른 국가의 환경에 대한 심각한 피해를 유발하는 활동을 피하기 위하여 활용가능한 모든 수단을 사용하여야 한다고 판시한 바 있다. 그러나 여기에서 말하는 주변국가에 대한 피해 금지란 초국경적 피해의 절대적인 금지보다는 심각한 초국경적 피해의 방지 의무를 말하는 것이므로, 이는 '상당한 주의'의무를 말하는 것으로 보는 것이 일반적이다. 그리하여 국제법위원회도 「유해한 활동의 초국경적 피해방지 초안」(Draft Articles on Prevention of Transboundary Harm for Hazardous Activities) 해설서에서 예방조치나 피해최소화 조치를 취해야 하는 피해유발국의 의무는 상당한 주의의무라고 하였다.[67] 국제해양법재판소(ITLOS) 해저분쟁재판부(Seabed Disputes Chamber)는 2011년 2월에 제시된 '심해저활동 관련 후원국의 책임과 의무에 관한 권고의견'에서, 후원국은 자국의 계약

---

65) *Ibid.*, pp.620-621.
66) *Ibid.*, p.621.
67) *ILC Yearbook 2001*, vol. II, Part 2, p.154; Evans, pp.696-697.

자들이 계약내용과 해양법협약과 관련 문서에 나타나 있는 의무들을 준수하도록 할 의무가 있다고 하였다. 그런데 이러한 의무는 '상당한 주의' 의무로서, 후원국은 계약자들의 준수를 확보하기 위하여 최선을 다할 의무를 부담하지만, 그 기준은 시간과 상황에 따라 달라지는 가변적인 것이라고 하였다.[68]

VI. 국제책임의 해제

초국경적 환경피해가 발생하면 피해국은 가해국에게 오염행위의 중지, 국내법에 따른 구제, 원상회복, 금전배상 등을 요구할 수 있다. 자력구제(self-help)와 복구(reprisal)도 생각해 볼 수 있으며, 국제법상 일반적 분쟁해결 절차인 조정, 중재, 국제재판 절차도 사용할 수 있다. 국제사법재판소에 설치된 환경분쟁특별재판부를 활용하는 방법도 있다. 이러한 여러 가지 분쟁해결 방법들 중에서 어떤 방법을 사용할 것인가 하는 것은 사안별로 검토되어야 한다.

환경피해에 따른 '비용'(costs) 문제의 해결과 관련해서는 1972년 OECD가 권고한 '오염자부담의 원칙'(Polluter Pay Principle)을 고려할 수 있다. 오염을 방지하고 통제하여 건전한 환경을 유지하는 데 필요한 비용은 오염자(polluter)가 부담해야 한다는 이 원칙이 보편적으로 받아들여지고 있는 것은 아니지만 환경오염을 방지하고 비용문제를 해결하는 데 편리하고 중요한 한 가지 방법이기 때문이다. 더구나 서구국가들은 환경오염에 따른 비용은 오염을 초래한 기업의 상품과 서비스 가격에 포함되어야 하며 그렇게 하지 않는 것은 '보조금'(subsidies)을 지급하는 것이라는 입장이다.[69]

오염자부담의 원칙은 1986년 단일유럽법(Single European Act) 제25조에 규정

---

68) *Responsibilities and Obligations of States Sponsoring Persons and Entities with Respect to Activities in the Area, Advisory Opinion*, ITLOS Seabed Disputes Chamber, 2011.

69) Birnie and Boyle, pp.109-110. OECD는 1972년 'Guiding Principles Concernig International Economic Aspects of Environmental Policies'란 권고에서 오염자부담의 원칙은 환경을 적합한 상태로 유지하기 위해 공공기관이 결정한 환경오염의 예방·통제에 필요한 비용은 오염자(polluter)가 부담해야 하는 것을 의미한다고 하였다. 그리고 이러한 조치를 취하는 데 따른 비용은 생산과 소비 시 오염을 초래하는 상품과 용역의 가격에 포함되어야 한다고 하였다.

되어 유럽국가들은 조세 등 여러 가지 장치를 통해 이 원칙을 추구해 가고 있으나, 다른 국가들도 이것을 국제법 원칙으로 생각하는가 하는 것은 의문이다. 1972년 스톡홀름 선언은 이 원칙에 대해 아무런 언급도 하지 않았으며, 1992년 리우회의에서도 오염자가 오염에 따른 비용을 부담해야 한다는 원칙적인 선언이 있었을 뿐이다.[70]

오염자부담의 원칙은 단순함과 경제적 효율성에서는 좋은 평가를 받지만, 실제 적용에는 몇 가지 어려움이 따른다. 먼저, 오염에 따른 환경비용(environmental costs) 산정의 어려움이다. 환경비용은 피해자들에게 끼친 실제 손해를 의미하는 것인지, 아니면 오염을 통제하는 데 소요되는 비용을 말하는 것인지 불투명하다. 아울러, 초국경적 오염이 발생한 경우 환경비용을 산출하는 주체에 관해서도 당사자 간에 다툼이 있을 수 있다.[71]

‖ 제5절 ‖ 해양환경보호

Ⅰ. 해양오염과 국제협약

해양은 여러 가지 목적으로 인간의 사용에 제공되어 왔다. 특히 해양은 지구상 최대의 쓰레기 처리장으로 취급되어 갖가지 활동을 통해 발생한 온갖 쓰레기들이 이곳에 버려졌다. 뿐만 아니라 대형유조선 등 각종 선박에 의한 유류오염, 방사능물질 투기, 해저석유 개발에 따른 석유유출 등으로 해양오염은 점점 더 심각해져 왔다.

국제사회에서는 해양오염을 방지하기 위하여 보편적·지역적 조약들을 체결해 왔다. 1958년 공해협약은 해양에서의 안전과 유류와 방사능 물질의 투기를 금지하는 규정들을 가지고 있었다. 그러나 1969년 토리캐년(Torrey Canyon) 사건 등

---

70) *Ibid.*, pp.110-111.
71) Springer, pp.17-19.

대형 유조선 사고들이 발생하면서 해양환경보호의 필요성은 더욱 부각되었다. 1972년 스톡홀름회의에서도 해양환경보호는 가장 중요한 이슈 중의 하나이었다. 1970년대 초에는 1969년 「유류오염피해에 따른 국제민사책임협약」(International Convention on Civil Liability for Oil Pollution Damage), 1972년 「선박과 항공기로부터의 투기에 의한 해양오염방지협약」(Convention for the Prevention of Marine Pollution by Dumping from Ships and Aircraft: 오슬로폐기물투기협약), 1972년 「폐기물 등의 투하로 인한 해양오염방지협약」(Convention on the Prevention of Marine Pollution by Dumping of Wastes and Other Matters: 런던폐기물투하협약), 1973년 「선박에 의한 국제오염방지협약」(International Convention for the Prevention of Pollution from Ships) 등 해양환경보호를 위한 국제조약들이 체결되었다.

II. 해양법협약

1. 기본원칙

국제적인 차원에서의 해양환경보호는 20세기 초부터 시작되었다. 그러나 해양자원과 해양환경의 합리적인 개발과 보존, 보호를 위한 보편적 구조는 1982년 유엔해양법협약에 의하여 처음으로 마련되었다. 해양법협약에서 해양환경의 보호와 보전에 관한 제12부는 모두 11개 절(section) 45개 조문으로 구성되어 있다.

제192조는 "각국은 해양환경을 보호하고 보전할 의무를 진다"고 하여 국가들의 해양환경보호의무를 밝히고 있다. 과거에도 국가들의 해양환경보호의무를 규정한 국제적인 합의들이 존재하였지만 그러한 합의들은 대부분 그 일부분에 관한 것이었다. 그에 비해 해양법협약은 본 조를 통해 최초로 국가들에게 해양환경을 보호하고 보전하는 일반적인 의무를 부과하였다. 그러한 점에서 본 조는 해양환경문제에 관한 다양한 국제적인 합의 등을 통하여 국제사회가 취해 온 다양한 조치들을 집대성한 것이라는 평가를 받는다.[72]

---

72) Myron H. Nordquist, Shabtai Rosenne, and Alexander Yankov, *United Nations Convention on the Law of the Sea 1982: A Commentary*, vol. IV, Martinus Nijhoff Publishers, 1991, pp.36-37.

반면에 협약 제193조는 "각국은 자국의 환경정책과 해양환경을 보호하고 보전할 의무에 따라 자국의 천연자원을 개발할 주권적 권리를 가진다"고 하여 각국의 천연자원 개발에 대한 '주권적 권리'(sovereign right)를 규정하였다. 국가의 국제적인 환경보호의무와 천연자원에 대한 영토주권의 원칙을 조화시키는 것은 국제환경법에서도 매우 중요하다.[73]

해양법협약은 제194조에서 국가들은 오염원으로부터 해양환경의 오염을 방지, 경감, 통제하는 데 필요한 이 협약에 부합하는 모든 조치를 취하되 그러한 조치는 개별적으로 또는 공동으로 취할 수 있으며 각국이 가지고 있는 실제적인 최선의 수단을 사용하여야 한다고 하였다.

2. 국제협력

해양법협약 제197조는 "각국은 지구적 차원에서 그리고 적절한 경우 지역적 차원에서 특수한 지역특성을 고려하여 직접 또는 권한있는 국제기구를 통하여 해양환경을 보호하고 보존하기 위하여 이 협약과 합치하는 국제적인 규칙, 기준, 권고, 관행 및 절차의 수립 및 발전에 협력한다"고 하여 해양환경보호를 위한 전 지구적 또는 지역적 차원에서의 국제협력의무를 규정하였다.

해양환경보호는 전 지구적 문제라고 할 수도 있지만 해양의 속성상 오히려 지역적인 대처가 필요한 문제라고 할 수 있다. 해양의 유동적인 성격을 감안하면 해양오염도 전 지구적 문제로 볼 수 있지만 해양에서의 오염물질의 이동속도와 이동범위를 생각하면 오히려 지역적인 문제로 보고 대처하는 것이 효과적일 수 있기 때문이다. 그런 맥락에서 협약 제197조가 국가들에게 "지구적 차원에서 그리고 적절한 경우 지역적 차원에서 특수한 지역특성을 고려하여" 해양환경의 보호와 보존에 필요한 국제규칙과 기준 및 절차를 만드는 데 협력하도록 한 것은 타당하다고 하겠다. 여기에서 말하는 해양오염 방지를 위한 지역적인 협력은 유엔이 주도하는 '지역해계획'(regional seas program)과 관련되어 있다.

제198조는 해양환경오염이 발생한 경우 이를 인지한 국가는 그러한 오염으로 인하여 피해를 받게 될 것으로 예상되는 국가와 관련 국제기구에 신속히 통고

---

73) Plater, pp. 1000-1002.

하여야 한다는 통고의무에 관한 규정이다. 국가들은 국제환경법상 국제협력의무에 따라 다른 국가에게 환경피해를 유발할 가능성이 있는 사건이나 사고가 발생한 경우 이를 인지하는 즉시 인접국가들이 적절한 보호조치를 취할 수 있도록 통고할 의무를 부담하게 된 것이다. 또한 해양법협약은 각국은 과학적 연구를 촉진하고 해양환경오염에 관한 정보와 자료의 교환을 장려하기 위한 목적에서 직접 또는 국제기구를 통하여 협력해야 한다고도 하였다(제201조).

3. 오염원별 조치

해양법협약은 제207조에서 제212조 사이에서 오염원별로 해양환경오염의 방지·경감·규제를 위한 국제적·국내적 조치들을 규정하였다. 육상오염원으로부터의 오염에 대해서는 각국은 국제적으로 합의된 규칙과 기준·절차를 고려하여 강·하구·도관 및 배출시설을 통한 육상오염원에 의한 해양환경오염을 방지하고 규제하기 위한 법령을 제정해야 한다고 하였다(제207조). 국가관할수역의 해저활동으로 인한 오염에 대해서는 연안국은 자국의 관할권이 미치는 수역의 해저활동에 따른 해양환경오염을 방지·규제하기 위한 법령을 제정해야 한다고 하였다(제208조). 심해저활동으로 인한 해양환경오염을 방지·규제하기 위해서는 국제적인 규칙과 절차가 마련되어야 하며, 각국은 자국 관할하에 있는 선박과 장비, 구조물에 의해 수행되는 심해저활동으로 인한 해양오염을 방지·경감·규제하기 위한 법령을 제정해야 한다고 하였다(제209조).

각국은 폐기물투하에 의한 해양오염을 방지·경감·규제하기 위하여 법령을 제정해야 하며, 관련 국제법 규칙과 절차를 확립하기 위해 노력해야 한다(제210조). 선박으로부터의 오염에 대해서는 각국은 권한 있는 국제기구 또는 국제회의를 통하여 선박으로부터의 오염을 방지·경감·통제하기 위한 국제적 규칙과 기준을 마련하며, 해양오염을 야기할 가능성이 있는 사고의 위험을 줄이기 위하여 항로제도(routing system)를 도입하도록 하였다. 또한 각국은 자국선박에 의한 해양환경오염을 방지·경감·규제하기 위하여 법령을 제정하도록 하였다(제211조). 대기를 통한 해양오염을 방지·경감·규제하기 위해서는 국제적으로 합의된 규칙·기준·절차와 항공의 안전을 고려하여 자국 영공과 자국국기를 게양하고 있는 선박 또는 자국에 등록된 선박과 항공기에 적용되는 법령을 제정해야 한다고 하였다(제212조).

4. 집 행

(1) 오염원별 집행

해양법협약에 의하면 각국은 육상오염, 해저활동, 심해저활동으로 인한 해양환경오염을 규제하기 위해 제정된 국제법과 국내법 규칙을 시행하기 위한 법령을 채택하고 기타 필요한 조치를 취하여야 한다(제213-216조). 폐기물투하에 의한 해양오염의 경우에는 해양법협약에 따라 제정된 법령과 국제규칙은 영해, 경제수역, 대륙붕에의 투기에 대해서는 연안국이, 선박이나 항공기에 의한 투기에 대해서는 국적국가나 등록국이, 어떤 국가의 영토나 정박시설에서 발생하는 투기에 대해서는 영토국가가 집행하도록 하였다(제216조).

(2) 시행주체별 집행

해양법협약은 각국은 자국국기를 게양하거나 자국에 등록된 선박으로부터의 해양환경오염을 방지·경감·규제하기 위하여 국제법과 국내법 규칙을 준수해야 하며, 이를 위해 법령을 제정하고 이행조치를 마련해야 한다고 하여 기국에 의한 집행을 규정하였다(제217조).

선박이 한 국가의 항구나 연안 정박시설에 들어온 경우, 기항국은 그 선박이 기항국의 내수·영해·경제수역 밖에서 해양을 오염시킨 경우 그것이 국제기구나 국제회의에서 제정한 국제법 규칙이나 기준에 위반되는 경우에는 그 선박의 배출에 대해 조사하고 증거가 충분한 경우에는 재판에 회부할 수 있게 하여 기항국에 의한 집행을 인정하였다(제218조).[74]

또한 선박이 한 국가의 항구나 연안 정박시설에 들어온 경우, 그 선박이 연안국의 영해나 경제수역 내에서 해양을 오염시켰고 그것이 해양법협약이나 선박에 의한 해양오염을 방지·경감·규제하기 위해 국제규칙에 따라 제정된 연안국 법령에 위반되는 때에는, 연안국은 그 선박을 소송절차에 회부할 수 있게 하여 연안

---

74) 기항국은 다른 국가의 내수나 영해·경제수역에서 발생한 배출위반에 대해서는 소송을 제기할 수 없으나, 위반이 발생한 국가, 기국 또는 배출위반으로 피해를 입은 국가의 요청이 있을 때에는 그렇게 할 수 있다.

국에 의한 집행을 인정하였다(제220조).

Ⅲ. 지역해계획

해양법협약은 각국에게 전 지구적 차원에서는 물론이고 지역적 차원에서도 해양환경 보존을 위한 국제규칙과 기준을 마련하는 데 협력하도록 하였다(제197조). 이것은 해양오염 방지를 위한 전 세계적인 차원에서의 국제협력과 함께 지역협력을 요구하는 것으로, 지역협력과 관련해서는 유엔지역해계획(United Nations Regional Seas Program)이 중요하다. 지역해계획의 실질적인 내용들을 담고 있는 '행동계획'(action plan)은 당해 지역국가 정부간회의에서 채택되며, 선박에 의한 오염, 긴급해양오염, 투기, 방사능오염, 육상기인해양오염, 해저석유개발과 같은 문제들을 다룬다.75)

유엔 지역해계획의 첫 번째 협약은 1976년 「지중해오염방지를 위한 바르셀로나협약」인데, 이 협약은 유엔 지역해계획의 모델로서 다른 지역해계획에 많은 영향을 주었다. 그 외에도 1978년 「해양환경오염방지를 위한 쿠웨이트지역협력협약」, 1981년 「서중부아프리카지역 해양 및 연안환경 보호개발협력협약」, 1981년 「동남태평양 해양환경 및 연안역보호협약」, 1982년 「홍해 및 아든만 환경보호를 위한 지역협약」, 1983년 「광역카리브지역 해양환경보호개발협약」, 1985년 「동부아프리카지역 해양 및 연안환경 보호관리개발협약」, 1982년 「남태평양지역 자연자원 및 환경보호협약」 등이 있다.76)

---

75) 유엔환경계획(UNEP) Oceans and Coastal Areas Programme Activity Centre는 환경피해에 취약한 해역을 중심으로 11개의 지역프로그램(regional program)과 행동계획(action plan)을 가지고 있으며, 그중 9개는 기본협약(framework convention)을 채택하였다.

76) Christopher C. Joyner, "Biodiversity in the Marine Environment: Resource Implications for the Law of the Sea," *Vand. J. Transnat'l L.*, vol. 28, 1995, pp.674-679.

‖ 제6절 ‖ 대기오염

대기오염(air pollution)은 지구온난화 등 충격적인 현상을 통해 국제적인 환경
보호의 중요성을 사람들에게 널리 인식하게 하였다. 대기오염의 방지와 관련하여
오늘날 국제적인 관심사는 초국경적 대기오염, 오존층 파괴, 지구온난화이다. 이
러한 대기오염 문제는 모두 초국경적 대처를 필요로 하고 기존의 국제법으로는
해결이 곤란한 것들이어서 전 지구적이고 예방적인 조치를 필요로 하는 특징이
있다.[77]

Ⅰ. 초국경적 대기오염

한때 스웨덴에서는 산성비에 의한 환경피해가 다른 국가에서 발생한 오염물
질 때문이라는 사실이 밝혀져 충격을 주었다. 당시 스웨덴에서는 하천과 호수의
동식물들이 집단적으로 폐사하였는데 그 원인이 수질의 산성화 때문임이 밝혀졌
으며, 산성화를 초래하는 이산화황(sulphur dioxide)과 일산화질소(nitrogen oxides)
는 대부분이 다른 국가에서 배출된 것이었다. 더구나 나중에 OECD가 이산화황의
이동거리가 발생한 곳으로부터 수천 km에 이른다는 사실을 확인하면서 국경을
넘는 산성비에 의한 환경피해가 입증되었다.

스칸디나비아 국가들이 제의하고 유엔유럽경제위원회(UN Economic Commis-
sion for Europe)가 후원한 1979년 제네바 회의에서 「장거리월경대기오염협약」
(Convention on Long-Range Transboundary Air Pollution: LRTAP)이 체결되었다. 유
럽국가들을 중심으로 미국과 캐나다 등 34개국에 의해 채택된 이 협약은 대기오
염을 다룬 최초의 다자조약이며, 동서 양 진영이 함께 참여한 최초의 환경조약이
라는 점에서 역사적인 의미를 갖는다.

이 협약이 처음 채택될 때 독일과 영국의 반대 때문에 협약은 산성비의 주요

---

77) Evans, pp.669-670.

원인인 이산화황과 질산 같은 물질의 배출량 감축을 명확히 할 수는 없었다. 그 대신에 협약은 국가들의 기본적 의무와 국경을 넘는 오염물질 문제에 대처하기 위한 협력의 틀을 만들었다.[78] 협약은 각국은 장거리월경 오염물질을 포함하는 대기오염을 제한하며 가능한 한 점진적으로 이를 감축·방지하기 위하여 노력해야 한다고 하였다. 또한 각국은 정보교환을 통하여 정책과 전략을 개발하며, 대기 중 오염물질 배출의 감축을 위하여 정보를 교환하도록 하였다.[79]

기본협약인 장거리월경 대기오염협약을 보완하기 위하여 최근까지 8개의 의정서가 채택되었다. 1985년 헬싱키의정서는 1980년을 기준으로 1993년까지 이산화황의 배출을 최소한 30% 감축하기로 하였고, 1988년 소피아의정서는 질산의 배출량을 1987년 수준에서 동결하기로 하였으며, 1991년 휘발성유기화합물(volatile organic compounds) 의정서(VOC의정서)는 그러한 물질들의 감축목표와 감축계획을 마련하였다. 1994년 황산추가감축에 관한 오슬로의정서는 2000년, 2005년, 2010년의 국가별 황산 배출한도를 정하였으며 정기적으로 실적을 보고하도록 하였다.[80]

II. 오존층 보호

1. 오존층보호를 위한 비엔나협약

1974년 롤랜드(Sherwood Roland)와 몰리나(Mario Molina) 두 과학자는 성층권의 오존층 파괴로 자외선 침투가 발생할 것이라는 연구결과를 발표하였다. 이들의 이러한 주장은 오랫동안 무시되었으나 남극상공 오존층에 거대한 구멍이 발견되면서 사실로 판명되었다.[81] 국제사회는 1981년 유엔환경계획(UNEP) 주관으로 오존층 보호에 관한 조약체결을 위한 협상을 개시하여 기본협약을 채택하는 등

---

78) Daniel M. Bodansky, *International Environmental Law*, vol.2, 1997, p.238.

79) LRTAP, 제2조에서 4조 참조.

80) Shaw, p.609.

81) Mark Dowie, "A Sky Full of Holes," in Robert M. Jackson(ed.), *Global Issues 97/98*, McGraw-Hill, 1997, p.76.

대책마련에 나서게 되었다. 「오존층 보호를 위한 비엔나협약」(Vienna Convention for the Protection of the Ozone Layer)은 1985년 채택되었으며 1988년 효력발생에 들어갔다.

비엔나협약에 의하면 당사국은 오존층을 변화시키거나 변화시킬 수 있는 인간활동으로 인하여 초래될 악영향으로부터 인간의 건강과 환경을 보호하기 위하여 적절한 조치를 취하여야 하는 일반적인 의무를 부담한다고 하였다. 그리고 그러한 목적을 위하여 당사국들은 오존층에 대한 관찰·연구·정보교환을 통하여 협력하고, 자국 관할권 아래에 있는 인간활동이 오존층에 나쁜 영향을 주지 않도록 입법적·행정적 조치를 취하며, 의정서와 부속서 채택으로 협약이행을 위한 조치·절차·기준을 만드는 데 협력하며 협약과 의정서의 의무를 효율적으로 이행하기 위하여 권한 있는 국제기구와 협력해야 한다고 하였다(비엔나협약 제2조). 협약은 당사국들의 일반적인 의무 이외에도 연구와 관찰(제3조), 법률·과학·기술분야 협력(제4조), 정보교환(제5조)에 관한 규정을 두었으며, 사무국과 분쟁해결기구를 설치하도록 하였다. 그러나 협약은 오존층 보호를 위한 기본협약이므로 추가적인 조치가 필요하였다.[82]

2. 몬트리올의정서

기본협약인 비엔나협약에는 오존층 파괴물질의 감축을 위한 구체적인 실행계획이 들어 있지 않으므로 당사국들은 이듬해부터 의정서 채택을 위한 회의를 시작하였다. 그 결과 1987년 몬트리올에서 「오존층 파괴물질에 관한 몬트리올의정서」(Montreal Protocol on Substances that Deplete the Ozone Layer)가 채택되어 1989년 1월 효력발생에 들어갔다. 의정서는 오존층 파괴물질인 염화불화탄소(CFC) 즉 프레온가스와 할론 생산의 단계적인 감축을 규정하였다. 의정서는 오존층 파괴물질의 생산을 1986년 수준으로 동결시킨 후 이를 점진적으로 감축하여 1998년에는 1986년 수준에서 50%까지 감축하는 것을 목표로 삼았다.[83]

---

82) Shaw, p.611.
83) 몬트리올의정서는 규제물질을 Group I 과 Group II로 나누어 규제하였다. 의정서는 규제조치에 관한 제2조 1항에서 의정서 효력발생 후 6개월 이후부터 12개월 동안과 그 후 매 12개월 동안 CFC의 총소비와 생산이 1986년 수준을 초과하면 안 된다고 하였다. 2항에서는

의정서는 당사국들의 CFC와 할론의 생산과 소비를 통제하는 동시에 비당사 국으로부터의 이러한 물질들의 수입을 금지하였다. 당사국들은 의정서 효력발생 후 1년 내에 비당사국으로부터의 규제물질 수입을 금지하고, 효력발생 3년 내에 규제물질이 함유된 제품의 목록을 작성한 후 1년 내에 그러한 제품의 수입을 금지 하며, 효력발생 5년 내에 규제물질을 사용하여 생산된 제품의 목록을 작성한 후 1 년 내에 수입을 금지하여야 한다(몬트리올의정서 제4조). 그러나 개발도상국으로서 의정서 효력발생 당시 1인당 연간 규제물질 소비량이 0.3kg 미만인 개발도상국은 생산량 규제조치 이행을 10년간 유예받았다.

몬트리올의정서는 추가적인 의정서에 대한 조정과 개정을 통하여 개발도상국 의 의정서 준수를 독려하기 위하여 재정적·기술적 인센티브를 도입하였다. 의정 서의 이행과 준수는 특히 새로운 제도인 '비준수절차'(non-compliance procedure)의 도입을 통해 증진되었다. 비준수절차란 국제적인 합의의 비준수에 대처하기 위한 '유연한 집행'(soft enforcement)의 한 가지 방법으로, 개도국으로 하여금 다자간기 금이나 기술지원의 활용 등을 통한 '촉진'(facilitation)과 주의환기나 개도국에 대한 이행유예 혜택의 중지와 같은 제재 중에서 스스로 선택하도록 하는 것이다.[84]

3. 전 망

몬트리올의정서 당사국들은 1989년 「헬싱키선언」(Helsinki Declaration)을 채 택하여 CFC를 2000년까지 추방하기로 하였으며, 할론과 그 외의 오존층 파괴물 질도 추방하기로 하였다.[85] 그 후에도 당사국들은 일련의 조정(adjustment)과 개 정(amendment) 작업을 통하여 오존층 파괴물질의 감축계획을 수정하였다. 1990 년 「런던개정의정서」는 12개 물질을 새로이 규제물질에 추가하는 동시에 CFC를 1995년까지 50%, 1997년까지 85%를 감축하고, 2000년에는 완전히 추방하기로

의정서 효력발생 3년 후 1년 동안 할론의 총소비와 생산 수준이 1986년 수준을 초과하면 안 된다고 하였다. 3항에서는 1993년 7월부터 1994년 6월까지 그리고 그 이후에는 2개월 마다 CFC의 연간 총소비와 총생산량이 1986년 수준의 80%를 초과하면 안 된다고 하였다. 4항에서는 1998년 7월부터 1999년 6월까지 그리고 그 후에는 12개월마다 CFC의 총소비와 총생산량이 1986년 수준의 50%를 초과하면 안 된다고 하였다.

84) Evans, p.671.

85) Shaw, pp.611-612.

하였다. 1992년 채택된 「코펜하겐 개정의정서」는 감축계획을 수정하여 1994년부터 CFC 생산량을 75% 감축하도록 하였으며, 새로이 규제물질들을 추가하였다.

국제사회가 오존층 보호를 위하여 노력한 결과 오존층 파괴물질의 생산은 크게 감소하였다.[86] 유엔환경계획(UNEP)에서도 이미 1990년대에 "오존층 파괴는 앞으로 수년 내 절정에 달한 후 앞으로 50년에 걸쳐 회복되어 남극의 오존층 구멍이 사라질 것"이라고 예측한 바 있다.[87] 그러나 이러한 낙관적인 예상들은 모든 국가들이 몬트리올의정서를 비롯한 관련 조약들을 제대로 지킨다는 것을 전제로 하는 것이므로, 오존층파괴에 대한 경계를 늦추면 아니 될 것이다.

Ⅲ. 기후변화

1. 온실효과

수중기와 이산화탄소(CO_2), 메탄가스(CH_4), 산화이질소(N_2O), 염화불화탄소(CFCs), 오존(O_3) 등은 태양열을 받아 지구를 따뜻하게 덥혀 주어 생물들이 살아갈 수 있는 환경을 제공해 준다. 그러나 산업혁명 이후 누적되어 온 온실가스는 지구온난화를 가져와 기상이변과 해수면상승 등 피해를 초래하고 있다.[88] 이러한 우려에 따라 이산화탄소의 배출을 규제하기 위하여 1992년 기후변화협약과 관련 의정서들이 채택되었다.

2. 기후변화협약

기후변화협약(Framework Convention on Climate Change)은 1991년 2월부터

---

86) Lester R. Brown, "We can build a Sustainable Economy," in Jackson(ed.), p.89. CFC가스 생산량은 1988년 126만 톤으로 최고를 기록한 이후 1994년에는 29만 5천 톤으로 감소하여 6년 만에 77%가 줄어들었다.

87) Dowie, pp.77-79.

88) Bodansky, vol.3, pp.20-21. 별다른 조치가 취해지지 않을 경우 지구온난화로 인하여 다음 세기 말까지 지구의 평균기온은 1도 내지 3.5도 상승하고 해수면도 50cm까지 상승할 것으로 예상된다고 한다.

1992년 5월까지 5차례의 정부간협상회의를 거쳐 1992년 5월 채택되어 리우회의에서 서명에 개방되었다. 협약은 1994년 3월 효력발생에 들어갔으며, 1995년 이래 매년 당사국회의를 개최하여 기본협약을 보완하여 법적 구속력 있는 규범을 만들어 가고 있다.[89]

오늘날 세계경제가 화석연료에 에너지를 의존하고 있기 때문에 협상과정에서 선진국과 개발도상국 간에 첨예한 의견대립이 있었다. 선진국들은 모든 국가들이 온실가스 감축에 동참해야 한다고 주장하면서 강력한 제도를 원하였으나, 개발도상국은 온실가스 특히 이산화탄소는 산업화의 부산물이므로 지구온난화에 책임이 있는 선진국들부터 배출량을 줄여야 한다고 하였다. 그 결과 협약은 구체적이고 구속력 있는 규정들을 담아내지 못하고 기본협약으로 채택되었으나, 이산화탄소를 비롯한 온실가스의 배출량을 통제해야 한다는 데 대해서는 공감대가 이루어졌다.

기후변화협약은 기후시스템에 대한 위험한 인위적 간섭을 방지할 수 있을 정도로 대기 중 온실가스의 농도를 안정화하는 것을 목적으로 하였다(협약 제2조). 협약은 이러한 목적을 달성하기 위한 원칙으로 현세대와 미래세대 이익의 형평과 공통의 그러나 차별적인 책임에 따른 보호, 개도국에 대한 특별한 배려, 기후변화 방지를 위한 예방조치, 지속가능개발, 국제협력의 원칙을 제시하였다(제3조).

협약 당사국들이 부담하는 의무는 모든 국가들이 부담하는 일반적 의무와 협약 제1부속서에 등재된 선진국들이 부담하는 의무로 구분되어 있다. 모든 협약당사국들은 온실가스의 배출 및 감축계획에 관한 국가통계의 작성·제출, 기후변화 방지를 위한 국가정책의 수립·시행·공표 및 국가보고서 제출의무를 진다(협약 제4조 1항). 제1부속서에 등재된 선진국들은 이에 더하여 온실가스 배출의 억제로 기후변화를 경감하기 위한 국가정책과 그에 상응하는 조치를 취하고, 정기적으로 국가정책과 조치에 대한 보고서를 제출하며, 이산화탄소 등 온실가스의 배출을 1990년 수준으로 감축하는 것을 목표로 하여야 한다(제4조 2-5항).

협약은 그 이행을 위하여 당사국회의, 사무국, 과학기술자문보조기구, 이행보조기구, 재정지원기구를 설치하기로 하였으며, 최고의사결정기구는 당사국회의이다. 재정지원기구(financial mechanism)로는 IBRD, UNEP, UNDP가 공동으로

---

89) 우리나라는 1993년 12월 14일 기후변화협약의 당사국이 되었다.

설립한 기존의 지구환경기금(GEF)을 사용하기로 하였다.

3. 교토의정서

　　1997년 12월 일본 교토에서 열렸던 제3차 당사국회의에서는 「교토의정서」(Kyoto Protocol)가 채택되어, 기후변화협약 제1부속서에 등재되어 있는 국가들은 이산화탄소와 같은 온실가스 배출량을 배출한도와 감축양허에 따라 2008년에서 2012년 사이에 1990년 대비 최소한 5% 감축하도록 하였다(의정서 제3조 1항). 감축대상과 관련해서는 미국이 주장한 대로 이산화탄소, 메탄, 산화질소 등 6가지로 정하였고, EC를 포함한 39개국의 국가별 감축목표는 부속서 B에 규정된 대로 각국의 상황을 고려하여 상이하게 설정되었다.[90]

　　교토의정서는 미국이 주장한 배출권거래(emissions trading)를 허용하였다. 따라서 이산화탄소 배출한계를 채우지 아니한 국가는 배출한계를 넘어선 국가에게 배출권을 판매할 수 있게 되었다(의정서 16bis).[91] 아울러 공동이행(joint implementation) 제도를 도입하여 한 국가 내의 기업이 세계 다른 곳에서 배출량을 줄이는 투자를 하는 경우 그만큼 배출량을 늘릴 수 있게 하였다. 이 제도는 선진국들로 하여금 개발도상국의 배출량 감축에 투자하도록 하기 위하여 도입된 제도라고 할 수 있는데, 특히 제1부속서에 등재된 선진국과 그렇지 아니한 개도국 간의 공동이행은 청정개발제도(Clean Development Mechanism)라 하였다.[92]

---

90) 교토의정서 부속서 A와 B 참조. 교토의정서 부속서 B에는 국가별 감축목표가 규정되어 있는데, 그 목표는 다음과 같다. EU 15개국, 유럽공동체, 불가리아, 체코, 에스토니아, 라트비아, 리히텐슈타인, 리투아니아, 모나코, 루마니아, 슬로바키아, 슬로베니아, 스위스는 8% 감축. 미국은 7% 감축. 캐나다, 일본, 헝가리, 핀란드는 6% 감축. 크로아티아 5% 감축. 뉴질랜드, 우크라이나, 러시아 0%. 노르웨이 1% 증가. 호주 8% 증가. 아이슬란드 10% 증가이다.

91) 배출권거래제도의 도입을 주장하는 사람들은 이 제도는 비용을 적게 들이고도 보다 신속하게 배출량을 줄이게 한다고 하였다. 특히 미국은 이 제도를 도입하여 자국이 이산화황(sulfer dioxide) 배출의 감축에 성공하였다고 하였다.

92) 의정서 제6조, 제3조 10항-12항, 제12조 참조.

4. 전 망

2009년 12월 덴마크 코펜하겐에서에 개최된 제15차 유엔기후변화협력회의 (UNFCCC)는 많은 세계정상들이 참석한 가운데 개최되었다. 그러나 회의의 결과는 기대에 미치지 못하였다. 코펜하겐 회의에서는 미국과 중국 간에 신경전이 치열했으며, 개발도상국과 선진국 간의 입장차이로 소기의 성과를 거두지 못하였다.

교토의정서는 본래 2012년을 목표로 정하였으나, 국제사회는 2020년까지 그 효력을 연장하기로 가까스로 합의했었다. 그러던 중 2015년 12월 프랑스 파리에서 열린 제21차 기후변화협약 당사국총회에서 국가들은 신기후체제 합의문인「파리협정」(Paris Agreement)을 채택하는 데 성공하였다. 회의에서 국가들은 산업화 이전 대비 지구 평균기온 상승을 2℃ 보다 낮은 수준으로 유지하기로 하였다. 온실가스 감축과 관련해서는, 각국은 국가별 목표를 스스로 정하되 5년마다 상향된 목표를 제출하도록 하였다. 파리협정이 효력발생에 이르는 데에는 별문제가 없을 것이나, 협정은 국가들의 자율적인 이행에 의지할 수밖에 없는 구조이므로 그 성패는 결국 국가들의 의지에 달려 있다고 하겠다.

우리나라는 교토의정서 체제에서는 기후변화협약 의무감축국가에 포함되지 않아 경제적인 부담은 덜 수 있었다. 그러나 선진국 진입을 앞두고 있는 국가로서 보다 적극적으로 세계 기후변화 문제에 대처할 필요가 있었다. 현재는 기후변화 문제에 대처하는데 있어서 국가 간에 차별적인 공동책임원리가 받아들여지고 있으나 우리에게 언제까지나 '무임승차'가 허용되지는 않을 것이므로, 우리나라도 온실가스 감축을 위한 산업구조조정과 대체에너지원 개발을 서둘러야 할 것이다.

‖ 제7절 ‖ 자연보존

Ⅰ. 서 론

국제적인 환경보호는 본래 철새와 고래 · 물개 같은 이동성야생동물 보호에서부터 시작되었으며, 환경보호 관련 최초의 조약 중에는 야생동물 보호에 관한 단편적인 조약들이 많았다. 그런데 이러한 조약이 체결된 일차적인 목적은 환경 보호보다는 경제적인 데에 있었다는 지적이 있었다. 1902년「농업에 이로운 조류 보호에 관한 파리협약」과 1911년「물개보호에 관한 워싱턴협약」은 그 좋은 예이 며, 인접한 공해의 공유자원에 대한 연안국의 관할권 문제를 다룬 최초의 사건인 1898년「베링해물개어업중재」사건도 마찬가지라는 것이다.[93]

그렇지만 1970년대 이후 국제사회는 천연자원에 대한 영토국가의 주권에도 불구하고 생물자원의 국제적 보존을 위해 많은 조약들을 채택하였다. 그러한 국 제적 합의들은 양자조약, 지역조약, 다자조약으로 형태가 매우 다양하였으며, 보 호대상도 물개, 곰, 고래, 바다거북에서부터 남극환경의 총체적 규율에 이르기까 지 매우 다양하였다. 여기에서는 1971년 체결된「국제적으로 중요한 습지의 보존 에 관한 협약」(Convention on Conservation of Wetlands of International Importance, 람사르협약), 1973년「세계문화자연유산보호협약」(Convention on the Protection of World Cultural and Natural Heritage), 1973년「멸종위기에 처한 야생동식물의 국제 거래에 관한 협약」(Convention on International Trade in Endangered Species of Wild Fauna and Flora, CITES협약), 1979년「야생이동성동물 보존협약」(Treaty on the Conservation of Wild Migratory Species, Bonn협약), 1992년 채택되어 리우회의에서 서명이 시작된「생물다양성협약」(Convention on Biological Diversity) 등 생물종과 서식지에 관한 주요협약을 중심으로 살펴본다.

II. 람사르협약

1971년 이란의 람사르(Ramsar)에서 체결된「람사르협약」(Ramsar Convention), 즉「국제적으로 중요한 습지의 보존에 관한 협약」(Convention on Conservation of Wetlands of International Importance)은 특정한 생태계 즉 주로 조류들의 서식지인 습지의 보존과 지혜로운 사용(wise use)을 위해서 마련되었다. 협약의 임무는 시간이 가면서 크게 확대되었는데, 그것은 '지혜로운 사용'이 '지속가능한

---

93) Evans, p.677.

사용'으로 해석되고 '습지'란 개념에 어류와 조류 및 서식지까지 포함되는 것으로 해석되게 된 데 따른 것이다. 람사르협약의 당사국은 159개국이며, '국제적으로 중요한 습지목록'(List of Wetlands of International Importance)에는 총 1,880개 지역에 1억 8,500만 헥타르의 광범위한 지역이 등록되어 있다.[94]

람사르협약은 처음에는 체약국들에게 거의 요구하는 것이 없는 '고통 없는 협약'(painless convention)이었다. 그러나 시간이 가면서 이 협약은 습지보존을 위한 효율적인 문서로 변해 갔다. 1990년 스위스 몬트로(Montreux)에서 개최된 제4차 당사국회의에서는 훼손되어 가는 습지를 확인하기 위하여 '몬트로목록'(Montreux Record)을 만들었고 개도국 지원을 위해 '습지보존기금'(Wetlands Conservation Fund)을 설립하였다. 1993년 일본 쿠시로에서 열린 회의에서는 몬트로목록을 운영하는 데 필요한 몇 가지 절차를 마련하였다.[95]

람사르협약은 현재도 13개의 조문으로 구성되어 있는 아주 간단한 조약이지만, 당사국회의를 통해 마련된 각종 지침(Guidelines)들에 의하여 보완되었다. 협약의 주요 규제 수단은 보호대상 목록에 등재하는 것이다. 각 체약국은 자국 영토 내 적합한 습지를 지정하여 협약의 기함(flag ship) 격인 '국제적으로 중요한 습지목록'에 포함되도록 한다. 람사르협약 체제에서는 최소한 하나 이상의 습지를 지정한 국가만이 완전한 협약당사국이 될 수 있다. 당사국은 협약의 이행에 관한 보고서를 3년마다 제출하여야 하며, 각국은 다른 국가의 국내이행조치를 검토한다.[96]

일단 국제적으로 중요한 습지목록에 포함된 습지는 국내법에 의해 보호받으며, 국제법에 의해 국제공동체 전체에게 중요한 것으로 인정받게 된다. 그러나 목록에 등재된 습지의 보존을 증진하는 데 실패하면 1990년 마련된 '우선적 관심이 필요한 람사르습지 몬트로목록'에 등재되며, 당초 람사르목록에 등재될 때의 가치에 치유불가능한 정도의 손상이 나타나는 경우에는 목록에서 삭제되는 가장 강력한 제재를 받을 수도 있으나, 실제로 그런 사례는 없었다.[97]

---

94) 우리나라는 람사르협약에 1971년 가입하였으며, 2008년 10월 경남 창원에서 제10차 당사국회의가 열렸었다.

95) Bodansky, vol.4, pp.104-105.

96) Evans, p.715.

97) *Ibid.*

III. 세계문화자연유산보호협약

「세계문화자연유산보호협약」(Convention on the Protection of the World Cultural and Natural Heritage)은 스톡홀름회의 직후인 1972년 11월 16일 유네스코 후원으로 채택되었다. 이 협약의 목적은 특별한 보편적 가치를 지닌 자연유산과 문화유산을 확인, 보호, 보존하고 미래세대에 전수하는 데 있다. 이 협약도 그 목적을 달성하기 위하여 「세계자연문화유산목록」을 유지하고 있는데, 148개국에 689개의 문화유산과 176개의 자연유산 그리고 24개의 혼합유산을 포함하여 총 889개의 유산이 등록되어 있다.[98] 그런데 람사르협약의 경우와는 달리 세계유산협약은 등재된 유산을 갖는 것이 완전한 당사국이 되기 위한 조건은 아니다. 따라서 협약의 효율성은 유산지정을 제안하는 국가들에게 달려 있다. 제안된 유산에 대한 평가는 문화유산의 경우에는 세계기념물유적협의회(International Council on Monuments and Sites: ICOMOS)가 자연유산의 경우에는 세계자연보전연맹(IUCN)이 맡는다.[99]

세계문화자연유산보호협약은 문화유산과 자연유산을 확인·보호·보존하는 것이 체약국의 의무이며(협약 제4조), 체약국들은 자국 영토 내의 문화·자연유산의 보호와 보존을 위해 효율적이고 적극적인 조치를 취해야 한다고 하였다(협약 제5조). 세계문화자연유산 보호에 있어서 협약의 기관들이 보유한 규제 장치는 당사국들이 제공하는 자료에 근거하여 세계유산목록에의 등재와 삭제를 감시하는 것이다. 세계유산위원회(World Heritage Committee)는 「위험에 처한 세계유산목록」(List of World Heritage on Danger)을 유지하는데, 체약국의 협약상 의무불이행에 대한 최고의 제재는 당해 유산을 세계유산목록에서 제외하는 것이다.[100]

---

98) *Ibid.*, p.716.
99) *Ibid.*, p.716.
100) *Ibid.*, pp.716-717.

IV. CITES 협약

세계자연보호연맹에서는 일찍부터 멸종위기의 야생동식물 보호를 위하여 이들의 국제거래를 규제해야 한다고 주장하였으며, 1972년 스톡홀름선언도 이를 권고하였다. 그 결과 1973년 워싱턴에서 「멸종위기에 처한 야생동식물의 국제거래에 관한 협약」(Convention on International Trade in Endangered Species of Wild Fauna and Flora: CITES협약)이 체결되었다.[101] 이 협약은 동식물과 그 서식처의 보호가 아닌 멸종위기에 처한 동식물 종과 그 생산품의 국제거래를 통제하고 금지함으로써 동식물 종의 감소에 대처하려는 데 그 목적이 있다. 이 협약의 당사국은 180여 개국에 달하며 5,000여 종의 동물과 25,000여 종의 식물이 관심대상이다.[102]

CITES 협약에서 '거래'(trade)란 수출, 재수출, 수입, 해양으로부터의 반입을 의미하는데, 협약은 야생동식물을 세 가지 부속서에 의하여 분류하여 그 국제거래를 규제하고 있다. 부속서 I 에는 국제거래로부터 영향을 받고 있거나 받게 될 멸종위기에 처한 동식물들이 포함된다(CITES협약 제2조 1항). 이러한 동식물의 국제거래는 대부분 금지되며, 아주 예외적인 경우에만 수출허가서와 수입허가서를 받아 허용한다(제3조). 부속서 II 에는 국제거래를 규제하지 않을 경우에는 머지않아 멸종위기에 처하게 될 동식물들이 포함된다(제2조 2항). 이러한 동식물들의 국제거래는 수출국의 적절한 국가기관으로부터 수출허가서를 받은 경우에만 허용된다(제4조). 부속서 III 에는 각국이 자국 관할권 내에서 남획을 방지하기 위해 규제하고 있고 국제거래 규제를 위하여 다른 국가들의 협력이 필요한 동식물들이 포함된다(제2조 3항). 이러한 동식물의 국제거래를 위해서는 수출허가서가 필요하지만 허가조건은 까다롭지 않다(제5조).[103] CITES 협약과 관련하여 중요한 논의

---

101) CITES협약은 1973년 채택되어 1975년 효력발생에 들어갔다. 2016년 7월 현재 당사국은 182개국이며, 우리나라는 1993년 7월 9일 가입하였다.

102) Evans, p.717.

103) Bodansky, vol.4, p.75. CITES협약에 따르면 당사국회의에서는 출석 과반수의 찬성으로 개정안을 채택할 수 있다(협약 제17조). 1976년 제1차 당사국회의에서는 부속서에 등재될 동식물을 결정하는 데 활용될 '베른표준'(Berne Criteria)을 채택하였으며, 1994년 미국 플로리다주 포트로더데일에서 열린 제9차 당사국회의는 그 지침을 더욱 상세하게 하고 동식

는 보호대상을 어떤 부속서에 등재할 것인가 하는 것이다. 특히 문제가 되었던 아프리카 코끼리는 한때 제1부속서에 등재되어 있었지만, 서식국가에 대한 부정적인 사회경제적 영향으로 인하여 야생동물 보호와 개발 간의 조화가 모색되면서 금지조치가 부분적으로 완화되었다. 오늘날 보츠와나, 나미비아, 남아프리카, 짐바브웨에 서식하는 아프리카 코끼리는 제2부속서에 등재되어 있다.[104]

다른 환경조약들과 마찬가지로 CITES 협약의 효율성도 각국의 국내이행에 달려 있다. 협약당사국은 협약 규정을 이행하고 협약에 위반하는 동식물의 거래를 방지하기 위하여 적절한 조치를 취해야 하며(협약 제8조), 관리과학기구(Management and Scientific Authority)를 설립해야 한다. CITES 사무국은 조약의 전반적인 운영을 모니터링하고 관련 정보의 교환을 촉진한다. 멸종위기에 처한 동식물의 국제거래를 감시하는 데에는 비정부간기구(NGO)들의 역할도 중요하다.[105]

V. 생물다양성협약

현재 지구의 생물종들은 6,500년 전 백악기 말 이래 최대의 대량멸절의 위기를 맞고 있다. 인류가 지구상에 등장한 이래 식량을 구하기 위하여 동식물을 사냥하고 채집하기 시작하면서 수많은 생물종들이 사라졌으나, 앞으로도 몇십 년 동안은 매년 수만 개의 종들이 사라질 위기에 직면해 있다고 한다.[106] 그러면 생물다양성은 왜 보존해야 하는가? 첫째는 윤리적인 이유이다. 인간은 지구의 관리자이므로 지구환경을 보호해야 할 도덕적·윤리적 책임이 있다는 것이다. 둘째는 자연생태계가 직접 인간에게 주는 이익 때문이다. 생물다양성의 유지는 대기오염을 방지하고 토양의 질을 유지하는 데 도움을 준다. 셋째는 건강과 경제적인 면에서의 이익이다. 각종 동식물들은 식량·의약품·화학물질·옷감을 얻는 데 사용

물의 등재 시 예방의 원칙을 적용하는 '에버글레이즈 표준'(Everglades Criteria)을 채택하였다.

104) Evans, p.717.

105) *Ibid.*, pp.717-718.

106) Peter Raven, "A Time of Catastrophic Extinction," in Jackson(ed.), pp.72-73. 인류의 등장 이후 생물종들의 멸절 속도는 과거에 비해 1,000배에서 10,000배 정도 빨라졌다고 한다.

되고 있으며, 특히 동식물에서 추출된 신물질들은 의약품 재료로 긴요하게 사용된다.[107]

1992년 5월 채택된 「생물다양성협약」(Convention on Biological Diversity)에서 생물다양성이란 토양과 해양 및 수계를 포함하는 모든 원천으로부터의 생명체를 포함한다. 협약이 목적하는 바는 생물의 다양성을 보존하고 지속가능한 사용을 확보하는 것이다.[108] 동년 6월 리우에서 개최된 지구정상회담 때부터 서명에 개방된 이 협약은 18개월 후인 1993년 12월 29일 효력발생에 들어갔으며 2010년 2월 현재 당사국은 193개국에 달한다. 우리나라는 1994년 10월 3일 가입하였다.

생물종과 서식지 보호를 위한 다양한 국제적인 합의가 있었음에도 불구하고, 생물종과 서식지 그리고 생태계 간의 상호작용을 규율할 보편적 협약이 존재하지 않았던 데 따른 공백을 메우기 위하여 생물다양성협약은 등장하였다. 따라서 협약은 생물다양성을 넓게 정의하여 거의 모든 생물체를 포괄하도록 하였으며, 생물다양성의 보존과 지속가능 개발, 유전자원 사용에 따른 이익의 공평하고 형평에 맞는 분배, 기술이전 등을 목표로 삼았다.[109]

생물다양성 보존을 위하여 사용할 수 있는 방법에는 여러 가지가 있겠지만 다음의 두 가지 방법이 특히 중요하다. 하나는 전 세계적인 또는 지역적인 차원에서 보호구역을 설치하여 구역 내의 생물종들을 보존하는 것이며, 다른 하나는 생물종들의 보호를 위해 선정된 샘플들을 보호구역 밖에 보존하는 것이다.[110] 생물다양성협약도 생물종의 보존을 위해 당사국들에게 현지내보존(in-situ conservation)과 현지외보존(ex-situ conservation)의 방법으로 생물종을 보존하도록 하였다. 현지내보존이란 종이 위치한 생태계나 서식지를 보호구역으로 지정하는 방법으로 종을 보호하는 것이며, 현지외보존이란 생태계나 서식지가 파괴되는 경우에 다른 지역에 생물종 보존을 위한 시설을 만들어 보호하는 것이다(협약 제8, 9조).

---

107) *Ibid.*, pp.73-74.
108) Evans, p.719; Stanley P. Johnson, *The Earth Summit: The United Nations Conference on Environment and Development*, Martinus NIjhoff, 1993, pp.81-82. 일찍이 국제자연보존연맹(IUCN)과 세계야생생물기금(WWF)은 생물다양성 보존의 필요성을 주장하였고, 유엔환경계획(UNEP)은 1987년 임시실무작업반(*Ad hoc* Working Group)을 구성하여 초안을 마련하는 작업에 들어가 1992년 5월 말 협약안을 확정지었다.
109) Evans, p.719.
110) Raven, pp.75-76.

생물다양성협약은 천연자원에 대한 국가주권을 인정하면서도 생물다양성의 본래적 가치와 '인류의 공동관심사'(common concern of humankind)로서의 생물다양성의 보존을 규정하였다. 또한 협약 제15조는 당사국들로 하여금 다른 당사국들이 유전자원에 접근할 수 있는 조건을 마련해야 한다는 규정을 두었다. 그러나 이것은 '인류의 공동유산'인 심해저와는 달리 그 소유와 통제권에 있어서 생물자원의 국제화를 의미하는 것은 아니다. 생물다양성협약은 서문에서 국가들의 천연자원에 대한 항구주권을 인정하고 있기 때문이다.[111]

생물다양성협약은 기본협약으로서 추가적인 합의를 통하여 그 내용을 보완해야 하는바, 협약은 제28조에서 당사국회의는 협약에 대한 의정서(protocol)를 채택할 수 있다고 하였다.[112] 이와 관련하여 2000년 당사국회의에서 채택되어 2003년 효력발생에 들어간 「유전자변형생물체에 관한 카르타헤나의정서」(Cartagena Protocol)가 있다. 이 의정서는 생물다양성과 사람의 건강에 나쁜 영향을 미칠 수 있는 유전자변형생물체의 국가 간 이동을 규제하기 위한 것이다.

‖ 제8절 ‖ 유해물질이동규제

Ⅰ. 유해물질이동

유해폐기물 배출이 증가하고 그러한 물질들이 제3세계에 투기되어 그곳의 환경과 주민들의 건강을 해치게 되면서 국제사회가 이를 규제하기 위한 조치를 취하게 되었다. 독성물질과 유해폐기물의 국제적인 이동을 국제사회가 규제하게 된 것은 두 가지 위험성 때문이다. 그것은 유해폐기물이 통과하는 국가 또는 해양환경에 대한 위험성과 폐기물 수입국이 그 물질을 처리할 수 있는 기술이나 시설

---

111) Evans, p.720.

112) 의정서는 본 협약의 규정들을 보다 자세하게 하고 협약의 목적을 달성하는 데 필요한 부분을 보완하는 것이므로, 협약은 제32조에서 생물다양성협약에 가입하지 아니한 국가는 의정서의 당사국이 될 수 없다고 하였다.

을 가지지 못한 경우에 그 국가에게 초래될 수 있는 위험성이다.[113]

국제환경법에서 '극히 위험한 활동'(ultra-hazardous activities)은 엄격책임 또는 절대적 책임이 적용되는 분야인데, 유해물질 이동도 그러한 부류에 속하는 활동일 수 있다. 극히 위험한 활동의 의미는 명확하지 않으나 이러한 활동은 그 활동으로 인한 오염의 개연성보다는 그러한 오염이 초래할 피해가 가져올 심각한 결과에 초점이 맞추어지는 특징을 가지며, 책임에 있어서도 '상당한 주의'(due diligence)가 아닌 엄격책임 원칙이 적용될 수 있는 분야라고 하겠다.[114]

II. 국제협약

1972년 체결된 「선박과 항공기로부터의 투기에 의한 해양오염방지협약」 (Convention for the Prevention of Marine Pollution by Dumping from Ships and Aircraft: 오슬로협약)과 「폐기물 등의 투기로 인한 해양오염방지협약」(Convention on the Prevention of Marine Pollution by Dumping of Wastes and Other Matters: 런던협약)은 해양에 폐기물과 같은 일정한 물질을 투기하는 것을 금지하였다. 1988년 아프리카단결기구(OAU)는 아프리카에 핵과 산업폐기물을 투기하는 행위를 아프리카와 그 인민들에 대한 범죄행위라는 결의를 채택하였다. 또한 1991년에는 「바마코협약」(Bamako Convention)을 체결하여 비당사국들이 폐기물을 아프리카에 반입하는 것을 전면 금지하였으며 그러한 물질을 해양에 투기하지 않기로 하였다.[115] OECD에서도 유해폐기물의 이동과 수출에 관한 여러 가지 결정과 권고들을 채택하였는데, 특히 1989년에는 오염자부담의 원칙을 유해물질로 인한 사건에도 적용하기로 하는 권고를 채택하였다.[116]

유해폐기물의 이동을 규제하는 보편적 조약으로는 1989년에 체결된 바젤협약을 비롯하여 로테르담협약과 스톡홀름협약 등이 있다.

---

113) Birnie and Boyle, pp.301-302.

114) Shaw, pp.619-620.

115) 이 협약의 정식명칭은 Bamako Convention on the Ban of the Import into Africa and the Control of Transboundary Movement and Management of Hazardous Wastes within Africa이다.

116) Shaw, pp.626-627.

III. 바젤협약

1989년 3월 유엔환경계획(UNEP) 후원으로 체결된 「유해폐기물의 국가 간 이동과 처리의 통제에 관한 바젤협약」(Basel Convention on the Control of Transboundary Movements of Hazardous Wastes and Their Disposal: 바젤협약)은 1992년 5월 효력발생에 들어갔다.[117) 바젤협약은 폐기물의 국가 간 이동을 엄격히 규제하고, 당사국들로 하여금 폐기물들이 환경친화적인 방법으로 처리되도록 하기 위한 것이다.

바젤협약의 주요 원칙에는 유해폐기물의 국경을 넘는 이동을 최소한으로 감축한다는 원칙과 유해폐기물은 가능한 생산지에 가까운 곳에서 처리되어야 한다는 원칙이 있다. 이를 위해 협약은 사무국을 통해 유해폐기물의 국경을 넘는 이동을 통제하고, 불법거래를 방지하며, 유해폐기물의 환경친화적 처리를 위해 국가들을 지원하고, 당사국 간 국제협력을 증진하며, 유해폐기물 관리를 위한 기술지침을 마련하도록 하였다.

바젤협약은 유해폐기물 수출국이 환경적으로 폐기물을 처리할 적절한 시설이 없거나, 수입국이 재활용이나 자원회수산업에 투입될 원자재로 폐기물이 필요한 경우에만 국가 간 이동을 허용한다. 반면에 바젤협약의 당사국도 아니고 동일한 환경기준을 설정한 다른 협약의 당사국도 아닌 국가에의 수출, 남극으로의 수출, 예정된 최종목적지 국가가 이러한 수입을 금지하거나 그 회원국에게 국내법으로 이러한 수입을 금지하는 지역기구에 가입한 경우, 예정된 최종목적지 국가에서 환경적으로 건전한 관리나 처리를 할 수 없다고 믿을 만한 분명한 이유가 있을 때에는 폐기물의 국가 간 이동은 금지된다. 또한 협약은 유해폐기물의 국가 간 이동을 수입국과 경유국이 수출국으로부터 제공받은 정보에 입각하여 수출국에게 서면동의서를 제출한 경우에만 가능하도록 하였다(바젤협약 제6, 7조).[118)

---

117) 2010년 2월 현재 바젤협약의 당사국은 172개국이며, 우리나라는 1994년 2월 28일 협약에 가입하였다.

118) 협약에 위반하여 이루어지는 유해폐기물의 국가 간 거래는 불법거래로 간주되며 불법에 책임이 있는 국가는 필요한 경우에는 폐기물을 다시 수입하여 처리하여야 하고, 협약에 따른 거래인 경우라도 예정된 처리가 불가능한 경우에는 재수입해야 한다. 바젤협약 제8, 9조.

IV. 로테르담협약과 스톡홀름협약

「특정 유해화학물질 및 농약의 국제교역에 있어서 사전통보승인에 관한 로테르담협약」(Rotterdam Convention on the Prior Informed Consent Procedures for Certain Hazardous Chemicals and Pesticides in International Trade) 즉 로테르담협약 (PIC협약)은 1998년 채택되어 2004년 2월에 효력발생에 들어갔다. 이 협약은 유해물질 수입에 관한 사전통보승인 제도의 수립을 목표로 유해한 화학물질이나 농약을 수출하기 이전에 수입국의 사전통보승인을 받도록 하였다.

「잔류성 유기오염물질에 관한 스톡홀름협약」(Stockholm Convention on Persistent Organic Pollutants), 즉 스톡홀름협약(POPs)은 2001년 스톡홀름에서 채택되어 2004년 효력발생에 들어갔다. 이 협약은 잔류성 유기오염물질의 생산과 사용의 통제, 재고관리와 감축, 다이옥신과 같은 산업부산물의 감축을 통해 위험물질로부터 인간의 건강과 환경을 보호하는 것을 목적으로 하고 있다.[119]

한편 1990년 국제원자력기구(IAEA)는 「방사능폐기물의 국제적 이동에 관한 행위규범」(Code of Practice on the International Transboundary Movement of Radioactive Waste)을 채택하였다. 여기서는 방사능물질의 국제적 이동은 수출국·수입국·통과국에 대한 사전통고와 동의하에 이루어져야 한다고 하였다.[120]

---

119) Evans, pp.675-676.
120) Shaw, p.627.

제13장

무력충돌법

이제까지 본서는 평화 시에 적용되는 국제법을 다루어 왔다. 그러나 본서의 마지막 장인 이곳에서는 국가 간의 비정상적 상태인 무력충돌 시에 적용되는 국제법을 살펴보고자 한다. 무력충돌법은 크게 두 분야로 나누어지는데, 하나는 무력충돌에 이르는 데 관한 법인 개전권(*jus ad bellum*)에 관한 법이고, 다른 하나는 무력충돌 자체를 규율하는 전쟁법(*jus in bello*)이다. 개전권 문제는 어떤 무력충돌이 합법적인가 불법적인가 하는 문제를 다루는 데 비하여, 전쟁법에서는 해적수단의 합법성을 주로 다룬다. 특히 오늘날 전쟁법에서는 무력충돌 시 적용되는 국제인도법이 중요해지고 있다.[1]

---

1) Peter Malanczuk, *Akehurst's Modern Introduction to International Law*, Routledge, 1997, p.306.

‖ 제1절 ‖ 무력행사금지

Ⅰ. 서 론

전쟁이란 무엇일까? 프러시아의 유명한 전략가 클라우제비츠(Karl von Clausewitz: 1780-1831)는 전쟁을 "한 국가가 다른 국가로 하여금 자국의 의사에 따르게 하기 위해 무력을 행사하는 것"이라고 정의하였었다. 이러한 정의는 전쟁을 하고자 하는 국가의 의도를 명확히 하여 주지만 전쟁의 시작시점을 판단하는 데 필요한 기준을 제시하지 못하는 약점이 있었다. 반면에 오스트리아의 베어드로스 (Alfred Verdross; 1890-1980)는 전쟁을 정의하여 "평화관계가 종료된 국가 간 무력 충돌상태"라고 하였다. 전쟁에 대한 전통적 정의로 간주되는 베어드로스의 전쟁에 대한 정의는 전쟁이 국가 간의 분쟁이고, 전쟁의 시작 이전에 양국 간의 모든 평화관계가 단절되는 점을 분명히 하는 장점이 있다.2)

전쟁에 대한 사람들의 인식과 함께 전쟁에 대한 사람들의 시각도 시대에 따라 변해 왔다. 그러나 인류 역사에서 아주 오랫동안 전쟁은 국가 간 분쟁을 해결하는 최종적인 수단으로서 인식되어 온 것이 사실이다. 그러나 오늘날에는 과학 기술과 무기의 발달로 전쟁의 피해가 커져서 전쟁이 인류의 생존 자체를 위협하는 상황에 이르게 됨으로써 전쟁을 포함한 무력행사를 전반적으로 금지하는 국제 법원칙이 보편적으로 인정되게 되었다.

무력행사금지에 관한 국제법의 발달과정과 관련하여 유엔제도를 살펴보고, 무력행사 문제와 직접적 또는 간접적으로 관련이 있는 자위권, 무력복구, 간섭 등의 문제들을 살펴본다.

---

2) Ray August, *Public International Law*, Prentice Hall, 1995, pp.503-504.

II. 무력행사금지의 역사

1. 고대와 중세

동양과 서양을 불문하고 고대와 중세에는 무력행사금지나 정전론이 현실적으로 국가들의 지지를 받기는 어려웠다. 전쟁의 정당성 여부를 판단해 줄 어떤 국제적인 조직이 없었던 것은 물론이고 국가 간의 관계에 있어서도 양육강식의 논리가 편만해 있었기 때문이다.

그렇지만 정당한 사유가 있는 전쟁만이 허용되어야 한다는 정당한 전쟁에 대한 생각은 그리스·로마시대 때에도 있었다. 더구나 로마제국이 기독교 국가가 되고 기독교도들이 신의 의지에 따른 무력행사를 지지하면서 정전론(doctrine of just war)은 체계화되었다.

아우구스티누스(St. Augustine)는 어떤 국가에게 피해를 준 국가가 범죄자를 처벌하거나 부당하게 취득한 물건을 반환하지 않는 경우, 그 불법을 응징하고 평화상태를 회복하기 위한 전쟁은 정당한 전쟁이라고 하였다. 그는 다른 국가에 의한 불법행위에 따른 배상을 위한 수단으로서의 전쟁만이 인정된다고 보았기 때문에, 선제공격은 부당한 것이고 무력사용은 엄격히 통제되어야 한다고 보았던 것이다. 한편 13세기 토마스 아퀴나스(Thomas Aquinas)는 정전개념을 더욱 발전시켜 처벌해야 하는 것은 불법행위 자체가 아니라 불법행위자의 주관적 범의라고 하였으나, 아우구스티누스와 마찬가지로 불법행위자의 처벌과 같이 정당한 사유가 있는 경우 전쟁은 정당화된다고 하였다.[3]

2. 근 대

근대 들어 유럽에서는 교황권과 신성로마제국 같은 보편적 권위가 쇠퇴하면서 민족국가들이 국제사회의 주역으로 등장하였으며 국가 간에는 전쟁이 빈발하였다. 그에 따라 유럽에는 고전적인 형태의 세력균형(balance of power) 체제가 들

---

3) Malcolm N. Shaw, *International Law*, Cambridge University Press, 1997, pp.777-778.

어서게 되면서 정전론에 대한 접근방법도 바뀌게 되었다. 이제 정전론의 중심은 불법행위자에 대한 응징에서 평화적인 수단에 의한 질서유지로 바뀌었으니, 스페인의 비토리아(Vitoria)는 불법행위만으로는 정당한 전쟁이 될 수 없다고 하였으며, 수아레즈(Suarez)는 전쟁시작 전에 상대방에게 먼저 배상을 요구해야 한다고 하였다.[4]

16세기 후반부터는 정당한 전쟁과 부당한 전쟁 간의 구분이 무너지고 무차별전쟁관이 유행하기 시작하였다. 전쟁 당사자 모두에게는 나름대로 정당한 사유가 있다는 생각에서 정당한 전쟁의 범위가 확대되면서, 전쟁의 합법성보다는 법절차의 준수 여부가 정당한 전쟁을 판단하는 잣대로 변해 갔다. 법실증주의의 등장을 예고하는 이러한 상황에서, 17세기 그로티우스(Grotius)는 이념적인 것은 배제한 채 자위, 재산보호, 불법행위 응징이라는 측면에서 정당한 전쟁을 다시금 정의하려고 시도하였으나 무차별전쟁관의 득세를 막을 수는 없었다.[5]

1648년 웨스트팔리아 강화조약(Peace of Westphalia) 체결을 계기로 세력균형체제가 수립되면서 정전론은 법실증주의에 자리를 물려주고 국제법에서 거의 자취를 감추었다. 주권을 가진 국가들은 평등하므로 어느 국가도 다른 국가의 전쟁사유를 판단할 수 없다는 것이다. 어떤 학자의 말대로 합법적인 무력행사와 불법적인 무력행사를 구분하지 아니하는 법체제를 법이라 할 수 없다면, 18세기와 19세기에는 세력균형의 원리가 있었을 뿐 개전권에 관한 국제법은 없었다고 보아야 한다.[6]

그렇지만 세력균형체제 속에서도 법은 가끔 조약이란 이름으로 특정한 문제를 처리하는 데 사용되곤 하였다. 예를 들어 1815년과 1819년에 체결된 조약에 의해 스위스와 벨기에는 중립을 보장받게 되었다. 1907년 헤이그에서 체결된 「계약채무회수를 위한 무력사용제한협약」(Convention Respecting the Limitation of the Employment of Force for the Recovery of Contract Debts), 즉 드라고-포터(Drago-Porter) 협약은 라틴아메리카 국가들이 서구 국가들을 설득하여 체결된 조약인데, 채무국이 중재재판을 거부하거나 판정의 이행을 거부하지 않는 한 계약채무의 변제를 위한 무력사용을 금지하는 내용을 담고 있었다. 이 협약은 실정법에 의해 무

---

4) *Ibid.*, p.778.
5) *Ibid.*, pp.778-779; Malanczuk, pp.306-307.
6) Malanczuk, pp.307-308; Shaw, p.779.

력사용을 금지한 20세기 최초의 조약이었다.[7]

3. 국제연맹 시대

헤이그평화회의는 제1차 세계대전을 막지 못하였으며, 전쟁 중 독가스 사용, 공습, 무기의 발달을 저지하지도 못하였다. 이러한 새로운 형태의 전쟁이 등장하면서 전쟁에 대한 최소한의 낭만적인 환상조차 사라지고, 이제 비로소 사람들은 전쟁을 끔찍한 재앙으로 생각하게 되었다. 그러나 국제법이 사람들의 이러한 사고의 변화를 따라가는 데에는 보다 많은 시간이 필요하였다.[8]

국제연맹(League of Nations)은 국제평화와 안전의 유지를 자신의 가장 중요한 임무로 삼게 되었고, 그 규약(Covenant)은 서문에서 회원국들은 분쟁을 전쟁에 의해 해결하지 않기로 하는 의무를 수락한다고 하였다. 그렇지만 국제연맹은 전쟁을 완전히 금지하지는 못하였다. 국제연맹 규약 제12조 1항은 다음과 같이 규정하였다.

> 연맹회원국은, 회원국들 사이에 국교단절의 우려가 있는 분쟁이 발생하는 경우, 그 문제를 중재나 사법적 해결 또는 국제연맹이사회에 의한 심사에 부탁하는 데 동의하며, 어떠한 경우에도 중재판정이나 사법판결 또는 이사회의 보고 후 3개월 내에는 전쟁에 호소하지 않는 데 동의한다.

또한 국제연맹 규약은 중재판정이나 사법판결을 받아들인 국가를 상대로 전쟁을 일으키면 안 된다고 하였으며(국제연맹규약 제13조), 연맹이사회에서 분쟁해결에 관한 권고가 분쟁당사국을 제외한 모든 국가들의 찬성으로 채택되는 경우에는 이를 따르는 국가를 상대로 하는 전쟁도 금지되었다(규약 제15조). 아울러 이러한 연맹규약을 위반하여 전쟁을 하는 국가는 모든 연맹회원국을 상대로 전쟁을 하는 것이라고 하면서, 그 국가와의 무역관계와 경제관계를 단절하고, 자국민과

---

7) Malanczuk, p.308.
8) August, p.509. 18, 19세기 대부분의 사람들은 전쟁을 동절기를 보내는 것 비슷하게 생각하였다고 한다. 전쟁이란 불편하기는 하지만 때로는 운동경기를 보는 것 같은 즐거움도 있었다는 것이다.

그 국가 국민 간의 접촉을 금지하며, 모든 국가의 국민과 그 국가 국민 간의 모든 재정적・상업적・개인적인 접촉을 금지한다고 하였다(규약 제16조).

국제연맹은 모든 전쟁을 불법화한 것이 아니라 연맹규약이 요구하는 조건, 즉 사전에 분쟁을 평화적 해결절차에 부탁하지 아니한 전쟁과 3개월의 유예기간을 지키지 아니한 전쟁을 불법화한 것이다. 또한 국제연맹에서는 어떤 국가에 의한 규약위반 여부와 전쟁행위 여부에 대한 판단이 실제로 각국에게 맡겨져 있었기 때문에, 연맹규약에 따른 제재도 회원국의 판단에 의해 좌우되었다.[9]

국제연맹은 1925년 그리스와 불가리아 간 위기를 잘 넘기고, 1928년 챠코(Chaco) 분쟁도 원만하게 해결하였다. 그러나 1931년 일본의 만주침략, 1934년 이탈리아-에티오피아 전쟁, 1936년 독일의 라인란트 진주와 오스트리아 합병, 1939년 독일의 체코와 폴란드침략, 1939년 소련의 핀란드 침략에는 제대로 대처하지 못하였다.[10]

1920년대 국제사회에서는 연맹규약이 부분적으로 금지한 전쟁을 전면적으로 금지하기 위한 노력이 진행되었다. 그 결과 1928년 「전쟁포기에 관한 일반조약」(General Treaty for the Renunciation of War)이 체결되었다. 조약체결을 위해 노력한 프랑스 외무장관 브리앙(Briand)과 미국 국무장관 켈로그(Kellog)의 이름을 따서 「브리앙-켈로그조약」 또는 「부전조약」이라 부르기도 하는 이 조약은, 제1조에서 당사국들은 각 당사국 국민의 이름으로 국제분쟁 해결을 위한 전쟁을 규탄하고 국가 간 관계에서 국가정책의 수단으로 전쟁을 포기한다고 선언하였다.

부전조약의 체결로 자위를 위한 전쟁과 연맹이 결정한 조치를 집행하기 위한 전쟁을 제외한 모든 전쟁이 금지되었다. 그러나 개전의사가 분명히 표명되지 않은 제한적인 무력행사는 금지하지 못하였으며, 조약의 이행을 위한 제도도 제대로 갖추지 못하고 있었다.[11]

---

9) Bowett, *The Law of International Institutions*, 1982, pp.17-18.

10) *Ibid.*

11) 유병화, 「국제법 II」, 진성사, 1994, p.596. 조약의 실시를 위하여 강제관할권을 가진 국제적인 재판소를 설치하려는 시도는 주권제한을 꺼리는 국가들의 반대로 실패하였고, 연맹규약을 조약의 집행에 알맞게 개정하려는 노력도 좌절되었다.

III. 유엔에서의 무력행사금지

1. 전쟁개념의 혼란

전쟁 양상의 변화와 전쟁을 금지하는 국제법원칙의 대두로 전쟁에 대한 전통적인 정의는 다음과 같이 한계를 드러내게 되었다. 첫째, 과거에 전쟁이란 주로 국가 간의 무력충돌만을 의미하였었다. 그러나 내전이나 민족해방운동과 같이 당사자 일방이 국가가 아닌 무력충돌이 발생하면서 적용에 문제가 생기게 되었다. 둘째, 전통적인 국제법에서 전쟁이란 선전포고에 이은 무력충돌을 의미하였었다. 그러나 1928년 부전조약과 유엔헌장이 전쟁을 금지함에 따라, 국가들은 선전포고는 정치적 자해행위라 판단하여 이를 기피하게 되었다. 따라서 무력충돌은 있으나 선전포고는 없는 전쟁이 빈발하게 되었다.[12]

2. 무력행사금지의 내용

전쟁개념의 상대화에 따라 유엔헌장은 전쟁을 금지하는 데 그치지 아니하고 무력의 행사(use of force)를 일반적으로 금지하게 되었다. 유엔헌장은 제2조 4항에서 "모든 회원국은 그 국제관계에 있어서 다른 국가의 영토보전이나 정치적 독립에 대하여 또는 국제연합의 목적과 양립하지 아니하는 어떠한 기타 방식으로도 무력의 위협이나 무력행사를 삼간다"고 하였다.

유엔헌장 제2조 4항이 규정한 무력행사금지의 범위에 대해서는 유의할 부분이 있다. 이 조문이 전통적인 의미에서의 전쟁을 금지한 것은 분명하지만, 유엔헌장 제2조 4항이 '전쟁'(war)이란 용어 대신에 '무력'(force)이란 표현을 사용한 것을 주목해야 한다. 국제연맹규약과 부전조약에 사용되었던 전쟁이란 용어를 유엔헌장이 사용하지 않게 된 것은, 1930년대 이후 선전포고도 없고 전쟁이라 부르지도 아니하는 무력충돌, 즉 '전쟁에 이르지 아니하는 적대행위'(hostilities falling short of war)들이 자주 발생하였기 때문이다.[13]

---

12) August, pp.507-508.

유엔헌장이 전쟁이 아니라 '무력'의 사용과 위협을 금지함으로써 오늘날 국제법에서는 전쟁은 물론 전쟁에 이르지 아니하는 군사적 조치들도 대부분 금지된 것으로 보아야 한다.[14] 동시에 유엔은 헌장 제7장에 강제조치에 관한 규정을 두어 안전보장이사회에 무력행사금지의 원칙을 관철하기 위한 도구로 삼게 하였다. 그러나 강제적 관할권을 가진 국제적인 사법기관의 미비와 동서 간 이념대립으로 인한 안전보장이사회의 마비로 그 효과는 제한적이 되었다.

유엔헌장 제2조 4항이 "다른 국가의 영토보전이나 정치적 독립에 대하여" 무력행사를 금지한 것과 관련하여, 인권보호나 어떤 법적인 권리를 실현하기 위한 무력행사는 허용되는가 하는 의문이 제기되었다. 그러나 유엔헌장 서문과 제1조에 나타난 유엔의 이념 및 목적을 고려할 때 유엔의 가장 중요한 임무는 국제평화와 안전의 유지이므로, 거의 모든 무력행사가 금지된 것으로 보아야 한다.[15]

무력행사와 함께 유엔헌장 제2조 4항이 금지한 '무력의 위협'(threat of force)은 구체적으로 무엇을 의미하는가. 1952년 유엔 사무총장은 무력의 위협이란 다른 국가를 자기 뜻대로 움직이기 위하여 무력을 사용하겠다고 협박하는 것이라고 하면서, 일정한 기간 내 자국이 제시한 요구를 수용하지 않는 경우 선전포고·해상봉쇄·폭격·점령 같은 무력적 조치를 취하겠다는 최후통첩을 예로 들었다.[16] ICJ도 1996년 '핵무기의 위협과 사용의 합법성'에 관한 권고의견에서 "어떤 일이 발생하는 경우 무력을 사용하겠다는 의사표시"는 유엔헌장 제2조 4항에 위반되는 것이라고 하였다.[17]

유엔헌장이 규정한 침략의 의미도 상당기간 확정되지 못하였다. 그러나 1974년 유엔총회는 「침략의 정의에 관한 결의」(Resolution on the Definition of Aggression)를 채택하였는데, 그 제1조에서 침략이란 다른 국가의 주권, 영토보전,

---

13) 전쟁이라 부르지 아니하는 적대행위에는 사소한 국경분쟁에서부터 1956년 영국·프랑스 군대의 수에즈운하 작전 같은 대규모 군사작전에 이르기까지 매우 다양한 적대행위들이 포함된다.

14) Oscar Schachter, *International Law in Theory and Practice*, Martinus Nijhoff, Publishers 1991, pp.110-113.

15) Malanczuk, pp.309-310.

16) Secretary-General of the United Nations, *Report on the Question of Defining Aggression*, U.N. Doc. A/2211, October 3, 1952, p.52.

17) *The Legality of the Threat or Use of Nuclear Weapons*, *ICJ Reports*, 1996, paras.47-48.

정치적 독립에 반하는 무력행사 또는 유엔헌장에 어긋나는 무력행사라고 하였다.[18]

3. 국제사회의 실행

국제사법재판소(ICJ)는 유엔헌장 제2조 4항을 넓게 해석하였다. 이와 관련하여 니카라과 사건을 살펴보기로 한다. 미국은 1979년 정권을 장악한 산디니스타 정부를 전복하기 위하여, 자국의 니카라과 정부에 대한 원조를 중단하고 국제기구의 대 니카라과 원조를 저지하였다. 미국은 산디니스타 정부에 저항하는 콘트라(Contra) 반군을 지원하였으며, 1984년 미국 중앙정보국(CIA)은 니카라과의 주요 항구에 기뢰를 부설하였다. 이 사건에서 미국은 산디니스타 정부가 니카라과 국민들의 인권을 침해하고 있다는 말로 자신의 행위를 정당화하였으나, ICJ는 이는 한 국가가 다른 국가의 내정에 간섭하는 것이라고 하였다. ICJ는 "무력사용이 인권을 존중하게 하기 위한 적절한 수단이 될 수는 없다"고 하였다.[19]

유엔총회 역시 유엔헌장 제2조 4항을 넓게 해석하였다. 총회는 1970년 채택한 「국제법원칙선언」(Declaration on Principles of International Law)에서 유엔의 목적에 위배되는 사례를 제시하였다. 선언은 기존의 국경선을 침해하거나 국제분쟁을 해결하고자 하는 무력행사, 무력복구, 인민들의 자결권과 독립권 박탈을 위한 강압적 조치, 외국영토 침범을 위한 비정규군의 조직, 외국에서의 내전이나 테러 활동을 조직·선동·원조하는 것은 금지된다고 하였다.

---

18) Friedmann, *The Changing Structure of International Law*, 1964, p.262. 군대를 사용하는 공격이라는 전통적인 방법이 아닌 '간접적'(indirect) 또는 '이념적'(ideological) 침략이 중요한 문제로 등장한 적이 있었다. 무선방송을 하거나 전단을 살포하고, 다른 국가 내에 반란단체를 조직하며, 정치요원을 파견하고, 포괄적인 무역제재를 통하여 조직적으로 다른 국가를 죄어 가는 간접침략(indirect aggression)은 전통국제법에 새로운 차원의 문제를 제기하였다.

19) *Military and Paramilitary Activities in and against Nicaragua*, ICJ Reports, 1986, pp.134-135.

4. 예 외

유엔헌장 제2조 4항은 무력의 위협과 무력행사를 전반적으로 금지한 것으로, 이제 무력행사금지의 원칙은 국제관습법이 되었으며 국제강행규범이 되었다고도 한다. 그렇지만 여기에도 예외는 있다. 유엔헌장 제7장 강제조치에 따른 무력행사와 헌장 제51조의 자위권 행사를 위한 무력행사, 헌장 제53조의 적국조항에 따른 무력행사는 예외적으로 허용된다.[20]

IV. 자위권

1. 전통국제법

1837년 미국과 영국간 캐롤라인호(the Caroline) 사건은 자위권에 관한 전통국제법의 입장을 정리하는 계기가 되었다.

캐롤라인호 사건

The Caroline, 1837

캐나다에서 반란이 있었던 1837년 당시 영국당국에 대한 전복음모가 미국영토 내에서 이루어지고 있었다. 미국은 자국 영토 내의 반란군 조직에 대해 조치를 취하였으나, 미국 내 항구로부터 캐나다 내 반란군에게 병참지원을 하고 있던 캐롤라인호의 활동을 중지시킬 시간적 여유가 없었다. 이에 영국군대는 캐나다로부터 미국영내로 넘어 들어가 뉴욕 주에서 캐롤라인호를 나포하여 불태우고 나이아가라 폭포에 떨어지게 하여 파괴하였다. 이 과정에서 미국인 2명이 사망하자 미국당국은 작전에 참가하였던 영국인 1명을 체포하여 살인과 방화혐의로 재판에 회부하였으며, 이듬해인 1838년 5월에는 세인트로렌스 강에서 캐나다 선박을 불태웠다.

---

20) 유엔헌장 제107조는 제2차 세계대전 당시 유엔헌장 서명국들의 적국이었던 국가들에 대한 무력행사를 허용하였다. 독일, 일본, 이태리에 대한 무력행사를 허용하는 이러한 예외는 전쟁 직후에는 유효하였지만, 현재는 적용될 수 없다.

　　캐롤라인호 사건은 당시 미국 국무장관 웹스터(Daniel Webster)와 영국 특별교섭관 애쉬버튼경(Lord Ashburton) 간의 협상에서 다루어졌는데, 이들의 협상결과 체결된 「웹스터-애쉬버튼 조약」은 메인에서 미네소타에 이르는 양국 간 국경선을 획정하는 성과를 거두기도 하였다. 양자 간 협상에서 영국의 애쉬버튼 경은 캐나다 민병대는 자위권을 행사한 것이라고 주장하였다. 이에 대해 웹스터는 자위권 행사의 조건들을 제시하였는바, 이러한 조건들은 후일 전통국제법상 자위권 발동을 위한 조건들이 되었다. 캐롤라인호 사건을 계기로 정립된 자위권 발동을 위한 조건들을 보면 다음과 같다. 첫째, 한 국가의 영토나 군대에 대한 무력공격이 이루어졌거나 임박해 있어야 한다. 둘째, 상대방의 도발이 다른 수단의 선택을 생각할 여유가 없을 정도로 임박해 있고 대규모이어서 방어조치가 시급하여야 한다. 셋째, 무력사용 외에 현실적 대안이 없어야 한다. 넷째, 자위권 행사로 취해진 조치들은 사태의 심각성에 비례하는 것이어야 하며, 상대방의 공격을 중단·예방하는 정도에 머물러야 한다.[21)

2. 유엔에서의 자위권

(1) 유엔헌장 제51조

　　유엔헌장은 제2조 4항에서 국가 간 분쟁해결 수단으로의 전쟁은 물론 무력복구 등 거의 모든 형태의 무력행사를 금지하였다. 그러나 헌장이 금지하는 무력행사는 다른 국가의 영토보전이나 정치적 독립을 저해하거나 유엔의 목적에 어긋나는 방식으로 이루어지는 무력행사이며, 헌장 제51조에 규정된 자위(self-defence)를 위한 무력행사는 합법적인 것이다. 유엔헌장 제51조는 다음과 같이 규정하였다.

> 　　이 헌장의 어떠한 규정도 국제연합회원국에 대하여 무력공격이 발생한 경우, 안전보장이사회가 국제평화와 안전을 유지하기 위하여 필요한 조치를 취할 때까지 개별적 또는 집단적 자위의 고유한 권리를 침해하지 아니한다. 자위권을 행사함에 있어 회원국이 취한 조치는 즉시 안전보장이사회에 보고된다. 또한 이 조치는, 안전보장이사회가 국제평화와 안전의 유지 또는 회복을 위하여 필요하다고 인정하는 조치를 언제든지 취한다

---

21) Robert Jennings and Arthur Watts, *Oppenheim's International Law*, Longman, 1992, p.422; August, p.529.

는, 이 헌장에 의한 안전보장이사회의 권한과 책임에 어떠한 영향도 미치지 아니한다.

헌장의 자위권에 관한 규정에도 불구하고 자위권 행사의 조건과 관련하여 예방적 자위의 문제가 제기되고 있으며, 집단적 자위를 위한 조건과 자위권 발동의 합법성 문제도 제기된다.

(2) 자위권행사의 시기와 기간

유엔헌장 제51조에는 명시적인 언급이 없지만, 캐롤라인호 사건에서 수립된 규칙에 의하면, 무력공격에 대한 자위권의 발동은 즉시 이루어져야 한다. 상대방의 공격이 있은 후 즉시 대응이 이루어지지 못하는 경우에는 자위권은 소멸되는 것으로 보아야 한다는 것이다. 자위권 행사기간에 관해서는 여전히 의문이 남아있지만, 자위권의 행사는 기본적으로 일시적인 것으로 보아야 한다. 헌장 제51조가 규정하고 있듯이 자위권의 행사는 유엔안보리가 필요한 조치를 취하는 즉시 종료되어야 하기 때문이다. 그러나 안보리 상임이사국의 거부권 행사 등으로 인하여 안보리가 아무런 조치를 취하지 못하게 되면, 자위권 행사기간은 길어질 수도 있다.[22]

(3) 비례성

자위권의 행사가 합법적이 되려면 자위를 위해 취해지는 조치가 상대방에 의한 무력공격의 심각성에 상응하는 것이고 위험의 심각성에 의해 정당화되어야 한다. '비례성'(proportionality)이란 기준이 적용되는 것이다. 그런데 비례성이란 기준을 실제 사례에 적용하는 데에는 어려움이 있으며, 극단적인 예가 아니라면 분명한 규칙이 적용되는 사례를 발견하기도 쉽지 않다.

1964년 8월 미국 군함이 통킹(Tonkin) 만에서 월맹의 어뢰정으로부터 공격을 받자, 미국은 어뢰정의 모항인 월맹의 항구를 포격한 적이 있었다. 유엔 안전보장이사회에서 미국은 자국의 행위를 자위권에 기초한 것이라고 정당화하였으나, 소련대표는 미국의 공격을 침략행위라고 비난하였다. 또 다른 예를 들어본다. 1986년 독일 베를린의 한 나이트클럽에서 발생한 폭탄테러로 미군 중에 사상자가 발

---

22) August, p.533.

생하는 사고가 있었다. 미국은 테러범들이 리비아 정부의 지원을 받았다고 하면서, 리비아의 트리폴리와 벵가지를 폭격하였다. 미국의 레이건 대통령은 자국의 리비아 공격을 유엔헌장 제51조가 허용하는 '테러시설에 대한 선제공격'이라고 하면서 정당화하였으나, 비동맹국가들은 '침략행위'라고 비난하였다.23)

3. 예방적 자위

유엔헌장 제51조는 '무력공격이 발생하면'(if an armed attack occurs) 자위권 발동이 가능하다고 하였다. 이 조문을 문장 그대로 해석하면 자위권 발동 이전에 무력공격이 이미 행하여졌어야 하므로, 임박한 공격위험에 대한 예방적 자위 (preventive self-defence)는 허용되지 않는다. 이에 대해 일부 학자들은 유엔헌장 제51조는 무력공격이 발생한 때에만 자위가 가능하다는 의미는 아니라고 하면서, 국가의 중대한 이익이 위험에 처할 때에는 예방적 자위가 허용되어야 한다고 주장하였다.

하지만 헌장 제51조의 자위권은 제2조 4항의 무력행사금지 원칙에 대한 예외이며, 원칙에 대한 예외는 좁게 해석되어야 한다는 것이 법해석의 일반원칙임을 고려할 때, 법리적으로 예방적 자위는 허용될 수 없다고 보아야 한다. 현실적으로는 예방적 자위의 금지로 순진한 국가만 선제공격의 기회를 상실하는 것이 아니냐는 지적도 있으나, 예방적 자위가 상정하는 상대방의 공격의사에 대한 판단은 주관적인 것이어서 남용의 가능성을 줄여야 하기 때문이다.24)

국가실행에서도 예방적 자위는 자주 원용되지 않았다. 쿠바 미사일위기 당시 미국은 쿠바봉쇄를 설명하면서 예방적 자위를 원용하지 않았다.25) 위험한 선례에 대한 우려는 이처럼 예방적 자위의 사용을 주저하게 하였으나, 1981년 이라크의 원자로를 공습한 후 이스라엘은 예방적 자위로 자신의 행위를 정당화하였으며, 1986년 미국도 리비아 폭격 후 국가지원 테러행위에 대한 예방적 자위를 주장하였다.26)

---

23) *Ibid.*, pp.536-537.

24) Malanczuk, pp.311-313.

25) 미국이 쿠바봉쇄에서 예방적 자위를 원용하지 않은 것은 유럽에 배치된 미국 미사일을 이유로 소련이 유사한 조치를 취하지 않을까 하는 우려 때문이었다.

예방적 자위가 이론상으로나 국가관행에 의해 일반적으로 인정되고 있다고 할 수는 없다. 그러나 예방적 자위를 전적으로 부인하는 것 또한 쉽지는 않다. 특히 다른 국가에 의한 무력공격이 분명히 임박해 있는 상황에서 모든 외교적 수단을 동원하였으나 효과가 없는 경우에는, 예외적으로 제한된 범위에서나마 예방적 자위를 허용할 수밖에 없을 것이다. 제2차 세계대전 후 동경군사재판소는 1941년 네덜란드가 일본에 대해 선전포고를 한 것은 자위권 행사로서 정당화된다고 하였다. 당시 일본은 아직 극동의 네덜란드 식민지를 공격하지는 않았지만, 일본은 실제로 그 지역을 성복하기 위한 전쟁계획을 세워 놓고 있었던 것이다.[27]

4. 집단적 자위

국가가 외부로부터의 공격에 맞서 싸울 수 있는 권리는 오래전부터 인정되어 왔다. 유엔헌장은 개별적 자위와 함께 집단적 자위(collective self-defence)를 규정하였으니, 한 국가가 다른 국가를 위해 어느 정도까지 무력행사를 할 수 있는가 하는 문제가 제기된다.

집단적 자위에 대해서는 두 가지 해석이 있다. 집단적 자위권이란 개별적 자위권을 조약이나 어떤 기구를 통하여 한데 모아 놓은 것이라는 견해가 있는가 하면, 포괄적인 지역안보체제로 이해하는 입장도 있다. 이 두 가지 중에서 국가관행은 두 번째 입장을 따르고 있다. NATO와 바르샤바조약기구 모두 한 회원국에 대한 공격을 다른 모든 회원국에 대한 공격으로 간주하고 있다.[28]

국제사법재판소(ICJ)는 니카라과사건에서 집단적 자위권을 관습법으로 인정하면서도, 집단적 자위는 무력공격의 피해국가가 그러한 사실을 선언하고 원조를 요청한 경우에만 행사될 수 있다고 하였다.

---

26) Malanczuk, p.313.
27) *Ibid.*, pp.313-314.
28) Shaw, p.794; Malanczuk, pp.317-318.

니카라과사건

Nicaragua Case, ICJ, 1986

1984년 니카라과(Nicaragua) 공화국은 미국의 자국에 대한 군사행동을 비난하면서 미국을 ICJ에 제소하였다. 미국은 ICJ의 관할권을 부정하였으나, ICJ는 자신의 관할권을 인정하였다.

니카라과는 미국이 자국 내 송유관과 저장소 및 항구시설을 공격하고 영공을 침범하였으며, 콘트라(Contra) 반군을 훈련·무장시키고 지원한 것을 비난하면서 이는 유엔헌장 제2조 4항에 대한 위반이라고 하였다. 반면에 미국은 니카라과가 엘살바도르(El Salvador) 내의 반군을 지원하였다고 비난하였다. 미국은 자국이 취한 조치들은 그러한 지원을 차단하기 위하여 취해진 것이라고 하면서, 자국의 대니카라과 조치는 엘살바도르와의 집단적 자위에 근거해 취해진 것이라고 하였다.

ICJ는 미국이 ICJ의 의무적 관할권을 받아들이면서 행한 유보(reservation)로 인하여 니카라과의 주장을 유엔헌장에 따라 다룰 수는 없게 되었지만, 헌장의 무력행사에 관한 원칙들은 국제관습법상의 원칙들과 일치한다고 하여 실제로는 헌장 제2조 4항과 제51조에 따라 판결하였다.

ICJ는 12:5로 미국은 니카라과에 대해 무력을 행사하고, 국내문제에 간섭하였으며, 주권을 침해함으로써 관습법상의 의무와 양국 간 우호통상항해조약에 따른 의무를 위반하였다고 하였다. 엘살바도르와의 집단적 자위에 근거하여 자국의 행동이 취해졌다는 미국의 주장은 받아들여지지 않은 것이다. 특히 ICJ는 집단적 자위권이 행사되려면 무력공격이 있어야 하고 집단적 자위는 통상적으로 명시적인 요청에 의해 이루어진다고 하면서, 엘살바도르가 니카라과에 의한 무력공격의 희생자였는가 하는 것과 엘살바도르가 집단적 자위권에 따라 미국에 도움을 요청하였는가 하는 것은 의문이라고 하였다.

V. 무력복구

복구(reprisal)란 그 자체로서는 위법이지만, 상대방 국가의 불법적인 행동이 전제되어 있는 경우에는 합법적으로 취해지는 대항조치이다. 따라서 복구는 상대방 국가의 도발에 대하여 취해지는 하나의 대항조치로서 국제위법행위가 아닌 보복(retorsion)과는 구분된다. 복구 중에서 무력복구에 관한 고전적인 사례로 나우릴라(Naulilaa) 사건이 있다.

나우릴라 사건

Naulilaa Arbitration, 1928

제1차 세계대전 중인 1914년 10월 일단의 독일인들이 독일령 서남아프리카에의 식량공급 문제를 논의하기 위하여 아직 중립을 유지하고 있었던 포르투갈령 앙골라로 들어가서 나우릴라 요새에 다가가고 있었다. 포르투갈 당국과 접촉하려던 독일인들은 통역의 무능으로 교섭에 실패하였고, 오히려 양측 간에 충돌이 발생하여 먼저 총을 뽑았던 독일인 관리와 두 명의 독일장교가 살해되는 사건이 발생하였다. 이 사건 후 독일령 서남아프리카 당국은 포르투갈 당국과 아무런 교섭도 시도하지 않은 채 나우릴라를 포함한 앙골라 내의 요새와 기지들을 파괴하여 수많은 인명과 재산상의 피해를 입히고는 자신의 행동을 복구라고 주장하였다.

전쟁이 끝난 후 포르투갈은 독일정부에게 이 사건에 대한 손해배상을 요구하였다. 양측은 베르사유 강화조약의 중재조항에 따라 사건을 중재재판에 맡겼는데, 재판소는 1928년 판정에서 복구에는 상대방의 국제위법행위가 전제되어야 하는데, 포르투갈의 행위는 오해에서 비롯된 것으로 국제위법행위라 볼 수 없다고 하였다. 설사 포르투갈의 행위가 위법이라 할지라도 독일은 무력복구 이전에 포르투갈 당국과 교섭을 했어야 하는데 그러한 노력을 하지 않았으므로 독일의 복구는 정당화될 수 없다고 하였다. 또한 국제법은 상대방의 불법행위와 동등한 정도의 복구를 요구하지는 않지만 비율(proportion)을 크게 벗어나는 과도한 복구는 금지된다고 하면서, 독일의 행위는 비율에도 반하는 것이었다고 하였다.

나우릴라 사건에 대한 중재판정에서 표명된 복구에 관한 원칙들은 1974년부터 1977년까지 제네바에서 개최된 '인도법에 관한 외교회의'(Diplomatic Conference on Humanitarian Law)에서 프랑스가 제안한 합법적인 복구의 세 가지 조건에 포함되었다. 그러한 조건이란 국제법위반의 희생자는 복구에 들어가기 이전에 상대방과 교섭하여야 하고, 사전에 경고를 해야 하며, 자국이 입은 피해의 범위를 크게 벗어나는 복구는 금지된다는 것이다.[29]

---

29) *EPIL*, vol.2, 1981, pp.199-200.

복구에 관한 일반원칙들은 지금도 적용이 가능하지만, 그 원칙들도 이제는 무력행사를 금지한 유엔헌장 제2조 4항에 비추어 해석되어야 한다. 따라서 비무력복구는 오늘날에도 합법적으로 행하여질 수 있지만, 전시가 아닌 평시의 무력복구는 자위권의 행사가 아닌 한 금지되게 된 것이다.[30]

이스라엘은 주변국가들로부터 테러리스트들이 침입하면 그 국가를 공격하여 보복하곤 하였다. 유엔 안전보장이사회는 이스라엘의 이러한 무력복구를 비난하였으며, 총회는 국가의 무력복구 금지의무를 선언하였다. 한편 리비아 테러범들이 서베를린의 미군들을 공격한 데 대한 보복으로 미국은 1986년 4월 리비아를 공습하였는데, 당시 미국의 레이건 대통령은 이를 복구가 아닌 예방적 자위권의 행사라고 주장하였다.[31]

VI. 국내문제불간섭

1. 국내문제불간섭 원칙

전통국제법에 의하면 국가는 주권을 가지고 있고 주권의 대외적 표현인 독립권은 다른 국가나 국제기구의 간섭을 배제하는 것이므로, 모든 국가는 그 국가의 배타적 관할에 속하는 고정된 영역, 즉 국내문제를 가진다고 하였다. 그러나 국가 간의 관계가 긴밀해지고 상호의존적이 되면서 이러한 이론은 설득력을 상실하게 되어 과거처럼 철저한 국내문제불간섭 원칙은 유지될 수 없게 되었다.

그렇지만 국가주권이 존속하는 한 국내문제불간섭은 국제법의 기본원칙의 하나로 남게 될 것이며 유엔헌장도 이를 기본원칙의 하나로 선언하였다. 유엔헌장 제2조 7항은 헌장의 그 어떠한 부분도 유엔으로 하여금 각국의 국내관할에 속하는 문제에 간섭할 권한을 부여하지 않으며 회원국들에게 그러한 문제를 헌장에 따라 해결할 것을 요구하지도 않는다고 하여, 유엔의 국내문제에의 간섭을 금지하였다. 1965년 유엔총회가 채택한 「국가의 국내문제간섭금지선언」(Declaration on the

---

30) Shaw, p.786.

31) Malanczuk, p.316.

Inadmissibility of Intervention into the Domestic Affairs of States)도 모든 국가는 이유를 불문하고 다른 국가의 내부적·외부적인 일에 직·간접으로 간섭하면 안 된다고 하였다.[32]

2. 원칙의 내용과 변화

국내문제불간섭은 국제법의 기본원칙에 속하는 것이지만 그 적용 범위는 상당히 축소되었다. 그것은 국가 간 힘의 불균형에다가 국제협력의 필요성이 커졌기 때문이다. 외국의 자원과 시장에 보다 쉽게 접근하고자 하는 경제적동기와 GATT와 WTO를 통한 세계단일시장 구축은 국내문제의 범위를 크게 축소시켰다. 혁명과 민족해방을 지원하거나 반대하는 이념적·안보적 동기들도 불간섭의 범위를 제한하는 데 기여하였다. 보편적 가치인 인간의 기본권을 보호하고자 하는 인도적 동기도 불간섭의 굴레를 타파하는 중요한 계기가 되었다. 유엔을 비롯한 각종 보편적 국제기구와 지역기구들의 활동이 활발해진 것도 국내문제의 범위를 축소시키는 결과를 가져왔다.

이처럼 국내문제불간섭 원칙의 범위가 축소되면서, 유엔헌장 제2조 7항의 사문화를 주장하는 사람들까지 등장하였다. 그러나 국가주권 개념이 존속하는 한 국내문제불간섭 원칙은 축소될지언정 사라지지는 않을 것이다.

3. 요청에 의한 간섭

내정간섭이 어떤 국가의 요청에 의해 이루어지는 경우가 있다. '요청에 의한 간섭'(intervention by invitation)은 주로 내전상태에 있는 국가의 한쪽 당사자의 요청으로 이루어지는데, 간섭이 인민들의 자결권 행사를 방해하는 결과를 가져오지 않는 한 합법정부가 외국정부로부터 군사원조를 받는 것은 원칙적으로 불법이 아니다. 물론 합법정부에 대한 지원이라 할지라도 그것이 정부의 형성이나 정책과 관련하여 그 국가의 '정치적 독립'을 제한하게 된다면 그것은 유엔헌장 제2조 4항

---

32) 이 선언은 1965년 소련의 제의로 유엔총회에서 반대 없이 찬성 109, 기권 1로 채택되었다. 표결에서 유일하게 기권한 영국은 선언에 사용된 용어들의 정의가 불명확함을 지적하였다.

에 대한 위반이 된다. 결국 합법정부가 자국 내의 쿠데타 억제를 위하여 또는 법
질서의 회복을 위하여 외국군대를 불러들이는 것은 합법이라 할 수 있으나, 인민
들의 자결권을 고려할 때 합법적인 간섭과 불법적인 간섭의 경계선을 명확히 하
는 것은 어려운 문제라고 하겠다.[33]

　1989년 미국의 파나마 개입은 중앙정부의 요청에 의한 간섭의 좋은 예이다.
당시 부시 미국대통령은 민주적으로 선출된 파나마 지도부가 12월 20일 아침 정
부를 구성하고 공식적으로 취임선서를 함으로써 권력을 장악한 후 불법적인 노리
에가(Noriega) 정권을 축출하는 것과 관련하여 미군의 원조를 요청해 왔다고 하였
다. 그런데 미군의 침공 몇 시간 전 파나마 주재 미국대사는 선거에서 승리한 엔
다라(Giullermo Endara)에게 미국의 침공계획을 통고하였고, 엔다라는 파나마 운
하지대 안에 있는 미군기지에서 취임선서를 하였던 것이다. 미국은 엔다라가 자
진해서 미군의 개입을 요청하였는지 아니면 미군개입에 동의하도록 요구를 받았
는지에 대해서는 언급하지 않았다.[34]

4. 인도적 간섭

　일부 국제법학자들은 유엔헌장 제2조 4항의 무력행사금지에 대한 중대한 예
외로서 '인도적 간섭'(humanitarian intervention)을 주장해 왔다. 그들은 대규모 가
혹행위와 극심한 인권유린이 있는 경우에는 국내문제불간섭에 대한 예외로서 외
국의 간섭이 허용된다고 하였다. 인도적 간섭 이론은 집단살해라든가 무고한 사
람들에 대한 고문이 자행되고 인질들이 살해당하는 경우에는 대중들에게 강력한
호소력을 갖게 된다. 그러나 각국 정부들은 대부분 인도적 간섭을 인정하려 하지
않는다. 국제법학자들 사이에서도 인도적 간섭을 지지하는 학자는 많지 않으며,

---

33) Oscar Schachter, "The Right of States to Use Armed Force," *Michigan Law Review*,
vol.82, 1984, pp.1644-1645. 외국문제에의 개입은 처음에는 제한적인 목적을 가지고 시작
되지만, 시간이 가면서 오히려 민주주의와 정치적 표현을 가로막는 장기화된 간섭으로 변
질되는 경우가 많았다. 이러한 점을 고려하여 샥터(Schachter) 교수는 외국의 합법정부로
부터 개입요청이 있더라도 이에 응하는 데에는 신중해야 한다고 하였다.

34) Louis Henkin, Richard Crawford Pugh, Oscar Schachter, and Hans Smit(이하에서는
Henkin), *International Law: Cases and Materials*, West Publishing Co., 1993, pp.910-
911.

대부분은 이 문제에 대해 언급을 피하거나 거부하는 입장을 취하고 있다.35)

‖ 제2절 ‖ 집단안전보장제도

Ⅰ. 서 론

20세기 이전에는 국제평화와 안전을 유지하기 위한 방법으로 세력균형 (balance of power) 정책이 사용되었으나, 이러한 정책은 불가피하게 군비경쟁을 불러일으켰다. 따라서 오늘날에는 세력균형체제의 결점을 극복한 집단안전보장 (collective security) 제도가 도입되었다. 집단안전보장이란 국제사회를 구성하는 국가들이 상호불가침을 약속하고, 이러한 약속을 위반하는 국가에 대해서는 다른 국가들이 공동으로 대처하는 제도이다.

집단안전보장은 국제연맹에 의해 최초로 시도되었다. 국제연맹 규약은 규약에 위반하는 전쟁은 다른 모든 국가에 대한 전쟁이라고 하여 이를 분명히 하였다. 연맹규약은 연맹이 결정하는 경제적 제재에는 모든 회원국들이 의무적으로 따르도록 하였지만, 군사적 제재에 대해서는 구체적인 규정을 두지 않았다. 더구나 연맹규약에 위반되는 전쟁을 판단하는 기준에 관한 규정이 없어서 각국이 이를 판단하게 되었으니, 국제연맹은 침략행위에 제대로 대처할 수 없었다. 결국 국제연맹은 전쟁을 불법화하지 못하고 분쟁의 평화적 해결을 위한 냉각기를 두는 것을 목적으로 하였으며, 위반에 대한 집단조치 역시 미흡하여 분쟁에 제대로 대처할 수 없었다.

---

35) Jennings and Watts, pp.442-443.

II. 유엔의 집단안전보장제도

1. 안전보장이사회의 주된 책임

유엔은 국제연맹의 약점들을 보완하여 매우 강력한 집단안전보장제도를 수립하였다. 유엔헌장은 분쟁의 평화적 해결의무를 규정하고 무력행사 및 위협을 금지하였으며 헌장에 위반되는 행위를 한 국가를 제재하기 위한 제도를 마련하였다.

유엔헌장 제24조는 유엔의 신속하고 효율적인 조치를 확보하기 위하여 안보리에 국제평화와 안전의 유지에 관한 '일차적인 책임'(primary responsibility)을 부여한다고 하였다. 총회는 국제평화와 안전의 유지에 관한 문제를 토의하고 권고할 수는 있지만, '행동'(action)을 요하는 문제에 대해서는 토의 이전 또는 이후에 안보리에 회부하여야 하고(유엔헌장 제11조 2항), 안보리가 헌장에 따라 자신에게 부탁된 분쟁이나 사태를 다루고 있는 동안 총회는 그 분쟁이나 사태에 대해 안보리가 요청하지 않는 한 아무런 권고도 하지 않는다고 하였다(헌장 제12조 1항). 이러한 규정들은 모두 안보리의 국제평화와 안전의 유지에 관한 일차적인 책임을 분명히 보여 주는 것이다.

집단적 안전보장을 위한 안전보장이사회의 조치는 평화의 위협이나 파괴 또는 침략행위의 인정, 잠정조치, 비무력적 제재, 무력적 제재의 순서로 진행된다.

2. 평화의 위협, 평화의 파괴, 침략

유엔헌장은 제7장 '평화에 대한 위협, 평화의 파괴 및 침략행위에 관한 조치'의 첫 번째 조문인 제39조에서 다음과 같이 말하였다.

안전보장이사회는 평화에 대한 위협(threat of the peace), 평화의 파괴(breach of the peace) 또는 침략행위의 존재를 결정하고, 국제평화와 안전을 유지하거나 이를 회복하기 위하여 권고하거나, 또는 제41조 및 제42조에 따라 어떠한 조치를 취할 것인지를 결정한다.

헌장 제39조에서 말하는 '평화의 위협'이란 국가 간의 무력분쟁에 국한되지 아니하며 인권과 자결권이 침해된 경우에도 인정되어, 안보리에서는 로디지아의 일방적인 독립선언과 남아프리카의 인종차별을 평화에 대한 위협이 된다고 하였다. 1965년 영국의 식민지였던 로디지아의 백인 거주자들이 일방적으로 식민지 독립을 선언하였다. 영국은 이들의 독립선언을 반란행위라 단정하고, 안보리에 반도들에 대한 경제제재를 요청하였다. 그런데 로디지아의 반도들이 무력을 사용한 것은 아니므로, 안보리가 유엔헌장에 따라 경제제재나 군사적 제재조치를 취할 수 있는가 하는 문제가 제기되었다. 그러나 로디지아 주민의 6%에 불과한 백인 거주자들이 그 나라를 지배하게 되면 흑백갈등이 커질 것이고 인접국가들에 대한 악영향도 심대할 것으로 우려되었다. 따라서 안보리는 1966년 12월 16일 결의에서 "로디지아의 현 상황은 국제평화에 대한 위협"이라고 결정하고, 회원국들에게 로디지아와의 무역을 중단하도록 요청하였다.36)

'평화의 파괴'로 인정된 사례로는 1950년 한국전쟁 당시 북한의 공격행위, 1980년 포클랜드분쟁 당시 아르헨티나의 행위, 1987년 이란과 이라크 전쟁, 1990년 이라크의 쿠웨이트 침공이 있다. 그러나 안보리는 '침략행위'를 인정하는 데에는 매우 신중하였다. 유엔에서 '침략행위'가 인정된 것은 한국전쟁 시 총회가 중국의 행위를 침략으로 규정한 것이 유일한 예이다.37)

3. 잠정조치

유엔헌장 제40조는 안보리는 어떠한 권고를 하거나 조치를 결정하기 이전에 사태의 악화를 방지하기 위하여 필요하다고 인정되는 잠정조치(provisional measures)를 따르도록 요청할 수 있다고 하면서, 잠정조치는 당사국들의 권리와 청구권, 지위에는 아무런 영향을 미치지 않는다고 하였다.

유엔은 이제까지 잠정조치로서 분쟁당사자들에게 정전, 전투행위 중지, 병력철수, 휴전협정체결을 요청하였다. 안보리가 1960년 콩고사태 때 벨기에에게 병

---

36) 자세한 것은 1966년 유엔 안전보장이사회 결의 221을 참조할 것. 그 후 백인 거주자들과 원주민들 간에 화해가 이루어지고 영국이 짐바브웨(Zimbabwe)의 독립을 승인하자, 안보리는 1979년 결의 400을 채택하여 제재조치를 철회하였다. August, p.513.

37) 김찬규·이영준, 「국제법개설」, 법문사, 1994, pp.422-423.

력철수를 요청한 것, 1965년 인도와 파키스탄에게 휴전을 요청한 것, 1967년 이스라엘과 아랍국가 간의 '6일 전쟁' 때 양측에 정전을 요청한 것이 그러한 예이다.[38]

헌장 제40조는 분쟁당사자에게 잠정조치를 따르도록 '요청'(call upon)할 수 있다고 하였으나, 안보리는 이를 분쟁당사국에게 '명령'(order)할 수 있는 권한으로 해석하였다. 예를 들어 1948년 안보리가 아랍과 이스라엘에게 전투를 중지하도록 요청하였을 때, 양측은 이러한 요청을 법적인 의무를 수반하는 의무적인 명령으로 받아들였다.[39]

4. 비무력적 제재

안전보장이사회는 평화의 회복을 위하여 무력적 조치와 비무력적 조치를 취할 수 있으나, 군대에 의한 무력적 조치 이전에 비무력적 조치를 먼저 취한다. 유엔헌장 제41조는 다음과 같이 규정하였다.

> 안전보장이사회는 그의 결정을 집행하기 위하여 병력의 사용을 수반하지 아니하는 어떠한 조치를 취하여야 할 것인지를 결정할 수 있으며, 또한 회원국에 대하여 그러한 조치를 적용하도록 요청할 수 있다. 이 조치는 경제관계 및 철도, 항해, 항공, 우편, 전신, 무선통신 및 다른 교통통신수단의 전부 또는 일부의 중단과 외교관계의 단절을 포함할 수 있다.

이것은 안전보장이사회가 자신의 결정을 집행하기 위한 비군사적 조치로서 회원국에게 특정한 국가와의 경제관계, 통신수단, 외교관계의 단절을 요청할 수 있음을 규정한 것이다. 그런데 비무력적 제재에 관한 헌장 제41조도, 잠정조치에 관한 헌장 제40조와 마찬가지로, 회원국에게 그러한 비무력적 조치의 적용을 '요청'(call upon)한다고 되어 있다. 그러나 안보리는 제40조에 대한 해석에서와 마찬가지로 이를 안보리가 회원들에게 '명령'(order)할 수 있는 것으로 해석하고 있다.[40]

---

38) *Ibid.*, pp.424-425.
39) August, p.515.
40) *Ibid.*, pp.515-516.

안전보장이사회가 회원국에게 비무력적 조치를 따르도록 명령한 사례는 몇 번 있었다. 첫째는 이라크의 쿠웨이트 침략이후 이라크에게 부과된 경제제재 조치에 따라 회원국들에게 이라크와의 모든 무역거래를 중단하도록 요청한 것이다.[41] 둘째는 인종차별정책으로 인하여 안보리가 남아공화국에 대한 무기수출을 금지한 것이다. 셋째는 소수 백인정부를 이끌던 스미스(Ian Smith) 정권에 대한 제재조치로 로디지아에 대한 상품수출을 금지한 것이다.[42]

5. 무력적 제재

헌장 제41조에 따른 비무력적 조치들이 제대로 효력을 발생하지 못하게 되면, 안전보장이사회는 군대를 동원하는 무력적 제재조치를 취할 수 있다. 유엔헌장 제42조는 다음과 같이 규정하였다.

> 안전보장이사회는 제41조에 규정된 조치가 불충분할 것으로 인정하거나 또는 불충분한 것으로 판명되었다고 인정하는 경우에는, 국제평화와 안전의 유지 또는 회복에 필요한 공군, 해군 또는 육군에 의한 조치를 취할 수 있다. 그러한 조치는 국제연합 회원국의 공군, 해군 또는 육군에 의한 시위, 봉쇄 및 다른 작전을 포함할 수 있다.

유엔헌장은 제42조에서 비무력적 제재조치로는 자신의 결정을 실현할 수 없는 경우에 유엔군에 의한 무력적 제재를 취할 수 있게 하였다. 그런데 유엔헌장에 의하면, 안보리가 회원국들에게 국제평화의 회복에 필요한 병력의 제공을 요청하여도 안보리와 특별협정(special agreement)을 체결하지 아니한 국가는 그러한 요청에 응해야 할 의무는 없다. 유엔헌장 제43조는 특별협정에 대해 다음과 같이 규정하였다.

> 1. 국제평화와 안전의 유지에 공헌하기 위하여 모든 국제연합 회원국은 안전보장이사

---

41) 안전보장이사회 결의 661호 참조. 당시 영국수상 대처(Margaret Thatcher)는 안보리가 찬성 13 기권 2로 결의를 통과시킨 데 대해 논평하면서, "이 투표로 결의는 국제법이 되었다"고 하였다.

42) August, p.516.

회의 요청에 의하여 그리고 하나 또는 그 이상의 특별협정에 따라, 국제평화와 안전의 유지 목적상 필요한 병력, 원조 및 통과권을 포함한 편의를 안전보장이사회에 이용하게 할 것을 약속한다.

2. 그러한 협정은 병력의 수 및 종류, 그 준비정도 및 일반적 배치와 제공될 편의 및 원조의 성격을 규율한다.

3. 그 협정은 안전보장이사회의 발의에 의하여 가능한 한 신속히 교섭되어야 한다. 이 협정은 안전보장이사회와 회원국 간에 또는 안전보장이사회와 회원국집단 간에 체결되며, 서명국 각자의 헌법상의 절차에 따라 동 서명국에 의하여 비준되어야 한다.

  유엔헌장 제43조는 국제평화와 안전의 유지를 위해 안보리가 요청하면 안보리와 회원국 간에 체결된 특별협정에 따라 회원국이 제공하는 병력으로 유엔군을 구성하도록 한 것이다. 그러나 안보리 발의에 의해 가능한 한 신속히 특별협정을 체결해야 한다는 동조 3항의 규정에도 불구하고, 안보리는 그 어떠한 국가와도 특별협정을 체결하지 않았다. 따라서 본래 유엔헌장이 의도하였던 모습의 유엔군은 조직될 수 없게 된 것이다.

  그럼에도 불구하고 안전보장이사회는 국제평화의 회복을 위하여 무력적 제재조치를 취하였다. 유엔이 취한 대표적인 무력적 제재조치로는 1950년 한국전쟁 당시 채택된 결의를 들 수 있다. 소련대표가 불참한 가운데 채택된 이 결의는 한국에 대한 군사지원과 군대파견을 권고하는 내용을 담고 있었다.[43] 1991년 안전보장이사회는 쿠웨이트를 침공한 이라크에 대해서도 무력적 제재조치를 결정했었다.

---

43) 1950년 한국전쟁 발발 직후 유엔 안보리는 한국을 지원하기 위해 3개의 결의를 채택하였다. 1950년 6월 25일에 채택된 결의 82는 북한에 대해 군대의 철수를 요구하는 것이고, 6월 27일의 결의 83은 한국에 필요한 원조를 제공할 것을 권고하는 것이었다. 7월 7일에 채택된 결의 84는 한국에 군대를 파견할 것을 권고하는 것으로, 미국이 사령관을 임명하며 유엔기를 사용할 수 있게 하는 내용이 들어 있었다. 당시 유엔에서 이러한 결의가 채택될 수 있었던 것은 소련이 중국 대표권 문제로 인하여 안보리에 장기간 불참하고 있었기 때문이다. 소련은 헌장 제27조 규정을 들어 결의의 무효를 주장하였으나, 스스로 헌장 제28조가 요구하는 상임이사국 대표의 유엔상주 의무를 어겼을 뿐 아니라 기권은 거부권의 행사로 인정되지 아니하는 관행에 비추어 볼 때 이유 없는 것으로 판단되었다. 유병화, pp.626-634.

6. 문제점

유엔의 집단안전보장제도는 국제평화유지에 상당한 기여를 하였으나, 강제조치와 관련하여 실질적으로 제재조치를 결정하고 집행하는 부분에서는 몇 가지 약점들을 가지고 있었다.

유엔은 국제평화와 안전의 유지에 관한 주된 책임을 안전보장이사회에 맡기면서 강대국의 책임과 역할을 인정하여 상임이사국들에게 거부권을 부여하였다. 유엔헌장 제29조에 의하면 안보리에서 실질문제에 관한 결의를 채택하려면 상임이사국들의 찬성투표를 포함한 9개국 이상의 찬성이 있어야 하는데, 과거의 냉전체제에서는 거부권이 남용되어 유엔의 평화유지 기능이 마비되었다.

무력적 제재를 수행해야 할 유엔군을 조직하는 일도 지지부진하였다. 자체군대가 없는 유엔은 사후에 회원국들에게 군대파견을 요청할 수도 있지만, 헌장은 특별협정(special agreement)을 체결하여 유엔군을 구성하도록 하였다. 즉 유엔에서 안보리와 회원국은 각각 특별협정을 체결하여 유사 시 제공될 병력의 규모와 장비를 미리 정하여야 한다(유엔헌장 제43조). 그러나 이러한 특별협정은 체결되지 않았고, 한국전쟁 때처럼 안보리의 요청이 있을 때 회원국들이 자발적으로 군대를 파견하는 방법이 사용되었다.

유엔에 의한 무력적 제재 시 군대의 사용과 지휘에서 안보리를 돕게 될 군사참모위원회(Military Staff Committee)도 제대로 구성되지 않았다. 군사참모위원회는 국제평화와 안전의 유지를 위한 군사적 필요와 병력의 사용과 지휘, 군비규제와 군비축소에 있어서 안보리를 보좌하는 임무를 맡도록 되어 있으나(헌장 제47조), 이 위원회 역시 강대국들 간의 의견대립으로 제대로 운영되지 못하였다.

유엔은 국제평화와 안전의 유지를 위해 매우 강력한 강제조치를 제도화하였으나, 이를 실제로 활용하는 데에는 제한적인 성과를 거두었을 뿐이다. 따라서 유엔에서는 평화유지기능의 보완을 위한 방안을 모색하게 되었다.

Ⅲ. 총회의 권한강화

1. 배 경

유엔은 본래 국제평화와 안전의 유지에 관한 주된 책임을 안전보장이사회에 부여하여, 총회는 이 문제에 있어서는 보조적인 역할만 담당하도록 되어 있었다. 그러나 안보리가 동서냉전에 따른 거부권 남용으로 마비되어 유엔의 가장 중요한 국제평화유지 기능이 마비되자, 1950년대 서방국가들은 총회의 평화유지 기능을 강화하기 위한 방법을 모색하게 되었다. 유엔헌장 제24조는 안보리에 국제평화와 안전의 유지에 관한 주된 책임을 부여한 것이니, 이는 총회의 2차적 책임 또는 부차적 책임을 인정한 것이므로 총회의 권한강화를 시도하게 되었다.[44]

2. 중간위원회

총회의 권한을 강화하기 위하여 시도된 첫 번째 조치는 1947년 결의를 통해 도입된 중간위원회(Interim Committee) 또는 소총회이다. 유엔총회는 원래 1년에 한 번 개최하도록 되어 있지만, 정기총회 중간에 회원국 대표가 1명씩 참석하는 중간위원회 또는 소총회를 소집하여 운영하자는 것이었다. 그러나 중간위원회는 1952년 이후 무기한 휴회에 들어갔다.[45]

3. 평화를 위한 단결

안전보장이사회의 마비로 좌초된 유엔의 평화유지기능을 되살리기 위한 보다 본격적인 시도는 1950년 11월 총회가 채택한 「평화를 위한 단결」(Uniting for Peace) 결의에 의해서 이루어졌다.[46] 소련과 공산권 국가들이 반대하는 가운데 서

---

44) August, pp.518-519.

45) 유병화, pp.623-624.

46) 한국전쟁 때는 소련이 안전보장이사회에서 철수하였던 관계로 안보리가 쉽게 한국에의 파병을 결정할 수 있었다. 그러나 앞으로도 그러한 일을 기대하기는 어려우므로, 서방국가들

방국가들이 주축이 되어 찬성 52, 반대 5, 기권 2로 통과시킨 이 결의는 평화에 대한 위협과 파괴, 침략행위가 있음에도 불구하고 안보리가 국제평화와 안전의 유지에 관한 주된 책임을 이행할 수 없는 경우, 총회는 그러한 문제를 검토하고 필요한 경우에는 무력사용을 포함한 집단적 조치를 회원국들에게 권고할 수 있다고 하였다. 아울러 총회가 수시로 소집될 수 있게 하기 위하여 총회의 소집절차를 간소하게 하는 내용을 담고 있었다.[47]

「평화를 위한 단결」 결의에 따라 총회가 취할 수 있는 조치에는 무력사용 (use of armed force) 조치도 포함되어 있었기 때문에, '행동'(action)을 요하는 문제는 안보리에 부탁되어야 한다는 헌장 11조 2항에 비추어 그 합법성에 대해 논란이 있었다. 그러나 1962년 ICJ는 '유엔의 일정한 경비사건'(Certain Expenses of the United Nations)에 대한 권고의견에서 헌장 제11조 2항의 '행동'이란 강제조치를 의미한다고 하면서, 국제평화와 안전의 유지에 관한 안보리의 책임은 주된 책임일 뿐 배타적인 것은 아니라고 하여, 총회도 일정한 권한을 행사할 수 있음을 인정하였다.[48]

「평화를 위한 단결」 결의는 1956년 이집트의 수에즈운하 점령 후 영국, 프랑스, 이스라엘이 이집트를 공격하는 사태가 벌어졌을 때 처음 발동되었다. 유엔총회는 적대행위의 종식을 위해 '유엔긴급군'(UNEF)을 창설하여 이집트로부터 연합군이 철수한 후 이스라엘과 이집트 간 군사분계선을 순찰하는 임무를 맡게 하였다. 「평화를 위한 단결」 결의는 1960년 '콩고유엔군'(ONUC) 창설에도 활용되었다. 또한 국제사법재판소(ICJ)는 '일정한 경비사건'에 관한 권고의견에서 평화유지군 운영에 소요되는 비용은 유엔헌장 제17조 2항의 경비에 해당된다고 하여, 「평화를 위한 단결」 결의의 합법성을 인정하였다.[49]

그렇지만 소련을 위시한 상당수 국가들은 평화유지활동을 통한 유엔의 적극적인 활동에 반대하였다. 더구나 유엔 사무총장이 평화유지작전을 직접 통제하게 되면서 사무총장까지 비난에 직면하게 되었으며, 1961년에는 함마슐드 사무총장이 비행기 사고로 사망하는 사고도 있었다. 더구나 1960년대 이후에는 비동맹 개

은 소련의 거부권 행사에 대비하여 새로운 제도를 준비하게 되었다.

47) Malanczuk, pp.392-393; August, p.519.
48) *Ibid* (Malanczuk), p.393.
49) August, pp.519-521.

발도상국들의 가입으로 총회에서 '자동적 다수'를 상실한 서방국가들까지 총회의 권한을 제한하려는 소련의 노력에 동조하게 되었다. 그 결과 평화유지에 관한 주요 문제들은 전적으로 안전보장이사회가 다루게 되었으며, 평화를 위한 단결 결의의 활용가치도 점차 약화되었다.[50]

IV. 평화유지활동

1. 의 미

유엔이 국제평화와 안전의 유지를 위해 고안해 낸 또 하나의 방법은 평화유지활동(Peace-Keeping Operation)이다. 평화유지활동은 본래 분쟁의 정치적 해결이 모색되는 동안 분쟁이 국제평화와 안전을 위협할 정도로 악화되는 것을 방지하기 위해 휴전상태를 유지하고 교전당사자 간에 완충지대(buffer zone)를 형성함으로써 충돌을 방지하며 분쟁의 평화적 해결을 돕는 제도이었다. 그러나 냉전체제 붕괴 이후 평화유지활동의 내용과 성격에도 커다란 변화가 있었으니, 평화유지활동의 범위는 광범위해지고 활동은 보다 적극적이 되었다.

2. 과거의 평화유지활동

유엔의 출범 직후부터 안전보장이사회의 마비로 헌장 제7장에 따른 강제조치가 활용되지 못하자, 1950년대 들어 총회는 평화유지군 창설 권한을 주장하였으며, 1956년에는 최초의 평화유지군인 '중동유엔긴급군'(UNEF)이 중동에 파견되었다. 1960년부터는 모든 평화유지군이 안전보장이사회에 의하여 파견되어 문제는 사라졌으나, 소련은 줄곧 총회는 평화유지군을 조직할 권한이 없다고 주장하였다.[51]

평화유지활동은 총회에 의해 조직되든 안전보장이사회에 의해 조직되든 사

---

50) *Ibid.*, p.526.

51) Malanczuk, p.416.

무총장이 이를 지휘한다. 평화유지활동은 분쟁당사국들의 동의가 있어야 시작되며, 분쟁당사국의 내정에 간섭하거나 한쪽 분쟁당사자를 유리하게 하면 안 된다. 평화유지활동은 비무장군인들로 구성된 관측부대로 구성되기도 하고, 평화유지군으로 구성되기도 하며, 양자를 혼합한 형태로 운영되기도 한다. 평화유지군은 회원국들이 파견하는 부대들로 구성되지만 경비는 유엔이 부담한다. 평화유지군 소속 군인들은 보통 가벼운 무기를 소지하며 자위를 위한 경우가 아니면 이를 사용할 수 없었다.[52]

평화유지활동은 유엔출범 후 냉전종식 때까지 40여 년간 1956년 '유엔중동긴급군'(UNEF)과 1960년 '콩고유엔군'(ONUC) 등 13회에 걸쳐 조직되었다.[53]

3. 새로운 평화유지활동

냉전의 종식과 함께 유엔 평화유지활동에 대한 수요가 크게 증가하여 1988년부터 1994년 사이에만 21개의 새로운 평화유지활동이 시작되었다. 또한 평화유지활동의 성격도 크게 변하였다. 1988년 이전의 평화유지활동은 대부분이 휴전감시와 완충지대 통제를 통한 무력충돌 재발방지를 목적으로 양측 간의 전선에 배치되는 소극적인 역할을 맡았으나, 최근에 조직되는 평화유지활동들은 보다 광범위하고 적극적인 임무를 수행하고 있다.[54]

평화유지활동은 지금도 당사국들의 동의에 의해 조직되지만, 구 유고에서처럼 합의된 분쟁해결안을 집행하기 위하여 조직되는 경우에는 정치적인 목적을 갖기도 한다. 평화유지활동의 주요 임무는 현재에도 주로 군사적인 것이지만, 민간인보호나 원조제공 같은 민간활동과 선거나 국민투표 감시 등 다양한 임무가 부여되기도 한다.[55]

---

52) United Nations, *Basic Facts about the United Nations*, 1992, p.30.

53) Malanczuk, p.423.

54) United Nations, pp.30-31. 1988년 이후 1992년 사이에 조직된 13개 평화유지활동 중에서 전통적인 활동방식을 따른 활동은 5개였다. 나머지 8개는 분쟁당사자들이 교섭을 통해 합의한 분쟁해결안의 실시를 위해 조직되었으며, 전통적인 군사활동은 물론 민간활동에도 폭넓게 관여하였다.

55) *Ibid.* 엘살바도르에 파견된 유엔감시단(United Nations Observer Mission in El Salvador: ONUSAL)은 휴전감시는 물론 군대개혁과 감축, 새로운 경찰의 창설, 사법제도와 선거제도

이러한 변화에 따라 최근에는 분쟁예방 차원에서 평화유지군을 보다 조직화하기 위한 제안들이 나오고 있다. 특히 유엔 사무총장은 분쟁당사자들이 동의한 휴전협정 이행을 위하여 당사국의 명시적인 동의 없이도 배치될 수 있는 '휴전시행부대'(ceasefire enforcement unit)의 창설을 제안하였다.56)

최근 유엔에서는 유엔 평화유지활동의 '긴급대응능력' 향상을 위하여 회원국들과 '대기성협정'(stand-by arrangement)을 체결하여 일정한 군대와 장비를 평화유지활동에 공여하게 하고 있다. 그러나 1995년 10월까지 단지 47개국이 5만 5천 명의 병력을 제공한다는 서약을 하였을 뿐이다. 대기성협정을 체결한 경우에도 평화유지활동에 참여할 것인가의 여부는 회원국들이 사안별로 결정하게 되는데, 1994년 5월 안보리가 '르완다주재 평화유지군'(UNAMIR)을 확대하기로 하였을 때 당시 대기성협정을 체결한 19개국 중 한 국가도 응하지 않았다.57)

4. 경비문제

평화유지활동이 처음 시작될 때 국제사회에서는 평화유지군의 합법성과 함께 경비부담 문제가 제기되었다. 1962년 국제사법재판소(ICJ)가 제시한 '유엔의 일정한 경비'(Certain Expenses of the United Nations) 사건에 대한 권고의견은 평화유지활동의 그러한 문제점들을 잘 보여 주었다.

개혁, 인권보호 등 경제적·사회적 문제의 해결을 지원하였다. 캄보디아에 파견된 유엔과도정부(United Nations Transitional Authority: UNTAC)는 휴전협정에 따라 행정을 통제·감독하고, 선거를 조직하였으며, 경찰을 감시하고, 인권을 보호하며, 35만 명에 달하는 난민들의 귀향을 돕는 등 국가재건 임무를 수행하였다. 나미비아에 파견된 유엔과도원조그룹(United Nations Transition Assistance Group: UNTAG)은 선거감시 등을 통해 나미비아가 평화적으로 독립할 수 있도록 지원하였다.

56) Malanczuk, p.424.

57) *Ibid.*, pp.424-425.

유엔의 일정한 경비 사건[58]

Certain Expenses of the United Nations, 1962

1956년 유엔총회는 유엔긴급군(UNEF)을 중동에 파견하였으며, 1960년에는 안전보장이사회가 콩고에 평화유지군을 파견하였다. 이때에 유엔총회에서는 평화유지활동에 따른 경비는 회원국들이 납부하되, 유엔의 일반예산이 아닌 별도의 계정으로 충당하도록 하였다. 그러나 일부 국가들은 평화유지활동에 따른 비용은 일반예산과는 다르므로 회원국들이 이를 납부할 의무가 없다고 주장하였으며, 특히 공산권 국가들은 평화유지군 자체가 불법적으로 창설된 것이므로 이를 납부할 수 없다고 하였다. 이에 총회는 평화유지활동에 따른 경비가 헌장 제17조 2항이 말하는 총회가 배정하는 유엔경비의 일부인가 하는 문제를 국제사법재판소(ICJ)에 문의하였으며, 재판소는 1962년 7월 20일 9:6으로 이 문제에 대하여 긍정적인 의견을 제시하였다. 이 사건은 평화유지활동의 적법성과 직접적인 관련은 없으며, 재판소의 평화유지군 창설에 대한 언급 역시 불명확한 점이 있다. 그러나 평화유지군 창설이 합법일 수 있다고 하면서 그 합법성을 부정하는 주장들을 거부함으로써 간접적으로 합법성을 시인하였다.

ICJ의 권고의견이 나온 이후에도 공산권 국가들은 평화유지활동의 합법성을 계속 부인하면서 경비의 납부를 완강히 거부하였다. 이에 대해 미국과 그 동맹국들은 한때 분담금을 연체하는 국가의 총회 투표권을 정지시키는 헌장 제19조를 들어 압박하기도 하였다. 그러나 1965년 8월 양측 간에 절충이 이루어져, 소련은 평화유지활동 비용의 일부를 자발적으로 납부하였다.[59]

냉전 이후 평화유지활동에 대한 수요는 유엔의 능력의 한계를 넘어 폭발적으로 증가하고 있다. 더구나 회원국들은 유엔이 세계 곳곳에서 발생하는 분쟁에서 보다 적극적인 역할을 해 주기를 기대하면서도, 정작 유엔에 납부할 분담금은 내지 않는 경우가 많아 유엔의 재정에 부담이 되고 있다.[60]

---

58) *Certain Expenses of the United Nations*, *ICJ Reports*, Advisory Opinion, 1962, p.151.

59) *Encyclopedia of Public International Law*, vol.2, North-Holland Publishing Co., 1981, p.50; Malanczuk, p.420.

60) 본서 제3장 '국제기구'의 유엔 부분을 참조할 것.

‖ 제3절 ‖ 전쟁법과 인도법

Ⅰ. 서 론

전쟁(war)이란 자주 사용되는 단어이지만 역사적으로 그 개념에는 많은 변화가 있었다. 전통적인 국제법에 있어서 전쟁이란 선전포고에 이은 국가 간의 무력충돌을 의미하였으나, 전쟁양상의 변화와 무력행사금지 원칙의 대두로 전쟁에 대한 전통적인 정의는 수정되었다. 내전이나 민족해방운동과 같이 국가 간의 무력충돌이 아닌 무력충돌이 자주 발생하고 선전포고 없는 전쟁이 빈발하면서, 전쟁의 개념도 바뀌게 된 것이다. 오늘날 전쟁(또는 무력행사)이란 상당한 정도의 규모와 기간 동안 진행되는, 구분되는 복장을 하고 군대기율에 복종하는 적대적인 국가의 군대 간에 발생하는 무력충돌이라 정의할 수 있다.[61]

전쟁을 어떻게 하여야 할 것인지를 규정하는 전쟁법(law of war)의 존재는 사람들을 혼란스럽게 한다. 오늘날 국제법은 분명히 전쟁을 비롯한 무력행사를 전반적으로 금지하였는데 전쟁에 관한 법이 왜 존재해야 하는지 의문이라는 것이다. 전쟁법에 대한 또 다른 비판자들은 생사를 다투는 전장에서 실제로 국제법이 지켜질 수 있겠느냐는 의문을 제기한다. 그러나 인간의 존엄과 기본적 인권이 철저하게 유린되는 전장에서 인도주의를 실천하고자 하는 전쟁법과 국제인도법 (international humanitarian law)의 이념과 가치를 부인할 수는 없다.

전쟁법에서는 포로, 상병자, 민간인의 보호와 해적수단의 제한 등 인도주의 원칙들이 중요하게 다루어지고 있다. 따라서 오늘날 전쟁법 또는 무력충돌법(law of armed conflict)에는 국제인도법적 요소들이 많이 포함되어 있다.

전쟁법(무력충돌법)의 등장배경과 발달과정을 살펴보고, 전쟁의 시작과 종료, 전투행위 규칙, 전쟁의 희생자인 포로와 상병자 및 민간인의 보호 등을 살펴본다.

---

61) August, pp.507-508.

II. 연 혁

전쟁법은 18, 19세기 무차별전쟁관이 유행할 때에 전투행위를 규율하는 법규칙으로 등장하였다. 그러나 많은 사람들에게 있어서 법질서 자체의 파멸을 가져오는 전쟁을 법에 따라 수행해야 한다는 논리는 어색하게 받아들여졌고, 전쟁 중에 있는 국가가 법에 구속받아야 하는가 하는 의문도 제기되었다. 그런데 18, 19세기 유럽사회는 적과 동지가 수시로 바뀌는 세력균형체제 아래에 있었기 때문에 전쟁을 하는 국가들도 실제로 생존을 위한 투쟁 가운데 있지는 않았다. 이 당시의 전쟁은 국민 간의 전쟁이 아니라 왕의 군대 간의 전쟁이었으므로 전시 민간인보호도 상대적으로 용이한 부분이 있었고, 더구나 전쟁법은 군사적으로는 별 소득이 없는 '불필요한 고통'(unnecessary suffering)을 줄이기 위한 것이므로 비교적 잘 준수되었다고 한다.62)

중세 기독교와 기사도 정신으로부터 많은 영향을 받은 전쟁법은 다른 국제법 분야와 마찬가지로 관습법에서부터 시작되었다. 이러한 관습법은 17세기 초「전쟁과 평화의 법」(*De Jure Belli ac Pacis*)을 저술한 그로티우스(Grotius) 등에 의해 일부는 체계화되었으며, 19세기 후반 이후에는 성문화 작업을 통해 점차 조약으로 대체되었다. 당시 각국은 야전지휘관들을 위하여 전쟁법을 정리한 요람을 출판하기 시작하였는데, 그중에 유명한 것이 컬럼비아 대학의 리버(Francis Lieber) 박사가 정리한「리버규범」(Lieber Code)이다. 정식명칭이「전장에서의 미군 관리지침」(Instruction for the Government of Armies of the United States in the Field)인 이 규범은 1863년에 미국에서 출판되었다. 이러한 요람은 야전지휘관들로 하여금 전쟁법을 알게 하였고, 조약을 통해 그러한 규칙들을 성문화해 가는 데 기여하였다.63)

러시아 황제의 초청으로 26개국 대표가 참가한 가운데 개최된 1899년 제1차 헤이그평화회의와 1907년 제2차 헤이그평화회의는 군비제한을 위한 다자간 합의를 이끌어 냄으로써 오늘날 전쟁법의 기초를 다졌다. 제1차 회의에서는「헤이그육전법규」라 알려져 있는「육전법규와 관습에 관한 헤이그협약」(Hague Convention

---

62) Malanczuk, pp.342-343.
63) *Ibid.*, pp.343-344; August, p.549.

Respecting the Laws and Customs of War on Land)이 체결되었으며, 1907년 제2차 회의에서는 1899년의 육전법규를 수정한 협약과 해전에 관한 6개 협약 등 13개 조약이 채택되었다. 1906년에는 「전장에서의 군대의 상병자 상태개선에 관한 협약」이 체결되기도 하였다.

제1, 2차 대전 이후에는 수시로 전쟁법 관련 조약들이 체결되었다. 1929년 제네바에서는 상병자와 포로들의 대우를 개선하기 위해 두 개의 조약이 체결되었으며, 제2차 대전 이후인 1949년 제네바에서는 상병자와 포로의 대우에 관한 3개 협약과 민간인 보호를 위한 1개 협약이 채택되었다. 1977년에는 1949년 제네바협약에 대한 2개의 추가의정서가 제정되어 전쟁법과 인도법은 국제적 무력충돌은 물론 비국제적 무력충돌에도 적용되게 되었다. 1980년에는 제네바에서 하나의 협약과 세 개의 의정서가 채택되어 네이팜탄, 지뢰, 부비트랩과 같은 재래식 무기의 무차별적인 사용을 통제하게 되었다.[64]

국제사회에서는 국가 간 무력충돌과 관련하여 많은 조약들이 체결되고 있으나, 조약체결을 통한 새로운 법의 창설은 군사기술의 발달속도를 따라가지 못하고 있다. 전쟁법은 주로 전쟁을 전후하여 크게 발달하게 되는데 20세기 중반 이후 커다란 전쟁이 있었던 것은 아니며, 군사기술의 급속한 발달에 따라 전쟁의 모습도 급격히 변해 가기 때문이다. 이처럼 조약체결이 지지부진한 상황에서는 국제관습법에 기대를 하게 되지만, 국제관습법은 '법적 인식'(opino juris)이 형성되는 데 많은 시간이 소요되기 때문에 역시 한계가 있다.[65]

III. 전쟁의 개시와 종료

1. 전쟁의 개시

역사적으로 보면 전쟁개시에 관한 관행은 매우 다양하여, 전쟁은 선전포고,

---

64) 1949년 체결된 4개의 협약은 거의 대부분의 국가에게 적용되지만, 1977년 추가의정서와 1998년 대인지뢰금지협약에는 미국 등 강대국들은 가입하지 않았다. Malcolm D. Evans, *International Law*, 2nd ed., Oxford, 2006, p.784.

65) Malanczuk, pp.344-345.

조건부 선전포고, 적대행위의 시작으로 개시되는데 특히 선전포고가 중요하였다. 유럽에서 16세기까지는 서신이나 전령을 통하여 전쟁의사를 미리 통고하는 관습이 있었다. 이러한 상황에서 17세기 그로티우스는 전쟁을 하려면 전쟁선언 (declaration of war)이 있어야 한다고 하였으며, 1904년 일본이 전쟁선언 없이 러시아를 공격한 뒤 1907년 헤이그에서 채택된 협약은 전쟁은 전쟁선언이나 조건부 전쟁선언을 담고 있는 최후통첩(ultimatum containing a conditional declaration of war)이 없이는 시작될 수 없다고 하였다. 그러나 국가들은 언제든지 선전포고 없이 적대행위를 시작함으로써 전쟁은 시작될 수 있었으니 전투 없는 전쟁과 전쟁 없는 전투가 모두 가능하였다.[66]

　　선전포고 없는 전쟁이 많아지면서 전쟁의 유무를 판단하는 데 상당한 어려움이 발생하였다. 많은 사람들의 생각과는 달리 18, 19세기에도 선전포고 없는 전쟁은 많았으며, 20세기에는 그러한 경향이 더욱 심해졌고, 제2차 세계대전 이후에는 선전포고 자체가 거의 사라졌기 때문이다. 이처럼 전쟁개념에 혼돈이 초래되면서 오늘날에는 전쟁법의 적용에 있어서 전쟁이 아닌 무력충돌의 유무에 대한 판단이 중요해졌다. 특히 포로나 민간인을 인도적으로 대우해야 하는 국제인도법상의 의무는 그러한 형식에 좌우되지 않는바, 1949년 제네바협약 제2조는 전쟁 당사국 중 일방에 의하여 전쟁상태가 부인되는 경우에도 협약은 무력충돌에 적용된다고 하였다. 예를 들어 1982년 포클랜드 전쟁과 1990-91년 걸프전에서 당사국들은 모두 자신들이 전쟁상태에 있음을 부인하였지만 무력충돌 과정에서 포로가 된 병사들은 포로로서의 대우를 받았다. 오늘날 전쟁법은 당사국들이 전쟁상태에 있음을 인정하는가 여부에 관계없이 모든 무력충돌에 적용되는 것이다.[67]

　　전쟁이 시작되면 교전국 간의 관계는 평시관계에서 전시관계로 전환되고 양국 간에는 전시법이 적용된다. 전쟁이 시작되면 대개 교전국 간의 외교관계는 단절되며, 외교공관과 잔류하는 국민 및 그들의 재산은 '이익보호국'이라 부르는 제3국의 보호를 받는다. 양국 간 조약 중에서 정치적·군사적 목적의 조약들은 대부분 종료되지만, 그 외의 조약들은 조약별로 운명이 결정된다. 교전국 내 적국인은 과거에는 일정한 지역에 억류할 수 있었으나, 오늘날에는 상대방의 전투능력

---

66) Starke, pp.507-508; Evans, p.785.

67) Evans, pp.785-786.

에 보탬이 되는 사람을 제외하고는 퇴거가 허용된다. 교전국 내 적국인의 재산 역시 과거에는 몰수할 수 있었으나, 오늘날에는 이를 압수하면 나중에 보상해야 한다.[68]

2. 휴전과 종전

휴전(armistice)이란 전투행위가 교전국 간의 합의에 의해 일시적으로 중지되는 것으로 휴전기간이 끝나게 되면 적대행위는 다시 시작된다. 휴전은 그 지역적 범위에 따라 두 가지로 나누어진다. 전반적 휴전(general armistice)은 교전지역 전체에서 모든 전투행위를 중지하는 것이고, 부분적 휴전(partial or local armistice)은 일부지역에서의 전투행위를 중지하는 것이다. 반면에 정전(suspensions of arms)은 상병자 처리와 같은 특수한 목적을 위해 단기간 전투를 중지하는 것이다.[69]

휴전은 본래 전투행위의 일시적 중지이지만, 오늘날 전반적인 휴전은 사실상 전쟁의 종료가 되는 경향이 있다. 과거에는 휴전은 전쟁의 종료가 아니라 전투행위의 일시적인 중지이므로 휴전기간 중 양국 간에는 전쟁상태가 계속되는 것으로 보았으나, 오늘날에는 휴전기간이 장기화되면서 휴전이 전쟁의 사실상의 종료를 의미하게 되었다. 이러한 맥락에서 1953년 체결된 한국의 휴전협정도 실제로는 전쟁의 종료를 가져온 것으로 이해되어야 한다는 입장이 있다.[70]

전쟁은 강화조약의 체결, 적대행위의 중지, 정복의 완료에 의하여 종결된다. 전쟁종료를 위한 당사국 간 합의인 강화조약 또는 평화조약(peace treaty)은 영토문제와 전쟁포로 처리 등 전쟁의 결과를 정리하는 조약으로 가장 완벽한 형태의 종전방법이라 할 수 있다. 강화조약을 체결하지 않고 교전당사국들이 모든 적대행위를 중지하여 평화관계를 회복하는 경우에도 전쟁은 종료된 것으로 본다. 옛날에는 정복에 의해 전쟁이 종료되는 경우가 많았는데, 정복이란 일방 교전당사

---

68) 오늘날 자주 발생하는 '전쟁 아닌 무력충돌'(non-war armed conflicts)에서는 전통적인 전쟁개시의 효과가 그대로 적용되지 않는 경우가 많다. 최근의 전쟁 아닌 무력충돌의 경우 교전국들은 그들이 전통적인 관련 법규칙들을 그대로 준수해야 한다고 생각하지 않기 때문이다. 따라서 무력충돌이 있다고 해서 외교관계를 단절하고 조약을 중단시키는 것을 당연하다고 생각지 아니하며 유연하게 대응하고 있다. Starke, p.516.

69) *Ibid.*, pp.546-547.

70) 다음을 참조할 것. 유병화, p.715; 이한기, 「국제법강의」, 박영사, 1994, pp.784-785.

국이 전쟁을 통하여 다른 국가의 영토를 병합하는 것으로 오늘날 국제법에서는 금지되었다.[71]

IV. 교전자

18세기 이래 무력충돌법의 중요한 과제의 하나는 전투원과 민간인을 구분하는 기준을 마련하는 것이었다. 이러한 구분이 중요한 것은 전투원은 합법적인 군사목표가 될 뿐 아니라 전투에 참가할 수 있으며 생포되는 경우에는 전쟁포로(prisoner of war)의 대우를 받는 데 비하여, 민간인은 합법적인 군사목표가 될 수 없지만 적대행위에 참가하는 경우에는 불법적인 전투원이 되어 무력충돌법의 보호를 받지 못하므로 생포되는 경우에는 포로의 지위를 가지지 못하기 때문이다. 따라서 전투원은 민간인과 구분되는 것이 중요한데 분쟁의 한 당사자가 비정규전에 치중하는 경우에는 그들을 구분하기가 어려워진다.[72]

1907년 헤이그에서 채택된 「육전의 법 및 관습에 관한 협약」(헤이그육전법규)와 1949년 제네바에서 채택된 「포로의 대우에 관한 협약」은 정규군과 비정규 전투원에 대하여 규정하였다. 이 두 가지 협약에 의하면 민병대의 구성원과 의용대의 구성원(조직적인 저항운동의 구성원 포함)도 일정한 조건을 구비한 경우에는 합법적인 교전자의 자격을 가지게 된다고 하였다. 그러한 조건은 ① 그 부하에 대하여 책임을 지는 자에 의하여 지휘될 것, ② 멀리서 인식할 수 있는 고정된 식별표지를 가질 것, ③ 공공연하게 무기를 휴대할 것, ④ 전쟁에 관한 법규 및 관행에 따라 그들의 작전을 행할 것 등이다.

그런데 레지스탕스, 즉 조직된 저항운동의 구성원들은 상기한 조건들 특히 멀리서 인식할 수 있는 고정된 식별표지를 부착하고 공공연하게 무기를 휴대해야 한다는 조건을 충족할 수 없었다. 이처럼 대부분의 비정규군들은 헤이그협약과 제네바협약이 설정한 기준을 충족할 수 없었기 때문에 1977년 채택된 제네바협약에 대한 추가의정서(제1의정서)는 정규군과 비정규군에게 공통적으로 적용되는 조

---

71) 김명기, pp.1443-1451.
72) Evans, pp.787-788.

건을 새로이 도입하였다. 특히 의정서 제44조 3항에 의하면 민간인과 구별되는 고정된 식별표시에 관한 조건이 많이 완화되어 있고, 교전기간 중이나 공격 개시 전의 작전 전개에 가담하는 동안에만 무기를 공공연히 휴대하는 경우에도 전투원 으로서의 지위를 보유할 수 있게 되었다.

V. 합법적인 군사목표와 공격방법

무력충돌 시 누가 그리고 어떤 것이 합법적인 군사목표인가 하는 것과 관련 하여 두 가지 원칙이 있다. 하나는 '구별의 원칙'(principle of distinction)으로, 전투 원과 군사목표는 합법적인 목표이지만 민간인과 민간인 목표는 공격목표가 아니 라는 것이다. 다른 하나는 '비례의 원칙'(principle of proportionality) 인데, 공격으 로 인한 민간인 사상자와 피해가 공격이 가져올 구체적이고 직접적인 군사적 이 익을 초과하는 경우에는 군사목표라고 할지라도 공격하면 아니 된다는 것이다.[73]

군사목표가 되는 사람의 범위는 비교적 간단하게 정해진다. 전투원의 지위를 가지는 자는 부상을 당하거나 포로가 되어 전투에 참가할 수 없게 되지 않는 한 합법적인 군사목표가 된다. 전투원이 아닌 사람은 모두 민간인이며 직접 적대행 위에 참가하지 않는 한 공격당하지 아니한다. 반면에 민간인 목표와 군사적 목표 를 구분하기 위해서는 무엇이 군사목표인지를 정해야 하는데, 과학기술의 발달 등으로 그 경계는 가변적인 것이 되어 구분이 간단하지가 않다. 따라서 제1추가 의정서 제52조 2항은 유연하게 접근하여 군사목표가 되는 대상은 여러 가지 상황 을 감안할 때 군사활동에 효과적으로 기여하며 그것을 완전히 또는 부분적으로 파괴하는 경우에는 '군사적 이익'(military advantage)을 가져오는 것이라고 하였 다.[74]

본질적으로 군사목표(military objectives)는 무력공격 대상으로 적합한 것으 로, 원칙적으로 민간인과 민간인의 재산은 군사목표가 아니고 무력공격의 대상도 아니다. 물론 이러한 두 가지 목표를 분명하게 구분하기는 어려우며, 민간인과 민

---

73) *Ibid.*, pp.790-791.
74) *Ibid.*, pp.791-792.

간인 재산에 대한 피해는 불가피성과 군사적 필요에 의하여 정당화될 수 있다. 일반적으로 전시라고 할지라도 공격하거나 파괴할 수 없는 불법적인 목표에는 시민, 상병자, 병원, 의무부대, 상선, 민간식량, 문화재, 종교적인 장소, 핵발전소와 같은 위험시설이 포함된다. 물론 군사적으로 사용되고 있고 민간인들에 의해서도 사용되는 '2중사용 목표'(dual use object)의 경우에는 논란이 있을 수 있다. 적국의 발전소를 공격하고자 하는 경우가 그러한 예에 해당하는데, 그러한 때에는 공격에 의하여 민간인에게 초래되는 피해와 군사적 이익을 비교하여 공격의 허용 여부가 결정되어야 한다.[75]

비례의 원칙에 따르면 공격으로 인하여 기대되는 군사적 이익과 그로 인한 민간인 사상자와 민간인에 대한 피해를 비교해 보아야 한다. 예를 들면 공격대상이 적의 초소라고 할지라도 그것이 학교에 인접해 있어서 상당한 인명피해가 우려되는 경우에는 비례의 원칙에 따라 공격을 자제해야 할 것이다.[76]

VI. 무기의 제한

1. 불필요한 고통의 원칙

전쟁수단의 제한에 관해서는 몇 가지 원칙이 있다. 첫째는 불필요한 고통이나 과도한 피해를 초래하는 전쟁수단과 방법은 금지되어야 한다는 '불필요한 고통'(unnecessary suffering)의 원칙이다. 둘째는 특정한 군사목표를 타격할 수 없어서 군사목표와 민간인 목표를 구별하지 못하는 전쟁수단과 방법은 금지되어야 한다는 '차별'(discrimination)의 원칙이다. 셋째는 적대행위에 있어서 기만적인 수단의 사용을 금지하는 '배신'(treachery)의 원칙이다. 넷째는 최근에 조약을 통해서 등장한 것으로 환경에 악영향을 미치는 전쟁수단과 방법의 사용을 금지하는 원칙이다.[77]

상기한 여러 가지 원칙들 중에서 해적수단의 제한과 관련하여 가장 중요한

---

75) *Ibid.*, p.791.
76) *Ibid.*, pp.792-793.
77) *Ibid.*, p.795.

것은 불필요한 고통을 주게 될 전쟁수단과 방법의 사용을 금지하는 원칙이다. 전쟁이 일단 시작되면 교전당사국들은 모든 수단과 방법을 사용하여 승리하는 것을 목적으로 하게 된다. 그러나 국제법은 무력충돌 시에도 전투행위를 인도주의적인 방향으로 인도하여 무력행사는 허용하되 전투방법을 규제하여 상대방에게 불필요한 고통을 주는 것을 막으려고 한다.[78]

문제는 군사적 효과는 별로 없으면서도 불필요한 고통을 주는 무기를 결정하는 기준을 정하는 것이다. 여기에서는 당연히 군사적 필요와 인도적 고려사항 사이의 균형이 판단기준이 된다. 국제사법재판소(ICJ)는 '핵무기의 위협과 사용의 합법성'(Legality of the Threat or Use of Nuclear Weapons)에 관한 권고의견에서 다음과 같이 말하였다.

> 인도법을 구성하는 문헌들에 표명된 가장 중요한 원칙들은 다음과 같다. 첫째는 민간인과 민간인 목표를 보호하는 것을 목적으로 하여 전투원과 비전투원을 구분하였다. 각국은 민간인들을 공격목표로 하여서는 안 되며 민간인과 군사목표를 구분할 수 없는 무기는 사용하면 안 된다. 두 번째 원칙에 따르면 전투원에게 불필요한 고통을 주는 것은 금지된다. 따라서 전투원들에게 그러한 피해를 주거나 불필요하게 그들의 고통을 증가시키는 무기를 사용하는 것은 금지된다. 두 번째 원칙의 적용에 있어 국가들은 그들이 사용하는 무기에 관하여 무제한한 선택의 자유를 가지지 않는다.[79]

그런데 불필요한 고통의 원칙에 따른 무기의 제한은 어디까지나 상대적인 것이다. 어떤 전쟁수단이나 방법이 심각하고 광범위한 피해를 유발한다는 사실만으로 불필요한 고통의 원칙을 위반했다고 할 수는 없다. 원칙이 금지하는 것은 오직 불필요한 고통을 유발하는 무기이므로 군사적 목적에는 별로 기여함이 없이 피해나 고통을 주는 무기가 금지되는 것이다.[80]

한편 전쟁 시 기만적인 방법이나 수단의 사용을 금지하는 '배신'(treachery)의 원칙으로 인하여 금지되는 것이 있다. 깃발을 들고 정전이나 항복 의사가 있는 것

---

78) 1907년 체결된 헤이그 협약은 교전자들이 해적수단을 선택하는 데 제한이 없다고 하면서도 불필요한 고통을 줄 수 있는 무기와 물질의 사용은 금지하였다.

79) *The Legality of the Threat or Use of Nuclear Weapons, Advisory Opinion, ICJ Reports,* 1996, para.78.

80) Evans, p.796.

처럼 가장하거나, 부상당한 것처럼 가장하는 행위, 전투원이 아닌 것처럼 가장하는 행위, 유엔이나 중립국의 기장이나 제복으로 보호대상인 것처럼 위장하는 행위는 불법적인 것이다.[81]

2. 금지된 무기

국제법상 사용이 금지되는 무기는 불필요한 고통을 줄이기 위하여 지정되는 경우가 많다. 그러나 그러한 무기 중에는 앞에서 언급한 차별의 원칙과 관련된 것들도 있다. 어떤 전쟁수단이나 방법이 무차별적이어서 민간인에게 피해가 확산될 가능성이 있는 때에는 그 사용이 금지되는 것처럼, 피해의 범위가 무차별적인 무기들은 사용이 금지되는 것이다. 그러나 어떤 무기나 전쟁방법이 불필요한 고통의 원칙에 대한 위반인가 하는 데 대한 구체적인 판단을 위해서는 사용가능한 다른 무기나 전쟁방법을 실제로 사용한 경우에 상대방에게 보다 경미한 고통과 피해를 끼치면서도 유사한 군사적 목표를 달성할 수 있었는가 하는 점도 고려해야 한다.

무기의 설계나 기능상의 문제로 인하여 어느 정도 군사적 목표를 향할 수 없는 무차별적 무기(indiscriminate weapons)의 사용은 금지된다. 생화학무기가 대표적인 것인데, 이러한 무기는 통제가 어렵고 적국의 일반인은 물론이고 제3국 주민에게까지 피해를 줄 수 있다. 무기사용에 따른 피해가 오직 군사적 목표에 한정되어야 하는 것은 아니지만, 무기를 사용하는 경우 시민들과 시민들의 재산에 과도한 피해가 예상되는 무기는 사용이 제한된다.[82]

전쟁법에서 인도적 요소가 보다 중요해지면서, 19세기 이후 체결된 각종 조약에 의해 점차 많은 무기들의 사용이 금지되었다. 그러한 무기로는 1868년 성페터스부르크 선언에 의해 사용이 금지된 소이탄, 헤이그선언에 의한 담담탄(dum-dum bullets), 1907년 헤이그육전법규에 의해 금지된 독가스, 1925년 제네바의정서에 의해 사용이 금지된 질식성·독성가스 등이 있으며, 1981년 재래식무기협정에 따라 X선으로 탐지할 수 없는 무기(제1의정서), 대인지뢰와 부비트랩(제2의정

---

81) August, p.552.
82) *Ibid.*, pp.554-557.

서), 민간인에 대한 소이성 무기(제3의정서), 실명 레이저무기(제4의정서)의 사용이 금지되었다.[83]

환경보호와 관련하여서는 두 가지 조약 규정이 있다. 그것은 1949년 제네바협약 제1의정서가 자연환경에 광범위하고 장기적이며 심각한 피해를 주게 될 전쟁방법이나 수단의 사용을 금지한 것과 1977년 환경변화조약(Environmental Modification Treaty)이 광범위하고 장기적이며 심각한 피해를 주게 될 환경변화기술의 사용을 금지한 것이다. 외견상 이들은 상당히 유사하게 보이지만, 전자는 다른 목표물에 대한 무기사용에 따른 부수적인 환경피해 방지를 위한 것인 데 비해 후자는 하나의 전쟁방법으로서의 고의적인 환경조작을 방지하기 위한 것이라는 점에서 다르다.[84]

3. 핵무기

무기와 관련하여 가장 논란이 많은 문제는 핵무기의 사용이 국제법에 대한 위반인가 하는 문제이다. 이와 관련하여 1961년 유엔총회는「핵무기와 수소폭탄 사용금지선언」(Declaration on the Prohibition of the Use of Nuclear and Thermo-Nuclear Weapons)에서 핵무기의 사용은 불법이라고 선언하였다. 본래 유엔총회의 결의는 권고적 효력을 가지며 기껏해야 관습법의 증거로 활용될 뿐이고 결의 채택 시 표결결과를 보면 이 결의를 일반적으로 수락된 관습으로 인정하기 어려운 부분이 있다.[85] 그 외에 핵실험금지조약(Test Ban Treaty), 핵비확산조약(Nuclear Non-Proliferaion Treaty)과 같은 보편적 조약과 틀라텔롤코조약(Treaty of Tlatelolco)과 같은 지역적 조약들이 있지만, 이들은 핵무기의 사용을 금지하기보다는 소유와 배치를 규제하기 위한 것이다.[86] 다른 국제법규칙에 대한 유추를 통하여 핵무

---

83) Shaw, p.815.

84) Evans, p.798.

85) 1961년의 이 결의는 주로 공산권과 개도국을 중심으로 한 55개국의 찬성과, 주로 서방국가들인 20개국의 반대, 라틴아메리카 국가를 중심으로 하는 26개국이 기권한 가운데 통과되었다. 당시 동유럽에는 소련군이 주둔해 있었는데, 재래식 전력에서는 동구권이 서방을 압도하고 있었다. 따라서 서방진영에서는 소련의 재래식 전력에 핵무기로 맞설 수밖에 없었으며, 소련으로서는 서방이 핵무기로 선제공격을 해올 경우 복구를 근거로 핵무기로 반격할 수 있다는 계산을 하고 있었다. Malanczuk, p.346.

기의 사용금지를 정당화하려는 시도도 있었다. 그러나 유독가스의 사용을 금지한 조약에 대한 유추를 원용하려는 시도는 방사능 낙진은 핵무기의 부수적인 효과일 뿐이라는 점 때문에, 대규모 폭격을 금지하는 조약에 대한 유추를 원용하려는 시도에 대해서는 미국 등 일부 국가들의 단호한 반대 때문에 목적을 달성하지 못하였다.[87]

핵무기 사용의 합법성 문제는 세계보건기구(WHO)와 유엔총회가 권고의견을 요청함으로써 국제사법재판소(ICJ)에서도 다루어졌다. 1993년 9월 3일 WHO는 건강과 환경에 영향을 미친다는 섬에서 핵무기의 사용은 WHO헌장을 포함하는 국제법상의 의무위반이 아닌가 하는 점을 문의하였으며, 유엔총회도 1996년 1월 6일 유사한 문제에 대해 권고의견을 요청하였다.

1996년 7월 8일 ICJ는 양측의 요청에 대해 의견을 제시하였다. WHO의 요청은 국제기구의 권한의 한계를 설정하는 '전문성 원칙'(principle of speciality)에 어긋난다는 이유로 거부되었다. WHO는 핵무기의 합법성 문제를 다룰 권한이 없다는 것이었다. 유엔총회가 제출한 요청에 대해서는 문제마다 상이한 의견이 제시되었다. ICJ는 핵무기의 위협과 사용을 허용하는 관습법이나 조약이 없다는 데 대해서는 만장일치를 보였으나, 핵무기 사용을 포괄적이고 보편적으로 금지하는 관습법이나 조약이 없다는 데 대해서도 11:3으로 이를 긍정하였다. ICJ는 가장 핵심적인 문제인 핵무기 사용의 합법성 문제에 대해서도 불명확한 입장을 취하였다. ICJ는 7:7에서 재판소장의 캐스팅보트 사용으로 다음과 같은 의견을 제시하였다.

> 핵무기의 위협이나 사용은 무력충돌 시 적용되는 국제법 특히 인도법 원칙과 규칙에 반한다. 그러나 국제법의 현재상태와 제시된 사실요소들을 감안할 때, 재판소는 한 국가의 생존이 위기에 처해 있는 극단적인 자위의 상황에서 핵무기의 위협과 사용이 합법인지 아니면 불법인지 명확한 결론을 내릴 수 없다.[88]

재판관 히긴스(Higgins)가 반대의견에서 "재판소는 법과 사실의 현재상태의

---

86) Evans, pp.798-799.
87) Malanczuk, pp.346-347.
88) *Legality of the Threat or Use of Nuclear Weapons, Advisory Opinion, ICJ Reports*, 1996, para.105.

불확실성을 근거로 핵심쟁점에 대하여 재판불능(non liquet)을 선언하였다"고 비판하였듯이, 재판소는 핵심쟁점에 대해 결론을 내리지 못함으로써 핵무기의 사용이 어떤 때는 합법이고 어떤 때는 불법인지 알 수가 없게 되었다. 다만 재판소는 "엄격하고 효율적인 국제적인 통제하에 모든 면에서 핵군축을 가져올 협상을 성실히 수행하여 종결지을 의무가 있다"는 데 대해서는 만장일치이었다.

VII. 포로, 상병자, 민간인의 보호

1. 총 설

국제인도법(international humanitarian law)은 무력충돌에 따른 희생자인 포로, 상병자, 민간인을 보호하기 위한 법으로 인식되어 왔으며, 주로 1949년 체결된 제네바협약을 근거로 삼고 있다. 그런 점에서 인도법은 1899년부터 1907년 사이 체결된 헤이그 제 협약을 근거로 교전자의 권리와 의무 그리고 전투방법을 규율하는 전쟁법과는 구분된다.

국제인도법의 주요 법원으로는 1949년 제네바에서 체결된 전쟁희생자보호를 위한 4개의 협약과 1977년 채택된 제네바협약에 대한 2개의 추가의정서가 있다. 1949년 제네바에서 채택된 협약들은 하나같이 "협약은 비록 한 국가에 의해 전쟁상태가 부인된다고 할지라도 둘 또는 그 이상의 체약국 간에 발생하는 모든 선언된 전쟁과 기타 무력충돌에 적용된다"는 규정을 두었다. 이는 오늘날 국가들이 선전포고를 꺼리는 현실을 감안하여 국제인도법의 적용범위를 넓게 유지하기 위하여 도입된 규정이라고 하겠다.

2. 포로의 대우

과거에 포로는 노예가 되거나 가혹행위의 대상이 되는 등 비인도적인 학대를 받는 일이 많았으나, 19세기 후반 들어 전쟁포로들에게도 인간적인 대우가 부여되기 시작하였다. 포로의 대우에 관한 가장 중요한 합의는 1949년 8월 제네바에서 체결된 「포로의 대우에 관한 협약」(Convention Relative to the Treatment of Prisoners of War)이다. 이 협약은 전쟁뿐 아니라 내전을 포함한 다른 형태의 무력충돌에도 적용된다는 점에서 특징적이며, 가능한 교전 중에 생포된 거의 모든 사람들을 포로에 포함시키고자 하였다.[89]

인도법에서는 전투원과 비전투원을 구분한다. 비전투원은 일반적인 전쟁의 피해에서는 면제되나 전투에 참가하여 상대 교전국에 붙잡히게 되면 포로의 대우를 받지 못한다. 전투원에는 원래 정규군만이 포함되었으나 오늘날에는 전투원의 범위가 확대되었다. 따라서 정규군이 아니라도 정규군의 일부를 구성하는 사람들과 민병대·의용군·레지스탕스 구성원들도 생포된 경우에는 포로의 대우를 받는다. 또한 1977년 제네바추가의정서는 게릴라들에게도 일정한 조건을 갖춘 경우 포로의 자격을 인정하기로 하였다. 그러나 용병에게는 포로의 자격이 인정되지 않는다.

1949년 「포로의 대우에 관한 협약」의 기본원칙은 전쟁포로는 범죄자나 인질이 아니며 오직 적국군대에 다시 가담하지 못하도록 억류되어 있는 사람이라는 것이다. 다시 말해서 그가 적대행위에 참가한 것은 위법이 아니며 그는 범죄자가 아니므로 포로수용소에 수용될 수는 있지만 일반 감옥이나 군 형무소에 수감되어서는 아니 된다.[90]

협약 제12조가 규정한 대로 포로는 그를 체포한 국가에 의해 억류되어 있는 것이지 그를 생포한 부대나 그 지휘관의 권력 안에 있는 것이 아니다. 따라서 억류국은 항상 포로를 인도적으로 대우해야 할 책임이 있다. 포로를 사망케 하거나 그 건강에 중대한 위해를 가하는 어떠한 불법적인 행위도 금지되며 폭행, 협박, 모욕 및 대중의 호기심으로부터 항상 보호되어야 하고, 포로에 대한 복구도 금지된다(포로의 대우에 관한 협약 제13조). 포로들은 고문을 받지 아니하며, 포로수용소의 환경은 협약의 기준에 부합하여야 하고, 포로들을 위험하거나 전쟁에 직접적으로 관련되는 작업에 종사하도록 하면 안 되며, 수용소에 대한 불만을 전달할 수 있는 절차도 마련되어 있어야 한다.

포로를 억류한 국가는 보다 적극적인 의무도 부담한다. 포로는 포로가 된 후 가능한 한 신속히 전투지역으로부터 충분히 떨어진 지역의 수용소로 후송되어야

---

89) Henkin, p.1027.
90) Evans, p.801.

하며, 포로의 후송은 항상 인도적으로 또한 억류국 군대가 이동할 때와 동일한 조건으로 이루어져야 한다(협약 제19, 제20조). 포로를 인간방패(human shield)로 사용할 수 없음은 물론이다.

1949년 「포로의 대우에 관한 협약」은 제118조에서 포로는 적대행위가 종료된 후 지체 없이 석방하고 송환하여야 한다고 하였다. 협약에 의하면 적대행위의 종료에 관한 합의가 이루어지지 아니한 경우에도 포로의 송환은 이루어져야 한다고 하였으나, 이란-이라크 전쟁에서는 적대행위가 종료된 후 2년이 지난 1990년 9월에야 본격적인 포로송환이 이루어졌다. 한편 한반도에서의 전쟁 이후 북한과 중국은 모든 포로의 송환을 요구하였으나, 유엔군 측에서는 강제송환은 협약의 기본원칙에 어긋나는 것이라고 주장하여 갈등이 있었다. 중요한 것은 포로가 진정으로 송환을 거부하는지를 확인하기 위한 제도를 만드는 것이다. 쿠웨이트 전쟁 이후 연합국 측이 송환을 원하지 아니하는 이라크 포로들을 송환하지 않을 것임을 발표한 후 국제적십자사(ICRC)는 모든 이라크 포로들을 면담하였으며, 7만여 명의 포로들 중에서 13,300명은 송환을 거부하고 사우디아라비아 체류를 택하였다.[91]

3. 상병자의 보호

상병자란 신분을 불문하고 부상을 당하였거나 병에 걸려 전투능력을 상실한 자를 말한다. 국제사회에서는 1949년 제네바에서 채택된 「육전에 있어서의 군대의 부상자 및 병자의 상태개선에 관한 협약」(Convention for the Amelioration of the Wounded and Sick in Armed Forces in the Field)과 「해상에 있어서의 군대의 부상자, 병자 및 조난자의 상태개선에 관한 협약」(Convention for the Amelioration of the Wounded, Sick and Shipwrecked Members of Armed Forces at Sea)을 채택하여 상병자 보호를 위한 국제법적 근거를 마련하였다.

육전과 해상에서의 상병자 보호에 관한 제네바협약 제도는 상병자를 해치지 않을 의무와 함께 그들을 지원하기 위하여 일정한 조치를 취해야 하는 적극적인 의무를 담고 있다. 상병자들은 적대행위 당사국들에 의하여 성별, 인종, 국적, 종

---

91) *Ibid.*, pp.802-803.

교 등에 의하여 차별받지 아니하고 인도적으로 대우받고 간호되어야 하며, 그들의 생명에 대한 위협이나 신체에 대한 폭행은 엄격히 금지되고, 살해되거나 고문 또는 생물학적 실험을 받도록 해서는 아니 된다. 특히 치료의 순서를 정하는 데 있어서도 오직 긴급한 의료상의 이유만이 고려되어야 한다고 하였다.[92]

병원과 의료시설, 운송수단 등 의료부대가 향유하는 보호는 그들 시설 및 부대가 인도적 임무로부터 이탈하여 적에게 유해한 행위를 행하기 위하여 사용된 경우가 아니면 소멸되지 아니한다. 무력충돌의 당사국은 어떠한 경우에도 의무기관의 고정시설이나 이동 의무부대를 공격하면 아니 되고 항상 이를 보호하여야 한다.[93]

4. 민간인의 보호

전시 민간인의 보호에 관해서는 이전에도 여러 조약들이 규정을 두고 있었으나, 독립된 조약으로는 1949년 제네바에서 체결된 「전시에 있어서 민간인의 보호에 관한 협약」(Convention Relative to the Protection of Civilian Persons in Time of War)이 중요하다.

「전시에 있어서 민간인의 보호에 관한 협약」은 제4조에서 협약에 의하여 보호되는 자는 "무력충돌의 당사국 또는 점령국의 권력 내에 있는 자로서 무력충돌의 당사국이나 점령국의 국민이 아닌 자"라고 하였다.[94]

협약에 따른 피보호자들은 신체, 명예, 신앙 및 종교상의 행사, 관습을 존중받을 권리를 가지며 항시 인도적인 대우를 받는다. 특히 폭행, 협박, 모욕 및 공중의 호기심으로부터 보호되며, 부녀자들은 특별한 보호를 받는다.[95] 과거에는 전쟁이 발발하면 교전국은 자국 내의 적국 정부소유 재산은 물론 적국인 소유의 사유재산도 몰수할 수 있었다. 그러나 이러한 관행은 수정되어 관습법은 적국의 공적인 재산의 몰수는 허용하되 사유재산의 몰수는 금지하는 방향으로 나아갔다.

---

92) 1949년 육전에 있어서의 군대의 부상자 및 병자의 상태개선에 관한 협약, 제12조.

93) 상게협약, 제19조.

94) 1949년 전시에 있어서 민간인의 보호에 관한 협약, 제4조.

95) 상게협약, 제27조.

‖ 제4절 ‖ 중 립

Ⅰ. 현대적 의의

중립이란 전쟁에 참가하지 않은 국가가 누리는 지위를 의미한다. 그러나 오늘날에는 무력행사금지의 원칙과 유엔의 집단안전보장 제도로 인하여 중립제도가 복잡해졌다. 유엔이 국제평화와 안전의 유지를 위하여 채택한 집단안전보장제도는 침략자를 고립시키고 회원국들의 적극적인 원조를 확보하고자 하므로 무력충돌 시 실제로 중립이 가능한가 하는 문제가 제기되는 것이다.

그렇지만 유엔체제하에서도 중립은 가능하다고 본다. 유엔회원국은 헌장 제7장에 따라 안전보장이사회가 강제조치를 발동하는 경우 그러한 조치에 협력하여야 하므로 중립을 선택할 수는 없지만, 강제조치가 취해지지 않는 경우에는 중립을 유지할 여지가 있다. 유엔회원국이 아닌 국가가 보다 자유롭게 중립을 선택할 수 있음은 당연하다.

Ⅱ. 중립국의 의무

중립제도의 역사는 오래되었지만, 근대적인 중립제도는 19세기 들어 틀이 갖추어지기 시작하였다. 오늘날의 중립제도 중에서 중립국의 의무에 관한 규범이 형성되는 데에는 미국과 영국 간의 앨러배마호 사건이 크게 기여하였다.

앨러배마호 사건

The Alabama Case, 1872

미국 남북전쟁 당시 북군의 봉쇄에 직면하여 남군은 중립국으로부터 군함을 구입하기를 원하였다. 남군은 당시 남군을 교전단체로 승인하였던 영국에 많은 선박들을 사인 명의로 주문하여 군함으로 전용하고자 하였는데, 그 선박 중의 하나가 1862년 진수한 '제290함'으로 나중에 앨러배마호(the Alabama)라 개칭된 남군의 주력 순양함이다. 군함의 수출을 금지한 1819년 영국 국내법과 영국정부의 선박 억류 명령을 어기고 공해상으로 빠져 나온 제290함은 아조레스 부근에서 무장한 후, 대서양과 인도양을 다니며 북군측 상선들을 나포하여 북군측에 막대한 피해를 주었다. 앨러배마호는 전설적 인물인 선장 Raphael Semmer의 지휘 아래 영국 식민지에 피난하여 보급을 받아가면서, 2년도 안 되는 기간 동안 70여 척의 북군측 선박들을 격침·방화·나포하고는 1864년 Cherbourg 근처에서 북군측 전함 Kearsarge에 의해 격침되었다.

미국정부(북군)는 영국이 남군을 교전단체로 승인하여 자국 내정에 간섭하였을 뿐 아니라 자국 내에서 남군 군함들이 건조·유출되는 것을 방치하여 중립의무를 위반했다고 비난하였다. 남북전쟁이 끝난 후인 1871년 5월 8일 양측은 워싱턴조약(Treaty of Washington)을 체결하여 앨러배마호 사건을 중재에 맡기기로 하고 제네바에서 회담을 갖기로 하였다. 중재재판소는 5인으로 구성되었는데, 분쟁당사자 양측과 이탈리아·스위스·브라질이 각 1인의 중재관을 선임하였다.

이 사건에 대한 중재판정은 1872년 9월 14일에 내려졌다. 중재재판소는 영국정부가 앨러배마호의 건조를 저지하기 위한 효율적인 조치를 취하지 않았으므로 중립의무 수행을 위한 '상당한 주의'(due diligence)를 다하였다고 볼 수 없다고 하였다. 또한 앨러배마호가 필요한 절차를 밟지 않고 자유로이 영국식민지 항구들을 출입한 사실도 지적하였다. 결국 중재관들은 4:1로 영국이 워싱턴 조약 제4조에 규정된 의무들을 이행하지 않았다고 결론지은 후, 영국은 미국에게 15,500,000달러를 배상하라고 판정하였다.[96]

앨러배마호 사건과 관련하여 1871년 체결된 워싱턴조약은 다음과 같은 전시 중립국의무를 규정하였다. 첫째, 중립국 정부는 자국영역 내에서 자국과 평화상태에 있는 국가와의 전쟁에 참여할 것으로 믿어지는 선박들이 전비를 갖추는 것과 그러한 선박들이 자국영역에서 출항하는 것을 금지할 상당한 주의 의무를 갖는다고 하였다. 둘째, 중립국정부는 교전당사국들이 자국 항구나 수역을 다른 교전당사국에 대한 작전기지로 사용하거나 군사장비나 무기의 교체 및 증강에 사용하도록 허용하면 안 된다고 하였다. 셋째, 중립국 정부는 자국 수역과 항구 및 자국 내 모든 사람에 대해 상기한 의무에 대한 위반 방지를 위해 상당한 주의를 다하여야 한다고 하였다.[97]

---

96) *EPIL*, vol. 2, 1981, pp. 11-13.

　　오늘날 중립국의 의무로는 일반적으로 묵인의 의무, 회피의 의무, 방지의 의무 등 세 가지가 인정되고 있다. 묵인의 의무란 전쟁법상 권리에 의거한 교전당사국의 행위를 중립국은 용인해야 한다는 것이다. 회피의 의무란 중립국은 교전당사국 한쪽에게 직접 또는 간접으로 전쟁수행에 관련된 원조를 하면 안 된다는 부작위의무로 위에서 언급한 의무 중 두 번째 것과 관련이 있다. 방지의 의무란 중립국은 자국 내에서 중립법규에 어긋나는 행위를 하지 못하도록 방지할 적극적 의무이며 위에서 언급한 의무 중 첫 번째와 세 번째 의무가 이에 해당된다.[98]

Ⅲ. 전시금제품과 중립국선박

　　해전의 주요 목적 중의 하나는 적국의 경제를 파탄시키는 데 있기 때문에, 전쟁이 시작되면 상품의 이동에 사용되는 해양을 지나는 선박들은 통행에 많은 규제를 받게 된다. 육전에서 사유재산의 몰수는 금지되지만, 해전에서는 적국의 사선들은 몰수된다. 중립국 선박들도 적국으로 전시금제품(contraband)을 수송하거나 봉쇄를 침파하는 경우에는 포획할 수 있다(런던선언 제37-44조).

　　18, 19세기 전쟁법에서 화물들은 절대적 금제품(absolute contraband), 조건부 금제품(conditional contraband), 자유품(free goods)으로 구분되었다. 탄약과 같이 군사적 용도가 분명한 절대적 금제품을 적국으로 운반하는 중립국 선박들은 항상 포획이 가능하였다. 사치품 같은 자유품을 적국으로 운반하는 중립국 선박은 포획할 수 없었으며, 식량이나 의복과 같은 조건부 또는 상대적 금제품을 운반하는 중립국 선박은 화물이 적국정부에서 사용할 물건인 경우에만 몰수할 수 있었다. 그렇지만 제1, 2차 세계대전은 국가 간 총력전이었기 때문에 이 전쟁기간 동안에는 실제로 거의 모든 화물들이 절대적 금제품 목록에 오르게 되었다.[99]

---

97) 워싱턴조약은 해전에 있어 중립국의 행동에 관한 일반원칙을 담고 있는 최초의 문서였다. 당시 영국은 이러한 원칙들을 일반국제법원칙으로 받아들이기를 거부하였고, 영국이 선임한 중재관은 앨러배마호 사건 중재관정에 서명하지 않았다. 조약의 '상당한 주의'(due diligence)란 표현의 모호함이 지적되기도 하였으나, 조약상의 중립규칙들은 수정을 거쳐 1907년「해전 시 중립국의 권리와 의무에 관한 헤이그 제8협약」제5조와 제8조에 등장하였다.

98) 이병조·이중범,「국제법신강」, 일조각, 1994, pp.939-942.

IV. 봉 쇄

전쟁 중에 교전당사국들은 적국해안을 봉쇄(blockade)하여 다른 국가 선박들이 적국항구를 출입하는 것을 통제하여 왔다. 특히 중립국 선박들도 봉쇄를 침파하는 경우에는 포획될 수 있었다.

그렇지만 제1차 세계대전 당시 독일이 해안에 기뢰를 부설하고 잠수함전을 선언하면서, 연합국이 독일해안을 봉쇄하는 것이 실제로 불가능해졌다. 이때에 연합국은 장거리봉쇄(long-distance blockade)를 실시하여, 독일해안에서 수백 마일 떨어진 해상에서도 선박을 정선하여 독일로 가는 화물이 있는 경우에는 이를 포획하였다. 중립국들은 이러한 봉쇄 확대조치에 항의하였으나, 미국이 참전하면서 그러한 반대는 약화되었다.[100]

---

99) Malanczuk, p.350.
100) *Ibid.*, pp.350-351.

‖ 참고문헌 ‖

■ 국내문헌

국제해양법학회, 「유엔해양법협약 관련 쟁점과 대응방안」, 세창출판사, 2012.

김대순, 「국제법론」, 제18판, 삼영사, 2015.

박덕영·이재형, 「국제경제법 기본조약집」, 박영사, 2010.

박춘호·유병화, 「해양법」, 민음사, 1986.

성재호, 「국제경제법」, 박영사, 2006.

오윤경 외, 「현대국제법」, 박영사, 2000.

유병화, 「국제법 I , II」, 진성사, 1994.

이석용, 「국제경제법강의」, 글누리, 2016.

이석용(공저), 「국제해양법판례연구」, 세창출판사, 2015.

이석용, 「국제해양법과 동북아 해양질서」, 사마출판, 2015.

이석용, 「국제법상 도서제도와 독도」, 세창출판사, 2014.

이석용(공저), 「유엔해양법협약 관련 쟁점과 대응방안」, 세창출판사, 2012.

이석용(공저), 「국제인권법」, 세창출판사, 2005.

정인섭, 「신국제법강의」, 제6판, 박영사, 2016.

정인섭·정서용·이재민, 「국제법판례 100선」, 박영사, 2012.

최승환, 「국제경제법」, 제3판, 법영사, 2006.

한국국제경제법학회, 「신국제경제법」(중판), 2014.

■ 외국문헌

Akehurst, Michael, *A Modern Introduction to International Law*, Allen & Unwin, 1987.

Antunes, Nuno Marques, *Towards the Conceptualization of Maritime Delimitation:*

Legal and Technical Aspects of a Political Process, Martinus Nijhoff Publishers, 2003.

August, Ray, *Public International Law*, Prentice Hall, 1995.

August, Ray, Don Mayer and Michael Bixby, *International Business Law*, 5th edition, Pearson Education International, 2009.

Bahla, Raj, *International Trade Law: Theory and Practice*, 2nd edition, Lexis Publishing, 2001.

Bahla, Raj, *International Trade Law: Cases and Materials*, Michie Law Publishers, 1996.

Birnie, Patricia W. & Alan E. Boyle, *International Law and the Environment*, Clarendon Press, 1992.

Boggs, S. Whittemore, *International Boundaries: A Study of Boundary Functions and Problems*, Columbia University Press, 1940.

Bowett, Derek W., *The Legal Regime of Islands in International Law*, Oceana Publications Inc., 1979.

Brown, E. D., *The International Law of the Sea*, vol. 1, Dartmouth Publishing Co., 1994.

Brown, E. D., *The Areas within National Jurisdiction*, Graham and Trotman, 1984.

Brownlie, Ian, *Boundary Problems and the Formation of New States,* University of Hull Press, 1996.

Brownlie, Ian, *Principles of Public International Law*, 5th ed., Oxford, 1998.

Brownlie, Ian, *State Responsibility*, Part 1, Clarendon Press, 1983.

Buergenthal, Thomas, *International Human Rights*, West Publishing Co., 1988.

Burke, William T., *International Law of the Sea*, Lupus Publications, 1997.

Caminos, Hugo, *Law of the Sea*, Ashgate, 2001.

Cassese, Antonio, *International Law*, 2nd ed., Oxford, 2005.

Churchill, R. R. and A. V. Lowe, *The Law of the Sea*, Manchester University Press, 1999.

Clingan, Thomas A., *The Law of the Sea: Ocean Law and Policy*, Austin & Winfield, 1994.

Craig, Robin Kundis, *Comparative Ocean Governance*, Edward Elgar, 2012.

Damrosch, Lori, Louis Henkin, Richard Crawford Pugh, Oscar Schachter, and Hans Smit, *International Law: Cases and Materials*, 4th ed., West Publishing Co., 2001.

Diederiks-Verschoor, I. H. Ph., *An Introduction to Air Law*, Kluwer Law and Taxation Publishers, 1993.

Evans, Malcolm D., *International Law*, 2nd ed., Oxford, 2006.

Evans, Malcolm D., *International Law*, 4th ed., Oxford, 2014.

Falk, Richard A., *Revitalizing International Law*, Iowa State University Press, 1989.

Folsom, R. H., M. W. Gordon, and J. A. Spanogle, *International Business Transactions*, 3rd edition, West Publishing Co., 1995.

Folsom, R. H., Michael Wallace Gordon, and John A. Spanogle, *International Trade and Investment*, West Publishing Co., 1996.

Freidheim, Robert L., *Negotiating the New Ocean Regime*, University of South Carolina Press, 1993.

Fulton, Thomas Wemyss, *The Sovereignty of the Sea*, The Lawbook Exchange Ltd., 1911.

Greenfield, Jeanette, *China's Practice in the Law of the Sea*, Clarendon Press, 1992.

Harrison, James, *Making the Law of the Sea,* Cambridge University Press, 2011.

Henkin, Louis, Richard Crawford Pugh, Oscar Schachter, and Hans Smit, *International Law: Cases and Materials*, West Publishing Co., 1993.

Herdegen, Matthias, *Principles of International Economic Law*, Oxford, 2013.

Jackson, John H., and William J. Davey, *International Economic Relations,* West Publishing Co., 1986.

Janis, Mark W., *Introduction to International Law,* Little, Brown and Co., 1993.

Jayewardene, Hiran W., *The Regime of Islands in International Law*, Martinus Nijhoff Publishers, 1990.

Jennings, R. Y., *The Acquisition of Territory in International Law*, Manchester University Press, 1963.

Kalo, Joseph J., Richard G. Hildreth, Alison Rieser, Donna R. Christie, and Jon L. Jacobson, *Ocean and Coastal Law*, West Group, 1999.

Kirgis, Frederic L., *International Organizations in Their Legal Setting*, West Publishing Co., 1993.

Kiss, Alexander and Dinah Shelton, *International Environmental Law*, Transnational Publishers Inc., 1991.

Kwiatkowska, Barbara, *The Contribution of the World Court to the Development of the Law of the Sea*, Bookworld Publications, 2002.

Lachs, Manfred, *The Teacher in International Law*, Martinus Nijhoff, 1982.

Malanczuk, Peter, *Akehurst's Introduction to International Law,* Routledge, 1997.

Matsushita, Mitsuo, Thomas J. Schoenbaum, and Petros C. Mavroids, *The World Trade Organization: Law, Practice and Policy*, 2nd edition, Oxford, 2006.

Mcdougal, M. S., and W. T. Burke, *The Public Order of the Oceans*, Yale University Press, 1962.

Merrils, J. G., *International Dispute Settlement*, Grotius Publications, 1991.

Newman, Frank, and David Weissbrodt, *International Human Rights: Law, Policy, and Process*, Anderson Publishing Co., 1996.

Nordquist, M. H. and J. N. Moore(eds), *Security Flashpoints*, Martinus Nijhoff Publishers, 1998.

Nussbaum, Arthur, *A Concise History of the Law of Nations*, The Macmillan Co., 1954.

O'Connel, D. P., *International Law of the Sea*, vol. 1, Clarendon Press, 1982.

Park, C. H., *East Asia and the Law of the Sea*, Seoul National University Press, 1983.

Pharand, Donat, *The Law of the Sea of the Arctic: With Special Reference to Canada*, University of Ottawa Press, 1973.

Plater, Zygmunt J. B., Robert H. Adams, and William Goldfarb, *Environmental Law and Policy: Nature, Law, and Society*, West Publishing Co., 1992.

Roach, J. Ashley, and Robert W. Smith, *United States Responses to Excessive Maritime Claims*, 2nd edition, Martinus Nijhoff, 1996.

Rothwell, Donald R., and Tim Stephens, *The International Law of the Sea*, Hart Publishing, 2010.

Oscar Schachter, *International Law in Theory and Practice*, Martinus Nijhoff, 1991.

Shaw, Malcolm N., *International Law*, 4th edition, Cambridge University Press, 1997.

Shaw, Malcolm N., *International Law*, 7th edition, Cambridge University Press, 2014.

Slomanson, William R., *Fundamental Perspectives on International Law*, 5th edition, Thompson Wadsworth, 2007.

Sohn, Louis B., and John E. Noyes, *Cases and Materials in the Law of the Sea*, Transnational Publishers, 2004.

Sohn, Louis B., John E. Noyes, Erik Francks, and Kristen G. Juras, *Cases and Materials in the Law of the Sea*, 2nd ed., Brill/Nijhoff, 2014.

Springer, Allen L., *The International Law of Pollution*, Quorum Books, 1983.

Starke, J. G., *Introduction to International Law*, Butterworths, 1984,

Svarlien, Oscar, *The Eastern Greenland Case in Historical Perspective*, University of Florida Press, 1964.

Symmons, Clive Ralph, *The Maritime Zones of Islands in International Law*, Martinus Nijhoff, 1979.

Symmons, Clive R., *Ireland and the Rockall Dispute: An Analysis of Recent Developments*, IBRU, Boundary and Security Bulletin, vol. 6, No. 1, 1998.

Tanaka, Yoshifumi, *The International Law of the Sea*, Cambridge University Press, 2012.

Trebilcock, Michael, Robert Howse, and Antonia Eliason, *The Regulation of International Trade*, 4th edition, Routledge, 2013.

University of Virginia Center for Oceans Law and Policy, *United Nations Convention on the Law of the Sea 1982: A Commentary*, vol. I -VI, 1985-2002.

Van Dyke, J., D. Zaelke & G. Hewison(eds), *Freedom for the Seas in the 21st Century*, Island Press, 1993.

Vecchio, Del(ed), *International Law of the Sea: Current Trends and Controversial*

Issues, Eleven International Publishing, 2014.

Vukas, Budislav, *The Law of the Sea*, Martinus Nijhoff Publishers, 2004.

Weil, Prosper(trans. M. Macglashan), *The Law of Maritime Delimitation-Reflections,* Grotius Publications, 1989.

Weiss, Edith Brown, *In Affairs to Future Generations: International Law, Common Patrimony and Intergenerational Equity*, United Nations University, 1989.

‖ 찾아보기 ‖

【저자소개】

이 석 용

고려대학교 법과대학 및 대학원 졸업(법학박사) / 하와이 East-West Center 객원연구원
예일대학교, 워싱턴대학교, 버클리대학교 Visiting Scholar
사법고시 등 각종 시험위원 / 외교부, 해양수산부, 해양경찰청 등 자문위원
사단법인 해양법포럼 회장 / 한남대학교 법과대학장
대한국제법학회 회장 / 국제해양법학회 회장
현재, 한남대학교 교수

[대표저서]
국제경제법강의(글누리, 2016) / 국제해양법판례연구(공저, 세창출판사, 2015)
국제해양법과 동북아 해양질서(사마출판, 2015)
국제법상 도서제도와 독도(세창출판사, 2014)
유엔해양법협약 관련 쟁점과 대응방안(공저, 세창출판사, 2012)
유엔해양법협약해설서 I, II, III (공저, 2008-2010)
제3국학자의 독도관련 입장분석 (공저, KMI, 2007)
국제인권법(공저, 세창출판사, 2005) / 국제해양분쟁사례연구 I, II, III, IV (공저, 2003-2006)

5정판 국 제 법

1995년 3월 20일 초 판 발행
2017년 3월 10일 5정판 발행

저 자 이 석 용
발행인 이 방 원
발행처 세창출판사
　　　　서울 서대문구 경기대로 88 냉천빌딩 4층
　　　　전화 723-8660   팩스 720-4579
　　　　E-mail: edit@sechangpub.co.kr
　　　　Homepage: www.sechangpub.co.kr
　　　　신고번호 제300-1990-63호

정가 35,000 원

ISBN 978-89-8411-671-9 93360